新闻出版总署纪念改革开放30周年重点图书

2008

纪念改革开放30周年特别版

A REPORT ON THE DEVELOPMENT OF
CHINA'S MARKET ECONOMY

中国市场经济
发展报告

北京师范大学经济与资源管理研究院　著

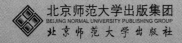

北京师范大学出版集团
BEIJING NORMAL UNIVERSITY PUBLISHING GROUP
北京师范大学出版社

图书在版编目(CIP) 数据

2008中国市场经济发展报告/北京师范大学经济与资源
管理研究院著. —北京：北京师范大学出版社，2008.9
(新闻出版总署纪念改革开放 30 周年重点图书)
ISBN 978-7-303-09480-6

Ⅰ.2…　Ⅱ.北…　Ⅲ.市场经济-经济发展-研究报告
-中国　Ⅳ.F123.9

中国版本图书馆 CIP 数据核字(2008)第 130707 号

新闻出版总署纪念改革开放 30 周年重点图书
纪念改革开放 30 周年特别版

2008 中国市场经济发展报告

出版发行：北京师范大学出版社 www.bnup.com.cn
　　　　　北京新街口外大街 19 号
　　　　　邮政编码：100875
印　　刷：北京新丰印刷厂
经　　销：全国新华书店
开　　本：184 mm × 260 mm
印　　张：39.25
字　　数：695 千字
印　　数：1~3 000 册
版　　次：2008 年 9 月第 1 版
印　　次：2008 年 9 月第 1 次印刷
定　　价：60.00 元

责任编辑：马洪立　　装帧设计：高　霞
责任校对：李　菡　　责任印制：马鸿麟

课题负责人

李晓西

指导专家

魏礼群　周宏仁　辜胜阻　刘世锦　许宪春　韩　震

课题协调人

曾学文

撰稿人员（按姓氏笔画排列）

马拴友　王　诺　王　静　王天龙　王辰华　王雪磊

伍燕然　刘　涛　刘　琳　刘一萌　孙荟欣　毕　博

张　琦　张生玲　张江雪　张丽平　李　静　李小忠

李晓西　杨　婕　杨煜东　汪连海　肖博强　芦星月

邹士年　陈　苗　陈贻亮　周金黄　林永生　范丽娜

金继红　施发启　柯希嘉　赵　峥　唐斯斯　徐　妍

徐朝阳　郭彦英　高明华　梁菁菁　章文光　曾广录

曾学文　董念清　董晓宇　韩　斌　裘越芳

课题联系人

赵　峥

评审专家

专家评议摘要[①]

厉以宁：《2008 中国市场经济发展报告》两部分写得都很出色，资料翔实，分析深入，有较大的可信度。根据市场化测度指标体系与评价标准对 2004—2006 年中国经济总体和各领域市场化所做的测定，是有说服力的。在第二部分对 30 年来理论界有关体制改革的各种观点做了分析、评论，立场是客观的，有助于使人们了解中国经济体制改革理论的焦点、分歧和进展。望加强农村部分的分析。

魏礼群：本报告是一份优秀的科研成果，富有鲜明特色。它对 2004—2006 年经济体制改革取得的重要进展做了全景式的定量分析，令人信服地说明这几年中国经济市场化程度不断提高。报告系统梳理了 8 个重要领域改革理论的突破和进展情况，具有重要的现实意义和深远意义。略嫌不足的是，对分配领域、社会保障制度改革涉及较少。

张卓元：进入新世纪后，在改革攻坚中，客观上受到一些既得利益群体的阻挠，在投资和审批体制改革中，在垄断行业改革中，在"农转非"土地制度改革中等，都有表现。反映在理论争议上，有时也很激烈。去年十七大前夕关于改革开放问题的争论就很尖锐、明显。当然，理论界反对改革或怀疑开放的是极少数或极个别的人。报告的第二部分，似应加上社会主义初级阶段理论的回顾，在确立社会主义商品经济理论部分似应加上马洪同志《关于社会主义制度下我国商品

[①] 本报告得到了国内 17 位著名学者的评审。学者们对报告提出了总体评价意见，也提出了具体修改意见。限于篇幅，这里仅以摘要方式反映专家们的认真态度和理论联系实际的水平。非常感谢专家们的鼓励和指正！我们一条条地研究了专家们的意见和建议，本次报告吸收了专家们提出的大部分意见，因时间关系，个别涉及较大改动的意见将为下次留用。

经济的再探索》的重要文章。

周宏仁：报告研究分析了 2004—2006 年中国市场经济发展的新进展，内容翔实、数据丰富、分析透彻、文字简练，有很强的说服力。我国市场经济体制改革的经验不仅是我国思想界和理论界的一笔财富，也是全人类经济社会发展进程中的一笔宝贵财富。报告第二部分对 30 年来我国市场经济体制改革理论的发展进行了回顾，也很有意义。建议市场化测度指标逐步与经济自由度测度指数接近。

陈锡文：北京师范大学经济与资源管理研究院曾经组织两个关于我国市场经济发展的报告，并产生了广泛的社会影响，其研究成果也受到决策者的重视。总体来看，本报告视野更为开阔，资料更为完整，研究方法更为成熟，内容更为丰富，成果更为扎实。本报告在回顾各种理论和观点的过程中，不设前提，不先入为主，不轻易下结论，这种文风是值得肯定和鼓励的。对有些与现行法律法规不符的做法在判断时似可更谨慎一些。例如，对集体建设用地使用权流转，不能笼统地都说成是对市场化的探索。

江小涓：北京师范大学经济与资源管理研究院编写的《2008 中国市场经济发展报告》在以往研究的基础上，立足现实，面向国际，不断完善市场经济程度测度指标体系，系统全面地研究了我国市场经济发展的新进展，并对中国的市场化指数进行了测度，同时还就 30 年来我国市场经济体制改革理论的发展进行了回顾，既有助于我们客观地回顾和分析中国市场经济发展过程中的理论进展，也有助于了解和认识中国经济体制的改革进程。

樊纲：本报告是一份扎实、厚重的研究成果。论证充分，资料翔实，结论可信。报告从过去的"反倾销"转变为"两个服务"，这也是我国经济发展和所面临的国际经济形势的变化的结果。作者还对 30 年改革开放的进程进行了全方位的回顾，提供了一份可贵的研究资料。

刘世锦：报告延续已有的分析框架，运用新的资料，对中国市场经济的总体发展水平进行了客观的、有国际比较意义的评价，是一个水平相当高的研究成果。建议是：对垄断性行业改革、价格改革、利率市场化改革的评价，不宜过高。

卢中原：报告体现了"两个服务"的新的指导思想，更符合国内主动推进改革开放、促进体制创新的实际进程和客观需要。报告以一半的篇幅对30年来改革开放的重大理论创新及其对决策的贡献进行了梳理和归纳，反映了体制创新不断深化的进程，堪称一部研究中国改革理论进展的重要文献。报告鲜明地提出科学发展观不仅是发展观，也是改革观，这个认识符合中央文件精神，也有利于促进今后的改革。

魏杰：这是一份非常优秀的报告。市场化的评价标准具有国际规范性；将市场经济发展界定在市场经济体制的基点上，而并不是单纯考察市场发育状况；对2004—2006年中国市场经济的新进展特点的描述非常好；对中国市场经济发展程度测定概括得非常好，要优于同类课题报告；报告对于与市场化实践相伴的理论整理也很好，基本反映了理论的进展逻辑。

陈东琪：报告对中国2004年至2006年市场经济的发展做了全面描述，资料翔实，信息量很大，体现了逻辑和历史的一致性，是一部参考价值很高的著作。对中国市场经济发展程度的测定比较可靠可信，对指数变化的分析，结论比较客观，符合历史逻辑和动态均衡规律。建议对中国经济市场化变化进行持续跟踪研究，每隔一两年出一份报告，形成有科学意义的研究系列，以推动中国市场经济改革。

汤敏：报告资料翔实，分析细致，推理严格，定量分析与测度有科学性。报告从为"反倾销"服务到"既为反倾销又为完善经济体制而服务"的这一转变是完全必要的，也是十分成功的。应加强在第一部分各章最后"未来发展趋势"上的概括，强调一下金融的对内开放。

青锋：报告写得很好，特别是导论把报告的功能与作用又提升了一步，第二部分也相当不错。建议进一步核对行政审批取消和调整的数据。

贾康：综观全书，结构合理，层次清晰，内容丰富，文字顺畅，严守学术规范，包含了大量有价值的信息和专业化的分析、梳理、概括、提炼，既具有史料价值，更具有认识、启迪意义和多方面的释疑解惑功能，有助于人们客观地评价、认知中国市场经济的发展，较全面地了解 30 年间与其相关的理论研讨历程和在理性认识方面已有的建树与争鸣状况。

唐旭：这是一本很有质量的研究报告。报告全面论述了中国经济市场化的现状，资料丰富，可靠性比较高，且以定量指标给出了动态的市场化指数，所用方法具有较好的国际可比性，便于在国际经济活动中加以使用。报告另一个亮点是对 30 年来的市场经济体制改革理论进行了回顾，这也使之成为一本重要而简明的理论发展参考书。似应补充 80 年代关于银行是只能发放流动资金贷款还是可以发放固定资产贷款的理论争论和《金融研究》1987 年第 7 期丁鹄先生的《向慢性通货膨胀论者进一言》的观点。

陈宗胜：这是一优秀的研究报告。报告文风朴实，思路清晰，方法得当，观点明确，材料充实并且处理得当，有很重要的参考价值。对市场化指数的个别测度指标进行调整是必要的，是一种完善。望下次报告能加强对国有商业银行内部的市场化变动因素分析与测度。

张春霖：报告内容丰富、覆盖面广。这里重点对企业的市场化一章提出评论意见。该章论述的重点与结构，对说明企业市场化的整体过程是有益的。建议再核实一下生产资料价格的市场化比重。

前　言

　　对市场化进程的研究，既有助于促进国际贸易公平基础的形成，也有助于推进中国市场经济体制的完善。为了争取市场经济地位，服务于中国的反倾销实务，我们曾完成了《2003 中国市场经济发展报告》和《2005 中国市场经济发展报告》。《2008 中国市场经济发展报告》是一部延续性的报告，她继续客观地揭示中国经济市场化的新进展，并运用可比的指数测度体系及方法，得出了 2004 年、2005 年和 2006 年中国经济市场化指数分别达到 73.3％、78.3％和 77.7％的结论，再次证明了中国已经是发展中的市场经济国家，且市场化程度高位趋稳。今年值改革开放 30 周年之际，因此，在 2008 年的报告中，特别增加了 30 年经济体制改革理论回顾与反思的内容，系统地梳理了中国市场化理论的发展进程。知史惜今，明史励志，报告用自己的方式表达了对中国改革的纪念之情，也表达了对中国市场经济不断完善与发展的信心和希望。

　　本报告是多方支持与合作的集体成果。北京师范大学校领导的支持和关心，国内一批著名经济学家的指导和建议，国家统计局专家的帮助，学校出版社领导和编辑的认同与协助，使得任务得以按预定计划完成。

　　这里特别想说的是，本次报告撰写之际，我国经历了令人难以忘怀的时刻。祖国大地，兴与难皆为世界瞩目！和平、友谊、进步的奥运宗旨，众志成城、克难兴邦的中华精神，同为激励我们完成任务的强大动力！时间短、任务重、标准高、要求严，均挡不住课题组成员前进的决心。怀报国心，校园观世界，力促理论联系实际；立兴邦志，少壮书历史，弘扬传承更求创新。让我们继续努力，为家园更美好、人类更和谐做出自己应有的贡献！

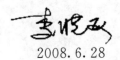

2008.6.28

目 录

表　目

导　论

在我国反倾销工作取得很大进展的时候，在全国上下回顾 30 年改革开放成就的时候，我们完成了《2008 中国市场经济发展报告》。相比 2003 年和 2005 年的报告，本次报告有了新的特点。

>>一、从为"反倾销"服务到"两个服务"<<

我国反倾销工作一直在进行着。通过国家领导人亲自推动、商务部领导交涉、技术层面磋商，以及经济理论界的努力等工作，中国市场经济地位已经得到越来越多国家的承认。迄今已有澳大利亚、巴西、韩国、俄罗斯、埃及、挪威、瑞士等 77 个国家承认我国市场经济地位。但我们也看到，"反倾销"、"反补贴"形势仍然严峻。1995 年以来我国连续 13 年成为全球遭遇反倾销调查最多的国家，目前全球 1/3 的反倾销案件针对中国产品。上海 WTO 事务咨询中心调研结果显示，2005 年至 2006 年全国约 6 万多家出口企业遭遇国外贸易壁垒，每年因此所遭受到的损失达六七百亿美元。2007 年全球共有 19 个国家（地区）对我国发起 75 起"两反两保"调查，涉案金额约 35 亿美元。今后一个时期，各国会更加重视从全球和战略高度审视中国的快速发展，我国面临的国际经贸摩擦与矛盾将更加突出。从这个角度看，推进其他国家承认中国市场经济地位，仍是一项重要的工作。

当然，我们也应看到，是否承认中国市场经济地位，欧盟和美国是关键。但是，欧美与中国在这方面的磋商中，不愿正视中国的现实。它们评估中国市场经济，逻辑上很有问题。它们往往是用微观的或称为企业的行为标准来断定整个国家的市场经济地位，以个案说整体，以企业说全国，推理太简单，结论很牵强。按它们的逻辑，美国安然公司财务上出了事，就可以证明美国的会计制度立法和执法都没有达到欧盟的会计标准；或者，英国工党搞国有化阶段，就可以说明当时的英国不是市场经济国家。因此，继续有理有据与欧美进行中国市场经济地位的辩论，继续为中国反倾销提供理论支持，仍是必要的。换言之，我们《2008中国市场经济发展报告》仍负有证明中国市场经济地位的重要使命。

与此同时，我们也看到，解决市场经济地位不仅取决于中国自身市场经济发展水平，同时甚至更取决于大国间政治和经济利益博弈的结果。当我们按照欧美反倾销标准设计分析框架并测算出中国市场化程度在 2001 年就达到 69％时，我们技术层面的工作实质上就已经完成了。市场化指数提高几个点，已经不是第一位重要的问题了。现在，大国间的政治决策确实在发挥着主要作用。

正是在这种背景下，市场化测度和分析的意义与作用的另一方面就突现出来了，即这项研究另一个更重要的功能是为完善中国市场经济制度服务。其实，这也是这项研究工作的归位。众所周知，中国市场经济发展程度的研究，起初就是为了找出中国市场化改革中的不足，以推进中国改革开放。只是中国加入 WTO 以后，这种分析的结果，越来越具有为反倾销服务的功能。在中国改革开放 30 年之际，当我们回顾中国市场经济取得的进展的时候，再来测度中国市场化指数，就自然被赋予了从定量与定性结合角度判断中国改革开放成就的意义了，换言之，这就使 2008 年报告具有了双重的责任，具有了既为反倾销又为完善经济体制而服务的使命。还应指出的是，鉴于市场经济标准具有相对性的特点，鉴于欧美的标准是来自实践的标志性分类，因此，在此基础上的测度结果对判断我国市场化程度也是极有价值的，可以借用来为完善我们的市场经济体制服务。

>>二、中国市场化程度创新高<<

2004 年到 2006 年，是我国完善社会主义市场经济体制的重要年份。这一期间，我国市场化程度继续提高，这里仅就政府、行业与企业、价格以及金融体制改革等为例，简要介绍之。

从政府层面上看，此期间最重要的改革内容，是政府由经济建设型向公共服务型转变。政府加强了社会管理和公共服务职能，着力提高基本公共服务的均等化程度，并取得进展。压缩行政机构也是政府行政体制改革的重点。截至 2006 年，中国已有 29 个省份基本完成乡镇撤并工作，撤并了 7400 多个乡镇，平均每天撤 4 个乡镇。三年来行政审批项目大幅削减，截至 2006 年底，国务院部门和地方政府取消和调整的行政审批项目超过了一半。

从行业与企业方面看，三年时间里，垄断行业的改革大步推进。2004 年至2006 年，中国垄断性行业在放宽市场准入、改革监管和运营体制、引入非国有资本、建立特许经营制度等方面进行了较大幅度的改革。电力行业掀起了"减薪风暴"；石化行业开征了"暴利税"；民营航空公司打破了国内民航市场由国有控股和地方航空公司一统天下的格局；铁路部门逐渐放开了非国有资本的进入；城市公用事业、矿产资源勘探和开采、军工等垄断行业的改革也都有不同程度的进展。与此同时，中国企业市场运作的各项规则进一步健全和完善。此期间，国务院发布了《关于鼓励支持和引导个体私营等非公有制经济发展的若干意见》，全国人民代表大会常务委员会通过了修订的《中华人民共和国公司法》（以下简称《公司法》）和《中华人民共和国企业破产法》（以下简称《破产法》）；国务院国资委发出了《关于做好第二批中央企业分离办社会职能工作的通知》、《企业国有资产评估管理暂行办法》、《企业国有产权无偿划转管理暂行办法》和《关于做好企业国有产权转让监督检查工作的通知》等多项行政法规，深化了国有企业改革。

价格机制改革向纵深发展。2004 年至 2006 年，政府在资源市场化、垄断和公共产品定价机制上的改革迈出了新步伐，推进了水价改革，深化了煤电价格改革，实施了煤电价格联动，并开始积极推进石油、天然气等资源品价格改革。

特别引人注目的是，2004 年至 2006 年我国国有商业银行股份制改革取得突破性进展，中国建设银行、中国银行、中国工商银行不仅成功引进了国外战略投资者，而且顺利股改上市。仅 2004 年至 2006 年就采取了 7 项利率市场化措施，利率市场化的步伐显著加快。

为全面反映 2004 年至 2006 年我国经济市场化进展的程度，我们从"政府行为规范化"、"经济主体自由化"、"生产要素市场化"、"贸易环境公平化"、"金融参数合理化"这五大方面，借助 33 个指标，对中国 2004 年至 2006 年市场经济发展进行了定量分析与测度。测度的结果是：2004 年至 2006 年中国经济的市场化指数分别为 73.3%、78.3% 和 77.7%。

这一次市场指数测度过程及结果有以下三个特点。首先是市场化指数创下历年来的新高。以 2006 年中国经济的市场化指数测度结果 77.7% 来看，这比 2001年的 69.0% 高出 8.7 个百分点，与 20 世纪 90 年代各种研究结果的年度简单平均值相比，更是超出了 25 个百分点[①]。这充分证明，经过改革开放以来的不断努

---

① 北京师范大学经济与资源管理研究所：《2003 中国市场经济发展报告》，17 页，北京，中国对外经济贸易出版社，2003。

力，中国经济的市场化进程取得了巨大进步。其次是市场化指数首次出现了下降情况，即 2005 年的市场化指数 78.3％略高于 2006 年的 77.7％。如何来看待这个变化呢？我们认为，当一个经济体在市场化程度达到一定阶段后，市场化指数时高时低的小幅变化就是很正常的了。就这次的变化来分析，主要原因是"政府转移支付和政府补贴占 GDP 的比重"这一指标发生了变化，政府加大了对农村和西部地区的补贴和转移支付力度，2006 年中央财政用于"三农"支出环比增幅为 14.2％，此外，政府在社会事业方面的投入增加也很大，因此，"政府对经济的干预"就会加大，相应的市场化评价就会下降。由此看到，这里指数的变化其实是好事，而不是坏事。我们相信，随着中国市场经济体制的完善，对市场化指数变化的评价就会有新的思维了。第三是在测度框架不变前提下，我们对 5 个指标进行了调整。新指标的经济含义与原指标一致，而统计更规范，来源更稳定，可比性更强。在第 10 章中，我们将有具体的说明与分析。

>>三、30 年改革开放回顾感悟良多<<

在组织编写 30 年改革开放理论进展的回顾中，在查阅各领域的改革文献中，我们得到诸多的启发，其中有三点给我们留下了特别深刻的印象。

首先，深深感到邓小平理论的强大和锐利。人们通常希望，领导改革的人应对改革的目的、达到的模式以及采用的手段，有清醒的认识。但是领导人是从旧体制中过来的，因此，对新体制也要经过不断学习与认识，这就使改革决策常常出现偏差，出现滞后或者不配套。而这是必然的，可以理解的。但我们吃惊地看到，小平同志不受传统思维的约束，改革主张是最彻底的，改革方向也是最明确的。

邓小平理论朴素又伟大。用系统性、深刻性来评判社会科学成果固然是必要的，但最重要的判断标准还应是实践效果。小平同志从不以人民的"老师"自居，他说："我是人民的儿子。"小平同志是用人民群众的语言来概括事物。正因为小平同志始终站在人民群众立场上，以群众的眼光分析现实生活，为人民利益而工作，因此，理论具有强大的生命力。"一个石头"、"两只猫"，这类朴素的理论最深刻。中国改革开放取得令世界瞩目的成就，就是邓小平理论指导的结果。

邓小平同志所倡导的"实事求是"有其特殊的含义，与我们一般理解的"实事求是"还有些不同。不同处在于：小平同志所讲的"实事求是"是与"解放思想"密切相关的。改革开放之初，如果不解放思想，就不可能有实事求是。解放思想有广义、狭义之分。广义讲是指任何新认识取代旧认识，需要实事求是，也需要解放思想；狭义讲是指在特定历史环境之中，当人们的认识发展到一种质变阶段，这个时候若不解放思想，没有相当的胆略与勇气，就不能打破旧认识的束缚，就不能实现认识的飞跃。小平同志所讲的"解放思想"实际就是属于这种情况，这里"解放思想"与"实事求是"是密不可分的，确有其独特的内容和意义。

社会主义市场经济理论是邓小平理论的核心。社会主义市场经济理论既是我国经济体制改革的指导思想，也蕴含着对我国社会基本性质的深刻界定。社会主义市场经济理论形式，在邓小平理论形成过程中，具有里程碑的意义。比如，他的"社会主义可以搞市场经济"论断就非常深刻。小平同志指出："计划多一点还是市场多一点，不是社会主义与资本主义的本质区别。计划经济不等于社会主义，资本主义也有计划；市场经济不等于资本主义，社会主义也有市场。计划与市场都是经济手段。社会主义的本质，是解放生产力，发展生产力，消灭剥削，消除两极分化，最终达到共同富裕。"① 小平同志用手段这个范畴来认识市场经济，这是相当深刻的。既然是手段，就不是唯一的，就允许也必须与其他手段配合；既然是手段，就不是一种社会价值观念，不是我们追求的社会形态目标；既然是手段，就要服从使用这种手段的主体；既然是手段，就不能单独地唯一地决定或影响社会的基本属性。既然如此，我们就可以为发展生产力这个目标，充分利用市场经济；就可以在我们社会主义制度下，大胆利用市场经济。

其次，经济学工作者们 30 年来付出的劳动是巨大的。在翻阅查找 30 年的经济学文献中，我们有一个强烈的感觉，经济学家们把自己的精力无保留地贡献给了改革开放的伟大事业。他们深入调查，认真思索，反复比较，提炼建议，为中华崛起献出了自己宝贵的时间和精力。从 30 年经济理论的学习中，我们得出一个结论，经济学界整体上都是支持改革开放的。这里没有真正的保守派，没有固执的反对派。因此，我们的理论归纳，在赞扬那些勇于支持改革开放的经济学家的同时，并不想去寻找改革开放的反对派。每一个学者，对改革的具体措施，都可以有不同意见，甚至反对的意见，这是事物发展中有益的声音。在对改革开放为民谋利的方面，我们没有看到一个经济学家持反对意见。因此，我们的回顾，是平和的，善意的，以公开发表的文字为根据的，同时，不去归纳派别，不去激化已成为历史的矛盾。

---

① 邓小平：《邓小平文选》，第 3 卷，373 页，北京，人民出版社，1993。

如果把经济学家们的贡献做个分类，我们认为大致可以有以下两类。

一种是紧跟时代前进的步伐，不断总结改革开放中的新鲜事物，从理论上加以概括，并通过各种方式影响着上上下下的观念，借此推动着改革的进展。这可能是多数经济学家的主要贡献方式，我们称之为"与时俱进式"的贡献。这里的与时俱进，就是改革的理论与改革的实践同时前进。由于改革开放的复杂性和实践性，使理论界脱离现实进行超前研究相当困难。大量有实践价值的理论，是先来自实践工作部门，然后由理论界归纳升华成某种体系。理论界面对的大多是新问题，理论界也是在干中学，这就是改革开放30年的现实。这就要求理论工作者更紧密联系实际，更深入调查现状，以提供更有价值的理论给社会。"与时俱进"又可分为主动式和被动式的。前者较早地认识到传统体制的问题，具有推进社会前进的迫切要求，反映在理论活动上，对改革与开放持更为积极主动的态度。后者对社会和人民同样有着深厚的感情，但因种种原因，对传统体制有更多正面的、宽容的理解。因此，他们对改革开放理念往往多有怀疑和批评，或者有更高的要求和更严的标准。但是，他们承认实践的标准，在改革开放取得成功时，会表态认同和支持，并且，他们的批评也成为促进新制度更趋完善的宝贵动力。总之，从这两类经济学家身上，我们都深深体会到理论与实践的关系。当我们把过去30年来的一篇篇论文查索比较时，深深感受到时代变迁对思路开阔的决定性力量。学者们在改革开放的环境中，吸取新观念，获得新体会，形成新思想，个人观念顺应了时代发展，也推动着实践的提升。当然，理论界也有极少数或个别人是反对改革或者怀疑改革的。总之，经济学家和各类专家，不仅做出了推动改革的贡献，也有一个思想自我解放的过程。因此，不要轻易去否定理论界各种观点形成或提出背景的合理性，要尊重与宽容。

另一种学者则是超前地提出自己的见解，并通过实践来逐步证实其观点的前瞻性。这些学者具有远见卓识，见众人不见之未来，断社会不久之巨变，能逆环境而思，超时代而前。这些学者的观念，充满个性，超凡脱俗，我们称之为"思想超前式"贡献。这种贡献往往是与勇气并存的。因为，他们要对当时主流的或传统的思想提出挑战，因此，在一个时期里，可能要被误解，可能要受到巨大的压力。但是，他们的思想或理论，在反复受到批判的同时，也得到传播，产生了影响。在实践的助推下，这些思想可能遇到机会反而成长起来。应当说，这种贡献非常难能可贵，不仅其产生过程是借助本人深厚的功力与社会进步提供的支持，更重要的是为解放思想开拓了先机。他们的思想不拘于一种环境，而为跨时空的学术环境的产物，故有大成就。他们是我们特别要表示敬意的一批人。由此也可看到，思想解放对理论研究有重大意义。因此，在适当时机，大力推进政治体制改革，完善政治民主制度，为理论研究创造更为良好的环境，将有助于21世纪中国的全面进步。

这里特别要申明的是，我们理论回顾重点是查阅某些重要杂志的相关文章，因此，难免有重大遗漏。同时，没亲身参加改革初期争论的学者们，对老一辈经济学家观点的概述，会因缺乏实际感受有可能概括不十分准确。我们愿意听取各方面尤其是经济学前辈的指教。当然，本报告毕竟只是一家之言，并不具有官方的甚至学会的权威性。

第三，科学发展观不仅是发展观，也是改革观。科学发展观的本质和核心是坚持以人为本，是要把人民的利益作为一切工作的出发点和落脚点。科学发展观旨在解决经济发展和社会发展的关系，城乡发展的关系，人与自然发展的关系，区域发展的关系，国内发展和对外开放的关系。落实科学发展观，需要进一步转变发展观念，进一步转变经济增长方式，进一步转变经济体制，进一步转变政府职能，进一步转变各级干部的工作作风。

在检索30年的经济文献中，我们看到有大量的讨论集中在发展与改革的关系上。比如，发展农业，需要深化农村体制改革；提高企业经济效益，需要以改革为动力，实现产权明晰、责权明确、政企分开和管理科学；解决经济结构不合理，需要改革投融资体制，强化法人投资和银行信贷风险责任；发展区域经济，需要强调市场机制与国家宏观调控作用的结合；解决好人与自然的关系，需要建立和完善环境资源产权制度，明确各类资源所有权与使用权，建立有偿使用和转让制度，使自然资源管理资产化；搞好环保，需要把公益性与国家经济性产业相结合，"谁治理谁受益"，"谁污染谁付费"，把需要变为供给，把支出化为收益，发展环保产业；发展对外贸易和提高引进外资水平，需要坚持扩大开放，进一步改革外贸、外汇、外经和外资管理体制；为保持良好的宏观经济环境，需要改革和完善宏观调控体系，把我们的政府建设成"权责一致、分工管理、决策科学、执行顺畅、监督有力"的政府；为保持发展的动力，就需要改革和完善收入分配机制。总之，完善社会主义市场经济体制，是落实科学发展观的关键。有了一个科学的发展观，就明确了改革的范围和力度；就保证了改革开放目标正确、方向清晰、设计合理。因此，科学发展观不仅是经济发展的指导思想，也是经济改革的纲领。

>>四、《2008 中国市场经济发展报告》的主要内容与结构<<

我院撰写的中国市场经济报告历来有两大部分，一部分是对两年前的中国经济市场化的定性和定量分析，现在已形成一个有继承性与可比性的较为稳定的格式。第二部分则是专题系列，是根据写作的情况，抓住某一重点或热点问题而展开。《2008 中国市场经济发展报告》也是这样一种结构，主要有两个部分，第一部分是分析"2004—2006 年市场经济新进展"，第二部分则是"经济改革理论 30 年回顾"。如果说还有一部分，那就是对这两部分的综述，即"导论"部分。"导论"是为了方便读者阅读，把本报告的背景、重点内容以及我们的态度，做个简要的介绍。

下面概述一下撰写报告两大部分时的一些考虑。

报告第一部分为"2004—2006 年市场经济新进展"。这部分包含 10 章和 2 个附录。按照 2003 年、2005 年报告形成的框架结构，前 9 章分别对 2004—2006 年中国政府管理体制改革、企业市场化、劳动力流动和工资决定的市场化、资本交易的市场化、土地交易的市场化、贸易的市场化、中介组织规模及行为的市场化、货币与金融的市场化、中国市场经济法律体系的完善等 9 个方面市场化新进展进行了实证分析。第 10 章"中国市场经济发展程度测定"，对评价指标体系进行了进一步完善，并测算了中国经济市场化程度。附录 1"33 个测度指标的定义与数据来源"将市场化测度各指标的具体含义及资料来源，进行了界定和说明。附录 2"国外经济自由度指数简介"介绍了美国传统基金会（The Heritage Foundation）和加拿大弗雷泽研究所（The Fraser Institute）两大机构关于经济自由度的最新测度结果，并将其对中国经济自由度的评价做了比较分析。

在第一部分中，我们关注了 2004—2006 年中国经济市场化发展过程中出现的新变化和新问题，充分吸收国内外相关研究的最新成果，采用了最新的数据和资料。可以说，各章重实证，具体事实描述多；重数据，各类数据表比较多。通过指标描述和分析，让读者能真正把握 2004 年到 2006 年中国经济市场化在各领域的具体现状和进展，了解本领域市场化发展的趋势。同时，我们也特别注意了与前两个报告的衔接与继承。为了与前些年市场化进展比较，第一部分的章节提纲甚至数据表都与前两个报告相同或接近。在这些章中，我们做了各领域市场化程度的判断，但主要是分析评价类结论，不具体做此领域的市场化指数。各领域的市场化指数，都统一体现在第 10 章中了。在数据使用上，2008 年报告与前两个报告相同，重点是 2004—2006 年三年年度数据。这也是世界银行发展报告的一种办法，即年度报告使用两年前的年度数据。

第二部分为"经济改革理论 30 年回顾"，包含 1 个概论、8 个专题和 1 个附录。"概论"从改革开放的重大问题着眼，梳理了 30 年改革进程。8 个专题为"政府管理体制改革 30 年理论回顾"、"企业市场化改革 30 年理论回顾"、"财政体制改革 30 年理论回顾"、"金融体制改革 30 年理论回顾"、"贸易体制改革 30 年理论回顾"、"劳动力市场化 30 年理论回顾"、"土地制度市场化改革 30 年理论回顾"、"农村市场化改革 30 年理论回顾"，各专题分别对中国改革 30 年来 8 个领域的理论进展进行了回顾。本部分附录特别列示"孙冶方经济科学奖"历届获奖著作和论文名单，从一个重要侧面展示了改革进程中的重大理论成果。

在本部分各专题写作中，我们把重点放在理论上而不是改革实践上，因为，我们今年上半年已推出了一本以改革实践为主的书即《中国经济改革 30 年（市场化进程卷）》，而本报告第一部分又着重对 2004—2006 年的改革实践做了概括，同时，国家各部门都在进行 30 年改革实践的总结，因此，我们这里重点放在了理论上，不去描写实践，仅仅概括实践。正因为如此，我们在理论文献的搜集、整理上下了很大工夫，但不再列出反映现实情况的各种数据表了。根据本报告的总体要求，第二部分以市场化为核心，以时间为主线，力求客观、全面地梳理学术界关于"中国经济改革 30 年"的经济理论方面的真知灼见，特别选择了改革进程中的重大理论，尤其是对实际部门产生重大影响的理论进行了归纳。

希望《2008 中国市场经济发展报告》的出版，能为庆祝改革开放 30 年增加一点光亮，能表达一下我们参与改革开放伟大历史进程的庆幸之情。当然，短短 3 个月完成这本书稿，时间太紧，难免存在缺漏和不当之处。若有指教，幸甚矣！

第一部分

2004—2006 年市场经济新进展

第一章
政府管理体制改革

中国的市场化成果离不开对经济体制和政府管理体制的双重改革,由经济体制开始的改革带来了国内经济的繁荣发展,随之展开的政府管理体制改革推动着市场化进程继续向前推进。随着改革不断向纵深发展,政府管理体制改革对其他改革的牵制作用.日益明显。客观上,加快政府管理体制改革已成为全面深化改革的关键。

本章首先回顾了 2004—2006 年政府管理体制改革的进程,其次从政府规模和政府对经济的管理两个方面分析了 2004—2006 年政府管理体制改革对市场经济的影响,并通过分析对政府管理体制规范化的程度进行判断,最后对政府适应市场化的发展趋势进行展望。

>>一、2004—2006 年政府管理体制改革进程概要<<

2004—2006 年,政府管理体制改革继续向前推进。其中,政府管理职能由管制市场向服务市场持续转变,政府规模逐步趋向合理化,政府管理方式不断多样化,使得市场在资源配置中逐渐占据主要地位,具体表现在以下方面。

(1) 从经济建设型政府向公共服务型政府转变。政府经济职能转变的取向由政府直接投资建设和直接干预微观经济,向主要提供公共服务和为企业创造良好的经济环境转变,以更好地发挥市场在资源配置中的基础性作用。强化政府的社会管理和公共服务职能,是这 3 年来政府改革最重要的内容之一。各级政府采取种种措施,以强化政府的社会管理和公共服务职能为主线,提高基本公共服务的均等化程度,推动政府职能转变。如实行公共服务分类管理,加大财政在教育、卫生、文化、就业再就业服务、社会保障、生态环境、公共基础设施、社会治安等方面的投入,增强基层政府的公共产品和公共服务供给能力等。

（2）在宏观调控中更加注重经济手段的运用。2004—2006 年，中国经济持续高速增长，由此带来的宏观调控压力也逐渐加大。其中，尤其是经济运行中投资增长过快、货币信贷投放过多、外贸顺差过大等问题最为突出。2004—2006 年全社会固定投资总额同比增长分别为 26.6%、26%、23.9%，仅 2006 年，全国房地产开发投资为 19 382 亿元，同比增长 21.8%，增速比上一年加快 0.9 个百分点；货币信贷投放自 2005 年以来一直存在投放过多的问题，由此导致的流动性过剩问题亟待解决；3 年间，外贸顺差持续高增长，2006 年对外贸易总额高达 17 606.9 亿美元，比上一年净增 3 387.8 亿美元，增长 23.8%，其中顺差高达 1 774.7 亿美元，同比增长 75%。为此，政府及时采取了一系列宏观调控措施，如提高商业银行存款准备金率，上调金融机构存贷款基准利率，放开贷款利率上限；加强财政、税收对经济运行的调节，有效解决了投资增长过快、货币信贷投放过多的问题。以对房地产的调控为例，针对房地产市场投资过热的情况，政府通过综合运用财税、货币、土地等手段，遏制房地产投资过快增长和房价过快上涨的势头。2005 年以"房产新政"为主旋律的宏观调控主要采用经济手段，使政府的宏观调控朝着市场化的方向迈出了一大步，2006 年又针对房地产和土地等领域出现的新问题，果断采取了一系列经济措施，保障了经济的平稳健康发展。此外，针对外贸顺差过大，人民币升值压力大增的问题，中国人民银行从国际收支源头入手，改革外汇管理体制，推动外汇管理体制迈向市场化。

（3）对政府机构进行了调整。在省管县、乡镇机构改革方面进行了一些探索和试点，强县扩权是从缩减行政层级上推进政府改革的一种探索，其针对的是 20 世纪 80 年代兴起继而约定俗成的"市管县"体制。核心内容是通过扩大县一级政府的相关权力，使县一级政府具有更大自主权，一方面精简行政层级，实现了行政层级扁平化的内在要求，另一方面也为实现县域经济的发展拓展了空间。与此同时，政府机构改革也取得新进展：调整安全生产监管体制，设立了国家安全生产监督管理总局；成立了国家能源领导小组办公室；改革国家统计局直属三支调查队管理体制；基本完成省以下国土资源干部管理体制改革；指导撤并了 1 600 多个乡镇，完成了全国行政区划图集和部分省行政区划地图的编制工作；尝试实行"一正二副"的领导模式，减少党政领导的干部数量。截至 2006 年已换届的市、县、乡党委领导班子职数比上一届分别减少 60 多名、960 多名、22 800 多名；已换届的市、县、乡党委副书记实际配备人数比上一届分别减少 280 多名、4 200 多名、35 800 多名。

（4）行政审批管理体制改革不断深化，并取得一定成效。政府加大了清理和削减审批事项的力度，国务院分四批取消、调整 1 992 项行政审批；各级政府共取消、调整 22 000 多项行政审批，均占原有审批项目总数一半以上。各省级政府和 58 个国务院部门共清理行政许可依据 25 554 件；废止 3 981 件，修改 2 495 件；清理行政许可实施主体 2 389 个，保留 7 932 个，取消 302 个，调整 71 个。此外，国务院部门改革与地方政府改革上下对接，良性互动。一方面，国务院各部门加强了对本系统行政审批制度改革工作的指导与协调，提出了审批项目上下衔接的意见和办法；另一方面，地方政府（包括省、区、市）对照国务院部门取消和调整的行政审批项目，从审批主体、审批对象、审批依据、审批内容等方面进行核对，依据不同情况对审批项目进行了分类处理，还研究制定了应对和保障措施。就地方政府而言，各省市从实际出发，出台并组织实施了系列改革措施，就如何适应市场经济体制，建立科学合理的行政审批管理机制进行了探索。政府集中清理和削减了审批事项，降低了市场准入门槛，越来越多的地方政府建立了政务服务中心，将清理后的审批项目集中进行统一管理，规范运行，强化监督，增强了依法行政，减少了审批中的违法行为和不正当行为。

（5）政企分开取得一定进展，国有资产管理体制进一步完善。政企分开被认为是中国政府正确履行职能的前提，这方面的改革主要体现在完善国有资产管理体制上。2005 年，中国 50％以上的国有及国有控股大型骨干企业已改制为多元持股的公司制企业；宝钢集团等 11 家国有独资公司建立健全董事会的试点工作进展顺利；第 2 批 74 家中央企业开始分离办社会职能，有 1 600 多个机构和近 14 万职工实现了分离；启动了东北地区部分城市和地区厂办大集体改革试点；通过了《全国国有企业关闭破产工作四年总体规划》，部署了国有企业政策性关闭破产工作；不断健全国有资产监管法规体系，出台了《企业国有产权向管理层转让暂行规定》等规章；全面推行国有企业负责人经营业绩考核制度；83％以上的市（地）组建了国有资产监管机构。此外，修订发布了《公司法》，健全和完善公司法人制度和公司治理结构。

（6）投资体制改革稳步推进，政府投资项目公示制和代建制逐步实行。投资体制改革是政府经济职能转变的重大举措。2005 年，根据 2004 年投资体制改革的部署，政府全面实施了核准制和备案制。在此基础上又相继出台了预算内投资、国债投资和主权外债等政府投资管理办法，启动了中央预算内投资项目"代建制"试点，在咨询评估领域开始引入竞争机制。此外，为了提高经济活力，继续放宽非公有制的投资准入。2005 年 3 月，在颁布的《国务院关于鼓励支持和引导个体私营等非公有制经济发展的若干意见》中明显放宽了对非公有资本的准入，即允许非公有资本进入法律法规未禁入的行业和领域；允许外资进入的行业和领域，也允许国内非公有资本进入，并放宽股权比例限制等方面的条件；在投资核准、融资服务、财税政策、土地使用、对外贸易和经济技术合作等方面，对非公有制企业与其他所有制企业一视同仁，实行同等待遇等。

（7）依法行政方面取得新进展。2005 年，中国政府废止了《农业税条例》，修订和出台了《公务员法》等 87 部法规，其中包括《个人所得税法》、《公司法》、《证券法》等关系国计民生的重要法律法规。《公务员法》确立了一系列新的公务员制度，如大力推进公务员聘用制度，将公务员任用公开化、透明化。这不仅标志着中国相关法律制度的重大进展，还意味着中国民主化进程的重要推进。这些制度有利于从源头上防止选人用人上的不正之风和腐败行为，有利于加强对公务员的依法管理与监督，提高公务员队伍的整体素质。

（8）对政务公开的积极探索。于 2005 年 10 月 1 日试运行，2006 年 1 月 1 日正式开通的中华人民共和国中央人民政府门户网站（简称"中国政府网"）备受瞩目，这是中国政府推进政府管理方式创新，提高政务透明度，建设服务型政府的一项重大举措。该网站不仅公布政府重大决策部署、行政法规、规范性文件，面向中外企业和个人提供便捷的网上服务，增进了政府与民众之间的沟通交流。截至 2005 年 6 月 30 日，中国 31 个省区市建立了政务公开领导机构，国务院 38 个部委建立了政务公开领导机构。

>>二、2004—2006 年政府管理规范化程度分析<<

为了全面、客观地描述 2004—2006 年中国政府适应市场化的现状，本节从政府规模指标和政府干预指标对政府管理规范化程度进行分析，以便准确把握政府行为对市场经济的影响。

（一）政府规模分析

以往研究表明，一个国家的政府规模与其市场化程度存在密切关联关系。对经济自由化研究比较著名的两份报告——美国传统基金会和《华尔街日报》共同主办的《经济自由度指数》以及加拿大弗雷泽研究所的《世界经济自由度报告》，都运用政府规模的大小衡量政府对市场经济的干预程度，并且他们都认为政府规模和市场化程度存在负相关关系，即政府规模越大，经济的市场化程度越低。对政府规模的衡量有不同的标准，我们从政府收入、政府机构与人员、政府消费支出、政府投资和政府补贴等方面衡量政府规模。

1. 政府收入规模

政府收入占 GDP 的比重体现着政府在国民经济中直接支配的份额，并形成了政府对国民经济的影响力。中国政府收入筹措方式为多元化的收入渠道，收入来源可以分为预算内、预算外和非预算三大部分。财政预算内收入由税收、税收附加、基金、专项收入、规费等组成。预算外收入包括行政事业性收费、政府性基金收入以及其他杂项收入。预算外收入与预算内收入相比，具有来源分散、结构复杂、收入不稳定和使用专项的特点。非预算收入主要包括社会保障基金、政府集资、私自转换制度内资金、通过"创收"等形成的"小金库"资金、乡镇政府自筹资金等。[①] 在政府收入体系中，预算内收入占 60％左右，始终居主要地位。随着政府管理按市场规则的规范化改进，将逐步减少预算外收入和非预算收入的数量，并把二者纳入预算内管理。

中国政府收入占 GDP 的比重，2004—2006 年均值为 23.7％，这个比例与其他国家相比并不高，具体情况见表 1-1-1。

表 1-1-1 　　　　　　　　　2004—2006 年政府收入规模 　　　　　单位：亿元人民币；％

年　份	2004	2005	2006
预算内收入	26 396.47	31 649.29	38 760.20
预算外收入	4 699.18	5 544.16	7 752.04 *
政府收入	35 794.83	42 737.61	54 264.28
政府收入占 GDP 比重	22.4	23.2	25.7

注：* 根据 1996 年的典型调查估计，政府收入中非预算收入所占的比重与预算外收入所占的比重大体相近，根据这一结论估算出非预算收入的数值。

资料来源：国家统计局：《中国统计年鉴》，2005—2007 年，北京，中国统计出版社，2005—2007。

2005 年，发达国家各级政府财政收入总和（含社会保险缴费收入）占 GDP 的比重，美国为 32.91％，英国为 41.49％，德国为 43.54％，法国为 50.60％。在发展中国家，中国政府收入规模居中，智利、阿根廷、伊朗、哥伦比亚、南非等国财政收入占 GDP 的比重都超过了 25％，有的甚至接近或超过了 35％，大大高出中国的规模水平。秘鲁、泰国、新加坡、越南等国财政收入规模都不到

[①] 目前，对于非预算收入的统计，学界存在很大争论，很难进行估计。因此，本报告对政府收入的统计不包括非预算收入。

GDP 的 25％，与中国的规模水平相当。

2. 政府机构与人员

政府机构规模和政府人员的数量也是判断政府规模大小常用的标准。政府内部所设的机构数量越多，工作人员数目越多，意味着政府规模越大。

2004 年以来，中国政府继续对行政机构进行调整，重点在地方的机构改革上。首先，在省管县、乡镇机构改革方面进行了探索和试点。继 2004 年湖北的省管县体制试点之后，2005 年，吉林、辽宁、湖南相继开始省管县体制的探索。尤其是吉林省，对县（市）下放权限数量多、范围广、力度大，特别是涉及县域经济发展的一些关键权限，如建设项目和建设用地审批、税收抵扣、技术改造以及与省级共享和分成收入等，很多都下放到县（市）管理。在对县（市）放权的同时，调整完善财政管理体制，实行省管县（市）的财政体制（不包括延边自治州），调动县（市）加快发展的积极性。在财政预算、决算、转移支付、专项资金补助、资金调度、债务管理等方面，由省级财政直接对县级财政，各项财政工作直接部署到县（市）。截至 2006 年，中国已有 29 个省份基本完成乡镇撤并工作，乡镇总数由撤并前的 46 400 多个减少到 34 675 个；五年内撤并了 7 400 多个乡镇，平均每天撤 4 个乡镇。①

其次，尝试"一正二副"的领导模式，从党委开始精简臃肿的领导机构。长期以来，由于各级党政部门中领导职数太多，导致分工过细、职责交叉和重叠，工作协调难度大，直接影响政府职能部门的效能。中共十六届四中全会通过的《中共中央关于加强党的执政能力建设的决定》明确指出"要减少地方党委副书记职数，实行常委分工负责，充分发挥集体领导作用"。2006 年，中国省、市、县、乡四级党委开始集中换届，精简领导班子职数、减少副书记职数成为换届选举中的一大特色。减少党委副书记职数的意义，在于扭转权力过于集中于书记办公会的现象，有利于实现全委会、常委会的集体领导职能。在换届中，各省、市、县、乡党委数以千计的副书记被精简，大多数市、县、乡实现了配备 2 名副书记的目标。四川省精减乡镇副书记 7 700 余个，相对较少的山西亦有 2 000 余个；两省的县级党委副书记精减数在 200 人左右、地市级副书记精减数在 40 人左右、省级副书记由 4 人减为 2 人；少数民族自治区副书记则由 6～7 人减至 4 人。

---

① 张崇防：《中国撤并乡镇 7 400 多个　精简机构减轻农民负担》，载《发展》，2004（4），40 页。

3. 政府消费支出

政府消费支出是指政府作为消费者对最终产品和劳务的购买支出，包括用于法律制度建设、规制管理、消防和警察保护、国防、教科文卫等方面的支出。适度的政府消费支出为经济提供了国防、教育和宏观经济管理等服务，有利于经济的稳定与持续发展。卡拉斯（Karras）以政府消费占 GDP 比重表示政府规模，结果表明政府服务具有显著生产性，118 个国家 1960—1985 的年度数据研究结果表明，政府消费支出的最优规模平均为 23%，其中非洲为 20%，北美洲是 16%，南美洲为 33%，亚洲是 25%，欧洲为 18%。[①] 从这一研究结果可以看出，2004—2006 年，中国政府消费支出占 GDP 的比重处于较低的水平且变动幅度不大（见表 1-1-2）。

表 1-1-2　　　　　　　　　2004—2006 年政府消费支出　　　　　单位：亿元人民币；%

年　份	2004	2005	2006
政府消费支出	23 199.4	26 605.2	29 964.8
占 GDP 的比重	14.51	14.47	14.21

资料来源：国家统计局：《中国统计年鉴》，2005—2007 年，北京，中国统计出版社，2005—2007。

导致政府消费支出占 GDP 比重较低的原因，在于国际上通行规则计算该比重所使用的数据是预算内支出，而中国的预算编制并没有遵循完整性原则，大量的财政资金不纳入预算内，形成了预算外资金，而这些预算外资金却没有纳入政府消费支出中。

4. 政府投资

中国政府投资的范围主要集中在社会基础设施、公共事业、部分重大基础工业项目以及国防、航天和高新技术产业开发投资方面，涉及的具体产业和部门有：铁路、公路、航运、民航、港口、邮电通信、电力供应等基础设施部门；江河治理（防洪排涝）、环境保护、城镇给排水、煤气、热力、国土整治和防护林工程以及科技、教育、文化、卫生、体育、国防、公安、司法等公用事业和公共部门；航天、微电子、生物工程等高新技术产业；少数涉及生产力布局和区域开发的重大项目；需要巨额投资、具有巨大风险的重大基础产业项目。

中国政府的投资规模占 GDP 的比重不高（见表 1-1-3），主要发挥了政府投

[①] Karras，Georgios. The optimal government size：further international evidence on the productivity of government services，Economic Inqury，1996，(34)：pp. 193—203.

资对私人投资的带动作用。

表 1-1-3   2004—2006 年政府投资   单位：亿元人民币；%

年 份	2004	2005	2006
政府投资	8 233.73	9 064.69	10 564.64
占 GDP 的比重	5.15	4.93	5.01

注：2004 年和 2005 年数据来自《中国资金流量表》，2006 年数据为课题组的估计数。

中国政府投资的范围和领域与私人投资不同，政府投资不挤占私人投资的领域，并未阻碍市场经济主体的正常经济活动，还因投资于私人不愿投资的领域而促进了市场经济的发展。与较低的政府投资规模相对应，中国企业投资中的国内贷款、自筹资金占全社会固定资产投资的比重不断提高。2006 年，国内贷款占全社会固定资产投资的比重回落到 16.5%；企业自筹资金占全社会固定资产投资的比重则从 2005 年的 74.1% 增长到 2006 年的 76.0%。

5. 政府补贴

政府补贴是国家有效干预和调节社会经济生活的重要手段。在市场经济国家，补贴作为一种财政政策或价格政策，不仅广泛存在于发达国家，而且也大量地出现在发展中国家。中国的政府补贴主要有价格补贴和国有企业亏损补贴。价格补贴属于宏观调控性支出，是政府调节收入、稳定价格的手段。在政府补贴总额中，价格补贴比重从 2004 年的 77.71% 上升到 2006 年的 88.50%；国有企业亏损补贴比重从 2004 年的 22.29% 下降到 2006 年的 11.50%（见表 1-1-4）。两种补贴的比例关系呈相反方向变化，无论是从总量还是从结构看，价格补贴都远远超过国有企业亏损补贴。

表 1-1-4   2004—2006 年政府补贴的构成   单位：亿元人民币；%

年 份	2004	2005	2006
补贴总额	977.73	1 191.73	1 567.74
价格补贴	759.80	998.47	1 387.52
价格补贴占补贴总额的比重	77.71	83.78	88.50
国有企业亏损补贴	217.93	193.26	180.22
国有企业亏损补贴占补贴总额的比重	22.29	16.22	11.50

资料来源：国家统计局：《中国统计年鉴》，2005—2007 年，北京，中国统计出版社，2005—2007。

中国政府对价格的补贴主要包括粮棉油价格补贴、平抑物价补贴、肉食品价格补贴和其他价格补贴等，其中粮棉油价格补贴占主导地位，后三项补贴之和不及粮棉油价格补贴的一半。随着市场机制的逐步完善，中国的国有企业亏损补贴占 GDP 的比重不断下降，2004 年国有企业亏损补贴占 GDP 的比重为 0.13％，2006 年下降到 0.08％（见表 1-1-5）。

表 1-1-5　　　　　　2004—2006 年政府补贴占 GDP 的比重　　　　单位：％

年　份	2004	2005	2006
政府补贴占 GDP 的比重	0.61	0.65	0.74
价格补贴占 GDP 的比重	0.48	0.54	0.66
国有企业亏损补贴占 GDP 的比重	0.13	0.11	0.08

资料来源：国家统计局：《中国统计年鉴》，2005—2007 年，北京，中国统计出版社，2005—2007。

尽管价格补贴占 GDP 的比重从 2004 年的 0.48％上升到 2006 年的 0.66％，但总体来看，中国价格补贴的范围小、数量少，其造成的价格扭曲微乎其微。在中国商品交易领域中，市场价格从 1992 年就成为资源配置的主体，2006 年中国社会消费品零售总额和农产品收购总额中市场定价的比重均在 96％以上。

（二）政府对经济的管理

在市场化研究中，国外有学者将经济市场化定义为"对于政府在生产、分配、消费等方面管束的消除"。对于中国经济市场化的研究来说，此点尤为重要。中国传统的计划经济实际上是一种由政府直接控制和运营的经济，经济市场化改革正在于从根本上改变政府对经济生活的控制和干预。

1. 宏观调控手段运用更趋市场化

2004—2006 年，在过高的投资增速有所抑制和国内消费需求逐步增强的基础上，中国 GDP 年增长率连续保持在 10％和 10％以上，年度间增幅波动不超过 1 个百分点，没有出现大的起落。与 20 世纪几次宏观调控相比，当前的宏观调控难度加大。以往宏观调控的背景，基本上与当时的国内需求特别是投资需求过高密切相关。这一轮调控不仅与投资需求过高相关，而且与出口需求较高相关，还受国际因素复杂性、不确定性影响，宏观调控的难度明显增大。

中国政府凭借丰富的宏观调控经验和对宏观调控手段的合理运用，以经济手段和法律手段为主，辅之以必要的行政手段，发挥各种政策的组合效应。在 2004—2006 年期间，政府宏观调控着力于解决固定资产投资增长过快、部分行业产能过剩、货币信贷投放增加过快、对外贸易和国际收支不平衡以及房价上涨过快等突出问题。政策措施主要是严把土地、信贷两个闸门，提高市场准入门槛；适时调整财政政策、货币政策；完善产业政策和土地政策。政府根据经济形势的变化，多次及时调整金融机构存款准备金率、存贷款基准利率，取消或降低部分高污染、高能耗和资源性产品的出口退税。实践表明，这些措施收到了明显效果。此外，政府还把节约资源和保护环境作为宏观调控的重要目标和内容，不仅丰富了宏观调控手段、扩大了宏观调控成效，而且使建设资源节约型、环境友好型社会的理念深入人心。

2. 行政审批制度改革成效明显

2004—2006 年，中国行政审批项目大幅削减，审批事项过多过滥的状况得到明显改变。从国务院部委到地方政府，行政许可与审批不断精简，行政审批项目逐步减少，行政审批行为不断规范。截至 2006 年底，行政审批制度改革取得了明显成效，国务院分四批取消、调整 1 992 项行政审批；各级政府共取消、调整 22 000 多项行政审批，均占原有审批项目总数一半以上。各省级政府和 58 个国务院部门共清理行政许可依据 25 554 件；废止 3 981 件，修改 2 495 件；清理行政许可实施主体 2 389 个，保留 7 932 个，取消 302 个，调整 71 个。

在改革行政审批项目的同时，越来越多的地方政府在行政审批制度改革中创建了行政服务中心，把各部门的行政审批事项集中在一起办理和监督，对规范行政审批权力运行发挥了很好的作用，有效地整合了行政资源。地方政府通过行政审批，控制某些生产与提供特殊产品和社会服务的机构的数量，对社会资源进行合理配置。同时通过监督检查，把行政审批事项集中在服务中心管理，将其他部门整合成为数不多的几个监督执行机构，大规模地减少了机构设置的数量，减少了政府部门责权利不清晰的现象。行政服务中心的产生、发展以及审批方式的创新，实现了行政审批从无限期到限时办结，从分散到集中，从串联到并联，从部门及其内部机构分割审批到整体统一审批的转变。在此基础上，配套建立了多层次立体监督和政务公开体系，置行政审批行为于政务服务中心、监察机构和社会公众的多重监督之下，在一定程度上制衡了体制弊端和部门利益，实现了透明运作与诚信服务，保障了群众的知情权与监督权，树立了廉洁高效的政府形象。

3. 垄断行业改革取得一定进展

2004—2006 年，中国垄断性行业在放宽市场准入、改革监管和运营体制、引入非国有资本、建立特许经营制度等方面进行了较大幅度的改革。电力行业掀起了"减薪风暴"；石化行业开征了"暴利税"；民营航空公司打破了国内民航市场由国有控股和地方航空公司一统天下的格局；铁路部门逐渐放开了非国有资本的进入；医院、燃气、公交、电信等部门的"垄断福利腐败"引起了全社会的高度关注；其他如城市公用事业、矿产资源探矿和开采业、军工行业等垄断行业的改革也都有不同程度的进展。

经过多年的改革，非公经济在竞争性领域中已经有了很大发展，但在基础领域和垄断行业政府还保持着高度控制。有鉴于此，国务院于 2005 年 2 月 25 日发布了《关于鼓励支持和引导个体私营等非公有制经济发展的若干意见》（以下简称"非公 36 条"）。这是新中国成立以来第一份以促进非公有制经济发展为主题的中央文件。"非公 36 条"允许非公有资本进入垄断行业和领域，在电力、电信、铁路、民航、石油等行业和领域，进一步引入市场竞争机制。文件还规定任何单位和个人不得侵犯非公有制企业的合法财产，不得非法改变非公有制企业财产的权属关系。此后，航空、邮政、石油、铁路等垄断行业对非公经济封闭的坚冰开始渐渐融化。2005 年 7 月 21 日，在国务院常务会议上，《铁路体制改革方案》和《邮政体制改革方案》原则通过，随后，铁道部宣布，铁路建设、运输、装备制造、多元化经营四大领域都将向非公有资本全面开放，凡是允许外资进入的领域，也允许国内非公资本进入，并适当放宽其限制条件；在邮政体制改革方面，根据既定方案，中国邮政一分为三，重新组建邮政监管机构的国家邮政局，组建经营各类邮政业务的中国邮政集团公司，酝酿成立经营邮政储蓄业务的邮政储蓄银行。

4. 价格机制进入深层次改革

2004—2006 年，政府在资源市场化、垄断和公共产品定价机制改革上迈出了新步伐。要素和资源价格的市场化被提到了议事日程，这对转变经济增长方式和努力创建节约型社会，具有重要意义。进一步明确推进水价改革的目标和任务，15 个省（区、市）出台了调整水价的措施，有的进行了阶梯式水价试点。一些地方煤电联动方案相继出台，促进了电煤价格逐步放开。在东北区域电力市场开展两部制上网电价改革试点；完善峰谷电价制度。酝酿并开始积极推进水资源、石油、天然气等资源品价格改革，使资源价格能够反映市场供求状况和资源稀缺程度，促进资源节约和合理利用。

5. 对外贸易体制改革稳步推进

2004—2006 年，外贸外资体制改革进一步深化，促进外贸增长再上新台阶。2005 年，中国进出口贸易总额超过 1.4 万亿美元，引进外资继续保持 600 亿美元的规模，对宏观经济的高位平稳增长做出了巨大贡献。这一巨大的成绩既与外部需求强劲、产业竞争力增强有直接关系，也与外贸外资体制改革稳步推进所提供的有效激励相关。外资外贸改革的主要内容包括：在外贸管理体制改革方面，进一步减少和规范外贸行政审批，全面取消了工业品配额管理，实现工业品出口配额招标商品全部公开招标。在外商投资管理体制方面，进一步完善外商投资企业监管办法，制定并实施规范化、标准化的审批制度，建立外商投资审批责任追究制和行政公示制；颁布实施《关于促进东北老工业基地进一步扩大对外开放的实施意见》和《关于促进国家级经济技术开发区进一步提高发展水平的若干意见》。在对外经济合作管理体制改革方面，完善境外投资跨国并购前期报告制度，协调境外投资行为；加强境外投资绩效评价和联合年检，建立由多部门组成的综合协同监管体系；将境外投资外汇管理改革试点范围扩大到全国。在建立加入 WTO 后过渡期的应对机制方面，认真开展 WTO 新一轮谈判工作，为中国产业发展赢得更大空间；健全符合 WTO 规则的产业救济和产业保障体系。

6. 市场秩序的监管更趋法制化

2004—2006 年，政府从多方面加强了市场监管职能。2005 年，国家工商总局在全面加强市场监管的同时，重点抓了食品安全专项整治、保护注册商标专用权专项整治和虚假违法广告专项整治"三项整治"，进一步加大了整顿规范市场秩序工作力度，取得了新的成效，全系统共查处各类经济违法违章案件 171.41 万件，总案值 286.37 亿元。近年来建立的各种监管机构包括银监会逐步发挥积极作用，在金融业和其他垄断行业推出了一些新的举措，使政府的市场监管职能逐步完善。另外，中国还加强了房地产市场的监管和煤炭安全生产的监管力度。

>>三、2004—2006 年政府管理规范化程度判断<<

从上述政府规模和政府对经济管理两方面的指标分析中可以看到，2004—2006 年，中国政府管理体制的改革稳步向前推进，政府的职能转变更加合理，政府的整体规模与雇员数量趋于稳定，对经济的直接干预呈逐渐弱化趋势。

首先，政府职能渐趋合理。中国政府通过有效措施继续在政事不分、政企不分、政府包揽一切等问题上进行改革，取得了显著效果。这包括：推进放权让利，采取多种形式扩大企事业单位的自主权，把不宜由政府管理的事务逐渐交还给企事业单位；推进政企分开，实现政府部门同所办经济实体和直属企业脱钩；推进国有资产管理体制改革，实现政府公共管理职能和国有资产出资人职能分开；推进国有经济布局结构的战略调整和现代企业制度建设，努力实现政资分开，减少政府部门通过资产纽带对企事业单位的直接干预；推进行政干部选拔任用和政绩考核机制改革，通过完善选拔考核标准和方式，促进政事企分开，推动政府职能转变。这些改革使政府管理的范围得到了积极的调整，从宏观微观都管、大事小事都抓，转变到主要从事经济调节、市场监管、社会管理和公共服务上来，从直接从事和干预具体经济活动，转变到有效实施宏观调控、创造市场机制充分而健康地发挥作用的环境条件上来，从不计代价单纯追求经济的高速增长，转变到促进经济速度、质量、结构与效益的有机结合，推动经济社会协调发展，人与自然和谐相处上来。

其次，宏观调控方式进一步完善。从依靠单一的行政手段调节，转向经济手段、法律手段和行政手段并用，在实际经济生活中，坚持经济手段为首选、法律手段相配合、行政手段作补充；从主要是依靠指令性计划调节，转向计划手段、财政政策、货币政策等的有机结合、协调运用。

最后，自1982年以来，按照精简、统一、效能的总体原则，中国相继进行了五次政府机构改革。2004年中国政府虽没有在政府机构改革问题上大步前进，但是在巩固前期成果方面做出了巨大努力。通过此次政府机构改革，强化了从事经济调节监管、社会管理服务的政府机构，减少了政府部门间的职责交叉，精简了政府工作人员的数量，有效地推动了政府职能的转变，提高了政府行政的效率，规范了政府部门的行政行为。

>>四、市场化进程中政府管理体制改革的方向和趋势<<

从对2004—2006年政府管理体制改革的分析可以看到，虽然政府已大力进行市场化的改革，但依然还有不少问题亟待解决。在今后的发展中，中国政府管理体制改革的方向依然是加强经济社会事务的宏观管理，进一步减少和下放具体管理事项，把更多的精力转到制定战略规划、政策法规和标准规范上，维护国家法制统一、政令统一和市场统一。同时，政府管理体制改革要适应中国社会矛盾变化的客观需求，有效解决日益突出的社会矛盾，为此，政府需要做好下列工作。

第一，继续推进市场化改革，实现经济发展方式由政府主导型向市场主导型的转变。经济快速增长同发展不平衡、资源环境约束的突出矛盾在很大程度上是市场化不足造成的，资源和环境约束越来越成为中国经济持续增长的难题。根本的问题在于资源配置的政府主导，政府主导投资的"软约束"和资源价格不能反映稀缺性，容易造成经济的盲目扩张。因此，在政府实施必要的经济管理职能的同时，必须实现经济发展方式由政府主导型向市场主导型的转变。抓住公共财政体制和公共投资体制改革这两个关键，是解决中国政府管理体制市场化的有效途径。从长远来看，只有这两个层面的改革实现实质性的突破，才能真正建立起一个与现代市场经济相适应的政府管理架构。

第二，强化政府在公共服务中的主体地位，加快建设公共服务型政府。目前，公共需求的全面增长与公共产品供给的短缺、公共服务的不到位，已是一个相当突出的问题。因此，必须强化政府在公共服务供给中的责任意识和主体意识，实现从经济建设型政府向公共服务型政府的转变。当前迫在眉睫的任务是纠正地方政府把招商引资、经营城市作为主要任务的做法，逐渐建立以公共产品和公共服务为导向的政府业绩考核体系，将对政府考核的部分内容限定在提供公共产品的数量、品种及质量等方面。

第三，以"大部门体制"为方向大力推进政府机构改革。"大部门体制"改革是基于民生问题、市场经济发展以及政府效率提高等多方面因素提出的，它既不是简单地精简机构和人员，也不是简单的职能合并和机构重组，其实质是解决我国政府机构设置中不适应经济社会发展的制度性障碍，按照精干、统一、效能的原则，实行综合管理，整合、归并相关、相同或相近的职能，综合设置政府机构，使政府部门逐步向"宽职能、少机构"的方向发展，变部门之间"扯皮"为部门内部协同。

此外，需要重点提到的是政府宏观调控体系的改革。宏观调控是社会主义市场经济条件下政府的重要职责。进一步加强和改善宏观调控，是政府管理体制改革的重点任务。在宏观调控与政府其他经济职能的协调配合上，要努力实现"四结合"，即宏观调控与结构调整、转变经济发展方式、体制改革、改善民生相结合。在中国目前的发展阶段和体制环境下，宏观调控所要解决的许多经济运行中的问题与长期形成的结构性矛盾、增长方式粗放密切相关，与体制机制障碍密切相关，与提高和改善人民生活密切相关。因此，政府为熨平经济波动而对宏观经济运行进行的调节、控制和管理，就要与政府承担的其他经济职能相结合。比如，为了解决农业基础薄弱、农村社会事业发展滞后等结构性问题，宏观调控坚持要区别对待、有保有压，不搞一刀切、急刹车的原则。为了治标与治本相结合地解决经济运行中的问题，一方面，政府不断总结改革经验，注重制度建设和创新，把一些适合中国国情、行之有效且具有长期意义的宏观调控措施制度化、规范化和法制化；另一方面，政府不断推进各项改革，扫除经济发展的体制、机制障碍，以形成有利于科学发展的体制、机制。

>>主要参考文献<<

［1］迟福林. 2007 年中国改革评估报告［R］. 北京：中国经济出版社，2007.

［2］迟福林. 2006 年中国改革评估报告［R］. 北京：中国经济出版社，2006.

［3］迟福林. 2005 年中国改革评估报告［R］. 北京：外文出版社，2005.

［4］洪银兴. 转轨时期中国经济运行与发展［M］. 北京：经济科学出版社，2002.

［5］贾康，白景明. 中国发展报告——财政与发展［M］. 杭州：浙江人民出版社，2000.

［6］李晓西. 宏观经济学：转轨的中国经济（中国版）［M］. 北京：首都经济贸易大学出版社，2000.

［7］李晓西. 转轨经济笔记［M］. 广州：广东经济出版社，2001.

［8］林毅夫，蔡昉，李周. 中国的奇迹：发展战略与经济改革（增订版）［M］. 上海：上海人民出版社，1999.

［9］［美］丹尼尔·F·史普博. 管制与市场［M］. 余晖，等，译. 上海：上海人民出版社，1999.

［10］上海社会科学院当代中国政治研究中心. 中国政治发展进程 2007［M］. 北京：时事出版社，2007.

［11］吴敬琏. 当代中国经济改革：战略与实施［M］. 上海：上海远东出版社，1999.

［12］［英］阿瑟·刘易斯. 经济增长理论［M］. 周师铭，沈丙杰，沈伯根，译. 北京：商务印书馆，2002.

［13］Karras，Georgios. The optimal government size：further international evidence on the productivity of government services［J］. Economic Inquiry，1996 (34).

第二章

企业的市场化

2004—2006 年，中国企业的市场化步伐不断向前迈进，市场化进程在众多方面取得了新的发展：国有企业改革稳步推进，非国有企业继续保持良好的发展态势，投资环境不断改善，垄断行业管制进一步放松，中国企业正全面步入市场化的运作轨道。客观、公正地评价三年来中国企业的市场化进程，既有助于真实地了解中国企业市场化进程的发展状况，也有助于确定今后企业市场化前进的方向。

>>一、2004—2006 年企业市场化概要<<

为适应 WTO 的规则和中国企业市场化的要求，2004—2006 年，中国企业市场化运作的各项规则进一步健全和完善，在制度上保障了企业市场化的稳步发展。

2004 年，国务院国资委以《企业国有资产监督管理暂行条例》为基础，发布实施了 9 个规章，印发了 20 多个规范性文件。各地也制定了一系列国有资产监管的地方性法律规章和规范性文件，为各地国资委依法履行出资人职责提供了依据和准则，对深化国有资产管理体制改革起到了规范和保障作用。

2004 年，各地国资委认真贯彻执行《国务院国资委关于规范国有企业改制工作的意见》和《企业国有产权转让管理暂行办法》两个文件，制定了一系列规范推进国有企业改制、促进国有产权合理流动的制度、规定和政策措施。

2005 年 2 月，国务院发布《关于鼓励支持和引导个体私营等非公有制经济发展的若干意见》，该文件规定，今后允许非公有制经济进入法律法规未禁入的行业和领域，允许外资进入的行业和领域也允许国内非公有制经济进入，并放宽股权比例限制等方面的条件。文件还规定，任何单位和个人不得侵犯非公有制企业的合法财产，不得非法改变非公有制企业财产的权属关系。该文件的发布对非公有制经济的发展起到了巨大的推动作用，为国民经济的发展提供了强大动力。

2005 年 2 月，财政部、国资委联合发布《关于做好第二批中央企业分离办社会职能工作的通知》；同年 9 月，国务院颁发了关于进一步规范国有大中型企业主辅分离辅业改制的通知，进一步促进了企业分离办社会职能，强化了主业经营，促进了企业的市场主体地位。

2005 年 4 月，为了规范企业产权改革，国资委颁发了《中央企业重大法律纠纷案件管理暂行办法》和《企业国有产权向管理层转让暂行规定》；2005 年 8 月，国资委颁发了《企业国有资产评估管理暂行办法》和《企业国有产权无偿划转管理暂行办法》；11 月，国资委、财政部、国家发改委、监察部、国家工商管理局、中国证监会 6 部委联合下发了《关于做好企业国有产权转让监督检查工作的通知》，要求认真做好相关重点环节的审查把关，严防国有资产流失，促进企业产权制度的改革。

2005 年 8 月至 9 月，证监会、国资委、财政部、人民银行、商务部联合颁布《关于上市公司股权分置改革的指导意见》，国资委出台了《关于上市公司股权分置改革中国有股权管理审核程序有关事项的通知》，证监会对外发布了《上市公司股权分置改革管理办法》。以上三个文件明确了股权分置改革的指导思想，提出了股权分置改革的总体要求，严格规范了股权分置改革的改革程序，为资本市场改革开放和稳定发展创造了良好的法制环境。

2005 年 10 月，第十届全国人民代表大会常务委员会第十八次会议通过了修订的《中华人民共和国公司法》，为进一步推进公司的市场化制度创新产生了十分积极的作用，使公司运行质量得到进一步提高；本次会议还通过了修订的《中华人民共和国证券法》，这对完善中国证券市场，促进资本市场的稳定发展起到了非常积极的保障作用。

2006 年，各地根据《政府工作报告》和"'十一五'规范纲要"的规划和部署，制定了一系列相关配套政策和措施，进一步深化了企业改革，促进了企业市场化进程。

2006 年 8 月，十届全国人大常委会第二十三次会议表决通过了《中华人民共和国企业破产法》，该法不仅重新界定了企业破产清偿顺序，平衡了劳动债权与担保债权的权益，还首次规定金融机构破产事宜，为外资进一步进入中国市场提供了重要契机。同时，该法的通过对确立企业破产制度，完善市场经济的制度环境提供了重要的法律保障。

2006 年 10 月，中共十六届六中全会做出了《关于构建社会主义和谐社会若干重大问题的决定》，进一步阐明了在构建社会主义和谐社会的过程中，中小企业的发展壮大对于大力发展生产力、缩小城乡差距和区域发展差距、促进社会充分就业、增加城乡居民收入，以及推进技术自主创新等，将发挥越来越重要的作用。

>>二、2004—2006 年非国有经济的发展<<

一般而言，可以从以下三个方面衡量非国有经济的发展状况：一是中小企业发展与非国有经济的市场进入；二是非国有经济对国民经济总量增长的贡献；三是非国有企业改制及市场运作的规范化。其中，非国有经济对国民经济总量增长的贡献具有综合的意义。

（一）中小企业发展与非国有经济的市场进入————————

1. 中小企业的发展

随着国有企业改制进程的加快，中小企业逐渐变为非国有企业的阵营，其中绝大部分是个体和私营企业以及乡镇企业。继全国人大颁布《中小企业促进法》之后，2005 年，国务院颁布《国务院关于鼓励、支持和引导个体私营等非公有制经济发展的若干意见》。2006 年 3 月，十届全国人大四次会议在通过的《关于国民经济和社会发展第十一个五年规划纲要》的决议中，把"中小企业成长工程"列入了"十一五"规划的重点内容。2006 年 9 月 13 日，国务院在广州召开了"全国中小企业工作座谈会"，提出了促进中小企业发展切实转入科学发展轨道的要求，进一步明确了"十一五"中小企业发展的方向和目标。一系列法律法规和政策措施的颁布实施，既充分体现了政府高度重视和支持中小企业的健康发展，更表明中国中小企业已经走上了法制化、规范化的发展道路。

在 2004—2006 年期间，中国中小企业竞争力大大增强，在吸纳新增就业人员、启动民间投资、优化经济结构、加快生产力发展、确保国民经济持续稳定增长、完善市场经济体制等方面发挥了独特的作用。截至 2006 年 10 月底，中小企业数已经达到 4 200 多万家，占全国企业总数的 99.8%。中小企业创造的最终产品和服务的价值占国内生产总值的 58%，生产的商品价值占社会销售额的 59%，上缴税收占 50.2%，发明专利占全国的 66%，研发的新产品占全国的 82%，出口总额占全部商品出口额的 68%，吸纳了 75% 的城镇就业人口和 75% 以上农村转移出来的劳动力。可见，在整个国民经济中，中小企业占据了"半壁江山"。①

具体到私营企业和乡镇企业的发展，2006 年，全国私营企业达 4 980 774 户，比 2005 年和 2004 年分别增长 15.81％和 36.43％，两年平均增长 16.81％；注册资本 76 028.53 亿元，比 2005 年和 2004 年分别增长 23.96％和 58.60％，两年平均增长 25.94％（见表 1-2-1）；从业人员为 6 586.30 万人，比 2005 年和 2004 年分别增长 13.08％和 31.27％，年均增长 14.58％。2006 年，乡镇企业增加值达 57 955.46 亿元，比 2005 年和 2004 年分别增长 14.69％和 38.60％，两年平均增长 17.73％；乡镇企业增加值对 GDP 的贡献率 2006 年为 27.48％，与 2005 年持平，比 2004 年增长 5.09％（见表 1-2-2）。

2. 非国有经济的市场进入

中国加入 WTO 后，在市场准入方面对非国有经济采取了更为开放的政策，除了个别行业（如武器制造、黄金生产等），国家明令禁止非国有经济进入，极少数行业有一些前置审批的限制性规定外，已没有对非国有经济的特殊的限制性规定。

（1）私营企业。

2006 年，私营企业户数和注册资本数在一、二、三次产业中的比重为 1.96：33.34：64.70 和 1.83：37.48：60.70，与 2004 年的情况相当，第三产业仍是私营企业发展的重点。私营企业在细分各行业中都保持了较快的增长：第三产业中，租赁和商务服务业增速最大，文化体育和娱乐业、房地产业以及交通运输、仓储和邮政业也取得较快增长；第二产业中，电力、燃气及水的生产和供应业以及制造业增速较快；第一产业同样保持较快的增长速度，私营企业的户数和注册资本在 2004—2006 年中分别增长 20.66％和 25.55％（见表 1-2-1）。

表 1-2-1　　　　　**2004—2006 年细分行业私营企业户数及比重**　　　单位：户；亿元人民币；％

年 份 产 业	2004		2005		2006		2004—2006 年 增长率	
	户数	注册资本	户数	注册资本	户数	注册资本	户数	注册资本
总　计	3 650 670 (100)	47 935.96 (100)	4 300 916 (100)	61 331.13 (100)	4 980 774 (100)	76 028.53 (100)	16.81	25.94

---

① 中国企业联合会、中国企业家协会：《中国企业发展报告 2007》，34 页，北京，企业管理出版社，2007。

续表

产业	年份	2004 户数	2004 注册资本	2005 户数	2005 注册资本	2006 户数	2006 注册资本	2004—2006年增长率 户数	2004—2006年增长率 注册资本
第一产业	农林牧渔业	67 216 (1.84)	882.32 (1.84)	81 778 (1.90)	1 144.02 (1.87)	97 860 (1.96)	1 390.84 (1.83)	20.66	25.55
第二产业	采矿业	33 991 (0.93)	422.62 (0.88)	40 180 (0.93)	641.60 (1.05)	47 092 (0.95)	816.06 (1.07)	17.70	38.96
第二产业	制造业	1 068 528 (29.27)	12 867.95 (26.84)	1 197 (27.82)	15 958.20 (26.02)	1 381 040 (27.73)	20 534.41 (27.01)	13.69	26.32
第二产业	电力、燃气及水的生产和供应业	13 102 (0.36)	416.54 (0.87)	18 125 (0.42)	654.24 (1.07)	22 175 (0.45)	891.67 (1.17)	30.10	46.31
第二产业	建筑业	136 473 (3.74)	3 734.37 (7.79)	172 203 (4.00)	4 876.59 (7.95)	210 047 (4.22)	6 250.03 (8.22)	24.06	29.37
第二产业	小计	1 252 094 (34.30)	17 441.48 (36.38)	1 427 183 (33.18)	22 131 (36.08)	1 660 354 (33.34)	28 492.16 (37.48)	15.15	27.81
第三产业	交通运输、仓储和邮政业	68 909 (1.89)	850.97 (1.78)	87 455 (2.03)	1 262.76 (2.06)	110 411 (2.22)	1 765.77 (2.32)	26.58	44.05
第三产业	信息传输、计算机服务和软件业	142 799 (3.91)	929.66 (1.94)	138 864 (3.23)	1 004.94 (1.64)	177 654 (3.57)	1 442.74 (1.90)	11.54	24.58
第三产业	批发和零售业	1 264 954 (34.65)	12 876.30 (26.86)	1 502 420 (34.93)	16 357.63 (26.67)	1 735 092 (34.84)	19 202.43 (25.26)	17.12	22.12
第三产业	住宿和餐饮业	104 633 (2.87)	1 161.43 (2.42)	94 320 (2.19)	978.86 (1.60)	103 897 (2.09)	1 094.38 (1.44)	−0.35	−2.93
第三产业	房地产业	70 605 (1.93)	4 175.58 (8.71)	103 130 (2.40)	6 283.36 (10.24)	131 538 (2.64)	8 343.27 (10.97)	36.49	41.35
第三产业	租赁和商务服务业	206 419 (5.65)	2 550.77 (5.32)	326 609 (7.59)	4 892.83 (7.98)	426 416 (8.56)	7 081.45 (9.31)	43.73	66.62
第三产业	居民服务和其他服务业	147 313 (4.04)	1 102.59 (2.30)	158 579 (3.69)	1 185.86 (1.93)	181 022 (3.63)	1 347.42 (1.77)	10.85	10.55
第三产业	卫生、社会保障和社会服务业	5 007 (0.14)	58.31 (0.12)	6 967 (0.16)	87.66 (0.14)	7 345 (0.15)	104.09 (0.14)	21.12	33.61

续表

年份 产业		2004		2005		2006		2004—2006 年 增长率	
		户数	注册资本	户数	注册资本	户数	注册资本	户数	注册资本
第三产业	文化、体育 和娱乐业	26 141 (0.72)	208.96 (0.44)	49 213 (1.14)	362.57 (0.59)	57 250 (1.15)	444.58 (0.58)	47.99	45.86
	其他行业	294 580 (8.07)	5 697.60 (11.89)	324 398 (7.54)	5 640.01 (9.20)	291 935 (5.86)	5 319.38 (7.00)	−0.45	−3.38
	小计	2 331 360 (63.86)	29 612.16 (61.77)	2 791 955 (64.92)	38 056 (62.05)	3 222 560 (64.70)	46 145.53 (60.70)	17.57	24.83

注：括号内数字为所占比重。

资料来源：根据《中国工商行政管理年鉴》，2005—2007 年，北京，中国工商出版社，2005—2007 有关数据整理和计算。

（2）乡镇企业。

2006 年，乡镇企业增加值中一、二、三次产业的比重为 1.14∶76.89∶21.97，2004 年为 1.35∶76.59∶22.06，总体变化不大，工业（采矿业和制造业）仍是乡镇企业的主体，第三产业中的社会服务业以及其他行业增长明显。2004—2006 年，社会服务业增加值年均增长 25.45%，采掘业、制造业、建筑业、批发零售业、交通运输仓储业以及住宿和餐饮业等也保持较快的增长（见表1-2-2）。

表 1-2-2　　　　2004—2006 年细分行业乡镇企业增加值及比重　单位：亿元人民币；%

年份 产业		2004	2005	2006	2004—2006 年增 加值年均增长率
总　　计		41 815.36	50 534.25	57 955.46	17.73
占全国 GDP 的比重		26.15	27.48	27.48	2.51
第一产业	农林牧渔业	564.39	580.40	660.69	8.20
第二产业	采掘业、制造业	29 358.57	35 662.05	40 864.38	17.98
	建筑业	2 666.01	3 223.83	3 697.56	17.77
	小计	32 588.97	39 466.28	44 561.94	17.96

续表

产 业	年份	2004	2005	2006	2004—2006 年增加值年均增长率
第三产业	批发零售业	3 909.19	4 782.21	5 482.59	18.43
	交通运输仓储业	2 188.68	2 582.65	2 961.52	16.32
	住宿和餐饮业	1 525.85	1 808.81	2 121.17	17.90
	社会服务业	721.77	993.27	1 135.93	25.45
	其他	880.90	901.03	1 031.62	8.22
	小计	9 226.39	11 067.97	12 732.82	17.48

资料来源：根据《中国乡镇企业年鉴》，2005—2007 年，北京，中国农业出版社，2005—2007 有关数据整理和计算。

（3）外商投资企业。

根据对 WTO 的承诺，国家进一步放开了金融、保险、证券、电信、旅游和中介服务等各领域的对外开放。2006 年，全国新设立外商投资企业（含港澳台投资企业，下同）41 485 家，与 2004 年和 2005 年的情况基本持平；实际利用外资金额 694.7 亿美元，比 2004 年和 2005 年分别增长 14.58％和 15.17％，两年平均增长 7.04％。2006 年，外商直接投资项目数和实际投资额在三个产业中所占比例分别为 2.29∶66.94∶30.77 和 0.86∶65.58∶33.55，而 2004 年分别为 2.59∶77.39∶20.02 和 1.83∶78.61∶19.56，第三产业中的外商直接投资呈现明显的增长态势，其中金融业、批发零售业、科学研究与技术服务和地质勘查业等三个产业的增长尤为突出，2004—2006 年，三个产业项目数年均增长分别为 22.00％、65.64％和 28.28％，实际投资额年均增长分别为 419.23％、55.53％和 31.31％（见表 1-2-3）。

表 1-2-3　　2004—2006 年外商直接投资项目数和实际投资额及比重　　单位：个，亿美元，％

产 业	2004		2005		2006		2004—2006 年平均增长率	
	项目数	实际投资额	项目数	实际投资额	项目数	实际投资额	项目数	实际投资额
总计	4 3664 (100)	606.3 (100)	44 001 (100)	603.2 (100)	41 485 (100)	694.7 (100)	−2.53	7.04
农林牧渔业	1 130 (2.59)	11.1 (1.83)	1 058 (2.40)	7.2 (1.19)	951 (2.29)	6.0 (0.86)	−8.26	−26.48

续表

年份 产业	2004		2005		2006		2004—2006 年 平均增长率	
	项目数	实际 投资额	项目数	实际 投资额	项目数	实际 投资额	项目数	实际 投资额
采掘业	279 (0.64)	5.4 (0.89)	252 (0.57)	3.5 (0.58)	208 (0.50)	4.6 (0.66)	−13.66	−7.70
制造业	30 386 (69.59)	430.2 (70.95)	28 928 (65.74)	424.5 (70.37)	24 790 (59.76)	400.8 (57.69)	−9.68	−3.48
电力、煤气及水 的生产和供应业	455 (1.04)	11.4 (1.88)	390 (0.89)	13.9 (2.30)	375 (0.90)	12.8 (1.84)	−9.22	5.96
建筑业	411 (0.94)	7.7 (1.27)	457 (1.04)	4.9 (0.81)	352 (0.85)	6.9 (0.99)	−7.46	−5.34
交通运输、仓储 及邮电通信业	638 (1.46)	12.7 (2.09)	734 (1.67)	18.1 (3.00)	665 (1.60)	19.8 (2.85)	2.09	24.86
信息传输、计算 机服务和软件业	1 622 (3.71)	9.2 (1.52)	1 493 (3.39)	10.1 (1.67)	1 378 (3.32)	10.7 (1.54)	−7.83	7.84
批发零售业	1 700 (3.89)	7.4 (1.22)	2 602 (5.91)	10.4 (1.72)	4 664 (11.24)	17.9 (2.58)	65.64	55.53
金融业	43 (0.10)	2.5 (0.41)	40 (0.09)	2.2 (0.36)	64 (0.15)	67.4 (9.70)	22.00	419.23
住宿和餐饮业	1 174 (2.69)	8.4 (1.39)	1 207 (2.74)	5.6 (0.93)	1 060 (2.56)	8.3 (1.19)	−4.98	−0.60
房地产业	1 767 (4.05)	59.5 (9.81)	2 120 (4.82)	54.2 (8.99)	2 398 (5.78)	82.3 (11.85)	16.49	17.61
租赁和商务服 务业	2 661 (6.09)	28.2 (4.65)	2 981 (6.77)	37.5 (6.22)	2 885 (6.95)	42.2 (6.07)	4.12	22.33
科学研究与技术 服务和地质勘 查业	629 (1.44)	2.9 (0.48)	926 (2.10)	3.4 (0.56)	1 035 (2.49)	5.0 (0.72)	28.28	31.31
水利、环境和公 共设施管理业	164 (0.38)	2.3 (0.38)	139 (0.32)	1.4 (0.23)	132 (0.32)	2.0 (0.29)	−10.29	−6.75
教育	59 (0.14)	0.4 (0.07)	51 (0.12)	0.2 (0.03)	27 (0.07)	0.3 (0.04)	−32.35	−13.40
文化体育和娱 乐业	272 (0.62)	4.5 (0.74)	272 (0.62)	3.1 (0.51)	241 (0.58)	2.4 (0.35)	−5.87	−26.97

续表

年 份 产 业	2004		2005		2006		2004—2006 年 平均增长率	
	项目数	实际投资额	项目数	实际投资额	项目数	实际投资额	项目数	实际投资额
其他行业	274 (0.63)	2.5 (0.41)	351 (0.80)	3.0 (0.50)	260 (0.63)	5.3 (0.76)	4.64	45.60

注：括号内数字为占外商投资企业总量的比重。

资料来源：根据国家统计局：《国民经济和社会发展统计公报》，2005—2007 年有关数据整理和计算。

外商投资企业在各行业的广泛进入，对国民经济起到了重要的拉动作用。2006 年，外商投资企业工业增加值 25 545.80 亿元，比 2005 年增长 24.81%，占全国工业增加值的 28.05%；外商投资企业税收 7 976.93 亿元，比 2005 年增长 24.81%，高于全国税收增幅 2.90 个百分点，占全国税收收入的比重为 21.59%；进出口 10 364.51 亿美元，比 2005 年增长 24.61%，占全国外贸进出口总额的比例达到 58.87%。2004—2006 年，外商投资企业工业增加值、上缴税收和进出口额年均增长分别为 29.47%、22.05% 和 25.01%（见表 1-2-4）。

表 1-2-4　2004—2006 年外商投资企业对国民经济增长的贡献　单位：亿元人民币；亿美元；%

年 份 项 目	2004	2005	2006	2004—2006 年 平均增长（%）
工业增加值（亿元人民币）	15 240.50	20 468.28	25 545.80	29.47
同比增长率（%）	23.89	34.30	24.81	
占全国工业增加值的比重（%）	27.81	28.35	28.05	
占全国 GDP 的比重（%）	9.53	11.13	12.11	
全国工业增加值同比增长率（%）	30.52	31.72	26.17	
上缴税收（亿元人民币）	5 355.30	6 391.34	7 976.93	22.05
同比增长率（%）	25.46	19.35	24.81	
占全国税收收入的比重（%）	21.26	21.09	21.59	
全国税收收入同比增长率（%）	25.81	20.33	21.91	
进出口额（亿美元）	6 631.76	8 317.26	10 364.51	25.01
比上年增长（%）	40.45	25.42	24.61	
占全国进出口总额的比重（%）	57.44	58.48	58.87	

项 目 ＼ 年 份	2004	2005	2006	2004—2006 年平均增长（％）
全国进出口总额同比增长率（％）	35.67	23.15	23.86	

资料来源：根据国家统计局：《中国统计年鉴》，2005—2007 年，北京，中国统计出版社，2005—2007；中国企业联合会、中国企业家协会：《中国企业发展报告》，2005—2007 年，北京，企业管理出版社，2005—2007；国家税务总局：《中国税务年鉴》，2005—2007 年，北京，中国税务出版社，2005—2007 年有关数据整理和计算。

3. 高技术产业中的非国有企业

高技术产业的发展反映了一个国家的技术进步和国际竞争力，而这些产业中非国有企业的发展则是反映整个国家非国有经济发展的重要方面。2004—2006 年，中国高技术产业中非国有企业稳步发展，企业数所占比例从 84.04％增至 89.77％，增加 5.73 个百分点，其中外商投资企业数所占比例保持平稳，三年分别为 36.65％、37.03％和 36.62％；从业人员所占比例从 77.76％增至 84.10％，增加 6.34 个百分点，其中外商投资从业人员所占比例从 53.40％增至 58.44％，增加 5.04 个百分点；增加值所占比例从 78.61％增至 87.37％，增加 8.76 个百分点，其中外商投资企业增加值所占比例从 62.90％增至 64.29％，增加 1.39 个百分点；利税所占比例从 81.09％增至 87.68％，增加 6.59 个百分点，其中外商投资企业利税所占比例从 62.66％降至 58.38％，减少 4.28 个百分点（见表 1-2-5）。

表 1-2-5　　　　2004—2006 年高技术产业中的非国有企业总量及比重

单位：个；人；亿元人民币；％

年 份		2004	2005	2006
企业数	非国有企业总数	15 042	15 348	17 201
	占全部高技术产业企业数的比重	84.04	87.57	89.77
	外商投资企业数占全部高技术产业企业数的比重	36.65	37.03	36.62
从业人员	非国有企业从业人员总数	4 563 770	5 263 886	6 261 344
	占全部高技术产业从业人员的比重	77.76	79.35	84.10
	外商投资企业从业人员占全部高技术产业从业人员的比重	53.40	55.69	58.44
增加值	非国有企业增加值总量	4 985.00	6 706.13	8 785.51
	占全部高技术产业增加值的比重	78.61	82.51	87.37
	外商投资企业增加值占全部高技术产业增加值的比重	62.90	65.50	64.29

续表

	年　份	2004	2005	2006
利税	非国有企业利税总量	1 446.50	1 732.51	2 289.59
	占全部高技术产业利税的比重	81.09	82.91	87.68
	外商投资企业利税占全部高技术产业利税的比重	62.66	58.12	58.38

注：本表不包括核燃料加工业和信息化学品制造业，以及其他高技术产业中的规模以下小型工业企业。

资料来源：根据国家统计局、国家发改委、科学技术部：《中国高技术产业统计年鉴2007》，北京，中国统计出版社，2007有关数据整理和计算。

（二）非国有经济对国民经济总量增长的贡献

2004—2006年，中国国民经济中来自非国有经济的贡献份额继续保持上升趋势，以下指标反映了这一趋势（见表1-2-6）。

表 1-2-6　　　　　2004—2006年中国非国有经济的发展　　　　　单位：%

年份 ＼ 指标	规模以上非国有工业增加值占规模以上工业增加值比重	非国有经济固定资产投资占全社会固定资产投资比重	城镇非国有单位从业人员占城镇从业人员比重	非国有经济创造的税收占全社会税收的比重	非国有经济进出口额占全部进出口总额的比重
2004	57.64	51.63	74.66	73.08	71.42
2005	62.35	56.43	76.26	75.74	74.26
2006	64.22	59.25	77.29	78.58	76.34

资料来源：根据国家统计局：《中国统计年鉴》，2005—2007年，北京，中国统计出版社，2005—2007；国家税务总局：《中国税务年鉴》，2005—2007年，北京，中国税务出版社，2005—2007；海关总署：《中国海关统计年鉴》，2005—2007年，北京，中国海关出版社，2005—2007有关数据整理和计算。

1. 规模以上非国有工业增加值占规模以上工业增加值的比重

2006年，规模以上非国有工业增加值占规模以上工业增加值的比重为64.22%，比2005年和2004年分别提高1.87和6.58个百分点，年均增长3.29个百分点。2004年至2006年，全国规模以上工业增加值分别比上年增加12 814.87亿元、17 381.89亿元和18 888.74亿元，年增长率分别为30.52%、31.72%和26.17%。其中，规模以上非国有工业增加值分别比上年增加8 439.47亿元、13 418.22亿元和13 476.60亿元，年增长率分别为36.45%、42.47%和

—— 38 ——

29.94％，分别高出全国规模以上工业增加值年增长率 5.93、10.76 和 3.77 个百分点，规模以上非国有工业增加值对全国规模以上工业增加值年增长率的贡献率分别为 65.86％、77.20％ 和 71.35％，持续保持较高比例。

2. 非国有经济固定资产投资占全社会固定资产投资的比重

2006 年，非国有经济固定资产投资占全社会固定资产投资的比重为 59.25％，分别比 2005 年和 2004 年提高 2.82 和 7.62 个百分点，年均增长 3.81 个百分点。

3. 城镇非国有单位从业人员占城镇从业人员的比重

2006 年，城镇非国有单位从业人员占城镇从业人员的比重为 77.29％，分别比 2005 年和 2004 年提高 1.03 和 2.63 个百分点，年均增长 1.32 个百分点。

4. 非国有经济创造的税收占全社会税收的比重

2006 年，非国有经济创造的税收占全社会税收的比重为 78.58％，分别比 2005 年和 2004 年提高 2.84 和 5.50 个百分点，年均增长 2.75 个百分点。

5. 非国有经济进出口总额占全部进出口总额的比重

2006 年，非国有经济进出口总额占全部进出口总额的比重为 76.34％，分别比 2005 年和 2004 年提高 2.08 和 4.92 个百分点，年均增长 2.46 个百分点。

（三）非国有企业改制及市场运作的规范化

非国有经济是市场的产物，其行为具有典型的市场特征。在此以大型非国有企业集团为例来说明非国有经济的市场化运作情况。本报告所指的大型企业集团包括中央管理的企业集团、国务院批准的国家试点企业集团、国务院主管部门批准的企业集团、省级人民政府批准成立的企业集团，以及年营业收入和资产总计均在 5 亿元及以上的其他各类企业集团。大型企业集团对国民经济的发展发挥着非常重要的作用。一般来说，国家对大型企业的管制要高于对中小型企业的管制，大型企业市场化程度的提高意味着中小企业更大程度的市场化。

1. 非国有大型企业集团所占比例

2006 年，中国大型企业集团有 2 856 家，其中非国有企业集团 1 492 家，占 52.24％，比 2005 年和 2004 年高出 3.07 和 8.17 个百分点；在非国有大型企业集团中，非公有企业集团 1 145 家，占全部大型企业集团的 40.09％，占非国有大型企业集团的 76.74％。2005 年分别为 40.00％ 和 81.34％，2004 年分别为 34.80％ 和 78.98％（见表 1-2-7）。

2. 非国有大型企业集团母公司改制面

在非国有大型企业集团中，2006 年母公司已改制的企业集团 1 380 家，改制面为 92.49％，比 2005 年和 2004 年高出 3.71 和 4.56 个百分点。其中，改制为有限责任公司 1 031 家，占改制非国有大型企业集团的 74.71％，比 2005 年下降 0.97 个百分点，比 2004 年高出 0.11 个百分点；改制为股份有限公司 257 家，占改制非国有大型企业集团的 18.62％，比 2005 年和 2004 年分别下降 1.51 和 3.14 个百分点；有限责任公司和股份有限公司两者合计占改制非国有大型企业集团的 93.33％，比 2005 年下降 2.48 个百分点，比 2004 年下降 3.03 个百分点（见表 1-2-7）。其他改制形式则为中外合资企业和港澳台合资企业。非国有大型企业集团的大面积公司制改组反映了企业产权的不断多元化特点。

表 1-2-7　　　　　　2004—2006 年非国有大型企业集团母公司改制情况　　　　　　单位：个；％

年份和项目　　　　　　　母公司类型	2004		2005		2006	
	单位数	占非国有集团总数的比重	单位数	占非国有集团总数的比重	单位数	占非国有集团总数的比重
企业集团总数	2 764		2 845		2 856	
非国有企业集团总数 *	1 218	100 (44.07)	1 399	100 (49.17)	1 492	100 (52.24)
其中：集体企业集团	256	21.02	261	18.66	347	23.26
非公有企业集团	962	78.98	1 138	81.34	1 145	76.74
改制非国有企业集团总数 * *	1 071	87.93 (100)	1 242	88.78 (100)	1 380	92.49 (100)
集体控股公司 * *	195	(18.21)	198	(15.94)	297	(21.52)
其中：有限责任公司	158		152		202	
股份有限公司	36		44		75	
改制非公有企业 * *	876	(81.79)	1 044	(84.06)	1 083	(78.48)
其中：有限责任公司	641		788		829	
股份有限公司	197		206		182	
改制为有限责任公司总计 * *	799	(74.60)	940	(75.68)	1 031	(74.71)
改制为股份有限公司总计 * *	233	(21.76)	250	(20.13)	257	(18.62)

注：　* 行括号内数字为占全部大型集团的比例。

　　* * 行括号内数字为占改制非国有大型集团的比例。

资料来源：根据国家统计局：《中国大企业集团》，2004—2006 年有关数据整理和计算。

3. 非国有大型企业集团母公司治理机制

（1）股东会建立比例。

2006 年，在改制的非国有大型企业集团中，母公司已建立股东会的有 1 310 家，占 94.93％，比 2005 年降低 0.08 个百分点，比 2004 年提高 9.45 个百分点。其中，在改制的非公有大型企业集团中，母公司已建立股东会的有 1 033 家，占 95.38％，比 2005 年和 2004 年分别提高 0.36 和 1.20 个百分点（见表 1-2-8）。

（2）董事会建立比例。

2006 年，在改制的非国有大型企业集团中，母公司已建立董事会的有 1 364 家，占 98.84％，与 2005 年持平，比 2004 年提高了 7.72 个百分点。其中，在改制的非公有大型企业集团中，母公司已建立董事会的有 1 074 家，占 99.17％，比 2005 年和 2004 年分别下降了 0.64 和 0.37 个百分点（见表 1-2-8）。比例降低的原因在于原改制集团母公司建立董事会的比例已经非常高，而新改制企业治理机构的建立则存在一个正常的滞后期。

表 1-2-8　　　2004—2006 年非国有大型企业集团母公司治理机构建立情况　　单位：个；％

母公司类型和治理机构建立情况	2004 单位数	占同类改制非国有集团总数的比重	2005 单位数	占同类改制非国有集团总数的比重	2006 单位数	占同类改制非国有集团总数的比重
改制非国有企业集团总数	1 171	100	1 242	100	1 380	100
已建立股东会	1 001	85.48	1 180	95.01	1 310	94.93
已建立董事会	1 067	91.12	1 240	99.84	1 364	98.84
已建立监事会	885	75.58	1 055	84.94	1 175	85.14
集体控股公司	195	100	198	100	297	100.00
已建立股东会	176	90.26	188	94.95	277	93.27
已建立董事会	195	100	198	100	290	97.64
已建立监事会	170	87.18	181	91.41	265	89.23
改制非公有企业	876	100	1 044	100	1 083	100
已建立股东会	825	94.18	992	95.02	1 033	95.38
已建立董事会	872	99.54	1 042	99.81	1 074	99.17
已建立监事会	715	81.62	874	83.72	910	84.03

资料来源：根据国家统计局：《中国大企业集团》，2004—2006 年有关数据整理和计算。

（3）监事会建立比例。

2006年，在改制的非国有大型企业集团中，母公司已建立监事会的有1 175家，占85.14%，比2005年和2004年分别提高0.2和9.56个百分点。其中，在改制的非公有大型企业集团中，母公司已建立监事会的有910家，占84.03%，比2005年和2004年分别提高0.31和2.41个百分点（见表1-2-8）。

4. 非国有大型企业集团的治理机制

（1）重大经营决策权自主程度。

2006年，在改制的非国有大型企业集团中，母公司享有重大经营决策权的有1 334家，占改制非国有大型企业集团的96.67%，比2005年和2004年分别提高0.37和9.56个百分点；占全部非国有大型企业集团的89.41%，比2005年和2004年分别提高3.92和5.67个百分点。其中，在改制的非公有大型企业集团中，母公司享有重大经营决策权的有1 056家，占改制非公有大型企业集团的97.51%，比2005年和2004年分别提高0.96和1.73个百分点（见表1-2-9）。

（2）经营者选择权自主程度。

2006年，在改制的非国有大型企业集团中，母公司享有经营者选择权的有1 136家，占改制非国有大型企业集团的82.32%，比2005年降低0.93个百分点，比2004年提高7.43个百分点；占全部非国有大型企业集团的76.14%，比2005年和2004年分别提高2.23和4.14个百分点。其中，在改制的非公有企业集团中，母公司享有经营者选择权的有887家，占改制非公有大型企业集团的81.90%，比2005年和2004年分别降低了1.91和1.21个百分点（见表1-2-9）。

（3）资产收益索取权享有程度。

2006年，在改制的非国有大型企业集团中，母公司享有资产收益索取权的有1 077家，占改制非国有大型企业集团的78.04%，比2005年和2004年分别提高2.03和10.06个百分点；占全部非国有大型企业集团的72.18%，比2005年和2004年分别提高4.70和6.83个百分点。其中，在改制的非公有大型企业集团中，母公司享有资产收益索取权的有834家，占改制非公有大型企业集团的77.01%，比2005年和2004年分别提高0.48和2.24个百分点（见表1-2-9）。

表 1-2-9　　　2004—2006 年非国有大型企业集团母公司出资人权利自主程度　　单位：个；%

年份和项目 母公司类型 及出资人权利	2004		2005		2006	
	单位数	占同类改制非国有集团总数的比重	单位数	占同类改制非国有集团总数的比重	单位数	占同类改制非国有集团总数的比重
非国有企业集团总数	1 218		1 399		1 492	
改制非国有企业集团总数 *	1 171	100 (96.14)	1 242	100 (88.78)	1 380	100 (92.49)
企业重大经营决策权 *	1 020	87.11 (83.74)	1 196	96.30 (85.49)	1 334	96.67 (89.41)
企业经营者选择权 *	877	74.89 (72.00)	1 034	83.25 (73.91)	1 136	82.32 (76.14)
资产收益索取权 *	796	67.98 (65.35)	944	76.01 (67.48)	1 077	78.04 (72.18)
集体控股公司	195	100.00	198	100.00	297	100
企业重大经营决策权	181	92.82	188	94.95	278	93.60
企业经营者选择权	149	76.41	159	80.30	249	83.84
资产收益索取权	141	72.31	145	73.23	243	81.82
改制非公有企业	876	100.00	1 044	100.00	1 083	100
企业重大经营决策权	839	95.78	1 008	96.55	1 056	97.51
企业经营者选择权	728	83.11	875	83.81	887	81.90
资产收益索取权	655	74.77	799	76.53	834	77.01

注：＊行括号内数字为占全部非国有大型集团总数的比重。

资料来源：根据国家统计局：《中国大企业集团》，2004—2006 年有关数据整理和计算。

5. 非国有大型企业集团母子公司体制

2006 年，在非国有大型企业集团中，已建立母子公司体制的有 1 433 家，占 96.05%，比 2005 年和 2004 年分别提高 0.48 和 1.06 个百分点。其中，母公司为集体控股公司的企业集团建立母子公司体制的比例达到 96.83%，母公司为非公有企业的集团建立母子公司体制的比例为 95.81%，两类集团建立母子公司体制的比例均呈平稳态势（见表 1-2-10）。

表 1-2-10　　　2004—2006 年非国有大型企业集团母子公司体制建立情况　　单位：个；%

年份和项目 母公司类型	2004		2005		2006	
	单位数	占同类非国有集团总数的比重	单位数	占同类非国有集团总数的比重	单位数	占同类非国有集团总数的比重
非国有企业集团总数	1 218	100	1 399	100	1 492	100

年份和项目	2004		2005		2006	
母公司类型	单位数	占同类非国有集团总数的比重	单位数	占同类非国有集团总数的比重	单位数	占同类非国有集团总数的比重
其中：建立母子公司体制的集团数	1 157	94.99	1 337	95.57	1 433	96.05
母公司为集体控股公司的集团数	256	100	261	100	347	100
其中：建立母子公司体制的集团数	248	96.88	250	95.79	336	96.83
母公司为非公有企业的集团数	962	100	1 138	100	1 145	100.00
其中：建立母子公司体制的集团数	909	94.49	1 087	95.52	1 097	95.81

资料来源：根据国家统计局：《中国大企业集团》，2004—2006 年有关数据整理和计算。

6. 非国有大型企业集团生产经营权落实情况

（1）投资自主权落实程度。

2006 年，在非国有大型企业集团中，享有投资自主权的有 1 427 家，占 95.64％，比 2005 年和 2004 年分别提高 0.14 和 0.48 个百分点。其中，在非公有企业集团中，这一比例为 95.46％，比 2005 年和 2004 年分别下降 0.23 和 0.38 个百分点。由于享有投资自主权的非国有大型企业集团所占比例本已很高，而非国有大型企业集团总数不断发生变化，因此，这种变化应属于正常现象（见表 1-2-11）。

（2）对外担保权落实程度。

2006 年，在非国有大型企业集团中，享有对外担保权的有 1 162 家，占 77.88％，比 2005 年下降 0.18 个百分点，比 2004 年提高 2.51 百分点。其中，在非公有企业集团中，这一比例为 78.17％，比 2005 年下降 0.74 个百分点，比 2004 年提高 0.94 个百分点（见表 1-2-11）。

（3）自营产品进出口权落实程度。

2006 年，在非国有大型企业集团中，享有自营产品进出口权的有 1 100 家，占 73.73％，比 2005 年下降 0.39 个百分点，比 2004 年提高 2.3 个百分点。其中，在非公有企业集团中，这一比例为 73.89％，比 2005 年和 2004 年分别提高 1.13 和 2.16 个百分点（见表 1-2-11）。

表 1-2-11　　　　2004—2006 年非国有大型企业集团生产经营权落实情况　　　单位：个；%

年份和项目 母公司类型及其经营权	2004		2005		2006	
	单位数	占同类非国有集团总数的比重	单位数	占同类非国有集团总数的比重	单位数	占同类非国有集团总数的比重
非国有企业集团总数	1 218	100	1 399	100	1 492	100
有投资自主权	1 159	95.16	1 336	95.50	1 427	95.64
有对外担保权	918	75.37	1 092	78.06	1 162	77.88
有自营产品进出口权	870	71.43	1 037	74.12	1 100	73.73
集体控股公司	256	100	261	100	347	100
有投资自主权	237	92.58	247	94.64	334	96.25
有对外担保权	175	68.36	194	74.33	267	76.95
有自营产品进出口权	180	70.31	209	80.08	254	73.20
非公有企业	962	100	1 138	100	1 145	100
有投资自主权	922	95.84	1 089	95.69	1 093	95.46
有对外担保权	743	77.23	898	78.91	895	78.17
有自营产品进出口权	690	71.73	828	72.76	846	73.89

资料来源：根据国家统计局：《中国大企业集团》，2004—2006 年有关数据整理和计算。

>>三、2004—2006 年国有企业的市场化<<

国有企业的市场化主要表现在四个方面：一是国有企业制度的市场适应性改革；二是国有企业产权的多元化；三是国有企业经营行为的市场化和规范化；四是国有企业市场退出机制的形成。市场化的目的是使国有企业成为自主经营、自负盈亏、自担风险、自我约束的独立的法人实体和市场竞争主体。

（一）国有企业制度的市场适应性改革

1. 国有企业出资人的确立和国有资产监管体制全面实施

国务院国有资产监督管理委员会以及各地国有资产监督管理委员会的成立，意味着国有资产出资人代表的最终确立。2004—2006 年，国有资产监管体制进入全面实施阶段，国务院国资委以及各地国资委积极行使出资人职责，在深化国有企业改革、加强国有资产监管等方面均取得积极进展。各地国资委以《企业国有资产监督管理暂行条例》为基础，制定了一系列国有资产监管的地方性法规规章和规范性文件，为各地国资委依法履行出资人职责提供了依据和准则。通过三年来的努力工作，基本改变了国有资产多头管理、政企不分、政资合一的局面，国有企业的独立市场地位得到了进一步明确。

2. 垄断行业管制的放松

2005 年 2 月，国务院发布《关于鼓励支持和引导个体私营等非公有制经济发展的若干意见》。该文件规定，今后允许非公有制经济进入法律法规未禁入的行业和领域，并放宽股权比例限制等方面的条件；允许非公有制经济进入垄断行业和领域，在电力、电信、铁路、民航、石油等行业和领域，进一步引入市场竞争机制；在自然垄断业务中，积极推进投资主体多元化，非公有制经济可以以参股等方式进入；允许非公有制经济进入公用事业、基础设施领域和社会事业领域以及金融服务业和国防科技工业建设领域；允许非公有制经济参与国有经济结构调整和国有企业重组，城市商业银行和城市信用社要积极吸引非公有资本入股。该文件的发布和相关法规规章的实施对进一步放松垄断行业的管制，不断引入竞争机制，推进投资主体的多元化起到了十分重要的作用。

3. 国有企业内部制度的市场适应性改革

2004—2006 年，国有企业在内部人事、用工、分配三项制度方面，进一步进行市场化改革。国有企业内部，在全面实施劳动合同制度、全员竞争上岗制度、企业内部管理人员实施公开竞聘择优录取制度、企业总经理选聘制度、以岗位工资为主的工资制度和工资集体协商制度上都有了进一步发展和完善。

（二）国有企业的产权多元化

1. 国有企业的公司制改组

国有企业的公司制改组是指将国有企业改组为有限责任公司和股份有限公司形式，其他还包括中外合资以及与港澳台的合资等形式。通过公司制改组，国有企业按照《公司法》，以市场规则运行，从而在很大程度上摆脱了来自政府的行政干预。下面以国有大型企业集团为例。2006 年，国有大型企业集团 1 364 家，其中母公司已进行公司制改组的有 1 046 家，占 76.69%。在母公司已进行公司制改组的国有大型企业集团中，母公司改制为国有独资公司的有 675 家，占 64.53%，比 2005 年和 2004 年分别提高 1.91 和 2.62 个百分点；而母公司改制为国有绝对及相对控股公司的有 371 家，占 35.47%，比 2005 年和 2004 年分别下降 1.91 和 2.62 个百分点（见表 1-2-12）。独资公司比重上升，控股公司比重下降，原因主要在于国有企业之间的合并重组，包括把原来效益不佳的或未改制的企业改制为国有独资公司。

表 1-2-12　　　　　2004—2006 年国有大型企业集团母公司改制情况　　　　单位：个；%

年份和项目	2004		2005		2006	
母公司注册类型	单位数	占国有集团总数的比重	单位数	占国有集团总数的比重	单位数	占国有集团总数的比重
企业集团总数	2 764		2 845		2 856	
国有大型企业集团总数*	1 546	100 (55.93)	1 446	100 (50.83)	1 364	100 (47.76)
未改制国有大型企业集团数	396	25.61	341	23.58	318	23.31
改制国有大型企业集团数**	1 150	74.39 (100)	1 105	76.42 (100)	1 046	76.69 (100)
国有独资公司**	712	(61.91)	692	(62.62)	675	(64.53)
国有绝对及相对控股公司**	438	(38.09)	413	(37.38)	371	(35.47)
其中：有限责任公司**	268	(23.30)	261	(23.62)	236	(22.56)
股份有限公司**	161	(14.00)	142	(12.85)	125	(11.95)

注：* 行括号内数字为占全部大型集团的比例；

　　** 行括号内数字为占改制国有大型集团的比例。

资料来源：根据国家统计局：《中国大企业集团》，2004—2006 年有关数据整理和计算。

2. 上市公司股权分置改革和股权的多元化

2005 年，中国企业产权制度的重大举措就是上市公司的股权分置改革。2006 年，股权分置改革取得突破性进展，沪深两市进入或完成股改程序的上市公司共 1 301 家，占应改革上市公司的 97%。通过股权分置改革，进一步完善了资本市场，对上市公司的发展和上市公司股权多元化起到了十分积极的作用。2006 年，上市公司股权多元化的趋势更加明显，国有股比例进一步下降。截至 2006 年底，上市公司总数有 1 434 家，其中没有国家股的公司有 1 241 家，占 86.54%，比 2005 年和 2004 年分别提高 54.17 和 64.97 个百分点；国家一般性参股公司 57 家，占 3.97%，比 2005 年和 2004 年分别下降 10.66 和 11.35 个百分点；国家绝对控股公司 53 家，占 3.70%，分别比 2005 年和 2004 年下降 22.66 和 29.20 个百分点；国家相对控股公司 83 家，占 5.79%，分别比 2005 年和 2004 年下降 20.86 和 24.42 个百分点；国家股所占比重为 20.31%，分别比 2005 年和 2004 年下降 7.59 和 26.47 个百分点（见表 1-2-13）。

表 1-2-13　　　　　　　　　2004—2006 年上市公司股权的多元化　　　　　单位：家；%

年份和项目 股权状况	2004		2005		2006	
	公司数	比重	公司数	比重	公司数	比重
上市公司总数（统计数）	1 377	100	1 381	100	1 434	100
无国家股的公司	297	21.57	447	32.37	1 241	86.54
国家一般参股的公司	211	15.32	202	14.63	57	3.97
国家绝对控股的公司	453	32.90	364	26.36	53	3.70
国家相对控股的公司	416	30.21	368	26.65	83	5.79
上市公司中国有股占比	46.78		27.90		20.31	

资料来源：根据中国证券监督管理委员会网站、Wind 数据库和锐思数据库数据整理和计算。

（三）国有企业经营行为的市场化和规范化

尽管国有企业仍有部分没有改制，已改制的国有企业中还有相当一部分仍是国有独资公司，但在经营方面已呈现高度的市场化和规范化。由于国有企业资产绝大多数集中于国有大型企业集团，在此便以国有大型企业集团为例来说明国有企业经营的市场化和规范化情况。

1. 国有大型企业集团母公司治理机构

（1）股东会建立比例。

2006 年，在改制的国有大型企业集团（不含国有独资公司）中，母公司已建立股东会的有 363 家，占 97.84%，比 2005 年和 2004 年分别提高 8.25 和 10.17 个百分点。其中，国有绝对及相对控股集团母公司建立股东会的比例为 97.84%，比 2005 年和 2004 年分别提高 8.25 和 10.17 个百分点（见表 1-2-14）。

（2）董事会建立比例。

2006 年，在改制的国有大型企业集团中，母公司已建立董事会的有 998 家，占 95.41%，与 2005 年和 2004 年基本持平。在改制国有大型企业集团中，国有绝对及相对控股集团母公司建立董事会的比例，2004—2006 年分别为 99.09%、98.79% 和 98.65%，维持比较高的比例。2006 年国有独资公司为 93.63%（见表 1-2-14）。

（3）监事会建立比例。

2006 年，在改制的国有大型企业集团中，母公司已建立监事会的有 835 家，占 79.83%，比 2005 年和 2004 年分别提高 0.64 和 1.92 个百分点。其中，2006 年国有绝对及相对控股集团母公司建立监事会的比例为 95.42%，国有独资公司为 71.26%（见表 1-2-14）。

表 1-2-14   2004—2006 年国有大型企业集团母公司治理机构建立情况   单位：个；%

年份和项目 母公司类型 和治理机构建立情况	2004		2005		2006	
	单位数	占同类改制国 有集团总数的 比重	单位数	占同类改制国 有集团总数的 比重	单位数	占同类改制国 有集团总数的 比重
改制国有企业集团总数	1 150	100	1 105	100	1 046	100
已建立股东会 *	384	87.67	370	89.59	363	97.84
已建立董事会	1 100	95.65	1 051	95.11	998	95.41
已建立监事会	896	77.91	875	79.19	835	79.83
国有独资公司	712	100	692	100	675	100
已建立股东会	9	1.26	8	1.16	33	4.89
已建立董事会	666	93.54	643	92.92	632	93.63
已建立监事会	484	67.98	480	69.36	481	71.26
国有绝对及相对控股公司	438	100	413	100	371	100
已建立股东会	384	87.67	370	89.59	363	97.84
已建立董事会	434	99.09	408	98.79	366	98.65
已建立监事会	412	94.06	395	95.64	354	95.42

注：* 根据《公司法》，国有独资公司不设股东会，尽管少部分国有独资公司设立了股东会，但在本表计算设立股东会的公司及其比重时均不包括国有独资公司。

资料来源：根据国家统计局：《中国大企业集团》，2004—2006 年有关数据整理和计算。

2. 国有大型企业集团的治理机制

（1）重大经营决策权自主程度。

2006 年，在改制的国有大型企业集团中，母公司享有重大经营决策权的有 966 家，占改制国有大型企业集团的 92.35%，比 2005 年和 2004 年分别提高 1.40 和 2.44 个百分点；占全部国有大型企业集团的 70.82%，比 2005 年和 2004 年分别提高 1.32 和 3.94 个百分点。其中，2006 年国有绝对及相对控股集团母公司享有重大经营决策权的比例为 92.72%，国有独资公司为 92.15%（见表 1-2-15）。

（2）经营者选择权自主程度。

2006 年，在改制的国有大型企业集团中，母公司享有经营者选择权的有 908 家，占改制国有大型企业集团的 86.81%，比 2005 年和 2004 年分别提高 0.38 和

0.55 个百分点；占全部国有大型企业集团的 66.57%，比 2005 年和 2004 年分别提高 0.53 和 2.40 个百分点。其中，2006 年国有独资母公司享有经营者选择权的比例为 87.26%，国有绝对及相对控股集团为 85.98%（见表 1-2-15）。

（3）资产收益索取权享有程度。

2006 年，在改制的国有大型企业集团中，母公司享有资产收益索取权的有 781 家，占改制国有大型企业集团的 74.67%，比 2005 年和 2004 年分别下降 2.07 和 0.29 个百分点；占全部国有大型企业集团的 57.26%，比 2005 年下降 1.38 个百分点，比 2004 年提高 1.50 个百分点。其中，2006 年国有绝对及相对控股集团母公司享有资产收益索取权的比例为 81.40%，国有独资公司为 70.96%（见表 1-2-15）。

表 1-2-15　　　2004—2006 年国有大型企业集团母公司出资人权利自主程度　　　单位：个；%

年份和项目 母公司类型 及出资人权利	2004		2005		2006	
	单位数	占同类改制国有集团总数的比重	单位数	占同类改制国有集团总数的比重	单位数	占同类改制国有集团总数的比重
国有大型企业集团总数	1 546		1 446		1 364	
改制国有企业集团总数 *	1 150	100 (74.39)	1 105	100 (76.42)	1 046	100 (76.69)
企业重大经营决策权 *	1 034	89.91 (66.88)	1 005	90.95 (69.50)	966	92.35 (70.82)
企业经营者选择权 *	992	86.26 (64.17)	955	86.43 (66.04)	908	86.81 (66.57)
资产收益索取权 *	862	74.96 (55.76)	848	76.74 (58.64)	781	74.67 (57.26)
国有独资公司	712	100	692	100	675	100
企业重大经营决策权	630	88.48	622	89.88	622	92.15
企业经营者选择权	633	88.90	603	87.14	589	87.26
资产收益索取权	524	73.60	514	74.28	479	70.96
国有绝对及相对控股公司	438	100	413	100	371	100
企业重大经营决策权	404	92.24	383	92.74	344	92.72
企业经营者选择权	359	81.96	352	85.23	319	85.98
资产收益索取权	338	77.17	334	80.87	302	81.40

注：* 行括号内数字为占全部国有大型集团总数的比重。

资料来源：根据国家统计局：《中国大企业集团》，2004—2006 年有关数据整理和计算。

3. 国有大型企业集团母子公司体制

2006 年，在国有大型企业集团中，已建立母子体制的有 1 312 家，占

96.19％，比2005年和2004年分别提高0.62和1.04个百分点。其中，母公司为国有独资公司的企业集团中建立母子公司体制的比例为97.33％，母公司为国有绝对及相对控股公司的企业集团为96.58％，母公司为国有企业的企业集团为93.20％，各类大型企业集团在建立母子公司体制上均呈现上升态势（见表1-2-16）。

表 1-2-16　　　2004—2006 年国有大型企业集团母子公司体制建立情况　　　单位：个；％

年份和项目 / 母公司类型及建立母子公司体制数	2004		2005		2006	
	单位数	占同类非国有集团总数的比重	单位数	占同类非国有集团总数的比重	单位数	占同类非国有集团总数的比重
国有大型企业集团总数	1 546	100	1 446	100	1 364	100
其中：建立母子公司体制的集团数	1 471	95.15	1 382	95.57	1 312	96.19
母公司为国有企业的集团数	385	100	334	100	309	100
其中：建立母子公司体制的集团数	350	90.91	303	90.72	288	93.20
母公司为国有独资公司的集团数	712	100	692	100	675	100
其中：建立母子公司体制的集团数	692	97.19	673	97.25	657	97.33
母公司为国有绝对及相对控股公司的集团数	449	100	420	100	380	100
其中：建立母子公司体制的集团数	429	95.55	406	96.67	367	96.58

　　注：本表中母公司为国有绝对及相对控股公司的集团数中含母公司未改制的集团（母公司为国有企业的集团属于母公司未改制集团，此处不包括这类集团，因为这类集团在表中已经单列），故与表1-2-12、表1-2-14和表1-2-15的数据有稍微差别。其中，母公司为国有绝对及相对控股公司的集团数中，三个年份所含的母公司未改制集团数分别是11个、7个和9个。

　　资料来源：根据国家统计局：《中国大企业集团》，2004—2006年有关数据整理和计算。

4. 国有大型企业集团生产经营权落实情况

（1）投资自主权落实程度。

2006年，在国有大型企业集团中，享有投资自主权的有1 207家，占88.49％，比2005年提高0.11个百分点，比2004年下降0.58个百分点。比例的下降主要是由于国有企业重组而引起国有企业集团数量发生变化所致（见表1-2-17）。

（2）对外担保权落实程度。

2006 年，在国有大型企业集团中，享有对外担保权的有 1 029 家，占 75.44％，比 2005 年提高 0.82 个百分点，比 2004 年下降 1.47 个百分点（见表 1-2-17）。

（3）自营产品进出口权落实程度。

2006 年，在国有大型企业集团中，享有自营产品进出口权的有 970 家，占 71.11％，比 2005 年和 2004 年分别下降 2.89 和 3.21 个百分点。2006 年，国有绝对及相对控股集团享有自营产品进出口权的比例为 72.37％，比 2005 年和 2004 年分别下降 5.73 和 4.47 个百分点；国有独资公司比例为 70.37％，比 2005 年和 2004 年分别下降 2.03 和 2.94 个百分点（见表 1-2-17）。

表 1-2-17   2004—2006 年国有大型企业集团生产经营权落实情况   单位：个；%

年份和项目 母公司类型 及其经营权	2004		2005		2006	
	单位数	占同类非国有集团总数的比重	单位数	占同类非国有集团总数的比重	单位数	占同类非国有集团总数的比重
国有企业集团总数	1 546	100	1 446	100	1 364	100
有投资自主权	1 377	89.07	1 278	88.38	1 207	88.49
有对外担保权	1 189	76.91	1 079	74.62	1 029	75.44
有自营产品进出口权	1 149	74.32	1 070	74.00	970	71.11
国有企业	385	100	334	100.00	309	100
有投资自主权	328	85.19	284	85.03	259	83.82
有对外担保权	284	73.77	236	70.66	221	71.52
有自营产品进出口权	282	73.25	241	72.16	220	71.20
国有独资公司	712	100	692	100	675	100
有投资自主权	629	88.34	609	88.01	602	89.19
有对外担保权	551	77.39	526	76.01	520	77.04
有自营产品进出口权	522	73.31	501	72.40	475	70.37
国有绝对及相对控股公司	449	100	420	100	380	100
有投资自主权	420	93.54	385	91.67	346	91.05
有对外担保权	354	78.84	317	75.48	288	75.79
有自营产品进出口权	345	76.84	328	78.10	275	72.37

资料来源：根据国家统计局：《中国大企业集团》，2004—2006 年有关数据整理和计算。

5. 政府对国有企业特殊支持的大幅减少

2004—2006 年，政府对国有企业的特殊支持已微乎其微，这可以从以下两个方面反映出来。

一是国家财政收入中对国有企业亏损的补贴与 GDP 的比率继续大幅下降，2004 年为 0.14%，2005 年下降到 0.11%，2006 年再下降到 0.09%，两年平均下降 28.39%。不仅如此，亏损补贴的绝对值也大幅下降，2004 年为 217.93 亿元，2005 年下降为 193.26 亿元，2006 年再下降为 180.22 亿元，两年平均下降 9.06%。此外，由于利率市场化进程进一步加快，国有商业银行的盈亏必须由自己负责，这使政府以低息银行贷款形式向国有企业提供的变相补贴也基本消失。

二是政府对国有企业资金的无偿划拨近于停止，国有企业生产经营所需的资金投入主要是通过自有资金、银行贷款、发行债券或上市融资获得。2004—2006 年，企业在股市的股权融资从 1 474.75 亿元增至 5 594.29 亿元，年均增长 94.77%；企业债发行额从 327.00 亿元增至 3 938.30 亿元，年均增长 247.04%；银行贷款增加额从 19 201.60 亿元增至 30 594.90 亿元，年均增长 26.23%（见表 1-2-18）。

表 1-2-18　　　　　　　　　2004—2006 年企业资金的来源　　　　　　单位：亿元人民币；%

年　份	2004	2005	2006	2004—2006 年均增长
股票筹资额	1 474.75	1 882.51	5 594.29	94.77
比上年增长	8.62	27.65	197.17	
企业债发行额	327.00	2 046.50	3 938.30	247.04
比上年增长	−8.66	525.84	92.44	
银行贷款增加额	19 201.60	16 492.60	30 594.90	
比上年增长	−30.69	−14.11	85.51	26.23

注：银行贷款增加额除包括企业贷款增加额外，还包括其他主体的贷款增加额。

资料来源：根据《中国金融年鉴》，2005—2007 年有关数据整理和计算。

6. 国有企业产品市场定价机制的形成

国有企业的产品价格已由企业根据生产经营成本和市场供求自主做出，这主要表现在国有企业生产经营所需的各种要素及其他商品和服务基本上从市场选购，而这些生产经营要素及其他商品和服务项目的价格也基本放开，由市场来决定。2006 年，农副产品收购总额中由市场定价的比重为 97.1%，与 2005 年和 2004 年基本持平；社会消费品零售总额中由市场定价的比重为 95.3%，也与

2005 年和 2004 年基本持平；生产资料销售总额中市场定价比重为 92.1％，比 2005 年和 2004 年分别提高 0.2 和 4.3 个百分点。

7. 国有企业用工和工资决定的市场化

以大型企业集团为例，2006 年，在用工制度上，在 2 856 家大型企业集团母公司中，全面实行劳动合同制度的占 96.7％，实行全员竞争上岗制度的占 87.0％，企业内部管理人员实行公开竞聘、择优录用制度的占 88.4％，其中改制企业集团母公司总经理由董事会聘任的比重为 84.3％；在工资分配制度上，93.7％的集团母公司实行了以岗位工资为主的工资制度，68.2％的集团母公司实行经营者年薪制，32.6％的企业集团实施经营者持有股权、股票期权制。

（四）国有企业的退出

国有企业根据自身的经营状况和市场供求变化的退出，是国有企业市场化的一个重要方面。2004 年以来，国有企业尤其是国有中小企业的退出步伐进一步加快。

1. 劣势国有企业的兼并和破产

2005 年 5 月，国务院通过《全国国有企业关闭破产工作四年总体规划》，部署国有企业政策性关闭破产工作。这意味着国有企业关闭破产工作进入了最后的阶段，在今后的四年里将有 2 167 户企业、366 万职工的问题得到解决。四年规划执行完毕，国有企业退出市场将全部转为依法破产的方式。虽然国有企业关闭破产工作是这几年推进的最艰难的一项工作，但通过这一途径使困难的国有企业退出了市场，对于优化国有经济结构、发挥市场经济优胜劣汰机制，有着非常重大的意义。[1]

2. 国有企业辅业的改制退出

2004—2006 年，"主辅分离、辅业改制"工作继续向前推进。《关于做好第二批中央企业分离办社会职能工作的通知》、《关于进一步规范国有大中型企业主辅分离辅业改制的通知》等文件，进一步明确了国有企业在改制过程中的管理层持股、劳动关系处理等具体问题的处理政策，为国有企业的改制和国有企业进一步确立市场主体地位起到了积极的推动作用。2005 年 8 月，通过"主辅分离、辅业改制"，企业已经分离安置富余人员 135 万人（其中改制企业安置富余人员

---

[1] 中国企业联合会、中国企业家协会：《中国企业发展报告 2006》，16 页、17 页，北京，企业管理出版社，2006。

93.7 万人）。中央企业中，共有 76 家上报了总体方案，已经批复实施方案共涉及改制单位 3 515 个，涉及"三类资产"总额 959.3 亿元，净资产 408.9 亿元，分流安置富余人员 53.7 万人。此外，还启动了东北地区部分城市和城区厂办大集体改制试点。[①]

2006 年 8 月通过的《中华人民共和国企业破产法》不仅重新界定了国有企业破产清偿的顺序，平衡了劳动债权与担保债权的权益，还首次规定金融机构的破产事宜，这为外资进一步参与国有企业辅业的改制和退出工作提供了重要契机。同时，该法的通过对确立国有企业破产制度，完善市场经济的制度环境提供了重要的法律保障。

3. 国有股权的转让

对于一般竞争性领域的国有企业，通过国有股权转让，鼓励非国有企业、个人和境外投资者参与改组、改制，并允许它们控股。通过国有股权转让，许多国有企业（包括一些大型国有企业）改制成了非国有控股的产权多元化企业。特别是 2005 年启动了上市公司的股权分置改革，对上市公司的发展和上市公司股权多元化起到了十分积极的作用。通过上市公司股权分置改革，上市公司国有股所占比例大幅下降，上市公司产权结构进一步得到优化。

>>四、中国企业市场化发展趋势<<

从中国企业市场化发展的整体趋势来看，国有经济在国民经济中的比重将进一步降低，而非国有经济的比重则将大幅上升，中国企业市场化环境将进一步优化，国有经济与非国有经济的公司治理结构将进一步完善。

（一）非国有经济

1. 市场化环境将进一步促进非国有经济的发展

中国共产党十六届六中全会通过了《关于构建社会主义和谐社会若干重大问题的决定》（以下简称《决定》），进一步阐明了在构建社会主义和谐社会的过程中，中小企业的发展壮大对于大力发展生产力、缩小城乡差距和区域发展差距、促进社会充分就业、增加城乡居民收入以及推进技术自主创新等，将发挥越来越

---

① 中国企业联合会、中国企业家协会：《中国企业发展报告 2006》，16 页、17 页，北京，企业管理出版社，2006。

重要的作用。2007 年，国家出台了"十一五"发展规划、自主创新战略和新农村建设战略等一系列推动社会经济发展和非国有经济发展的重要政策，这为非国有经济保持快速发展势头提供了良好的政策环境。

纵观历史进程，中国非国有经济的发展环境得到空前改善，非国有经济已进入了更好的发展时期。首先，法律法规建设逐渐完善。《中小企业促进法》的颁布实施，以及一系列法律法规和政策措施的实行表明中国中小企业的发展已经走上了法制化、规范化的发展道路；《关于鼓励支持和引导个体私营等非公有制经济发展的若干意见》进一步放宽了非公有制经营行业和经营领域，为非公有制经济的发展提供了更加广阔的空间。其次，政府加大了对中小企业的财政支持力度，在"十一五"期间，中央将加大公共财政对中小企业的支持比例，重点支持中小企业技术创新、中小企业与大企业配套协作以及开拓国际市场；《中小企业促进法》和《政府采购法》的实施，使政府采购和中小企业的发展联系起来，一定比例的政府采购项目向中小企业倾斜，这将为中小企业提供间接的财政支持。最后，中小企业服务体系基本建立起来，各级地方政府转变职能，简化对中小企业服务的程序，并为中小企业提供高质量的服务，这将会降低中小企业的运行成本。

2. 非国有企业在国民经济中的比重将进一步提高

第一，国务院发布的《关于鼓励支持和引导个体私营等非公有制经济发展的若干意见》进一步放松了非国有经济在行业和经营领域上的限制，非公有制经济必将在更加广阔的领域迅速发展；第二，国家支持非国有企业参与国有企业辅业分离和改制工作，这将会使很大一部分国有企业特别是大型国有企业剥离的辅业和国有中小企业改制成为非国有企业；第三，西部大开发、振兴东北老工业基地和环渤海经济圈的规划和相应的优惠政策，将为非国有企业提供很多的发展机会；第四，国家实施发展小城镇战略将主要依靠非国有企业的投资，这将为非国有经济的发展提供广泛的机遇；第五，《中小企业促进法》将刺激更多的非国有中小企业产生和发展。

3. 非国有经济的产业分布将更加广泛

第一，《关于鼓励支持和引导个体私营等非公有制经济发展的若干意见》允许非国有企业进入更多的行业，包括原国有企业垄断的大部分行业，如银行、电信、能源和基础设施等，从而使各类市场主体将在这些行业享有平等的投资、生产和经营权利；第二，随着国家对私营企业进出口限制的解除，在进出口贸易领域将涌现一大批私营企业；第三，随着非国有企业广泛参与国有企业"主辅分离、辅业改制"工作，必将使非国有经济得到进一步发展，竞争能力不断增强；第四，由于发达国家的技术优势，中国的高技术产业仍是外商投资企业的重要进入领域。

4. 内资非国有企业的经营质量将得到更大程度的提高

内资非国有企业在未来的市场竞争中将面临更加激烈的竞争压力，从而促使内资非国有企业不断提高自身的经营质量，以增强企业的竞争力。第一，随着产业结构的不断升级，内资非国有企业将会逐渐从劳动密集型转向重化工业和以科技创新、信息化为主要标志的新型工业；第二，内资非国有企业发展战略将由单纯量的扩张转向做大做强，逐渐摒弃多元化投资方式，更加注重专业化发展，做强主业；第三，内资非国有企业将积极应对市场尤其是国外市场的竞争，不断扩大国内和国际市场的份额；第四，内资非国有企业将积极推进产业转移的进程，将产业向中西部地区转移，突破发展过程中面临的土地、资源和劳动力等瓶颈；第五，内资非国有企业将通过不断加强企业内部管理，完善薪酬制度、信息化管理以及加强营销管理和财务管理，实现由家长式管理向科学管理的转变。

5. 非国有企业的公司治理状况将进一步完善

非国有企业将全面推进产权制度和治理制度的变革，进一步完善公司治理结构，通过吸纳更多的投资主体，从而实现企业产权的多元化。通过多元化产权主体的相互制衡、相互激励，进一步增强非国有企业的活力。同时，非国有企业还将积极通过国内外上市，促进企业改善公司治理结构，积极关注投资者及其他利益相关者的利益，严格约束企业自身行为，从而实现非国有企业的跨越式发展。

(二) 国有企业

1. 国有经济在国民经济中的布局和结构将得到进一步优化

中国共产党十五届四中全会提出，到 2010 年要基本完成国有经济的战略性调整和改组，从而形成比较合理的国有经济布局和结构。通过坚持有进有退、有所为有所不为的原则，建立起以市场配置资源为主的运行机制，支持和鼓励国有经济走新型工业化道路和资源节约、可持续发展的道路，这包括如下几个方面：第一，国有经济将向关系国家安全和国民经济命脉的重要行业和关键领域集中；第二，国有经济将向具有竞争优势的行业和未来可能形成主导产业的领域集中；第三，国有经济将向具有较强国际竞争力的大企业集团集中；第四，国有经济将向国有企业的主业集中。此外，中央国有企业"主辅分离，辅业改制，强化主业"工作和国有中小型企业退出工作将进一步加强，并积极鼓励非国有企业参与改组国有企业的工作。

2. 国有资产监管法规体系将得到进一步完善

各级国资委已经全部建立，中央政府和地方政府分别代表国家履行出资人职责的监管体系已经基本形成。各级国资委将继续做好国有企业运行状况的统计分析，加强清产核资，完善相关规章制度，以防止出现新的不良资产；财务监督制度体系建设将不断加强，审计监督工作体系将不断完善；财务快报和国有资产统计工作体系将会健全，以加强企业财务动态检测和分析；产权界定、资产评估、资产划转、产权登记、产权转让监管、产权纠纷调解处理等产权管理的基础性工作将会进一步规范。此外，为了进一步完善国有资产监管体制，《国有资产法》的立法进程将会加快，从而从法律上最终确立国有资产监管体系，届时，国资委作为出资人，将以特殊民商法主体参与企业的监管并行使股东权利，而不再是行使行政管理权。

3. 国有大型企业的公司治理将更加规范

随着国有资产监管体系的确立和监管法律法规的不断完善，切实推进国有大型企业产权制度改革、规范国有大型企业公司治理将是未来深化国有经济改革的重点。在今后的一段时期，国有大型企业将更多地改制为非国有独资的有限责任公司和股份有限公司，通过规范上市、集团上市、引入战略投资者、产权置换、相互参股等途径最终实现投资主体的多元化和产权的明晰化，真正摆脱政府的行政干预。同时，出资人和经营者的权利将更加明确，公司内部有效的激励机制和约束机制将基本形成。中央企业中的国有独资公司将全面建立董事会，董事会内设立独立董事，并在董事会内建立战略、提名、薪酬与考核等专门委员会，这将使中央国有企业的公司制改组更加符合市场规范。

>>主要参考文献<<

[1] 国家工商总局. 中国工商行政管理年鉴：2005—2007 年 [R]. 北京：中国工商出版社，2005—2007.

[2] 国家海关总署. 海关统计年鉴：2005—2007 年 [R]. 北京：中国海关出版社，2005—2007.

[3] 国家税务总局. 税收统计月报：2005—2007 年 [R/OL]. 国家税务总局网站.

[4] 国家税务总局. 中国税务年鉴：2005—2007 年 [R]. 北京：中国税务出版

社，2005—2007.

[5] 国家统计局，国家发改委，国家科委. 中国高技术产业统计年鉴 2007 [R]. 北京：中国统计出版社，2007.

[6] 国家统计局. 国家统计局统计公报：2005—2007 年 [R/OL]. 国家统计局网站.

[7] 国家统计局. 中国大企业集团：2004—2006 年 [R]. 北京：中国统计出版社，2005—2007.

[8] 国家统计局. 中国统计年鉴：2005—2007 年 [R]. 北京：中国统计出版社，2005—2007.

[9] 高明华. 中国企业市场化进程研究 [J]. 管理世界，2003 (8).

[10] 高明华. 中国企业市场化指数研究：2002—2003 年 [J]. 中国社会科学院研究生院学报，2005 (5).

[11] 中国企业联合会，中国企业家协会. 中国企业发展报告：2005—2007 年 [R]. 北京：企业管理出版社，2005—2007.

[12] 中国乡镇企业年鉴编辑部. 中国乡镇企业年鉴：2005—2007 年 [R]. 北京：中国农业出版社，2005—2007.

[13] 中国证券监督管理委员会. 中国金融年鉴：2005—2007 年 [R]. 上海：百家出版社，2005—2007.

第三章
劳动力流动和工资决定的市场化

近几年来，中国劳动力流动和工资决定的市场化不断推进，取得了显著成效，劳动力自由流动和工资自主决定程度大大提高，劳动力市场逐步完善，促进了社会生产力水平的提高。本章重点分析 2004—2006 年劳动力市场化取得的新进展。

>>一、2004—2006 年劳动力流动和工资决定的 市场化概要<<

2004—2006 年中国劳动力流动和工资决定的市场化程度继续稳步提高，主要体现在劳动力市场的建设、劳动者自主择业、用人单位自主用工、劳动力自由流动、企业工资决定的市场化和劳动者权益保护等方面。

(一) 劳动力市场信息化建设继续推进

按照劳动力市场制度化、专业化和社会化的要求，全国就业服务体系建设取得较大进展。劳动力市场信息网络建设进一步完善，劳动力流动的信息不对称问题得以较好解决，从而促进了劳动力的合理流动。2004 年末，中国劳动力市场信息网络初步建成，117 个城市实现了按季度发布职业供求分析报告。到 2005 年末，120 个城市开展了职业供求信息季度分析并向社会发布，127 个城市发布了劳动力市场工资指导价位。职业介绍所等劳动力中介机构数量稳定，在促进劳动者就业和单位用工以及积极引导劳动力供求实现均衡方面发挥了重要作用。2005 年底，全国劳动保障部门公共职业介绍机构接受失业求职 2 858 万人次，介绍成功 1 538 万人次，比 2004 年增长 15.1％。[①]

按照劳动和社会保障部要求而实施的"金保工程"建设在各省（市、区）取得进展。截至 2006 年底，在全国 32 个省级单位全部与劳动和保障部实现联网的基础上，有 20 个省（区、市）实现了与全部所辖地市的联网。全国 77％的地级市以上城市实现了与省数据中心的联网。全国有 154 个地级市以上城市开通了 12 333 部劳动保障服务电话。

（二）劳动力工资决定市场化机制不断完善

工资是劳动力的价格，工资的决定机制是劳动力市场化的核心机制。经营者年薪制已经得到企业的普遍认可，而工资集体协商制度正在不断推进。2005 年，劳动和社会保障部等四部门共同下发了《关于进一步推进工资集体协商工作的通知》，强调在企业改制过程中工资集体协商的重要性。工资协商制度的不断推广，促进了劳动力工资的合理化和劳动力市场的成熟。截至 2006 年末，中国建立工资协商制度的企业达 52 万多家，涉及 6 000 余万职工，约占在职职工的一半。

（三）劳动者自主择业促进就业多元化

劳动力择业自主化、形式多样化改革不断推进，主要体现在国家对应届毕业大学生就业问题和退伍军人转业问题的重视，鼓励创业等灵活就业方式上。2004 年 1 月 20 日颁布的《国务院办公厅转发民政部等部门关于扶持城镇退役士兵自谋职业优惠政策意见的通知》，进一步推进了城镇退役士兵自谋职业工作。劳动和社会保障部对高校毕业生就业工作和农民工就业工作进一步加强，将高校毕业生就业工作纳入全国就业整体规划，积极引导农民按需有序流动就业，维护农民工合法权益，改善进城农民就业管理服务，加强了农民工职业技能培训，进一步推进了城乡劳动力市场一体化。

灵活就业吸纳的就业人数日益增多。到 2004 年底，中国已有约 5 000 万灵活就业人员，约占城镇就业人员总量的 18％。2005 年和 2006 年灵活就业不断拓展，目前的灵活就业形式涉及的行业和领域十分广泛，几乎涵盖了国民经济和社会生活的各个领域。

[①] 国家劳动和社会保障部、国家统计局：《劳动和社会保障事业发展统计公报》，2004—2006 年。

（四）劳动力用工市场监管力度加大

在劳动力市场不断完善过程中，政府加强了对劳动力市场的监管力度，有关劳动力市场的法制建设在不断深化，保证了劳动力市场向合理化、规范化方向发展。2004 年，国务院发布了《劳动保障监察条例》，劳动和社会保障部修订了《集体合同规定》、《最低工资规定》等。2005 年，在全国范围内重点组织开展了农民工权益保护、农民工工资支付、清理整顿劳动力市场秩序、贯彻《禁止使用童工规定》等专项检查活动。2005 年全年主动检查用人单位 119 万户，年检用人单位 96 万户，查处群众举报投诉案件 25 万件，查处各类劳动保障违法案件 38 万件。2006 年末，全国 24 个省区市建立了工资保证金制度，多数地区建立了工资支付监控制度。全国共有劳动保障监察机构 3 201 个，劳动保障监察机构组建率为 94.5%，各级劳动保障部门配备专职监察员 2.2 万人，形成初步的劳动关系调整机制。劳动合同制度和集体合同制度顺利推进，最低工资制度和工资指导线制度普遍建立，劳动力市场工资指导价位和人工成本信息指导制度在稳步推进，全国地市级以上城市普遍建立了协调劳动关系三方机制。①

（五）城乡劳动力就业统筹制度取得突破

中国劳动力市场的特殊性在于城乡劳动力市场的分割，并长期受到户籍制度等管理体制的制约。近年来，中国城乡分割的劳动力市场改革获得较快的突破。2004 年末，国务院办公厅下发《关于进一步做好改善农民进城就业环境工作的通知》，该通知要求，要进一步解决建设等领域拖欠农民工工资问题，加快清理和取消针对农民进城就业的歧视性规定、不合理限制和乱收费，加大劳动保障监察执法力度，改善就业服务，加强农民工职业技能培训，整顿劳动力市场秩序，大力推进农民工工伤保险工作。2006 年初国务院颁布的《国务院关于解决农民工问题的若干意见》指出，促进农村劳动力就地就近转移就业，实现公平对待，一视同仁。同年，劳动和社会保障部下发《关于贯彻落实国务院关于解决农民工问题的若干意见的实施意见》，进一步落实国家"十一五"规划中安排的促进农村劳动力转移就业、社会保险服务等相关重大工程项目。户籍制度改革取得新进展，管理更加灵活的新户籍制度在全国十余个省市得到实施，部分小城镇和城市基本实现了城乡一体化的户籍登记管理制度。公安部数据显示，河北、山东、江

---

① 国家劳动和社会保障部、国家统计局：《劳动和社会保障事业发展统计公报》，2004—2006 年。

苏、浙江、湖北、重庆等 12 省区市已相继取消农业户口和非农业户口的二元户口性质划分，统一城乡户口登记制度，统称为居民户口。其中山东省和湖北省在全省范围内逐步取消户口的农业和非农业之分，实行统一的户口登记管理制度。[1]

>>二、2004—2006 年劳动力市场化指标分析<<

劳动力市场化程度大体可以由下面六大要素[2]来反映，即劳动力的自主择业程度、工资自主决定程度、劳动力流动的自由度、劳动力用人单位用工自由度、劳动力工资反映地区经济水平差异的程度和劳动力市场服务体系建设。

（一）劳动力的自主择业程度

劳动力的自主择业程度是指劳动者根据行业间劳动条件、工资水平的差异以及个人自身工作能力，来选择职业的自由程度，它反映了市场机制在推动劳动力跨行业流动中所发挥的作用。以下从城镇和农村两个方面来考察劳动力的自主择业程度。

1. 城镇劳动力自主择业程度

城镇劳动力自主择业的程度通过国有大型企业的劳动合同签约率、城镇大中专毕业生择业情况来分析。

（1）国有大型企业的劳动合同签约率。

自 1995 年国家推行全员劳动合同制之后，各经济单位劳动签约率不断提高。非国有经济单位基本实现了合同制，国有大型企业的劳动合同签约率也在不断提升（见表 1-3-1）。

表 1-3-1　　　　2004—2006 年大型企业集团中实行劳动合同的比例　　　　单位：%

年　份	2004	2005	2006
大型企业中实行劳动合同制度的比率	95.0	95.7	96.7

资料来源：国家统计局：《中国大型企业集团》，2004—2006 年。

---

[1] 罗旭：《12 省区市统一城乡户口登记制度——实现公民身份法律意义上的平等》，载《光明日报》，2007-03-30（4）。
[2] 在劳动力市场化的指标选取上，本书基本上沿用了《2005 中国市场经济发展报告》的指标，个别指标做了一些调整。

从表 1-3-1 可以看出，截至 2006 年末，中国大型企业中实行劳动合同制度的比例已接近 97％，可以认为，中国劳动用工的契约制度得到了广泛的运用。

（2）城镇大中专毕业生择业情况。

大中专毕业生实现了学生与用人单位双向选择。近年来，由于大学扩招，大学生就业日益得到重视，国家推出了促进大学生就业的各项政策。在促进大学生创业方面，2004 年各省市自治区都落实了 1 年内免缴个体工商户登记等费用和行政事业性收费的政策，相当一部分省市已经落实了税费减免等优惠政策。毕业生就业观念也在发生深刻变化，"大学生志愿服务西部计划"实施力度和范围加大，并受到更多大学生的青睐。为了促进大中专毕业生学以致用，更快地适应社会，2006 年人事部、教育部联合下发了《关于建立高校毕业生就业见习制度的通知》，促进大中专毕业生了解就业岗位，提高就业能力，以使其择业更加顺利。

2. 农村劳动力自主择业程度

农村剩余劳动力转移是实现城乡二元劳动力市场统一的有效途径。近年来，国家非常重视农村剩余劳动力向城镇的转移就业问题，采取了许多有力政策，促进了农村剩余劳动力的有序流动和自主择业。2003 年国务院办公厅下发了《关于做好农民进城务工就业管理和服务工作的通知》，取消了农民工在城市就业的歧视性政策和行政审批制度。2006 年初，国务院颁布了《国务院关于解决农民工问题的若干意见》，各省市也相继出台了促进农民工进城务工的政策，这些政策的实施大大推进了城乡劳动力市场的一体化，主要表现在非农业就业人数占农村就业人数的比例进一步提高（见表 1-3-2）。

表 1-3-2　　　2003—2006 年非农业就业人数占农村就业人数的比例　　单位：万人；%

年　份	2003	2004	2005	2006
乡村就业人数	48 971	48 724	48 494.0	48 090.0
非农业就业人数	17 711.4	17 955.4	18 761	19 459
非农业就业人数占农村就业人数的比例	36.1	36.85	38.69	40.46

资料来源：国家统计局：《中国统计年鉴》，2005—2007 年，北京，中国统计出版社，2005—2007。

从表 1-3-2 中可以看出，2004—2006 年，非农就业人数占农村就业人数的比例比 2003 年都有所提高，其中 2005 年和 2006 年每年递增近两个百分点，这说明国务院促进农村剩余劳动力进城务工的政策效应明显。同时，也表明在这三年内，农村劳动力择业的自主程度在不断加强。

（二）工资自主决定程度

在市场经济条件下，工资在劳动力资源配置过程中发挥着基础性的作用，是影响劳动力流动的最主要因素。下面分别用城镇劳动力工资自主决定程度、农民纯收入中非农收入所占比重以及工人参与谈判和劳动者权益的保护等方面，来反映中国劳动力市场工资的自主决定程度。

1. 城镇劳动力工资自主决定程度

工资集体协商制是西方国家中流行的工资决定方式，中国近年来也在陆续推行这一做法。在提出《工资集体协商试行办法》后，劳动和社会保障部颁布了《关于建立健全劳动关系三方协调机制的指导意见》，建立集体协商制度的企业数持续增加（见表1-3-3）。

表1-3-3 　　　　　　2004—2006年建立工资集体协商制度的企业数 　　　　单位：万个

年　份	2004	2005	2006*
建立集体协商制度的企业数	29	34	52

注：* 2006年数据根据国家劳动和社会保障部劳动工资司司长邱小平接受记者采访的数据，数据截至2007年5月。

资料来源：劳动和社会保障部、国家统计局：《劳动和社会保障事业发展统计公报》，2004，2005。

从表1-3-3中可以看出，2004年后，建立集体协商的企业增速加快。截至2007年5月，建立集体协商制度的企业数已达52万余家，这说明工资集体协商制度受到高度重视，由劳资双方共同决定工资水平，符合国际成熟市场经济国家的惯例。

2. 农民纯收入中非农收入所占比重

农民收入由农业收入和非农收入两部分构成，其中非农收入是随着大量农村剩余劳动力从农村转向城市等非农领域就业出现的。2004—2006年间，农民纯收入中非农收入所占比重在逐渐提高，这也充分反映了农民收入的市场化程度在不断提高（见表1-3-4）。

表 1-3-4   2004—2006 年农民纯收入中非农业收入所占比重   单位：元人民币；%

年 份	2004	2005	2006
纯收入	2 936.40	3 254.93	3 587.04
其中：农业（农林牧渔）收入	1 398.05	1 469.6	1 521.3
非农业收入	1 538.35	1 785.33	2 065.74
非农业收入占纯收入比重	52.4	54.85	57.59

资料来源：国家统计局：《中国统计年鉴》，2005—2007 年，北京，中国统计出版社，2005—2007。

从表 1-3-4 可以看出，2004—2006 年三年内，农民纯收入中非农收入比重呈现逐步上升趋势，由 2004 年的 52.4％上升到 2006 年的 57.59％，若考虑到 2006 年国家取消农业税，农民农业收入提高的实际情况，2006 年这一比例可能还会更高，这说明农民就业多元化程度不断提高。

3. 工人的谈判能力和劳动者权益的保护

（1）工人的谈判能力。

劳动合同制度的实施，保障了劳动者的合法权益，促进了劳动力市场的合法有序运行。此后，各级政府又逐步建立起了劳动仲裁机构、工资指导线、最低工资和定期发布人工成本信息等制度，使得工资的形成过程和最终工资水平更加合理。表 1-3-5 通过 2004—2006 年劳动争议案件情况来反映工人的谈判能力和权益保障情况。

表 1-3-5   2004—2006 年劳动争议处理情况   单位：件；人

年 份		2004	2005	2006
受理劳动争议案件数		260 471	313 773	317 162
劳动者申诉案件数		249 335	293 710	301 233
劳动者当事人数		764 981	744 195	679 312
争议原因	劳动报酬	85 132	103 183	103 887
	保险福利	88 119	97 519	100 342
	变更劳动合同	4 465	7 567	3 456
	解除劳动合同	42 881	54 858	55 502
	终止劳动合同	14 140	14 015	12 366

资料来源：国家统计局：《中国统计年鉴》，2005—2007 年，北京，中国统计出版社，2005—2007。

　　表 1-3-5 说明了 2004—2006 年的劳动争议处理情况，近三年平均年受理劳动争议案件数已经接近 30 万件，涉及当事人数年均约 73 万多。在所有劳动争议案件中绝大部分是劳动者主动申诉的案件，值得注意的是，劳动报酬和保险福利方面的案件稳步上升，说明劳动者利益诉求的愿望和自我保护意识不断增强。

　　（2）工会的作用。

　　工会在代表职工利益上发挥的作用越来越强，各地区建立的劳动争议委员会和劳动仲裁委员会成为维护职工权益的重要谈判代表。截至 2004、2005 和 2006 年底，工会组织数分别达 102 万、117.4 万和 132.4 万个。2006 年底，全国工会会员人数已接近 1.7 亿（见表 1-3-6）。

表 1-3-6　　　　　　　2004—2006 年工会组织及劳动调解统计表　单位：万个；万人；万件

年份	工会组织数	工会会员数	建立职工大会制度的企事业单位	本年度召开过职工大会的企事业单位	建立劳动争议调解委员会的单位数	本年度劳动争议调解委员会受理劳动争议数
2004	102	13 694.9	36.9	30.6	19.5	19.2
2005	117.4	15 029.4	43.2	34.3	23.1	19.3
2006	132.4	16 994.2	90.06	75.98	25.75	34.02

　　资料来源：国家统计局：《中国劳动统计年鉴》，2005—2007 年，北京，中国统计出版社，2005—2007。

　　从表 1-3-6 可以看出，中国工会在代表职工利益方面发挥着日益重要的作用。截至 2006 年末，建立职工大会制度的企事业单位已达 90 余万个，并且本年度有近 76 万个单位召开了职工大会，受理调解劳动争议案件达 34 万余件。可见，工会在代表职工利益上的作用在增强，并成为维护职工权益的重要力量。

　　（3）对劳动者权益保护力度加大。

　　对劳动者权益保护是劳动力市场服务体系的重要职能。2004 年以来，中国政府在全国范围内重点组织开展了农民工权益保护、农民工工资支付、清理整顿劳动力市场秩序、贯彻《禁止使用童工规定》等专项检查活动。截至 2006 年底，全国绝大多数省区市建立了工资保证金制度，多数地区建立了工资支付监控制度。2005 年，劳动和社会保障部、中华全国总工会、中国企业联合会和中国企业家协会共同下发了《关于进一步推进工资集体协商工作的通知》，强调在企业改制过程中工资集体协商的重要性，着力解决拖欠、克扣职工工资问题，确保按时足额发放。

（三）劳动力流动的自由度

劳动力在地域间和行业间流动是劳动力市场化的主要体现，劳动力流动自由度反映劳动力在跨地区、跨行业间流动是否遇到体制障碍，也可以用于衡量统一的全国劳动力市场的建立和完善程度。下面选取农村剩余劳动力的转移、分地区常住人口与户籍人口数之差占户籍人口比重和行业间职工人数变动率三个指标来说明劳动力流动自由度。

1. 农村剩余劳动力转移

中国剩余劳动力主要集中在农村，城镇化为农村劳动力向城市转移提供了契机，随着市场化改革的不断深入，各种制约农村劳动力自由流动的制度约束不断解除。这里用农村累计转移劳动力数及其占当年末农村劳动力的比例来反映这一结果（见表 1-3-7）。

表 1-3-7　　　　　　　　　2003—2006 年农村劳动力转移情况　　　　　　　单位：万人；%

年　份	2003	2004	2005	2006
农村劳动力转移数	16 950	17 362	18 319	19 119
农村转移劳动力占农村劳动力的比率	34.9	34.94	36.37	37.72

资料来源：根据国家统计局：《中国统计年鉴》，2004—2007 年，北京，中国统计出版社，2004—2007 计算所得。

从表 1-3-7 中可以看出，与 2003 年相比，2004 年、2005 年，农村劳动力转移总体上是稳中有升，2006 年农村转移劳动力占农村劳动力的比率增加至 37.72%。

2. 分地区常住人口与户籍人口数之差占户籍人口比重

"分地区常住人口与户籍人口数之差占户籍人口比重"也是反映劳动力流动程度的一个重要指标。该指标的计算有两种口径，一种是根据全国为总体计算的净变动数计算；另一种是根据各省变动数的绝对值进行的总量计算。从体现劳动力流动的自由度方面看，后者更有说服力。按照总量计算，2004—2006 年计算结果表明，中国劳动力流动性不断增加（见表 1-3-8）。

表 1-3-8　　　　　　　2004—2006 年按不同口径计算的

分地区常住人口与户籍人口数之差占户籍人口比重　　　　单位：%

年　份	2004	2005	2006
按总变动数计算	2.33	4.94	5.4

资料来源：国家统计局：《中国人口统计年鉴》，2005—2007 年，北京，中国统计出版社，2005—2007。

从表 1-3-8 可以看出，2004—2006 年，从总变动数上看，中国"分地区常住人口与户籍人口数之差占户籍人口比重"在不断增加，上升幅度超过 130%。

3. 行业之间职工人数变动率

行业间职工人数变动率也是反映劳动力在行业之间流动程度的一个重要指标。该指标的计算和上述"分地区常住人口与户籍人口数之差占户籍人口比重"计算相似，也有两种口径，一种是根据全国为总体计算的净变动数计算；另一种是根据各行业变动数的绝对值进行的总量计算。计算结果见表 1-3-9。

表 1-3-9　　　　　2004—2006 年行业间职工人数变动率　　　　单位：%

年　份	2004	2005	2006
按净变动数计算	2.27	4.13	3.42
按总变动数计算	1.2	2.97	2.99

资料来源：国家统计局：《中国统计年鉴》，2005—2007 年，北京，中国统计出版社，2005—2007。

根据表 1-3-9 的计算结果，2004—2006 年，按总变动数计算的行业之间职工人数变动率在持续增长，但增长速度趋缓。

（四）劳动力使用单位用工自由度

劳动力使用单位用工自由度主要从两个方面来考察，即国有、集体企业及事业单位用工自由度和非国有经济单位用工自由度。

1. 国有、集体企业及事业单位用工自由度

国有企业用人自主权可以从两个方面来考察，即企业经营者和企业普通员工的选聘。国有企业经营者越来越多地通过市场机制来选聘，这已是企业的市场行为。由于国有、集体企业及事业单位的人事改革，中国失业人员与其他国家失业情况有所不同。在 2000 年之前，分为下岗和失业人员两部分，下岗人员进入再就业服务中心接受培训再就业。随着改革的不断深入，全国下岗职工和失业人员

开始并轨，下岗人数也在不断减少，专门为下岗工人服务的再就业服务中心也面临转型和关闭。截至 2003 年末，全国有 7 个省份全部关闭了再就业服务中心。2004 年末，国有企业下岗职工 153 万人，比上一年减少 107 万人。2005 年末这一数字减少至 61 万人，截至 2006 年底，国有企业下岗职工基本生活保障向失业保险并轨基本完成。如表 1-3-10 所示。

表 1-3-10　　　　　　　　1997—2006 年国有单位下岗人员统计表　　　　　　　单位：万人

年　份	1997	1998	1999	2000	2001	2002	2003	2004	2005	2006
年末下岗人员	692	594.8	652.5	657.2	515.4	409.9	260	153	60.6	—

资料来源：国家统计局：《中国劳动统计年鉴》，1997—2003 年。2004—2006 年数据来源：劳动和社会保障部：《劳动和社会保障事业发展统计公报》，2004—2006 年。

如表 1-3-10 所示，国有单位下岗人员自 1997 年以来一直在减少，直至 2006 年全部并入失业，通过失业保险给予救济，基本实现了并轨。国有企业下岗和失业并轨是企业用人自主权落实的具体体现，国有单位和企业不必再顾及下岗职工的再就业问题，并能按照市场原则聘用或解聘员工，企业用工自由基本完全实现。

2．非国有经济单位用工自由度

从数量上看，非国有企业占全国企业的绝大部分，这些企业基本上是根据劳动力市场的供求情况和企业自己利益最大化的内在要求来雇用劳动力，这是一种完全市场化的行为。近年来，中国的非国有企业在选聘人才方面享受和国家同样的待遇。非国有企业单位已经基本实现了用工自由。如表 1-3-11 所示。

表 1-3-11　　　2003—2006 年非国有企业就业人数占城镇全部就业职工的比例　　　单位：%

年　份	2003	2004	2005	2006
非国有企业就业人数占城镇全部就业职工的比例	73.2	74.7	76.3	77.3

数据来源：国家统计局：《中国劳动统计年鉴》，2004—2007 年，北京，中国统计出版社，2004—2007。

从表 1-3-11 可以看出，自从 2003 年以来，非国有企业就业人数占城镇全部职工的比重不断增加。2004—2006 年非国有企业就业人数占城镇全部就业职工的比例从 74.7% 上升到 77.3%，年均提高约一个百分点。

（五）地区间劳动力工资率水平与经济发展水平差异的对比

中国经济发展地区差异性比较大，各地区劳动者平均工资也同样存在着较大差异，差异的背后原因是市场机制对劳动力资源配置的作用。下面以各省市人均GDP的标准差 σ_1 和各省市人均 GDP 的变异系数（人均 GDP 标准差与人均 GDP 平均值的比值 σ_1/E_1）来反映各省市的经济增长差异程度；以各省市平均工资率的标准差 σ_2 和各省市平均工资率的变异系数（平均工资率的标准差与平均工资率的平均值的比值 σ_2/E_2）来反映各省市的工资差异程度；各省市人均 GDP 变异系数与各省市平均工资率变异系数的差额反映工资的自主化程度。详见表 1-3-12。

表 1-3-12 　　　　　2004—2006 年劳动力工资反映地区经济水平差异的程度　　　单位：元/人；元

年份 项目	2004	2005	2006
各省市人均 GDP 的平均值 E_1（元/人）	14 079.4	16 203.3	18 661.5
各省市人均 GDP 的标准差 σ_1（元/人）	10 650.4	10 947.8	12 276.2
各省市人均 GDP 的变异系数 σ_1/E_1	0.77	0.68	0.66
各省市平均工资率的平均值 E_2（元）	16 212.1	18 311.4	20 992.8
各省市平均工资率的标准差 σ_2（元）	5 517.2	5 723.1	6 603.1
各省市平均工资率的变异系数 σ_2/E_2	0.34	0.31	0.31
各省市人均 GDP 变异系数与各省平均工资率变异系数的差额	0.43	0.37	0.35

资料来源：国家统计局：《中国统计年鉴》，2004—2007 年，北京，中国统计出版社，2005—2007。

从表 1-3-12 可知，2004—2006 年人均 GDP 的变异系数由 2004 年的 0.77 变为 2006 年的 0.66，平均工资率的变异系数由 2004 年的 0.34 变为 2006 年的 0.31。各省市人均 GDP 变异系数与各省市平均工资率变异系数的差额分别是 0.43、0.37 和 0.35，有逐步缩小的趋势，这在一定程度上说明各地区工资率水平和经济发展水平具有内在的关联度，并且关联度在提高。

（六）劳动力市场服务体系的建立和完善

劳动力市场服务体系是劳动力市场的重要组成部分，是反映劳动力市场和工资自主决定的一个重要指标，完善的劳动力市场服务体系是劳动力自主择业和自由流动的重要保障。中国就业培训中心的数量自 2004 年以来数量有所减少，但平均规模和就业训练人数却持续增加，这充分说明，中国劳动力市场服务体系在促进劳动者就业和单位用工，以及积极引导劳动力供求实现均衡方面发挥了重要作用。2004—2006 年，中国劳动力中介规模和数量基本稳定，但发挥的作用持续增强，详见表 1-3-13。

表 1-3-13　　　　　　　　2004—2006 年劳动力中介机构情况　　　　单位：个；万人

年　份		2004	2005	2006
劳动中介机构规模	就业培训中心	3 323	3 289	3 212
	就业训练人数	746.69	804.38	901.40
	社会力量办职业培训人数	741.00	804.38	955.18
	职业技能鉴定机构数	5 922	7 654	7 998
	职业技能鉴定考核人数	709.44	951.83	1 182.16
劳动职业介绍机构介绍成功人数		—	1 115.5	1 395.2

资料来源：国家统计局：《中国劳动统计年鉴》，2005—2007 年，北京，中国统计出版社，2005—2007。

从表 1-3-13 可以看出，就业培训中心的数量稳中趋降，从 2004 年的 3 323 家降至 2006 年的 3 212 家。但通过训练新增就业人数却增加了 20.7％，这说明就业培训中心的培训质量更加受到劳动力市场的认可。社会力量办职业培训机构个数比较稳定，同样，这些中介机构给社会带来了近 1 000 万人次的就业培训，职业技能鉴定机构数量稳步增加。可见，劳动力市场发展中，劳动力中介机构的作用越来越重要。

>>三、2004—2006 年劳动力流动与工资决定市场化的基本判断<<

从衡量中国劳动力流动与工资决定市场的六个指标来看，2004—2006 年中国在劳动力流动和工资的市场化方面都取得了显著的进步。主要体现在下面两个方面。

（一）劳动力工资决定自主程度提高较快

城镇劳动力工资自主决定程度、农民纯收入中非农收入所占比重以及工人参与谈判和工会的作用是反映工资自主决定的重要指标。从测度的结果来看，这三个子指标在 2004—2006 年间，都呈不断上升趋势。城镇建立工资集体协商制度的企业数三年内几乎翻了一番，从 29 万家增至 52 万家。农民纯收入中非农收入所占比重从 2004 年的 52.4% 上升至 2006 年的近 58%，增速接近 10%。从 2004—2006 年劳动争议处理情况和工会组织、劳动调解统计资料可以看出，工人的谈判能力和工会的作用均有大幅度提高。中国企业建立工会组织的数量从 2004 年的 102 万家增加到 2006 年的 132.4 万家，增长了近 30%。除此之外，建立职工大会制度的企事业单位从 2004 年的 36.9 万家增加至 2006 年的 90.06 万家，增加了近 1.5 倍。这表明中国劳动力工资决定自由度有了较快的提高。

（二）劳动力流动处于持续加快的阶段

2004—2006 年间，反映劳动力流动自由程度的指标——各地区常住人口与户籍人口之差占户籍人口比重无论是按照净值计算还是按总量计算，都增加一倍多。行业之间职工人数变动率指标数值按总值计算，增长了近 1.5 倍，按净值计算也有大幅度增加。这充分说明，劳动力流动的自由度快速提高。其中的一个重要原因是户籍制度有了较大的松动。在 2004—2006 年的三年间，政府积极引导农村剩余劳动力向城镇有序转移，农民工进城就业的政策和体制环境获得突破性进展。近年来，城乡二元劳动力市场得到了一定程度的统一。2005 年非农业就业人数占乡村就业人数的比例比 2003 年、2004 年都有所提高，由 2003 年的 36.2% 提高到 38.2%。

>>四、劳动力流动与工资决定市场化的发展趋势<<

2004—2006 年，劳动力流动和工资决定市场化取得了显著成绩，并呈现良好的发展势头，未来中国的劳动力市场化改革将呈现以下几个方面的发展趋势。

（一）城乡统一的劳动力市场建设将进一步完善

随着户籍制度改革和覆盖城乡的社会保障制度的建立，中国城乡统一的劳动力市场将继续不断完善。户籍制度改革必将成为中国劳动力市场城乡统一的关键点。一旦这一制约农民工城乡之间、城市之间流动的体制性障碍被拆除，中国劳动力流动的规模将继续增加，城镇化速度也将随之加快。近年来，国务院颁布的一系列关于解决农民工问题和改善农民进城就业环境等方面的文件都将在农民工向城镇转移过程中发挥积极作用，各地方政府也在陆续放松城乡劳动力的管制，并采取了积极的配套措施，可以预见，中国城乡统一的劳动力市场将进一步得到完善。

（二）工资集体协商制度将得到更广泛的实践

十七大报告指出，要"逐步提高居民收入在国民收入分配中的比重，提高劳动报酬在初次分配中的比重。着力提高低收入者收入，逐步提高扶贫标准和最低工资标准，建立企业职工工资正常增长机制和支付保障机制"。这为在企业推行工资集体协商制度提供了强有力的政策保障。截至 2006 年底，中国实行企业集体工资协商制度的企业还只有 52 万家，无论是从数量上，还是从占总企业数的比例上都比较小，在未来的一段时间内，推行企业集体工资协商制度将有很大的空间。这一制度的贯彻和执行必将改变中国劳动者收入占国民收入比重比较低的收入分配格局，加速送别低劳动力成本时代。

（三）劳动力社会保障体系更加健全

2004 年以来，中国出台了一系列相关法律法规，以保护劳动力特别是从农村转移向城市的劳动力的基本权益。未来中国农村转移劳动力自身权益将得到更好的法制保障。另外，政府将建立覆盖城乡的社会保障制度，包括农村、农村转移至城市就业人员、流动人口以及农村的弱势群体，都将被纳入到社会保障体系。建立未来覆盖城乡的社会保障制度的过程，必将对劳动力市场化和劳动力流动自由化产生深远影响。可以预见，在未来的劳动力就业过程中，劳动者将更加重视企业对职工自身权益的保护和社会保障提供方面的情况，政府也将在保护劳动者权益，建立健全社会保障体系方面发挥更大的作用。

>>主要参考文献<<

[1] 北京师范大学经济与资源管理研究所. 2003 中国市场经济发展报告 ［R］. 北京：中国对外经济贸易出版社，2003.

[2] 北京师范大学经济与资源管理研究所. 2005 中国市场经济发展报告 ［R］. 北京：中国商务出版社，2005.

[3] 国家统计局. 中国农村统计年鉴：2007 年 ［R］. 北京：中国统计出版社，2007.

[4] 国家统计局. 中国人口统计年鉴：2005—2007 年 ［R］. 北京：中国统计出版社，2005—2007.

[5] 国家统计局. 中国统计年鉴：1995—2007 年 ［R］. 北京：中国统计出版

社，1995—2007.

[6] 劳动和社会保障部. 劳动和社会保障事业发展统计公报：2004—2006 年 [R/OL]. 人力资源和社会保障部网站.

[7] 劳动和社会保障部. 中国劳动和社会保障年鉴 2003 [R]. 北京：中国劳动和社会保障出版社，2003.

[8] 罗旭. 12 省区市统一城乡户口登记制度——实现公民身份法律意义上的平等 [N]. 光明日报，2007-03-30（4）.

[9] 李晓西. 宏观经济学（中国版）[M]. 北京：中国人民大学出版社，2005.

[10] 曾学文，张国会，余洁雅，等. 工资率决定自由度：国际标准及我国的实际 [J]. 国际经济合作，2005（8）.

第四章

资本交易的市场化[①]

资本交易市场化是指作为生产要素的资本按照市场规则进行交易的过程。本章一方面从资本供给和资本交易两个角度来考察 2004—2006 年中国资本市场化的进程。从资本供给角度看，2004—2006 年民间和外资对中国全社会资金供给的贡献逐渐增加；从资本交易角度看，中国各类资本市场建成并日益完善，交易规模不断扩大，交易行为更加规范。另一方面，从民间资本投资、外资以及证券市场、债券市场和期货市场等资本市场交易三个方面，首先对 2004—2006 年资本交易市场化发展进程做出简单概述；其次通过选取三个方面具有代表性的指标，进行数据分析和比较，得出"经济主体的投融资活动越来越多地按照市场规则运作，资本交易市场化程度比 2003 年有所提高"的结论；最后，从资本市场体制改革、民间投融资和外商投资三方面论述了资本交易市场化的未来发展趋势。

>>一、2004—2006 年资本交易市场化概要<<

2004—2006 年资本交易市场化主要表现在以下三个方面。

（一）民间资本投资领域放宽，渠道进一步扩大

2005 年 2 月，国务院发布了《关于鼓励支持和引导个体私营等非公有制经济发展的若干意见》，对放宽民营资本投资领域、拓宽投资渠道有着很重要的指导

---

① 本章主要从资本供给的角度分析，即从民间、外资进行介绍，至于政府投资部分，请参见本报告第一章内容；另外从资本交易的角度，加入了资本市场（股票市场、债券市场和期货市场）中关于交易的内容。

作用。意见指出，改革开放以来，我国个体、私营等非公有制经济不断发展壮大，已经成为社会主义市场经济的重要组成部分和促进社会生产力发展的重要力量。积极发展个体、私营等非公有制经济，有利于繁荣城乡经济、增加财政收入，有利于扩大社会就业、改善人民生活，有利于优化经济结构、促进经济发展，对全面建设小康社会和加快社会主义现代化进程具有重大的战略意义。具体来说，意见包括放宽非公有制经济市场准入、加大对非公有制经济的财税金融支持、完善对非公有制经济的社会服务和加强对发展非公有制经济的指导与政策协调等。比如，允许非公有资本进入垄断行业和领域以加快垄断行业改革，在电力、电信、铁路、民航、石油等行业和领域，进一步引入市场竞争机制；允许非公有资本进入公用事业和基础设施领域，加快完善政府特许经营制度，规范招投标行为，支持非公有资本积极参与城镇供水、供气、供热、公共交通、污水垃圾处理等市政公用事业和基础设施的投资、建设与运营；允许非公有资本进入金融服务业，在加强立法、规范准入、严格监管、有效防范金融风险的前提下，允许非公有资本进入区域性股份制银行和合作性金融机构。这些举措的提出进一步给民间资本的投资松了绑，为民间投资在今后几年的蓬勃发展奠定了政策上的基调。

2004 年 10 月，《中小企业发展专项资金管理暂行办法》颁布实施。由于我国大部分中小企业主要是民营经济，因此该法实际是为民营经济的投融资提供了法律依据。2004 年至 2006 年，我国进一步拓宽企业投资项目的融资渠道，允许各类企业，特别是民营企业以股权融资方式筹集资金，逐步建立起多种募集方式相互补充的多层次资本市场。这一变革加快了民营企业上市的步伐，证券市场中民营上市公司数量大幅增加。3 年来，民营上市公司占上市公司总数的比例有较大增长，2006 年底民营上市企业达到了 377 家。

（二）外资流入继续保持增长，投资渠道逐渐多样化

从外资的来源考虑，有外商投资和外债，其中外商投资可分为外商直接投资和外商间接投资（主要指在资本市场上参与投资的活动）。

1. 外商直接投资再创历史新高，行业分布发生变化

2004—2006 年，外商投资规模继续快速增长，特别是外商直接投资（FDI）增长迅速，2006 年实际使用外商直接投资达到历史新高。2006 年 1 月，中国工商银行与高盛投资集团（包括高盛集团、安联集团及美国运通公司）就战略合作签署协议，后者将购买工商银行 37.8 亿美元的新股份，约占工行股份的 10%，这一入股规模，创造了我国银行单笔引资的最高记录。外商直接投资中，来自制

造业、房地产业、金融业、租赁和商务服务业领域的国际资本占据了重要的位置。2006 年外商直接投资的 57.7% 在制造领域，特别是化学原料及化学制品制造业和交通运输设备制造业，投资于公共管理和社会组织，居民服务和其他服务业的增长率大幅上升，分别比上年增长 91.1% 和 93.9%。

2004 年，商务部和发改委联合公布了新的《外商投资商业（分销）企业指引手册》，进一步增加鼓励性产业的数目，减少限制性产业的数目。商务部同时还在 2004—2006 年间制定了关于外商投资举办投资性公司、会议展览公司以及国际海运业的相关规定，并对投资建筑业、建设工程设计企业、城市规划服务企业以及道路运输业的管理规定做了详细的补充规定。同时公布了《中西部地区外商投资优势产业目录（2004 年修订）》，鼓励外商企业参与西部大开发，加大了对中西部地区的优惠力度。

2. 举借外债行为得到了规范

继 2003 年 1 月国家发改委、财政部等部门制定并发布了《外债管理暂行办法》以促进和规范举借外债行为之后，在 2004 年到 2006 年三年间中国人民银行和财政部等制定并发布一系列规则、办法，例如简化境内机构对外借债、发债和担保的事前审批，完善以登记为核心的外债和对外担保管理体系，统一中外资银行的外债管理方式。

2006 年底我国外债余额为 3 229.88 亿美元（不包括香港特区、澳门特区和台湾地区对外负债），比上年末增加 419.43 亿美元。据初步计算，2006 年我国外债偿债率为 2.09%，债务率为 30.42%，负债率为 12.30%，短期外债与外汇储备之比为 17.22%，上述债务指标均在国际标准安全线之内。

同时，外债总规模增速略有回升。2006 年末我国外债总规模比上年末增加 419.43 亿美元，增长 14.92%，增幅比上年同期上升 1.36 个百分点。短期外债仍保持较快的增长速度。中资金融机构、外资金融机构和外商投资企业外债增加较快。债务类型以国际商业贷款为主。中长期债务主要投向基础设施建设、制造业及交通运输、仓储和邮政业。这说明 2004 年到 2006 年间我国外债保持稳定发展态势，外债结构有所优化，体现了国家总量控制与外资企业自主借债的结合。

3. 资本市场进一步向外资开放

2005 年 2 月，中国人民银行、财政部、国家发改委、证监会联合发布了《国际开发机构人民币债券发行管理暂行办法》，允许符合条件的国际开发机构在国内发行人民币债券。该管理办法围绕规范国际开发机构发行人民币债券的行为，明确政府部门之间的职能分工，不仅注意与现有的法律法规相衔接，同时还统筹考虑资本市场发展及加入世界贸易组织的承诺，特别注重依法管理，规范发展。在该管理办法的框架下，我国银行间债券市场首次引入了境外机构投资者和外资机构发行主体。同年 5 月，泛亚债券指数基金（泛亚基金，PAIF）和亚债中国基金先后获得批准，进入银行间债券市场开展债券交易，泛亚基金成为我国银行间债券市场引入的第一家境外机构投资者。同年 10 月，中国人民银行批准国际金融公司和亚洲开发银行在银行间债券市场分别发行了人民币债券 11.3 亿元和 10 亿元。这是中国债券市场对外开放的重要举措和有益尝试，有利于推进国内债券市场开放，有利于促进国内债券市场进一步发展，这对我国资本市场的发展和对外开放具有重要意义。

此外，交易所的国际交流与合作更加活跃。2005 年 3 月，上海证券交易所分别与芝加哥商业交易所（Chicago Mercantile Exchange，CME）和芝加哥期权交易所（Chicago Board Options Exchange，CBOE ）签署谅解备忘录或意向书。2004 年到 2006 年，上海证券交易所还与新加坡交易所（Singapore Exchange，SGX）、纳斯达克股票市场公司 （Nasdaq Stock Market Inc.，NASDAQ） 等 16 个交易所和交易市场签署了备忘录。深圳证券交易所在 2004 年到 2006 年间，分别与伦敦证券交易所 （London Stock Exchange，LSE）、芝加哥期权交易所（CBOE）、芝加哥商品交易所 （Chicago Board of Trade，CBOT） 等全世界 9 个交易所签署了合作谅解备忘录。上海期货交易所、大连商品交易所和郑州商品交易所分别与其他国家的交易所签署了共 19 个合作谅解备忘录，在有关金融衍生产品、期货、期权及市场、技术和监管等诸多方面进行了广泛深入的交流与合作。

（三）各类资本市场制度逐渐完善，发展迅猛

在资本市场化建设方面，制度的完善主要体现在以下三个方面。

1. 证券市场快速规范发展， 机构投资者激增

2004 年 6 月，全国人大制定的《证券投资基金法》开始实施。该法对基金管理人、托管人、运作、监督、信息披露等方面做了规范，进一步加强了对投资人及相关当事人合法权益的保护力度，为我国证券投资基金的规范运作和健康发展提供了有力的法律保障。2005 年 2 月，作为贯彻落实《国务院关于推进资本市场改革开放和稳定发展的意见》的一项重要举措，中国人民银行、银监会和证监会联合发布了《商业银行设立基金管理公司试点管理办法》，允许商业银行投资设

立基金管理公司，同时针对商业银行作为基金管理公司的股东可能带来的一系列关联交易、跨市场风险等做了规范，特别是对银行业务与基金业务之间的隔离机制以及中国人民银行、银监会和证监会等三部门的监管分工做出具体规定。经国务院批准，中国工商银行和交通银行作为试点银行，商业银行设立基金管理公司试点工作全面启动。商业银行设立基金管理公司，对于促进资本市场和货币市场协调发展、推进商业银行和基金行业深化改革和提高国际竞争力，发挥了积极作用，中国的金融监管协调机制得到了进一步完善，银行业、基金行业和资本市场改革开放取得新的进展。

股权分置改革加速完善证券市场。由于历史原因，我国的上市公司中存在着流通股与非流通股两类股份，上市公司向社会公开发行的、在证券交易所上市交易的股份，称为"流通股"；而上市公司发行但暂不上市交易的股份，则称为"非流通股"。其中非流通股通常占有上市公司较大的份额，而两类股份持股的成本通常也有较大差异，造成了两类股东之间的利益不协调，不利于维护中小投资者的利益，也不利于我国资本市场的长期发展。

为解决我国资本市场上存在的股权分置问题，2005 年 4 月，经国务院批准，证监会发布了《关于上市公司股权分置改革试点有关问题的通知》，正式启动股权分置改革试点工作。8 月，证监会、国资委、财政部、中国人民银行、商务部五部门联合发布《关于上市公司股权分置改革的指导意见》，对试点阶段制度安排做了相应的完善。9 月，证监会、上海证券交易所、深圳证券交易所、中国证券登记结算公司等部门和机构发布了《上市公司股权分置改革管理办法》及《上市公司股权分置改革说明书格式指引》、《上市公司股权分置改革试点业务操作指引》、《上市公司股权分置改革保荐工作指引》等配套规则，股权分置改革逐步推进。截至 2006 年底，沪深两市已完成或者进入股权分置改革程序的上市公司共 1 301 家，占应改革上市公司的 97%，对应市值占比 98%，未进入改革程序的上市公司仅 40 家，这标志着股权分置改革基本完成。股权分置改革的基本完成，解决了长期困扰证券市场发展的制度性问题，使我国股票市场发生了转折性的变化，为建立全面市场化的机制奠定了基础，标志着我国资本市场化进程进入了一个全新的阶段。

2006 年，股权分置改革对股票市场的积极效应逐渐显现，股票市场交易活跃，股指创出历史新高，沪、深股市累计成交 9.05 万亿元，同比增加 5.88 万亿元；日均成交 375.4 亿元，是 2005 年的 2.9 倍。其中 A 股累计成交 8.92 万亿元，同比增加 5.81 万亿元；日均成交 370.2 亿元，是 2005 年的 2.9 倍。2006 年末，上证综指比 2005 年末上涨 130.4％，超过历史最高点；深证综指比 2005 年末上涨 97.5％。2006 年末沪、深两市市值 8.94 万亿元，比 2005 年末增长 1.8 倍。[①]

2006 年 5 月，证监会公布了《上市公司证券发行管理办法》和《首次公开发行股票并上市管理办法》，标志着因股权分置改革暂时中断的再融资和新股发行重新启动。同年 10 月，全国人大常委会颁布了修订后的《证券法》。新修订的证券法体现了资本市场放松管制和加强监管并重的特点，有利于丰富市场产品、扩展市场层次、拓宽资金渠道，进一步推进了股权分置改革进程，加强了证券公司的综合治理，促进了机构投资者的发展壮大，为资本市场的市场化进程提供了有力的法律保障。

此外，机构投资者剧增。2003 年以来，以基金为代表的机构投资者迅速增加，使市场理性化程度得到提高。截至 2006 年底，机构投资者已经成为我国资本市场的主体。2006 年底，我国共有基金公司 58 家，管理各类基金 307 只，比 2005 年末增加 83 只，总资产净值 8 198 亿元，同比增长 74.8％。基金净值占股票流通市值的比例稳步提高，达到了 31.68％（不计货币基金规模）。截至 2006 年底，我国已有证券公司 104 个，总注册资本 1 231.07 亿元。合格境外机构投资者（QFII）累计批准机构达 55 家，批准外汇额度 90.45 亿美元；社保基金、保险公司和企业年金等也加快进入证券市场。债券市场方面，除银行业金融机构外，基金公司、财务公司和保险公司等非银行金融机构和企业等非金融机构的市场参与程度也快速提高。机构投资者的增加有助于完善市场，发挥优化资源配置的功能。

2. 债券市场迅速发展

债券一级市场融资活跃，市场品种进一步丰富。2006 年，国债发行 8 883 亿元，增长 26.1％；国库余额管理在一定程度上促进了财政短期债券的发展，一年期以下（不含一年期）国债发行 1 490 亿元，同比增加 1 079 亿元。企业债发行（其中包含企业短期融资券 2 943 亿元）3 938 亿元，增长 92.4％。政策性金融债发行 8 980 亿元，增长 53.5％；商业银行次级债发行 132 亿元，同比减少 834 亿元；商业银行普通债发行 310 亿元，同比增加 40 亿元；商业银行混合资本债券发行 83 亿元；证券公司发行长期债 15 亿元；资产支持证券发行 115.8 亿元，同比增加 43.8 亿元；国际金融机构债券发行 8.7 亿元。其中，商业银行混合资本

---

① 中国人民银行：《2007 年第一季度中国货币政策执行报告》。

债券是 2006 年新推出的债券品种，是债券市场的重大创新，商业银行资本金补充渠道因此进一步拓宽，债券市场品种进一步丰富。①

同时，市场发债主体进一步多元化。2004 年，金融机构（国际金融公司和亚洲开发银行）在境内发行熊猫债券 21.3 亿元。2006 年杭州商业银行、长沙商业银行和恒丰银行在银行间市场发行次级债，信达资产管理公司、东方资产管理公司发行资产支持证券。可以说，2004—2006 年是我国债券市场创新加快，市场化进程加速的时期。

2004 年 4 月，中国人民银行发布《全国银行间债券市场债券买断式回购业务管理规定》，推出了债券回购业务的创新产品"买断式回购"业务，弥补了现有的质押式回购产品的不足，在保留融资功能的同时，兼具了融券的功能，为投资者提供了便利。6 月，中国人民银行和中国银监会联合发布了《商业银行次级债券发行管理办法》，并批准了中国银行、中国建设银行发行次级债 660.7 亿元，补充了两行资本，推进了两行的股份制改革。10 月，中国人民银行和证监会分别发布了《证券公司短期融资券管理办法》和《证券公司债券管理暂行办法（2004）》，允许符合条件的证券公司在银行间债券市场向合格机构投资者发行短期融资券，进一步规范了证券公司的债券融资行为。

2005 年 4 月，中国人民银行和银监会联合公布了《信贷资产证券化试点管理办法》，并制定和发布了《资产支持证券信息披露规则》和《资产支持证券在银行间债券市场的登记、托管、交易和结算等有关事项公告》，积极推动银行业住房抵押贷款证券化、信贷资产证券化业务，有利于扩大直接融资比重，改进商业银行资产负债结构，促进金融创新。2005 年 12 月，国家开发银行第一期 41.77 亿元信贷资产支持证券和中国建设银行 30.19 亿元个人住房抵押贷款支持证券在全国银行间债券市场成功发行交易，标志着我国信贷资产证券化试点工作取得了阶段性成果，并为资产证券化进一步开展创造了条件。2006 年 4 月，中国人民银行发布了《全国银行间债券市场金融债券发行管理办法》，就政策性银行、商业银行、企业集团财务公司及其他金融机构等金融机构法人在全国银行间债券市场发行金融债券的申请与核准，发行，登记、托管与兑付，信息披露，法律责任等方面做出了明确规定，规范了金融债券发行行为。同年 5 月，中国人民银行发布《全国银行间债券市场债券远期交易管理规定》，并进一步制定了《全国银行间债券市场债券远期交易规则》。我国债券市场第一个金融衍生工具——债券远期交

---

① 中国人民银行：《2006 年中国货币政策执行报告》。

易正式在全国银行间债券市场推出，对促进现货市场发展、完善市场价格发现功能、维护金融稳定以及中国人民银行制定和执行货币政策具有重要意义。

2006 年 11 月，中国人民银行公布了《全国银行间债券市场债券借贷业务管理暂行规定》，正式允许在银行间债券市场推出债券借贷业务，为投资者提供了新的投资盈利模式和风险规避手段，有助于做市商做市能力的提高。

3. 期货市场作用显现

2004—2006 年，我国期货市场发展加速，品种进一步丰富，期货市场交易更加繁荣。

2004 年 6 月，棉花期货合约在郑州商品交易所正式上市交易。2004 年 8 月，燃料油期货在上海期货交易所上市交易。燃料油期货的推出，是我国参与国际燃料油市场定价的重要举措。目前，燃料油已成为我国石油及石油产品中市场化程度较高的一个品种，其流通和价格完全由市场调节，产品国际化程度高。2004 年 9 月，玉米期货合约在大连商品交易所挂牌上市交易。2004 年 12 月，黄大豆 2 号期货合约在大连商品交易所开始挂牌交易。2006 年 1 月，白糖期货合约在郑州商品交易所上市交易，豆油期货合约在大连商品交易所上市。2006 年 12 月，精对苯二甲酸（PTA）期货在郑州商品交易所上市交易，郑州商品交易所成为全球第一家推出该品种期货的交易所。

中国期货交易额由 2003 年的 108 396.6 亿元上升到 2006 年的 210 063.4 亿元规模，增长了 193.79％，创下了中国期货交易新纪录，而在上海、大连、郑州等中国三大期货交易所多种品种全面启动的同时，多种品种期市的国际影响力进一步加强。其中，上海商品交易所 2006 年全年成交金额 12.61 万亿元，比 2003 年增长 209.30％，2004 年，上海期货交易所铝期货合约一跃成为国内期货市场规模增长速度最快的品种，仅 2004 年一年的期铝成交总金额，就超过了铝期货自 1992 年在上海上市以来至 2003 年累计成交金额，并使其成为 2004 年国内期货市场规模增长速度最快的一个品种。郑州商品交易所 2006 年成交额为 3.18 万亿元，比 2003 年增长 399.75％。大连商品交易所 2006 年成交额为 5.22 万亿元，比 2003 年增长 130.75％。交易所与国外机构的合作也进一步加强，上海、大连、郑州三大期货交易所纷纷与国外的证券、期货交易所签署备忘录。

>>二、2004—2006 年资本交易市场化现状的指标描述和分析<<

这里分别从外资及其交易、资本市场融资和交易两个方面进行分析。

（一）外资及其交易的市场化情况

在开放经济条件下，外商投资是一个国家重要的资本来源。

1. 外方注册资金占外商投资企业总注册资金的比重

该指标从注册资金的角度表明，在中国的外资企业中，来自外方的资金规模和比重不断增加，侧面上反映出外商直接投资方式中独资公司比重上升，而中外合资和中外合作经营的公司比重有所下降的现象（见表 1-4-1）。

表 1-4-1　　　　外方注册资金占外商投资企业总注册资金的比重　　　单位：%

年份	1995	2003	2004	2005	2006
比重	64.36	74.81	76.60	77.82	78.25

资料来源：根据国家统计局：《中国统计年鉴》，1996—2007 年，北京，中国统计出版社，1996—2007 数据整理。

尽管这中间含有人民币升值预期的因素，但这也说明了中国外资的投资环境趋于完善，对外资的吸引力大大增强。

2. 外资投资产业或领域的变化情况

与 2003 年比，2004 年合同项目个数、合同金额和实际使用金额均有比较快的增长。其中，金融业和采矿业增长比较快，其次是制造业和房地产业（见表 1-4-2）。

表 1-4-2　　　　2004 年外商直接投资行业分布情况　　　单位：个；亿美元；%

行业名称	合同项目个数		合同金额		实际使用金额	
	个数	增长率	绝对数	增长率	绝对数	增长率
总计	43 664	6.29	1 534.8	33.38	606.3	13.32
农、林、牧、渔业	1 130	1.25	32.7	43.71	11.1	11.34
采矿业	279	32.23	11.6	76.28	5.4	59.95
制造业	30 386	3.77	1 097.4	35.90	430.2	16.47
电力、燃气及水的生产供应业	455	36.64	39.6	91.03	11.4	—12.29
建筑业	411	3.79	17.7	5.47	7.7	26.12
交通运输、仓储和邮政业	638	26.09	23.7	—52.68	12.7	46.75

行业名称	合同项目个数		合同金额		实际使用金额	
	个数	增长率	绝对数	增长率	绝对数	增长率
信息传输、计算机服务和软件业	1 622		20.2		9.2	
批发和零售业	1 700		25.0		7.4	
住宿和餐饮业	1 174		21.7		8.4	
金融业	43	86.96	5.8	80.49	2.5	8.83
房地产业	1 767	13.78	134.9	48.13	59.5	13.65
租赁和商务服务业	2 661	−37.27	67.4	−4.26	28.2	−10.65
科学研究、技术服务和地质勘查业	629		10.1		2.9	13.58
水利、环境和公共设施管理业	164		8.2		2.3	−89.82
居民服务和其他服务业	251		5.4		1.6	
教育	59		1.7		0.4	
卫生、社会保障和社会福利业	21		1.5		0.9	
文化、体育和娱乐业	272		10.1		4.5	
公共管理和社会组织	2		0.1		0.0	

注：由于统计口径变化，无法对部分行业增长率进行计算。

资料来源：根据国家统计局：《中国统计年鉴》，2005 年，北京，中国统计出版社，2005 数据整理。

与 2004 年比，2005 年合同项目个数、合同金额也有比较快的增长，但是实际使用金额的增长有微幅下降。其中，交通运输、仓储和邮政业、居民服务和其他服务业、批发和零售业增长比较快，其次是租赁和商务服务业与科学研究、技术服务和地质勘查业（见表 1-4-3）。

表 1-4-3　　　　　　　　2005 年外商直接投资行业分布情况　　　　单位：个；亿美元；%

行业名称	合同项目个数		合同金额		实际使用金额	
	个数	增长率	绝对数	增长率	绝对数	增长率
总计	44 001	0.77	1 890.6	23.19	603.2	−0.50

续表

行业名称	合同项目个数		合同金额		实际使用金额	
	个数	增长率	绝对数	增长率	绝对数	增长率
农、林、牧、渔业	1 058	−6.37	38.4	17.31	7.2	−35.54
采矿业	252	−9.68	10.2	−12.07	3.5	−34.02
制造业	28 928	−4.80	1 273.6	16.06	424.5	−1.31
电力、燃气及水的生产和供应业	390	−14.29	35.0	−11.57	13.9	22.72
建筑业	457	11.19	25.7	45.11	4.9	−36.47
交通运输、仓储和邮政业	734	15.05	52.2	120.15	18.1	42.38
信息传输、计算机服务和软件业	1 493	−7.95	45.1	123.22	10.1	10.75
批发和零售业	2 602	53.06	43.4	73.72	10.4	40.42
住宿和餐饮业	1 207	2.81	27.4	26.18	5.6	−33.39
金融业	40	−6.98	5.5	−4.17	2.2	−12.99
房地产业	2 120	19.98	194.0	43.83	54.2	−8.94
租赁和商务服务业	2 981	12.03	85.8	27.25	37.5	32.60
科学研究、技术服务和地质勘查业	926	47.22	17.6	74.39	3.4	15.85
水利、环境和公共设施管理业	139	−15.24	9.2	12.07	1.4	−39.30
居民服务和其他服务业	329	31.08	13.7	151.82	2.6	64.62
教育	51	−13.56	1.6	−7.53	0.2	−53.79
卫生、社会保障和社会福利业	22	4.76	1.6	11.81	0.4	−55.07
文化、体育和娱乐业	272	0.00	10.7	5.58	3.1	−31.79
公共管理和社会组织					0.0	105.56

资料来源：根据国家统计局：《中国统计年鉴》，2006 年，北京，中国统计出版社，2006 数据整理。

有关 2006 年外商直接投资行业分布情况，请参见表 1-4-4。

表 1-4-4　　　　　　　　　**2006 年外商直接投资行业分布情况**　　　　单位：个；亿美元；％

行业名称	合同项目个数		合同金额		实际使用金额	
	个数	增长率	绝对数	增长率	绝对数	增长率
总计	41 473	−5.75	1 937.3	2.47	630.2	4.47
农、林、牧、渔业	951	−10.11	32.0	−16.64	6.0	−16.54
采矿业	208	−17.46	19.4	90.67	4.6	29.74
制造业	24 790	−14.30	1 188.9	−6.65	400.8	−5.60
电力、燃气及水的生产和供应业	375	−3.85	33.3	−5.02	12.8	−8.10
建筑业	352	−22.98	21.5	−16.35	6.9	40.35
交通运输、仓储和邮政业	665	−9.40	51.7	−0.95	19.8	9.52
信息传输、计算机服务和软件业	1 378	−7.70	30.5	−32.42	10.7	5.51
批发和零售业	4 664	79.25	65.2	50.20	17.9	72.30
住宿和餐饮业	1 060	−12.18	28.9	5.72	8.3	47.75
金融业	52	30.00	7.6	37.77	2.9	33.68
房地产业	2 398	13.11	294.7	51.90	82.3	51.89
租赁和商务服务业	2 885	−3.22	93.9	9.41	42.2	12.75
科学研究、技术服务和地质勘查业	1 035	11.77	26.0	48.28	5.0	48.09
水利、环境和公共设施管理业	132	−5.04	9.3	0.84	2.0	40.35
居民服务和其他服务业	236	−28.27	22.0	60.84	5.0	93.85
教育	27	−47.06	1.1	−32.43	0.3	65.63
卫生、社会保障和社会福利业	20	−9.09	1.1	−33.52	0.2	−61.36
文化、体育和娱乐业	241	−11.40	10.0	−6.13	2.4	−20.98
公共管理和社会组织	4		0.2		0.1	91.08

资料来源：根据国家统计局：《中国统计年鉴》，2007 年，北京，中国统计出版社，2007 数据整理。

　　总体来看，2004—2006 年利用外资的合同项目个数、实际使用资金这两个指标稳定增长。从整个产业分布分析，部分行业出现了较大的增长，其中批发、零售业增长最为显著，2005 年合同项目个数同比增长 53.06％，合同金额同比增长 73.72％，实际使用金额同比增长 40.42％；2006 年同比增长速度分别为 79.25％、50.20％和 72.30％。发展速度次之的为交通运输、仓储和邮政业，居民服务和其他服务业。另外，金融业与科学研究、技术服务和地质勘查业也保持稳定增长态势（见表 1-4-1，表 1-4-2，表 1-4-3）。

3. 证券市场境外筹资金额及其在利用外资金额中的比重

证券市场境外筹资额（指 H 股、B 股筹资）占利用外资的比重反映着一国证券市场国际化、市场化水平的高低，以及利用外资方式的多样化和成熟化（见表 1-4-5）。

表 1-4-5　　　　　证券市场境外筹资金额及其在利用外资金额中的比重 单位：亿元人民币；％

年份	境外筹资额*	引进外资总额*	比重
1995	31.5	4 019.6	0.78
2003	534.7	4 646.7	11.51
2004	648.1	5 303.1	12.22
2005	1 544.4	5 226.7	29.55
2006	3 130.6	5 861.1	53.41

注：＊按照当年人民币兑美元汇率中间价计算。

资料来源：根据国家统计局：《中国统计年鉴》，1996—2007 年，北京，中国统计出版社，1996—2007 数据整理。

2004—2006 年中国证券市场境外筹资金额及其在利用外资金额中的比重总体上提高，特别是 2005 年为 29.55％，2006 年为 53.41％，这都是比较惊人的增长。2003 年底，只有 12 家外资机构成为合格境外机构投资者（QFII），批准外汇额度仅 17 亿美元；而截至 2006 年底，QFII 累计批准机构达 55 家，批准外汇额度 90.45 亿美元。这充分说明国际证券市场情况好转以及中国国内企业实力增强，并得到国际投资者认可。另外，2004 年通过制定颁布《外商投资商业领域管理办法》、2006 年制定颁布《外国投资者对上市公司战略投资管理办法》和《合格境外机构投资者境内证券投资管理办法》，不仅表明中国政府开放利用外资的态度，更表明资本市场已成为中国利用外资的重要形式，也使得外资更加依靠市场发挥作用。

（二）资本市场融资和交易

通过股票市场、债券市场和期货市场进行融资和交易，体现了按照市场准则进行资金筹集和交易程度，是一国资本市场化的重要标志。证券化率、直接融资和间接融资比例、股票融资和债券融资贡献度是主要的衡量指标。

1. 证券化率

证券化率是一国证券总市值与该国国民生产总值的比率，用以衡量直接融资与经济发展的关系，是资本市场化的一个重要指标。2004—2006 年是我国资本市场，特别是股票市场规范发展的时期（见表 1-4-6）。

表 1-4-6　　　　　　　　股票市值占 GDP 的比率　　　　单位：亿元人民币；%

年份	GDP	市价总值	市价总值与 GDP 的比率	流通市值	流通市值与 GDP 的比率
1995	60 793.7	3 474.3	5.71	938.5	1.54
2003	135 822.8	42 457.7	31.26	13 178.5	9.70
2004	159 878.3	37 055.6	23.18	11 688.6	7.31
2005	183 867.9	32 430.3	17.64	10 630.5	5.78
2006	210 871.0	89 403.9	42.40	25 003.6	11.86

资料来源：根据国家统计局：《中国统计年鉴》，2005—2007 年，北京，中国统计出版社，2005—2007；证监会：《中国证券期货统计年鉴》，1996—2006 年数据整理。

从总量指标看，2004、2005 年与 2003 年相比略有下降，主要是这两年股市处于熊市阶段。随着股权分置改革开始，2006 年的各项相关指标都有了长足的进步，证券化率甚至出现了翻倍的提高。

2. 股票融资指标

（1）境内外股票筹资占固定资产投资额的比率。

2004 年、2005 年和 2006 年这三年的境内外筹资额占固定资产投资额（固定资产投资额是指固定资产投资资金来源的数据，以下省略）比率分别是 2.03、1.99 和 4.70，其中 2004 年和 2005 年均比 2003 年的指标略低，这是由于证券市场进行了完善内部结构、改革发行制度以及打击投机和内幕交易等系列规范运作的制度改革后，市场处于调整和恢复期。

表 1-4-7　　　　　境内外股票筹资占固定资产投资额的比率表　　　单位：亿元人民币；%

年份	境内外筹资额	固定资产投资额	境内外筹资额与固定资产投资额比率
1995	150.3	20 524.9	0.73
2003	1 357.8	58 616.3	2.32

续表

年份	境内外筹资额	固定资产投资额	境内外筹资额与固定资产投资额比率
2004	1 510.9	74 564.9	2.03
2005	1 882.5	94 590.8	1.99
2006	5 594.3	118 957.0	4.70

资料来源：根据国家统计局：《中国统计年鉴》，2007 年，北京，中国统计出版社，2007 数据整理。

但是，2006 年境内外筹资额占固定资产投资额比率均创历史新高，达到了4.70，表明市场在经历了凤凰涅槃的几年调整后，开始迅速走出低谷（见表 1-4-7）。

（2）直接融资和间接融资的比例。

不同的融资形式不仅反映出股票市场的发展程度，而且也间接表现出在资本市场化条件下，企业的融资条件和环境状况。在中国股票市场快速发展中，暴露出了结构和体制方面的问题，2004—2006 年是从法制、监管、市场参与主体等方面进行全面规范的时期，直接融资和间接融资的比例总体上较 2003 年增长很多。

表 1-4-8　　　　　　　　境内股票筹资与银行贷款增加额的比率　　　　单位：亿元人民币；%

年份	境内筹资额	贷款增加额	境内筹资额与贷款增加额的比率
1995	85.5	985.7	8.67
2003	819.6	27 702.3	2.96
2004	835.7	19 201.6	4.35
2005	338.1	16 492.6	2.05
2006	2 463.7	30 656.8	8.04

资料来源：根据国家统计局：《中国统计年鉴》，1997—2007 年，北京，中国统计出版社，1997—2007 数据整理。

与 2003 年相比，2004 年的境内筹资额基本稳定，而贷款增加额有了大幅下降，两者比率大幅上升，2006 年境内筹资额达到了 2005 年的 7 倍多，说明了我国资本市场化改革已经显示成效（见表 1-4-8）。

（3）股票市场境内筹资情况的统计。

中国股票市场 2004 年至 2006 年间，境内上市公司家数、总股本、开户数等呈现持续增长，说明中国股票市场处于不断发展阶段，该市场交易对整个资本交易甚至整个经济的作用也不断加大（见表1-4-9）。

表 1-4-9　　　　境内上市公司家数、筹资额、总股本以及开户数的情况

单位：%；亿股；万户；亿元人民币

年份	境内上市公司家数 A股B股	同比增长（%）	总股本（亿股）	同比增长（%）	开户数（万户）	同比增长（%）	发行A股筹资额（亿元人民币）	同比增长（%）
1995	323		848.42		1 294.2		150.3	
2003	1 287	5.15	6 248.50		6 981.2	2.04	819.6	5.11
2004	1 377	6.99	7 149.43	14.42	7 215.7	3.36	835.7	1.97
2005	1 381	0.29	7 629.51	6.71	7 336.1	1.67	338.1	−59.54
2006	1 434	3.84	14 926.35	95.64	7 854.0	7.06	2 463.7	628.63

资料来源：根据中国证券监督管理委员会网站资料整理。

从表1-4-7、表1-4-8和表1-4-9列举的关于股票市场融资指标可以看出，2004—2006年境内股票筹资规模呈现先轻微下降再急剧上升的趋势。境内股票筹资与银行贷款增加额的比率2004年为4.35%，2005年为2.05%，2006年为8.04%，也呈现先降再急剧上升的趋势，主要原因在于每一年都有一个或两个数据变化较大，比如2004年的贷款增加额，2005年和2006年的境内筹资额和贷款增加额，说明股票市场的走势与股市融资指标之间息息相关。总体看来，2004—2006年中国股票市场筹资功能表现出数量上的"过山车"形态，但与历史数据相比总趋势是快速向上的。

3. 债券融资指标

债券余额与GDP的比率反映一国的债券化程度。与发达国家相比，中国债券市场还是一个新兴市场，还有较大的发展空间。从债券存量与GDP比率来看（见表1-4-10），中国债券市场一直在稳步推进，2004年国债与政策性融资债比2003年增加5 543.3亿元，2005年比2004年增加6 795.1亿元，2006年比2005年增加7 691.7亿元。

表 1-4-10　　　　　　　　债券余额与GDP的比率　　　　　单位：亿元人民币；%

年份	国债与政策性融资余额	GDP	国债与政策性金融债余额和GDP之比
1995	3 300.3	60 794	5.43

续表

年份	国债与政策性融资 余额	GDP	国债与政策性金融债 余额和 GDP 之比
2003	34 253.6	135 823	25.22
2004	39 796.9	159 878	24.89
2005	46 592.0	183 868	25.34
2006	54 283.7	210 871	25.74

资料来源：根据国家统计局：《中国统计年鉴》，1997—2007 年，北京，中国统计出版社，1997—2007 数据整理。

债券余额与 GDP 之比，在 2004—2006 年三年间保持稳定增长的趋势。债券存量的扩张，特别是国债和政策性金融债的扩张，说明中国资本市场上融资方式和融资规模的市场化发展，以及中国债券化程度的不断提高。

4. 期货指标

期货市场发展水平不仅反映资本市场发展状况，而且是一国参与国际市场竞争的重要指标。发展期货市场，确立国际定价中心，对中国商品提升国际影响力以及中国企业参与世界市场竞争，规避风险有重要作用。期货市场的成交额和成交量的历年数据（见表 1-4-11），表明了中国期货市场的快速发展状况，从 2004 年继续延续着以往的增长趋势，其中 2006 年极其明显，成交额比 2005 年增长 56.22%，达到 210 063.4 亿元，占当年 GDP 的 99.62%；成交量为 44 950.8 万手，比 2005 年增长 39.22%。

表 1-4-11　　　　期货交易成交额和成交量变动情况统计表　　　　单位：亿元人民币；%；万手

年 份	1995	2003	2004	2005	2006
成交额（亿元人民币）	101 273.7	108 396.6	146 935.3	134 463.4	210 063.4
增长比例（%）		174.49	35.55	-8.49	56.22
GDP 数值（亿元人民币）	60 793.7	135 822.8	159 878.3	183 867.9	210 871.0
与 GDP 的比重（%）	166.59	79.81	91.90	73.13	99.62
成交量（万手）	63 753.2	27 992.4	30 569.8	32 287.4	44 950.8
增长比例（%）		100.76	9.21	5.62	39.22

资料来源：根据中国证券监督管理委员会：《中国证券期货统计年鉴》，2006 年；国家统计局：《中国统计年鉴》，2004—2007 年，北京，中国统计出版社，2004—2007 数据整理。

因此，可以发现在期货交易额快速增长的同时，其市场功能得到进一步发挥，期货市场对我国市场经济发展的贡献得到进一步肯定和认同。

>>三、资本交易市场化程度的判断<<

作为资金供给方之一的外资，特别是外商投资，是体现资本市场化中国际化和开放程度的重要指标。通过对比 2004 年到 2006 年的外商直接投资行业分布比例指标，从总量上说明中国利用外商直接投资的规模迅速增长，合同项目个数 3 年平均增长 44％；合同金额 3 年平均同比增长 19.65％；实际利用外资 3 年平均增长 5.76％。从结构上、绝对值上看，制造业仍占主要位置，但增长趋势表明，服务业特别是批发和零售业、住宿和餐饮业、房地产业、金融业、公共管理与社会组织、科学研究、技术服务和地质勘查业呈快速增长。显示国内消费升级的趋势明显，表明政策从支持"世界工厂"转向内需消费的转变。

外方注册资金占外商投资企业总注册资金的比重和证券市场境外筹资金额及其在利用外资金额中的比重两个指标，均呈现稳步上升的趋势，并且在 2006 年创历史最高水平。这说明外商投资规模不断增加的同时，投资方式出现了新变化，独资公司的形式增多，并且通过资本市场利用外资的程度得到了极大提高。

从外商投资的规模、产业分布和利用方式等几个方面看，中国资本利用的国际化和开放程度在 2004—2006 年都得到了加强，并且通过各方面引导，与国内产业发展和国内资本的供求比较协调。

以上是从资本供给的角度来说明资本市场化程度，下面通过分析股票市场、债券市场和期货市场的部分指标说明资本交易的市场化程度。通过分析证券化率指标——股票市值占 GDP 的比率，说明股票市场在整个经济发展中的重要程度；通过分析境内股票筹资与银行贷款增加额的比率和境内外股票筹资占固定资产投资额的比率这两个指标，说明股票市场在发挥筹资功能上对经济做出的贡献；通过分析债券余额与 GDP 的比率指标，说明债券市场的发展规模和状况；通过分析期货市场交易额和交易量变动比例以及占当年 GDP 的比重指标，说明期货市场的发展水平以及对经济的重要程度。

从以上四类指标来看，总的趋势是资本市场的规模不断扩大，市场涵盖面和对经济的影响力不断增强，资本市场改革进展顺利，资本通过市场进行配置的功能日趋深化。资本市场的进一步发展，从价格发现和经济稳定功能等方面加速了市场机制的形成和完善。特别是股票市场方面，2005 年启动的股权分置改革进展顺利，股权分置改革的基本完成，使非流通股股东和流通股股东长期以来利益分割的局面得以纠正，理顺了市场定价机制，对于恢复资本市场功能，并由此推动资本市场全方位改革具有历史性意义，也为资本市场未来持续发展奠定了制度基础。第二部分中诸多证券化指标，如流通市值与 GDP 比率、总市值与 GDP 比率、境内融资额与贷款增加额比率等，都支持以上结论。还有，股票发行体制市场化改革的不断深化，特别是询价制的实施，是我国股票发行体制市场化程度提高的重要标志，国内众多大型国有企业改制在 A 股市场上市，充分体现了我国股票发行体制市场化改革取得的成果。如四大国有银行中的三家——中国工商银行、建设银行和中国银行，还有中国国航等先后上市。此外，资本市场法律制度、监管机制和基础设施建设继续稳步推进。《证券法》、《公司法》等法律、法规和行政规章为规范市场管理、维护市场经济秩序提供了有力支持。

从资本的政府供给、民间资本投资以及外商投资等方面看，2004—2006 年中国资本越来越多地依赖于市场的配置作用，因此能够得出资本交易市场化程度比 2003 年有所提高的判断。

>>四、资本交易市场化未来发展趋势<<

未来我国资本交易市场化的发展趋势可总结为三个方面。

(一) 资本市场的改革进程加快，市场体系日趋完备

资本市场改革进程加快的重要标志是直接融资规模扩大和合理的融资结构构造。大力发展资本市场是党中央、国务院从经济和金融发展全局做出的重大战略部署。证监会主席尚福林曾指出要增强对大力发展资本市场重要性和紧迫性的认识，继续完善有利于促进资本市场发展的政策措施，不断完善市场机制，健全市场功能，进一步发挥资本市场在资源配置中的基础性作用，实现我国资本市场更高水平的发展。未来，资本市场法制建设的速度将加快，法律框架日益完善，并逐渐与国际通行规则接轨，投资者、中介机构和融资者等市场各方的权利义务进一步明确，融资者和中介服务机构的经营行为继续得到规范，投资者的合法权益将得到更好的保护。

资本市场体系不断健全，投资品种将更加丰富。首先，多层次的股票市场体系将逐步建立，可以更好地满足各种类型企业的融资需求。主板市场将在股权分置改革之后得到更快更好的发展，全流通使得大股东与小股东之间的利益趋于一致，推动主板市场上市公司的公司治理结构逐步改善；创业板市场、融资融券即将在合适的时机推出；再融资领域将推动定向增发、鼓励引入战略投资者、并购

重组、发行可转换公司债等创新形式；风险投资机制也日趋完善，为中小企业提供了更多的融资渠道。其次，包括国债、金融债、公司债、市政债、抵押贷款债等在内的债券市场将得到全面发展。债券市场供应将进一步增加，二级市场流动性进一步提高，债券评级、托管和结算体系进一步完善。上市公司债券、可转换公司债券的分拆等创新也将开始启动。再次，期货市场稳步发展，并在金融期货产品创新方面有突破性的进展。在严格控制风险的前提下，为大宗商品生产者和消费者提供价格发现和套期保值功能的商品期货品种将逐步推出，商品期货品种进一步丰富，更多的市场主体将参与到市场定价过程中。中国金融期货交易所已经设立，股指期货等金融衍生产品也即将推出，将为证券市场的风险管理提供新的重要的金融工具，同时也将对中国资本市场和中国金融行业产生深刻的影响。

（二）民间资本投资数量增大，投资领域不断拓宽

随着进一步降低行业进入门槛和取消行业准入限制性政策，民间投资呈现出快速增长的态势。非公有制经济将进一步发挥资源配置的作用，优化产业结构，加快国民经济的发展。民间资本将在未被禁止进入的行业和领域发挥更加重要的作用。今后商业银行将提高对中小私营企业信贷支持力度，对后劲足、市场前景好、科技含量高的重点民营企业给予大力支持。传统产业是民间投资的根据地，也是未来发展的主要领域；基础设施建设领域引入民间资本，有利于打破垄断、促进竞争；风险投资领域引入民间投资，将会提高风险投资的运行质量，促进高新技术产业的发展。另外，区域经济（特别是县级经济）供求关系稳定，地方特色明显，是未来民间投资发展的重要领域；西部地区在自然资源、市场潜力和劳动力等方面的相对优势，为民间资本提供了巨大的投资机会和发展空间。

（三）政府对外商投资的态度积极，但强调从"重量"转变为"重质"

中国的改革开放近30年很重要的一条经验就是坚定不移地实行对外开放的基本国策，积极利用外资，这也是中国积极参与经济全球化的一条重要途径。今后中国政府将继续保持各项吸引外资政策的连续性、稳定性，但未来政府更强调要加快转变经济发展方式，优化产业结构，对利用外资则更重视质量，而不再仅仅满足于更多地增加外资的数量。

首先在中国加入世贸组织的基础上，将进一步对外商扩大开放，包括在服务

领域、金融领域稳步地放开对外资在地域、股权等方面的限制。其次，更加注重外商投资结构的优化。引导外资投向高技术含量、高附加值的生产环节，鼓励国外企业在中国境内设立总部和研发中心；引导其加大与民营企业的合作；继续鼓励外资加大在第三产业部门的投资，如金融服务业；同时，也鼓励外资综合利用资源，发展可再生能源和开展生态环境的保护，限制或者禁止高能耗、高污染外资项目的进入。

随着投资领域和投资方式的开放，中国利用外资的规模将保持快速增长的势头，外商投资的方式将发生一定变化，外方注册资金占外商投资企业总注册资金的比重将进一步提高，外资企业将更多地以外商独资的形式出现，投资的产业领域将升级，利用产权市场和证券市场的并购交易将加速增长。外商投资水平将继续提高，外商投资结构将更趋于合理，并推动中国资本市场的发展。

>>主要参考文献<<

[1] 北京师范大学经济与资源管理研究所. 2005 中国市场经济发展报告［R］. 北京：中国对外经济贸易出版社，2005.

[2] 国家统计局. 中国统计年鉴，2007 年［R］. 北京：中国统计出版社，2007.

[3] 中国金融年鉴编辑部. 中国金融年鉴 2007［R］. 北京：中国金融出版社，2007.

[4] 中国人民银行. 2007 年第一季度中国货币政策执行报告［R/OL］. 中国人民银行网站.

[5] 中国证券监督管理委员会. 2006 年中国证券期货统计年鉴［R］. 上海：学林出版社，2006.

第五章
土地交易的市场化

2004—2006 年既是中国经济高速发展的时期，也是中国市场化发展的重要阶段，更是中国房地产迅猛发展和土地交易市场化改革推进的关键时期。2004—2006 年，国土资源部不仅相继出台了《招标拍卖挂牌出让国有土地使用权规定》、《协议出让国有土地使用权规定》等土地市场化规范化文件，同时也出台了《关于加强土地调控有关问题的通知》、《国务院关于深化改革严格土地管理的决定》等一系列土地管理规范化政策规定，更重要的是在实施宏观调控政策中，土地作为重要"闸门"也直接和间接参与了国家的宏观调控，不仅完善了土地交易市场化的规范建设，加快了土地市场化的步伐，而且在运用土地参与国家宏观调控政策方面进行了有益的探索，丰富了土地市场化内容。

>>一、2004—2006 年中国土地交易市场化进程概要<<

2003 年 10 月 11 日，中共十六届三中全会召开，通过了《中共中央关于完善社会主义市场经济体制若干问题的决定》，第一次提出了非公有制企业在投融资、税收、土地使用和对外贸易等方面与公有制企业享有同等待遇，基本确立了市场配置土地资源的主体地位。2004 年到 2006 年，根据十六届三中全会精神，中国政府相继颁布或修订了一系列法律、法规和文件，建立起了一个包括农地征购市场和土地使用权市场在内的完整的土地交易市场体系，并在全国范围内大力整顿土地市场体系，完善土地价格的市场形成机制，逐步实现土地交易的公平、公正和公开。

(一) 土地交易市场化机制更加完善，农村土地市场化形式多样化

中国土地市场机制日益完善，主要体现在城镇国有土地使用制度和农村土地交易市场制度改革两个方面。

1. 深化城镇国有土地使用制度改革

中国土地制度改革进入到一个新阶段的明显标志就是，2004 年国家为继续促进土地要素的合理流动，推动土地交易市场化的健康发展，国务院 28 号令发布《国务院关于深化改革严格土地管理的决定》，明确提出要大力推进土地资源的市场化配置。除重申经营性用地必须实行招标、拍卖、挂牌之外，对原有划拨土地入市也进行了规范，使市场规则更加透明、公正，交易更加安全。另外，28 号令提出要推进工业用地的挂牌拍卖招标出让，逐步实行经营性基础设施用地有偿使用。2006 年国务院发布了《关于加强土地调控有关问题的通知》，要求在继续做好经营性用地招标拍卖挂牌出让的同时，对各类工业用地一律实施招标拍卖挂牌方式出让。对工业用地实施招标拍卖挂牌出让，是我国土地制度市场化改革进一步深入的重要标志。2006 年 8 月 1 日国土资源部《招标拍卖挂牌出让国有土地使用权规定》和《协议出让国有土地使用权规定》的正式施行，不仅明确规定了六类情形必须纳入招标拍卖挂牌出让国有土地范围，而且规定，除常规经营性用地外，有竞争要求的工业用地，其他土地供地计划公布后同一宗地有两个或者两个以上意向用地者的，划拨及出让土地使用权改变用途，相关法律规定应当收回土地使用权等均须执行招拍挂制度，土地市场化范围和领域进一步扩大。另外，随着土地使用制度改革进一步深化，经营性基础设施也将逐步实行有偿使用，例如油田等矿业开采用地等。上述法规扩大了城镇国有土地使用权招标、拍卖和挂牌出让制度适用范围，进一步完善了国有土地市场准入标准，城镇国有土地使用权交易市场化程度不断加深。

2. 农村土地交易市场形式多样化

中国土地制度市场化改革的另一个重要标志就是农村土地制度的市场化进程加快，农村土地交易市场形式多样化，其主要表现有两方面。

第一，农户土地承包经营权流转。农户土地承包经营权流转是中国农村土地市场化的重要形式。农业部依照《中华人民共和国农村土地承包法》在 2005 年 1 月 19 日出台《农村土地承包经营权流转管理办法》，明确农民对农村土地使用权的主体地位，规定承包方有权依法自主决定承包土地是否流转、流转的对象和方

式，任何单位和个人不得强迫或者阻碍承包方依法流转其承包土地。农村土地承包经营权流转收益归承包方所有，任何组织和个人不得侵占、截留、扣缴。在流转方式上，《农村土地承包经营权流转管理办法》规定，承包方依法取得的农村土地承包经营权可以采取转包、出租、互换、转让或者其他符合有关法律和国家政策规定的方式流转。它还规范了农村土地承包权流转合同的主要内容。这样，我国农村土地交易及土地承包权流转方式就包括了转包、出租、互换、入股和其他符合有关法律和国家政策规定的流转方式。

第二，各地农村土地流转改革试点蓬勃开展。中国地方政府积极开展农村集体建设用地流转探索和实践取得较好成绩的主要有广东、安徽和四川的成都。2003 年，广东省政府下发《关于试行农村集体建设用地使用权流转的通知》。2005 年 5 月，广东省政府又通过了《广东省集体建设用地使用权流转管理办法》，对农村建设用地的流转入市进一步提出了操作性更强的具体规定。到 2006 年末，广东全省 21 个地级市中有 12 个市已经开展了集体建设用地流转工作。安徽也是农村集体建设用地使用权流转最早省份，早在 1999 年 11 月，国土资源部就批准了《芜湖市农民集体所有建设用地使用权流转管理办法》和试点方案，先期在 5 个镇封闭进行试点。2003 年 4 月，流转试点扩大到 15 个镇。2006 年，芜湖市根据《国务院关于深化改革严格土地管理的决定》，将集体建设用地流转试点工作扩展到全市。而作为中国城乡统筹综合改革试点的成都市，在农村土地流转方面也进行了大胆尝试。如成都市温江区施行的"两股一改"，使农村集体土地股权化，即以村（社区）为单位将集体土地股权量化到人，交由村级股份经济合作社统一管理，合作社对全村土地进行整理。农民放弃的土地被集中后，符合预征收储条件的被土地中心收储，其余的由国有投资公司温江区隆博公司统一管理，进行土地流转，并引入大的业主经营以增加收益。在宅基地、承包地被征（收）用为国有土地或土地指标实现异地置换后，通过拍卖、开发等方式进行流转。

此外，早在 2000 年，国土资源部就在芜湖、苏州、湖州、安阳、南海等 9 个地区进行了集体建设用地流转试点，2004 年《国务院关于深化改革严格土地管理的决定》专门提出"在符合规划的前提下，村庄、集镇、建制镇中的农民集体所有建设用地使用权可以依法流转"。2004—2006 年，包括广东、安徽、江苏、重庆、成都在内的许多地区开始试行农村集体建设用地流转，逐步建立起了农村集体建设用地交易市场，并逐步与国有土地流转制度走向统一。

（二）规范土地市场秩序，形成土地交易公平和公正环境

为体现市场经济原则，确保土地使用权交易的公开、公平和公正，杜绝由于历史遗留、法制不健全等原因导致的土地低价入市、交易不透明等土地市场混乱状况，国土资源部于 2006 年 8 月 1 日颁布了《招标拍卖挂牌出让国有土地使用权规定》和《协议出让国有土地使用权规定》等文件，从土地出让信息披露、土地"招拍挂"出让操作、协议出让公开程度等方面继续完善土地市场建设。除此之外，2004 年 3 月，国土资源部和监察部联合下发《关于继续开展经营性土地使用权招标拍卖挂牌出让情况执法监察工作的通知》，进一步明确了政策界限和相关纪律要求。2004 年 4 月，国务院办公厅又下发了《国务院办公厅关于深入开展土地市场治理整顿严格土地管理的紧急通知》（国办发明电〔2004〕20 号），继续深入开展土地市场治理整顿，整顿内容包括清理检查 2003 年以来的土地占用情况；清理检查新增建设用地土地有偿使用费的征收和使用情况，整顿随意减免和侵占、挪用土地有偿使用费等问题；清理整顿经营性土地使用权招标、拍卖、挂牌出让中存在的问题。2006 年，国务院总理温家宝主持国务院常务会议时，提出了包括土地在内的促进房地产业健康发展的六项措施（国六条），规范房地产市场。在强化土地执法检查、规范土地执法行为、依法维护土地市场秩序方面，2005 年 8 月 31 日国土资源部出台《查处土地违法行为立案标准》（国土资发〔2005〕176 号），明确了非法转让土地、非法占地、破坏耕地、非法批地四类行为的立案标准。将未经批准，非法转让、出租、抵押以划拨方式取得的国有土地使用权的；不符合法律规定的条件，非法转让以出让方式取得的国有土地使用权的；将农民集体所有的土地的使用权非法出让、转让或者出租用于非农建设的；不符合法律规定的条件，擅自转让房地产开发项目的等都确定为转让土地的违法行为，从而规范了土地市场秩序，营造和形成了土地交易公平和公正的环境。

（三）土地有形市场建设进一步完善

2000 年国土资源部《关于建立土地有形市场促进土地使用权规范交易的通知》正式提出建设土地有形市场，2003 年我国土地有形市场基本框架形成，2004—2006 年土地有形市场则进入了完善阶段，国务院和国土资源部相继出台了《关于深化改革严格土地管理的决定》（国发〔2004〕28 号）、《关于国有划拨土地使用权抵押登记有关问题的通知》（国土资发〔2004〕9 号）、《关于开展土地评估行业全面检查加强和规范土地评估行业管理的通知》（国土资发〔2004〕

168 号)、《土地估价师资格考试管理办法》(国土资源部第 35 号令),并于 2004 年和 2006 年两次修订了《土地利用年度计划管理办法》(国土资源部第 26、37 号令),先后针对土地市场准入、交易信息公开与发布、交易代理、监管制度与监测等多方面问题,从土地交易方式、中介从业规范、土地利用管理等方面进一步改革和完善中国土地有形市场,并进一步活跃和规范了土地有形市场,保证市场配置土地资源的有序展开。各级地方政府根据自身社会经济的发展水平,遵循上述法规文件,分别制定或完善了集体建设用地流转管理办法、土地交易市场管理办法等地方法规,在全国各地逐步建立起了场所固定、规则健全、服务完善、公平、公开、公正的土地有形交易场所。

(四) 房地产市场化运行体系已经形成

　　房地产市场实际上是土地市场和房产市场的统一体,而房地产市场的基础和核心是地产市场,房地产市场化运行取决于土地市场化的强力推进,但房地产市场化则会对土地市场化起到促进作用。中国住房制度货币化改革自 1998 年的重大变革后,包括售房、土地转让、住宅资产独立化、住房私有化、市场化、住房公积金、房地产金融等的一整套改革方案陆续推出,从而在一定程度上反映了中国土地市场化的效果。

　　中国土地市场化发展最突出的一个表现就是住房制度货币化带来的商品房迅猛发展,可以毫不夸张地说,中国商品房市场化发展速度之快是惊人的,而伴随房地产市场化的商品房用地市场化交易同样是非常快的。在我国,房屋的一般住宅用地、高档别墅公寓用地、商品房用地、经济适用房用地及其他住房用地五类中,除经济适用房和廉租房用地外,其余房屋用地原则上采取市场化的运作模式,实行招标、拍卖、挂牌方式出让土地,充分发挥市场配置资源的作用。得益于中国政府住房分配制度的商品化改革和土地交易的市场化改革,商品房交易与商品房土地市场交易联动发展,市场活跃程度不断提高。而在经济适用房和廉租房用地上,国家为保障城镇中低收入者住房,学习多数发达市场经济国家的做法,将经济适用房和廉租房纳入社会保障体系,主要以划拨方式供地。2004—2006 年,土地招标、土地挂牌和土地拍卖比例逐年增加,划拨和市场化相对较低的协议出让比例持续下降。并且每一种出让方式在推行过程中自身的市场化程度都在提高,包括执行的公开性、透明性、决策的民主性等。

　　1998 年,国务院发出《国务院关于进一步深化城镇住房制度改革　加快住房建设的通知》(国发 [1998] 23 号),以"稳步推进住房商品化、社会化,逐步建立适应社会主义市场经济体制和我国国情的城镇住房新制度"为指导思想，停止住房实物分配，逐步实行住房分配货币化，建立和完善以经济适用房为主的住房供应体系，培育和规范住房交易市场，发展住房金融。23 号文件正式结束了我国福利分房的历史，将住房补贴以货币形式列入工资中，完成了住房分配方式的货币化改革。我国个人购买商品房住宅面积占房屋销售面积的比例，从 1991 年的 30.6％上升到 2003 年的 85.2％。根据建设部发布的《2005 年城镇房屋概况统计公报》，截至 2005 年底，全国城镇私有住宅建筑面积 87.9 亿平方米，住宅私有率为 81.62％，达到或超过多数发达市场经济国家水平。其中东部地区私有住宅 44.32 亿平方米，中部地区 24.17 亿平方米，西部地区 19.41 亿平方米，住宅私有率分别为 82.58％、79.69％和 81.93％。

>>二、2004—2006 年中国土地交易市场化现状的指标描述和分析<<

下面分别从我国土地交易市场化，国有企业、私人企业以及外商投资企业用地和中介组织市场化三个方面分析 2004—2006 年我国土地交易市场化状况。

（一）全国土地交易市场的发育状况

我国土地交易市场的发育状况体现在三个方面。

1. 以 "招拍挂" 为标志的土地市场机制进一步规范和巩固

2004—2006 年是我国土地招标拍卖挂牌出让从最初试点，转入到全国范围建设、规范和巩固阶段。自 2002 年国土资源部 11 号令发布《招标拍卖挂牌出让国有土地使用权》，要求自当年 7 月 1 日起，经营性用地一律实行招标拍卖挂牌出让，截至 2006 年末，我国各地都已建立了国有土地使用权招标拍卖挂牌出让制度，全国范围内的经营性用地基本全部采用招标拍卖挂牌方式出让。同时，以 2006 年国务院 31 号令《关于加强土地调控有关问题的通知》为标志，招标拍卖挂牌出让制度还将进一步推广到对各类工业用地出让方面，并且经营性基础设施也将逐步实行有偿使用制度。

2. 2004—2006 年土地交易市场化进程

2004—2006 年我国土地交易市场化稳步发展，综合来看，经营用地有偿出让的比例稳步提升，划拨用地呈减少的态势。土地交易市场化发展速度延续了 2002—2003 年的发展，并且有提速的趋势（见表 1-5-1）。

表 1-5-1　　　　2004—2006 年国有土地供应出让占土地供应总面积的比重　　　　单位：%

年份	出让土地面积占土地供应总面积的比重		划拨用地面积占土地供应总面积的比重	租赁用地面积占土地供应总面积的比重	其他用地面积占土地供应总面积的比重
		其中"招拍挂"面积占土地供应出让总面积的比重			
2004	70.37	20.33	24.06	3.40	2.16
2005	67.62	23.37	26.64	3.28	2.46
2006	75.95	23.19	20.79	2.47	0.79

资料来源：根据国土资源部：《国土资源综合统计年报》，2006 年统计数据计算。

从表 1-5-1 可以看到，2004 年，市场化的出让手段供应土地占土地供应总面积的比重为 70.37%；在 2005 年中央政府集中整顿土地市场的大背景下，该项指标略有下降；2006 年，经过规范的土地市场更加有序、富有活力，并朝着市场化的改革方向继续迈进，2006 年出让土地占土地供应总面积的比重提升到 75.95%，较 2004 年上升 8.0%。2006 年，"招拍挂"面积占土地供应出让总面积的比重比 2004 年提升 14%，其提升速度是相当迅速的。划拨等非市场化手段供应土地占土地供应总量的比重逐步下降。

土地市场化程度的提升突出表现在经营性用地市场化出让比例大幅度提高，非经营性的划拨用地主要集中在交通运输、水利设施、公共设施和公用建筑等公益性用地类型上。[①]　见表 1-5-2。

从表 1-5-2 可以看出，2006 年不同类型国有土地有偿出让面积占土地供应总面积比重达到 75.95%，这要比 2003 年的 67.6%[②]上升 8.35 个百分点。比 2004 年 70.37% 高 5 个百分点。其中完全市场行为的"招拍挂"出让土地面积占土地供应总面积的 23.19%，高于划拨用地占土地供应总面积的 20.79%。值得注意的是，经营性用地的有偿出让用地比重较之 2003 年有大幅度的提高，如商服用地从 2003 年的 72.8% 上升到 2006 年 79.05%；住宅用地从 68.0% 上升到 84.44%，上升了 16.44 个百分点，年均提高 5.48 个百分点，可以说市场化速度非常之快。在住宅用地交易快速市场化的大背景下，别墅、高档公寓和普通商品

[①] 我国经济适用房较多采用划拨土地供应方式的原因是经济适用房主要是面向我国城市中低收入的社会保障型住房，经济适用房用地采用划拨方式，也是与多数发达市场经济国家做法是一致的。

[②] 北京师范大学经济与资源管理研究所：《2005 中国市场经济发展报告》，北京，中国商务出版社，2005。

房用地有偿出让比重，分别达到了 100% 和 95.74%。

表 1-5-2　　2006 年不同用地类型国有土地供应出让占土地供应总面积的比重　　单位：%

用地类型	出让土地面积占土地供应总面积的比重		划拨用地面积占土地供应总面积的比重	租赁用地面积占土地供应总面积的比重	其他用地面积占土地供应总面积的比重
		其中"招拍挂"面积占土地供应出让总面积的比重			
总计	75.95	23.19	20.79	2.47	0.79
商服用地	79.05	59.35	8.48	10.76	1.71
工矿仓储用地	93.41	3.03	3.73	2.32	0.54
公用设备用地	12.84	2.71	86.39	0.22	0.55
公共建筑用地	20.45	4.73	78.00	1.53	0.02
住宅用地	84.44	70.85	13.79	0.39	1.38
别墅、高档公寓用地	100.00	58.13	0.00	0.00	0.00
普通商品房用地	95.74	87.36	3.41	0.34	0.51
经济适用房用地	23.12	15.58	76.69	0.01	0.19
其他住房用地	66.03	28.73	27.76	0.80	5.42
交通运输用地	11.64	0.16	88.34	0.01	0.01
水利设施用地	5.59	0.61	94.16	0.00	0.24
特殊用地	31.09	1.43	67.14	0.18	1.58

资料来源：根据国土资源部：《国土资源综合统计年报》，2006 年统计数据计算。

3. 房地产市场趋于多元化、国际化

在土地市场化改革取得新进展的基础上，2004—2006 年我国房地产市场运行体系的市场化程度也随之不断加深，具体表现在房地产市场投资主体和资金来源双双趋于多元化和国际化。

自改革开放以来，尤其是 1990 年后，房地产投资主体呈现出多元化、国际化的趋势，不仅有国家、单位、个人，还包括各类型的企业投资主体。2006 年 7 月 11 日，建设部、商务部、国家发改委、人民银行、工商总局、外汇局联合发布《关于规范房地产市场外资准入和管理的意见》，对外资进入中国房地产领域的法定程序、权利和义务做了规范，推动外资有序参与中国房地产市场。摩根士丹利、麦格理银行、荷兰 ING 银行、新加坡凯德置地、美林国际等诸多全球知名公司都已进入中国房地产市场，并在 2006 年先后宣布将增加在中国房地产市场的投资（见表 1-5-3）。

表 1-5-3　　　　　　　　　不同性质房地产投资企业数量　　　　　　　单位：个

指　标 ＼ 年　份		2002	2003	2004	2005	2006
内资企业	总数	28 657	33 107	53 495	50 957	53 268
	其中国有企业	5 015	4 558	4 775	4 145	3 797
	其中集体企业	2 488	2 205	2 390	1 796	1 586
港、澳、台地区投资企业		2 884	2 840	3 639	3 443	3 519
外商投资企业		1 077	1 176	2 108	1 890	1 923
合计		32 618	37 123	59 242	56 290	58 710

资料来源：根据国家统计局：《中国统计年鉴》，2003—2007 年，北京，中国统计出版社，2003—2007 数据整理。

从表 1-5-3 可以看到，2006 年我国房地产投资企业中，港、澳、台地区投资企业数量为 3 519，是 2003 年 2 840 的 1.24 倍，外商企业从 2003 年 1 176 个增加到了 2006 年的 1 923 个，增长 63.52％。外商和港、澳、台地区投资企业数量分别都超过了集体企业，港、澳、台地区投资企业已经与国有企业数量基本相当。从总体结构看，国有企业占房地产企业总数量的比重从 2002 年的 15.37％下降到 2006 年的 6.47％。随着私人企业和境外企业快速进入中国房地产市场，中国的房地产市场投资主体呈现出多元化的态势，不同性质房地产投资企业公平竞争，形成了活跃的市场环境。

国务院 2003 年出台了《国务院关于促进房地产市场持续健康发展的通知》（国发〔2003〕18 号），在确立以商品房为主导的市场供给、完善房地产金融监管、盘活房地产二级市场等方面进一步完善房地产市场体系。以 18 号文件为新里程碑，2004—2006 年，中国房地产市场蓬勃发展，资金来源日趋多元化（见表 1-5-4）。

如表 1-5-4 所示，房地产资金来源中，利用外资和自筹资金比例迅速上升，尤其值得注意的是，2004—2006 年，外商投资呈现出井喷的态势，境外资金大量流入中国房地产市场。2006 年自筹资金 8 597.08 亿元，较 2003 年 3 770.69 万元增长超过 220％，直接利用外资金额 303.05 亿元，较 2003 年 116.27 亿元增长超过 260％，如麦格理银行仅 2005 年在上海收购商业地产项目就超过 44 亿元。资金来源的多样化反映了中国房地产市场的活跃和丰富程度。

表 1-5-4　　　　　　　　房地产开发企业资金来源构成　　　　　单位：万元人民币

年份	国家预算内资金	国内贷款	债券	利用外资		自筹资金	其他资金来源	合计
				合资	外商直接投资			
2000	68 720	13 850 756	34 760	1 687 046	1 348 026	16 142 122	28 192 905	59 976 309
2001	136 291	16 921 968	3 425	1 357 044	1 061 150	21 839 587	36 705 562	76 963 877
2002	118 044	22 203 357	22 439	1 572 284	1 241 285	27 384 451	46 198 961	97 499 536
2003	113 631	31 382 699	5 460	1 700 040	1 162 667	37 706 891	61 060 503	131 969 224
2004	118 148	31 584 126	1 900	2 282 001	1 425 587	52 075 627	85 625 867	171 687 669
2005	—	39 180 778	—	2 578 111	1 714 093	70 003 924	102 215 576	213 978 389
2006		53 569 795	—	4 001 541	3 030 476	85 970 853	127 813 327	271 355 516

注：表中"—"表示无统计数据。

资料来源：国家统计局：《中国统计年鉴》，2001—2007 年，北京，中国统计出版社，2001—2007。

（二）国有企业、私人企业以及外商投资企业用地情况分析

中国土地交易市场与改革开放以前有着很大区别，比 2003—2004 年有很大进步，市场化程度逐步提高。中国在整个土地交易市场化制度推进中，完全是按照市场机制原则，不管是国有企业、私人企业，还是外商投资企业，在用地制度及其管理上都是一样的，不存在任何优惠和优先，用地市场准入规则对不同类型的企业待遇完全是公平和透明的。

1. 国有企业用地

2004 年以来，我国在实行土地有偿使用和土地市场化制度改革方面推进速度更快，在国有企业市场化改革方面更是如此，而国有企业用地市场化是整个国有企业市场化的重要组成部分。根据现行土地制度，经营性用地一律采用"招拍挂"等有偿方式出让。国有企业作为现代企业制度下的独立法人单位，与其他性质的企业在现行土地制度下得到同样对待。一方面，国有企业经营所需要的土地与其他性质企业一样，需要按照现行土地出让模式有偿获得。另一方面，对于历史遗留造成国有企业获得的划拨土地使用权，在国有企业改制过程中也逐步走向市场化。如原有的划拨用地若不符合划拨用地目录，必须补交土地出让金；原有的划拨用地变更用途，必须纳入招标拍卖挂牌出让国有土地范围。通过上述两方面的变革，使得国有企业与其他性质企业在土地交易市场中处于同样的市场地位。

2. 私人企业用地

2003 年 10 月，中共十六届三中全会第一次提出"建立现代产权制度，大力发展混合所有制经济，允许非公有资本进入法律未禁入的基础设施、公用事业及其他行业和领域，非公有制企业在投融资、税收、土地使用和对外贸易等方面与其他企业享受同等待遇"等新提法，进一步保障非公有制企业在土地使用领域的市场主体地位。2005 年，国务院发布了新中国成立以来首部以促进非公有制经济发展为主题的中央政府文件《国务院关于鼓励支持和引导个体私营等非公有制经济发展的若干意见》（国发〔2005〕3 号），提出放宽非公有制经济市场准入，允许外资进入的行业和领域，也允许国内非公有资本进入，并放宽股权比例限制等方面的条件。在投资核准、融资服务、财税政策、土地使用、对外贸易和经济技术合作等方面，对非公有制企业与其他所有制企业一视同仁，实行同等对待。这些法规都加强了对非国有、尤其是私人企业在土地使用方面的支持力度，放宽了私人企业在土地市场上的准入标准，保证包括私人企业在内的各种性质企业在土地市场上处于对等的市场地位和法律地位。

3. 外资投资企业用地

2004—2006 年，中国土地使用制度继续朝着公平化方向推进，外商投资企业与国有企业、股份公司在土地市场准入方面待遇趋于一致。我国的外资投资企业包括外商独资企业、中外合资经营企业和中外合作经营企业三类。其实中国政府早在 20 世纪 90 年代就开始颁布各种法规文件，确保外商投资企业与其他土地使用者享受相同的土地利用政策。即使划拨方式用地也同样是一视同仁，如 1999 年《国土资源部关于加强土地资产管理促进国有企业改革和发展的若干意见》就规定国有企业与外资进行合资、合作，凡符合《划拨用地目录》的，经批准可以划拨方式用地。2001 年《划拨用地目录》（国土资源部第 9 号令）进一步明确了不再区分使用者身份，凡符合本目录的建设项目用地，经批准，均可以采用划拨方式提供。加入 WTO 后，中国政府根据非歧视待遇原则，进一步清理、修改有关法规，调整过去按照土地使用者主体身份确定的不同土地利用、管理政策，逐步放开外商投资企业进入房地产开发领域，逐步削减国有企业享有的特殊优惠政策。到 2005 年，国务院又发布了《国务院关于鼓励支持和引导个体私营等非公有制经济发展的若干意见》（国发〔2005〕3 号），进一步强调包括外商投资企业、私人企业在内的非公有制企业在土地使用上与公有制企业享有同样的政策。2006 年 7 月 11 日，建设部、商务部、国家发改委等联合发布了《关于规范房地产市场外资准入和管理的意见》，对外资进入中国房地产领域的法定程序、权利和义务都做了规范，外商投资企业在土地市场上可以获得平等合法的市场主体地位。

总而言之，外商投资企业用地与内资企业一样，在土地利用政策上是平等的，都可通过出让、租赁、土地使用权作价出资或入股、行政划拨、转让和农村集体经济组织与外商投资企业以土地使用权入股、联营六种方式取得土地使用权。

（三）土地交易中介组织市场化进展

2004—2006 年，经过一系列深化改革的措施，各类土地交易中介组织独立地参与市场竞争，独立、客观、公正执业，在公开、公平、公正的竞争秩序下获得了相应的市场地位。土地交易中介组织在从业规模、行业规范性和执业独立性等方面进一步发展，达到了市场化的要求。

1. 中介组织更加独立、客观和公正

2004—2006 年，中国连续出台了多项加强土地中介组织独立、客观和公正性的配套法规与文件。2004 年 8 月 4 日，国土资源部《国土资源部关于开展土地评估行业全面检查加强和规范土地评估行业管理的通知》（国土资〔2004〕108 号）特别强调土地评估组织要在人员、财务、业务、名称等方面与主管部门及其下属单位实行彻底脱钩，并改制为合伙制或者有限责任制企业，真正成为自主经营、自担风险、自我约束、自我发展、平等竞争的经济组织。2006 年 11 月，国土资源部发布第 35 号令《土地估价师资格考试管理办法》，规定土地估价师资格考试由中国土地估价师协会负责实施，土地估价师应当接受行业协会的自律管理，实现土地评估中介组织业务进一步独立。

2. 中介组织的规模迅速发展、范围逐步扩大

在 2003 年已有土地估价师 19 000 余人的基础上，2004、2006 年分别又有 5 329 人、812 人取得土地估价师资格（土地估价师资格考试每两年举行一次）。截至 2006 年底，我国执业土地估价师共计 3 000 余人、非执业会员 21 000 余人、土地评估机构 300 余家。[①] 在 2003 年房地产估价师 21 000 余人的基础上，2004—2006 年分别增加 1 543 人、3 217 人、3 128 人。目前我国具有房地产估价师资格的人数已超过 28 000 人，房地产价格评估机构 100 余家。[②] 2004—2006

---

① 数据来源：中国土地估价师协会。
② 数据来源：中华人民共和国国土住房和城乡建设部住宅与房地产业司。

年，取得土地登记代理人资格人数分别为 3 092 人、3 435 人、1 116 人，共计 7 643 人。[①] 在 2004—2006 年，中介组织机构、人员规模和范围迅速扩大，培养和储备了一大批土地市场中介专业人才。

>>三、2004—2006 年土地交易市场化程度的判断<<

综合本章前两部分所述，2004—2006 年中国土地市场化程度迅速提升，在政府的合理调控下，市场规范程度不断提高。具体表现在土地市场化扩展速度加快、地价的市场形成制度趋于完善、土地市场环境更加公开、公平和公正。可以说，中国土地市场化程度指标达到了 WTO 的要求。

（一）土地市场化改革步伐加快

在"招拍挂"基本思路下，国家进一步整顿了"招拍挂"出让国有土地中存在的暗箱操作、过程不符合规定等问题，城镇国有土地使用权出让制度得到了进一步规范，适用范围进一步扩大到工业用地，形成了相对完善的城镇国有土地使用权交易市场体系。作为《中华人民共和国农村土地承包法》的补充，2005 年出台的《农村土地承包经营权流转管理办法》，对农村土地经营权流转当事人、流转方式、流转合同的签订等做出了详细、明确的规定，保证土地承包经营权的"依法、自愿、有偿"流转。同时《国务院关于深化改革严格土地管理的决定》规定在符合规划的前提下，农民集体所有建设用地使用权可以依法流转。这些法规促使农村集体土地交易市场在 2004—2006 年进一步发展，市场规模迅速扩大。农村集体土地交易市场的扩展，为建立城乡土地交易市场体系提供了广阔的发展空间，土地交易市场化正朝着进一步深化的方向大步前进。

（二）地价的市场形成机制趋于完善

在建立城镇国有土地招标拍卖挂牌出让和协议出让制度后，国土资源部明确指出，包括商业、旅游、娱乐和商品住宅等常规经营性用地，有竞争要求的工业用地，其他土地供地计划公布后同一宗地有两个或者两个以上意向用地者的，划拨及出让土地使用权改变用途，相关法律规定应当收回土地使用权等六类情形，必须纳入市场化的招标拍卖挂牌出让国有土地范围，土地交易中的市场准入和市

---

① 数据来源：国土资源部。

场化交易方式进一步规范，招拍挂的适用范围向工业用地和经营性基础设施扩展。同时，《划拨用地目录》将国家划拨用地范围严格限制在国家机关、军事用地、社会福利等公益性用地范围内，且对不同性质的企业同等对待。土地供给呈现出公益性用地由国家统一划拨，其他经营性用地在市场竞争中采用招拍挂或协议出让的方式供给，出让价格由市场竞争机制形成的局面，这标志着地价的市场形成机制趋于完善。

（三）土地市场环境更加公开、公平和公正

不同性质的企业在土地市场中的主体身份更加平等。国务院发布《国务院关于鼓励支持和引导个体私营等非公有制经济发展的若干意见》（国发［2005］3号），提出放宽非公有制经济市场准入，允许外资进入的行业和领域，也允许国内非公有资本进入，并放宽股权比例限制等方面的条件。在投资核准、融资服务、财税政策、土地使用、对外贸易和经济技术合作等方面，对非公有制企业与其他所有制企业一视同仁，实行同等对待。这不仅使得非国有企业的市场准入范围与国有企业趋同，从而从根本上保证了国有企业、私人企业和外商投资企业在土地市场交易中的合法平等地位，还在具体操作上给出了明确规范。

土地市场中介组织独立性、客观性和公正性得到加强。改革土地估价人员和机构监督方式，政府对中介组织由事前审批改为事后监督。成立土地估价师协会和中国房地产估价师与房地产经纪人学会，全国注册土地估价师、房地产估价师和土地评估机构、房地产评估机构的注册信息均通过网络向社会公开，保证中介组织机构和成员的透明，并接受政府部门和社会成员的双重监督。

土地交易信息更加公开、透明。遵循经营性土地出让公开出让计划、公开宗地信息、公开集体决策、公开出让程序、公开竞价、公开出让结果六公开原则，建立并完善了中国土地市场网（http：//www.landchina.com），分用途、出让方式发布土地出让公告，公布各地供地计划。同时，国土资源部还建立了中国城市地价动态监测系统，实时公布全国各地土地交易成交价格，并从国家和地区两个层面定期发布监测报告，保证土地交易价格信息动态公开。2004年，建设部还发出《关于加快房地产市场信息系统和预警预报体系建设的通知》（建办住房［2004］78号），提出要在房地产市场信息采集、分析、发布等方面切实推进房地产市场信息系统和预警预报体系建设，加快建立房地产市场监测的长效机制。土地市场在上述措施的作用下更加公平、公开、公正，形成有效竞争的市场环境。

（四）土地市场化程度不断提升

2004—2006年，是我国土地市场化制度改革和完善进程最快的时期之一，尤其是在国有土地供应中，土地出让的面积和土地租赁面积所占比重不断提高，而在土地出让面积中，通过招拍挂形式出让土地面积的比重逐年快速提高（见表1-5-5）。

表 1-5-5　　　　　　　　　国有土地供应出让情况　　　　　　　　单位：公顷；%

年份	土地供应总面积（公顷）	出让用地面积		招拍挂出让土地		划拨用地面积		租赁用地面积		其他用地面积	
		（公顷）	占比（%）	（公顷）	占比（%）	（公顷）	占比（%）	（公顷）	占比（%）	（公顷）	占比（%）
2001	178 678	90 394	50.6	6 609	7.3	73 190	41.4	10 128	5.7	4 176	2.3
2002	235 437	124 229	52.8	18 100	14.6	88 052	37.4	17 556	7.5	5 599	2.4
2003	286 437	193 604	67.6	54 170	28	65 258	22.8	10 552	3.7	17 023	5.9
2004	257 920	181 510	70.4	52 427	20.3	62 054	24.1	8 773	3.4	5 583	2.2
2005	244 269	165 586	67.8	57 218	23.4	64 623	26.5	8 044	3.3	6 016	2.5
2006	306 860	233 072	76.0	71 147	23.2	63 791	20.8	7 588	2.5	2 410	0.8

资料来源：根据国土资源部：《国土资源综合统计年报》，2001—2006年统计数据计算。

从表1-5-5可以看到，我国市场化的有偿出让用地面积持续高速上升，从2001年到2006年，我国招拍挂占土地供应总面积比重从7.3%提高到了23.2%，提升了15.9个百分点。出让用地占土地供应总面积比重从50.6%提高到了76.0%，提升了25.4个百分点，比2003年提高8.4个百分点。如果加上土地租赁的面积，2006年我国土地市场化面积的比重应是78.5%，比2001年的56.3%、2003年的71.3%和2004年的73.8%分别高出22.2个百分点、7.2个百分点和4.7个百分点。而从划拨土地面积占土地供应面积比重来看，2001—2006年的比重从41.4%逐步下降到2004年的24.1%和2006年的20.8%，呈现逐年下降态势。这说明我国土地市场化程度在不断提高。如果按照市场经济的一般规律，在城市规划区内供地的总量中，有偿供地的面积应不低于40%~50%，这样市场机制才能较好地发挥有效配置资源的作用。[①] 按我国目前的水平，早在2001年已经达到了这一标准，2006年已经完全超过了这一要求。

---

① 北京师范大学经济与资源管理研究所：《2005中国市场经济发展报告》，北京，中国商务出版社，2005。

>>四、土地交易市场化未来发展趋势<<

纵观中国土地交易市场历程，我们可以将 21 世纪以来的中国土地市场化过程划分为前后两个阶段，2001—2003 年是土地市场化快速建设期，2004—2006年则是土地市场化规范发展期。从纯粹的土地无偿划拨到有偿化试点，再到全面进行土地拍卖、招标，从个别地区扩展到全国，从增量土地市场化的试点到存量土地资产的显化，已经形成了由一级和二级土地市场共同构成的土地市场体系。该体系在建设用地总量控制下，以市场体制为核心，城市建设用地统一供应，土地使用权公开交易，土地市场中介组织独立、客观执业，土地交易信息公开透明，土地登记制度可查询，实现了土地市场化体系的有效运行。

展望未来，随着进一步完善我国社会主义市场经济体制，落实科学发展观，全面建设小康社会和建设和谐社会，推进中国土地市场化的步伐将会更快。2006年国土资源部在《地籍管理"十一五"发展规划纲要》提出了积极推动土地权利立法的发展目标，到 2010 年，要初步建成"权责明确、归属清晰、保护严格、依法流转"的现代土地产权制度，在未来推动中国土地交易市场化方面将会发挥更大作用。

（一）土地交易市场化制度更趋完善

未来的土地市场化发展，首先将是制度更加完善。制度完善是市场化的宏观基础，没有制度完善，市场化改革和市场化成果也就无法实现。我国土地市场化制度将会在现有基础上，进一步明确土地所有权、集体土地所有权、国有土地使用权、集体土地使用权，规范各类土地他项权利的主体、客体、权利义务和实现方式。可以设想，随着落实 2006 年国务院 31 号令《关于加强土地调控有关问题的通知》和 2007 年《中华人民共和国物权法》的颁布，修改、制定《确定土地所有权和使用权规定》、《土地登记规定》和《划拨土地使用权管理办法》等部门规章制度的出台，土地市场化程度也将不断提高。

（二）土地交易市场朝着城乡统一方向加速改革

未来我国土地交易市场化的改革将会朝着城乡统一的方向发展，克服我国目前城乡二元结构的社会大背景下，城镇国有土地和农村集体土地在占有权、使用权、收益权、处置权及流转能力上的待遇不同，造成城乡二元分割的土地流转市场局面。实际上，中国城乡土地制度的二元结构是造成土地价格与价值背离、土地市场不规范、土地市场秩序混乱的重要根源之一，对此，国家已经进行了城乡土地制度综合试点，相信随着改革的逐步深入，中国城乡统一的土地市场化，将会促使中国土地市场化程度进一步提高。

（三）市场竞争环境的公开、公正、公平性程度将会不断提高

营造土地市场公开、公正、公平的竞争环境的关键是土地价格形成机制的市场化。目前，我国已经初步建立了地价的市场形成机制，未来将会进一步加大和完善土地市场信息的透明度，在土地收购储备、土地供给、土地基准地价、土地市场交易、土地管理等方面更加公开，在土地登记、登记资料公开、土地价格动态监测方面进一步完善，建立和健全房地产市场信息系统和预警预报体系建设，提高土地估价师、房地产估价师、土地估价机构和房地产估价机构的独立性和客观性，加强行业协会自律性和自主性，营造更公开、公正、公平的平等竞争环境。

（四）对土地市场的监管将更多运用市场化手段

我国土地市场化推进速度不断加快，土地市场化制度也不断完善，但是，我们还应该清楚，在市场化推进过程中，还存在着或多或少地主要依靠行政力量来推动的问题。因此，未来我国的土地市场化，将会在进一步减少政府对土地市场的行政干预方面，在土地市场监管和调控手段上，将会更多运用税收、利率等市场化手段来调控土地交易市场，充分发挥市场机制对土地资源的配置和优化作用。

（五）土地法制化作用将会更加明显

土地市场化建设还有赖于法律制度的完善，没有法律制度的完善，仅仅依靠行政和政策来推进土地市场化建设，不是真正意义上的市场化。实践证明，市场化越发达，法制化就越完善。我国已经形成了以《土地管理法》、《城市房地产管理法》、《农村土地承包法》为核心的，包括《土地权属争议调处条例》、《土地确权条例》、《土地登记条例》等一系列土地市场化的法律制度基本框架和体系，但是，完善土地市场化法律制度的任务不仅迫切而且任重道远，相信随着《物权

法》的颁布和实施，制定统一的《土地法》构想也将会在广泛讨论中尽快列入议
事日程。

<h1 style="text-align:center">>>主要参考文献<<</h1>

［1］北京师范大学经济与资源管理研究所．2003 中国市场经济发展报告［R］．北
　　京：中国对外经济贸易出版社，2003．

［2］北京师范大学经济与资源管理研究所．2005 中国市场经济发展报告［R］．北
　　京：中国商务出版社，2005．

［3］国家统计局．中国统计年鉴：2001—2007 年［R］．北京：中国统计出版社，
　　2001—2007．

［4］国土资源部．中国国土资源综合统计年报：2004—2006 年［R］．

［5］张琦．关于我国土地市场化的思考及建议［J］．中州学刊，2007（1）．

［6］张琦．我国土地市场化的区域差异比较［J］．改革，2006（10）．

第六章
贸易的市场化

加入世贸组织以来，特别是 2003 年 10 月 14 日中国共产党十一届三中全会通过《中共中央关于完善社会主义市场经济体制若干问题的决定》后，我国贸易市场化在适应外部发展形势和内部发展要求上都迈出了坚实的步伐，取得了积极进展。

>>一、2004—2006 年贸易市场化进程概要<<

近三年来，贸易市场化的新进展主要体现在国内贸易和对外贸易市场化两个方面，我们将从贸易主体、贸易法制、市场体系建设等方面来概要分析，重点介绍贸易市场化所取得的成就及其原因。

（一）国内贸易市场化进程概要

国内贸易持续快速发展，市场规模不断扩大，社会消费品零售总额由 2004 年的 5.95 万亿元人民币增加到 2006 年的 7.64 万亿元人民币，年均增长 13.3%。国内贸易对国民经济增长的贡献不断增大，为承接国际产业转移、实施"引进来"和"走出去"战略创造了较好的市场条件。可以说，中国国内贸易市场经济体制已经初步建成，并日趋完善，国内贸易逐步走向法制化、规范化。

1. 贸易主体平等竞争的格局已经形成

国内贸易市场主体多元化趋势进一步加强，形成了多种经济成分充分竞争、竞相发展的格局。我国物资、商业、粮食、供销等系统基本上形成多种所有制并存的局面。在国有资本的战略调整中，大多数国有内贸中小企业已经退出市场，而大中型国有流通企业正进行现代企业制度的改革，通过重组兼并，形成若干实力较为强大的企业集团。股份制企业逐步成为国有企业的主要实现形式。个体商业、民营企业大量涌现，很多已发展为资产颇具规模的大型企业，并逐渐成为投资内贸流通业的主要力量。2004 年 8 月 28 日第十届全国人民代表大会常务委员会第十一次会议对《中华人民共和国公司法》进行第二次修订，2005 年 10 月 27 日第十届全国人民代表大会常务委员会第十八次会议第三次修订通过，新的《公司法》于 2006 年 1 月 1 日起施行。修订后的《公司法》，进一步完善了公司法律制度，顺应了深化改革、促进发展的实践要求，为我国企业的规范运作提供了有力的法律制度支持。同时，国内贸易主体走向国际市场和国外贸易主体走进中国两种趋势进一步加强。与此同时，中国的流通贸易主体在国外从事流通贸易活动的情况也越来越多。

2. 国内贸易法制化建设加强

2004 年市场流通立法工作取得初步成果，我国发布了《拍卖管理办法》、《外商投资企业从事商业特许经营业务管理暂行办法》等部门规章。2005 年，商务部共上报行政法规送审稿 3 部，颁布部门规章 24 部，参与和商务工作密切相关的国家重要立法 36 部。针对我国流通领域法律制度建设滞后的状况，商务部召开了全国流通法律工作会议，初步确立了流通法律体系框架。为打击传销，规范直销经营秩序，我国出台了《直销管理条例》、《典当管理办法》等 9 部内贸方面的行政法规和部门规章。2006 年，针对零售企业不规范促销及恶意占压、骗取供应商货款等现象，国家商务部、发改委、公安部、税务总局、工商总局五部门联合颁布了《零售商供应商公平交易管理办法》，维护了市场秩序和中小供应商、广大消费者的合法权益。同年，商务部还研究和制定了 20 多个行政法规和部门规章，29 个省区市清理含有地区封锁内容的文件 385 份，涉及肉类、酒类等 30 多个行业。

3. 市场体系建设日益完善

（1）内贸市场体系建设稳步推进。2004 年，我国公布取消了 34 个部门的 103 项收费项目，每年减轻社会各方面负担 18 亿元；降低 8 个部门的 10 项收费标准，每年减轻社会各方面负担 1 500 万元。严格规范各种中介服务收费，对向个体私营等非公有制企业乱收费、乱罚款和各种摊派等行为进行重点治理。为适应我国经济形势的变化，统筹城乡市场体系建设，商务部于 2005 年初正式启动了"万村千乡"市场工程，会同财政部、税务总局等部门制定了扶持政策，在中央外贸发展基金中安排专项资金用于建店补贴和配送中心建设贴息。国家开发银行、中国农业银行等金融机构对重点企业和项目给予了政策性贷款支持。通过各方努力，2005 年全国共组织了 1 150 家流通企业在 777 个县市进行试点，新建和改造了 7 万多家标准化农家店，新增营业面积 800 万平方米。

2005 年，国务院召开了改革开放以来第一次全国流通工作会议，下发了《国务院关于促进流通业发展的若干意见》，明确了今后一个时期我国流通业发展的指导思想和主要任务。会后，北京、上海、广东、河南、四川、新疆生产建设兵团等十多个省市单位召开专门会议加以贯彻，制定具体实施方案，很多省市投入专项资金发展流通业。36 个省会城市和计划单列市完成了城市商业网点规划初稿，其中 28 个已经市政府批准颁布；173 个地级城市完成规划初稿，有 60 个批准实施。一些城市新建了具有代表性的大型商业设施，如深圳华润万象商城、武汉销品茂、上海龙之梦购物中心、广州正佳广场等。2006 年制定并发布了《国内贸易发展"十一五"规划》和《农村市场体系建设"十一五"规划》，进一步完善了市场监测体系，推进了城乡流通网络的建设。

（2）我国国内贸易的流通现代化水平明显提高。连锁经营、物流配送、电子商务等现代流通方式快速推进，新型业态不断出现并迅速发展，2005 年我国限额以上连锁企业销售总额占社会消费品零售总额比重为 15.9%，一些发达地区已经基本具有了发达国家的各种现代零售形式。2006 年，我国提高产业准入门槛，通过标准化促进现代化，制定国家和行业标准 100 多项，发布《超市购物环境》、《商品售后服务评价指标体系》等 19 项国家标准和行业标准。折扣店、便利店、无店铺销售等新兴零售业态和经营模式，在扩大开放中得到较快发展。

4. 价格管理体制改革取得新进展

2003 年以来，国家进一步整顿市场价格秩序，改进政府定价管理方式，继续推进电力、药品、医疗服务、成品油、城市供水等重要商品的价格改革。2003 年 12 月，颁布《价格成本监审工作规定》。2004 年，国家发改委在推进经济体制改革意见全文中指出要"继续深化价格改革"。2005 年 3 月 18 日，国家发改委发布关于加强价格调控、努力保持价格总水平基本稳定的通知。同年 7 月 1 日起实施《价格鉴证师注册管理办法》。2006 年 3 月 1 日起，实施《政府制定价格成本监审办法》。同年 5 月 1 日起，实施《政府制定价格行为规则》。同时各省市也陆续出台了相应的实施细则。同年 11 月 3 日，发改委发布了关于进一步贯彻落实《政府制定价格成本监审办法》有关问题的通知。至此，政府价格决策的规则和程序基本健全、全部公开。这是中国经济市场化发展中政府行为的一个较大进步，因为政府市场干预行为遵循一套向所有市场参与者公开的明确的游戏规则，是保证市场机制正常有效运转的重要保障。

5. 国内市场开放的力度不断加大

根据入世承诺，中国进一步开放国内市场，放宽市场准入，到 2004 年 12 月 11 日，分销领域入世后的三年过渡期基本结束，流通领域的对外开放从局部试点走向全面开放。大型跨国公司开始大规模地进入国内市场，法国家乐福（CARREFOUR）公司、法国欧尚（GROUPEAUCHAN）公司、日本吉之岛（JUSCO）公司、英国百安居（其母公司为 KINGFISHER，中译为翠丰集团）公司，以及我国台湾地区的统一集团、香港特区的华润集团等具有强大实力的公司先后进入中国市场进行经营，不仅为我国的商业发展提供了资金，而且给我们带来了先进的营销理念、管理经验和先进的流通技术，带来了各种先进的经营业态，促进了我国流通现代化。中国也按照国民待遇，给这些经营者提供了良好的经营环境。据统计，全球 50 家最大的零售企业中已有 40 家左右进入中国市场。2006 年外资零售企业销售净额占所有零售企业销售净额的比重，已经达到 11.01%。

6. 国内市场一体化进展顺利

近年来，打破地区封锁、加快建设全国统一市场的步伐加快，国内市场一体化进展顺利。2004 年，我国继续加大打破地区封锁和行业垄断的力度，严厉查处各类不正当竞争行为。为了在新形势下进一步深化流通企业改革、加快培育具有国际竞争力的流通领域大公司、大集团，2004 年 6 月 1 日，商务部颁布了《流通业改革发展纲要》，对大型流通企业并购重组方面可能涉及的问题做了相关规定。6 月 18 日，商务部、监察部、国务院法制办、财政部、交通部、税务总局、质检总局七部门联合下发了《关于清理在市场经济活动中实行地区封锁规定的通知》。通知下发后，各地清理地区封锁规定工作进展顺利，全国共有 28 个省、自治区、直辖市转发了《通知》，有的制定了具体清理工作方案，有的还成立了清理工作领导机构。这些措施的有效落实对加快我国国内市场一体化进程具有重要意义。

由于对外开放不断扩大，国内贸易的现代化进程加快，提高了国内贸易企业的组织化程度，涌现了一批具有较大规模的连锁企业。2006 年"中国连锁经营 100 强"销售规模达到 8 552 亿元，同比增长 25%，大大高于社会消费品零售总额 13.7% 的增幅。门店总数达到 69 100 个，同比增长 57%，剔除个别企业超常规发展因素，调整后门店总数增长 26%，与销售规模增幅基本持平。营业总面积达 5 170 万平方米，同比增长 16%。员工人数达 204 万人，同比增长 31%。① 北

---

① 商务部、中国连锁经营协会：《连锁经营在"十一五"开局之年再创新高——2006 年中国连锁 100 强经营分析》，载商务部网站，2007-03-27。

京、上海连锁经营发展最快，在全国处于领先地位。北京市商务局与北京市发改委联合制定了《关于促进连锁经营发展实施意见》，该项联合文件解决了连锁企业长期呼吁的"统一纳税"问题，规定连锁企业总部可统一上网办理企业年度检验手续，并统一缴纳企业所得税。

（二）对外贸易市场化进程概要

外贸市场化的新进展主要表现在：外贸经营主体多元化发展的格局在逐步形成；外贸管理的法律制度不断完善，透明度在不断提高；进出口贸易自由化进程加快，特别是服务贸易的市场开放力度在加大，这些新的进步和市场化程度的提高，使得我国的完全市场经济地位得到越来越多国家的承认。

1. 外贸经营主体的多元化发展

新的外贸法取消了对个人从事外贸经营活动的限制，将对外经营者的范围扩大到依法从事对外贸易经营活动的个人，外贸经营主体多元化格局更加清晰。截至 2006 年底，我国有外贸经营权的企业总数超过 60 万家，其中内资企业约 35 万家，外资企业约 25 万家。

2. 外贸管理透明度不断提高

根据加入世贸组织承诺和形势发展的需要，2004 年 7 月 1 日，新《对外贸易法》正式实施，确立了新时期外贸发展的基本法律框架。与 1994 年外贸法相比，新修订的外贸法比较全面系统，体现了现阶段我国对外贸易管理的基本理念，确立了对外贸易改革发展的方向和制度保障。[①] 新的外贸法取消了对个人从事外贸经营活动的限制；取消了对货物和技术进出口经营权的审批，外贸经营者进行备案就可取得外贸经营权；增加了国家可以对加入世贸组织承诺确定的货物的进出口实行国营贸易管理的内容；增加了国家基于监测进出口情况的需要，对部分自由进出口商品实行自动许可管理的内容；增加了与对外贸易有关的知识产权保护内容。另外，《反倾销条例》、《反补贴条例》和《保障措施条例》的修订工作圆满完成，出台了《对外贸易经营者备案登记办法》等。

3. 进出口贸易自由化进程加快

我国进出口贸易额从 2004 年的 11 547.9 亿美元上升到 2006 年 17 610 亿美元，年均增长 23.4%，比同期世界贸易增速高出 8.9 个百分点，为新中国成立以来发展最快的时期，世界排名从第六位上升为第三位。据世贸组织统计，进出口

---

① 商务部条约法律司：《中华人民共和国对外贸易法释义》，北京，中国商务出版社，2004。

总额从 1 000 亿美元到 10 000 亿美元，美国用了 20 年，德国用了 26 年，我国用了 16 年。我国外贸出口结构不断优化，机电产品和高新技术产品出口增速高于外贸平均增速，出口金额占总出口金额的比重不断提升。另外，贸易伙伴发生了一些变化，自 2004 年开始，欧盟开始取代日本成为我国的第一大贸易伙伴。2006 年底，我国与前 10 大贸易伙伴进出口额 12 949.6 亿美元，所占比重为 73.6%。

4. 服务贸易市场进一步开放

中国政府在加入世贸组织后，相继颁布了一批开放服务贸易领域的法规和规章，基本完善了服务贸易对外开放的法律体系，初步形成了服务贸易全面对外开放的格局。2004—2006 年，商务服务、通信服务、建筑服务、分销服务、金融服务、旅游服务、交通服务等服务部门入世过渡期基本结束。从 2005 年起，我国开始进入加入世贸组织的后过渡期①。从 2006 年 12 月 11 日起，我国开始全面履行加入世贸组织的承诺，并在某些领域兑现开放承诺。2006 年 11 月，国务院公布《中华人民共和国外资银行管理条例》，取消外资银行人民币业务的地域和客户限制，鼓励外资银行设立或者将现在的分行转制为在中国当地注册的法人银行。

5. 市场经济地位取得突破

"非市场经济地位"是冷战时期美欧等发达国家为遏制社会主义国家所炮制的。我国在加入世贸组织谈判接近尾声时，美方强调非市场经济条款是一揽子协议中不可缺少的组成部分。最后双方达成协议，我国非市场经济地位适用期为 15 年。"非市场经济地位"的外在表现是反倾销案件中的技术性措施，实质上带有很强的政治性和歧视性。我国积极争取市场经济地位，因为这不仅可以使我国在国际贸易中获得平等的地位，而且还有利于彰显我国改革开放后社会主义市场经济取得的巨大成就。经过中国高层和商务部的积极努力，2004 年 4 月新西兰第一个承认中国完全市场经济地位。截至 2006 年底，已有 66 个国家承认我国市场经济地位。这些国家包括澳大利亚、巴西、阿根廷、南非、韩国、俄罗斯和东盟10 国等。其中，韩国是贸易额逾千亿美元贸易伙伴中第一个承认中国完全市场经济地位的国家。

---

① 后过渡期是指我国加入世贸组织谈判中为国内产业争取到的过渡期基本结束以后的一个特定时期。

>>二、2004—2006 年贸易市场化现状的指标描述和分析<<

以下将从国内贸易、对外贸易两个方面进行市场化现状的指标描述和分析，用翔实的数据来说明中国 2004—2006 年贸易市场化的程度。

(一) 国内贸易市场化现状的指标描述和分析

在考察国内贸易市场化时，必须从不同侧面来选择指标。这里从市场主体和价格的市场化两个方面进行指标描述和分析。

1. 多元市场主体竞争格局向纵深发展

目前，国内贸易领域各类贸易主体平等竞争的格局已逐步实现。国有国内贸易主体改制深化，非国有贸易主体得到迅速发展。2002 年以来，政府进一步放开搞活中小流通企业，采取多种措施鼓励非公有制经济以参股、控股、收购、租赁等形式参与国有、集体中小流通企业的改革、改组和改造。截至 2006 年底，批发业、零售业和餐饮业非国有法人企业占全部法人企业比重分别为 83.60%、88.20% 和 94.88%。与 2003 年相比①，增幅分别达到了 35.36%、18.44% 和 8.22%（见表 1-6-1）。

表 1-6-1　　　　2003—2006 年批发、零售、餐饮业非国有法人
企业占全部法人企业比重情况　　　　单位：%

年份	批发业非国有法人企业占全部法人企业比重	零售业非国有法人企业占全部法人企业比重	餐饮业非国有法人企业占全部法人企业比重
2003	61.76	74.47	87.67
2005	80.95	85.77	93.99
2006	83.60	88.20	94.88
2006 年比 2003 年增长	35.36	18.44	8.22

资料来源：根据国家统计局：《中国统计年鉴》，2004，2006，2007 年，北京，中国统计出版社，2004，2006，2007 数据整理。

---

① 《中国统计年鉴》2005 年中没有公布 2004 年相关的数据，也没有其他供推算的数据。因此，本部分正文内容比较的是 2003 年、2005 年和 2006 年的情况。

2．价格市场化进一步发展

2004 年以来，我国市场调节价的比重继续上升，政府对价格的影响进一步下降。按照对于政府定价、政府指导价和市场调节价三种价格形式的统计，我国市场调节价占有绝对优势地位。

表 1-6-2、表 1-6-3 和表 1-6-4 显示了 2004—2006 年，社会消费品零售总额、农副产品收购总额以及生产资料销售总额中三种价格形式比重的变化。与 2004 年相比，2006 年我国社会消费品零售总额中市场调节价比重没有变动，农副产品收购总额中市场调节价比重下降了 0.7 个百分点，生产资料销售总额中市场调节价比重提高了 4.3 个百分点。

表 1-6-2　　　2004—2006 年社会消费品零售总额中三种价格形式比重汇总表　　　单位：%

年份	政府定价比重	政府指导价格比重	市场调节价比重
2004	3	1.7	95.3
2005	2.7	1.7	95.6
2006	2.8	1.9	95.3

资料来源：根据国家发改委有关资料整理而成。

如表 1-6-2 所示，在社会消费品零售总额中，2006 年，政府定价比重为 2.8%，比 2004 年下降了 0.2 个百分点。政府指导价比重为 1.9%，与 2004 年相比增加了 0.2 个百分点，这主要是由于中央政府制定指导价的汽油等商品价格上升、销售额增加影响所致。市场调节价比重为 95.3%，与 2004 年持平。从近年来数据看，在社会消费品零售总额中，市场调节价比重一直稳定在 95% 以上的水平，说明中国社会消费品零售领域市场化程度已经在一个比较高的水平上达到了稳定状态。

表 1-6-3　　　2004—2006 年农副产品收购总额中三种价格形式比重汇总表　　　单位：%

年份	政府定价比重	政府指导价比重	市场调节价比重
2004	1	1.2	97.8
2005	1.2	1.1	97.7
2006	1.2	1.7	97.1

资料来源：根据国家发改委有关资料整理而成。

如表 1-6-3 所示，在农副产品收购总额中，2006 年，政府定价比重为 1.2%，比 2004 年上升了 0.2 个百分点。政府指导价比重为 1.7%，比 2004 年上升了 0.5 个百分点。主要原因是为保护农民利益，国家 2005 年启动了粮食最低收购价，也提高了实行政府定价的烤烟收购价格，由于按最低收购价收购的粮食数量比上年有所增加，导致政府指导价在农副产品收购总额的比重上升。市场调节价比重为 97.1%，比 2004 年下降了 0.7 个百分点。

表 1-6-4　　　　2004—2006 年生产资料销售总额中三种价格形式比重汇总表　　　单位：%

年份	政府定价比重	政府指导价比重	市场调节价比重
2004	8.9	3.3	87.8
2005	5.9	2.2	91.9
2006	5.6	2.3	92.1

资料来源：根据国家发改委有关资料整理而成。

如表 1-6-4 所示，在生产资料销售总额中，2006 年，政府定价比重为 5.6%，比 2004 年下降 3.3 个百分点。主要是由于中央政府定价的电力等价格调整等因素降低了政府定价比重。2006 年政府指导价比重为 2.3%，比 2004 年下降 1 个百分点；市场调节价比重为 92.1%，比 2004 年提高 4.3 个百分点。主要是因为实行政府指导价的成品油等价格和销售额虽有所上升，但由于工业生产增长较快，同时受国际市场原油、铁矿石、有色金属等价格大幅攀升影响，实行市场调节价的国内钢材、铜、锌、化工原料价格明显上涨、销售额也相应增加，综合影响结果使政府指导价比重下降，而市场调节价在生产资料销售总额中的比重进一步上升。

从前面的分析可以看到，在国内贸易中，目前市场调节价已经成为市场价格的主体。政府定价和政府指导价的商品和服务只占很小一部分。目前，实行政府指导价的主要是不适宜在市场竞争中形成价格或者尚未形成竞争的极少数商品和服务项目。

（二）对外贸易市场化现状的指标描述和分析

为分析对外贸易市场化的现状，我们将从外贸经营主体、关税和非关税壁垒、服务贸易三个方面来进行指标描述和分析。

1. 外贸经营主体多元化发展

2004 年以来，国有企业在进出口总额中所占的比重继续下降，而外商投资企业和私营企业进出口所占份额则快速增加。国有企业的进出口占中国进出口总额的比重已经从 2004 年的 28.58% 下降到 2006 年的 23.66%，而外商投资企业进出口的比重则从 2004 年的 57.43% 上升到 2006 年的 58.86%，外商投资企业已经成为中国进出口贸易的主力（见表 1-6-5）。同时，私营企业作为外贸新的增长点继续显现。2006 年私营企业进出口占总进出口的比重相对 2004 年提高了 4.21 个百分点。

表 1-6-5　　　　　2004—2006 年不同类型企业占中国进出口总额的比重　　　单位：%

年份	国有企业	外商投资企业	私营企业	其他
2004	28.58	57.43	9.63	4.36
2005	25.74	58.48	11.69	4.09
2006	23.66	58.86	13.84	3.64

资料来源：根据海关总署：《中华人民共和国海关统计年鉴》，2004—2006 年数据整理。

外商投资企业和私营企业已经成为我国进出口贸易的主导力量而且继续快速发展。从表 1-6-6 可以看到，2004 年，国有企业、外商投资企业、私营企业出口额分别为 1 535.88 亿美元、3 385.78 亿美元、692.43 亿美元，进口额分别为 1 764.48 亿美元、3 245.30 亿美元、419.74 亿美元。而 2006 年，国有企业、外商投资企业和私营企业出口额则分别为 1 913.38 亿美元、5 637.76 亿美元、1 707.38 亿美元，进口额分别为 2 252.25 亿美元、4 725.30 亿美元、728.28 亿美元。可以看到，外商投资企业和私营企业进出口增幅均超过总体增幅，其中私营企业的进出口增幅最快，这是我国近年来放开外贸进出口经营权的必然结果。外

表 1-6-6　　　　　　2004—2006 年中国进出口商品经营主体构成　　　单位：亿美元，%

项　目	年份	2004	2005	2006	2004—2006 年年均增长
出口商品	总值	5 933.29	7 619.42	9 690.00	27.80
	国有企业	1 535.88	1 688.07	1 913.38	11.60
	外商投资企业	3 385.78	4 441.67	5 637.76	29.05
	私营企业	692.43	1 122.21	1 707.38	57.06
	其他	319.21	367.47	431.48	16.30
进口商品	总值	5 613.76	6 600.29	7 915.03	18.74
	国有企业	1 764.48	1 971.84	2 252.25	12.99
	外商投资企业	3 245.30	3 874.50	4 725.30	20.67
	私营企业	419.74	539.75	728.28	31.81
	其他	184.24	214.19	209.19	6.58

资料来源：根据海关总署：《中华人民共和国海关统计年鉴》，2004—2006 年数据整理。

商投资企业也获得了大幅的增长，这与我国长期以来鼓励吸引外资的政策具有很大相关性。2006年，全国新批外商投资企业15 047家，占外资总投资项目个数比重达到36.26%，外商投资企业出口占全国出口总额的比重已达58.17%，外商投资企业出口增量占总出口增量的57.75%，进口增量占总进口增量的64.71%。我国已经初步形成了各种所有制经济平等竞争、内外资企业共同发展的、多元化的进出口经营格局。

2. 关税和非关税壁垒不断减少

根据世界贸易组织统计，三年来，中国进出口额和出口额世界排名均稳定在第三位。2006年我国进出口总额、进口、出口额分别占世界的7.2%、8.0%和6.4%。市场规模的扩大，促进了对外开放程度的提高，为世界各国和地区贸易伙伴提供了巨大的市场准入机会。

表1-6-7　　　　　　　　　　2004—2006年我国关税税率情况　　　　　　　　单位：%

年份 项目	2004	2005	2006
总水平	10.4	10	9.9
工业品	9.5	9.1	9
农产品	15.6	14.7	15.3

资料来源：根据商务部网站有关数据整理而成。

从表1-6-7和表1-6-8可以看到，2004年以来，中国在货物贸易领域大幅削减关税。关税总水平由2004年的10.4%降低到2006年的9.9%，降幅达4.81%。其中工业品的平均关税率由9.5%降低到9%，农产品（不包括水产品）的平均关税率由15.6%降低到15.3%，这一水平大大低于世界农产品平均关税62%的水平。随着中国关税总水平的降低，中国从国际贸易中获得的税额占财政收入的比重在降低，从2004年的3.95%降到2006年的2.95%，下降了1个百分点。关税占进出口总额的比重从2004年的1.09%下降到2006年的0.81%，下降幅度达到25.69%。

进口配额管理和许可证管理商品品种逐步减少。自2004年1月1日起，取消成品油、天然橡胶、汽车轮胎的进口配额许可证管理；取消部分税号汽车及其关键件的进口配额许可证管理。2004年实行进口配额许可证和进口许可证管理的商品共5种，总计123个8位商品编码。实行进口配额许可证管理的商品有：汽车及其关键件。实行进口许可证管理的商品有：光盘生产设备、监控化学品、易制毒化学品和消耗臭氧层物质。2005年，进一步减少配额许可证管理。自

2005 年 1 月 1 日起，取消汽车及其关键件的进口配额许可证管理；取消光盘生产设备的进口许可证管理。2005 年实行进口许可证管理的货物共 3 种，总计 83 个 8 位 HS 编码。2006 年进口许可证管理的货物与 2005 年相当，共 3 种，总计 83 个 8 位 HS 编码。

表 1-6-8 　　　　　　　　　2004—2006 年我国涉外主要经济指标情况

单位：亿美元；亿元人民币；%

项目 年份	进出口总额（亿美元）	外汇储备（亿美元）	财政收入（亿元人民币）	关税		
				（亿元人民币）	占财政收入比重（%）	占进出口总额的比重（%）
2004	11 547.05	6 099.3	26 396.5	1 043.7	3.95	1.09
2005	14 219.71	8 188.7	31 649.3	1 067.0	3.37	0.92
2006	17 605.03	10 663	38 730.6	1 141.7	2.95	0.81

资料来源：根据国家统计局、财政部、商务部网站有关数据整理而成。

3. 服务贸易进一步放开

2004 年以来，中国服务业的贸易开放度①呈加速上升的趋势。2004 年，中国服务业的贸易开放度为 6.67%，2006 年达到了 7.58%，增幅为 13.64%。2004 年，外资进入服务领域的速度加快。2006 年底，全国服务业领域新设立外商投资企业 15 047 家，占同期全国新设立外商投资企业的 36.2%；实际使用外资金额 264.22 亿美元，占同期全国实际使用外商直接投资额的 36.34%。外资进入服务领域的增加，直接带动了中国服务业的贸易开放度的大幅上升（见表 1-6-9）。

表 1-6-9 　　　　　　　2004—2006 年服务业的贸易开放度 　　　　　单位：亿美元；%

年份 项目	2004	2005	2006
服务贸易出口额	587	812	914.2
服务贸易进口额	700	853	1 003.3
服务进出口总额	1 287	1 665	1 917.5
服务业的贸易开放度	6.67	7.43	7.58

注：2006 年数据来自中国国家外汇管理局。

资料来源：根据世界贸易组织 2004—2007 年统计数据整理。

---

① 服务业的贸易开放度，是指服务贸易进出口总额占该国国内生产总值的百分比。它反映了一国参与国际服务贸易的程度，也体现了一国经济增长对国际服务业市场的依赖程度。

从服务贸易的构成来看，2006 年，中国开展服务贸易最多的三个行业是运输、旅游和其他商业服务，占到服务贸易总额的 75.41%。而这三个行业也是我国服务业中贸易开放度最高的行业。2006 年，运输、旅游和其他商业服务的贸易开放度分别达到了 2.19%、2.30% 和 1.22%，而其他的服务行业的贸易开放度都在 1% 以下（见表 1-6-10）。

表 1-6-10　　　　　　　　　　　2006 年中国服务业贸易开放度情况　　　　　　单位：亿美元；%

项目 部门	出口	进口	进出口总额	行业进出口总额占服务贸易总额的比重	贸易开放度
运输	210.2	343.7	553.8	28.9	2.19
旅游	339.5	243.2	582.7	30.4	2.30
通讯服务	7.4	7.6	15	0.8	0.06
建筑服务	27.5	20.5	48	2.5	0.19
保险服务	5.5	88.3	93.8	4.9	0.37
金融服务	1.5	8.9	10.4	0.5	0.04
计算机和信息服务	29.6	17.4	47	2.5	0.19
专有权利使用费用和特许费	2.1	66.3	68.4	3.6	0.27
咨询	78.3	83.9	162.2	8.5	0.64
广告、宣传	14.5	9.6	24	1.3	0.09
电影、音像	1.4	1.2	2.6	0.1	0.01
其他商业服务	196.9	112.6	309.5	16.1	1.22
合计	914.2	1 003.3	1 917.5	1	7.58

资料来源：中国国家外汇管理局。

>>三、贸易市场化未来发展趋势<<

在看到我国贸易市场化取得积极进展的同时，我们也更加关注我国贸易市场化的未来发展趋势。随着国际、国内两个市场的对接和融合，贸易主体完全独立的法人实体地位将得到进一步加强，自由贸易区将成为新的贸易战略，服务贸易将取得更大的发展。

（一）贸易主体进一步市场化

国有国内贸易主体将逐步成为完全独立的自主经营、自负盈亏的经济实体，依照法律进行经营、破产和债务清偿，从而在国内贸易中形成各类主体（依法成立的公司和个体业主等）平等竞争的格局。同时，国际化趋势进一步强化。这主要表现为国内贸易主体走向国际市场和国外贸易主体走进中国这两种趋势。随着经济的进一步开放和中国经济融入整个国际经济中，将会有更多的国际公司到中国进行投资，从事国内的流通贸易活动；与此同时，中国的流通贸易主体也会更多地走出国门，在国外从事流通贸易活动。因此，有必要加快研究制定国内贸易领域标准化体系框架和中长期标准化发展规划，重点推进食品安全、餐饮住宿及居民服务、流通设施和装备、商品信息及物流信息等标准的修订，逐步建立起覆盖面宽、结构合理、重点突出、先进适用、与相关法规衔接、同国际标准接轨的市场标准化体系。大力推进标准的贯彻实施，支持符合标准的流通设备和设施的开发和应用。

（二）内外贸易一体化将促进两个市场更加融合

国内市场国际化，国际市场国内化，是目前世界各国贸易发展的趋势。中国的内外贸易市场一体化发展，既是深化对外开放的需要，也是市场经济体制的内在要求。内外贸易都属于我国流通产业范畴。流通在我国国民经济中的地位和作用不断上升和对流通产业整体认识的提高，客观上加速了内外贸易一体化进程。2003 年，商务部成立以后，内外贸易的管理进一步融合。随着我国外贸经营权逐步放开，企业国际经营能力逐渐增强，外资企业进入内贸领域的壁垒逐步取消，两个市场的互动将进一步密切，内外贸易的界限越来越模糊。

（三）自由贸易区战略将带动区域市场一体化加速发展

近年来，全球自由贸易区发展势头迅猛，越来越多的国家将其提到与多边贸易同等重要甚至更加优先的地位。党的十七大报告明确提出要实施自由贸易区战略，这就为我们在加入世贸组织以后，以开放促改革促发展提供了新的途径和方式。实施自由贸易区战略，首先是能拓宽经济发展空间。中国—东盟自由贸易区建成后，可拥有 18.5 亿消费者、3 万亿美元国内生产总值、2.5 万亿美元贸易总额，区内市场将更加开放一体化；同时，能够保障资源供应。与资源大国商建自由贸易区有利于建立稳定、多元的战略资源供应渠道。其次，自由贸易区可以消除贸易投资壁垒，为我们把已经形成的生产能力更顺畅地转向国际市场提供了现实可能。迄今，我国商谈的自由贸易区有 9 个，涉及 27 个国家和地区。今后，我国将有步骤、有重点地推进自由贸易区谈判，积极稳妥地推进自由贸易区工作，逐步形成全球自由贸易区合作网络。

（四）服务业扩大开放将促进我国服务市场加快发展

在服务业跨国大转移的国际背景下，扩大服务业对外开放成为我国新一轮对外开放的重点，加快服务业发展面临难得的外部机遇和国内政策环境。当前我国经济社会正处于重要的战略转型期，加快服务业发展和升级，对于推进工业化、城镇化、国际化、现代化，具有十分重要的战略意义。扩大服务业对外开放，能够增加企业的多样性、竞争性，从整体上提高我国服务业的水平，同时也会给中国服务企业走向世界创造机会。扩大服务业对外开放，积极利用国外先进的技术和管理方式，可以改造传统服务企业，提高行业整体竞争力。扩大服务业对外开放，有利于增强服务业创新力，加速国内服务业尤其是生产性服务业的发展，全面提升我国在国际分工中的地位，形成经济全球化条件下参与国际经济合作与竞争的新优势。

>>主要参考文献<<

[1] 北京师范大学经济与资源管理研究所. 2003 中国市场经济发展报告 [R]. 北京：中国对外经济贸易出版社，2003.

[2] 国家统计局贸易外经统计司. 中国对外经济统计年鉴 2004 [R]. 北京：中国统计出版社，2004.

[3] 国家统计局. 中国统计年鉴：2006 年 [R]. 北京：中国统计出版社，2006.

[4] 国家统计局. 中国统计年鉴：2007 年 [R]. 北京：中国统计出版社，2007.

[5] 国家统计局. 中国统计年鉴：2005 年 [R]. 北京：中国统计出版社，2005.

[6] 国家统计局. 中国物价及城镇居民家庭收支调查统计年鉴 2004 [R]. 北京：中国统计出版社，2004.

[7] 海关总署. 中华人民共和国海关统计年鉴：2001—2003 年 [R]. 北京：中国海关出版社，2001—2003.

[8] 马洪. 2004 中国市场发展报告 [R]. 北京：中国发展出版社，2004.

[9] 马洪，王梦奎. 2003—2004 中国经济形势与展望 [M]. 北京：中国发展出版社，2004.

[10] 沈丹阳，张育林. 我国的国内贸易促进政策与现状问题 [J/OL]. 江苏吴江商务之窗，http：//wujiang. mofcom. gov. cn/aarticle/zhongyaozt/200607/".

[11] 商务部国际贸易经济合作研究院. 中国对外经济贸易白皮书 2004 [R]. 北京：中信出版社，2004.

[12] 商务部. 国内贸易发展"十一五"规划：上 [J]. 中国市场，2006 (34).

[13] 商务部. 国内贸易发展"十一五"规划：下 [J]. 中国市场，2006 (38).

[14] 商务部. 中国外商投资报告，2007 年 [R].

[15] 王梦奎. 中国经济转轨 20 年 [M]. 北京：外文出版社，1999.

[16] 中国商务年鉴编辑委员会. 中国商务年鉴 2004 [R]. 北京：中国商务出版社，2004.

第七章
中介组织规模和行为的市场化

　　随着中国经济持续发展和市场化程度的进一步提高，作为市场组成部分的中介组织保持了健康发展的态势，表现为中介组织的规模不断扩大，行为日益规范。本章从2004—2006年中介组织市场化进程概要、市场化现状的指标描述和分析以及未来的发展趋势三个方面，分析我国中介组织规模与行为的市场化状况。其中市场化现状的指标分析，主要包括了对中介组织发展规模、中介机构与地区经济相关性分析、中介领域的市场准入（主要包括政府退出中介市场、民间和外国资本进入的相机抉择）和中介市场的法制化建设等几个方面，并在此基础上做出中国中介组织市场化程度的判断以及未来发展趋势的分析。

>>一、2004—2006年中介组织市场化进程概要<<

　　2005年报告中对中介组织的分类，主要依据自律性行业组织、法律财务服务中介、信息咨询类中介、市场交易中介、市场监督鉴证类中介以及其他中介六大类的划分方法（见表1-7-1），2008年报告仍然延续这种分类方法。2004—2006年的发展中，行业协会、会计审计事务所、律师事务所、保险中介、证券经纪与交易中介、房地产中介、广告服务机构以及典当行、拍卖行等依旧是社会经济活动中主要的中介组织类型。近年来由于就业问题、新农村建设以及经济发展转型等重要任务的出现，带动了科技中介组织、人才中介组织以及农村中介组织（特别是农村科技中介组织、农业生产型中介组织）的发展。

表 1-7-1　　　　　　　　　　中国中介组织类型一览表

类　型	内　容
自律性 行业组织	全国性或地方行业协会或商会：个体劳动者协会、会计学会、注册会计师协会、证券业协会、软件行业协会、中国服装协会等
法律财务等中立性	会计师事务所、律师事务所、审计事务所、税务师事务所、投资银行资产评估事务所、保险经纪公司等
服务机构	公证处、仲裁机构、产权交易服务中心等
信息 咨询类 服务机构	信息中心、技术交易中心、保险代理公司、专利代理机构等 咨询公司、广告服务机构、房屋出租代理机构、货运代理等 婚姻介绍中心、农村中介组织、科技中介组织、人才中介组织等
市场交易 中介组织	证券营业部、拍卖行、典当行等 证券交易所、期货交易所、职业介绍所、人才交流中心、房地产交易中心、产权交易中心、技术成果交流中心、物资存储批发中心等
市场监督 鉴证机构	商品检验中心、计量检测中心等 ISO 标准质量控制协会、中国消费者协会等
其他中介组织	各类基金会：宋庆龄基金会、见义勇为基金会等联谊会、学会

资料来源：根据国家统计局普查中心：《中国基本单位统计年鉴》，2006 年，北京，中国统计出版社，2006 等整理。

以上分类是根据中介组织的作用功能进行分类，为了更清晰地理解中介组织概念，从其他角度进行分类也是必要和有意义的。例如，从营利与非营利角度分类，依法办理登记注册的营利性中介组织（包括实行企业化经营或者从事经营活动的事业单位），具体包括验资机构、会计师事务所、资产评估机构、税务审计机构、法律咨询代理机构、证券保险等经纪机构、职业介绍机构、拍卖行、交易所和各类信息咨询服务机构，以及其他市场中介组织。它们的作用主要是维护经济秩序，完善市场功能。非营利性中介组织包括提供信息咨询等服务的行业协会或者商会以及促进科学文化体育发展的各类基金会、学会等。

（一）中介组织规模不断扩大

2004—2006 年，中国的各类中介组织规模持续扩大、功能不断增强。2004 年全国登记的社会团体 15.3 万个，比上年增长 7.7％；2005 年为 17.1 万个，比上年增长 11.8％；2006 年为 19.2 万个，比上年增长 12.3％，三年的年平均增长速度为 10.6％，且每年都呈逐渐加速的递增态势。但是相对于 2001—2003 年的年均 14.05％的增长速度来说，略有下降（见表 1-7-2）。

表 1-7-2　　　　　　　　2003—2006 年中国社会团体统计表　　　　　单位：万家；家

项目 年份	社会团体 （万家）	全国性及跨 省域（家）	省级及省内跨 地（市）（家）	地级及县以 上地域（家）
2003	14.2	1 736	21 030	48 731
2004	15.3	1 673	20 563	50 424
2005	17.1	1 688	21 119	53 080
2006	19.2	1 730	21 506	56 544

资料来源：根据民政部：《民政事业发展统计报告》，2004—2006 年数据整理。

根据地域分布特征来看（见表 1-7-2），地级及县以上地域的社会团体个数以平均每年 5％的速度增加，相对而言，全国及跨省，省级及省内跨地（市）的则保持相对稳定的状态。

（二）中介组织行为日益规范

在中介组织规模不断扩大的同时，中介组织的行为也日益规范，这一方面反映了中介组织规模与行为的市场化现状，同时也是整个市场经济进步的表现。日益规范的行为主要表现在法制化建设方面，即建立必要的法律制度框架，健全制定相应的法律、行政法规以及地方性的法规与行政规章，明确中介组织的行为规范。逐年削弱因历史根源以及经济、政治和文化原因导致的政府主导中介市场的格局，引入民间和国外资本，使得中介组织真正履行其社会服务职能、社会评价与裁判职能、社会调节职能以及社会协调和代理等职能。整个社会要对中介组织的活动进行必要的监督与评价，规范其行为。

（三）典型中介组织的发展进程

由于中介组织类型复杂多样，本报告不可能涵盖所有的中介组织在近三年来的发展变化，根据与市场经济发展的密切程度，作者选取了行业协会、保险、法律和财务咨询类中介组织等重要的中介组织，进行详细的描述。

1. 行业性社团及其行业协会迅速增加

行业协会是沟通企业与市场、企业与企业以及企业与政府联系的重要中介组织，其发展程度直接反映了整个经济的市场化水平。从民政部门根据社会团体性质进行的统计看，行业性社团增加速度最快，2005 年有行业性社会团体 53 004

个，较上年增长 14.3％；2006 年为 59 783 个，较上年增长 12.8％。①

2. 保险中介快速发展

保险中介机构包括保险代理公司、保险经纪公司、保险公估公司三类。改革开放以来，中国保险业保持了年均 30％以上的增长速度，其中保险中介市场发展迅速，为完善和健全保险市场体系做出了贡献。2002 年 11 月，新修订的《保险代理机构管理规定》、《保险经纪公司管理规定》、《保险公估机构管理规定》公布实施，适应保险市场发生的较大变化，为保险中介的健康有序发展提供了法制框架和政策依据。

从 1999 年只有 5 家保险代理公司，而保险经纪与保险公估公司还没有出现，到 2006 年底，已经有保险代理公司 1 563 家，保险经纪公司 303 家和保险公估公司 244 家，可以看出，我国保险中介机构的快速发展态势（见表 1-7-3）。

表 1-7-3 保险中介的历年家数汇总 单位：家

类别＼年份	1999	2000	2001	2002	2003	2004	2005	2006
保险代理公司	5	5	37	74	388	—	1 313	1 563
保险经纪公司	0	3	5	6	67	—	268	303
保险公估公司	0	0	5	19	91	—	219	244
中介机构（合计）	5	8	47	99	546	—	1 800	2 110

注：1999—2003 年数据来自中国保险监督管理委员会网站统计资料。2005—2006 年数据来自《保险中介发展报告》，2005—2006 年。由于 2006 年保监会网站改版，2005 年数据无法获得。

从表 1-7-3 看出 2005—2006 年，保险中介在数量上有了实质性的飞跃，例如保险代理公司 2003 年为 388 家，到 2005 年则为 1 313 家，是 2003 年的 3.38 倍；保险经纪公司、保险公估公司 2005 年的数量分别是 2003 年的 4 倍和 2.4 倍。

3. 法律、财务咨询类中介发展壮大

中国的法律、财务咨询类中介按照市场经济进行运作的时间比较长，政府对其的管理已经完全通过经济手段进行，2002—2003 年是该类中介组织进一步规范发展的时期；2004—2005 年是我国法律、财务咨询类公司健康规范发展的时期。法律、财务咨询类中介具有较高的市场化程度，其数量历年增减互现。2004 年由于中国资本市场的持续低迷，使得证券经纪与交易类中介数量骤减，从 2003 年的 1 612 家减少到 2004 年的 647 家，几乎减少了 60％（见表 1-7-4）。

---

① 民政部：《民政事业发展统计报告》，2005—2006 年，载民政部网站。

表 1-7-4　　　　2000—2006 年法律、财务咨询类中介的规模变化情况　　　　单位：家；%

年份 / 项目	2000	2001	2002	2003	2004	2005	2006
证券经纪与交易	1 442	1 159	1 568	1 612	647	1 010	1 125
增长比例		−19.63	35.29	2.81	−59.86	56.11	11.39
律师事务所	13 942	13 971	14 201	13 942	17 641	15 169	18 504
增长比例		0.21	1.65	−1.82	26.53	−14.01	21.99
会计、审计和税务服务	9 763	16 887	16 989	9 763	—	13 154	14 744
增长比例		72.97	0.60	−42.53	—	34.73	12.09

注："律师事务所"在 2006 年统计中，使用了"法律服务"的数据。

资料来源：根据国家统计局普查中心：《中国基本单位统计年鉴》，2001，2003—2007 年，北京，中国统计出版社，2001，2003—2007；国家统计局普查中心：《中国第二次基本单位普查资料汇编》，北京，中国统计出版社，2003 整理。

截至 2007 年 6 月，我国执业律师已达 11.8 万多人，其中专职律师 103 389 人，兼职律师 6 841 人，公职律师 1 817 人，公司律师 733 人，军队律师 1 750 人，法律援助律师 4 768 人。另外，还有律师辅助人员 3 万多人。具有本科以上学历的律师已占律师总数的 64.6%，其中，研究生以上学历的律师已经超过 1 万人，同时，律师执业组织形式逐步完善，全国共有律师事务所 11 691 个，其中合伙律师事务所 8 024 个，合作律师事务所 1 746 个，国家出资设立的律师事务所 1 742 个。律师事务所的专业化、规模化程度不断提高，北京、上海、广东等大城市和经济发达地区，已经出现了一批专门或主要从事证券、金融、房地产等业务的专业律师事务所。

4. 其他中介组织保持稳定增长

中国各行业经济的快速增长，其中以房地产业的发展为主要代表。从房地产业组成部分之一的房地产中介的历年变化能看出这种发展趋势。2003 年底，房地产中介家数为 12 464 家，2004 年增长了 60.95%，达到 20 061 家。2005 年与 2006 年分别比上一年增长 18.97% 和 14.08%，虽然增长幅度有所减慢，但总的增长趋势依然保持不变。另外，广告中介的数量也仍然随着经济的增长而不断增加，2003—2004 年年均增长率为 23.67%。本次报告，增加了科技中介服务的统计数据，这是经济发展出现的新型主要中介组织，虽然截至 2006 年科技中介组织的数量只有 6640 家，但发展速度非常快，2003—2004 年保持在年均 32.29% 的增长速度（见表 1-7-5）。

表 1-7-5　　　　　　2003—2006 年部分中介组织的规模变化情况　　　　　　单位：个；％

年份 项目	2003	2004		2005		2006	
	家数	家数	增长率	家数	增长率	家数	增长率
房地产中介	12 464	20 061	60.95	23 866	18.97	27 227	14.08
广告业	28 868	37 569	30.14	45 482	21.06	54 496	19.82
科技中介服务	3 101	3 566	15.00	6 281	76.14	6 640	5.72
商业经纪与代理业 （贸易经纪与代理）	8 968	7 864	60.95	11 099	41.14	15 564	40.23
公证服务	1 583	—		1 619		1 627	0.49
文化艺术经纪代理业	1 542	1 122	−27.24	1 806	60.96	2 155	19.32
典当行	922	1 155	25.27	1 422	23.12	1 721	21.03
市场调查业	3 932	—		3 363		3 526	4.85
金融租赁公司	92	27	−70.65	50	85.19	73	46
职业中介服务	9 488	7 334	−22.70	13 012	77.42	14 777	13.56
知识产权服务	1 193	2 171	81.98	2 762	27.22	3 046	10.28

注：2004 年数据来源于《中国经济普查年鉴 2004》，为注册登记数。2002 年之后的社会调查业更名为市场调查业。

资料来源：根据国家统计局普查中心：《中国基本单位统计年鉴》，2004—2007 年，北京，中国统计出版社，2004—2007；国家统计局普查中心：《中国第二次基本单位普查资料汇编》，北京，中国统计出版社，2003 数据整理。

此外，表 1-7-5 列举的中介组织还包括了主要的信息咨询类（社会调查中介、公证服务中介）、市场交易类（典当行）、经纪与代理中介（商业、房地产和文化艺术行业）以及职业中介服务、知识产权服务和金融租赁中介等。其中，除了 2004 年文化艺术经纪代理业、金融租赁公司、职业中介服务等都比 2003 年数量出现了下降以外，其他年份以及其他中介组织都是保持持续增长的状态。

>>二、2004—2006 年中介组织市场化现状的指标描述和分析<<

以下将从中介组织发展与经济的相关程度、政府退出与民间资本进入的相机选择、中介组织对外资的市场准入状况以及中介组织的法制化程度等几个方面，通过状况描述、指标设定以及数据分析，深入讨论中国 2004—2006 年中介组织规模及其行为的市场化状况，说明中国中介组织正处于进一步完善和发展阶段。

（一）反映部分中介组织发展规模的指标

中介组织数量与全国基本法人单位数量比重不仅能够基本反映出中介组织整体发展状况，而且从增长比例的对比还能够反映出中介组织发展速度在整个经济发展过程中的地位与作用。部分中介组织的发展规模占整个经济体的比例指标能够作为我国中介组织市场化的基本分析依据，同时也是整个经济市场化测度指标的组成部分之一。为了延续 2005 年报告中关于中介组织发展规模的统计数据，表 1-7-6 继续列举出原报告中的部分中介机构 2004—2006 年的数量及其占整个全国基本法人单位的数量比重。从房地产中介、广告业、产业经纪与代理、证券经纪与代理以及社会团体等 13 个具有代表性的中介机构的数量统计中看出，13 个中介机构占全国法人基本单位的比例 2000—2006 年平均为 4.54％，特别是 2003 年该比例为 6％。而 2004—2006 年，部分中介组织数量占全国基本法人单位数量的比重分别为 4.65％、5.15％和 5.52％，呈现持续增加的趋势。这说明近年来中介组织的发展规模仍然在保持逐年扩大的态势，从数量规模上可清晰地看出中介组织的市场化发展状况。

表 1-7-6　　　　　部分中介组织数量与全国基本法人单位数量比重*　　　　单位：家；％

年份 项目	2000	2001	2002	2003	2004	2005	2006
房地产中介	3 841	10 049	10 680	98 943	20 061	23 866	27 227
广告业	11 043	27 974	28 781	28 868	37 569	45 482	54 496
商业经纪与代理业	3 847	5 548	7 342	8 968	7 864	11 099	15 564
证券经纪与交易	1 442	1 159	1 568	1 612	647	1 010	1 125
律师事务所	13 942	13 971	14 201	13 942	17641	15 169	18 504
会计、审计和税务服务	9 763	16 887	16 989	9 763	—	13 154	14 744
公证服务	1 120	2 153	2 160	1 583	—	1 619	1 627
文化艺术经纪与代理业	294	1 034	1 094	1 542	1 122	1 806	2 155
典当行	477	816	836	922	1 155	1 422	1 721
社会调查业（市场调查）	750	4 210	4 221	3 932	—	3 363	3 526

续表

年份 项目	2000	2001	2002	2003	2004	2005	2006
融资租赁公司	294	89	93	92	28	50	73
文化艺术经纪与代理业	294	861	1 094	1 542	945	1 806	2 155
社会团体**	38 951	130 668	133 297	141 167	153 359	171 150	191 946
合 计	86 058	215 419	222 356	312 876	240 391	290 996	334 863
全国法人基本单位总计	4 366 141	5 107 015	5 170 852	5 214 144	5 168 303	5 647 823	6 068 912
全国法人基本单位增长比例		17.00	1.25	0.84	−0.88	9.28	7.46
上述中介机构占全国法人基本单位比例	1.97	4.22	4.30	6.00	4.65	5.15	5.52

注：＊本表选取的中介机构是延续 2005 年报告中列举的类型；"律师事务所"在 2006 年统计中使用"法律服务"的数据；"商业经纪与代理业"在 2006 年统计中使用"贸易经纪与代理业"的数据。

＊＊社会团体数据来源于《中国民政统计年鉴2007》，2004 年数据来源于《中国经济普查年鉴2004》，为注册登记数，统计口径不一致使数据缺失，国家统计局未发布 2005 年《中国基本单位统计年鉴2005》。

资料来源：根据国家统计局普查中心：《中国基本单位统计年鉴》，2001，2003，2004，2006，2007 年，北京，中国统计出版社，2001，2003，2004，2006，2007；国家统计局普查中心：《中国第二次基本单位普查资料汇编》，北京，中国统计出版社，2003 整理。

从有据可查的中介机构统计数据中发现，2004—2006 年对职业中介服务、知识产权服务、科技中介服务等进行了相关统计，从家数合计与全国法人单位比例情况看，2003 年为 0.27％，2004—2006 年分别为 0.39％、0.41％和 0.43％，这些新统计的中介组织也同样在数量上呈现出逐年增加的发展趋势（见表1-7-7）。

从反映中介组织发展规模的中介机构数量看，无论是其历年绝对数量的增加，还是其数量占全国法人基本单位数量比重的逐年增加，都能够反映出我国整体市场化水平日益提高的大环境中，作为其组成部分之一的中介市场的市场化状况的日益改善。另外，根据经济发展的新情况所增加的知识产权中介、科技服务中介等四个中介机构的统计数据，同样也呈现出逐年递增的发展趋势。这从另一个侧面进一步说明了中介组织规模的不断扩大。

表 1-7-7　　　　　　部分中介组织数量与全国基本法人单位数量比重*　　　　　单位：家；%

年份 项目	2003	2004	2005	2006
职业中介服务	9 488	11 171	13 012	14 777
保险辅助服务	281	972	1 215	1 585
知识产权服务	1 193	2 422	2 762	3 046
科技中介服务	3 101	5 691	6 281	6 640
合　计	14 063	20 256	23 270	26 048
全国法人基本单位合计	5 214 144	5 168 303	5 647 823	6 068 912
上述中介机构占全国法人基本 单位比例	0.27	0.39	0.41	0.43

　　注：*本表中的中介机构类型为本次报告中新增的中介机构，只有2003年之后的统计数据。

　　资料来源：根据国家统计局普查中心：《中国基本单位统计年鉴》，2004，2006，2007年，北京，中国统计出版社，2004，2006，2007；国家统计局普查中心：《中国第二次基本单位普查资料汇编》，北京，中国统计出版社，2003数据整理。

（二）中介组织的发展规模与经济发达程度高度相关

　　关于中介组织发展规模的市场化程度判断，除了简单地从绝对与相对的中介机构数量的角度进行评价外，还可从中介组织发展规模与经济发展程度的相关性的指标进行描述。经济发展程度与中介组织发展规模有着高度的相关性，由于中介组织类型较多，我们将中介组织分为法律、财务、信息咨询等经济类中介组织与其他中介组织两大组进行分地区的对比，主要通过东部、中部、西部以及东北地区（2006年的统计口径中增加了东北地区的分类）的中介组织规模对比，分析出中介组织发展规模与经济发达程度高度相关的结论。

　　从贸易经纪代理，房地产中介，证券经纪与交易，律师及相关法律服务，会计、审计以及税务服务等部分经济类中介在中国东部、中部、西部和东北地区的家数分布情况（见表1-7-8）可以看出，经济相对发达的东部地区各类中介的数量明显多于相对落后的中部、西部以及东北地区。其中东部地区的社会经济咨询中介、贸易经济代理、融资租赁公司、运输服务代理以及证券经纪与交易中介的数量均超过了70%，而其他类型的经济中介也都基本占到了总数量的50%以上。

表 1-7-8　2006 年法律、财务、信息咨询等经济类的中介组织的地区对比数据　单位：家；%

中介类别		总数	东部	中部	西部	东北地区
贸易经纪代理	家数	15 564	12 375	982	857	1 350
	占总数比重		79.5	6.3	5.5	8.7
房地产中介	家数	27 227	18 889	2 665	3 955	1 718
	占总数比重		69.4	9.8	14.5	6.3
证券经纪与交易	家数	1 125	795	117	24	12
	占总数比重		70.7	10.4	2.1	1.1
会计、审计和税务服务	家数	14 744	8 350	2 299	2 535	1 560
	占总数比重		56.6	15.6	17.2	10.6
保险辅助服务	家数	1 585	997	193	229	166
	占总数比重		62.9	12.2	14.4	10.5
融资租赁公司	家数	73	56	4	10	3
	占总数比重		76.7	5.5	13.7	4.1
律师及相关法律服务	家数	1 363	672	268	232	191
	占总数比重		49.3	19.7	17.0	14.0
社会经济咨询	家数	34 223	27 715	1 968	2 901	1 639
	占总数比重		81.0	5.8	8.5	4.8
运输代理服务	家数	21 400	16 451	861	1 867	2 221
	占总数比重		76.9	4.0	8.7	10.4
行业性团体	家数	40 765	16 946	7 580	12 455	3 784
	占总数比重		41.6	18.6	30.6	9.3
广告业	家数	54 496	36 113	5 876	8 854	3 653
	占总数比重		66.3	10.8	16.2	6.7

资料来源：根据国家统计局普查中心：《中国基本单位统计年鉴》，2007 年，北京，中国统计出版社，2007 数据整理。

从其他非经济类中介，包括科技中介服务、知识产权服务、社会调查业和公证服务、典当行等的地区分布看，虽然不如表 1-7-8 所显示的具有明显的地区差异，但也能看出经济落后的中部、西部以及东北地区的中介组织数量明显少于东部地区（见表 1-7-9）。除了公证服务，西部地区的数量超过东部沿海 1.2%，其他中介数量情况仍然反映出中介组织的发展规模与地区经济发达程度高度相关。

表 1-7-9　　　　　　　　　2006 年其他类型的中介组织的地区对比数据　　　　　单位：家；%

中介类别		总数	东部	中部	西部	东北地区
科技中介服务	家数	6 640	3 873	964	1 194	609
	占总数比重		58.3	14.5	18.0	9.2
知识产权服务	家数	3 046	2 137	307	379	223
	占总数比重		70.2	10.1	12.4	7.3
社会调查业	家数	3 526	2 042	682	586	216
	占总数比重		57.9	19.3	16.6	6.1
公证服务	家数	1 627	519	316	539	253
	占总数比重		31.9	19.4	33.1	15.6
其他专业咨询	家数	38 318	30 558	2 431	3 422	1 907
	占总数比重		79.7	6.3	8.9	5.0
典当行	家数	1 721	782	250	441	248
	占总数比重		45.4	14.5	25.6	14.4
文化艺术经纪代理	家数	2 155	1 783	161	149	62
	占总数比重		82.7	7.5	6.9	2.9

资料来源：根据国家统计局普查中心：《中国基本单位统计年鉴》，2007 年，北京，中国统计出版社，2007 数据整理。

因此，通过表 1-7-8 和表 1-7-9 列出的部分中介组织 2006 年的全国地区分布情况来看，虽然非经济类中介组织与经济发达程度的相关性相对有所减弱，但能够得出中介组织的发展规模与当地的经济发达程度高度相关的结论，这也进一步说明中国中介组织产生、发展是适应市场经济发展的结果。中介组织行为的市场化，主要从中介组织行为日益规范的角度来进行分析。依据与经济相关程度的强弱，中介组织首先分为法律、财务与信息资讯类经济类中介组织，和科技、公证与典当等非经济类中介组织两大类，通过比较这些中介组织在我国东部、中部、西部以及东北地区的分布，可以看出经济相对发达的东部地区各类中介组织明显多于相对落后的其他地区，总结出中介组织与经济发展程度存在着高度的相关性的结论。根据经济发展内在需要而成立并发展中介组织，充分发挥与利用中介组织的社会职能，这本身就是经济及其组成部分的中介组织市场化程度进一步加深的反映。

随着国民经济持续保持稳定快速增长，中介组织不仅在数量规模上，而且在发展规模上也保持了高速稳定增长。以会计师事务所为例，根据中国注册会计师协会统计的全国综合排名前 100 名的事务所信息，2002 年全国前百名会计师事务所的综合收入是 44 亿元，2003 年为 52 亿元，2004 年为 71 亿元，2005 年为 93 亿元，到 2006 年达到 118 亿元，平均每年以 28.15％的速度递增，业务收入增幅异常迅速；而前百名事务所的注册会计师人数 2002 年为 9 900 人，2003—2005 年分别为 11 562 人、11 287 人和 13 419 人，到 2006 年共有注册会计师 14 719 人，可以看出从业人数每年都呈稳定增加的态势。注册会计师事务所收入及其人数的增加，能够说明会计师事务所的业务量增加，业务规模扩大，从另一个侧面反映出健康稳定的经济增长对经济类中介的需要不断增加。

（三）政府退出中介组织与民间资本进入

我国中介组织的市场化进程始终伴随着同时进行的政府退出与民间资本进入。由于我国中介组织是在法制化、社会支持以及文化背景不健全的制度环境下产生的，且经济市场化程度低也同时制约了中介组织作用的发挥，再加上整个社会的自治传统、公民参与意识与权利意识较差等多种原因，导致我国的中介组织严重依赖政府，官办性质浓厚。2002 年 12 月国务院办公厅转发的原国家计委《"十五"期间加快发展服务业若干政策措施的意见》，逐步放宽了对非国有经济的准入限制，允许民营经济进入对外贸易、金融、保险等行业，包括其中的中介组织。在大大放宽民间中介组织或者民间资本进入中介组织的同时，政府也在有意识地逐渐退出。国务院从 1999 年 10 月下发通知，对经济鉴证类社会中介机构及其行业管理组织进行清理整顿，"脱钩改制，建立自律性运行机制"开始，就在致力于将官办、半官半民性质的中介组织向真正自律性中介组织转型，其中包括改革社团编制，将其与行政、事业编制加以区别。

我国民间中介组织①规模不断扩大，结构进一步优化。根据民政部对民间组织的统计（见表 1-7-10），我国民间资本介入的民间组织每年都以 10％左右的速度增加，其中民办非企业单位，包含各类非营利的民间中介组织，在 2004—2006 年期间也以年均 9％的速度增加。说明随着市场经济的发展和完善，民间参与社会管理、经济运作的要求日益强烈。

---

① 这里的民间中介组织是根据民政部的统计口径计算的，其中民间中介机构占主要组成部分，由于数据的限制，本处就用民间组织的统计数据来间接反映民间中介组织的变化趋势。

表 1-7-10　　　　　　　2004—2006 年民间组织的历年规模变化情况　　　　单位：万个；个；%

年份 项目	2004	2005	2006
民间组织（万个）	28	31.5	34.6
增长比例（%）		12.5	9.8
民办非企业单位（万个）	13.3	14.6	15.9
增长比例（%）		9.8	8.9
其中：社会中介服务业（个）	1 275	1 665	1 997
增长比例（%）		30.6	19.9
法律服务业（个）	546	662	682
增长比例（%）		21.2	3

资料来源：根据民政部：《民政事业发展统计公报》，2005—2006 年；民政部：《民政事业发展统计报告》，2004—2006 年数据整理。

从表 1-7-10 可见，民办社会中介服务和民办法律服务组织每年都有所增长，特别是社会中介服务业中民办非企业单位增加速度非常快，截至 2006 年底已经有 1 997 个，据不完全统计，2006 年民间组织增加值 112.2 亿元；初步统计数据推算的民间组织增加值应为 247.5 亿元，占服务业比重的 0.3%；从地域分布看，截至 2006 年民办非企业单位登记数量超过 1 万家的省份有浙江省、广东省、四川省，超过 3 万家的省份为山东省。中国的法律、财务等中介服务机构，特别是律师事务所、会计师事务所和评估事务所等在工商行政部门登记注册，法律地位上等同于公司法人，对民间资本进入不存在制度障碍。

人才中介市场的数据统计，区分出了政府举办的人才中介。从表 1-7-11 能够看出，随着中介市场逐渐对外资以及民间资本开放，政府人才中介占整个人才中介机构的比例逐年下降。2004 年和 2005 年两年，政府中介的比例分别下降到 55.64% 和 55.89%，历年最低的 2004 年比 2005 年报告中的 2003 年的阶段性最低点 64.4% 又下降了 8.76 个百分点。

从表 1-7-11 能够更加直观地看出，在我国人才中介服务机构整体规模继续扩大的同时，以政府举办为主的人才中介市场格局被进一步改变，表明私人以及外资人才中介等多种资本形式的持续进入。我国民间中介组织每年以 10% 左右的速度逐年增加，能够说明民间资本进入中介服务的意愿与现状，表明了民间参与社会管理、经济运作的要求不断得到满足，是市场经济不断发展与完善的结果。

表 1-7-11　　　　2001—2005 年全国政府人才中介占全部人才中介的比例　　　单位：家；%

项目 年份	人才中介服务机构	政府举办人才中介	政府举办的人才中介占全部 人才中介的比重
2001	3 859	2 961	76.7
2002	4 287	3 033	70.7
2003	4 653	2 996	64.4
2004	5 528	3 076	55.64
2005	6 107	3 413	55.89

资料来源：根据民政部：《民政事业发展统计公报》，2005—2006 年；民政部：《民政事业发展统计报告》，2004—2006 年数据整理。

（四）外资中介组织的市场准入状况

中介组织市场的外资进入是其市场化程度表现的重要内容，市场的开放带来公平的竞争和效率的提高。外资中介组织与中国中介机构产生了竞争，但同时也带来了先进的管理和经营，对中介市场的发展产生了积极的推动作用。随着中国加入 WTO，这种开放伴随着法制化、规范化，特别是对法律、财务和金融服务类型的中介机构的对外开放程度大大加强。外资继续在原来进入的法律中介、证券中介、行业协会、人才中介和货物运输代理中介等市场中不断发展完善。根据司法部公告，2002 年外资律师事务所驻华代表处为 96 家，到 2007 年增至 149 家。在 2005 年中华企业联合会等提名的最具影响力的中国管理咨询 100 家中介机构中，有 7 家外资中介获得提名，这说明外资在中国咨询中介中占有一席之地。[①] 截至 2006 年底，外资参股的证券公司共有 7 家，[②] 占证券公司总数 104 家的 6.7%。截至 2006 年 6 月底，外资证券机构驻华代表处有 100 家，而到 2007 年 1 月底，达到 107 家，[③] 半年内增加了 7 家。同时，行业协会国际化程度加大，国外行业协会（商会）继续进入中国，而且形式也日益增多。

近年来，外资逐渐进入我国新兴的中介市场，例如随着房地产行业的发展，房地产中介成为新兴的重要中介组织，2006 年上海地区就已经拥有了 21 世纪不

---

① 具体名单见中华企业联合会网站：http://glzx.cec-ceda.org.cn/jia100.htm
② 见中国证券监督管理委员会网站：http://www.csrc.gov.cn/n575458/n776436/n804950/n827758/3287825.html
③ 见中国证券监督管理委员会网站：http://www.csrc.gov.cn/n575458/n776436/n804950/n827758/3287830.html

动产、美联物业、信义房屋、中原地产等多家外资中介公司，它们通过引入金融理财服务、不动产信托等多种衍生业务，发挥了外资自身丰富的经营管理优势，同时也对国内房地产中介的发展起到了促进作用。

（五）中介组织的法制建设

2004—2006 年是我国经济法制化程度进一步提高时期，法制化是市场经济完善、发展的标志和基础。近年来，我国先后出台了对基金会、行业协会、经纪人、拍卖行、典当行、广告业、金融租赁、注册会计师以及保险代理机构等的 22 种法律、法规文件，大大推动了中介组织法制化进程，使得中介组织能够有法可依。例如，2004 年继续修订《社会团体登记管理条例》，起草了《基金会管理条例实施办法》，进一步完善了涉外社会组织登记管理制度，正式启动涉外基金会登记管理工作。对该时期涉及中介组织及其市场规则的法律、法规整理汇总见表1-7-12，表中列举了 20 项 2004 年以来颁布的关于中介机构的法律法规，涉及的范围包括基金会、行业协会、广告业、拍卖行、保险会计与金融租赁等 17 个中介服务领域，反映出近年来中介组织的法制化建设的日益完善与健全。

表 1-7-12　　　　　　　　2004—2006 年涉及中介市场的法规统计表

时　间	法律、法规内容
2004 年	《基金会管理条例》、《国务院国有资产监督管理委员会行业协会工作暂行办法》、《经纪人管理办法》、《广告经营许可证管理办法》、《拍卖管理办法》、《保险代理机构管理规定》、《保险经纪机构管理规定》
2005 年	《注册会计师注册办法》、《典当管理办法》、《银行业协会工作指引》、《保险中介机构法人治理指引（试行）》、《保险中介机构内部控制指引（试行）》、《价格评估机构资质认定管理办法》、《价格鉴证师注册管理办法》、《价格评估人员职业资格认定管理办法》、《房地产评估机构管理办法》、《认证咨询机构管理办法》、《货币经纪公司试点管理办法实施细则》、《政府采购代理机构资格认定办法》
2006 年	《工程造价咨询企业管理办法》

资料来源：根据中国法律大全 http://www.jincao.com/tl.htm 资料整理。

中介组织对港澳台地区及外资开放的法制化进程尤其值得关注。我国在人才市场、金融市场、货运代理、行业协会以及房产中介等领域对外资开放的时间较早，特别是法律、财务以及金融中介市场，从 2002 年开始制定了与外国律师事务所、外资参股证券、基金公司以及外资保险代理机构等相关的法律、法规。一方面鼓励加快外资进入我国中介市场，另一方面通过不断完备法律制度，来规范外资中介组织在中国的经营运作。随着中介市场对港澳台地区及外资的逐步开放，对其进行法制监管的动力与必要性也日益增强。如果说 2002 年开始是起步与尝试阶段，那么 2004—2006 年则进入了进一步加强与规范法律监管的阶段，特别对外资进入金融服务中的保险中介等领域做出了明确的规定（见表 1-7-13）。

表 1-7-13　　2002—2006 年中介市场对港澳台地区及外资开放的法规统计表

时　间	法律、法规内容
2001 年	《中外合资中外合作职业介绍机构设立管理暂行规定》
2002 年	《外国律师事务所驻华代表机构管理条例》、《司法部令第 70 号——香港、澳门特别行政区律师事务所驻内地代表机构管理办法》、《境外就业中介管理规定》、《关于贯彻实施〈境外就业中介管理规定〉有关问题的通知》、《外资金融机构驻华代表机构管理办法》、《中国证券监督管理委员会令第 8 号——外资参股证券公司设立规则》、《中国证券监督管理委员会令第 9 号——外资参股基金管理公司设立规则》、《司法部公告 2002 年第 10 号——以下 37 家香港律师事务所驻内地代表处获准在内地执业》、《司法部公告 2002 年第 11 号——以下 96 家外国律师事务所驻华代表处获准在中国境内执业提供境外法律服务》、《合格境外机构投资者境内证券投资管理暂行办法》
2003 年	《外商投资国际货运货物代理企业管理办法》、《外商投资城市规划服务企业管理规定》、《台湾同胞投资企业协会管理暂行办法》、《关于准许港澳、外国律师事务所在华设立代表处的公告》、《中外合资人才中介机构管理暂行规定》、《香港特别行政区和澳门特别行政区居民参加国家司法考试若干规定》、《取得内地法律执业资格的香港特别行政区和澳门特别行政区居民在内地从事律师职业管理办法》、《关于修改〈香港和澳门特别行政区律师事务所驻内地代表机构管理办法〉等五项法规》、《境外金融机构投资入股中资金融机构管理办法》、《外商投资国际货物运输代理企业管理办法》
2004 年	《外国保险机构驻华代表机构管理办法》、《外资金融机构管理条例实施细则》
2006 年	《外国保险机构驻华代表机构管理办法》、《保险兼业代理机构管理试点办法》

资料来源：根据中国法律大全 http://www.jincao.com/t1.htm 资料整理。

各地方也不断通过立法完善中介市场的法制化，特别对民间中介组织监管的法制化做出了努力。例如在民营经济比较发达的浙江温州，民间行业协会地位突出，早在 1999 年温州市政府就以政府令发布了《温州市行业协会管理办法》，赋予行业协会 16 项具体职能，为行业协会的健康发展提供了法律依据。

>>三、中介组织发展趋势<<

（一）政府退出中介组织的速度将进一步加快

市场化的发展方向就是政府加快退出中介领域，加快理顺政府与中介的关系。2006年发生了在全国引起巨大影响的"全国牙防组"案例，一个没有法人资格，没有认证资格的组织，进行了十余年的收费认证口腔护理用品的工作。全国牙病防治指导组是1988年经卫生部批准成立的牙病防治组织，是卫生部领导下的指导牙防工作的组织。与政府的挂靠关系是导致这种违规收费认证情况发生的主要原因，从另一面也反映出协会等中介组织与政府彻底分离的必要性和迫切性。

因此，2007年5月，国务院下发了《关于加快推进行业协会商会改革和发展的若干意见》，提出了要按照市场化原则规范和发展各类行业协会等自律性组织，为加快推进行业协会的改革与发展，特别是对政府与行业自律组织分离提出了具体指导意见，又一次表明了政府退出中介领域的决心。相信随着意见的下发及其实行，政府退出的速度会有所加快。以行业协会改革为契机，未来政府会加快退出包括行业协会在内的各种中介组织市场，不断提高中介组织规模及其行为的市场化程度，鼓励民间以及外国资本参与社会管理，多样化中介组织的形式，丰富中介机构的管理模式。只有行政职权或者政府行政管理模式的退出，才能真正实现竞争与效率结合的市场化管理态势，才能真正实行法制化管理，实现社会管理的行业自律与监督的低成本、高效率。

（二）各种性质的中介组织继续完善

市场化带来的公平竞争是经济健康发展的推动力，而公平的市场准入是这种公平竞争的根本保证。由于我国传统中介组织的政府背景，多为官办、半官半民性质，使得政府行使了中介组织大部分的社会职能。为了建立真正自律性的中介组织，对民间以及外资资本开放中介市场，政府让位于市场的自发推动是长期的发展趋势。通过行政体制改革，改革社团编制属性，将其与行政、事业编制加以区别。在市场经济发展进程中，官办中介机构的弊端日益明显，不断出现例如国家版权局下属的中国音乐著作权协会和中国音像集体管理协会，在未正式向民政部注册就已公告开始收取KTV版权费，以及轰动全国的"全国牙防组"事件、中国消费者协会 3·15 消费者信得过"欧典地板"事件等。[1]

引入民间中介组织与外资中介组织,不仅仅是资金的引入,更是管理、经营、服务的引入,而本质上是竞争与合作、社会监督与行业自律的引入,是优胜劣汰良性循环的引入。例如,2007 年 5 月国内著名的民营房地产中介公司中天置业倒闭,引发系列地产中介倒闭,[2]与外资地产中介的低调入市并存。例如上海地区就已经拥有 21 世纪不动产、美联物业、信义房屋、中原地产等多家外资中介公司。这从另一个侧面反映了我国中介市场处于快速完善与发展阶段,国有、民营与外资中介组织在不断规范的市场秩序下日益健康发展是今后的总趋势。

(三) 农村中介服务组织将不断兴起

我国农村以独立分散农户为生产单位,农业生产的特点本身又决定了交易中的困难以及信息的高度不对称,因此随着经济的进一步发展,农村中介服务的需求日益强烈,农村中介服务组织在这种市场需求中会不断兴起。农村中介组织类型主要包括民间合作型,即农村专业技术协会和农村原有供销社转制而成的中介机构。前者主要是由农民自愿组织的农民自助性组织,提供资金、技术、生产和供销等互助合作的民办经济技术服务,表现为专业合作组织、农民协会、行业协会和专业技术协会。截至 2004 年底,全国比较规范的农民专业合作经济组织总数超过 15 万个(专业合作社约占专业合作组织总数的 35%,专业协会约占65%),成员数量已达 2 363 万名,占全国农户总数的 9.8%。[3]

农业技术推广是农业中介,特别是农业科技中介的主要任务,但面临专业技术人员少,农业科技中介规模小,组织化、专业化程度低,组织机构不规范等问题。例如,据统计河北省石家庄市工商、民政部门登记注册、运作规范的农民专业合作组织仅占总数的 20%,70% 多的农民专业合作经济组织是在没有进行注册登记、未取得合法地位的条件下运作的。[4] 农村中介服务未来具有广泛的市场需求,决定了农村中介组织的未来发展潜力巨大。农民自助性组织向规范的农民专业合作机构转型是今后的发展方向之一,专业合作组织能够提高农民组织化程度,将广大农户与市场有效联结。随着专业合作组织的发展,能够将农户组织起

---

[1] 具体见相关链接:http://news.xinhuanet.com/video/2006-03/23/content_4334884.htm.

[2] 具体见相关链接:http://news.sina.com.cn/c/2007-12-05/150714456245.shtml.

[3] 安建明等:《我国农村市场中介组织发展模式研究》,载《生产力研究》,2007 (15)。

[4] 牛细婷:《石家庄市农业科技中介组织发展中存在的问题与解决对策》,载《农业科技管理》,2007 (6)。

来，提高农业商品化程度，增强农户认同感，进而兴办龙头加工企业，延长产业链条，扩大经营规模，与农户形成互惠互利机制，真正发挥农村中介服务组织的积极作用，对我国当前及今后建设社会主义新农村起到积极的推动作用。

>>主要参考文献<<

[1] 北京师范大学经济与资源管理研究所. 2003 中国市场经济发展报告 [R]. 北京：中国对外经济贸易出版社，2003.

[2] 北京师范大学经济与资源管理研究所. 2005 中国市场经济发展报告 [R]. 北京：中国商务出版社，2005.

[3] 国家民政部. 中国民政事业发展统计报告 [R/OL]. 民政部网站.

[4] 国家统计局普查中心. 中国第二次基本单位普查资料汇编 [G]. 北京：中国统计出版社，2003.

[5] 国家统计局普查中心. 中国基本单位统计年鉴：2001—2007 年 [R]. 北京：中国统计出版社，2001—2007.

[6] 国家统计局. 中国统计年鉴：2003—2007 年 [R]. 北京：中国统计出版社，2004—2007.

[7] 王友. 中国保险中介发展报告 [R]. 北京：中国财政经济出版社，2005.

第八章
货币和金融的市场化

2004—2006 年，中国货币和金融市场化改革稳步推进，初步形成了银行、证券、保险等种类繁多、功能齐全的金融机构体系，国有金融机构的市场化改革取得突破性进展，利率市场化和汇率形成机制改革快速推进，货币市场与资本市场建设成效显著，金融业对外开放水平显著提高。

>>一、2004—2006 年中国货币和金融市场化概要<<

2004—2006 年中国货币和金融市场化改革稳步推进，其成果主要表现为金融机构体系、利率市场化、汇率形成机制、金融市场和法律体系等方面的改革与建设取得了较大进展。

（一）现代化的多层次金融机构体系初步形成

2004—2006 年我国金融机构建设成效显著，通过改革、改组、改制，形成了一大批资本充足、内控严密、运营安全、服务和效益良好的现代金融企业。从银行业金融机构来看，国有商业银行股份制改革取得重大进展，中国银行、中国建设银行、中国工商银行市场化公司治理结构初步建立，主要财务指标已接近国际大型商业银行水平。与此同时，其他国有商业银行、股份制商业银行、城市商业银行等银行类金融机构的改革和发展也取得了积极进展，农村信用社改革成效显著。从证券业金融机构来看，证券公司综合治理成效显著，历史遗留风险基本化解，部分证券公司通过重组、改制成功上市。从保险业金融机构来看，国有保险公司重组改制基本完成，外资保险机构快速发展，多种保险机构并存、中外资保险公司共同竞争的保险市场体系初步形成。同时，中国积极履行加入世贸组织时的承诺，不断扩大金融业对外开放的广度和深度，外资金融机构快速增加。总体来说，中国已基本形成功能齐全、形式多样、分工协作、互为补充的较为健全的金融机构体系（见表1-8-1）。

表 1-8-1　　　　　　　2006 年末中国金融机构构成一览表　　　　　　单位：个

行　业	名　称	家　数
银行业	政策性银行	3
	国有商业银行	4
	股份制商业银行	12
	城市商业银行	113
	城市信用合作社	78
	农村信用合作社	19 348
	农村合作银行	80
	农村商业银行	13
	邮政储蓄银行	1
	外资银行营业性机构	312
	外资银行代表处	242
	金融资产管理公司	4
	信托投资公司	54
	财务公司	70
	金融租赁公司	6
	汽车金融公司	7
	货币经纪公司	1
证券业	证券公司	115
	基金管理公司	58
	证券投资基金	307
	期货经纪公司	183
保险业	保险公司	98
	外资保险公司	41
	外资保险公司代表处	195
	专业保险中介机构	2 110
	保险资产管理公司	9

资料来源：中国银行业监督管理委员会：《中国银行业监督管理委员会年报》，2006—2007 年；中国人民银行金融稳定局：《中国金融稳定报告》，2006 年，北京，中国金融出版社，2007；中国人民银行上海总部：《中国金融市场发展报告》，2006 年，北京，中国金融出版社，2007。

如表 1-8-1 所示，截至 2006 年末，我国银行业金融机构包括政策性银行 3 家，国有商业银行 4 家，股份制商业银行 12 家，城市商业银行 113 家，城市信用社 78 家，农村信用合作社 19 348 家，农村商业银行 13 家，农村合作银行 80 家，金融资产管理公司 4 家，邮政储蓄银行 1 家，信托投资公司 54 家，企业集团财务公司 70 家，金融租赁公司 6 家，货币经纪公司 1 家，汽车金融公司 7 家，以及外资法人金融机构 14 家、营业性机构 312 家、代表处 242 个；证券业金融机构包括证券公司 115 家，基金管理公司 58 家，证券投资基金 307 只，期货经纪公司 183 家；保险业金融机构包括保险公司 98 家，专业保险中介机构 2 110 家，保险资产管理公司 9 家，外资保险公司 41 家以及代表处 195 个。

（二）利率市场化改革继续推进

利率作为金融市场中最重要的资金价格指标，无论对金融资源的配置还是对实体经济资源的配置都发挥着基础性作用。事实上，金融市场化最重要的标志之一就是利率市场化。2004 年 1 月 1 日起，中国人民银行将商业银行、城市信用社贷款利率浮动区间扩大到 0.9~1.7 倍，农村信用社贷款利率浮动区间扩大到 0.9~2.0 倍，贷款利率浮动区间不再根据企业所有制性质、规模大小分别制定。2004 年 3 月 25 日，中国人民银行实行再贷款浮息制度，决定对用于金融机构头寸调节和短期流动性支持的再贷款利率统一加 0.63 个百分点，再贴现利率加 0.27 个百分点。2004 年 10 月 29 日，中国人民银行决定允许金融机构人民币存款利率下浮，同时不再设定金融机构（不含城乡信用社）人民币贷款利率上限。2004 年 11 月，中国人民银行在调整境内小额外币存款利率的同时，决定放开 1 年期以上小额外币存款利率，商业银行拥有了更大的外币利率决定权。2005 年 3 月 17 日，中国人民银行将金融机构的超额存款准备金利率下调到 0.99%，同时放开金融机构同业存款利率，为商业银行自主定价提供了更大的空间。2005 年 9 月，中国人民银行允许金融机构自行确定除活期和定期整存整取存款外的其他 6 种存款的计结息规则，为商业银行加强主动负债管理和业务创新、改善金融服务提供了有利条件。2006 年 1 月 24 日，中国人民银行发布了《中国人民银行关于开展人民币利率互换交易试点有关事宜的通知》，推出了人民币利率互换交易试点。2006 年 10 月至 12 月，上海银行间同业拆放利率（Shibor）开始试运行，并于 2007 年 1 月 4 日起正式运行，为金融市场提供了 1 年以内产品的定价基准。

（三）以市场供求为基础的汇率形成机制基本确立

2005 年 7 月 21 日汇改以前，我国实行以市场供求为基础的、单一的、有管理的浮动汇率制度。这一制度的特征是以银行结售汇制度为基础，机构和个人通过外汇指定银行卖出或购买外汇，外汇指定银行根据结售汇周转头寸管理的规定，进入银行间外汇市场，卖出多余或补充不足的外汇头寸，中央银行则依据法律规范和市场手段，调控外汇供求关系，保持汇率基本稳定。由于人民币汇率盯住美元，波动幅度较小，导致汇率形成机制缺乏弹性。

按照主动性、可控性和渐进性原则，中国人民银行宣布自 2005 年 7 月 21 日开始实行以市场供求为基础，参考一篮子货币进行调节、有管理的浮动汇率制度。人民币汇率不再盯住单一美元，而是按照我国对外经济发展的实际情况，选择若干种主要货币，赋予相应的权重，组成一个货币篮子。根据国内外经济金融形势，以市场供求为基础，参考一篮子货币计算人民币多边汇率指数的变化，中国人民银行负责对人民币汇率进行管理和调节，维护人民币汇率在合理均衡水平上的基本稳定。同时，根据对汇率合理均衡水平的测算，人民币对美元即日升值 2%，即 1 美元兑换 8.11 元人民币。

从运行情况来看，新的人民币汇率形成机制运行平稳，人民币汇率弹性显著增强，与国际主要货币之间汇率联动关系明显，体现了以市场供求为基础和参考一篮子货币进行调节的规律。从 2005 年 7 月 21 日开始汇改到 2006 年末，人民币对美元汇率累计升值 5.99%，对欧元汇率累计升值 2.5%，对日元汇率累计升值 11.3%。2006 年，人民币对美元汇率中间价最高达 7.8087 元/美元，最低为 8.0705 元/美元，在 243 个交易日有 135 个交易日升值、108 个交易日贬值，日均波幅为 40 个基点，较汇改以来至 2005 年末日均波幅 17 个基点明显扩大。总体来看，我国已经基本确立以市场供求为基础的汇率形成机制，新汇率制度在推动我国对外贸易结构调整、经济结构优化、实现经济可持续发展方面的积极作用开始逐步显现。

（四）金融市场建设成效显著

2004—2006 年我国货币市场、外汇市场和资本市场建设取得了较大进展。

1. 货币市场进一步发展和完善

2004—2006 年我国货币市场金融产品创新取得重大突破，市场交易活跃，银行间债券市场做市商制度与货币经纪制度等制度性建设获得较大进展，市场运行机制进一步完善。2006 年银行间债券市场回购交易额为 26.6 万亿元，较 2002 年增加 16.4 万亿元，日均成交额高达 1 059 亿元；同业拆借交易额为 2.2 万亿元，较 2002 年增加 0.9 万亿元，日均成交为 86 亿元。

一是货币市场创新成效显著。我国先后出台了《货币市场基金管理暂行规定》、《商业银行次级债券发行管理办法》、《证券公司短期融资券管理办法》、《证券公司股票质押贷款管理办法》、《全国银行间债券市场债券远期交易管理规定》、《全国银行间债券市场金融债券发行管理办法》等规定与办法，推出货币市场基金、商业银行次级债券、证券公司短期融资券等新的市场产品，增加了债券买断式回购、债券远期交易、债券借贷业务等新的交易方式，开展人民币利率互换交易和信贷资产证券化业务试点。上述金融创新为投资者提供了新的投资盈利模式和风险规避手段，有利于整个货币市场的稳定运行、提高市场流动性。

二是建立银行间债券市场做市商制度。为了提高货币市场流动性，活跃债券市场报价，在双边报价制度基础上，进一步改进做市商制度。除商业银行外，首次引进证券公司为市场做市商。2006 年末，银行间债券市场做市商数量达 15 家，其中商业银行 13 家，证券公司 2 家。

三是建立货币经纪制度。2006 年 7 月，中国人民银行发布《中国人民银行关于货币经纪公司进入银行间市场有关事项的通知》，银行间市场经纪业务正式启动。货币经纪公司的引入提高了市场流动性，降低了交易成本，促进了价格发现，对于扩大银行间市场宽度、提高市场深度、促进市场的快速健康发展具有重要意义。

四是允许企业发行短期融资券。2005 年 5 月，中国人民银行发布了《短期融资券管理办法》（以下简称《办法》）以及《短期融资券承销规程》、《短期融资券信息披露规程》两个配套文件，允许符合条件的企业在银行间债券市场向合格机构投资者发行短期融资券。《办法》坚持市场化取向的原则，并将此原则贯穿于短期融资券市场发展的各个环节，在市场准入方面采取备案制，对发行规模实行余额管理，期限实行上限管理，发行利率不受管制。在银行间债券市场引入短期融资券是我国融资方式的重大突破，是金融市场建设的重要举措。短期融资券的发行，对拓宽企业直接融资渠道、改变直接融资与间接融资比例失调、疏通货币政策传导机制、促进货币市场与资本市场协调发展具有重要的战略意义。

2. 外汇市场的市场化进程较快

2004—2006 年，我国外汇市场的市场化进程显著加快。特别是 2005 年 7 月

21 日汇改以后，无论是市场交易机制建设，还是汇率形成机制建设都取得了较大进展。同时，外汇市场产品日趋丰富，外汇衍生产品从无到有，品种逐步增加，交易规模不断扩大。

一是开办外币买卖业务。2005 年 5 月，银行间外汇市场正式开办外币买卖业务。首期推出八种"货币对"即期交易，包括欧元对美元、澳大利亚元对美元、英镑对美元、美元对瑞士法郎、美元对港币、美元对加拿大元、美元对日元和欧元对日元。该项业务的推出有助于进一步发展和完善银行间外汇市场，丰富交易品种，活跃市场交易，扩大交易规模，对于缓解国内中小金融机构由于自身风险评级和规模限制难以在国际外汇市场直接参与外汇交易的状况起到积极作用。2006 年，银行间外汇市场八种"货币对"成交额为 756.9 亿美元，其中美元对港币、美元对日元和欧元对美元的成交量占全部成交量的比重为 87.1%。

二是外汇衍生品市场快速成长。2005 年 8 月，银行间人民币远期市场正式运行。随着交易成员的不断扩大以及市场对人民币远期交易认识的不断深入，远期市场报价和交易也日趋活跃。2006 年 4 月，我国又在银行间市场推出人民币外汇掉期交易。为了规范市场发展，同年 7 月，中国外汇交易中心又发布了《全国银行间外汇市场人民币外汇远期及掉期交易主协议》，对于活跃外汇衍生品市场交易、防范市场风险起到了重要作用。据统计，2006 年，银行间远期市场共成交 140.6 亿美元，人民币掉期市场共成交 508.6 亿美元，合计共成交 649.2 亿美元。

三是外汇市场交易制度向成熟市场国家靠拢。2006 年 1 月，中国人民银行发布《关于进一步完善银行间即期外汇市场的公告》，在我国银行间即期外汇市场引入做市商制度和询价交易方式。作为国际成熟外汇市场中普遍采用的市场交易制度，做市商制度和询价交易方式的推出大大活跃了外汇市场交易，提高了外汇市场流动性，进一步提高了人民币汇率形成的市场化程度，为我国外汇市场与国际外汇市场的进一步接轨创造了条件。场外市场已逐步成为我国银行间即期外汇市场的主体，询价交易方式相应地已成为我国银行间即期外汇市场的主要交易方式。2006 年，银行间即期外汇市场成交量迅速增长，全年询价市场成交量占银行间即期外汇市场成交量的比例超过 95%，做市商双边报价积极，日均报价超过 800 次。

四是建立了人民币远期定价机制。我国人民币远期市场定价机制实现了从基于预期的定价机制向利率平价的转变，摆脱了境外人民币无本金交割远期交易（Non-deliverable Forward，NDF）市场的影响并开始影响 NDF 市场价格走势，我国银行间人民币远期市场已掌握了人民币远期定价的主导权。不仅如此，基于利率平价人民币远期定价机制的建立，有助于远期市场价格回归理性，有助于建立即期汇率、远期汇率和本外币利率四个变量之间的联动机制，有利于进一步推进人民币汇率改革和人民币利率市场化进程。

3. 资本市场发展日趋规范

2004—2006 年资本市场制度建设不断推进，市场运行日益规范，市场规模显著扩大，对国民经济发展支持力度不断加大。

一是股权分置改革基本完成。2005 年 4 月，经国务院批准，中国证券监督管理委员会发布了《关于上市公司股权分置改革试点有关问题的通知》，正式启动股权分置改革试点工作。8 月，证监会、国资委、财政部、人民银行、商务部五部门联合发布《关于上市公司股权分置改革的指导意见》，进一步完善了股权分置改革相关制度安排。截至 2006 年末，沪深两市已完成或者进入股权分置改革程序的上市公司共 1 301 家，占应改革上市公司的 97%，对应市值占比 98%，未进入改革程序的上市公司仅 40 家。股权分置改革解决了长期影响我国资本市场健康发展的重大历史遗留问题，使流通股东和非流通股东之间的利益达到一致，促使真正能影响股价的大股东开始关心股价，强化了上市公司各类股东的共同利益基础，为完善市场定价功能和资源配置功能、提高上市公司治理水平和推进市场创新发展创造了基础性条件。

二是建立证券投资者保护制度。中国证券投资者保护基金公司于 2005 年正式成立，标志着金融风险补偿机制在证券行业的初步形成。根据《证券投资者保护基金管理办法》的规定，保护基金专门用于证券公司关闭、撤销和破产或被证监会实施行政接管、托管经营等强制性措施时，按照国家政策收购个人对证券公司的债权及弥补客户证券交易结算资金缺口。

三是证券发行制度改革进一步深化。随着《证券发行与承销管理办法》的出台，新股发行开始采用询价制，这是我国股票发行体制市场化程度提高的重要标志。同时，我国还形成了比较完整的体现核准制要求的发行监管规则体系。中国银行、中国工商银行、交通银行、中国建设银行在 A 股市场成功上市，充分体现了我国股票发行体制市场化改革取得的成果。

四是建立证券公司客户交易结算资金第三方存管制度。证券公司普遍挪用保证金是导致证券公司全行业面临严重风险的主要原因之一。证券公司客户交易结算资金第三方存管制度的建立，从制度上杜绝证券公司挪用客户证券交易结算资金现象的发生。截至 2006 年末，13 家公司已实施第三方存管，58 家公司与存管银行达成合作意向。

（五）金融法律体系日趋完善

我国金融法律体系日趋完善，下面分别从银行业、证券业和保险业这三个方面进行分析。

1. 银行业监管法律框架进一步完善

2004年2月，《中华人民共和国银行业监督管理法》（以下简称《银监法》）正式施行。该法是我国第一部系统、完整地规范银行业监管的法律，它奠定了银行业有效监管法制体系的基础。《银监法》以法律的形式，明确我国银行业监管的目标、原则，确定银行业监管机构的法定地位和职责，加强和完善监管手段，规范监管程序，推进我国银行业监管向国际良好做法靠拢，提高了我国银行业监管的有效性。2006年10月，全国人大审议通过了《关于修改银行业监督管理法的决定》，赋予银行业监管机构对银行业金融机构以外的相关单位和个人进行调查的权力，提高查处银行业金融机构违法案件的效率，从而有效保护银行业金融机构及客户的资金安全。

在《银监法》的框架下，我国银行业监管当局陆续出台了一批银行业稳健发展所急需的部门规章和规范性文件。截至2006年末，共出台228件部门规章和规范性文件，包括机构管理类131项，业务管理类35项，监管措施类40项，监管行为规范类16项，其他类6项，涵盖市场准入、公司治理、风险管理、内部控制、资本监管及法人监管等方面。这些部门规章和规范性文件，一方面促进了银行业金融机构审慎经营、有效管理和控制风险，另一方面也调整了监管方式和程序，提高了监管透明度，创造了有利于竞争和创新的制度环境。

此外，2006年11月，国务院修订颁布《中华人民共和国外资银行管理条例》（以下简称《外资银行管理条例》），银监会发布《中华人民共和国外资银行管理条例实施细则》。根据新修订的《外资银行管理条例》，在允许外资银行自主选择商业存在形式的前提下，鼓励机构网点多、存款业务规模较大并准备发展人民币零售业务的外资银行分行转制为在我国注册的法人银行。转制后，外资法人银行在注册资本、设立分支机构、营运资金要求以及监管标准方面，完全与中资银行相同，这标志着我国银行业对外开放及外资金融机构监管又迈出了新步伐。

2. 证券业基础法律建设深入推进

2004年2月颁布的《国务院关于推进资本市场改革开放和稳定发展的若干意见》（以下简称《若干意见》），为股票市场的改革和发展指明了方向。《若干意见》从9个方面对资本市场的作用、指导思想和任务进行了全面阐述，对发展资本市场的政策措施进行了整体部署，并将大力发展资本市场提升到国民经济发展全局的战略高度。

2005 年 10 月，十届全国人大常委会第十八次会议审议通过了《中华人民共和国公司法（修订）》和《中华人民共和国证券法（修订）》，修订后的《公司法》和《证券法》从 2006 年 1 月 1 日起施行。新公司法对改善公司治理结构、健全股东尤其是中小股东利益的保护机制产生了积极影响。新证券法与原来的证券法相比，做出了比较大的修改，其中新增 53 条，删除 27 条，还有一些条款做了文字修改。具体来看，修改主要包括了七个方面的内容：一是完善上市公司的监管制度，提高上市公司质量；二是加强对证券公司监管，防范和化解证券市场风险；三是加强对投资者特别是中小投资者合法权益的保护力度；四是完善证券发行、证券交易和证券登记结算制度，规范市场秩序；五是完善证券监督管理制度，增强证券市场的监管力度；六是强化证券违法行为的法律责任，打击违法犯罪行为；七是为资本市场进一步发展预留法律空间。证券法的修订，是资本市场最重要的基础性制度建设。修改后的证券法为市场的发展和创新提供了空间，有助于解决我国证券市场存在的深层次问题和结构性矛盾，有利于完善市场主体的约束机制、强化对投资者的法律保护、完善监管机构的执法机制和手段，以及提高证券监管的权威和效率，进而为资本市场的改革发展提供强有力的制度保障。

根据新修订的《公司法》、《证券法》，证券监管部门起草了《上市公司监督管理条例》、《证券公司监督管理条例》、《证券公司风险处置条例》等行政法规，制定或修改了《上市公司证券发行管理办法》等 70 余部规章和规范性文件，基本形成了与《公司法》、《证券法》配套的监管法规规章体系。

3. 保险业法律法规建设成效显著

2006 年 6 月，国务院颁布《国务院关于保险业改革发展的若干意见》（以下简称《意见》），明确了保险业在我国经济社会发展中的定位，提出了保险业改革发展的指导思想、总体目标和主要任务。《意见》明确提出深化保险资金运用体制改革，保险资金可以直接或间接投资资本市场、参股商业银行、投资资产证券化产品。为此，我国先后发布了《保险资金间接投资基础设施项目试点管理办法》、《保险外汇资金境外运用管理暂行办法》、《保险公司次级定期债务管理暂行办法》、《保险机构投资者股票投资管理暂行办法》、《保险资产管理公司管理暂行规定》、《保险资金运用风险控制指引》、《保险保障基金管理办法》、《保险机构投资者债券投资管理暂行办法》等规章制度，以规范保险公司内控管理机制，强化偿付能力监管和资金运用监管。

此外，我国还进一步加强保险市场规章制度建设。发布《关于规范保险公司治理结构的指导意见（试行）》，通过强化股东义务、加强董事会建设、发挥监事会作用、规范管理层运作、加强关联交易和信息披露管理、治理结构监管等，完善保险公司治理结构，全面提升全行业公司治理结构的整体水平，切实防范经营风险，保护被保险人、投资者及其他利益相关者的合法权益。发布《保险公司设立境外保险类机构管理办法》，加强对保险公司设立境外保险类机构的活动的管理，防范保险业风险，保障被保险人的利益。

>>二、2004—2006年中国货币金融市场化现状的 指标描述和分析<<

2004—2006年，中国货币化进程放缓，但金融化趋势不断加快，国有商业银行股份制改革取得突破性进展，银行业市场竞争格局日趋多元化。同时，利率市场化改革力度明显加大，个人资本项目可兑换限制不断放宽。

（一）货币化与金融化程度加深

货币化是指一国国民经济中用货币交易的商品和劳务占其全部产出的比重以及非货币经济向货币经济转化的经济过程。经济学上一般用M2/GDP这一指标来衡量一国经济货币化的程度。一般来说，M2/GDP越高说明一国经济货币化水平也就越高。与改革开放前期M2/GDP快速上升的变化态势不同，2004年以来M2/GDP的增长速度趋缓，表明我国经济货币化进程已经初步完成，正逐步转向稳定维持阶段。实际上，改革前期经济货币化程度的过快增长一方面表明了整体经济的运行日益金融化、市场化，但同时也表明在金融体系内部，资本市场还没有得到充分发展。

金融化主要是指一个国家实体经济与金融发展程度的对比关系。一般情况下，可以用金融资产与GDP的比值来反映一国金融化水平。金融资产与GDP的比值越高，表明经济社会可动用的金融资源也越多，金融市场化程度也越高。2004年以来，直接融资市场的快速发展导致全部金融资产中的证券化资产规模迅速扩大，进而导致金融资产与GDP的比值由2004年的208.8%快速上升到2006年的235.6%，如表1-8-2所示。可见，尽管2004—2006年中国货币化进程放缓，但金融化趋势却不断加快。

表 1-8-2　　　　　　　　　2001—2006 年中国金融资产表　　　　单位：亿元人民币；%

年份	GDP 绝对值	金融资产总量	M2		有价证券		股票市值		M2/GDP	金融资产/GDP
			绝对值	比重	绝对值	比重	绝对值	比重		
2001	109 655	225 977	158 302	70.1	24 153	10.7	43 522.2	19.3	144.4	206.1
2002	120 333	254 060	185 007	72.8	30 724	12.1	38 329.1	15.1	153.7	211.1
2003	135 823	299 648	221 223	73.8	35 967	12.0	42 457.7	14.2	162.9	220.6
2004	159 878	333 861	254 107	76.1	42 698	12.8	37 056.0	11.1	158.9	208.8
2005	183 868	383 740	298 756	77.9	52 554	13.7	32 430.3	8.5	162.5	208.7
2006	210 871	496 736	345 604	69.6	61 728	12.4	89 404.0	18.0	163.9	235.6

资料来源：中国金融年鉴编辑部：《中国金融年鉴》，北京，中国金融出版社，2007；中国人民银行统计司：《中国人民银行统计季报》，2007 年 1 季度。

（二）国有商业银行市场化改革取得突破性进展

2004—2006 年我国国有商业银行股份制改革取得突破性进展，中国建设银行、中国银行、中国工商银行不仅成功引进国外战略投资者，而且顺利股改上市。目前，三家已改制国有商业银行在公司治理机制、发展战略和经营理念、透明度建设以及激励约束机制等方面均取得突出成效，经营绩效大幅度提升，与国际先进银行的差距不断缩小。

2004 年 6 月，中国建设银行以分立的形式设立中国建设银行股份有限公司和中国建设银行集团有限公司。2005 年 6 月建设银行和美国第二大银行——美洲银行正式签署了战略投资与合作协议。7 月又与新加坡淡马锡控股有限公司正式签署战略合作协议，淡马锡成为建行的第二个国际战略投资者。10 月建行在香港证券交易所正式挂牌上市，以每股 2.35 港元的价格向全球发售 264.86 亿股 H 股（占发行后总股本的 12%），共筹集资金 622 亿港元，折合 79.8 亿美元。

2004 年 8 月中国银行股份有限公司挂牌成立。2005 年 8 月中国银行与苏格兰皇家银行集团签署战略性投资与合作协议，苏格兰皇家银行将出资总计 31 亿美元，购入中国银行 10% 的股权。8 月又与淡马锡签署战略投资协议。2006 年 6 月 1 日、7 月 5 日中国银行分别在香港联交所、内地 A 股市场成功挂牌上市，分别筹集资金 867 亿港元和 200 亿元人民币。

2005 年 4 月，中央汇金投资有限责任公司运用外汇储备 150 亿美元补充中国工商银行资本金，随后工行又发行 350 亿元次级债，顺利完成了财务重组工作。2005 年 10 月中国工商银行股份有限公司正式成立。2005 年 12 月中国工商银行与美国高盛集团、德国安联、美国运通公司组成的投资团签订战略投资协议。2006 年 10 月 27 日工商银行以 A＋H 股同步发行、同步上市的方式，成功在香港和上海两地同时上市，分别筹集资金 1 249 亿港元和 464 亿元人民币，成为到 2006 年底全球最大的首次公开发行项目。

表 1-8-3　　　　　　　2006 年末 4 家股改银行七项考核指标　　　　　单位：%

项　目	考核标准	工商银行	中国银行	建设银行	交通银行
总资产净回报率	财务重组完成后次年达到 0.6，三年内达到国际良好水准	0.71	0.94	0.92	0.78
股本净回报率	财务重组完成后次年达到 11，逐年提高到 13 以上	15.37	13.47	15.00	14.15
成本收入比	财务重组完成后次年起控制在 35～45 之间	36.30	38.96	43.97	47.66
不良贷款比率	＜5	3.79	4.04	3.29	2.01
资本充足率	＞8	14.05	13.59	12.11	10.83
大额风险集中度	≤10	3.10	2.20	5.82	3.77
不良贷款拨备覆盖率	≥60，争取五年内达到 100	70.56	96.00	82.24	72.83

资料来源：中国银行业监督管理委员会：《中国银行业监督管理委员会年报》，2006—2007 年。

通过财务重组、引进战略投资者和股改上市，中国银行、中国建设银行、中国工商银行经营市场化程度显著提高，突出表现在：一是公司治理机制日益完善，董事会、监事会、经理层能够按照《公司法》和公司章程履行职责，形成了相互制衡的监督约束机制。二是加强了内控制度建设，初步形成了相对独立的内控体系和完善的风险防范体制。三是财务状况显著改善，盈利能力明显提高（见表 1-8-3）；四是透明度建设取得明显进展，按照现代金融企业和大型上市银行的标准和要求，完善信息披露制度，加强信息披露，信息披露数量和质量明显改善。

（三）利率市场化进程显著加快

在 1996—2006 年的 11 年中，中国政府采取了 20 项利率市场化措施，其中仅 2004—2006 年就采取了 7 项，与 2002—2003 年的 3 项相比，利率市场化的步伐显著加快，如表 1-8-4 所示。

表 1-8-4 中国利率市场化进程表

时 间	利率市场化措施
2004 年 1 月	扩大金融机构贷款利率浮动区间，不再根据企业所有制性质、规模大小分别确定贷款利率浮动区间
2004 年 10 月	金融机构（不含城乡信用社）的贷款利率原则上不再设定上限，允许存款利率下浮
2005 年 3 月	下调金融机构超额准备金利率，同时调整房贷利率，将住房贷款优惠利率回归到同期贷款利率水平，实行下限管理，下限为相应期限档次贷款基准利率的 0.9 倍。商业银行可以自主确定利率水平和内部定价规则
2005 年 9 月	商业银行可以自主决定存款的计息方式
2006 年 1 月	启动人民币利率互换交易试点
2006 年 8 月	放宽个人住房贷款利率下限
2006 年 10～12 月	上海银行间同业拆放利率试运行，并于 2007 年 1 月 4 日起正式运行

资料来源：中国人民银行货币政策司：《中国货币政策执行报告》，各期；中国人民银行：《稳步推进利率市场化报告》，2003—2007 年。

不仅如此，利率市场化改革力度也明显加大，涉及范围已经从存贷款利率扩展到市场基准利率，改革重点也由扩大利率浮动区间转变到培育金融机构自主定价能力。

（四）银行业市场竞争格局日趋多元化

随着股份制商业银行、城市商业银行、农村金融机构发展速度加快，我国银行业竞争程度有所加强，国有银行市场份额逐步下降，而股份制商业银行、城市商业银行、外资银行的市场份额则显著提高。

表 1-8-5 中国银行业资产份额（期末数） 单位：%

年 份 类 别	2000	2001	2002	2003	2004	2005	2006
国有商业银行	62.56	60.53	66.3	55.5	53.6	52.5	52.1
股份制商业银行	10.19	12.27	14.7	13.8	14.9	15.5	16.5
城市商业银行	1.20	1.87	5.6	5.8	5.4	5.4	5.9
外资银行	2.06	2.30	1.4	1.2	1.8	1.9	1.9

资料来源：北京师范大学经济与资源管理研究所：《2005 中国市场经济发展报告》，北京，中国商务出版社，2005；中国人民银行调查统计司：《中国人民银行统计季报》，2005 年 1 季度，2006 年 1 季度，2007 年 1 季度。

如表 1-8-5 所示，以资产总额计算，国有商业银行的资产份额由 2003 年末的 55.5％下降到 2006 年末的 52.1％，股份制商业银行资产占比由 13.8％上升到 16.5％，城市商业银行资产占比由 5.8％上升到 5.9％，外资银行资产占比由 1.2％上升到 1.9％。

（五）资本项目可兑换限制不断放宽

2004—2006 年，我国进一步放松了个人资本项目的外汇管理。一是在放松对个人资本项下资金流入的管制的基础上，逐步放开了对个人资本项下资金流出的管制。二是放开境外个人对境内直接投资的外汇限制，允许境外个人通过 QFII 投资 A 股市场。三是放开境内个人对外财产转移相关外汇限制，允许境内个人 B 股投资收益结汇，允许境内个人参与境外上市公司员工持股和认股期权计划，允许境内个人通过 QDII 对境外进行证券投资（见表 1-8-6）。从目前情况看，我国个人资本项目管制程度不断降低，已有接近一半的项目基本不受管制或者受到较少管制，而部分管制和严格管制的项目各占四分之一。

表 1-8-6　　　　　　　　　　部分个人资本项目管制程度

项　　目	管制程度
个人财产转移	基本不受管制或较少管制
境外个人对境内投资	基本不受管制或较少管制
境内个人 B 股投资	基本不受管制或较少管制
境内个人可以通过 QDII 投资境外债券	部分管制
境外个人可以通过 QFII 投资境内债券	部分管制
境内个人可以通过 QDII 投资境外股票	部分管制
境外个人可以通过 QFII 投资境内股票，可以投资 B 股股票	部分管制
境外个人对境内提供借款或融资	部分管制
境内个人对境外投资	严格管制
境内个人在境外买卖自用房地产	严格管制
衍生金融工具	严格管制
境内个人对境外提供借款或融资	严格管制

资料来源：根据国家外汇管理局相关规定整理。

同时，我国还放松了企业资本项目下的资本流出管制。为了鼓励国内企业"走出去"，我国取消了境外直接投资购汇额度限制，允许提前购汇支付前期费用，同时支持境内银行为境外投资企业提供融资性担保，在边境地区实行更加灵活的境外投资政策。

>>三、货币和金融市场化程度的判断<<

2004—2006 年，我国货币金融市场化程度显著提高，突出表现在金融市场化定价能力不断提升、金融业对外开放水平显著提高和外汇管理日趋宽松三个方面。

（一）金融市场化定价能力显著提升

货币市场利率市场化机制初步形成。目前，货币市场调节短期头寸的功能已得到市场广泛认同，除了商业银行、证券公司等金融机构以外，企事业单位和居民个人也可通过结算代理、购买货币市场基金等多种方式参与货币市场交易。随着市场主体的多样化，中国银行间同业拆借利率（Chibor）和债券回购利率的市场化形成机制初步确立。利率作为资金的价格信号功能初步得到体现，银行间债券市场回购定盘利率和上海银行间同业拆放利率逐步推出，为利率互换等金融衍生品提供了参考利率，其中银行间债券市场回购利率作为反映整个金融市场流动性的指标得到了广泛的重视。同时，短期融资券信用风险定价作用机制逐步显现。2006 年风险溢价因素导致短期融资券发行利率不断上扬，特别是大型优质国有企业与信用风险高的中小企业之间的发行利率差显著扩大。

外汇市场的市场化定价能力显著提升。2003 年以来，随着汇率在资源配置中的基础性作用增强，外汇衍生产品的定价机制进一步健全，外汇供求关系进一步理顺。首先，通过建立央行外汇一级交易商制度、引入做市商制度和询价交易方式，人民币汇率中间价形成方式得以改进，外汇市场交易日渐活跃，交易效率与市场化程度进一步提高，人民币汇率弹性不断增强。其次，外汇市场产品日益丰富，外汇衍生品从无到有，且品种逐步增多，使境内人民币远期市场取得了人民币远期汇率定价主导权，促使远期市场价格回归理性。再次，市场参与主体日益增多，市场交易规模不断扩大，交易活跃程度显著提高。截至 2006 年末，我国银行间外汇市场共包括 22 家做市商银行、262 家即期市场会员银行、76 家远期市场会员银行和 62 家掉期市场会员银行。

资本市场机构投资者定价能力作用初显。随着机构投资者种类的多元化及其投资规模的不断扩大，股票市场投资者结构逐步优化，资本市场的估值能力和定价功能逐步增强。同时，证券市场的投资理念也出现了积极变化。越来越多的投资者注重公司业绩分析，注重长线投资，市场过度投机得到了有效控制，市场淘汰机制正逐步形成。2006年末，我国共有基金公司58家，管理各类基金307只，当年新募集资金的资产净值4 028亿元，累计净值达8 565亿元，累计批准合格境外机构投资者（QFII）55家。此外，社保基金、保险资金和企业年金等也加快进入证券市场。

（二）金融业对外开放水平进一步提高

加入世界贸易组织以来，我国政府坚定不移地坚持对外开放，按照加入世界贸易组织的条款，分步骤、分阶段积极主动履行金融业对外开放的有关承诺，全面推动中国金融业的对外开放和发展。截至2006年末，25个国家和地区的外资金融企业在我国设立了银行、证券和保险业营业性机构472家，资产总额约合人民币10 144亿元，占我国金融企业资产总额的2.1%。

表1-8-7 入世后中国银行业对外开放进展情况

时 间	主要进展
2001年12月	中国加入世界贸易组织；取消外资银行办理外汇业务的地域和客户限制，允许外资银行经营对中国企业和中国居民的外汇业务；在上海、深圳、天津和大连四个城市向外资银行开放人民币业务；颁布《中华人民共和国外资金融机构管理条例》（修订版）
2002年1月	颁布《中华人民共和国外资金融机构管理条例实施细则》（修订版）
2002年12月	在广州、青岛、珠海、南京、武汉五个城市向外资银行开放人民币业务；颁布《境外金融机构投资入股中资金融机构管理办法》，规定入股中资银行的资格条件和持股比例
2003年12月	在济南、福州、成都和重庆四个城市向外资银行开放人民币业务；允许外资银行在已开放人民币业务的地域经营对中资企业的人民币业务
2004年12月	在昆明、北京、厦门、沈阳和西安五个城市向外资银行开放人民币业务
2005年12月	在汕头、宁波、哈尔滨、长春、兰州、银川、南宁七个城市向外资银行开放人民币业务
2006年11月	颁布《中华人民共和国外资银行管理条例》和《中华人民共和国外资银行管理条例实施细则》
2006年12月	取消外资银行经营人民币业务的地域和客户限制，允许外资银行对所有客户提供人民币服务；取消对外资银行在华经营的非审慎性限制

资料来源：中国银行业监督管理委员会：《中国银行业监督管理委员会年报》，2006年；中国人民银行：《中国人民银行年报》，2004—2006年。

1. 银行业对外开放全面推进

我国如期取消对外资银行经营人民币业务的地域范围和服务对象范围的限制，取消对外资银行的所有非审慎性限制（见表 1-8-7）。从机构数量来看，2006 年末在我国注册的外资独资和合资法人银行业机构共有 14 家，下设 19 家分支行及附属机构；22 个国家和地区的 74 家外资银行在 25 个城市设立了 200 家分行和 79 家支行；42 个国家和地区的 186 家外资银行在 24 个城市设立了 242 家代表处。从地域分布来看，100 家外资银行营业性机构设立在上海，占比为 32%；深圳 40 家，占比为 13%；北京 37 家，占比为 12%；广州 28 家，占比为 9%；天津 17 家，占比为 5%；厦门 16 家，占比为 5%。从业务品种来看，2006 年末外资银行经营的业务品种超过 100 种，115 家外资银行获准经营人民币业务。从业务规模和绩效来看，2006 年末外资银行本外币资产总额 1 033 亿美元，占中国银行业金融机构总资产的 1.8%，其中外汇资产总额 676 亿美元，人民币资产总额 2 788 亿元，不良资产率仅为 0.70%。此外，截至 2006 年末，我国还有 21 家中资金融机构引进了 29 家境外投资者，吸引投资总额达 190 亿美元（见表 1-8-8）。

表 1-8-8 　　　　　　　　2003—2006 年我国银行业对外引资规模 　　　　　　　单位：家；亿美元

项　目	2003 年	2004 年	2005 年	2006 年
引进境外金融机构数（累计）	5	11	18	29
当年引进投资额	2.6	23.5	111.9	52.2
境外上市筹资额	—	—	113.9	299.0
当年引进外资合计	2.6	23.5	225.8	351.2

资料来源：《中国银行业报告》，2007 年，载中经网，2007。

2. 证券业对外开放水平不断提高

我国先后颁布了《外资参股证券公司设立规则》、《外资参股基金管理公司设立规则》和《合格境外机构投资者境内证券投资管理暂行办法》等一系列相关法规，并启动合格境外机构投资者（QFII）机制。截至 2006 年末，我国已经批准设立 8 家中外合资证券公司和 24 家中外合资基金管理公司，上海证券交易所、深圳证券交易所各有 4 家境外特别会员，在上海证券交易所、深圳证券交易所直接从事 B 股交易的境外证券经营机构分别达 39 家和 19 家。此外，还有 54 家境外机构获得了 QFII 资格。

3. 保险业基本实现全面对外开放

目前，主要跨国保险金融集团和发达国家的保险公司都已进入我国，外资保险公司可以在我国任何地区提供保险服务，除法定保险业务外，外资保险公司可以经营其他全部保险业务。同时，保险业国际化程度逐步提高，国际合作不断加强，形成了中外资保险公司优势互补、共同发展的局面。截至 2006 年末，我国共有 41 家外资保险公司，来自 20 个国家和地区的 133 家外资保险公司在华设立了 195 家代表处，外资保险公司占整个保险市场的份额为 4.6%。

4. 中资金融机构 "走出去" 的步伐显著加快

截至 2006 年末，中资金融机构在 29 个国家和地区设立了 120 多家营业性机构，境外资产总额折合人民币超过 1.8 万亿元。其中，中资商业银行在美国、日本等 29 个国家和地区设立了分支机构，中资保险公司则在港澳、东南亚、欧洲和北美等地区设立分支机构。此外，中资金融机构的海外并购步伐也显著加快，从而更好地发挥境内外市场的协同效应。

（三）外汇管理日趋宽松

2004—2006 年，我国外汇管理体制放松主要体现在五个方面。一是放宽居民外汇持有和使用管理。对居民购汇和个人结汇实行年度总额管理，允许个人对外贸易开立外汇结算账户办理外汇资金收付，允许个人合法财产向外转移，进一步规范个人资本项目外汇收支。二是改善企业经常项目外汇管理。取消经常项目外汇账户开户事前审批，改进进出口收付汇核销管理，进一步简化核销手续，提高企业经常项目外汇账户限额，同时放宽企业服务贸易用汇限制。三是对银行结售汇头寸实施权责发生制管理。2006 年 1 月，中国人民银行将做市商结售汇头寸管理由收付实现制改革为权责发生制。6 月，进一步扩大权责发生制结售汇头寸管理的范围，对所有外汇指定银行结售汇头寸实行权责发生制管理，从而完全打通即期外汇市场和人民币远期市场。四是完善合格境外机构投资者（QFII）制度的相关管理政策，积极引导其支持国内资本市场发展。截至 2006 年末，我国累计批准 QFII 投资额度 90.5 亿美元，累计汇入资金 74.6 亿美元，累计结汇约 611.9 亿元。五是稳妥有序拓宽资本流出入渠道。允许银行集合境内外汇或人民币购汇投资境外金融市场，支持证券经营机构集合境内机构和个人自有外汇投资境外证券市场，鼓励保险机构在一定比例内以自有外汇或购汇对外金融投资。截至 2006 年末，共有 15 家商业银行获准代客境外理财投资购汇额度 134 亿美元，共有 4 家境内保险公司获得境外证券投资额度 52.4 亿美元，1 家基金管理公司获得 QDII 业务试点。

>>四、货币和金融市场化发展趋势<<

未来一段时期，我国将继续稳步推进利率市场化建设，加快外汇管理体制改革，深化金融市场建设，进一步完善农村金融体系，稳步推进金融业对内开放。

（一）利率市场化建设将稳步推进

近几年，我国利率市场化建设取得了巨大进展。不仅放宽了存款基准利率和贷款基准利率浮动区间，而且诸如商业票据、短期融资券、外币大额存款和外币大额贷款的利率初步实现市场化。同时，银行间市场利率完全由市场决定，作为货币市场基准利率的上海银行间同业拆放利率（Shibor）市场地位显著提升。然而，我国利率决定离完全市场化仍有较大的差距。当前，推进利率市场化改革要与金融机构治理结构、内控机制的完善、中央银行货币政策调控体系建设和金融监管能力提升相协调。一方面，应加快推进市场基准利率建设，推动上海银行间同业拆放利率逐步发挥作用，建立健全由市场供求决定的、中央银行可通过货币政策工具调控的利率形成机制；另一方面，应将利率市场化的重心从监管机构主动放开利率管制阶段，逐步转移到市场主体参与形成市场利率阶段，提高商业银行的定价能力，健全市场化的产品定价机制。

（二）外汇管理体制改革将持续深化

首先，我国应继续按照主动性、可控性和渐进性原则，完善人民币汇率形成机制，更大程度地发挥市场供求的作用，增加汇率弹性，保持人民币汇率在合理均衡水平上的基本稳定。其次，创新贸易外汇管理方式，分步实施服务贸易外汇管理改革，鼓励商业银行为不同需求的企业设计针对性更强的汇率避险产品。再次，逐步放宽机构和个人对外金融投资的规模、品种等限制，积极支持境内企业对外直接投资，稳步实施合格境内机构投资者制度，加强外汇储备经营管理和风险防范，积极探索和拓展外汇储备使用渠道和方式。最后，对异常跨境资金流动和非法外汇交易实行严密监测，规范个人外汇收支管理，改进外商投资企业外债管理，加大跨境资金流动的外汇检查力度。

（三）金融市场建设不断深化

我国将加强金融市场制度性建设，鼓励金融创新行为，丰富市场层次与产品种类，培育和发展机构投资者，推动金融市场的协调发展。首先，我国金融市场创新能力将不断提升。通过调动金融市场主体的积极性和创造性，鼓励金融产品与金融工具创新，满足市场多样化需求。其次，金融衍生品市场建设将显著加快。一方面，我国应尽快推出股指期货。当前，股市剧烈波动与缺乏风险转移机制有关，发展股指期货可以为投资者提供对冲手段，以降低股市风险。另一方面，我国应加快农产品期货市场的建设。我国现已开办了豆类、玉米、小麦、棉花、白糖等10种大宗农产品期货，但与美国、印度等国家相比，我国农产品期货品种还相对偏少。我国应适时丰富农产品期货的品种，并积极引导农户和企业学会利用农产品期货市场功能，来规避传统农业市场风险。再次，我国金融市场基础性建设将进一步加强。我国应通过提高会计准则、信息披露和公司治理的标准，培育金融市场参与主体的自律行为，增加市场透明度，强化市场约束与激励机制。同时，我国将进一步推进支付清算体系建设，改善登记、托管、交易以及支付清算等基础服务，以便利市场交易活动。

（四）农村金融体系建设将加速进行

目前，我国农村地区金融体系不健全，银行、证券、保险业发展不协调，金融机构网点覆盖率低，种类不齐全，供给不充足，竞争不充分，甚至不少地区还存在服务空白，严重影响了金融支农服务效果的发挥。针对农村金融需求多样化的特点和社会主义新农村建设的需要，我国应积极培育分工合理、投资多元、功能完善、服务高效的农村金融机构，着力构建多层次、广覆盖、可持续的农村金融体系。一是农业银行的股份制改造步伐将加快，农业银行机构覆盖广，逐步发挥主要为农业和农村经济服务的定位优势。二是应不断完善农业发展银行功能定位和运作机制，拓宽政策性银行支农功能。三是加快信用社管理体制改革，使之成为为农村经济发展服务的社区性地方金融机构。四是大力培育各类新型农村金融机构，引导各类投资者投资设立更加贴近农民和农村需要的农村小额贷款组织。

（五）金融业对内开放将不断深化

近几年，我国金融业对外开放取得了较大进展，然而对内开放步伐却相对迟缓。金融业对内对外开放不协调不仅可能会导致我国金融发展过程中对外资的过度依赖，不利于公平、公正的金融竞争格局的形成，而且会制约国内民间资本的扩张空间，不利于民营企业摆脱融资困境。在这种情况下，我国应制定切实有效的措施加快金融业对内开放步伐。一方面，我国应积极推动金融机构创新，适当放宽内资参股、控股金融机构的限制条件，允许符合条件的民营资本依法设立中小民营银行。另一方面，我国应加快中小金融机构市场准入、监管和退出的制度设计工作，依靠合理的制度安排防范金融业对内开放可能产生的风险。

>>主要参考文献<<

［1］国家统计局. 中国统计年鉴：2006 年［R］. 北京：中国统计出版社，2007.

［2］中国金融年鉴编辑部. 中国金融年鉴：2005—2007 年［R］. 北京：中国金融出版社，2005—2007.

［3］中国人民银行调查统计司. 中国人民银行统计季报：2004 年 1 季度至 2007年 1 季度［R］.

［4］中国人民银行货币政策司. 中国货币政策执行报告：2004 年 1 季度至 2006年 4 季度［R］.

［5］中国人民银行金融稳定局. 中国金融稳定报告：2005 年，2006 年［R］. 北京：中国金融出版社，2006，2007.

［6］中国人民银行上海总部. 中国金融市场发展报告：2006 年［R］. 北京：中国金融出版社，2007.

［7］中国人民银行. 中国人民银行年报，2004—2006 年［R］.

［8］中国银行业报告，2007 年［R/OL］. 中经网，2007.

［9］中国银行业监督管理委员会. 中国银行业监督管理委员会年报：2006 年［R］.

第九章
中国市场经济法律体系的完善

　　2004—2006 年三年间颁布或生效的法律涉及市场经济的方方面面，法律制度的建设表现出三个特点：一是新制定了许多重要的法律法规，如《行政许可法》、《企业破产法》、《著作权集体管理条例》等；二是对大量的旧法律法规以及司法解释进行了修改，如对《公司法》、《对外贸易法》等的修订；三是无论是新制定的法律，还是对原先的法律的修改，都有一个共同的特点，那就是内容进一步细化，可操作性进一步增强，从而更有利于法律的实施。总的来说，这方面法制建设的重点开始从立法转到修法，中国特色社会主义法律体系从初步形成发展到了基本形成的新阶段。

>>一、2004—2006 年中国市场经济法律发展概要<<

　　下面将从政府管理、市场主体、市场主体行为、对外贸易、知识产权、公平贸易、金融保险以及劳动和社会保障八个方面，对 2004—2006 年市场经济法律的发展做一概述。

（一）政府管理

　　政府管理方面，《行政许可法》① 和《公务员法》② 的颁布和实施具有重大的现实意义。

　　《行政许可法》共 8 章 83 条。第一条即明确了其立法目的，即"为了规范行政许可的设定和实施，保护公民、法人和其他组织的合法权益，维护公共利益和

---

① 2003 年 8 月 27 日十届全国人大常委会第四次会议通过，自 2004 年 7 月 1 日起施行。
② 2005 年 4 月 27 日十届全国人大常委会第十五次会议通过，自 2006 年 1 月 1 日起施行。

社会秩序，保障和监督行政机关有效实施行政管理，根据宪法，制定本法。"正是基于以上目的，《行政许可法》规定了六大原则：①行政许可法定原则①，包括可以设定的行政许可事项和范围法定、设定和实施的主体法定、设定的权限法定、设定和实施的程序法定；②公开、公平和公正原则②；③便民原则③；④当事人程序性权利保护原则④；⑤信赖保护原则⑤；⑥禁止随意转让原则⑥。

《行政许可法》对行政许可设定的事项和程序等做了严格限制和规定：凡是公民、法人或者其他组织能够自主决定的，市场竞争机制能够有效调节的，行业组织或者中介机构能够自律管理的，行政机关采用事后监督等其他行政管理方式能够解决的事项，一般不设定行政许可。⑦

总之，《行政许可法》对于规范行政许可的设定和实施，特别是控制行政许可权的行使，保障公民、法人和其他社会组织的合法权益，促进社会的稳定、持续发展，保障公共安全和公共利益，进一步推进行政管理体制改革，都有重要意义。⑧

公务员是行政行为的主要实施者。《公务员法》规定了公务员的任职条件、义务与权利、职务与级别、录用、考核、职务任免与升降、奖惩、培训、交流与回避、工资福利保障、辞职与辞退、退休、申诉控告、职位聘任以及法律责任等，确立了公务员分类管理制度和职位聘用制度，并规定了行政机关公务员处分制度。

《公务员法》作为新中国成立以来第一部人事管理的综合性法律，与此前施行了10多年的《国家公务员暂行条例》相比，在公务员的范围、权利义务、奖惩、任用和管理等方面，新意颇多。首先，《公务员法》突出了对公务员的严格管理：除规定了严明的行为规则和考核、惩戒制度外，还规定了公务员9项基本义务、16项基本纪律⑨，进行严格考核，考核的结果与职务的升降、工资增长以及辞退相挂钩，违反纪律的要受处分。其次，规定了领导成员的引咎辞职和责令

---

① 参见《行政许可法》第4条。
② 参见《行政许可法》第5条。
③ 参见《行政许可法》第6条。
④ 参见《行政许可法》第7条。
⑤ 参见《行政许可法》第8条。
⑥ 参见《行政许可法》第9条。
⑦ 参见《行政许可法》第13条。
⑧ 胡锦光：《行政许可法解读》，载中国网 http://www.china.com.cn/chinese/zhuanti/xzxkf/599634.htm，2004-07-01。
⑨ 参见《公务员法》第12、53条。

辞职制①，即所谓"问责制"。第三，规定了严格的离职从业限制②，这是公务员法特别强调的一点。对公务员队伍的管理实行更严格的制度规范，有利于加强对公务员的管理和监督。

综上所述，《行政许可法》为了防止权力的滥用，对行政机关的权力行使做出了严格限制；而《公务员法》则对行政主体的公务员做了全面的规定，在调动公务员工作的积极性、维护公务员权益的同时，对公务员的行为做出了更严格的制度规范。这两部法律的实施，必将对我国的行政管理产生巨大的影响，尤其是对行政机关依法行政提出了更高的要求。

（二）市场主体

有关市场主体的法律方面，重大的进展是对《公司法》③ 和《合伙企业法》④的修订，以及《企业破产法》⑤ 的颁布。《公司法》的修订，降低了设立公司的门槛，强化了公司董事、监事、高级管理人员的责任，加大了对中小股东权益的保护。修改后的《合伙企业法》对合伙企业的发展以及新的合伙企业的建立，无疑会起到巨大的推动作用。2006 年通过的《企业破产法》，则是我国市场经济体制改革进程中一部具有标志性的法律，它是我国第一部市场经济的破产法，对我国社会主义市场经济法律体系的完善将会产生深远的影响。⑥

1. 《公司法》的修订

《公司法》是规范公司组织和行为的重要法律，此次修订为《公司法》出台以来的第三次修订，也是三次修订中改动最大的一次。修订的主要内容如下。

（1）可以设立一人有限责任公司。

修订后的《公司法》允许设立一人有限责任公司。一人有限责任公司是指只

---

① 参见《公务员法》第 82 条。

② 参见《公务员法》第 102 条。

③ 1993 年 12 月 29 日八届全国人大常委会第五次会议通过。根据 1999 年 12 月 25 日九届全国人大常委会第十三次会议《关于修改〈中华人民共和国公司法〉的决定》第一次修正。根据 2004 年 8 月 28 日十届全国人大常委会第十一次会议《关于修改〈中华人民共和国公司法〉的决定》第二次修正。2005 年 10 月 27 日十届全国人大常委会第十八次会议修订，自 2006 年 1 月 1 日起施行。

④ 1997 年 2 月 23 日八届全国人大常委会第二十四次会议通过。2006 年 8 月 27 日十届全国人大常委会第二十三次会议修订，自 2007 年 6 月 1 日起施行。

⑤ 2006 年 8 月 27 日十届全国人大常委会第二十三次会议通过，自 2007 年 6 月 1 日起施行。

⑥ 李曙光：《新企业破产法权威解读：九大制度创新与突破》，载《法制日报》，2006－09－05。

有 1 名自然人股东或者 1 个法人股东的有限责任公司。一人有限责任公司注册资本最低限额为人民币 10 万元,股东应当一次足额缴纳公司章程规定的出资额。①

(2) 降低了公司最低注册资本。

修订前的《公司法》规定了公司最低注册资本额,并且要求注册资本一次性全部缴足,这不利于民间资本进入市场,也容易造成资金的闲置。因此,修订后的《公司法》对原规定做了三方面修改:取消了按照公司经营内容区分最低注册资本额的规定;允许公司按照规定的比例在两年内分期缴清出资,其中,投资公司可以在 5 年内缴足;将有限责任公司的最低注册资本额降至人民币 3 万元,将股份有限公司的注册资本最低限额降低为人民币 500 万元。②

(3) 完善出资方式并调高无形资产所占的比例。

修订前的《公司法》规定的出资方式为货币、实物、工业产权、非专利技术、土地使用权。修订后的《公司法》采用列举和概括相结合的办法,规定股东可以用货币出资,也可以用实物、知识产权、土地使用权等可以用货币估价并可以依法转让的非货币财产作价出资。但是,法律、行政法规规定不得作为出资的财产除外。③ 修订前的《公司法》规定,以工业产权、非专利技术作价出资的金额不得超过有限责任公司注册资本的 20%。修订后的《公司法》提高了无形资产的出资比例,规定全体股东的货币出资金额不得低于有限责任公司注册资本的 30%。④

(4) 高管违法给公司造成损害的要赔偿。

修订后的《公司法》强化了公司的董事、监事、高级管理人员不履行职责甚至损害公司利益的行为的责任追究机制。例如,规定董事、监事、高级管理人员执行公司职务时违反法律、行政法规或者公司章程的规定,给公司造成损失的,应当承担赔偿责任。⑤

(5) 中小股东在特定条件下可退出公司。

为了保护中小股东的权益,修订后的《公司法》增加了在特定条件下中小股东可以退出公司的规定。"有限责任公司连续 5 年盈利,并符合本法规定的分配利润条件,但不向股东分配利润的,对股东会该项决议投反对票的股东可以要求

---

① 参见《公司法》第 58、59 条。
② 参见《公司法》第 26、81 条。
③ 参见《公司法》第 27 条。
④ 参见《公司法》第 27 条。
⑤ 参见《公司法》第 150、152、153 条。

公司以合理价格收购其股权。股东与公司不能达成收购协议的，股东可以向法院提起诉讼。"①

（6）公司股东滥用权利逃避债务要承担连带责任。

修订后的《公司法》增加了公司股东滥用权利逃避债务要承担连带责任的规定：公司股东不得滥用股东权利损害公司或者其他股东的利益；不得滥用公司法人独立地位和股东有限责任损害公司债权人的利益。公司股东滥用股东权利给公司或者其他股东造成损失的，应当依法承担赔偿责任；滥用公司法人独立地位和股东有限责任，逃避债务，严重损害公司债权人利益的，应当对公司债务承担连带责任。②

（7）规范关联交易行为。

修订后的《公司法》规定：公司控股股东、实际控制人、董事、监事、高级管理人员不得利用其关联关系损害公司利益。否则，给公司造成损失的，应当承担赔偿责任。③ 同时，对关联关系做出明确定义。

（8）特殊情况下股东可申请法院解散公司。

修订后的《公司法》规定，公司经营管理发生严重困难，继续存续会使股东利益受到重大损失，通过其他途径不能解决的，持有公司全部股东表决权10％以上的股东，可以请求人民法院解散公司。④

2. 《合伙企业法》的修订

（1）增加有限合伙制度。

有限合伙是对合伙企业债务承担无限责任的普通合伙人与承担有限责任的有限合伙人共同组成的合伙。为鼓励推动风险投资事业发展，修改后的《合伙企业法》增加了"有限合伙企业"一章，主要规定了有限合伙人的权利与义务，有限合伙的事务执行，以及有限合伙不同于普通合伙的特殊规定等内容。

（2）增加特殊普通合伙制度。

特殊普通合伙又被称为有限责任合伙，是各合伙人在对合伙债务承担无限责任的基本前提下，对因其他合伙人过错造成的合伙债务不负无限连带责任。修改后的《合伙企业法》在"普通合伙企业"一章中，增加了"特殊的普通合伙企业"一节，就特殊普通合伙的定义、企业名称、责任承担等内容做了规定。同

---

① 参见《公司法》第75条。
② 参见《公司法》第20条。
③ 参见《公司法》第21条。
④ 参见《公司法》第183条。

时，新法严格限定了特殊普通合伙人免除连带责任的范围，将其仅限于其他合伙人本人执业行为中因故意或重大过失引起的合伙企业债务这种情形。[①]

（3）明确法人可以参与合伙。

法人参与合伙可以使公司等企业法人利用合伙企业形式灵活、合作简便、成本较低等优势，实现其特定的目的，也有利于大型企业在开发新产品、新技术中与创新型中小企业进行合作。因此，修改后的《合伙企业法》第2条明确规定："本法所称合伙企业，是指自然人、法人和其他组织依照本法在中国境内设立的普通合伙企业和有限合伙企业。"

（4）合伙企业也可破产。

合伙企业按照企业破产处理，可以使所有债权人按比例受偿，有利于兼顾和保护各债权人的利益。因此，修改后的《合伙企业法》允许合伙企业的债权人根据不同情况做出选择，可以依法向法院提出破产申请，也可以直接向合伙人追讨债务。[②] 合伙企业被依法宣告破产的，普通合伙人对合伙企业债务仍应承担无限连带责任。

3. 《企业破产法》

2006年通过的《企业破产法》建立了市场主体的退出机制、挽救机制。市场取向、新的制度设计与可操作性是其精髓。它不仅重新界定了企业破产清偿顺序，平衡了劳动债权与担保债权的权益，还首次规定金融机构破产事宜，为外资的全面进入提供便利。它的出台表明我国的市场经济进入到一个新阶段。

（1）适用范围扩大。

《企业破产法》将其适用范围扩大到所有的企业法人，不仅仅是1986年《中华人民共和国企业破产法（试行）》所规定的全民所有制企业。[③] 从而，破产不再是国有企业的"专利"，国有企业的破产从行政破产走向市场化破产，政府基本退出破产事务。市场里的投资、交易将更为公平，优胜劣汰的竞争法则将有效发挥作用。市场中的利益格局和利益预期也将随之发生重大变化。

（2）引入破产管理人制度。

《企业破产法》引入了国际通行的破产管理人制度，规定管理人主要由律师事务所、会计师事务所、破产清算事务所等社会中介机构担任，按照市场化方式

---

① 参见《合伙企业法》第55～59条的规定。
② 参见《合伙企业法》第92条。
③ 参见《企业破产法》第2条。

进行运作。① 这就将整个破产运作交由专业化人士来处理，使破产程序更符合我国市场经济的发展要求。

（3）重视债权人自治。

当债务人不能清偿到期债务时，债权人可以向人民法院提出对债务人进行重整或者破产清算的申请。在选任和监督管理人方面，债权人会议认为管理人不能依法、公正执行职务或者有其他不能胜任职务情形的，可以申请人民法院予以更换。在重整程序中，债权人自治也发挥重要作用。债权人可以依法直接向人民法院申请对债务人进行重整，并且债权人会议对重整计划草案享有表决权，对重整程序的进行具有决定性作用。②

（4）设立"企业重整"制度。

重整是指不对无偿付能力债务人的财产立即进行清算，而是在法院的主持下由债务人与债权人达成协议，制订重整计划，规定在一定的期限内，债务人按一定的方式全部或部分地清偿债务，同时债务人可以继续经营其业务的制度。《企业破产法》第73条第1款规定："在重整期间，经债务人申请，人民法院批准，债务人可以在管理人的监督下自行管理财产和营业事务。"由于重整制度具有对象的特定化、原因的宽松化、程序启动的多元化、重整措施的多样化、重整程序的优先化、担保物权的非优先化和参与主体的广泛化等特点，这就给了债务人企业一个自我拯救、重新开始的机会，平衡了债权人与债务人之间的利益关系。

（5）规制破产不当行为。

破产欺诈是各国破产法所严厉打击的对象。《企业破产法》设置了较以前立法更为完善的撤销权与无效行为制度。《企业破产法》第31条规定，人民法院受理破产申请前一年内，债务人具有无偿转让财产、以明显不合理的价格进行交易、对没有财产担保的债务提供财产担保、对未到期的债务提前清偿的、放弃债权等行为的，管理人有权请求人民法院予以撤销。另外，《企业破产法》第33条还规定，为逃避债务而隐匿、转移财产、虚构债务或者承认不真实的债务等涉及债务人财产的行为是无效的，这就在一定程度上对实践中出现的"虚假破产"、"恶意破产"等行为进行了规制，从而更好地保护了债权人利益，维护了市场经济秩序，也为整个社会商业信用体制的建立和完善提供了重要的制度保证。

---

① 参见《企业破产法》第24条。
② 参见《企业破产法》第61、70、82条等。

（6）强化破产责任。

《企业破产法》对破产责任做出了规定，并且和修订后的《公司法》、《证券法》规定的董事、监事、高管人员应尽的忠实义务、勤勉尽责义务，和《刑法修正案（六）》规定的虚假破产罪，都实现了对接。企业的董事、监事等经营管理人员因为失职而致使企业破产的，将被追究刑事责任、民事责任、行政责任。[①]

（7）担保债权优先于职工债权。

对于担保债权和职工债权的清偿顺序问题，《企业破产法》采取了"新老划断"的办法，规定在新法公布以前出现的破产，职工债权优先于担保债权，破产人无担保财产不足清偿职工工资的，要从有担保的财产中清偿。在新破产法公布后，将优先清偿担保债权，职工工资和其他福利从未担保财产中清偿。这一独创性规定，既考虑了我国的历史遗留问题的解决，又考虑了与国际惯例接轨。

（8）规定了金融机构的破产程序。

1986 年的《企业破产法（试行）》对金融机构的破产问题没有规定。《企业破产法》则对金融机构破产做出特别规定：商业银行、保险公司、证券公司等金融机构出现资不抵债等破产情形的，国务院金融监督管理机构可以向人民法院提出对该金融机构进行重整或者破产清算的申请。[②]

总之，《企业破产法》是我国法制建设的重大突破，为市场经济完善和市场制度建设提供了重要的法律保障。

（三）市场主体行为

在规范市场主体的行为方面，应该提及的是对《证券法》的修订[③]和《中华人民共和国电子签名法》[④]（以下简称《电子签名法》）的出台。修订后的《证券法》进一步完善了证券交易的各项制度，加强了对投资者权益的保护，强化了证券监管的措施和手段。《电子签名法》被称为"我国首部真正意义上的信息化法律"。这一法律体现了以下思路：通过确立电子签名的法律效力，明确电子签名规则，消除电子商务发展的法律障碍，维护电子交易各方的合法权益，保障电子

---

① 参见《企业破产法》第 6、125 条。

② 参见《企业破产法》第 134 条。

③ 1998 年 12 月 29 日九届全国人大常委会第六次会议通过。2004 年 8 月 28 日十届人大常委会第十一次会议修正。2005 年 10 月 27 日十届人大常委会第十八次会议修订，自 2006 年 1 月 1 日起施行。

④ 2004 年 8 月 28 日十届全国人大常委会第十一次会议通过，自 2005 年 4 月 1 日起施行。

交易安全，为电子商务和电子政务发展创造良好的法律环境。

1. 《证券法》

（1）全面强化了对投资者合法权益的保护力度。

切实保护投资者合法权益是《证券法》修订的重点。修订后的《证券法》明确规定，禁止任何单位和个人以任何形式挪用客户的资金和证券，非因客户本身的债务或法律规定的其他情形，不得查封、扣划或强制执行客户资金和证券；[1]建立证券投资者保护基金制度，[2]依法保护投资者的合法权益不受侵害；明确和细化了对投资者损害赔偿的民事责任制度，进一步完善了股东的知情权保障制度和诉讼制度。

（2）对证券公司的经营行为做了严格和详尽的规范。

修订后的《证券法》，严格了证券公司股东和高级管理人员的准入门槛，加强了公司股东和高级管理人员的法律责任和诚信要求；[3]以保障客户资产安全为主线，以风险控制为重点，明确了对证券公司内部控制制度的要求；[4]参照国际通行做法，制定了更为严格的证券公司业务分类标准，以增强监管的有效性。

（3）进一步完善了证券发行和收购兼并制度。

修订后的《证券法》，明确了公开和非公开发行证券的界限，拓展了企业融资的形式，为企业融资提供了多样化的选择；提高发行审核透明度，建立了证券发行前公开披露信息制度，增加了社会公众的监督力度；由证券交易所行使上市审核权，提升了交易所的监管能力；取消了上市公司全面收购的限制性要求，促进市场资源的整合。[5]

（4）完善了监管执法机制和监管责任制度。

修订后的《证券法》，增加了证券监管部门执法手段，加大了监管权力，为进一步提高监管有效性提供了法律保障。同时，也明确了相应的监管责任，对建立证券监管部门行政执法的约束机制做了规定。[6]

总之，《证券法》的修订为资本市场创新发展拓展了空间，强化了对投资者的合法权益的保护力度，健全了上市公司规范运作的基础，强化了风险防范，对

---

[1] 参见《证券法》第 79、139 条。

[2] 参见《证券法》第 134 条。

[3] 参见《证券法》第 131、152 条。

[4] 参见《证券法》第 136 条。

[5] 参见《证券法》第 10、25、48 等条。

[6] 参见《证券法》第 180、227、228 等条。

证券公司的经营行为做出了严格和详尽的规范，进一步完善了证券发行和收购兼并制度，提升了市场资源配置效率，完善了监管执法机制和监管责任的制度，在强化执法的权威性和执法效率的同时，明确了相应的监管责任，对建立证券执法部门行政执法的约束机制做出了规定。

2. 《电子签名法》

（1）电子签名与手写签名具有同等法律效力。

我国现有的民商事法律关系是基于以书面文件进行商务活动而形成的，这就使电子文件在很多情况下难以适用，形成了电子商务发展的障碍。因此，将电子文件与书面文件联系起来，承认电子文件与书面文件具有同等效力，才能使现行的民商事法律同样适用于电子文件。《电子签名法》规定，电子签名是指数据电文中以电子形式所含、所附用于识别签名人身份并表明签名人认可其中内容的数据。可靠的电子签名与手写签名或者盖章具有同等的法律效力。[1]

（2）电子认证服务实行准入制。

为了防止不具备条件的人擅自提供认证服务，《电子签名法》对电子认证服务设立了市场准入制度。同时，为了确保电子签名人身份的真实可靠，要求认证机构为电子签名人发放证书前，不仅要对签名人申请发放证书的有关材料进行形式审查，同时还必须对申请人的身份进行实质性查验。[2] 此外，《电子签名法》还对提供电子认证服务机构应具备的条件、申请设立的程序、业务规则、暂停或者终止服务时的业务承接等做了具体规定。[3]

（3）重在确保电子签名安全。

为了保证电子签名的安全，《电子签名法》明确了各方在电子签名活动中的权利、义务。对于电子签名人一方规定了两方面义务：一是要求其妥善保管电子签名制作数据；二是要求其向认证服务机构申请电子签名认证证书时，提供的有关信息必须是真实、完整和准确的。[4] 对于认证服务机构一方，规定了三方面义务：一是要求其制定、公布电子认证业务规则；二是要求其必须保证所发放认证证书内容在有效期内完整、准确；三是要求其妥善保存与认证相关的信息。[5]

此外，2004 年 12 月 16 日最高人民法院公布了《关于审理技术合同纠纷案件

① 参见《电子签名法》第 2、14 条。
② 参见《电子签名法》第 20 条。
③ 参见《电子签名法》第 17、18、19、23 条。
④ 参见《电子签名法》第 15、20 条。
⑤ 参见《电子签名法》第 19、22、24 条。

适用法律若干问题的解释》①（以下简称《解释》）。《解释》主要针对法院审理技术开发合同、技术转让合同、技术咨询合同和技术服务合同等纠纷案件的法律适用问题做了解释，还进一步明确了与审理技术合同纠纷有关的程序问题。《解释》提高了技术合同案件的管辖级别，规定此类案件原则上由中级人民法院管辖。

（四）对外贸易

对外贸易方面，主要是对《对外贸易法》的修订②。修订后的《对外贸易法》共11章70条，比原《对外贸易法》的8章44条在内容上有了大幅度的增加。修改的主要内容包括三个方面：一是对原《对外贸易法》与我国加入世贸组织承诺和世贸组织规则不相符的内容进行了修改；二是根据我国入世承诺和世贸组织规则，对我国享受世贸组织成员权利的实施机制和程序做了规定；三是根据原《对外贸易法》实施以来出现的新情况，以及促进对外贸易健康发展的要求，对原《对外贸易法》做出了修改。

1. 个人也可从事外贸经营

根据修订后的《对外贸易法》，从2004年7月1日起，个人也可以从事对外贸易经营活动。修订后的《对外贸易法》规定，对外贸易经营者是指依法办理工商登记或者其他执业手续，依照修订后对外贸易法和其他有关法律、行政法规的规定从事对外贸易经营活动的法人、其他组织或者个人。③

2. 准许货物与技术的自由进出口

根据原《对外贸易法》的规定，从事货物进出口与技术进出口的对外贸易经营，必须具备相应条件，并经国务院对外经济贸易主管部门许可。这一规定不符合我国加入世贸组织议定书中的承诺，即在加入世贸组织后3年内取消对外贸易权的审批，放开货物贸易和技术贸易的外贸经营权。因此，修订后的法律规定：国家允许货物与技术的自由进出口。但是，法律、行政法规另有规定的除外。从事货物进出口或者技术进出口的对外贸易经营者，应当向国务院对外贸易主管部门或者其委托的机构办理备案登记。但是，法律、行政法规和国务院对外贸易主管部门规定不需要备案登记的除外。④

---

① 2004年11月30日由最高人民法院审判委员会第1 335次会议通过，自2005年1月1日起施行。

② 2004年4月6日十届全国人大常委会第八次会议修订通过，自2004年7月1日起施行。

③ 参见《对外贸易法》第8条。

④ 参见《对外贸易法》第9、14条。

3. 对外贸易不得实施垄断

修订后的《对外贸易法》规定，在对外贸易经营活动中实施垄断行为，危害市场公平竞争的，依照有关反垄断的法律、行政法规的规定处理；在对外贸易经营活动中，不得实施以不正当的低价销售商品、串通投标、发布虚假广告、进行商业贿赂等不正当竞争行为。①

4. 加大对违法行为的处罚力度

原《对外贸易法》法律责任的规定只有四条，而且比较原则，处罚手段不够，处罚种类也比较单一，主要是撤销对外贸易的经营许可。修订后的法律补充、修改和完善了有关法律责任的规定，共有 7 条，通过刑事处罚、行政处罚和从业禁止等多种手段，加大了对对外贸易违法行为的处罚力度②，主要是对对外贸易违法行为进行具体归类，加大对对外贸易违法行为的行政处罚力度，并与刑法的有关规定做了衔接。

5. 保护与外贸有关的知识产权

修订后的《对外贸易法》增加了"与对外贸易有关的知识产权保护"一章，通过实施贸易措施，防止侵权产品和知识产权权利人滥用权利，并促进我国知识产权在国外的保护。修订后的《对外贸易法》规定：进口货物侵犯知识产权，并危害对外贸易秩序的，国务院对外贸易主管部门可以采取在一定期限内禁止侵权人生产、销售的有关货物进口等措施。③

6. 明确外贸调查启动程序

修订后的《对外贸易法》明确规定了对外贸易调查的启动程序。按照法律规定，由国务院对外贸易主管部门发布公告；调查可以采取书面问卷、召开听证会、实地调查、委托调查等方式进行；国务院对外贸易主管部门根据调查结果，得出调查报告或者做出处理裁定，并发布公告。

7. 完善了外贸救济制度

新修订的《对外贸易法》进一步完善了我国的贸易救济制度。新修订的《对外贸易法》规定，国家根据对外贸易调查结果，可以采取反倾销、反补贴等外贸救济措施，④ 以保护国内的相关产业。

---

① 参见《对外贸易法》第 32、33 条。
② 参见《对外贸易法》第 60~66 条的规定。
③ 参见《对外贸易法》第 29 条。
④ 参见《对外贸易法》第 40~46 条。

此外，国务院还颁布了《中华人民共和国进出口货物原产地条例》[①] 和《中华人民共和国进出口商品检验法条例》[②]。原产地证被称为出口产品进入国际贸易领域的"经济国籍"和"护照"。货物进口国据此对进口货物给予不同的关税待遇和决定限制与否。《中华人民共和国进出口货物原产地条例》适用于实施最惠国待遇、反倾销和反补贴、保障措施、原产地标记管理、国别数量限制、关税配额等非优惠性贸易措施以及进行政府采购、贸易统计等活动对进出口货物原产地的确定。实施优惠性贸易措施对进出口货物原产地的确定，不适用本条例。[③]《中华人民共和国进出口商品检验法实施条例》是对《中华人民共和国商品检验法》的基本原则、基本精神的进一步细化和规范，增加、完善了代理报检管理、验证管理、风险预警机制以及对不合格进出口商品的处理、对进口可用作原料的固体废物、允许进口的旧机电等高风险商品的检验管理等内容，切实履行了我国加入世贸组织的承诺，体现了全面推进依法行政的要求，对于依法做好出入境检验检疫工作意义重大。

总之，通过修订《对外贸易法》，进一步规范对外贸易经营者的权利和义务，健全货物进出口、技术进出口和国际服务贸易管理制度，建立起符合中国特色的对外贸易调查制度和对外贸易促进体制，并根据世界贸易组织规则完善贸易救济制度，完善海关监管和进出口商品检验检疫制度，确立统一、透明的对外贸易制度。

（五）知识产权

知识产权法律方面，在原有的《专利法》、《商标法》、《著作权法》和《反不正当竞争法》等法律的基础上，2004 年至 2006 年三年之间出台的法律当中最重要的有两"条例"和两"司法解释"。两"条例"即《著作权集体管理条例》[④] 和《信息网络传播权保护条例》[⑤]。两"司法解释"是：最高人民法院、最高人民检察院《关于办理侵犯知识产权刑事案件具体应用法律若干问题的解释》[⑥]，最高

[①] 2004 年 8 月 18 日国务院第 61 次常务会议通过，自 2005 年 1 月 1 日起施行。

[②] 2005 年 8 月 10 日国务院第 101 次常务会议通过，自 2005 年 12 月 1 日起施行。

[③] 参见《进出口货物原产地条例》第 2 条。

[④] 2004 年 12 月 22 日国务院第 429 号令公布，自 2005 年 3 月 1 日起施行。

[⑤] 2006 年 5 月 10 日国务院第 135 次常务会议通过，2006 年 5 月 18 日国务院令第 468 号公布，自 2006 年 7 月 1 日起施行。

[⑥] 2004 年 11 月 2 日最高人民法院审判委员会第 1 331 次会议、2004 年 11 月 11 日最高人民检察院第十届检察委员会第 28 次会议通过，自 2004 年 12 月 22 日起施行。

人民法院关于修改《最高人民法院关于审理涉及计算机网络著作权纠纷案件适用法律若干问题的解释》① 的决定。

1. 《著作权集体管理条例》

《著作权集体管理条例》（以下简称《条例》）的内容分 7 大部分，共 48 条。《条例》以著作权集体管理组织为核心，就著作权集体管理组织的设立、著作权集体管理组织的机构、著作权集体管理活动、对著作权集体管理组织的监督以及法律责任等问题做了详细规定。《条例》的公布施行，对于贯彻实施《著作权法》，对于规范著作权集体管理活动，便于著作权人和与著作权有关的权利人行使权利和使用者使用作品，必将具有十分重要的意义和作用，尤其是在制度层面上将进一步完善著作权保护制度。另外，《著作权集体管理条例》的出台不仅能保护著作权人的利益，还有利于艺术作品的传播。

2. 《信息网络传播权保护条例》

《信息网络传播权保护条例》（以下简称《条例》）进一步完善、健全了对信息网络传播权的保护制度。此前，我国已建立信息网络传播权的保护制度，并出台了相关法律、行政法规、司法解释及规章，② 这些法律、法规及相关司法解释规定，侵犯他人信息网络传播权不仅要承担民事责任，还要承担行政责任，甚至是刑事责任。《信息网络传播权保护条例》在以前相关法律的基础上，进一步完善了相关规定，明确规定"权利人享有的信息网络传播权受著作权法和本条例保护。除法律、行政法规另有规定的外，任何组织或者个人将他人的作品、表演、录音录像制品通过信息网络向公众提供，应当取得权利人许可，并支付报酬"。③

同时，《条例》鼓励信息网络接入服务的发展。《条例》对网络服务提供者规定

---

① 2000 年 11 月 22 日最高人民法院审判委员会第 1144 次会议通过。根据 2003 年 12 月 23 日最高人民法院审判委员会第 1302 次会议《关于修改〈最高人民法院关于审理涉及计算机网络著作权纠纷案件适用法律若干问题的解释〉的决定》第一次修正，自 2004 年 1 月 7 日起施行。根据 2006 年 11 月 20 日由最高人民法院审判委员会第 1406 次会议《关于修改〈最高人民法院关于审理涉及计算机网络著作权纠纷案件适用法律若干问题的解释〉的决定（二）》第二次修正，自 2006 年 12 月 8 日起施行。

② 例如，2000 年，最高人民法院制定了《关于审理涉及计算机网络著作权纠纷案件适用法律若干问题的解释》；2001 年，全国人大常委会修订了《中华人民共和国著作权法》；2002 年，国务院颁布了《中华人民共和国著作权法实施条例》；2003 年，最高人民法院修订了《关于审理涉及计算机网络著作权纠纷案件适用法律若干问题的解释》；2005 年，国家版权局和信息产业部联合发布了《互联网著作权行政保护办法》等。

③ 参见《信息网络传播权保护条例》第 2 条。

了四种免除赔偿责任的情况①，这将极大地促进互联网接入服务和信息服务业务的快速发展。此外，《条例》还规定了网络服务提供者在经营活动中应承担的义务。②

3.《关于办理侵犯知识产权刑事案件具体应用法律若干问题的解释》

在加强知识产权的刑法保护方面，最高人民法院、最高人民检察院颁布的《关于办理侵犯知识产权刑事案件具体应用法律若干问题的解释》（以下简称《解释》），具有重大意义。

（1）降低了定罪的门槛。

《解释》对假冒注册商标罪、销售假冒注册商标的商品罪的定罪量刑标准由"非法经营数额"10 万元以上，以及非法制造、销售非法制造的注册商标标识罪和侵犯著作权罪的定罪量刑标准由"非法经营数额"20 万元以上，统一调整规定为 5 万元以上，或者非法所得数额 3 万元以上，③ 使原来很多只能按照民事侵权处理的行为变成了犯罪行为。

（2）缩小了单位犯罪与个人犯罪之间的数额差距。

原来的司法解释规定，单位犯罪的定罪标准按照个人犯罪的 5 倍计算。《解释》在降低个人犯罪定罪门槛的基础上，又把单位犯罪的倍数降低到个人犯罪的 3 倍，④ 有利于对单位犯罪的查处。例如过去单位假冒他人商标，数额达到 50 万元才构成犯罪，现在数额达到 15 万元就可以追究刑事责任。

（3）规定了有利于追究犯罪的数额计算方法。

《解释》针对知识产权犯罪调查取证难、数额计算难的问题，对"非法经营数额"规定了三种不同的计算方法：已销售的侵权产品的价值，按照实际销售的价格计算；制造、储存、运输未销售的侵权产品的价值，按照标价或者已经查清的侵权产品的实际销售平均价格计算；侵权产品没有标价或者无法查清其实际销售价格的，按照被侵权产品的市场中间价格计算。⑤ 这样规定，一方面避免了一律按照真品计算或者一律按照假冒产品计算所可能带来的弊端，又使很多案件的数额更容易达到规定的定罪标准，从而能够更有效地打击这类犯罪行为。

（4）界定了刑法中有争议的术语。

对刑法条文中一些在司法实践中容易产生不同认识的概念和表述，诸如：

---

① 参见《信息网络传播权保护条例》第 20～23 条。

② 参见《信息网络传播权保护条例》第 13、15、17、25 条的规定。

③ 参见《解释》第 1、2、3、5 条。

④ 参见《解释》第 15 条。

⑤ 参见《解释》第 12 条。

"相同的商标"、"使用"、"明知"、"销售金额"、"未经著作权人许可"、"复制发行"等，《解释》均做了明确界定，①这些解释基本上采纳了民事司法解释、行政法规中有利于保护知识产权的规定，解决了执法机关对上述概念和表述存在的争议和分歧，从一定意义上讲，《解释》对这些术语所做的解释，也是降低定罪门槛的一种形式。

（5）将在生产、流通及进出口等环节为犯罪分子提供帮助的行为纳入了刑法制裁的范围。

《解释》第16条规定：明知他人实施侵犯知识产权犯罪，而为其提供贷款、资金、账号、发票、证明、许可证件，或者提供生产经营场所、运输、储存、代理进出口等便利条件、帮助的，以侵犯知识产权犯罪的共犯论处。

（6）对在线盗版行为与刑法规定相衔接。

将在网络环境下复制、传播他人知识产权的行为规定为著作权法和刑法规定的复制发行行为②，使刑法在制裁这类行为方面取得了重大突破，有效地拓展了刑法的保护功能，从而可以更好地保护知识产权。

4. 《关于审理涉及计算机网络著作权纠纷案件适用法律若干问题的解释》

《关于审理涉及计算机网络著作权纠纷案件适用法律若干问题的解释》（以下简称《解释》）在2000年颁布以后，先后于2003年、2006年做了两次修改。2003年《解释》的修改，主要是删除了个别条款，修改了个别条款，以求与《著作权法》规定相一致。针对《著作权法》规定的有关技术措施的保护问题增加了一条，主要是为了解决网络上已经发生，并急需解决的对破坏技术措施的行为如何处理。原则上，对著作权法已经有明确规定的，《解释》不再规定；其他对审判实践有指导意义的条文继续保留。2006年的修改，是根据《著作权法》第58条及《信息网络传播权保护条例》的规定，删去了《解释》中的第3条。

此外，新闻出版总署于2004年颁布了《音像制品出版管理规定》③。该规定适应科技发展，重新界定了"音像制品"概念，细化了音像出版单位的设立条件，加强了对音像制品出版活动的管理，具体明确了处罚的种类和幅度。该规定的施行将进一步加强我国音像制品出版的管理，促进音像出版事业的健康发展与繁荣。

综上所述，通过制定《专利法》、《商标法》、《著作权法》和《反不正当竞争

---

① 参见《解释》第8、9、11条。
② 参见《解释》第11条。
③ 新闻出版总署2004年6月17日第22号令发布，自2004年8月1日起施行。

法》等法律，以及出台《计算机软件保护条例》、《集成电路布图设计保护条例》、《著作权集体管理条例》、《信息网络传播权保护条例》、《知识产权海关保护条例》、《植物新品种保护条例》等一批行政法规，再加上最高人民法院出台的相关司法解释，建立了比较完善的保护专利权、商标权、著作权、集成电路布图设计权、植物新品种权等知识产权法律制度。

（六）公平贸易

公平贸易法律制度方面，是对《中华人民共和国反倾销条例》[①]（以下简称《反倾销条例》）、《中华人民共和国反补贴条例》[②]（以下简称《反补贴条例》）和《中华人民共和国保障措施条例》[③]（以下简称《保障措施条例》）三大条例的修订。

三大条例的主要修改有三：第一，把原先的"外经贸部"都改成了"商务部"；第二，与我国的入世承诺进行了对照，按照透明度原则做了调整，使一些法律名词更加准确，一些具体规定的主体和对象更加清晰，以更好地适应实践需要，比如修改后的《反倾销条例》和《反补贴条例》中，都将"现金保证金"改成"保证金"，以符合有价证券、期权等非现金方式也可作为保证金的国际惯例，这两个条例中还增加了"符合公共利益"的规定，包括环保、卫生等各个方面，充分利用 WTO 允许的规则内容保护国内产业；第三，修改后的三大条例进一步加大了保护国内产业的力度。原先《反倾销条例》和《反补贴条例》中，调查机关应出口经营者请求，"可以"对倾销或补贴及其损害进行调查，而现在的条例中，都改成了"应当"进行调查，更有强制性；《保障措施条例》还将保障措施的期限延长，从 8 年延长到了 10 年。总之，三大条例的修改对维护自由贸易，保护国内产业具有重要的作用。

---

① 2001 年 11 月 26 日中华人民共和国国务院令第 328 号公布。根据 2004 年 3 月 31 日《国务院关于修改〈中华人民共和国反倾销条例〉的决定》修订（国务院令第 401 号），自 2004 年 6 月 1 日起施行。

② 2001 年 11 月 26 日中华人民共和国国务院令第 329 号公布。根据 2004 年 3 月 31 日《国务院关于修改〈中华人民共和国反补贴条例〉的决定》修订（国务院令第 402 号），自 2004 年 6 月 1 日起施行。

③ 2001 年 11 月 26 日中华人民共和国国务院令第 330 号公布。根据 2004 年 3 月 31 日《国务院关于修改〈中华人民共和国保障措施条例〉的决定》修订（国务院令第 403 号），自 2004 年 6 月 1 日起施行。

（七）金融保险

金融保险方面，主要是《中华人民共和国外资银行管理条例》① （以下简称《条例》）及《中华人民共和国外资银行管理条例实施细则》② （以下简称《实施细则》）。《条例》对在中国运营的外商独资银行、中外合资银行和外国银行在华分行的设立与登记以及业务范围做出了明确规定，允许在华外资法人银行为中国客户提供全面的金融服务。《条例》既兑现了中国入世承诺，又对国内银行业进行了适当保护，而且在向外资全面开放银行业的同时又加强了对外资银行的监督管理。它标志着中国在逐步开放金融领域的过程中迈出了历史性的一步，意味着中国银行业已经向外资全面打开了大门。《实施细则》则对《条例》的具体实施做了进一步的规定。

（八）劳动和社会保障

劳动和社会保障方面，主要有两"条例"和两"规定"。两"条例"是《工伤保险条例》③ 和《劳动保障监察条例》④，两"规定"是《最低工资规定》⑤ 和《集体合同规定》⑥。

《工伤保险条例》扩大了工伤保险覆盖范围，工伤保险费根据"以支定收、收支平衡"的原则确定费率，对概念性的条款在表述上做了严格的规范，进一步准确界定并放宽了工伤认定范围，强化了"管理"和"法律责任"的程序设计和时效性。该条例将世界通行做法引入了我国的工伤保险制度，与国际惯例接轨，适应了我国就业格局的变化，为建立工伤保险制度提供了法规体系的充分准备。

《劳动保障监察条例》分 5 章，共 36 条，对劳动保障监察的适用范围、职责

---

① 2006 年 11 月 8 日国务院第 155 次常务会议通过（国务院令第 478 号），2006 年 11 月 11 日颁布，自 2006 年 12 月 11 日起施行。

② 2006 年 11 月 17 日中国银行业监督管理委员会第 53 次主席会议通过，自 2006 年 12 月 11 日起施行。

③ 2003 年 4 月 16 日国务院第 5 次常务会议讨论通过（国务院令第 375 号），自 2004 年 1 月 1 日起施行。

④ 2004 年 10 月 26 日国务院第 68 次常务会议通过（国务院令第 423 号），自 2004 年 12 月 1 日起施行。

⑤ 2003 年 12 月 30 日劳动和社会保障部第 7 次部务会议通过（劳动和社会保障部令第 21 号），自 2004 年 3 月 1 日起施行。

⑥ 2003 年 12 月 30 日劳动和社会保障部第 7 次部务会议通过（劳动和社会保障部令第 22 号），自 2004 年 5 月 1 日起施行。

义务、监察事项、案件管辖、方式程序、法律责任等方面均做了明确规定。该条例的颁布为维护劳动者合法权益提供了重要的法律保障，有利于全面推进依法行政，进一步规范劳动保障监察执法行为，进一步完善我国劳动保障法律体系。

《最低工资规定》有如下特点。第一，适用范围更加广泛。从用人单位来讲，除原规定的各类企业外，增加了民办非企业单位、有雇工的个体工商户，以及与劳动者建立了劳动合同关系的国家机关、事业单位、社会团体。第二，工资形式更加科学。明确提出最低工资标准采取月最低工资标准和小时最低工资标准两种形式发布。第三，明确了劳动者的义务。一是劳动者必须提供了劳动才能获得劳动报酬即工资，二是劳动者必须在法定工作时间内或依法签订的劳动合同约定的工作时间内提供了正常劳动，才得到最低工资规定的保护。第四，对用人单位提出更严格的要求。第五，进一步完善了政府对最低工资监管制度。

《集体合同规定》对集体合同的定义、集体协商的方式、集体协商应遵循的原则、集体协商的内容、集体协商代表的产生和程序、集体协商争议的协调处理等都做了详细规定。特别是将"女职工和未成年工特殊保护、职业技能培训、奖惩、裁员"首次写进集体合同中，注重对女职工的特殊保护。

>>二、2004—2006 年行政执法和司法审判<<

本部分将以 2005 年知识产权保护情况为例，从行政执法和司法审判两方面予以说明。

2005 年，中国的知识产权工作进一步取得重要进展。中国政府受理三种专利申请 47 万余件，受理商标申请 83 万余件。[1] 版权保护力度不断加大。海关知识产权保护成效显著。公安、文化部门专项行动全面展开。植物新品种保护工作日臻完善。知识产权司法保护全面加强。

（一）行政执法

1. 知识产权行政管理部门

2005 年全国各省、自治区、直辖市知识产权局共受理专利侵权纠纷 1 313

---

① 这里及以下所引数据除注明出处的以外，均引自《2005 年中国知识产权保护状况》白皮书，见国家知识产权局网站 http://211.157.104.66/sipo2008/zwgs/zscqbps/200804/t20080402_368173.html.

件，其他专利纠纷案件 284 件。查处假冒他人专利案件 362 件，查处冒充专利案件 2 808 件。全年共出动 28 522 人次，检查商业场所 10 660 个，检查商品 8 918 943 件，向公安部门移送案件 15 件，接受其他部门移交案件 23 件，与其他部门协作执法 1 534 次。

2. 工商行政管理部门

全国各级工商行政管理机关进一步加大行政执法力度，查处了一大批危害人民生命安全、损害国家利益、扰乱社会经济秩序的商标大案要案。据统计，2005年全国各级工商行政管理机关共查处各类商标违法案件 49 412 件，其中涉外商标案件 6 770 件，比 2004 年的 5 494 件增加 23.2%。其中，商标一般违法案件 10 305 件、商标侵权假冒案件 39 107 件，收缴和消除违法商标标识 5 078.75 万件（套），收缴专门用于商标侵权的模具、印版等工具 18 414 件（套），没收、销毁侵权物品 7 346.75 吨，罚款 3.42 亿元，移送司法机关追究刑事责任案件 236 件，涉嫌犯罪人员 215 人。

3. 版权行政管理部门

截至 2005 年 12 月 31 日，各地版权部门在当地公安、电信主管部门的大力配合下，共查办网络侵权案件 172 件，没收专门用于侵权盗版的服务器 39 台，没收非法所得 3.2 万元，责令 137 家网站删除侵权内容，对 29 家侵权网站予以总计 78.9 万元的罚款处罚，移送司法机关涉嫌刑事犯罪案件 18 件。其中，查办境外权利人及权利人组织举报的案件 14 件，占 28 个重点案件的 50%。

2005 年全国各级版权行政管理部门共受理案件 9 644 件，结案 9 380 件，结案率为 97%。其中处罚 7 840 起，调解 1 174 起，移送司法机关 366 起。共收缴各类盗版品 1.07 亿件，其中查缴的盗版图书 1 908 万余册，盗版期刊 114 万余册，盗版音像制品 6 587 万余盘，盗版电子出版物 1 301 万余盘，盗版软件 774 万余张，其他各类盗版品 9 万余件。

4. 海关

2005 年，全国海关共查获侵权案件 1 210 起，案值人民币 9 978 万元，案件数量较 2004 年增长 19%，案值增长 18.5%。其中侵犯商标权案件 1 106 起、专利权案件 37 起、著作权案件 67 起；进口侵权案件 51 起、出口侵权案件 1 159起。侵权货物中服装鞋帽居首位，机电产品和轻工产品紧随其后，与往年相比主要侵权产品构成没有变化。

案件主要涉及国内外知名品牌，在国内品牌方面，宁波、上海两海关全年共查获侵犯"蝴蝶"牌商标专用权缝纫机 8 600 余台，案值人民币 180 余万元；上海海关查获侵犯"海尔"商标专用权电视机 2 040 台，价值人民币约 120 万元；福州海关全年共查获 12 575 台涉嫌侵犯"tiger"商标汽油发电机，案值 409.3 万元人民币；厦门、南京、合肥等海关查获侵犯中国粮油食品进出口（集团）有限公司多项商标专用权货物 50 余万元等；在国际品牌方面，全国海关多次查获侵犯 NIKE、Adidas、NOKIA 商标权的货物。2005 年 7 月，厦门海关查获某公司出口 120 吨假冒"ARIEL（碧浪）"洗衣粉案，11 月，南京海关查获一起侵犯 15 个国际知名商标的案件，涉案物品包括服装、打火机等在内共计 324 箱。

5. 文化行政管理部门

2005 年，各级文化行政部门积极采取有效措施，严厉打击违法音像制品经营活动，整顿和规范音像市场秩序，取得了明显的成效。据统计，2005 年，全国文化行政部门共出动执法人员 449 万多人次，收缴盗版音像制品 1.36 亿余张，集中销毁各类违法音像制品 6 621 万多张（盘），音像市场秩序逐渐走向规范。

2005 年，文化部督办了一系列盗版音像制品大案要案，其中，在四川"4·15"盗版音像制品销售网络案中，破获销售网点 10 余个，收缴违法音像制品 13 万余张，主要涉案人被检察机关正式批捕；在浙江"8·25"盗版音像制品案件中，捣毁地下仓库 4 个，收缴盗版音像制品 42 万余张，4 名犯罪嫌疑人被公安机关当场抓获。此外，2005 年文化部还积极组织开展了一系列保护知识产权专项行动，取得了显著成果，如 2005 年 1 月 12 日，根据文化部和全国整规办的统一部署，各地文化行政部门开展全国违法音像制品统一销毁活动，集中销毁 6 335万多张（盘）各类违法音像制品。

6. 公安部门

公安机关高度重视知识产权保护工作，将打击侵犯知识产权犯罪列入整顿和规范市场秩序工作的重要内容，开展了一系列集中打击和整治行动，成功破获了一大批影响面广、金额较大的犯罪案件，切实维护了广大知识产权权利人和消费者的合法权益。2005 年公安机关共破获制黄贩黄、侵权盗版案件 3.6 万余起，抓获涉案人员 4.3 万余名，收缴非法光盘生产线 17 条。2005 年，公安部光盘生产源鉴定中心共受理鉴定申请 116 起，检测涉嫌盗版的样盘 940 种、1 575 张，出具司法鉴定文书 560 份，为有关部门办理侵权盗版案件提供了有力的支持。

在打击侵犯知识产权犯罪工作中，各级公安机关与检察院、法院及工商、质检、药监、版权、专利、烟草专卖、海关等司法机关和行政执法部门加强配合，积极探索建立信息沟通、情报交流、调查取证等方面的工作机制，并按照"两高"新的司法解释强化移送涉嫌犯罪案件工作，初步实现了行政执法与刑事执法的有效衔接。

（二）司法审判

2005 年中国各级法院全面加强知识产权司法保护工作，充分发挥各项审判职能，制裁知识产权侵权犯罪行为。知识产权民事、行政、刑事案件受理数和审结数在总体上均持续增长，知识产权审判工作的质量和效率不断提高，保护力度不断加大。

2005 年，全国地方法院新收包括不正当竞争案件在内的一审、二审和再审知识产权民事案件 16 583 件，同比上升 20.66%；审结 16 453 件，同比上升 29.60%。新收一审案件 13 424 件，上升 26%。其中，著作权案件 6 096 件，上升 42.96%；专利权案件 2 947 件，上升 15.61%；商标权案件 1 782 件，上升 34.49%；不正当竞争案件 1 303 件，下降 2.10%；技术合同案件 636 件，上升 0.95%；植物新品种权案件 156 件，下降 10.26%；其他知识产权案件 504 件，上升 31.59%。审结一审案件 13 393 件，上升 38.04%，结案诉讼标的总金额 26.12 亿元，案均 19.5 万元。新收二审案件 3 114 件，上升 2.40%；审结 3 016 件，上升 3.04%。新收再审案件 45 件，审结 44 件。

知识产权民事案件中侵权和权属案件比例较高，在 2005 年一审新收案件中占 89.02%。2005 年审结的知识产权民事一审案件中，涉外、涉港澳台地区案件 449 件，占 3.35%，同比上升 23.01%。其中，涉外案件 268 件，上升 77.48%；涉港澳地区案件 108 件，下降 2.70%；涉台地区案件 73 件，上升 25.86%。

人民法院认真履行对涉及专利、商标等授权案件和知识产权行政执法案件的司法复审职能，依法规范和监督行政机关依法行政。2005 年全国地方法院新收一审知识产权行政案件 575 件，同比上升 9.32%；审结 576 件，同比上升 4.92%。其中，新收专利案件 335 件，下降 11.14%；商标案件 209 件，上升 48.23%；著作权案件 31 件，上升 287.50%。

在知识产权的刑事司法保护方面，2005 年全国地方法院共受理涉及知识产权侵权的一审犯罪案件 3 567 件，同比上升 28.36%。其中，侵犯知识产权犯罪案件 524 件，上升 35.40%；生产、销售伪劣商品犯罪案件 1 117 件，上升 16.48%；非法经营犯罪案件 1 926 件，上升 34.40%。审结涉及知识产权侵权的犯罪案件 3 529 件，同比上升 28.28%。其中，侵犯知识产权犯罪案件 505 件，生效判决人数 741 人；生产、销售伪劣商品犯罪案件 1 121 件，生效判决人数 1 942 人；非法经营犯罪案件 1 903 件，生效判决人数 2 653 人。

为合理配置知识产权司法资源，最高人民法院在 2005 年指定了福建泉州、浙江金华、江苏南通 3 个中级法院作为专利纠纷案件的一审法院，指定甘肃酒泉、武威、张掖 3 个中级法院作为植物新品种纠纷案件的一审法院。截至 2005 年底，全国具有专利、植物新品种和集成电路布图设计一审案件管辖权的中级法院分别达到 51 个、37 个和 43 个。最高人民法院还批准了一些大城市的部分基层法院受理除专利、植物新品种和集成电路布图设计案件以外的第一审知识产权民事纠纷案件。截至 2005 年底，全国共有 15 个基层法院取得了知识产权案件管辖权。

总之，我国采取了司法审判与行政执法"两条途径，协调运作"的知识产权执法保护机制。司法审判在知识产权执法保护中居于基础地位，发挥主导作用。执法机关依法主动查处和依当事人请求居间处理相结合，为当事人提供了可选择的途径。

>>三、中国市场经济法律的发展趋势展望<<

改革开放以来，在从计划经济体制向市场经济体制转变过程中，我国不断加强经济立法和相关立法，中国特色社会主义法律体系从初步形成发展到了基本形成的新阶段。[①]

经过多年不懈的努力，以宪法为核心的中国特色社会主义法律体系基本形成。当代中国的法律体系，部门齐全、层次分明、结构协调、体例科学，主要由七个法律部门和三个不同层级的法律规范构成。七个法律部门是：宪法及宪法相关法，民法商法，行政法，经济法，社会法，刑法，诉讼与非诉讼程序法。三个不同层级的法律规范是：法律、法规和规章。目前，全国人民代表大会及其常务委员会已经制定了 229 件现行有效的法律，涵盖了全部七个法律部门；各法律部门中，对形成中国特色社会主义法律体系起支架作用的基本的法律，以及改革、发展、稳定急需的法律，大多已经制定出来。与法律相配套，国务院制定了近 600 件现行有效的行政法规，地方人民代表大会及其常务委员会制定了 7 000 多件现行有效的地方性法规，民族自治地方的人民代表大会制定了 600 多件现行有效的自治条例和单行条例。国务院有关部门以及省、自治区、直辖市和较大的市

---

① 姜恩柱：《中国特色社会主义法律体系从初步形成发展到了基本形成的新阶段》，载新华网，2008－03－04。

的人民政府还制定了大量规章。① 可以说，法律体系日趋完备，国家经济、政治、文化和社会生活的各个方面基本实现了有法可依。立法的科学化、民主化水平和立法质量不断提高，法律在促进经济社会发展、维护社会公平正义、保障人民各项权利、确保国家权力正确行使等方面的作用不断增强。

我国已制定了在 2010 年前形成中国特色社会主义法律体系的目标，因此，未来几年，我国市场经济法律的发展趋势可以概括为以下几个方面。

第一，将继续制定市场经济法律体系中起支架作用的法律，如制定国有资产法、社会保险法、食品安全法、循环经济法、农村土地承包纠纷仲裁法等重要法律。同时，继续完善其他经济领域方面的立法，积极推进科学立法、民主立法，不断提高立法质量，从而更好地发挥法律的规范、引导和保障作用。

第二，修改与经济社会发展不相适应的法律。需要指出的是，中国特色社会主义市场经济法律体系是开放的和发展的。中国正处在社会转型期，法律体系具有阶段性和前瞻性特点，今后在继续制定新的法律的同时，将修改原有的法律，使法律体系不断发展和完善。可以说，以后立法的重点将从原先大规模制定新的法律转向对已制定的法律的修订。"全国人大立法工作的重点，要从制定法律转到根据国家改革开放的需要修改完善现行法律上来"。② 在当前相关法律构架已大体成型，各种法律、法规从数量和覆盖范围上已基本"达标"的背景下，人大将工作重点及时从制定法律转到修改完善现行法律上来，是推动法制社会建设的必然选择。

第三，制定和修改与法律相配套的法规。这包括两个方面，一是根据新制定的法律，制定与其相配套的法规；二是对旧的法规的修订。因为旧的法规与法律之间、法规与法规之间难免还存在不协调、不一致、不配套的地方。因此，为了避免出现这种不一致、不协调、不配套，必须对相关的法规进行修改。

>>主要参考文献<<

[1] 国家知识产权局. 中国知识产权保护状况白皮书 [R]，2005 年.
[2] 国务院新闻办公室. 中国的法治建设白皮书 [R]，2008-02-28.

---

① 参见国务院新闻办公室：《中国的法治建设》白皮书，2008-02-28。
② 《立法重点转向修法 法治建设必然选择》，载《新京报》，2008-04-28。

第十章
中国市场经济发展程度测定

在前面各章分析的基础上，本章根据市场化测度指标体系与评价标准①对2004—2006 年中国经济总体和各因素的市场化程度进行测定，并结合国外权威机构发布的市场经济自由度的结果对中国经济市场化进程的新特点进行综合定量分析。

>>一、2004—2006 年中国市场化指数测算<<

本课题组曾先后于 2003 年和 2005 年分别发布了《2003 中国市场经济发展报告》（以下简称"2003 报告"）和《2005 中国市场经济发展报告》（以下简称"2005 报告"）。在这两个报告中，我们确立了中国市场化指数测度的指标体系和评分办法，据此所测度的 2001—2003 年市场化指数的最终结果得到了理论界和实际工作部门的广泛认可。因此，本报告继续沿用这一测度体系，在个别指标完善和略有调整的基础上，和 2003 报告、2005 报告总体上保持一致，各子因素、五大因素及总体的得分计算均采取简单算术的平均方法。

（一）本报告测度指标与评分标准说明

本报告的市场化测度指标是在 2003 报告和 2005 报告基础上通过个别调整得到的，新的指标体系更加能反映当前中国市场经济发展情况，更具有可操作性和客观性。指标体系见表 1-10-1。

---

① 参见北京师范大学经济与资源管理研究所：《2003 中国市场经济发展报告》，第 11 章，北京，对外经济贸易出版社，2003；北京师范大学经济与资源管理研究所：《2005 中国市场经济发展报告》，第 10 章，北京，中国商务出版社，2005。

表 1-10-1   中国市场经济程度测度因素及指标表

序号	指标名称	序号	指标名称	序号	指标名称
	一、政府行为规范化	12	国有大型企业经营者自主选择比率	23	平均关税税率
	（一）政府的财政负担	13	国有大型企业自主经营决策比率	24	从国际贸易中获得的税额与进出口额的比率
1	政府消费占 GDP 的比重		三、生产要素市场化		（九）法律对公平贸易的保护
2	企业所得税（含费）平均税率		（五）劳动与工资	25	违反反不正当竞争法规的案件立案查处率
	（二）政府对经济的干预	14	分地区常住人口与户籍人口之间的变动率	26	知识产权案件中立案查处率
3	政府投资占 GDP 的比重	15	行业间职工人数变动率		五、金融参数合理化
4	政府转移支付和政府补贴占 GDP 的比重	16	大型企业中实行劳动合同制度的比例		（十）银行与货币
5	政府人员占城镇从业人员的比重		（六）资本与土地	27	非国有银行资产占全部银行资产的比重
	二、经济主体自由化	17	全社会固定资产投资资金来源中外资、自筹和其他资金所占比重	28	非国有金融机构存款占全部金融机构存款的比重
	（三）非国有经济的贡献	18	外方注册资金占外商投资企业总注册资金的比重	29	三资乡镇个体私营企业短期贷款占金融机构全部短期贷款的比重
6	非国有经济固定资产投资占全社会固定资产投资的比重	19	城镇土地使用权的招标、拍卖和挂牌面积占土地使用权出让面积的比例	30	最近五年通货膨胀率的平均值
7	城镇非国有单位从业人员占城镇从业人员的比重		四、贸易环境公平化		（十一）利率和汇率
8	规模以上非国有工业增加值占规模以上工业增加值的比重		（七）贸易产品定价自由度	31	各种金融机构一年期贷款利率全距系数
9	非国有经济税收占全社会税收的比重	20	社会消费品零售总额中市场定价的比重	32	资本项下非管制的项目占项目总数的比例

序号	指标名称	序号	指标名称	序号	指标名称
10	非国有经济进出口总额占全部进出口总额的比重	21	农副产品收购总额中市场定价的比重	33	人民币对美元汇率与境外无本金交割远期汇率月平均绝对差的变异系数
	（四）企业运营	22	生产资料销售总额中市场定价的比重		
11	财政对国有企业的亏损补贴占 GDP 的比重		（八）对外贸易自由度		

上述市场化测度指标的评分遵循"指标—子因素—因素—经济总体"的整合过程，采用 5 分制的评分办法。指标评分等级分为 1 分、2 分、3 分、4 分及 5 分五个等级，1 分说明该领域的市场化程度最高，1 分所在的区间称之为评分的上限区间；而 5 分则说明该项指标或因素所反映的市场化程度最低，我们将 5 分所在的区间称之为评分的下限区间。本报告的指标评分是参照美国传统基金会的评价标准确定的。我们力求借鉴和完善一个尽可能客观并易与国际间对话的评价体系。在分值确定时，我们仍然是采取区间估计的方法，即一个分值对应一个指标值区间，一个指标的数值被划分为 5 个区间，分别对应 1 分、2 分、3 分、4 分和 5 分。上限和下限评分参考了美国传统基金会和加拿大弗雷泽研究所的评价标准和中国市场经济发展进程的现实情况，中间三个区间大部分是根据等距的形式来划分的，如"政府消费占 GDP 的比重"是一个逆指标，10 及 10 以下为 1 分，40 以上为 5 分，中间以 10 作为区间间距划分的标准，即（10，20] 得 2 分，（20，30] 得 3 分，（30，40] 得 4 分；又例如，"非国有经济固定资产投资占全社会固定资产投资的比重"是正指标，其评分标准为：指标值在 80 以上得 1 分，20 及 20 以下得 5 分，另外三个区间，以等距 20 作为区间划分标准，即（60，80] 得 2 分，（40，60] 得 3 分，（20，40] 得 4 分。中间区间也包括少数不等距区间，比如，"最近五年通货膨胀率的平均值"的评分标准为 3 及 3 以下为 1 分，（3，6] 为 2 分，（6，12] 为 3 分，（12，20] 为 4 分，20 以上为 5 分，中间三个区间距明显是不同的，这种不等距是由上限与下限的框架和我们对实际情况的理解为背景的，现实数据的不等距决定了区间划分的不等距。

（二）2004—2006 年各测度指标评分结果

根据本课题调整后的市场化指标体系及评价标准，分别对 2004—2006 年各测度指标进行评分，33 项具体指标的评分结果见表 1-10-2。

表 1-10-2 　　　　　　2004—2006 年市场化测度指标的评分测定表

序号	指标名称	评分标准	2004 年		2005 年		2006 年	
			指标值	得分	指标值	得分	指标值	得分
1	政府消费占 GDP 的比重	逆指标。10 及 10 以下为 1 分；(10，20] 为 2 分；(20，30] 为 3 分；(30，40] 为 4 分；40 以上为 5 分	14.51	2	14.47	2	14.21	2
2	企业所得税平均税率	逆指标。15 及 15 以下为 1 分；(15，20] 为 2 分；(20，25] 为 3 分；(25，30] 为 4 分；30 以上为 5 分	16.3	2	17.56	2	17.75	2
3	政府投资占 GDP 的比重	逆指标。1.5 及 1.5 以下为 1 分；(1.5，3.5] 为 2 分；(3.5，6] 为 3 分；(6，10] 为 4 分；10 以上为 5 分	5.15	3	4.93	3	5.01	3
4	政府转移支付和政府补贴占 GDP 的比重	逆指标。3 及 3 以下为 1 分；(3，6] 为 2 分；(6，9] 为 3 分；(9，12] 为 4 分；12 以上为 5 分	7.14	3	6.9	3	9.29	4
5	政府人员占城镇从业人员的比重	逆指标。5 及 5 以下为 1 分；(5，10] 为 2 分；(10，15] 为 3 分；(15，20] 为 4 分；20 以上为 5 分	13.91	3	13.51	3	13.57	3
6	非国有经济固定资产投资占全社会固定资产投资的比重	正指标。80 以上为 1 分；(60，80] 为 2 分；(40，60] 为 3 分；(20，40] 为 4 分；20 及 20 以下为 5 分	51.63	3	56.43	3	59.25	3
7	城镇非国有单位从业人员占城镇从业人员比重		74.66	2	76.26	2	77.29	2
8	规模以上非国有工业增加值占规模以上工业增加值的比重		57.64	3	62.35	2	64.22	2

序号	指标名称	评分标准	2004 年		2005 年		2006 年	
			指标值	得分	指标值	得分	指标值	得分
9	非国有经济税收占全社会税收的比重		73.08	2	75.74	2	78.58	2
10	非国有经济进出口总额占全部进出口总额的比重		71.42	2	74.26	2	76.34	2
11	财政对国有企业的亏损补贴占 GDP 的比重	逆指标。0.2 及 0.2 以下为 1 分；(0.2，0.5] 为 2 分；(0.5，1] 为 3 分；(1，1.5] 为 4 分，1.5 以上为 5 分	0.14	1	0.11	1	0.09	1
12	国有大型企业经营者自主选择比率	正指标。85 以上为 1 分；(75，85] 为 2 分；(65，75] 为 3 分；(55，65] 为 4 分；55 及 55 以下为 5 分	86.26	1	86.43	1	86.81	1
13	国有大型企业自主经营决策比率	正指标。90 以上为 1 分；(80，90] 为 2 分；(70，80] 为 3 分；(60，70] 为 4 分；60 及 60 以下为 5 分	89.91	2	90.95	1	92.35	1
14	分地区常住人口与户籍人口数之间的变动率	正指标。4 以上为 1 分；(2，4] 为 2 分；(1，2] 为 3 分；(0.5，1] 为 4 分；0.5 及 0.5 以下为 5 分	1.16	3	2.47	2	2.72	2
15	行业间职工人数变动率	正指标。10 以上为 1 分；(8，10] 为 2 分；(5，8] 为 3 分；(2，5] 为 4 分；2 及 2 以下为 5 分	2.27	4	4.13	4	3.42	4
16	大型企业中实行劳动合同制度的比率	正指标。95 以上为 1 分；(80，95] 为 2 分；(65，80] 为 3 分；(50，65] 为 4 分；50 及 50 以下为 5 分	95	2	95.7	1	96.7	1

序号	指标名称	评分标准	2004 年		2005 年		2006 年	
			指标值	得分	指标值	得分	指标值	得分
17	全社会固定资产投资资金来源中外资、自筹和其他资金所占的比重	正指标。70 以上为 1 分；（55，70］为 2 分；（40，55］为 3 分；（25，40］为 4 分；25 及 25 以下为 5 分	77.14	1	78.36	1	79.6	1
18	外方注册资金占外商投资企业总注册资金的比重	正指标。50 以上为 1 分；（40，50］为 2 分；（30，40］为 3 分；（20，30］为 4 分；20 及 20 以下为 5 分	76.6	1	77.8	1	78.3	1
19	城镇土地使用权的招标、拍卖和挂牌面积占土地使用权出让面积的比例	正指标。60 以上为 1 分；（45，60］为 2 分；（30，45］为 3 分；（15，30］为 4 分；15 及 15 以下为 5 分	28.88	4	34.56	3	30.53	3
20	社会消费品零售总额中市场定价的比重	正指标。95 以上为 1 分；（85，95］为 2 分；（75，85］为 3 分；（60，75］为 4 分；60 及 60 以下为 5 分	95.3	1	95.6	1	95.3	1
21	农副产品收购总额中市场定价比重		97.8	1	97.7	1	97.1	1
22	生产资料销售总额中市场定价比重		87.8	2	91.9	2	92.1	2
23	平均关税税率	逆指标。4 及 4 以下为 1 分；（4，9］为 2 分；（9，14］为 3 分；（14，19］为 4 分；19 以上为 5 分	10.4	3	10	3	9.9	3
24	从国际贸易中获得的税额与进出口额的比率	逆指标。1 及 1 以下为 1 分；（1，1.5］为 2 分；（1.5，2］为 3 分；（2，2.5］为 4 分；2.5 以上为 5 分	1.09	2	0.91	1	0.81	1

序号	指标名称	评分标准	2004 年		2005 年		2006 年	
			指标值	得分	指标值	得分	指标值	得分
25	违反反不正当竞争法规的案件立案查处率	正指标。95 以上为 1 分；（85，95]为 2 分；（75，85]为 3 分；（60，75]为 4 分；60 及 60 以下为 5 分	88.62	2	91.8	2	95	2
26	知识产权案件中立案查处率		86.3	2	91.8	2	92.2	2
27	非国有银行资产占全部银行资产的比重	正指标。70 以上为 1 分；（50，70]为 2 分；（30，50]为 3 分；（10，30]为 4 分；10 及 10 以下为 5 分	31.2	3	31.76	3	32.87	3
28	非国有金融机构存款占全部金融机构存款的比重		36.4	3	36.93	3	40.45	3
29	三资乡镇个体私营企业短期贷款占金融机构全部短期贷款的比重	正指标。40 以上为 1 分；（30，40]为 2 分；（20，30]为 3 分；（10，20]为 4 分；10 及 10 以下为 5 分	14.22	4	13.79	4	10.88	4
30	最近五年通货膨胀率的平均值	逆指标。3 及 3 以下为 1 分；（3，6]为 2 分；（6，12]为 3 分；（12，20]为 4 分；20 以上为 5 分	1.08	1	1.36	1	1.52	1
31	各种金融机构一年期贷款利率全距系数	正指标。80 以上为 1 分；（60，80]为 2 分；（40，60]为 3 分；（20，40]为 4 分；20 及 20 以下为 5 分	60	3	60	3	60	3
32	资本项下非管制的项目占项目总数的比例	正指标。80 以上为 1 分；（60，80]为 2 分；（40，60]为 3 分；（20，40]为 4 分；20 及 20 以下为 5 分	46.5	3	55	2	55	2
33	人民币对美元汇率与境外无本金交割远期汇率月平均绝对差的变异系数	逆指标。0.1 及 0.1 以下为 1 分；（0.1，0.5]为 2 分；（0.5，1]为 3 分；（1，2]为 4 分；2 以上为 5 分	0.79	3	0.19	2	0.13	2

注：此表根据本课题提供的数据与评分标准制作。

根据 33 个测度指标的打分结果，2005 年和 2004 年相比，在 33 个测度指标中，有 8 个测度指标值的评分发生趋好的变化，占总指数的 24%，其余 25 个测度指标的评分结果没有发生变化。而 2006 年和 2005 年相比，只有一个指标即"政府转移支付和政府补贴占 GDP 的比重"发生变化，评分由 2005 年的 3 分变成了 2006 年的 4 分，市场化评价下降，其他均未发生变化，这说明，2006 年市场化测度指标变化基本稳定，没有太大的波动，也说明该年度的市场化程度基本稳定。

（三）市场化测度各子因素评分

本报告市场化指数分为 11 个子因素，涵盖了市场化评价的各个领域。本报告对各子因素的评价是根据各子因素所包括的测度指标得分的简单算术平均计算出来的。[1] 根据该方法，由表 1-10-2 可得到各子因素的得分（见表 1-10-3）。

表 1-10-3　　　　　　　　2004—2006 年市场化测度子因素得分表

类因素名称 ＼ 年份	2004	2005	2006
1. 政府的财政负担	2.0	2.0	2.0
2. 政府对经济的干预	3.0	3.0	3.3
3. 非国有经济的贡献	2.4	2.2	2.2
4. 企业运营	1.3	1.0	1.0
5. 劳动与工资	3.0	2.3	2.3
6. 资本与土地	2.00	1.67	1.67
7. 贸易产品定价自由度	1.33	1.33	1.33
8. 对外贸易自由度	2.50	2.00	2.00
9. 法律对公平贸易的保护	2.00	2.00	2.00
10. 银行与货币	2.75	2.75	2.75
11. 利率和汇率	3.00	2.33	2.33

注：本表数据根据表 1-10-1 分类标准和表 1-10-2 评分结果计算。

根据表 1-10-3 的计算结果，在本报告测度的 11 个子因素中，2005 年和 2004 年相比，有 6 项子因素的评分在下降，即市场化程度在提高，它们是"非国有经济的贡献"、"企业运营"、"劳动与工资"、"资本与土地"、"对外贸易自由度"及

---

[1] 该计算方法和前两次的报告相同。因为在指标与子因素设计时，它们的重要性基本上是对等的，不能区分测度指标的重要性程度，因此，采取相同的权重。

"利率和汇率"，其中降低幅度最大的是"劳动与工资"和"利率和汇率"，分别
降低了 0.7 和 0.67，其他子因素的评分没有发生变化。而 2006 年和 2005 年相
比，仅有"政府对经济的干预"1 项子因素评分发生了变化，评分值由 3 分变成
了 3.3 分，所反映的市场化程度在降低，其他子因素的评分均未发生变化。

（四）类因素指数与总指数计算

本报告市场化测度的类因素包括五个方面，分别为"政府行为规范化"、"经
济主体自由化"、"生产要素市场化"、"贸易环境公平化"和"金融参数合理化"。
该测度体系类因素的计算也是采取简单算术平均的方法，即假设五大因素对总体
市场化的贡献被视为同等的。事实上，本报告研究表明，上述五大因素构成市场
经济程度评价的基本要素，从理论上讲，没有必要也没有可能再设定各因素不同
的权重，因此，采取了简单算术平均的方法。即对五大因素所包括的子因素得分
进行简单算术平均处理，得到各因素的得分，然后，将五个因素的得分加总和简
单平均，得到 2004—2006 年中国市场化测度总指数。具体结果请见表 1-10-4。

表 1-10-4　　　2004—2006 年市场化测度类因素指数和总指数计算表

年份 类因素名称	2004	2005	2006
一、政府行为规范化	2.50	2.50	2.67
二、经济主体自由化	1.87	1.60	1.60
三、生产要素市场化	2.50	2.00	2.00
四、贸易环境公平化	1.94	1.78	1.78
五、金融参数合理化	2.88	2.54	2.54
总指数（按 5 分制标准得分）	2.34	2.08	2.12

注：本表根据表 1-10-1 分类标准和表 1-10-3 评分结果计算。

表 1-10-4 的计算结果表明，中国 2004—2006 年市场化指数按照 5 分制评分
方法分别为 2.34 分、2.08 分和 2.12 分，为便于国内外读者更直观地了解，我们
将上述 5 分制指数折算成百分数，具体折算方法如下：首先将 0～100 分等分成
以下 5 个区间，即 0～20 分、20～40 分、40～60 分、60～80 分和 80～100 分，
根据 5 分制的预设标准，3 分以下表示大部分是市场化的，即可设定为 60 分，据
此，我们将第一个区间对应 5 分制中的 5 分，第二个区间对应 5～4 分，第三个
区间对应 4～3 分，第四个区间对应 3～2 分，第五个区间对应 2～1 分。显然，

2004—2006 年 5 分制的市场化总指数对应百分制的第四个区间（60～80 分），即可通过插值的方法很容易将上述三年的 5 分制的市场化总指数换算成百分制的市场化总指数，这相当于在（2，80）和（3，60）两个点中内插一个点（x，y），即：$(x-2) / (3-2) = (80-y) / (80-60)$，化简得 $y = 120 - 20x$。根据此公式计算出 2004 年、2005 年和 2006 年百分制的市场化总指数分别为 73.3%、78.3% 和 77.7%，请见表 1-10-5。

表 1-10-5　　　　　2004—2006 年市场化测度总指数两种标准对照表

年份 标准	2004	2005	2006
按 5 分制标准得分	2.34	2.08	2.12
按百分制标准得分	73.3	78.3	77.7

表 1-10-5 是 2004—2006 年中国市场化测度的综合结果，它反映了中国市场化程度变化的趋势和总体水平，为我们进行市场化程度的定性判断提供了基础和依据。

>>二、2004—2006 年中国市场化指数测度结果分析<<

在前面部分中，我们对市场化子因素、类因素和经济总体的市场化指数进行了计算，并得到了相关的结果。以下从市场化程度的总体判断、市场化指数的动态比较两个方面进行分析。

（一）市场化程度的总体判断

根据市场化总指数测度的结果，2004 年市场化指数达到 73.3%，2005 年有了大幅度的提高，已接近 80%，为 78.3%，2006 年略有下降，市场化指数为 77.7%，但要高于 2004 年近 5 个百分点。根据本课题组《2003 中国市场经济发展报告》和《2005 中国市场经济发展报告》研究结果，得到 2001—2006 年的市场化测度结果，可以反映中国加入世界贸易组织以来市场化程度的变化情况（见表 1-10-6）。

表 1-10-6　　　　　2001—2006 年市场化测度总指数两种标准对照表

年份 标准	2001	2002	2003	2004	2005	2006
按 5 分制标准得分	2.51	2.36	2.31	2.34	2.08	2.12
按百分制标准得分	69	72.8	73.8	73.3	78.3	77.7

上表测度结果说明，中国 2001 年底加入 WTO 后，市场化程度总体上呈上升趋势，2004—2006 年市场化程度有了新的进展，2006 年和 2001 年相比，市场化指数提高近 9 个百分点。

本课题组《2003 中国市场经济发展报告》测度出 2001 年市场化指数为69%，根据预设的标准，超过 60% 就达到了市场经济标准的临界水平，这意味着中国市场经济框架已经建立。我们认为市场化指数在 80% 到 100% 之间，意味着达到成熟的市场经济阶段，因此，目前我国市场经济应该处于相对成熟的阶段，即已经较大幅度地超过了市场经济的临界水平，但还没有达到成熟的市场经济阶段。相对成熟的市场经济国家是一个发展和转型相结合的概念，即我国经济发展已经总体步入小康的阶段，同时，市场经济体制正在健全和完善，并推动经济发展进入一个新的历史阶段。

事实上，中国加入世界贸易组织以来，经济一直保持着平稳快速增长，市场经济体制更加完善，特别是国有企业、金融、财税和行政管理体制等改革迈出重大步伐，开放型经济进入新阶段。2006 年非国有经济税收占全社会税收的比重为 78.58%，并且非国有经济贡献还在显著提高；92% 以上的价格完全由市场决定；平均关税率降到 10% 以下（发展中国家平均水平为 12%）；加入世贸组织后全力履行世贸组织成员的义务，有关经贸政策与国际规则更加一致；随着政府职能的转变，企业已成为自主经营的经济实体。

为了进一步验证本课题测算的市场化指数的可靠性，我们不妨将其与国际上比较流行的经济自由度评价结果进行比较，因为市场化指数与自由度指数是内在相关的，具有一致性。因此，自由化指数在很大程度上或说总体上是可以用来判断市场经济发展程度的。弗雷泽研究所（Fraser Institute）是对世界范围内国家（地区）经济自由进行研究和测度的著名研究机构，研究报告为《经济自由度报告》，该报告包括了 130 个国家（地区）的自由度指数。加拿大弗雷泽研究所的经济自由度指数是相对比较客观，具有代表性的一个，该指数采取 10 分制，分值越高，表明经济自由度越高，以下是该机构对中国 1980—2005 年的经济自由度指数测度结果（表 1-10-7）。

表 1-10-7　　　　　　　　　中国经济自由度变动表

年份	1980	1985	1990	1995	2000	2001	2002	2003	2004	2005
指数	3.93	5.05	4.79	5.12	5.4	5.49	5.7	6	5.7	6.3

资料来源：加拿大弗雷泽研究所：《经济自由度报告》在线资料，1980—2005 年。

该结果表明，中国经济自由度指数一直处于稳步提高的趋势，特别是 2003 年后，经济自由度指数超过 6，并继续提高，这一趋势与中国改革发展的进程是基本一致的，也和中国市场化指数的变动趋势基本一致，只不过由于评价取向、指标体系和评分标准不同，导致二者的分值存在一定的差异，这也是客观的，可接受的。2005 年，中国经济自由度指数在 130 个国家和地区的排名中名列第 86 位，高于许多发展中市场经济国家和经济转型国家，包括保加利亚、俄罗斯、罗马尼亚、乌克兰、土耳其等国家。

同时，自 2004 年 4 月新西兰第一个承认中国市场经济地位以来，越来越多的国家承认中国市场经济地位，截至 2008 年 3 月已达到 77 个。2005 年 9 月，OECD 发布《中国经济调研》，承认中国市场经济地位。这说明中国市场经济体制改革在国际上产生了深远的影响，市场化程度达到了一个较为可观的程度。

（二）市场化指数变动分析

2004—2006 年，我国市场化指数分布在 73%～78% 的区间。中国市场化指数的提高表现在各个不同的领域上，本报告市场化测度指标评分与子因素及类因素评分对此给予了有力的说明。2004—2006 年市场化总指数的提高就是基于多数指标的市场化正面进展的结果。

从 2004—2006 年中国市场化指数变动来看，2006 年比 2004 年有了较显著的提高。主要原因是近几年来，政府对经济体制改革的决心更加坚定，步伐更加稳健。一系列重大改革向纵深推进，直接触及中国经济社会的核心领域和深层次问题。主要表现在政府行为进一步规范，企业市场化改革进入攻坚阶段，生产要素市场化改革进一步深化，资本交易市场在股权分置等方面取得新进展，实现了股市全流通的改革目标，贸易环境更有利于提高市场效率，金融市场化改革着力提高金融主体的市场活力，上述这些内容在前面各章都有详细的分析，在本章不再展开分析。

基于市场化指数的测度结果，2006 年市场化指数为 77.7%，比 2005 年下降了 0.6 个百分点，主要是"政府对经济的干预"子因素评分下降，"政府转移支付和政府补贴占 GDP 的比重"2004—2006 年分别是 7.14%、6.9%、9.29%，政府近年来加大了对农村和西部地区的补贴和转移支付力度，城乡之间和地区之间经济发展的统筹和协调性得到加强。2006 年中央财政用于"三农"支出 3 397 亿元，比上年增加 422 亿元，增幅为 14.2%。政府补贴方面继续增加对种粮农民直接补贴、良种补贴和农机具购置补贴，实施农业生产资料综合补贴政策，对重点地区的重点粮食品种实行最低收购价政策，增加对财政困难县乡和产粮大县的转移支付。在社会事业的投入方面，2006 年中央财政用于科技、教育、卫生和文化事业的支出分别为 774 亿元、536 亿元、138 亿元和 123 亿元，比上年分别增长 29.2%、39.4%、65.4% 和 23.9%。

可见，关于市场化指数的波动，不能简单说是市场化的倒退或逆转，而要结合我国宏观经济政策的变化。现代市场经济都是有政府干预的市场经济，需要根据宏观经济环境进行适时调节，因而，政府在不同时期的作用和重点是不同的，要有所为、有所不为，这都是正常的，也是应该的、必要的，在发达市场经济国家也是如此。当然，前提条件是政府干预经济不能超过其法定的边界范围。从市场化指数测度来看，政府调节的增强，就会降低市场化指数。在特定时期，市场化指数也不是越高就越好，而是要保持合理的上升趋势，个别年份必要的调整和波动是正常的。这一点在国内外同类测度结果比较中有类似现象，美国传统基金会、加拿大弗雷泽研究所的结果也是 2004 年略有下降，2005 年回升。[①]

因此，只有科学地分析市场化指数的波动性，分析其背后的深刻背景和原因，才能对我国经济的市场化进程有更加深入、全面的认识。

>>三、本报告市场化指数编制的可靠性分析<<

以上我们对 2004—2006 年市场化指数测度过程的介绍和基于测度结果的分析，是建立在本报告对市场化指数测度的严密性、可靠性基础之上的。作为系列报告和持续的研究品牌，一个重要的出发点是要保证报告的连贯性和一致性，并在研究中不断修正和完善。本报告基本上继承了 2003 年报告和 2005 年报告的测度框架和指标体系，一是保证了逻辑结构的基本合理性和指标体系的客观性，二是保证了测度过程的严密性和数据来源的权威性。

(一) 市场化指数测度框架保持一致性

本报告编制的市场化测度因素和指标体系保持了一脉相承的发展，反映了指数编制的一致性。本课题组编制的市场经济发展报告有一个基本的主线，即反映市场经济的五个基本方面，政府行为规范化、经济主体自由化、生产要素市场化、贸易环境公平化和金融参数合理化。这五个基本因素是根据现代经济理论对

---

① 具体情况可参见本报告第一部分附录 2：国外经济自由度指数简介。

市场经济的主要概括，从国内外市场经济发展的历史和现实出发，借鉴美国、欧盟等反倾销对市场经济标准的法律规定等综合归纳和概括出来的，反映了各国市场经济的共同属性，具有国际可比性。在 2003 年、2005 年和 2008 年的报告中，这五个因素一直没有发生变化，并仍将作为今后编制市场化指数的框架基础。

市场化测度指标体系是一个多维和多层复杂系统，因此，该报告依据五大测度因素的基本内涵，归纳出 11 个子因素，即政府的财政负担、政府对经济的干预、非国有经济的贡献、企业运营、劳动与工资、资本与土地、贸易产品定价自由度、对外贸易自由度、法律对公平贸易的保护、银行与货币、利率和汇率，在 2003 年、2005 年和 2008 年的报告中，也维持不变，因为这 11 个子因素是对五大因素的进一步细化，更具体的分类，能有助于我们更全面、更细致地分析中国市场经济发展的各个层面。

（二）市场化指数测度结果具有可比性

市场化测度结果的可比性与测度指标选择、数据来源和评分标准等因素是否可比直接相关。本报告中测度因素、子因素所包括的测度指标个数不变，一直沿用了 33 个测度指标，各个测度指标的评分标准保持稳定。个别指标由于不可预见的客观变化，本课题组及时地采用替代指标进行调整。这种调整是非常严格的，体现了如下三个原则：一是要保证替代指标和原指标在经济内涵上的一致性，修正后的指标会更加完善、更加合理；二是保证替代指标能获取连续的统计数据，既要求可供检验的历史数据，也要求保证将来能持续地提供的统计数据；三是替代指标和原指标在评分标准上具有一定的相似性，各等级的评分区间和评分值在新旧指标之间要相互对应，即保持新指标按照新的评分标准与原来年份的评分和被替换指标相对应的年份的评分值相同，这样就保证了测度结果的可比性，也是市场化指数发展和完善的基础。

在指数的计算上，本报告所采用的数据来源和 2003 报告、2005 报告一致，基础数据主要是来自《中国统计年鉴》、《中国财政年鉴》、《中国金融年鉴》、《中国资金流量表》、《中国海关统计年鉴》、《中国劳动统计年鉴》、《中国人口统计年鉴》、《中国工商行政管理年鉴》、《中国土地资源年鉴》、《中国大企业集团》等基本统计资料，资料可连续获取。本报告市场化指数的测算方法与 2003 报告和 2005 报告一致，市场化指数是采取分级简单算术平均计算的，遵循"指标—子因素—因素—经济总体"的整合过程，数据来源的具体说明可参见第一部分附录 1。

（三）市场化指数编制通过修正变得更加合理

中国市场经济有一个不断变化和发展的过程，政府的宏观调控和管理也在不断地变化，使之更加适应市场经济的内在要求。因此，市场化测度指标在一定的时期都不可避免地存在局限性，需要进行调整，它有一个不断扬弃的优化过程。国际上任何一个权威的指数发布都是如此，加拿大弗雷泽经济自由度指数的指标体系和指数计算方法都曾经历较大的修改，美国传统基金会经济自由度指数近年来也对指数评分做了大的调整，由评分的5分法变成了百分制评分方法。可见，指数编制的自我修正过程，其目标是更加合理和更加完善，更能反映客观现实和易于被更多的人所接受。

本课题组在《2003中国市场经济发展报告》中，首次发布了33个市场化测度指标，在学术界产生了较强的反响，得到了社会各界的广泛认同，其测度的结果被商务部作为对外反倾销中进行市场经济双边磋商的基础材料，在国际上也产生了一定的影响，在磋商过程中没有就指标体系提出质疑。因此，该测度指标体系和评分标准在总体上是客观的，是基本可靠的，也不会进行大的调整。

2005报告的测度指标基本不变，只是企业运营指标中关于企业的三个指标的统计口径调整为国有大型企业，更能反映政府干预的程度，并且在指标上有连续性。2008报告测度指标基本保持稳定，但个别指标由于经济含义、统计口径和资料来源等方面发生了变化，需要做一些调整和修正。在本报告中，调整内容有如下几点。

第一，从2004年起国家统计局不再对外发布"非国有经济创造的增加值占GDP的比重"，该指标的数据无法获得，替换为"规模以上非国有工业增加值占规模以上工业增加值的比重"，由于该指标的大小与变动趋势与"非国有经济创造的增加值占GDP的比重"非常接近，评分标准不变。

第二，"分地区常住人口数与户籍人口数之差占户籍人口的比重"替换为"分地区常住人口与户籍人口之间的变动率"。原指标"分地区常住人口数与户籍人口数之差占户籍人口的比重"是用净流量的方法来计算的，没有反映出全国的流动人口规模，用各地区常住人口与户籍人口之差的绝对值来反映本地区的流动人口规模更为合理，但考虑到人口的双向流动，为了避免重复计算，我们在加总各地区常住人口与户籍人口之绝对差时要减半处理，评分标准也相应做了调整，请见表1-10-8。

第三，本报告中对"行业间职工人数流动率"的评分标准进行了调整。由于

2004 年以后国家统计局采用新的 2002 年国民经济行业分类标准，此前所采用的是旧的 1994 年国民经济行业分类标准，因此 2001—2003 年市场化指数测度时的行业分类与 2004 年以后的行业分类有很大的不同。与前者相比，后者的行业分类不仅明显增多，而且一些行业的口径也有所变化，因此所测算出的"行业间职工人数流动率"有所上升，相应调整了评分标准，请见表 1-10-8。

第四，"城镇土地使用权的拍卖面积占土地使用权出让面积的比例"替换为"城镇土地使用权的招标、拍卖和挂牌面积占土地使用权出让面积的比例"。从 2004 年起，国土资源部开始用上述新指标替代旧指标，统计范围增加了"土地挂牌"部分，因此，本报告做出上述调整。根据指标调整的原则，通过反复测算，对评分标准进行了调整，请见表 1-10-8。

表 1-10-8   指标评分标准调整对照表

指标序号	指标名称	原指标评分标准	现指标评分标准
14	分地区常住人口与户籍人口之间的变动率	正指标。4 以上为 1 分；（3，4] 为 2 分；（2，3] 为 3 分；（1，2] 为 4 分；1 及 1 以下为 5 分	正指标。4 以上为 1 分；（2，4] 为 2 分；（1，2] 为 3 分；（0.5，1] 为 4 分；0.5 及 0.5 以下为 5 分
15	行业间职工人数变动率	正指标。8 以上为 1 分；（6，8] 为 2 分；（4，6] 为 3 分；（2，4] 为 4 分；2 及 2 以下为 5 分	正指标。10 以上为 1 分；（8，10] 为 2 分；（5，8] 为 3 分；（2，5] 为 4 分；2 及 2 以下为 5 分
19	城镇土地使用权的招标、拍卖和挂牌面积占土地使用权出让面积的比例	正指标。20 以上为 1 分；（15，20] 为 2 分；（10，15] 为 3 分；（5，10] 为 4 分；5 及 5 以下为 5 分	正指标。60 以上为 1 分；（45，60] 为 2 分；（30，45] 为 3 分；（15，30] 为 4 分；15 及 15 以下为 5 分
33	人民币对美元汇率与境外无本金交割远期汇率月平均绝对差的变异系数	逆指标。0.5 及 0.5 以下为 1 分；（0.5，1] 为 2 分；（1，2] 为 3 分；（2，5] 为 4 分；5 以上为 5 分	逆指标。0.1 及 0.1 以下为 1 分；（0.1，0.5] 为 2 分；（0.5，1] 为 3 分；（1，2] 为 4 分；2 以上为 5 分

第五，"人民币对美元汇率与新加坡无本金交割远期汇率月平均绝对差偏离度"替换为"人民币对美元汇率与境外无本金交割远期汇率月平均绝对差的变异系数"。由于前者反映的是偏离的绝对水平，而不是波动范围，使得原指标不能客观反映 2005 年 7 月实施汇率改革的市场化趋势，因此，对指标进行了调整，用偏离度指标替代绝对差指标，以更好地说明中国汇率改革以来市场化效果。用

"境外无本金交割远期汇率"代替"新加坡无本金交割远期汇率",使本指标的代表意义更加全面、准确。同时,在指标评分上也做了相应的调整,请见表1-10-8。

需要指出的是,自 2004 年开展第一次全国经济普查后,国家统计局陆续对GDP 和其他国民核算的历史数据按照经济普查口径进行了系统调整,调整后的数据比调整前有较大的增加,因此,本报告中涉及 GDP 的 4 个测度指标"政府消费占 GDP 的比重"、"政府投资占 GDP 的比重"、"政府转移支付和政府补贴占GDP 的比重"、"财政对国有企业的亏损补贴占 GDP 的比重"的指标值会有所降低,但对总体的测度影响不大,因此评分标准未做调整。

由此可见,本报告力求通过指标的局部调整,使测度结果更加合理、更加客观。当然,任何社会经济现象的测度都存在主观性,为保证测度的可靠性,减少主观偏差,本课题组的测度小组内部召开讨论会 8 次,反复核对数据来源的真实性和可靠性,认真评估替代指标的科学性和合理性,力求保持替代指标与原指标的可比性。最后,邀请国内知名经济专家与统计专家进行专题讨论,对指标进行逐个评估和审定。可以说,33 个测度指标及其评分标准是多方努力与合作的结晶,具有较为广泛的认同性,保证了测度结果的可比性,并使测度变得更加完善。

>>主要参考文献<<

[1] 北京师范大学经济与资源管理研究所. 2003 中国市场经济发展报告 [R]. 北京:对外经济贸易出版社,2003.

[2] 北京师范大学经济与资源管理研究所. 2005 中国市场经济发展报告 [R]. 北京:中国商务出版社,2005.

[3] 李晓西. 中国市场化改革的推进及其若干思考 [J]. 改革,2008 (4).

[4] 李晓西. 中国市场化改革的意义——改革开放三十年的回顾与展望 [N]. 光明日报,2008-05-20.

[5] 李晓西,曾学文,赵少钦. 改革开放三十周年:市场化进程卷 [M]. 重庆:重庆大学出版社,2008.

[6] 曾学文. 2005—2006 年中国市场化进程述评 [J]. 开放导报,2007 (3):33-37.

[7] 曾学文. 中国 2004 年市场化新进展 [R]. 2005 中国经济年鉴. 中国经济年鉴

社，2005.

[8] The Fraser Institute，Canada. Index of economic freedom 2004 [R/OL]，www. fraserinstitute. ca.

[9] The Heritage Foundation，USA. Economic freedom of the world annual report [R/OL]，www. heritage. org.

附录1
33 个测度指标的定义与数据来源

1. 政府消费占 GDP 的比重

政府单位是指在一国境内通过政治程序建立的、在一特定区域内对其他机构单位拥有立法、司法和行政权的法律实体及其附属单位，包括中央政府、地方政府、由政府控制并主要由政府资助的非市场非营利机构等。政府消费是政府单位为全社会提供公共服务的消费支出和免费或以较低价格向住户提供的用于消费的货物和服务的净支出。政府消费占 GDP 的比重反映一定时期内政府消费对国民经济的影响程度。

资料来源：《中国统计年鉴》。

2. 企业所得税平均税率

这里企业所得税平均税率指企业所得税（含费）平均税率。按照传统定义，企业所得税平均税率为企业所得税占企业初次分配收入的比重。考虑到目前我国企业每年仍要缴纳除所得税外的诸多费，如排污费、城市水资源费、教育费附加、矿产资源补偿费、铀产品出售收入和探矿权采矿权使用费及价款收入等专项收入、预算外行政性收费。因此，为了准确反映企业的实际负担，这里我们将企业所得税平均税率定义为企业交纳的所得税和各种费占企业初次分配收入的比重。

资料来源：2004 年和 2005 年企业所得税和企业初次分配收入数据来自相关年度《中国资金流量表》，企业各种费数据来自相关年度《中国统计年鉴》，但2006 年企业初次分配收入数据因 2006 年《中国资金流量表》实物交易部分尚未编制出，因此，2006 年企业所得税平均税率根据有关资料进行推算。

3. 政府投资占 GDP 的比重

政府投资指国家机关、政党机关和社会团体、科学研究、综合技术服务和地质勘查单位、水利、环境和公共设施管理单位、教育文化艺术广播电影电视单位、卫生体育、社会保障和社会福利业等单位在一定时期内通过购买或建造活动完成的固定资产投资。政府投资占 GDP 的比重反映一定时期内政府投资对国民经济的影响程度。

资料来源：2004 年和 2005 年数据来自相关年度《中国资金流量表》，2006 年数据为课题组的估计数。

4. 政府转移支付和政府补贴占 GDP 的比重

政府转移支付和政府补贴占 GDP 比重为一定时期（通常为一年）内政府转移支付额和政府补贴额占当年 GDP 的比重。政府转移支付是指中央政府对地方政府的财政转移支付，转移支付的基本形式有两种，一种是无条件拨款（一般补助）；另一种是有条件拨款（专项拨款）。无条件拨款主要由中央对地方的税收返还、体制补助和结算补助等形式构成。有条件拨款大致可分为三类，一是对地方经济发展和事业发展的项目补助；二是对特殊情况的补助，如自然灾害补助等；三是保留性专项拨款。政府补贴主要由对价格补贴和对国有企业补贴组成，前者包括对城镇居民的粮棉油价格补贴、肉食品价格补贴和其他价格补贴，后者包括对国有企业的亏损补贴、工资补贴、进出口贸易补贴和社保补贴等。该比重反映政府对国民收入再分配调节力度的大小。

资料来源：相关年度《中国财政年鉴》和相关年度《中国统计年鉴》。

5. 政府人员占城镇从业人员的比重

城镇从业人员指设区的市所辖的区、不设区的市所辖的街道以及所辖镇的居委会、县辖镇的居委会范围内的 16 岁及 16 岁以上的从事一定社会劳动并取得劳动报酬或经营收入的人员的年末人数。政府从业人员具体指在国家机关、政党机关和社会团体、科学研究、综合技术服务和地质勘查单位、水利、环境和公共设施管理单位、教育文化艺术广播电影电视单位、卫生体育、社会保障和社会福利业等单位劳动并取得工资或其他形式劳动报酬的人员的年末人数。这里的政府人员和城镇人员中都不包括现役军人。政府人员占城镇从业人员的比重反映政府人员规模的大小。

资料来源：相关年度《中国统计年鉴》。

6. 非国有经济固定资产投资占全社会固定资产投资的比重

全社会固定资产投资是指固定资产投资额以货币表现的建造和购置固定资产活动的工作量，它是反映固定资产投资规模、速度、比例关系和使用方向的综合性指标。全社会固定资产投资按登记注册类型可分为国有、集体、个体、联营、有限责任公司、股份制、外商、中国港澳台商、其他等。由于联营、有限责任公司和股份制中既有国有成分，又有非国有成分，因此很难从现有统计数据中将两者完全分开。考虑到可操作性，我们将国有及国有控股投资作为国有投资，其余部分作为非国有投资。应该指出的是，这种处理方法与《2003 中国市场经济发展报告》和《2005 中国市场经济发展报告》中的处理方法不完全一致，后者仅将纯国有投资作为国有投资，不包括国有控股投资。非国有经济固定资产投资占全社会固定资产投资的比重可从一个侧面反映我国投资的市场化程度。

资料来源：相关年度《中国统计年鉴》。

7. 城镇非国有单位从业人员占城镇从业人员比重

城镇从业人员是指城镇中从事一定社会劳动并取得劳动报酬或经营收入的人员，包括在岗职工、再就业的离退休人员、私营业主、个体户主、私营和个体就业人员、其他就业人员（包括宗教职业者、现役军人等）。城镇非国有单位从业人员占城镇从业人员比重反映了城镇就业人口中非国有单位从业人员的相对规模。

资料来源：相关年度《中国统计年鉴》。

8. 规模以上非国有工业增加值占规模以上工业增加值的比重

从现行统计制度看，分所有制（国有经济、集体经济和其他经济）GDP 主要依靠各行业核算资料推算。受社会生产力水平的限制，各行业在不同时期的发展水平不同，统计基础和资料来源状况有较大差异，再加上计算分所有制的 GDP 的重要依据即经济类型划分标准①尚不完善，因此，在实际测算时，各行业之间、行业内部不同年度之间采用的方法也不完全一致，有的行业采用了必要的推算和估算。从 2004 年起，由于国家统计局尚未对外发布 GDP 分所有制测算数据，为此只好用规模以上非国有工业增加值占规模以上工业增加值的比重近似替代。其中，规模以上非国有工业增加值是用规模以上工业增加值减去规模以上国有及国有控股工业企业增加值得到的。

资料来源：相关年度《中国统计年鉴》。

9. 非国有经济税收占全社会税收的比重

全社会税收是指国家财政参与社会产品分配所取得的税收收入，包括增值税、营业税、消费税、土地增值税、城市维护建设税、资源税、城市土地使用

---

① 此标准于 1980 年第一次制定并初步实施，虽然经过后来的修改、补充和完善，1992 年形成国家分类标准，但在各专业统计中的应用仍不充分。

税、印花税、个人所得税、企业所得税、关税、农牧业税和耕地占用税等。全社会税收按纳税主体的经济类型可分为国有经济税收和非国有经济税收，非国有经济税收占全社会税收的比重反映了非国有经济创造的税收对全社会税收所做贡献的大小。

资料来源：相关年度《中国财政年鉴》和相关年度《税收统计月报》。

10. 非国有经济进出口总额占全部进出口总额比重

全部海关进出口总额是指实际进出我国国境的货物总金额，包括对外贸易实际进出口货物，来料加工装配进出口货物，国家间、联合国及国际组织无偿援助物资和赠送品，华侨、港澳台同胞和外籍华人捐赠品，租赁期满归承租人所有的租赁货物，进料加工进出口货物，边境地方贸易及边境地区小额贸易进出口货物（边民互市贸易除外），中外合资企业、中外合作经营企业、外商独资经营企业进出口货物和公用物品，到、离岸价格在规定限额以上的进出口货样和广告品（无商业价值、无使用价值和免费提供出口的除外），从保税仓库提取在中国境内销售的进口货物，以及其他进出口货物。我国规定出口货物按离岸价格统计，进口货物按到岸价格统计。全部进出口总额按企业性质可归属为国有企业、外商投资企业、集体企业和其他企业，非国有经济进出口总额占全部进出口总额比重，即外商投资企业、集体企业和其他企业的进出口总额占全部进出口总额比重，反映了进出口总额中非国有经济的贡献。

资料来源：相关年度《中国海关统计年鉴》。

11. 财政对国有企业的亏损补贴占 GDP 的比重

财政对国有企业的亏损补贴占 GDP 的比重为在一定时期（通常为一年）内财政对国有企业的亏损补贴额占当年 GDP 的比重，该比重反映国有企业与其他各类型企业平等竞争和自负盈亏的情况。

资料来源：相关年度《中国统计年鉴》。

12. 国有大型企业经营者自主选择比率

它是指以母公司拥有自主选择经营者权的国有大企业集团数占全部母公司已改制的国有大企业集团总数的比例来表示。这里的国有大企业集团包括母公司为国有独资公司和国有控股公司的大企业集团，不含母公司为国有企业（即未改制）的大企业集团。该比率反映国有企业经营者由政府任命向市场选择的转变程度。

资料来源：国家统计局：相关年度《中国大企业集团》。

13. 国有大型企业自主经营决策比率

它是指以母公司拥有重大经营决策权利的国有大企业集团数占全部母公司已改制的国有大企业集团总数的比例来表示。这里的国有大企业集团包括母公司为国有独资公司和国有控股公司的大企业集团，不含母公司为国有企业（即未改制）的大企业集团。该比率反映政府减少或放弃对企业决策的行政干预和企业决策的自主性程度。

资料来源：国家统计局：相关年度《中国大企业集团》。

14. 分地区常住人口与户籍人口之间的变动率

常住人口是指在某一时点（通常为年末）在某一地理区域（乡、镇、街道）内居住半年以上，或虽居住不满半年，但已离开常住户口登记地半年以上的人口，它还包括原来住在本地区，但目前在国外短期工作或者学习的人口。户籍人口是指年末于某一地理区域（乡、镇、街道）内在当地公安部门落户登记的人口。常住人口与户籍人口之差反映由外地区流动到本地区的人口规模，因此我们将"分地区常住人口与户籍人口之间的变动率"定义为各地区常住人口与户籍人口之绝对离差和的一半占全国户籍人口的比重，以反映人口流动性程度。这里需要指出的是，用各地区常住人口与户籍人口之绝对离差和的一半，主要考虑到人口的双向流动，避免重复计算。

资料来源：相关年度《中国统计年鉴》和相关年度《中国人口统计年鉴》。

15. 行业间职工人数变动率

在发达市场经济国家，劳动者平均一生都要经过多次工作变动。随着中国市场经济观念深入人心以及劳动保障体系的逐步完善，劳动者也越来越频繁地更换工作。行业间职工人数变动率可以近似地反映劳动力流动的自由度。该指标以各行业本年度与上年度相比职工人数变动的绝对值的总和与本年度各行业职工总数的比例来表示。

资料来源：相关年度《中国统计年鉴》。

16. 大型企业劳动合同签订比率

它是指已全面实行劳动合同制度的大型企业集团数与全部大型企业集团数的比例。该比率全面反映企业劳动用工和工资决定中劳资双方平等协商和谈判的程度。

资料来源：国家统计局：相关年度《中国大企业集团》。

17. 全社会固定资产投资资金来源中外资、自筹和其他资金所占比重

全社会固定资产投资的资金来源包括国家预算内资金、国内贷款、利用外资、自筹和其他资金。其中，利用外资、自筹和其他资金（如上市融资）是市场化程度比较高的获取资金的方式，用以上三种方式获取的投资资金占全社会固定资产投资额的比重可以很好地反映资本形成的市场化程度。

资料来源：相关年度《中国统计年鉴》。

18. 外方注册资金占外商投资企业总注册资金的比重

它是指年末登记外商投资企业行业分布情况中外方注册资金与总的注册资本之比。该比重反映外商方对外商投资企业的控制程度。

资料来源：相关年度《中国工商行政管理年鉴》。

19. 城镇土地使用权的招标、拍卖和挂牌面积占土地使用权出让面积的比例

在土地一级市场上，国家向土地使用者提供土地的形式，主要有出让、划拨、租赁和其他供地方式，其中出让占大头。土地出让是指国家以土地所有者的身份将国有土地使用权在一定年限内出让给土地使用者，由土地使用者向国家支付土地使用权出让金的行为。土地使用权出让的最高年限按用途确定：居住用地 70 年；工业用地 50 年；教育、科技、文化、卫生、体育用地 50 年；商业、旅游、娱乐用地 40 年；综合或者其他用地 50 年。出让采取协议、招标、拍卖、挂牌四种方式。出让方式获得的国有土地使用权可以转让、出租、抵押或者用于其他经济活动，合法权限受国家法律保护。因此，城镇土地使用权的拍卖面积占土地使用权出让面积的比重从一个侧面反映了我国土地交易的市场化程度。

资料来源：国土资源部：相关年度《中国土地资源年鉴》。

20. 社会消费品零售总额中市场定价的比重

它是指在国民经济各行业直接售给城乡居民和社会集团的消费品总额中按市场调节价和政府指导价销售的消费品的比重。《中华人民共和国价格法》第一章总则中的第三条明确指出，市场调节价是由经营者自主制定，通过市场竞争形成的价格。政府指导价是由政府价格主管部门或者其他有关部门，按照定价权限和范围规定基准价及其浮动幅度，指导经营者制定的价格。社会消费品零售总额中市场定价的比重反映了社会商品零售环节的市场化程度。

资料来源：国家发改委。

21. 农副产品收购总额中市场定价比重

它是指在各单位或部门收购的农副产品总额中按市场调节价和政府指导价收

购的农副产品金额的比重。该比重反映了农副产品收购环节市场化的程度。

资料来源：国家发改委。

22. 生产资料销售总额中市场定价比重

它是指在所有销售部门生产资料的销售收入中按市场调节价和政府指导价销售的生产资料金额的比重。该比重反映了生产资料出厂环节市场化的程度。

资料来源：国家发改委。

23. 平均关税税率

它是指各年的《中华人民共和国海关关税税则》所有商品编号项目所规定的关税税率的简单算术平均。

资料来源：国家商务部网站。

24. 从国际贸易中获得的税额占进出口额的比重

它是指关税收入与进出口总值之比。

资料来源：相关年度《中国统计年鉴》。

25. 违反不正当竞争法规的案件立案查处率

全国查处公平贸易案件基本情况表中，违反不正当竞争法规的案件数中受到立案查处的案件数所占比重。

资料来源：相关年度《中国工商行政管理年鉴》。

26. 知识产权案件中立案查处率

全国查处公平贸易案件基本情况表中，涉及知识产权的违法案件数中受到立案查处的案件数所占比重。

资料来源：相关年度《中国工商行政管理年鉴》。

27. 非国有银行资产占全部银行资产比重

这里的全部银行界定为国有独资商业银行、政策性银行、股份制银行、其他商业银行、外资银行、城市商业银行、农村商业银行、城市信用社和农村信用社，非国有银行是指除国有独资商业银行和政策性银行外的其他银行，包括股份制银行、其他商业银行、外资银行、城市商业银行、农村商业银行、城市信用社和农村信用社。非国有银行资产占全部银行资产的比重从一个侧面反映了我国金融体制改革和金融市场化进展的情况。

资料来源：相关年度《中国金融年鉴》。

28. 非国有金融机构存款占全部金融机构存款的比重

这里的全部金融机构是指中国人民银行、政策性银行、国有独资商业银行、其他商业银行、城市商业银行、农村商业银行、城市信用社、农村信用社、财务公司、信托投资公司、租赁公司、邮政储汇局、外资金融机构，非国有金融机构是指除中国人民银行、政策性银行、国有独资商业银行以外的所有其他金融机构，包括其他商业银行、城市商业银行、农村商业银行、城市信用社、农村信用社、财务公司、信托投资公司、租赁公司、邮政储汇局、外资金融机构。非国有金融机构存款占全部金融机构存款的比重反映了非国有金融机构在整个金融机构中的作用和地位。

资料来源：相关年度《中国金融年鉴》和相关年度《中国金融机构货币信贷收支月报》。

29. 三资乡镇个体私营企业短期贷款占金融机构全部短期贷款的比重

它是指金融机构各项贷款的短期贷款中，三资企业贷款、私营企业及个体贷款和乡镇企业贷款所占的份额。该比重反映金融机构的贷款中有多大比例投向了非国有企业。

资料来源：相关年度《中国金融年鉴》。

30. 最近五年通货膨胀率的平均值

这里的通货膨胀率是指居民消费价格指数的变化率，最近五年通货膨胀率是将最近五年居民消费价格指数的变化率做简单的算术平均，反映了近期物价的变动情况。

资料来源：相关年度《中国统计年鉴》。

31. 各种金融机构一年期贷款利率全距系数

各种金融机构一年期贷款利率全距系数是指各种金融机构一年期贷款最高利率与最低利率之差除以一年期贷款基准利率。据从中国人民银行货币政策司利率处获取的信息，1993 年前贷款利率基本上没有浮动，从 1993 年到 2001 年，对大型企业（512 户重点企业）一年期贷款利率浮动范围为－10％到 10％；对中小型企业为－10％到 30％；农村信用社的利率浮动范围为－10％到 50％。

近年来，利率市场化取得了重要进展。①2002 年初，在全国 8 个县农村信用社进行利率市场化改革试点，贷款利率浮动幅度由 50％扩大到 100％。9 月，改革试点进一步扩大到直辖市以外的每个省、自治区。②2002 年 3 月，中国人民银行统一了中外资金融机构外币利率管理政策。将境内外资金融机构的境内中国居民的小额外币存款，纳入中国人民银行现行小额外币存款利率管理范围，实现中外资金融机构在外币利率政策上的公平待遇。③2003 年 12 月 10 日，中国人民银行决定，从 2004 年 1 月 1 日起扩大金融机构贷款利率浮动区间。在中国人民银行制定的贷款基准利率基础上，商业银行、城市信用社贷款利率的浮动区间上限扩大到贷款基准利率的1.7倍，农村信用社贷款利率的浮动区间上限扩大到贷款基准利率的2倍，金融机构贷款利率的浮动区间下限保持为贷款基准利率的0.9倍不变。以一年期贷款为例，如果基准利率为7.47%，扩大贷款利率浮动区间后，商业银行、城市信用社可在6.72%～12.70%的区间内按市场原则自主确定贷款利率。不再根据企业所有制性质、规模大小分别确定贷款利率浮动区间。在扩大金融机构人民币贷款利率浮动区间的同时，推出放开人民币各项贷款的计、结息方式和5年期以上贷款利率的上限等其他配套措施。

资料来源：相关年度《中国金融年鉴》和有关信息。

32. 资本项下非管制的项目占项目总数的比例

它是指国际货币基金组织确定的资本项下43个交易项目中，可兑换和有较少限制的项目所占的比例。该指标可以反映出我国资本项目开放程度。根据中国现行法律、法规及政策的规定，以及有关政策具体施行情况，我们可以将资本项下43个交易项目分为可兑换、有较少限制、有较多限制和严格管制四类。2002年，可兑换的有8项，有较少限制的有11项，有较多限制的有18项，严格管制的有6项。到了2003年，我国资本项目的可兑换范围和可兑换程度进一步扩大。其中，可兑换的有8项，有较少限制的有12项，有较多限制的有19项，严格管制的有4项。2004—2006年资本项下非管制的项目占项目总数的比例，由于缺少公开的和官方的资料，我们只能利用有关资料和信息进行估算。

资源来源：中国人民银行，国家外汇管理局，课题组的内部估计值。

33. 人民币对美元汇率与境外无本金交割远期汇率月平均绝对差的变异系数

它是指境外人民币对美元折算汇率（这里指境外人民币无本金交割远期汇率NDF）与内地人民币对美元汇率之绝对差的波动程度，用公式表示就是：变异系数＝100%×境外人民币对美元折算汇率与内地人民币对美元汇率月平均绝对差的标准差/境外人民币对美元折算汇率与内地人民币对美元汇率月平均绝对差。该系数越小，表明内地人民币对美元汇率与境外人民币对美元折算汇率之差的波动程度越小，表明人民币市场化程度越高；该系数越大，表明内地人民币对美元汇率与境外人民币对美元折算汇率之差的波动程度越大，表明人民币市场化程度越低。新加坡、中国香港等地的人民币的无本金交割远期市场（NDF）是亚洲最大的离岸人民币远期交易市场。所谓离岸货币市场指的是在某一种货币本国（地区）以外交易该国（地区）货币的市场。新加坡、中国香港等地的人民币NDF市场的主要参与者是欧美排名前20位的大银行和投资机构。这些银行和机构参与人民币远期交割的目的是规避人民币收入和利润可能面临的汇率风险。该市场的行情比较准确地反映了国际社会对于人民币汇率变化的预期。因而该测度指标可以在一定程度上反映人民币汇率决定的市场化程度。

资料来源：有关银行网站。

附录 2
国外经济自由度指数简介

20 世纪 90 年代初，随着全球经济一体化进程的加速，国际贸易和资本交易快速发展。国际上一些著名的研究机构开始测算和比较全球不同国家或地区的经济自由度，其中权威性的机构有美国传统基金会（The Heritage Foundation）和加拿大弗雷泽研究所（The Fraser Institute）。截至 2007 年底，传统基金会先后发布了 14 期经济自由度指数报告，弗雷泽研究所先后发布了 13 期经济自由度报告。传统基金会 2008 年的报告和弗雷泽研究所 2007 年的报告提供的最新数据都为 2005 年经济自由度指数。这里简单介绍两大机构 2005 年经济自由度的测度结果，并将其对中国经济自由度的评价进行比较分析。

>>一、美国传统基金会 2005 年经济自由度测度结果<<

20 世纪 80 年代，"经济自由度"是作为政策决策者和投资者参考的指标，而现在已发展成一个较系统的、经验性的衡量指标。在过去的几年里，经济自由度指数通过分析世界各国的经济政策，反映了经济环境和繁荣程度之间的密切关系，这种趋势在 2008 年发布的指数中仍在延续。

与以往的指数形式不同，从 2007 年的报告开始，传统基金会对自由度测度方法做了调整。2007 年报告中所公布的指数，采用 [0—100] 的指数范围取代了之前各年份所采用的 [1—5] 的指数范围，指数越高表明经济越自由。同时在测度内容上也与之前有所不同，2007 年报告之前的指数测度在 10 个研究因素方面较少关注非关税壁垒、税收和政府支出等内容，改进后的方法在测度内容方面更加严谨，可以更好地反映每个国家经济政策的细节。为了更好地比较各国多年来的发展情况，指数还对 1995 年以来的历史数据做了相应的调整。

美国传统基金会 2008 年的报告中经济自由度指数测度范围涉及 162 个国家

和地区，主要从以下 10 个方面来衡量经济自由度：商业自由（Business Freedom）、贸易自由（Trade Freedom）、财政自由（Fiscal Freedom）、政府规模（Government Size）、货币自由（Monetary Freedom）、投资自由（Investment Freedom）、金融自由（Financial Freedom）、产权（Property Rights）、清廉自由（Freedom from Corruption）、劳动力自由（Labor Freedom）。这 10 个方面体现了对国家整体经济自由度的一个经验描述。对这 10 个方面的因素分析再次表明，较高的经济自由度为企业发展、创新、持续经济增长提供了良好的环境。经济自由度和经济繁荣有着密切的关系，经济自由度的提升往往伴随着该经济体内人民收入的增加以及生活质量的改善，具有较高水平经济自由度的经济体有利于实现更高的生活水平。

美国传统基金会发布的 2005 年的全球经济自由度得分是 60.3 分，与上一年基本一致。商业自由、财政自由、政府规模、投资自由等方面增加的得分，被货币自由、清廉自由和劳动力自由等方面减少的得分所抵消，贸易自由和产权方面的得分基本没有变化。值得一提的是，近两年来自由度指数的得分是历年来得分最高的两年，这表明全球经济发展整体上是很好的。从传统基金会 2005 年的数据可以看出如下几个特点。

（1）全球经济自由度基本保持稳定，比预期的进展缓慢。全球经济自由度 2005 年得分是 60.3 分，与上一年基本一致，比 1995 年增长了 2.6%。总体而言，各个区域的经济自由度基本保持稳定。

（2）亚洲的前英国殖民地国家和地区继续引领全球经济自由化。中国香港第 14 次成为全球经济自由度最高的地区，新加坡紧随其后，排名第二，澳大利亚排名第四，这表明亚太地区在世界 5 个最自由的国家和地区中占有 3 个。

（3）排名前 20 位的国家和地区遍布 5 大洲。在全球排名前 20 位的国家和地区中，有一半的国家位于欧洲，主要包括爱尔兰、瑞士、英国、丹麦等；有 5 个位于亚太地区；有 3 个位于美洲，分别是美国、加拿大和智利；有 1 个位于撒哈拉以南的非洲，为毛里求斯；有一个位于中东和北非地区，为巴林。

（4）经济自由度与经济发展有密切的关系。世界排名前 1/5 的经济最自由国家和地区的平均收入是排名位于其后 1/5 国家和地区的两倍，是最后 1/5 国家和地区的 5 倍。最自由的经济体失业率和通货膨胀率都较低，对于每组（1/5 为一个组）国家和地区而言，排名靠后一组的平均失业率和通货膨胀率均高于其前面的一组。

（5）经济可持续发展中，经济政策方面显得尤为重要。总体而言，通过对 5

大洲的经济自由度进行简单的算术平均可以发现，欧洲显然是经济自由度最高的地区（66.8％），其后是美洲（61.6％），而另外三个地区均低于全球平均水平，如亚太地区（58.7％）、中东/北非地区（58.7％）、撒哈拉以南非洲（54.5％）。然而，经济自由度的变化趋势在各个地区却有所不同。

欧洲经济自由度持续上升，高于全球平均水平，这主要得益于其政策方面的改进，诸如税收削减和其他商业环境方面的改革，这些改革被该地区中的许多国家所采纳，以增强它们在地区内的竞争力，吸引更多的投资。另一方面，在美洲虽然有一部分国家的经济自由度水平高于全球平均水平，但近年来经济自由度整体下滑。美洲经济自由度的下滑反映出自由市场政策的退步以及一些国家在追求经济自由度方面缺乏持续的努力。亚太地区内的经济自由度变化最大，最高的自由度指数与最低之间的差距越来越大。撒哈拉以南非洲和中东北非地区的有些国家经济自由度发展缓慢，但保持增长的趋势。

通过对 2005 年的 157 个国家和地区（其中有 5 个国家由于数据的准确性而没有进行排名）的自由度指数进行比较发现：超过 80 分的国家和地区只有 7 个，属于"最自由"的国家和地区，另外有 23 个国家和地区得分介于 70 分和 80 分之间，这也就意味着只有 30 个国家和地区得分高于 70 分，还不到全部排名国家和地区的 20％。50 分到 70 分之间的国家和地区有 103 个，其中半数左右介于 60 分到 70 分之间。低于 50 分的有 24 个，比 2004 年的 20 个略有增长（参见表附录 2-5）。

>>二、加拿大弗雷泽研究所 2005 年经济自由度测度结果<<

弗雷泽研究所认为经济自由的核心是"个人选择和交易的自由、自由竞争及个人财产的保护"。弗雷泽研究所侧重考察经济自由的"产出"方面，即经济自由或不自由的结果，强调经济增长率的变动。弗雷泽研究所选择的研究因素有 5 个，分别为政府的规模、法律结构与产权保护、货币政策的合理性、对外交易的自由、信贷和劳动力及商业管制。弗雷泽研究所综合指数计算过程是通过加权平均完成的，数值设定为 1—10 的范围，指数值越高，表示经济自由度越高。相对而言，弗雷泽研究所的结果更具客观性。

弗雷泽研究所的 2007 年报告发布的是 2005 年的经济自由度，报告中新增加了 11 个国家和地区，这样被评估的国家和地区总数增加到了 130 个。新增的 11 个国家分别是：安哥拉、波斯尼亚和黑塞哥维那、布基纳法索、埃塞俄比亚、哈萨克斯坦、吉尔吉斯共和国、莱索托、毛里塔尼亚、摩尔多瓦、蒙特内哥罗、塞尔维亚（参见表附录 2-7）。

从 2005 年的数据中可以看出以下几个特点。

（1）近年来世界经济自由度显著提高。全球平均经济自由度得分从 1980 年的 5.4 增长到 2005 年的 6.6。通过对 1980 年所评估的 102 个国家和地区经济自由度与这些国家和地区 2005 年的数据比较发现，有 90 个国家和地区得分增加，9 个国家和地区得分降低，另外有 3 个国家和地区得分基本保持稳定。

自 1980 年以来，得分增加超过 3.0 的国家和地区有 5 个，分别是：匈牙利（3.0）、秘鲁（3.0）、乌干达（3.2）、加纳（3.6）和以色列（3.7）；另外有 3 个国家和地区的得分降低了 1.0 以上：津巴布韦（−1.7）、委内瑞拉（−1.7）和缅甸（−1.3）；其他一些国家和地区得分降低幅度较小：尼泊尔（−0.7）、巴林（−0.3）、中国香港（−0.2）、马来西亚（−0.2）、刚果共和国（−0.2）和海地（−0.1）。

在 2005 年的数据中，中国香港（8.9）仍然是得分最高的地区，其他的高分国家和地区分别是：新加坡（8.8）、新西兰（8.5）、瑞士（8.3）、加拿大（8.1）、英国（8.1）、美国（8.1）、爱沙尼亚（8.0）、澳大利亚（7.9）和爱尔兰（7.9）。其他经济大国排名和得分分别是：德国 18（7.6）、日本 22（7.5）、墨西哥 44（7.1）、法国 52（7.0）、意大利 52（7.0）、印度 69（6.6）、中国 86（6.3）、巴西 101（6.0）和俄罗斯 112（5.8）。

排名后 50 位的国家和地区大多数是非洲国家，排名后 10 位的除了委内瑞拉和缅甸外，其他都是非洲国家，博茨瓦纳 39（7.2）是撒哈拉以南非洲地区排名最高的国家。

（2）经济自由的国家和地区与经济不自由的国家和地区相比，两者的经济指标差距明显。排名前 1/4 国家和地区的人均 GDP 为 26 013 美元，是排名后 1/4 国家和地区的人均 GDP（3 305 美元）的 8 倍。排名前 1/4 国家和地区的人均 GDP 增长率为 2.25%，与之相对应，排名后 1/4 国家和地区的人均 GDP 增长率为 0.35%。

在排名前 1/4 的国家和地区中，最贫困的 10% 人口的人均收入为 7 334 美元，而后 1/4 的国家和地区中最贫困的 10% 人口的人均收入仅为 905 美元。排名前 1/4 国家和地区的人口预期寿命为 78.7 岁，而后 1/4 的国家和地区的人口预期寿命为 56.7 岁。

排名前 1/4 的国家和地区的政治权利得分为 1.8 分（分值范围 1~7，1 分为

最高分），公民自由得分 1.7 分（分值范围 1～7，1 分为最高分）；排名后 1/4 的
国家和地区政治权利得分为 4.4 分，公民自由得分 4.1 分。排名前 1/4 的国家和
地区环境情况的分值为 81.0 分（满分 100 分），而后 1/4 的国家和地区该项得分
仅为 58.9 分。

（3）全球经济自由度扩大化。分析表明，一个国家经济自由度的水平和变化
受其邻国和贸易伙伴国经济自由度水平和变化的影响。当一个国家受其邻国或贸
易伙伴国的影响时，其经济自由度将发生 20% 左右的变化，这个结果已经通过
测评标准或评估技术获得验证。但是一个国家经济自由度的变化对其邻国的影响
有限，而当多数邻国的经济自由度同时发生变化时，产生的影响更大一些。通过
与邻国开展自由贸易，经济自由度较高的国家对较低的国家将产生积极的影响。

>>三、美国传统基金会和加拿大弗雷泽研究所
对中国经济自由度的评价<<

传统基金会和弗雷泽研究所的最新报告都肯定了中国的经济自由度，2005
年传统基金会对中国自由度的评价是 52.8%，世界排名 126 位；弗雷泽研究所的
中国自由度指数是 6.3，排名 86 位。

（一）中国经济自由度的纵向比较

1. 美国传统基金会

2005 年中国的经济自由度是 52.8%，这个分数比前一年提高了 1%，在世界
上排名第 126 位。在亚太地区的 30 个国家和地区中，中国排名第 23 位，但其总
分低于该地区的平均值。中国在政府规模一项得分较好，贸易自由、货币自由和
劳动力自由三项的得分与世界平均水平持平（见表附录 2-1，参见表附录 2-5）。

表附录 2-1　　美国传统基金会的中国 2003—2005 年经济自由度比较

年度	排名	总得分	商业	贸易	财政	政府规模	货币	投资	金融	产权	清廉	劳动力
2005	126	52.8	50.0	70.2	66.4	89.7	76.5	30	30	20	33	62.4
2004	134	51.8	46.9	68.0	66.6	87.0	75.5	30	30	20	32	62.0
2003	123	53.4	43.1	68.0	70.0	86.0	79.4	30	30	30	34	63.0

资料来源：美国传统基金会：《经济自由度指数报告 2008》，www.heritage.org 在线资料。

由于中国在经济的多个领域进行严格管制，导致其 10 个评估指标中，有 7 个指标低于平均水平。投资自由、金融自由和产权这三项得分较低。外商投资被严格地控制和规制，司法体系被高度政治化，金融部门也被政府严格管制。

自 20 世纪 80 年代改革开放以来，中国的经济发展速度很快。就绝对产值而言，中国现在已成为全世界第四大国，然而人均国民收入仍然较低。大多数劳动力在农业部门，金融部门仍然不透明，由政府控制。自 2002 年加入 WTO 以来，中国放开了对很多领域的限制，但是法律规范方面仍然欠缺，知识产权保护方面还有不足。

从表附录 2-1 看，2005 年与 2004 年相比总得分上升了 1％，主要是商业、贸易、政府规模、货币等方面有所提高，排名也提高了 8 位；而与 2003 年相比，总得分下降了 0.6％，主要是财政、货币和劳动力方面有所下降，排名下降了 3 位。

2. 加拿大弗雷泽研究所

2005 年中国的经济自由度指数是 6.3 分，一直持续上升。与 2003 年、2004 年相比，得分保持上升，除了货币政策合理性方面与 2003 年相比低 0.1 分以外，其他方面都有所提高。总体上货币政策和对外交易方面成绩较好，分别为 8.2 分和 7.6 分，排名也比 2004 年上升了 5 位，但与 2003 年相比下降了 2 位（见表附录 2-2，参见表附录 2-7、表附录 2-8）。

表附录 2-2   加拿大弗雷泽研究所的中国 2003—2005 年经济自由度比较

年度	排名	总得分	政府规模	法律结构与产权保护	货币政策合理性	对外交易	信贷、劳动力及商业管制
2005	86	6.3	5.1	5.8	8.2	7.6	5.0
2004	91	5.7	4.6	4.9	7.4	7.4	4.3
2003	84	6.0	4.6	5.3	8.3	7.4	4.6

资料来源：加拿大弗雷泽研究所：《经济自由度报告 2007》，www.fraserinstitute.ca 在线资料。

综上所述，中国的经济自由度随着经济的飞速增长，一直保持持续上升趋势。从传统基金会和弗雷泽研究所对中国自由度的评价来看，均未能达到全世界平均水平，与自由度高的国家和地区相比存在较大的差距，有待提高。

（二）中国经济自由度的横向比较

中国经济自由度的横向比较，主要选择了同是亚洲国家又是大国的印度，同是计划经济向市场经济转轨的国家俄罗斯，同是大国又是发展中国家的巴西等三国。

首先，根据传统基金会的 2008 年报告对四国进行比较，指数越高，表示经济自由度越高。从表附录 2-3 可以看出，这四国的综合经济自由度指数的排名为，巴西 101 位，印度 115 位，中国 126 位，俄罗斯 134 位。在 2005 年报告时，中国的经济自由度指数排在印度前面，处于四国中的第二位；而 2008 年报告时，印度超过了中国，排在四国中的第二位。2007 年报告中，中国的排名由第二位下降到第三位，而印度的得分数由 2003 年的 52.4 分上升到 54.1 分，上升了 1.7 分，排名也由 2003 年的 132 位上升到 120 位，上升了 12 个位次，主要是其对外贸易的得分上升了 2 倍多。

巴西经济自由度一直保持在四国中的第一位，主要是货币和贸易的自由化程度较高，比中国领先的具体指标是：商业、财政负担、投资、金融、产权等方面。中国和俄罗斯在投资和产权方面与其他两国相比处于较低的水平，尤其是中国的产权方面自由度指数最低。但在政府规模上中国的自由度指数远远超过其他三国，处于领先地位。

中国经济自由度指数中最高的是政府规模 89.7%，其次是货币 76.5%、贸易 70.2%，说明中国的货币、贸易环境良好；经济自由度指数最低的是产权 20%，说明中国在法律规范方面仍然欠缺，知识产权保护方面还有不足。印度经济自由度指数最高的是财政 75.7%，其次是政府规模 73.5%、货币 70.3%，经济自由度指数最低的是金融 30%。而俄罗斯经济自由度指数最高的是财政 79.2%，在四国中最高，最低的是清廉 25%，四国中最低，说明俄罗斯在财政政策方面自由度很高，但是政府的腐败现象较严重。俄罗斯与其他三国相比，除了财政和商业、劳动力等方面自由度指数较高以外，其他方面都落后，尤其是贸易的自由度指数较低。

表附录 2-3　　　　美国传统基金会 2005 年经济自由度指数国际比较

国家	排名	得分	商业	贸易	财政	政府规模	货币	投资	金融	产权	清廉	劳动力
巴西	101	55.9	53.6	70.8	68.6	55.5	75.7	50	40	50	33	61.9
印度	115	54.2	50.0	51.0	75.7	73.5	70.3	40	30	50	33	68.6
中国	126	52.8	50.0	70.2	66.4	89.7	76.5	30	30	20	33	62.4
俄罗斯	134	49.9	52.8	44.2	79.2	69.5	64.4	30	40	30	25	64.2

资料来源：美国传统基金会：《经济自由度指数报告 2008》，www.heritage.org 在线资料。

其次，根据弗雷泽研究所的 2007 年报告对四国进行比较，指数越高，表示经济自由度越高。从表附录 2-4 看到，与传统基金会的报告有明显不同的是，四国中印度的排名最高 69 位，其次是中国 86 位，巴西 101 位，俄罗斯 112 位。印度从 20 世纪 90 年代初经济自由化改革后，经济自由度提高较快。中国的经济自由度从 20 世纪 80 年代以来一直处于稳定上升趋势，1980 年经济自由度指数为 4.0，2005 年达到 6.3，提高了 57.5%。中国在货币政策合理性、对外贸易等方面有较大的自由，在四国中排首位，这与传统基金会的报告是相同的。俄罗斯从 20 世纪 90 年代以来，采取了"休克疗法"，其经济自由度有了较大提高，尤其是信贷、劳动力及商业管制方面的自由度领先于其他国家，但是货币政策合理性方面低于其他国家。

表附录 2-4　　　加拿大弗雷泽研究所 2005 年经济自由度指数国际比较

国家	排名	总得分	政府规模	法律结构与产权保护	货币政策合理性	对外交易	信贷、劳动力及商业管制
印度	69	6.6	7.7	6.7	6.9	6.4	5.4
中国	86	6.3	5.1	5.8	8.2	7.6	5.0
巴西	101	6.0	6.4	5.2	7.6	6.3	4.3
俄罗斯	112	5.8	5.2	5.5	6.0	6.3	6.1

资料来源：加拿大弗雷泽研究所：《经济自由度报告 2007》，www.fraserinstitute.ca 在线资料。

中国与其他三国比较，主要是在政府规模上有一定差距。其中，"政府企事业投资占总投资比率"虽然比 2004 年有所提高，但仍是最低的。弗雷泽研究所对中国政府规模的评价与传统基金会的结果相比，差距较大。

中国与俄罗斯在政府规模、法律结构与产权保护等方面自由度指数较接近，与印度在信贷和劳动力及商业管制方面较接近。中国采取了"渐进式"经济体制改革，经过 30 年的努力，已建立起社会主义市场经济体制。中国经济自由度指数最高的是货币政策 8.2，而最低的是信贷、劳动力及商业管制和政府规模，分别为 5.0 和 5.1。印度经济自由度指数最高的是政府规模 7.7，而最低的是信贷、劳动力及商业管制 5.4。俄罗斯经济自由度指数最高的是对外交易 6.3，而最低的是政府规模 5.2。巴西经济自由度指数最高的是货币政策 7.6，而最低的是信贷、劳动力及商业管制 4.3。

综合两大机构的测算结果，两者对一些相近因素的评价差异较大，如传统基金会对中国与印度的商业、金融、清廉的评价相当，在政府规模方面对巴西的评价最低，对中国的评价最高，但弗雷泽研究所对中国的政府规模评价结果与传统基金会正好相反。又如，传统基金会认为，俄罗斯在对外贸易方面的自由度与其他三国相比差距较大，而弗雷泽研究所的评价是除了中国较高以外，其他三国的评价是几乎相等。传统基金会对巴西的产权方面的自由度评价最高，而弗雷泽研究所对巴西的法律结构和产权保护的评价最低等等。这些评价结果说明：一方面，两者测度指标与评估方法不同；另一方面，评估过程存在一定的主观性。但从两者的评估比较可以看出，四国自由度差距的具体因素主要表现在政府规模、货币政策的合理性等方面。

中巴印俄四国同属于发展中大国，中国和俄罗斯又都是经济转轨大国，在市场化改革的过程中，都碰到相似的问题，特别是产权、投资、法律体系等问题。但四国经济改革模式和国情不同，导致经济自由度的差异。分析表明，中国的经济自由度已有较大幅度的提高，虽然在某些领域与巴西及印度有一定的差距，但差距越来越小，与同是转轨国家的俄罗斯相比，其经济自由度明显高于俄罗斯。

中国是全球最重要的经济体之一，是全球吸引外资最多的国家之一，同时还是全球最大出口国之一和全球第二大能源进口国，中国的经济自由度上升速度加快，不仅仅对亚洲地区具有重要的意义，而且对于全球其他国家和地区来说，也具有重要的意义。

>>主要参考文献<<

[1] 北京师范大学经济与资源管理研究所. 2005 中国市场经济发展报告 [R]. 北京：中国商务出版社，2005.

[2] 陈宗胜，吴浙，谢思全，等. 中国经济体制市场化进程研究 [M]. 上海：上海人民出版社，1999.

[3] 王世春. 中国、印度、俄罗斯三国经济自由度比较 [J]. 国际贸易 .2003 (11).

[4] 曾学文，范丽娜. 中国经济自由度分析 [J]. 中国统计，2004 (1).

[5] 曾学文. 市场化测度的一种新方法——在全球贸易视角下的应用 [J]. 财贸经济，2003 (8).

[6] The Fraser Institute, Canada. Index of economic freedom 2007 [R/OL]. http://www. fraserinstitute. ca.

[7] The Heritage Foundation, USA. Economic freedom of the world annual report [R/OL]. http://www. heritage. org.

表附录 2-5 美国传统基金会经济自由度指数 2005 年各国家（地区）排名

排名	国家或地区	得分	商业	贸易	财政	政府规模	货币	投资	金融	产权	清廉	劳动力
1	中国香港	90.3	88.2	95	92.8	93.07	87.2	90	90	90	83	93.3
2	新加坡	87.4	97.8	90	90.3	93.87	88.9	80	50	90	94	99
3	爱尔兰	82.4	92.2	86	71.5	64.5	84.9	90	90	90	74	80.4
4	澳大利亚	82	89.3	83.8	59.2	62.83	83.7	80	90	90	87	94.2
5	美国	80.6	91.7	86.8	68.3	59.81	83.7	80	80	90	73	92.3
6	新西兰	80.3	99.9	80.8	60.5	55.99	83.7	70	80	90	96	85.5
7	加拿大	80.2	96.7	87	75.5	53.67	81	70	80	90	85	82.9
8	智利	79.8	67.5	82.2	78.1	88.24	78.8	80	70	90	73	90
9	瑞士	79.7	83.9	87.2	68	61.55	83.6	70	80	90	91	82
10	英国	79.6	90.8	86	61.2	40.06	80.8	90	90	90	86	80.7
11	丹麦	79.2	99.9	86	35	19.81	86.5	90	90	90	95	99.9
12	爱沙尼亚	77.8	84.5	86	86	61.98	82	90	80	90	67	50.3
13	荷兰	76.8	88	86	51.6	38.17	86.9	90	90	90	87	60.5
14	冰岛	76.5	94.5	85	73.6	46.32	74.8	60	70	90	96	75
15	卢森堡	75.2	76.9	86	65.4	44.79	79.8	90	80	90	86	53.1
16	芬兰	74.8	95.3	86	64.3	29.14	88.5	70	80	90	96	48.8
17	日本	72.5	88.1	80	70.3	56.22	94.3	60	50	70	76	79.8
18	毛里求斯	72.3	81.6	80.6	92.1	81.4	75.7	70	60	60	51	70.6
19	巴林	72.2	80	80.8	99.7	80.34	74.3	60	90	60	57	40
20	比利时	71.5	93.7	86	44	17.94	80.4	90	80	80	73	69.9
21	巴巴多斯	71.3	90	58.8	71.3	62.19	74	60	60	90	67	80
22	塞浦路斯	71.3	70	81	78.2	42.97	85	70	70	70	56	70
23	德国	71.2	88.9	86	58.4	34.01	81.5	80	60	90	80	52.8
24	巴哈马	71.1	80	32	96.2	86.39	76.3	40	70	80	70	80
25	中国台湾	71	70.7	86.7	75.9	87.76	83.3	70	50	70	59	56.9
26	立陶宛	70.8	83.2	86	86.3	68.31	78.5	70	80	50	48	57.6
27	瑞典	70.4	94.8	86	32.7	3.89	82.8	80	80	90	92	62
28	亚美尼亚	70.3	81.3	85	89	86.39	84.6	70	70	35	29	73.1
29	特立尼达和多巴哥	70.2	64.1	79	81.1	81.7	72.6	70	70	65	32	86.9
30	奥地利	70	80.6	86	51.2	25.3	81.5	70	70	90	86	59.2

排名	国家或地区	得分	商业	贸易	财政	政府规模	货币	投资	金融	产权	清廉	劳动力
31	西班牙	69.7	77.5	86	54.5	56.22	78.2	70	80	70	68	56.7
32	乔治亚	69.2	85	71	90.7	81.25	71.4	70	60	35	28	99.9
33	萨尔瓦多	69.2	58.6	76.6	83.4	88.71	76.8	70	70	50	40	78
34	挪威	69	89.1	86.2	50.3	46.32	76.1	60	50	90	88	53.9
35	斯洛伐克	68.7	69.3	86	89.4	53.9	76.9	70	80	50	47	64.9
36	博茨瓦纳	68.6	68.7	67.6	76.4	61.77	69.7	70	70	70	56	75.9
37	捷克	68.5	63.9	86	71.3	45.56	80.3	70	80	70	48	70.2
38	拉脱维亚	68.3	74.3	86	83.4	59.15	73.8	70	70	55	47	64.6
39	科威特	68.3	68.5	81	99.9	74.6	73.8	50	50	55	48	82.1
40	乌拉圭	68.1	59.8	83	85.9	76.65	74.2	60	30	70	64	77.3
41	韩国	67.9	84	66.4	71.1	77.31	80.1	70	70	70	51	49
42	阿曼	67.5	55.8	83.6	98.5	60.69	74.7	60	60	50	54	77.2
43	匈牙利	67.3	73.9	86	70	26.49	77.2	80	70	70	52	66.8
44	墨西哥	66.4	82.6	79	83.4	83.71	77.7	50	60	50	33	64.3
45	牙买加	66.2	82	70.4	74.9	59.59	74.3	80	60	50	37	73.3
46	以色列	66.1	68.4	86.6	55.9	35.13	81.8	80	60	70	59	64
47	马耳他	66	70	86	61.3	29.14	79.8	50	70	90	64	60
48	法国	65.4	87.1	81	53.2	13.17	81.2	60	70	70	74	63.8
49	哥斯达黎加	64.8	59.7	81.8	82.9	87.39	68	70	40	50	41	66.8
50	巴拿马	64.7	72.8	76.2	83	89.06	80.2	70	30	50	31	44.4
51	马来西亚	64.5	69	76.2	82.2	80.8	78.6	40	40	50	50	78.7
52	乌干达	64.4	56.4	72	80.5	86	78.5	50	70	30	27	93.9
53	葡萄牙	64.3	79.6	86	61.3	32.6	79.4	70	50	70	66	48
54	泰国	63.5	72.1	75.2	74.7	90.71	66.7	30	50	50	36	89.6
55	秘鲁	63.5	64.5	73.4	80.2	91.83	85.9	60	60	40	33	45.8
56	阿尔巴尼亚	63.3	55.6	75.8	90.3	75.97	80.4	70	70	30	26	59.3
57	南非	63.2	71.2	74.2	69.5	76.81	77.2	50	60	50	46	57.5
58	约旦	63	55.4	74.8	83.7	53.19	80.4	50	60	55	53	64.8
59	保加利亚	62.9	67.5	86	82.7	55.99	73.7	60	60	30	40	73.2
60	沙特阿拉伯	62.8	72.5	76.8	99.7	69.09	76.7	30	40	50	33	80.6

排名	国家或地区	得分	商业	贸易	财政	政府规模	货币	投资	金融	产权	清廉	劳动力
61	伯利兹	62.8	76.3	64.6	69.3	74.77	77.3	50	50	50	35	80.9
62	蒙古	62.8	71.1	81.4	85	71.73	78.2	60	60	30	28	62.4
63	阿拉伯联合酋长国	62.8	47.9	80.4	99.9	80.19	70.9	30	40	40	62	76.2
64	意大利	62.5	76.8	81	54.3	29.43	80.6	70	60	50	49	73.5
65	马达加斯加	62.4	56	79.6	80.9	86.39	72.2	70	50	50	31	47.9
66	卡塔尔	62.2	60	70.8	99.8	72.09	69.4	30	50	50	60	60
67	哥伦比亚	61.9	72.5	70.8	72.8	71.17	71.4	60	60	40	39	61.4
68	罗马尼亚	61.5	74.1	86	85.6	70.8	72.5	60	50	30	31	55.3
69	斐济	61.5	69.7	74.2	74.5	75.29	78.9	30	60	30	40	82.7
70	吉尔吉斯斯坦	61.2	60.4	81.4	93.9	76.14	75.6	50	50	30	22	72
71	马其顿	61.1	65.1	83.4	88.1	61.55	85.5	50	60	30	27	60.7
72	纳米比亚	61	73.8	87.4	67.9	70.98	76.8	30	50	30	41	82.4
73	黎巴嫩	60.9	55.4	77.4	91.4	69.47	77.8	30	70	30	36	71.2
74	土耳其	60.8	67.9	86.8	77.8	68.31	70.8	50	50	50	38	48
75	斯洛文尼亚	60.6	73	86	62.4	33.16	79.5	60	50	50	64	47.7
76	哈萨克斯坦	60.5	56.5	86.2	80.1	84.68	71.9	30	60	30	26	80
77	巴拉圭	60.5	57.6	78.4	96.6	90.81	76.6	50	60	35	26	34.2
78	危地马拉	60.5	54.1	78.4	79.9	95.89	72.9	50	50	30	26	67.9
79	洪都拉斯	60.2	59.5	78	84.5	82.58	73.7	50	60	30	25	59
80	希腊	60.1	69.5	81	65.6	57.81	78.5	50	50	50	44	54.3
81	尼加拉瓜	60	56.4	79.2	79	77.64	70.6	70	50	25	26	65.7
82	肯尼亚	59.6	65.3	75	78.2	84.81	72.2	50	50	35	22	63.2
83	波兰	59.5	54.1	86	68.6	43.49	82.3	60	60	50	37	53.5
84	突尼斯	59.4	79.2	71.8	76.4	77.15	77.7	30	30	50	46	55.3
85	埃及	59.2	59.7	66	90.8	73	69.9	50	40	40	33	69.1
86	斯威士兰	58.9	69	69	71.4	62.41	76	50	40	50	25	75.7
87	多米尼加	58.5	62.2	73	80.4	88.83	69.3	50	40	30	28	63.6
88	佛得角	58.4	55.1	41.2	66.2	60.47	78.7	60	50	70	40	62.3
89	摩尔多瓦	58.4	68.5	79.2	83	56.91	67.6	30	50	50	32	66.6

排名	国家或地区	得分	商业	贸易	财政	政府规模	货币	投资	金融	产权	清廉	劳动力
90	斯里兰卡	58.3	71.5	69.6	73.5	81.7	65.4	30	40	50	31	70.5
91	塞内加尔	58.2	54.5	71.6	65.2	82.29	81.4	50	50	50	33	43.6
92	菲律宾	56.9	53	78.8	75.8	90.17	73.8	30	50	30	25	61.9
93	巴基斯坦	56.8	70.8	65.2	79.1	90.06	72.2	40	30	30	22	69.1
94	加纳	56.7	53.1	63	83.7	71.54	68	50	50	50	33	44.2
95	冈比亚	56.6	57.1	62.6	72.5	72.82	73.9	50	50	30	25	72.1
96	莫桑比克	56.6	53	72.8	78.1	85.21	73.6	50	50	30	28	45
97	坦桑尼亚	56.4	47.9	73.2	80.5	79.88	75.4	50	50	30	29	48.1
98	摩洛哥	56.4	75.8	62.6	65.4	73.18	79.8	60	40	35	32	40.2
99	赞比亚	56.4	62.4	71.2	72.6	80.34	62.9	50	50	40	26	48.2
100	柬埔寨	56.2	43	52.2	91.4	94.2	80.9	50	50	30	21	49.1
101	巴西	55.9	53.6	70.8	68.6	55.53	75.7	50	40	50	33	61.9
102	阿尔及利亚	55.7	72.7	68.8	77	74.6	80.2	40	30	30	31	52.3
103	布基纳法索	55.6	49.8	66.6	77.5	85.87	78.8	40	50	30	32	45.7
104	马里	55.5	41.9	68.6	69.4	81.55	79.9	50	40	30	28	66
105	尼日利亚	55.5	52.6	63.4	84.4	68.12	73.8	30	40	30	22	90.6
106	厄瓜多尔	55.4	58.1	67.6	86.4	82.29	74.1	40	50	30	23	42.4
107	阿塞拜疆	55.3	61.6	78.4	80.4	82.86	76.5	30	30	30	24	59.2
108	阿根廷	55.1	63.2	69.6	70.5	80.95	65	50	40	30	29	52.9
109	毛里塔尼亚	55	39	70.2	75.4	66.33	77.1	60	50	30	31	51.2
110	贝宁	55	47.7	65.2	67.5	86.39	77.5	40	60	30	25	50.8
111	象牙海岸	54.9	47	59.8	52.3	88.12	80.7	40	60	30	21	70.5
112	尼泊尔	54.7	60	61.4	86.5	92.03	78.5	30	30	30	25	53.4
113	克罗地亚	54.6	58.1	87.6	68.8	27.97	78.8	50	60	30	34	50.5
114	塔吉克斯坦	54.5	43.4	77.8	89.3	84.13	65.9	30	40	30	22	62.1
115	印度	54.2	50	51	75.7	73.54	70.3	40	30	50	33	68.6
116	卢旺达	54.1	51.8	70.6	76.9	75.63	73.3	40	40	30	25	58.2
117	喀麦隆	54	39.9	57	71.9	93.61	72.3	50	50	30	23	52.5
118	苏里南	53.9	41.8	65	68	72.82	69.2	30	30	50	30	82.1
119	印度尼西亚	53.9	48.8	73	77.5	89.73	68.2	30	40	30	24	57.5

续表

排名	国家或地区	得分	商业	贸易	财政	政府规模	货币	投资	金融	产权	清廉	劳动力
120	马拉维	53.8	52.1	64.6	70.2	44.27	69.9	50	50	40	27	70.1
121	波斯尼亚和黑塞哥维那	53.7	56.1	79.8	73.7	48.33	76.6	50	60	10	29	53.7
122	加蓬	53.6	52.8	56.4	61.7	85.61	74.6	40	40	40	30	54.6
123	玻利维亚	53.3	58.7	79	87.8	68.12	76.5	20	60	25	27	30.5
124	埃塞俄比亚	53.2	58.3	63	77.2	80.95	69.4	40	20	30	24	69.5
125	也门	52.8	53.7	66.4	83.2	58.48	62.9	50	30	30	26	67.7
126	中国	52.8	50	70.2	66.4	89.73	76.5	30	30	20	33	62.4
127	几内亚	52.8	44.9	59.6	70.1	88.71	54.3	40	50	30	19	71.1
128	尼日尔	52.7	36	64.4	66.4	89.28	86	50	40	30	23	42.2
129	赤道几内亚	52.5	47.1	52.2	75.5	81.99	81.1	30	50	30	21	56.2
130	乌兹别克斯坦	52.3	67.8	68.4	88	68.31	57.5	30	20	30	21	72.1
131	吉布提	52.3	37.5	28.2	80.8	57.81	78.3	50	60	30	30	70.6
132	莱索托	51.9	57	56.4	67.2	46.83	75.4	30	50	40	32	64
133	乌克兰	51.1	44.4	82.2	79	42.97	69.9	30	50	30	28	54.3
134	俄罗斯	49.9	52.8	44.2	79.2	69.47	64.5	30	40	30	25	64.2
135	越南	49.8	60	62.8	74.3	77.97	67.4	30	30	10	26	59.5
136	圭亚那	49.4	56.4	65.8	67.3	16.05	73.9	40	40	40	25	69.1
137	老挝	49.2	60.8	57	71	92.13	73	30	20	10	26	52.3
138	海地	49	35.7	67	77.8	93.25	65.3	30	30	10	18	62.4
139	塞拉里昂	48.9	49.4	60.2	81	81.85	74.4	30	40	10	22	40.3
140	多哥	48.8	36.1	69.2	53.9	88.83	78.2	30	30	30	24	48.2
141	中非共和国	48.3	40.7	51.4	65.5	91.63	72.5	30	40	20	24	46.7
142	乍得	47.7	34.6	60	49.9	94.93	73.6	40	40	20	20	44.2
143	安哥拉	47.2	36.6	73	85.2	72.82	57.9	20	40	20	22	44.1
144	叙利亚	46.6	52.9	54	86.2	60.25	66.2	30	10	30	29	47.1
145	布隆迪	46.3	35.5	50.2	72.1	59.37	74.7	30	30	30	24	57.4
146	刚果	45.2	45.3	54.6	60.1	83.15	73	30	30	10	22	44
147	几内亚比绍	45.1	24.8	56.8	88.4	56.45	75.7	30	30	20	10	58.5
148	委内瑞拉	45	51.4	54.6	74.5	79.72	60.6	20	40	10	23	35.8

排名	国家或地区	得分	商业	贸易	财政	政府规模	货币	投资	金融	产权	清廉	劳动力
149	孟加拉国	44.9	55.3	—	84	93.16	68.9	20	20	25	20	62.8
150	白俄罗斯	44.7	58.6	52.2	81	55.53	66.2	20	10	20	21	62
151	伊朗	44	55	57.4	81.1	84.54	61.3	10	10	10	27	43.8
152	土库曼斯坦	43.4	30	79.2	90.6	85.35	66.4	10	10	10	22	30
153	缅甸	39.5	20	71	81.7	97	56.5	10	10	10	19	20
154	利比亚	38.7	20	39.6	81.7	63.46	74.9	30	20	10	27	20
155	津巴布韦	29.8	41	55.4	57.8	24.1	—	10	20	10	24	56
156	古巴	27.5	10	60.8	54.8	—	64.6	10	10	10	35	20
157	朝鲜	3	—	—	—	—	—	10	—	10	10	—

注：美国传统基金会 2008 年报告所采用的数据为 2005 年的。

资料来源：美国传统基金会：《经济自由度指数报告 2008》，www.heritage.org 在线资料。

表附录 2-6 美国传统基金会经济自由度指数 2004 年各国家（地区）排名

排名	国家或地区	得分	商业	贸易	财政	政府规模	货币	投资	金融	产权	清廉	劳动力
1	中国香港	90.6	88.4	95.0	92.9	91.9	91.6	90	90	90	83	93.1
2	新加坡	87.2	96.7	90.0	89.5	93.8	89.4	80	50	90	94	98.9
3	爱尔兰	82.6	92.1	86.6	71.7	65.9	85.3	90	90	90	74	80.3
4	澳大利亚	81.0	89.1	83.8	59.5	62.6	84.8	70	90	90	88	92.7
5	新西兰	81.0	99.9	84.0	61.4	56.5	84.6	70	80	90	96	88.1
6	美国	80.9	91.4	86.6	69.0	60.3	83.8	80	80	90	76	92.0
7	英国	80.0	91.2	86.6	62.0	42.7	81.3	90	90	90	86	80.3
8	智利	79.0	68.2	82.4	78.8	87.9	79.8	70	90	90	73	89.8
9	瑞士	78.1	84.1	87.0	67.9	59.8	83.5	70	70	90	91	77.6
10	加拿大	78.1	96.8	88.2	75.9	52.2	80.7	60	70	90	84	83.1
11	爱沙尼亚	78.0	79.9	86.6	84.5	61.8	83.0	90	90	90	64	49.8
12	丹麦	77.0	94.8	86.6	34.2	12.8	86.8	80	90	90	95	99.9
13	冰岛	76.7	94.9	84.0	73.5	41.7	82.9	60	70	90	97	73.4
14	卢森堡	75.3	76.9	86.6	65.3	44.0	80.2	90	80	90	85	54.7
15	荷兰	74.9	88.4	86.6	48.8	34.9	87.2	90	80	90	86	57.4
16	芬兰	74.2	95.3	86.6	63.1	23.5	89.9	70	80	90	96	48.0
17	比利时	72.4	92.6	86.6	44.1	26.5	80.5	90	80	80	74	69.3
18	日本	72.2	91.2	80.2	70.9	58.3	90.9	60	50	70	73	77.6
19	巴哈马	72.0	80.0	38.8	96.6	88.7	76.1	40	70	80	70	80.0
20	塞浦路斯	71.7	70.0	81.6	79.4	44.8	84.7	70	70	90	57	70.0
21	立陶宛	71.5	84.3	86.6	86.5	70.8	81.1	70	80	50	48	57.9
22	德国	71.5	88.9	86.6	61.4	33.7	81.5	90	50	90	82	51.1
23	特立尼达和多巴哥	71.4	62.7	79.0	82.0	80.6	74.7	70	70	70	38	86.7
24	巴林	71.2	80.0	79.6	99.4	75.3	80.1	50	90	60	58	40.0
25	中国台湾	70.2	71.6	81.6	77.0	86.8	81.3	70	50	70	59	55.0
26	奥地利	70.1	81.7	86.6	50.3	24.7	86.0	70	70	90	87	55.1
27	巴巴多斯	70.0	90.0	57.0	67.4	59.8	76.6	50	60	90	69	80.0
28	西班牙	69.9	78.0	86.6	55.2	54.8	78.5	70	80	70	70	56.2
29	萨尔瓦多	69.8	60.2	76.6	83.5	90.0	77.7	70	70	50	42	77.9

排名	国家或地区	得分	商业	贸易	财政	政府规模	货币	投资	金融	产权	清廉	劳动力
30	亚美尼亚	69.4	80.8	85.6	89.7	90.8	80.3	60	70	30	29	77.4
31	乔治亚	69.3	80.8	71.8	91.2	88.4	77.8	60	70	30	23	99.9
32	毛里求斯	69.2	73.3	80.0	81.3	79.7	75.8	70	60	60	42	69.8
33	瑞典	69.0	94.2	81.4	33.1	3.6	83.8	80	70	90	92	62.0
34	乌拉圭	68.8	62.2	81.6	86.2	77.8	73.1	70	30	70	59	78.0
35	博茨瓦纳	68.5	66.1	69.6	73.9	56.2	76.8	70	70	70	59	73.4
36	斯洛伐克	68.4	70.7	86.6	89.5	53.7	76.6	70	80	50	43	64.2
37	挪威	68.4	91.1	89.2	50.6	37.6	82.5	50	50	90	89	53.5
38	拉脱维亚	68.3	74.5	86.6	83.9	61.3	74.2	70	70	50	42	70.0
39	捷克	67.8	61.1	86.6	69.9	47.1	86.3	70	80	70	43	63.6
40	韩国	67.2	84.3	69.2	71.6	76.3	78.9	70	70	50	50	51.6
41	科威特	66.6	70.7	77.2	99.9	60.7	78.8	50	50	50	47	82.1
42	墨西哥	66.3	83.5	77.6	82.2	83.4	77.0	50	60	50	35	64.2
43	马耳他	66.1	70.0	86.6	61.1	27.7	80.0	50	50	70	66	60.0
44	阿曼	66.1	56.6	83.8	98.5	52.0	77.5	50	50	50	63	79.3
45	牙买加	66.0	82.0	70.4	75.1	61.8	71.0	80	60	50	36	73.8
46	泰国	64.8	73.0	74.2	74.8	91.3	77.6	30	50	50	38	89.3
47	以色列	64.6	69.4	85.2	58.0	33.4	84.2	70	50	70	63	63.0
48	巴拿马	64.6	72.7	76.2	83.0	89.5	85.8	70	60	30	35	43.4
49	哥斯达黎加	64.6	59.0	82.4	83.0	86.4	67.1	70	50	50	42	65.7
50	葡萄牙	64.5	78.6	86.6	62.3	35.4	80.4	70	50	70	65	46.7
51	马来西亚	64.5	67.6	76.8	81.8	78.9	80.1	40	40	50	51	78.6
52	匈牙利	64.4	70.2	86.6	68.8	26.8	76.6	70	60	70	50	65.3
53	乌干达	63.7	57.5	68.8	80.6	83.0	78.0	50	70	30	25	93.9
54	约旦	63.5	54.9	74.2	83.2	57.4	83.5	50	60	50	57	65.2
55	南非	63.4	70.4	73.8	69.7	79.2	78.8	50	60	50	45	57.2
56	伯利兹	63.2	77.4	67.2	69.7	74.9	73.2	50	50	50	37	82.4
57	纳米比亚	63.2	75.7	89.0	67.8	64.9	78.7	40	60	30	43	82.4
58	卡塔尔	62.9	60.0	76.4	99.8	71.4	72.4	30	50	50	59	60.0

续表

排名	国家或地区	得分	商业	贸易	财政	政府规模	货币	投资	金融	产权	清廉	劳动力
59	阿拉伯联合酋长国	62.8	49.3	75.0	99.9	82.3	73.6	30	40	40	62	76.1
60	法国	62.8	87.2	81.6	46.3	13.5	81.0	50	60	70	75	63.6
61	意大利	62.7	77.0	81.6	52.8	31.5	80.5	70	60	50	50	73.5
62	秘鲁	62.5	65.2	72.6	80.2	91.4	85.7	50	40	40	35	44.8
63	阿尔巴尼亚	62.4	64.1	73.2	87.3	75.1	80.3	60	70	30	24	60.3
64	保加利亚	62.0	70.3	70.8	82.4	57.8	75.8	60	60	30	40	72.8
65	尼加拉瓜	61.9	56.4	82.4	79.6	78.5	70.9	70	60	30	26	65.7
66	沙特阿拉伯	61.6	53.0	70.4	99.4	66.7	80.0	30	40	50	34	92.5
67	黎巴嫩	61.4	56.6	77.4	93.9	64.3	88.4	30	70	30	31	72.0
68	危地马拉	61.3	52.3	80.2	79.8	96.1	71.6	50	60	30	25	67.7
69	罗马尼亚	61.2	73.2	84.0	85.9	71.0	69.7	50	60	30	30	58.6
70	马达加斯加	61.1	51.2	82.8	80.8	81.1	70.0	70	50	50	28	47.0
71	马其顿	60.7	60.1	83.4	85.0	60.9	90.7	50	60	30	27	59.4
72	斯威士兰	60.6	70.4	69.0	72.3	66.1	76.3	50	50	30	27	74.7
73	斐济	60.6	70.4	71.8	75.5	71.0	74.7	30	60	30	40	82.5
74	洪都拉斯	60.4	56.1	79.2	81.8	82.6	71.5	50	70	30	26	57.2
75	吉尔吉斯斯坦	60.3	59.9	81.4	92.7	77.1	77.1	40	50	30	23	71.9
76	斯洛文尼亚	60.2	72.9	86.6	54.6	30.9	78.9	70	50	50	61	46.7
77	肯尼亚	59.9	64.5	75.0	78.9	82.1	74.4	50	50	40	21	63.3
78	蒙古	59.8	70.8	80.0	72.8	54.1	74.9	60	60	30	30	65.0
79	哥伦比亚	59.7	71.8	71.4	71.7	70.2	70.3	50	60	30	40	61.1
80	突尼斯	59.6	78.9	71.8	73.3	78.5	80.1	30	30	50	49	54.2
81	斯里兰卡	59.3	69.2	71.6	78.5	83.4	70.4	30	40	50	32	67.9
82	摩尔多瓦	59.2	68.1	79.4	85.6	62.8	68.0	30	50	50	29	68.6
83	哈萨克斯坦	59.1	58.5	69.2	81.4	83.7	72.9	30	60	30	26	79.7
84	巴拉圭	58.9	49.3	77.4	96.7	91.4	78.4	50	60	30	21	35.1
85	巴基斯坦	58.5	71.6	63.6	73.0	92.3	72.6	50	40	30	21	71.3
86	希腊	58.3	69.7	81.6	62.4	53.4	78.4	50	40	50	43	54.0
87	土耳其	58.2	67.4	81.0	69.1	62.4	70.1	50	50	50	35	47.4

排名	国家或地区	得分	商业	贸易	财政	政府规模	货币	投资	金融	产权	清廉	劳动力
88	塞内加尔	58.1	56.4	71.6	60.8	83.9	82.9	50	50	50	32	43.1
89	多米尼加	57.7	56.7	73.8	79.7	90.2	63.2	50	40	30	30	63.0
90	波兰	57.4	55.3	86.6	68.6	44.8	80.3	50	50	50	34	54.3
91	冈比亚	57.4	59.4	64.6	72.0	70.8	68.1	50	60	30	27	72.1
92	加纳	57.3	54.9	63.0	82.5	66.7	70.1	50	50	40	40	45.9
93	赞比亚	57.2	63.6	70.8	70.6	78.5	57.8	50	50	40	26	64.8
94	摩洛哥	57.2	74.6	61.0	63.2	78.1	83.2	70	40	30	32	39.7
95	佛得角	57.1	55.7	41.2	67.0	56.5	88.1	50	50	70	30	62.2
96	菲律宾	56.9	53.4	79.8	76.0	89.5	73.4	30	50	30	25	61.9
97	坦桑尼亚	56.8	45.8	73.6	80.6	85.2	77.0	50	50	30	29	47.0
98	柬埔寨	56.1	43.5	52.2	91.4	93.3	81.0	50	50	30	23	46.7
99	巴西	56.1	54.2	69.8	68.6	55.5	72.6	50	40	50	37	63.2
100	博茨瓦纳	56.0	58.6	61.6	84.2	66.9	69.1	30	50	30	19	90.4
101	象牙海岸	56.0	48.1	63.6	52.1	87.8	78.6	40	70	30	19	70.4
102	莫桑比克	55.9	48.2	70.2	78.2	82.7	76.5	50	50	30	28	45.1
103	厄瓜多尔	55.6	58.8	67.0	86.5	81.7	74.5	30	60	30	25	42.1
104	喀麦隆	55.4	41.0	60.0	69.5	92.4	77.4	50	60	30	22	51.5
105	尼泊尔	55.1	60.7	61.4	86.6	92.8	81.8	30	30	30	25	52.9
106	埃及	55.1	40.9	57.2	90.4	72.8	66.8	50	30	40	34	69.0
107	布基纳法索	55.1	43.8	67.2	77.4	86.5	76.8	40	50	30	34	45.1
108	阿尔及利亚	55.0	73.7	66.0	73.8	74.2	80.7	50	20	30	28	53.8
109	阿根廷	55.0	63.9	61.4	70.7	81.5	71.4	50	40	30	28	53.4
110	贝宁	55.0	48.5	64.6	67.8	87.0	82.4	30	60	30	29	50.2
111	阿塞拜疆	54.8	58.0	77.6	80.8	79.9	76.8	30	30	30	22	63.1
112	马里	54.7	38.1	68.6	69.3	81.3	78.4	50	40	30	29	62.4
113	几内亚	54.5	40.9	59.6	74.3	91.8	57.5	30	60	30	30	71.0
114	埃塞俄比亚	54.4	59.4	63.0	77.2	81.3	71.8	50	20	30	22	69.4
115	玻利维亚	54.4	59.9	79.2	88.9	69.3	70.9	30	60	30	25	30.7
116	苏里南	54.4	42.0	65.0	67.8	75.6	69.1	30	30	50	32	81.9

排名	国家或地区	得分	商业	贸易	财政	政府规模	货币	投资	金融	产权	清廉	劳动力
117	波斯尼亚和黑塞哥维那	54.3	55.4	80.2	74.9	47.8	82.5	50	60	10	29	53.4
118	圭亚那	54.3	57.0	67.0	67.1	34.3	74.1	50	60	40	25	68.7
119	加蓬	54.2	53.3	56.4	61.3	85.9	81.6	40	40	40	29	54.6
120	印度	54.1	50.8	51.2	76.0	71.4	77.2	40	30	50	29	65.3
121	赤道几内亚	54.1	48.2	57.6	75.4	84.1	80.1	30	60	30	19	56.1
122	马拉维	54.0	54.4	64.6	71.0	45.3	68.2	50	50	40	28	68.5
123	克罗地亚	53.9	54.2	87.8	69.9	24.4	79.3	50	60	30	34	49.6
124	印度尼西亚	53.9	48.2	74.0	77.5	89.1	70.9	30	40	30	22	57.5
125	塔吉克斯坦	53.8	39.2	71.0	89.7	87.6	67.0	30	40	30	21	62.0
126	毛里塔尼亚	53.6	37.5	71.4	75.5	57.4	73.9	60	50	30	30	49.8
127	吉布提	53.5	38.3	36.4	80.5	60.0	79.0	50	60	30	30	70.5
128	也门	53.2	53.5	66.4	83.2	56.2	68.2	50	30	30	27	67.6
129	尼日尔	53.1	38.4	62.4	66.2	86.3	80.6	50	50	30	24	43.3
130	莱索托	53.1	68.2	54.4	69.3	44.3	77.1	50	50	30	34	63.3
131	俄罗斯	52.5	62.0	62.6	79.5	69.5	62.8	30	40	30	24	64.2
132	卢旺达	52.4	51.0	70.6	73.9	79.6	70.3	30	40	30	21	57.7
133	乌兹别克斯坦	52.0	65.2	68.2	85.0	69.3	58.6	30	20	30	22	72.1
134	中国	51.8	46.9	68.0	66.6	87.0	75.5	30	30	20	32	62.0
135	乌克兰	51.6	43.6	77.2	83.6	53.2	68.4	30	50	30	26	54.4
136	海地	51.4	38.6	79.2	78.0	95.2	62.2	30	40	10	18	62.6
137	中非共和国	50.3	41.1	49.2	65.6	94.4	76.5	40	40	20	30	46.3
138	乍得	50.0	49.0	59.2	49.2	93.8	77.7	40	50	20	17	43.7
139	多哥	49.7	37.5	68.4	54.7	92.0	76.5	30	30	30	30	48.1
140	越南	49.4	59.6	56.0	74.3	78.6	67.5	30	30	10	26	62.0
141	老挝	49.2	52.1	60.8	70.8	92.8	71.3	30	20	10	33	51.4
142	叙利亚	48.1	58.4	54.0	82.4	58.3	69.0	30	10	30	34	55.0
143	孟加拉国	48.0	59.1	0.0	84.1	94.0	68.7	30	20	30	17	77.3
144	委内瑞拉	47.9	50.4	61.2	75.6	79.9	57.6	20	40	30	23	40.9
145	塞拉里昂	47.6	50.5	55.2	73.0	81.5	72.9	30	40	10	24	38.9

排名	国家或地区	得分	商业	贸易	财政	政府规模	货币	投资	金融	产权	清廉	劳动力
146	布隆迪	47.1	49.6	60.6	70.1	52.5	68.2	30	30	30	23	56.7
147	几内亚比绍	46.8	27.2	57.8	82.9	51.0	80.7	40	40	20	10	58.4
148	白俄罗斯	46.4	55.7	67.2	81.8	60.0	61.5	20	10	20	26	62.3
149	安哥拉	45.2	35.3	73.0	85.0	61.6	47.7	20	40	20	20	49.9
150	刚果共和国	44.4	47.3	49.4	59.8	75.5	74.5	30	30	10	23	44.3
151	伊朗	44.1	55.4	55.4	81.2	84.5	62.0	10	10	10	29	43.4
152	图克曼斯坦	43.0	30.0	79.2	91.7	85.3	65.9	10	10	10	18	30.0
153	缅甸	41.0	20.0	71.8	81.9	98.0	70.1	10	10	10	18	20.0
154	利比亚	37.0	20.0	39.6	81.7	43.8	80.1	30	20	10	25	20.0
155	津巴布韦	31.9	42.0	52.6	68.8	49.0	0.0	10	10	10	26	39.7
156	古巴	28.6	10.0	60.2	51.7	10.0	65.8	10	0	10	38	20.0
157	朝鲜	3.0	0.0	0.0	0.0	0.0	0.0	10	0	10	10	0.0

注：美国传统基金会 2007 年报告所采用的数据为 2004 年的。

资料来源：美国传统基金会：《经济自由度指数报告 2007》，www. heritage. org 在线资料。

表附录 2-7　加拿大弗雷泽研究所经济自由度指数 2005 年各国家（地区）排名

排名	国家或地区	得分	政府规模	法律体制 与产权	货币政策 合理性	对外 交易	规制
1	中国香港	8.9	9.2	8.0	9.5	9.4	8.6
2	新加坡	8.8	8.1	8.4	9.8	9.3	8.3
3	新西兰	8.5	6.7	9.3	9.6	7.9	8.8
4	瑞士	8.3	7.4	9.0	9.7	7.3	7.9
5	加拿大	8.1	6.8	8.6	9.7	7.5	7.8
5	英国	8.1	6.7	8.7	9.4	7.7	7.9
5	美国	8.1	7.6	7.7	9.8	7.5	8.0
8	爱沙尼亚	8.0	7.0	7.7	9.5	8.1	7.8
9	澳大利亚	7.9	6.4	8.8	9.4	7.1	7.6
9	爱尔兰	7.9	6.1	8.3	9.7	8.4	7.3
11	智利	7.8	6.3	7.1	9.3	8.2	7.8
11	芬兰	7.8	5.0	9.0	9.6	7.5	8.0
11	冰岛	7.8	6.9	9.2	8.7	5.8	8.3
11	卢森堡	7.8	5.3	8.7	9.7	7.9	7.4
15	丹麦	7.7	4.0	9.4	9.5	7.7	8.1
15	荷兰	7.7	4.9	9.2	9.5	8.1	6.9
15	阿拉伯联合酋长国	7.7	7.5	6.9	8.6	8.2	7.1
18	奥地利	7.6	5.2	8.7	9.5	7.7	6.7
18	萨尔瓦多	7.6	9.3	5.3	9.6	6.7	7.2
18	德国	7.6	5.7	8.9	9.5	7.8	6.2
18	阿曼	7.6	5.7	7.7	9.4	7.3	8.0
22	塞浦路斯	7.5	7.4	7.6	9.4	6.9	6.4
22	匈牙利	7.5	6.3	6.7	9.4	7.9	7.3
22	日本	7.5	6.2	8.3	9.5	6.4	7.0
22	拉脱维亚	7.5	6.8	7.0	8.7	7.4	7.5
22	立陶宛	7.5	6.8	6.9	8.9	7.5	7.5
22	毛里求斯	7.5	7.4	6.2	9.5	7.2	7.2
22	挪威	7.5	4.7	9.3	9.3	6.6	7.6
22	瑞典	7.5	4.2	8.9	9.7	7.7	7.0
30	哥斯达黎加	7.4	7.8	6.9	8.7	7.3	6.0

排名	国家或地区	得分	政府规模	法律体制与产权	货币政策合理性	对外交易	规制
30	巴拿马	7.4	8.3	5.6	9.5	6.9	6.8
32	亚美尼亚	7.3	7.7	5.6	9.4	6.7	6.8
32	哈萨克斯坦	7.3	8.2	6.1	7.9	7.1	7.4
32	科威特	7.3	6.5	7.4	8.9	6.6	7.3
32	马耳他	7.3	5.8	7.7	8.8	7.5	6.8
32	斯洛伐克共和国	7.3	5.0	6.7	9.2	8.2	7.4
32	韩国	7.3	6.4	7.2	9.5	6.5	7.0
38	比利时	7.2	4.3	7.5	9.5	8.1	6.5
38	博茨瓦纳	7.2	5.0	7.4	9.0	6.9	7.6
38	牙买加	7.2	7.7	6.1	8.7	6.9	6.7
38	秘鲁	7.2	7.5	5.1	9.7	7.2	6.6
38	葡萄牙	7.2	5.7	7.4	9.5	7.0	6.2
38	中国台湾	7.2	5.7	7.0	9.6	8.0	6.0
44	巴哈马	7.1	7.9	8.5	6.8	4.4	8.1
44	巴林	7.1	6.6	5.6	8.7	7.4	6.9
44	乔治亚	7.1	7.9	4.7	9.0	6.7	7.5
44	危地马拉	7.1	8.2	5.2	9.1	6.3	6.5
44	以色列	7.1	5.3	6.6	9.3	7.8	6.7
44	墨西哥	7.1	7.9	5.7	8.1	7.2	6.7
44	蒙古	7.1	6.3	5.8	8.7	7.2	7.4
44	西班牙	7.1	5.2	7.1	9.6	7.2	6.7
52	捷克共和国	7.0	4.5	6.8	9.1	8.0	6.8
52	法国	7.0	3.7	7.5	9.6	7.2	6.7
52	意大利	7.0	5.9	6.4	9.5	7.1	6.1
52	约旦	7.0	4.8	6.9	9.3	7.5	6.5
56	保加利亚	6.9	5.8	5.7	8.9	7.2	6.7
56	希腊	6.9	6.1	6.7	9.6	6.3	5.8
56	波兰	6.9	5.9	5.8	9.3	6.7	6.6
56	乌拉圭	6.9	7.2	5.9	8.2	7.0	5.9
60	吉尔吉斯斯坦	6.8	7.9	3.7	8.6	6.6	7.2

排名	国家或地区	得分	政府规模	法律体制与产权	货币政策合理性	对外交易	规制
60	莱索托	6.8	7.7	5.5	8.2	6.4	6.4
60	马来西亚	6.8	5.4	7.3	6.8	7.4	7.1
60	蒙特内哥罗	6.8	5.0	6.1	9.4	7.3	6.3
60	南非	6.8	5.5	7.0	8.0	6.6	6.8
60	泰国	6.8	6.9	6.3	6.8	7.3	6.9
60	特立尼达和多巴哥	6.8	6.8	5.7	8.4	6.9	6.0
67	洪都拉斯	6.7	7.3	4.2	8.9	6.8	6.4
67	赞比亚	6.7	7.3	5.9	7.6	6.4	6.2
69	伯利兹	6.6	4.6	6.4	8.4	5.0	8.6
69	玻利维亚	6.6	7.2	4.3	8.8	6.9	6.0
69	印度	6.6	7.7	6.7	6.9	6.4	5.4
69	肯尼亚	6.6	7.1	4.9	8.6	6.3	6.3
69	纳米比亚	6.6	5.2	7.4	6.5	6.2	7.8
69	菲律宾	6.6	7.1	5.0	7.9	7.4	5.8
69	突尼斯	6.6	5.2	7.4	7.3	6.0	7.0
76	埃及	6.5	7.1	5.7	8.9	6.3	4.6
76	毛里塔尼亚	6.5	—	5.4	7.7	6.3	6.4
76	摩尔多瓦	6.5	6.8	5.6	6.7	6.8	6.6
76	尼加拉瓜	6.5	5.6	4.6	8.8	6.9	6.7
76	巴拉圭	6.5	7.5	3.8	8.5	7.2	5.5
76	乌干达	6.5	5.9	5.4	8.5	5.8	7.1
82	克罗地亚	6.4	4.4	5.6	8.2	6.5	7.0
82	多米尼加共和国	6.4	8.5	4.5	6.0	6.5	6.4
82	伊朗	6.4	6.4	6.5	8.6	5.2	5.2
82	罗马尼亚	6.4	5.5	5.7	8.1	7.1	5.5
86	巴巴多斯	6.3	5.3	8.0	6.4	5.1	6.8
86	中国	6.3	5.1	5.8	8.2	7.6	5.0
86	印度尼西亚	6.3	6.9	3.9	7.5	7.5	5.5
86	马其顿	6.3	5.2	4.2	8.3	6.4	7.1
86	坦桑尼亚	6.3	4.9	5.8	9.0	5.7	6.0

排名	国家或地区	得分	政府规模	法律体制与产权	货币政策合理性	对外交易	规制
91	阿塞拜疆	6.2	5.7	5.6	7.2	6.4	6.0
91	加纳	6.2	6.4	5.0	7.3	5.3	6.9
91	莫桑比克	6.2	5.7	4.5	9.1	6.1	5.7
91	巴布亚新几内亚	6.2	6.1	4.4	7.2	6.1	7.0
91	斯洛文尼亚	6.2	2.4	6.0	8.8	7.2	6.4
91	土耳其	6.2	7.3	6.6	4.9	6.7	5.6
97	阿尔巴尼亚	6.1	5.4	4.9	9.2	5.4	5.6
97	波斯尼亚和黑塞哥维那	6.1	6.0	4.0	8.1	5.9	6.6
97	圭亚那	6.1	3.0	4.8	8.0	7.4	7.3
97	越南	6.1	5.6	5.8	6.2	6.6	6.5
101	孟加拉国	6.0	8.0	3.7	6.7	5.5	6.1
101	巴西	6.0	6.4	5.2	7.6	6.3	4.3
101	埃塞俄比亚	6.0	7.5	4.4	6.9	5.1	6.2
101	海地	6.0	6.3	3.0	7.8	6.2	6.8
101	巴基斯坦	6.0	7.3	4.4	6.0	5.8	6.3
101	斯里兰卡	6.0	6.9	5.1	6.1	6.3	5.6
107	科特迪瓦	5.9	8.1	2.5	6.9	5.8	6.2
107	斐济	5.9	4.5	5.3	7.0	5.6	7.2
107	马达加斯加	5.9	7.0	3.7	7.0	6.0	5.6
107	摩洛哥	5.9	5.2	6.3	7.1	5.8	5.2
107	塞内加尔	5.9	6.1	4.3	7.1	5.9	5.9
112	贝宁	5.8	5.9	4.8	6.7	5.2	6.4
112	哥伦比亚	5.8	4.6	5.0	7.8	5.6	6.1
112	厄瓜多尔	5.8	7.3	4.1	5.9	6.6	5.3
112	俄罗斯	5.8	5.2	5.5	6.0	6.3	6.1
112	乌克兰	5.8	5.0	5.6	5.8	6.6	5.8
117	尼日利亚	5.7	6.2	3.0	6.7	6.7	6.0
117	塞拉里昂	5.7	5.5	4.8	7.9	5.4	4.8
119	加蓬	5.6	3.8	4.3	7.0	5.4	7.3

排名	国家或地区	得分	政府规模	法律体制 与产权	货币政策 合理性	对外 交易	规制
119	尼泊尔	5.6	5.2	4.7	6.6	5.6	5.7
121	布基纳法索	5.5	—	4.1	6.9	5.1	5.9
121	马拉维	5.5	4.3	5.3	6.3	5.6	5.7
123	阿根廷	5.4	6.1	4.6	5.4	5.9	4.8
123	喀麦隆	5.4	5.5	3.7	6.9	5.5	5.5
123	塞尔维亚	5.4	5.7	4.7	3.9	6.0	6.6
123	叙利亚	5.4	4.8	4.8	7.7	5.0	4.8
127	阿尔及利亚	5.3	3.7	5.3	6.8	5.7	4.9
127	马里	5.3	4.6	4.9	6.3	5.8	5.1
129	几内亚比绍	5.2	5.0	3.6	6.0	4.8	6.6
129	卢旺达	5.2	5.0	3.6	7.7	4.2	5.6
131	乍得	5.1	6.4	2.7	6.0	5.7	4.9
131	尼日尔	5.1	5.4	4.5	6.7	4.3	4.6
131	多哥	5.1	4.5	3.5	6.7	5.9	4.9
134	布隆迪	5.0	5.6	2.9	6.6	3.3	6.6
135	委内瑞拉	4.9	4.3	3.3	5.8	5.6	5.4
136	中非共和国	4.6	4.3	2.8	7.1	3.2	5.4
137	刚果	4.3	4.3	2.6	4.4	5.6	4.5
138	安哥拉	4.2	—	3.4	1.3	7.2	4.9
139	刚果民主共和国	4.0	5.3	1.8	4.0	5.4	3.3
140	缅甸	3.8	5.1	2.6	3.9	1.4	6.2
141	津巴布韦	2.9	3.4	3.7	0.0	2.8	4.5

注：加拿大弗雷泽研究所 2007 年报告所采用的数据为 2005 年的。

资料来源：加拿大弗雷泽研究所：《经济自由度报告 2007》，www.fraserinstitute.ca 在线资料。

表附录 2-8 加拿大弗雷泽研究所经济自由度指数 2004 年各国家（地区）排名

排名	国家或地区	得分	政府规模	法律体制与产权	货币政策合理性	对外交易	规制
1	中国香港	8.7	9.1	7.5	9.2	9.5	8.3
2	新加坡	8.6	8.2	8.1	9.6	9.3	7.6
3	新西兰	8.2	6.7	8.9	9.6	8.0	8.0
3	瑞士	8.2	7.4	8.7	9.7	7.7	7.7
3	美国	8.2	7.6	7.8	9.7	7.6	8.1
6	爱尔兰	8.1	6.4	8.8	9.7	8.6	6.9
6	英国	8.1	6.7	8.9	9.4	7.9	7.6
8	加拿大	8.0	6.6	8.4	9.6	7.8	7.8
9	冰岛	7.9	6.8	8.9	9.0	6.4	8.4
9	卢森堡	7.9	5.1	8.7	9.6	8.8	7.2
11	澳大利亚	7.8	6.1	8.8	9.3	7.3	7.7
11	阿拉伯联合酋长国	7.8	7.8	6.2	8.6	8.5	7.7
13	奥地利	7.7	5.2	8.7	9.6	8.3	6.6
13	爱沙尼亚	7.7	6.7	6.5	9.6	8.5	7.3
13	芬兰	7.7	4.9	8.8	9.7	7.9	7.1
13	荷兰	7.7	4.8	9.0	9.6	8.4	6.9
17	丹麦	7.6	4.2	9.2	9.6	7.9	7.2
17	德国	7.6	5.5	8.8	9.6	8.2	5.8
19	塞浦路斯	7.5	7.0	7.2	9.6	7.4	6.1
19	匈牙利	7.5	5.8	6.4	9.4	8.4	7.3
19	葡萄牙	7.5	6.0	7.6	9.5	7.6	6.6
22	智利	7.4	6.3	6.1	9.5	8.4	6.8
22	日本	7.4	6.2	7.5	9.6	6.7	6.9
24	比利时	7.3	4.3	7.6	9.6	8.5	6.3
24	阿曼	7.3	5.9	7.5	8.6	7.8	6.6
24	瑞典	7.3	4.0	8.1	9.8	8.0	6.7
24	中国台湾	7.3	6.2	6.4	9.6	8.2	5.9
28	哥斯达黎加	7.2	7.3	6.7	8.9	7.4	5.8
28	萨尔瓦多	7.2	9.2	4.1	9.6	7.1	6.2

排名	国家或地区	得分	政府规模	法律体制与产权	货币政策合理性	对外交易	规制
28	马耳他	7.2	5.7	7.0	8.8	7.5	6.9
28	巴拿马	7.2	8.3	4.6	9.7	7.0	6.3
28	西班牙	7.2	5.2	6.4	9.6	7.9	6.9
33	巴林	7.1	6.7	5.5	8.6	7.7	7.0
33	博茨瓦纳	7.1	5.0	6.8	9.4	7.2	7.0
33	科威特	7.1	6.1	6.8	8.1	6.7	7.6
33	拉脱维亚	7.1	6.5	5.8	9.0	7.5	6.7
33	挪威	7.1	4.1	8.7	9.0	7.0	6.6
33	韩国	7.1	6.5	6.3	9.5	7.2	5.8
39	法国	7.0	3.2	7.7	9.6	7.8	6.8
39	以色列	7.0	4.8	6.7	9.4	7.9	6.0
39	牙买加	7.0	7.7	5.4	8.7	6.9	6.2
39	立陶宛	7.0	6.6	5.0	9.2	7.6	6.4
39	毛里求斯	7.0	7.5	6.0	9.5	6.1	6.1
39	斯洛伐克	7.0	4.9	5.8	8.8	8.8	6.7
45	捷克	6.9	4.4	6.6	9.0	8.3	6.4
45	意大利	6.9	5.6	5.8	9.6	7.5	6.2
45	特立尼达和多巴哥	6.9	6.8	4.8	9.0	7.2	6.5
45	乌拉圭	6.9	6.6	5.8	8.4	6.9	6.6
49	亚美尼亚	6.8	7.9	3.5	9.1	7.2	6.1
49	巴哈马	6.8	7.9	7.8	6.9	4.7	7.0
49	希腊	6.8	6.0	5.6	9.7	7.1	5.6
49	约旦	6.8	4.8	6.5	9.3	7.5	6.1
49	秘鲁	6.8	7.6	4.0	9.6	7.2	5.7
54	马来西亚	6.7	5.3	7.2	6.9	7.5	6.5
54	波兰	6.7	5.8	5.8	9.2	7.1	5.7
54	南非	6.7	5.5	6.6	8.2	6.9	6.4
54	赞比亚	6.7	7.3	5.5	7.5	6.9	6.5
58	危地马拉	6.6	8.6	3.3	9.2	6.6	5.6

续表

排名	国家或地区	得分	政府规模	法律体制与产权	货币政策合理性	对外交易	规制
58	泰国	6.6	6.8	5.5	7.1	7.5	6.4
60	玻利维亚	6.5	7.3	3.2	9.2	7.1	5.9
60	乔治亚	6.5	7.6	2.5	9.0	7.0	6.4
60	洪都拉斯	6.5	7.4	3.1	9.1	6.9	5.7
60	印度	6.5	7.2	6.3	7.0	6.5	5.4
60	墨西哥	6.5	7.6	4.5	7.9	7.2	5.6
65	巴巴多斯	6.4	5.3	8.3	6.8	5.0	6.7
65	保加利亚	6.4	5.0	4.6	8.7	7.3	6.2
65	纳米比亚	6.4	5.1	6.9	6.6	6.4	7.1
65	乌干达	6.4	5.9	4.2	9.1	6.4	6.2
69	伯利兹	6.3	4.6	6.5	8.2	5.5	6.9
69	加纳	6.3	6.0	5.1	7.5	6.9	6.1
69	肯尼亚	6.3	7.1	3.9	8.7	6.6	5.4
69	菲律宾	6.3	7.0	3.7	8.1	7.5	5.4
69	坦桑尼亚	6.3	5.1	5.9	9.4	5.7	5.5
69	突尼斯	6.3	5.2	6.7	7.3	6.2	6.3
75	克罗地亚	6.2	4.0	5.4	8.1	6.7	6.6
75	尼加拉瓜	6.2	6.1	2.9	8.8	7.3	6.1
75	斯洛文尼亚	6.2	2.5	6.2	8.7	7.4	6.3
78	阿塞拜疆	6.1	6.2	4.6	7.6	6.6	5.6
78	埃及	6.1	6.1	4.4	8.7	6.4	4.9
78	伊朗	6.1	6.4	5.9	8.0	5.4	4.7
78	蒙古	6.1	6.3	2.2	8.7	7.1	6.3
82	印度尼西亚	6.0	6.4	3.9	7.9	7.2	4.7
82	巴拉圭	6.0	7.7	1.9	8.6	7.4	4.5
82	斯里兰卡	6.0	7.4	3.8	6.5	6.5	5.7
85	巴西	5.9	6.3	4.2	7.6	6.4	4.9
85	土耳其	5.9	7.3	5.2	5.1	7.0	5.1
85	越南	5.9	5.5	4.4	6.4	6.7	6.3
88	阿尔巴尼亚	5.8	5.0	3.8	9.2	5.4	5.7

排名	国家或地区	得分	政府规模	法律体制 与产权	货币政策 合理性	对外 交易	规制
88	阿根廷	5.8	7.2	3.8	6.2	6.3	5.4
88	科特迪瓦	5.8	8.0	2.6	7.1	5.8	5.3
91	孟加拉国	5.7	8.0	2.7	7.0	5.4	5.4
91	中国	5.7	4.6	4.9	7.4	7.4	4.3
91	斐济	5.7	4.6	5.4	6.9	6.2	5.5
91	马达加斯加	5.7	6.9	3.1	7.1	6.2	5.2
91	摩洛哥	5.7	5.2	5.3	7.1	5.6	5.5
91	莫桑比克	5.7	5.7	3.3	8.8	6.2	4.6
91	巴基斯坦	5.7	7.2	2.5	6.4	5.7	6.5
91	罗马尼亚	5.7	4.3	4.8	6.5	6.9	5.9
91	塞内加尔	5.7	6.3	4.3	6.9	6.1	5.0
100	圭亚那	5.6	2.7	3.4	7.9	7.5	6.4
100	马其顿	5.6	5.2	2.6	8.2	6.0	6.2
100	尼日利亚	5.6	6.2	3.5	6.4	6.4	5.7
100	巴布亚新几内亚	5.6	6.1	3.7	6.5	6.4	5.4
100	俄罗斯	5.6	5.6	4.3	6.0	6.8	5.5
105	贝宁	5.5	5.9	3.5	6.8	5.3	5.9
105	喀麦隆	5.5	5.6	3.9	6.9	5.6	5.7
105	哥伦比亚	5.5	4.9	3.4	7.7	5.8	5.6
105	多米尼加	5.5	8.6	3.2	3.8	6.5	5.7
105	海地	5.5	5.8	1.6	7.5	6.3	6.2
105	马里	5.5	4.7	4.7	6.5	6.2	5.3
105	塞拉里昂	5.5	5.5	4.0	7.7	5.1	5.4
112	叙利亚	5.4	4.8	5.1	7.7	5.1	4.3
112	乌克兰	5.4	4.3	4.6	5.5	7.1	5.4
114	加蓬	5.3	3.7	3.9	6.9	5.8	6.0
114	马拉维	5.3	4.0	4.8	6.6	6.2	5.2
114	尼日尔	5.3	5.1	3.7	7.2	5.6	4.7
117	乍得	5.2	6.6	2.8	6.2	6.1	4.5
117	厄瓜多尔	5.2	8.1	2.4	4.2	6.6	4.9

排名	国家或地区	得分	政府规模	法律体制与产权	货币政策合理性	对外交易	规制
117	尼泊尔	5.2	5.2	2.5	6.9	5.4	5.7
120	几内亚比绍	5.0	5.0	2.9	5.9	5.7	5.3
120	多哥	5.0	4.4	3.1	7.1	5.7	4.7
122	卢旺达	4.8	4.9	1.0	7.6	4.8	5.7
123	中非共和国	4.7	4.3	3.5	7.1	3.8	4.7
124	阿尔及利亚	4.6	3.6	3.1	6.7	5.5	4.3
125	委内瑞拉	4.5	5.3	1.8	5.1	5.8	4.3
126	布隆迪	4.4	5.7	1.6	6.4	2.8	5.7
127	刚果民主共和国	4.1	5.3	1.1	4.8	5.8	3.6
127	刚果	4.1	4.2	1.9	4.4	5.5	4.7
129	缅甸	3.6	5.1	2.2	3.9	1.9	5.0
130	津巴布韦	2.9	3.4	3.1	0.0	3.7	4.1

注：加拿大弗雷泽研究所 2006 年报告所采用的数据为 2004 年的。

资料来源：加拿大弗雷泽研究所：《经济自由度报告 2006》，www.fraserinstitute.ca 在线资料。

第二部分

经济改革理论 30 年回顾

Ⅰ.

概　论

　　1978 年党的十一届三中全会拉开了改革开放的序幕，中国社会主义现代化建设进入了新的历史时期。改革开放是亿万人民参与并推进的伟大事业，人民创造了伟大的实践。改革开放又是政治家远见与智慧的体现，是以经济学家为基本组成部分的专家们理论探索和创新的结果。

　　在 2008 中国市场经济发展报告的第二大部分中，我们将全面回顾改革开放30 年来经济理论的进展。分别从政府管理体制改革、企业市场化改革、财政体制改革、金融体制改革、国内外贸易体制改革、劳动力市场化改革、土地制度市场化改革、农村市场化改革八个方面进行系统的理论回顾。

　　在"概论"中，我们将以 1978 年后党的历次全国代表大会、中央全会的重要文件以及领导人的重要讲话为线索，以改革开放各个阶段最重大讨论甚至是争论的问题为主题，展示政治家和经济学家们的观点与理论，提供具体领域理论回顾的大背景。

>>一、1978—1983 年：市场化改革的起步阶段——"计划经济为主、市场调节为辅"的大讨论<<

　　改革开放从十一届三中全会起步，十二大以后全面展开。它经历了从农村改革到城市改革，从经济体制的改革到各方面的改革，从对内搞活到对外开放的波澜壮阔的历史进程。这一时期，经济学界围绕着改革经济管理体制、计划经济与市场经济的结合、计划经济为主、市场调节为辅等问题，展开了富有成果的讨论。

1. 关于 "如何利用市场机制、价值规律完善计划经济" 的探讨

　　1978 年 12 月召开党的十一届三中全会，明确提出"要把全党工作的着重点

转移到社会主义现代化建设上来"，"实现四个现代化，要求大幅度地提高生产力，也就必然要求多方面地改变同生产力不适应的生产关系和上层建筑。""应该坚决实行按经济规律办事，重视价值规律的作用"，"根据新的历史条件和事件经验，采取一系列新的重大的经济措施，对权力过于集中的经济管理体制和经营管理方法进行改革，在自力更生的基础上积极发展同世界各国平等互利的经济合作。"[①] 这些阐述确立了对外开放、对内搞活经济重要方针的开端。在此前后，经济学界也开始围绕着"如何运用市场机制、价值规律完善计划经济"的问题进行了讨论。

（1）对于现行经济管理体制存在的主要问题，经济学界主要有两种观点。一种观点是强调主要问题仍然是中央集权与地方分权的关系没有处理好。有人认为中央集权不够，地方掌握的骨干企业、财政收入比重较大，削弱了统一计划，在生产和建设上造成了很大的盲目性。与此相反，有人认为中央集中过多，下放的企业、财政收入等名义上在地方管理，而实权仍掌握在中央主管部手里。另一种观点强调主要问题在于没有处理好国家同企业的关系，过多地采用行政办法管理经济。企业无论是中央部管还是地方管，都是行政机构的附属物，不能作为一个独立的经济单位发挥作用，束缚了生产力的发展。[②]

（2）许多经济学家还从多个角度出发，探讨如何按照经济规律办事，如讨论一些与市场相关的概念，提倡在以前的完全计划经济框架和计划管理体制中加入某种市场特征。[③]

首先，以孙冶方为代表的一批经济学家认为应当把扩大企业经营自主权和提高企业活力放在经济体制改革的中心地位，从而较多从企业改革的角度探讨对计划经济管理体制的突破。孙冶方也是我国最早把经济体制改革的重点从中央和地方的权力分配关系转移到国家与企业的经济关系上的经济学家。他指出国家代替企业管理人财物和供产销的具体事务，限制了企业的主动性，同时也影响了国家对国民经济长远建设方面的规划和综合平衡工作。他认为，产品按生产价格定价，是在经济上承认生产资料及其价值表现——资金对同部门不同企业劳动生产

---

① 中共中央文献研究室编：《三中全会以来重要文献选编》，上册，4～6 页，北京，人民出版社，1982。

② 柳随年：《关于我国经济体制改革方向的探讨》，载《经济研究》，1980（1）。

③ 1957 年，顾准在《试论社会主义制度下的商品生产和价值规律》中已经提出了对社会主义经济来说，可供选择的体制，是由企业根据市场价格的自发涨落来做出决策的观点。吴敬琏评价认为："顾准是在中国经济学发展史中提出市场取向改革的第一人。"见：吴敬琏：《当代中国经济改革·战略与实施》，51 页，上海，上海远东出版社，1999。

率的高低或不同部门生产率增长速度快慢施以制约作用的形式，抓住了利润指标，就如同抓住了"牛鼻子"一样，许多问题就会迎刃而解，资金利润率应该成为全国范围内进行经济比较的综合指标。① 此外，吴敬琏、周叔莲、汪海波还讨论了利润提成制度对于企业考核和管理的意义。② 他们指出，利润提成制度是社会主义经济核算制的一个重要组成部分，只有实行利润提成制度，才能保证进行严格的经济核算，促进社会主义生产迅速发展。何建章、邝日安、张卓元也积极主张资金利润率，认为社会主义国家运用的资金利润率，应是计划经济中的资金利润率，它可以成为发展计划经济，加强国民经济计划管理的一个有力工具。③ 马洪则更强调改革经济管理体制要从扩大企业自主权入手，扩大企业在人、财、物和计划等方面的决策权力。④ 蒋一苇也认为，改革的方向应当以企业作为基本的经济单位，企业在国家统一领导和监督下，实行独立经营、独立核算，一方面享受应有的权利，一方面确保完成对国家应尽的义务。⑤ 董辅礽提出要改变全民所有制的国家所有制形式，指出国有制形式使企业成为国家的行政附属物，企业领导人成为行政官员，从而在很大程度上排斥了企业决策的经济合理性。⑥ 刘诗白也从所有制的角度分析经济改革，主张坚决改革企业所有制领域中那些不适合生产力发展的陈旧的形式与关系。⑦

其次，还有一些经济学家在如何看待计划问题上进行了思考并提出了见解。廖季立提出应把行政方法与经济手段相结合，以国家计划为主，以社会计划为辅。用生产部门和使用部门之间建立在互相协作、等价交换和产销结合基础上的社会计划，来补充国家计划的不足。⑧ 刘明夫讨论了商品经济与计划经济的关系。认为不应当把商品经济同计划经济对立起来。同商品经济相对立的是自然经济，而不是计划经济。商品经济不是资本主义社会所特有。⑨

---

① 孙冶方：《要理直气壮地抓社会主义利润》，载《经济研究》，1978（9）。
② 吴敬琏、周叔莲、汪海波：《利润范畴和社会主义的企业管理》，载《经济研究》，1978（9）。
③ 何建章、邝日安、张卓元：《社会主义经济中资金利润率和生产价格问题》，载《经济研究》，1979（1）。
④ 马洪：《改革经济管理体制与扩大企业自主权》，载《经济结构与经济管理》，148页，北京，人民出版社，1984。
⑤ 蒋一苇：《"企业本位论"刍议——试论社会主义制度下企业的性质及国家与企业的关系》，载《经济管理》，1979（6）。
⑥ 董辅礽：《关于我国社会主义所有制形式问题》，载《经济研究》，1979（1）。
⑦ 刘诗白：《试论经济改革与社会主义全民所有制的完善》，载《经济研究》，1979（2）。
⑧ 廖季立：《关于改进我国经济管理体制问题》，载《经济研究》，1978（12）。
⑨ 刘明夫：《社会主义经济的经济形式问题》，载《经济研究》，1979（3）。

在 1979 年 4 月的"无锡会议"上,经济学界冲破了斯大林关于全民所有制内部不存在真正商品货币关系的传统观点,一致认为,社会主义必须利用市场的作用,计划与市场必须结合。此后,卓炯提出当前要改革经济管理体制,关键就是要破除产品经济,发展商品经济,充分发挥价值规律的作用。[1] 刘国光、赵人伟还深入探讨了社会主义经济中计划和市场相结合的必然性。他们认为在社会主义公有制的条件下,市场关系是可以由人们自觉地加以控制,为社会主义计划经济服务的。对于社会主义计划经济条件下如何运用市场机制,他们认为价格和竞争是带有两个综合性的问题。对于在利用市场机制的条件下如何加强经济发展的计划性,他们提出要把计划的重点放在解决国民经济发展的战略性问题上,并通过税收、信贷、投资等政策发挥对经济活动的指导,同时还要健全法治和社会监督的制度来协调市场关系和整个国民经济的发展。[2] 难能可贵的是,于祖尧《试论社会主义市场经济》一文,最早正式提出了"社会主义市场经济"概念。他指出"社会主义既然实行商品制度,那么,社会主义经济在本质上就不能不是一种特殊的市场经济,只不过它的性质和特征同资本主义市场经济有原则的区别。……为了加快实现四个现代化,搞好经济改革,应当怎样正确地对待市场经济,这是我们经济学界需要认真研究的重大课题。"[3]

提出类似于祖尧观点的还有顾纪瑞。1979 年,顾纪瑞也提出了建立在生产资料公有制基础之上的"社会主义市场经济"。他认为,社会主义经济的基础是公有制,计划经济是社会主义经济的基本特征,但发展市场经济也不是权宜之计。社会主义市场经济主要建立在生产资料公有制的基础之上,目的是为了更好地满足社会的需要,社会主义市场经济由国家自觉地运用价值规律进行指导,并受计划经济的支配和控制。在今后相当长的时期内,市场经济应该有一个较大的发展,把我们的经济搞活。而随着生产力的巨大发展,生产的高度社会化,计划经济的比重将相对增加,市场经济的比重将相对减少,以至最终为计划经济所代替。[4] 当然,那时对"社会主义市场经济"的理解,与现在的"社会主义市场经济"有相当大的区别。

学术界的探讨深化了人们对于经济体制改革问题的认识,也引发了改革的领

[1] 卓炯:《破除产品经济　发展商品经济》,载《学术研究》,1979 (4)。
[2] 刘国光、赵人伟:《论社会主义经济中计划与市场的关系》,载《经济研究》,1979 (5)。
[3] 于祖尧:《试论社会主义市场经济》,见:中国社会科学院经济研究所资料室编:《社会主义经济中计划与市场的关系》,北京,中国社会科学出版社,1980。
[4] 顾纪瑞:《关于社会主义市场经济的几个问题》,载《经济研究》,1979 (1)。

导者们对于计划和市场关系的深入思考。

2. 关于 "计划经济与市场经济相结合" 的讨论

1979 年，邓小平在会见美国客人时指出："说市场经济只存在于资本主义社会，只有资本主义的市场经济，这肯定是不正确的。社会主义为什么不可以搞市场经济，这个不能说是资本主义。我们是计划经济为主，也结合市场经济。"① 同年，陈云也提出 "整个社会主义时期经济必须有两个部分，一是计划经济部分，二是市场调节部分。第一部分是基本的主要的，第二部分是从属的次要的，但又是必需的。"② 1981 年，党的十一届六中全会肯定了邓小平提出的 "在计划经济指导下发挥市场调节的辅助作用" 的思想，明确指出："要大力发展社会主义的商品生产和商品交换。""必须在公有制基础上实行计划经济，同时发挥市场调节的辅助作用。"③ 这种思想和观点后来写入了 1982 年的宪法。在这一形势下，经济学界围绕 "计划经济与市场经济相结合的提法是否科学"、"计划与市场的结合方式"、"市场调节的含义及与计划调节的关系"、"计划调节与市场调节应以谁为主" 等问题展开了讨论。

（1）相当一部分经济学家认可 "计划经济与市场经济相结合" 的提法，并在此基础上进行论述。孙尚清等认为对经济管理体制进行改革的实质，就在于有条不紊地把我国社会主义经济的计划性和市场性结合起来。社会主义经济既是或首先是计划经济，又是在公有制基础上的商品经济。计划规律和价值规律共同起调节作用的基础，就在于社会主义计划经济本身就是计划性和市场性相结合的经济，计划性是主导的。这种经济的发展比例关系，在客观上就是由计划规律和价值规律共同调节着的。计划性和市场性的结合是经济改革的根本指导思想。④ 许涤新认为，通常说的在生产资料公有制基础上，对国民经济实行计划管理实质上就是计划调节。同时，整个社会主义经济仍然是商品经济，价值规律就必然要起作用，就必须实行市场调节。所以问题在于如何把计划调节和市场调节正确地结合起来。⑤

---

① 邓小平：《邓小平文选》，第 2 卷，236 页，北京，人民出版社，1994。

② 陈云：《陈云文选》，第 3 卷，245 页，北京，人民出版社，1994。

③ 中共中央文献研究室编：《三中全会以来重要文献选编》，下册，841 页，北京，人民出版社，1982。

④ 孙尚清等：《社会主义经济的计划性与市场性相结合的几个理论问题》，载《经济研究》，1979（5）。

⑤ 许涤新：《在国家计划指导下充分发挥市场调节的辅助作用》，载《世界经济增刊》，1981（4）。

也有一些经济学家认为这种提法不太科学。骆耕漠认为，两种调节都是指对社会生产比例、供求、价格的调节而言，其中调节价格是调节生产比例、供求的中介手段。在表述上可以都叫做"计划调节"，因为都是有组织、有计划的，不是自发的。也可以把它们都叫做"市场调节"，不过是有计划的"市场调节"。因为前一项是根据从市场摸到的社会需要情况和生产力情况，来调节社会生产比例和供求，后一项是根据社会主义价值规律来调节社会生产比例和供求。所以不能把它们分开，而只能一同称它们为"计划指导下的市场调节"或"有计划的市场调节"。[①]

还有的学者认为"计划调节和市场调节相结合"本身是独立于计划调节和市场调节之外的第三种调节形式。张路雄认为，我国社会主义经济中除了计划调节和市场调节外，还有一种计划调节与市场调节相结合的调节形式。这是种特殊的调节形式，是与我国由商品经济向计划经济过渡相适应的。除了指令性计划的调节和自由市场的调节这两种调节形式外，还有一种调节形式，即在计划指导下用经济手段通过市场进行的调节，称之为计划与市场相结合的调节。[②]

（2）对于"计划与市场的结合方式"问题，经济学界主要有以下代表性观点。一是"板块论"，即国民经济的主要部分实行计划管理，补充部分实行市场调节，两者拼接构成整个社会经济活动；二是"渗透论"，即计划那一部分要运用价值规律的作用，市场那一部分要受到国家计划的制约，两者相互渗透、结合在一起；三是"重合论"，即计划必须通过市场来实现，市场必须依靠计划来调节，两者是重合在一起的。[③] 孙冶方强调，在社会主义条件下，无论商品价值规律，还是产品价值规律，都要求有统一的全面的直接或间接的计划，主张把计划放在客观经济规律特别是放在价值规律的基础上，而不赞同"板块论"。[④] 刘国光认为，国民经济整体内以板块形式结合的两种调节，每一块内部都有一个两种调节互相渗透的问题。随着指令性计划的范围不断缩小、非指令性的计划指导和利用价值杠杆进行调节的范围不断扩大，最终将形成为在非指令性的国家计划或社会计划指导下充分利用市场机制、把计划调节和市场调节紧密结合在一起的统

---

① 骆耕漠：《关于"计划调节"和"市场调节"的内涵》，载《籁江经济》，1981 (11)。

② 张路雄：《试论计划调节和市场调节相结合的形式》，载《经济研究》，1983 (7)。

③《新华文摘》编辑部：《经济学论点选编（1978 年底—1987 年初）》，北京，中国人民大学出版社，1987。

④ 孙冶方：《价值规律的内因论和外因论——兼论政治经济学的方法》，载《中国社会科学》，1980 (4)。

一胶合体。① 董辅礽更进一步提出市场调节应成为社会主义计划经济的有机组成部分，而不是外在于计划经济。②

（3）对于"市场调节的含义"，经济学界的理解有"窄派"、"宽派"之分。"窄派"认为，市场调节就是按市场供求的变化和价格的涨落调节生产和流通。宽派认为，市场调节包括利用价值规律的一定的调节作用，利用与价值有关的各种经济杠杆的积极作用和利用流通对生产的反作用等。③

在"市场调节与计划调节的关系"问题上，经济学家的观点基本接近，侧重略有不同。薛暮桥指出，计划调节和市场调节可以并行不悖，相辅相成，而不是水火不相容的对立物。市场调节主要依靠客观规律自发调节，但也不能没有必要的行政管理。④ 于光远认为计划、市场、调节三者之间有着有机的联系。计划是规定各个部门、各项事业之间的比例关系和各项工作的进度。社会主义经济就是由计划来调节的经济。至于调节手段主要是靠经济手段。这个经济手段除了同行政手段结合得非常密切的税收和补贴等财政手段外，就要靠市场机制。⑤ 宋涛认为，不能以是否利用价值规律和经济杠杆来区别计划调节和市场调节。实行计划调节也要考虑价值规律的要求。由市场调节部分的商品，其价格上涨幅度，国家经济计划机关也必须利用经济杠杆和行政办法有计划地加以干预，这也是利用价值规律和经济杠杆进行调节的一种形式。⑥

（4）对于"计划调节与市场调节应以谁为主"的问题，不同经济学家的观点有些差异。多数认为应以计划调节为主。如许涤新主张要把国民经济有计划、按比例发展规律同价值规律的调节作用结合起来，而以前者为主导。⑦ 蒋学模强调，在整个国民经济中实行计划调节和市场调节相结合，是经济管理体制改革的一个原则。而在计划调节和市场调节的结合中，计划调节应起主导作用。实行市场调节的，是那些同国计民生关系较为次要的产品。⑧ 孙尚清、张卓元、陈吉元也主张应以计划调节为主，同时还要开展必要的竞争。竞争是加强和改进计划经

① 刘国光：《略论计划调节与市场调节的几个问题》，载《经济研究》，1980（10）。
② 董辅礽：《国民经济平衡和经济体制的改革》，载《社会科学辑刊》，1981（3）。
③《新华文摘》编辑部：《经济学论点选编（1978年底至1987年初）》，北京，中国人民大学出版社，1987。
④ 薛暮桥：《关于经济体制改革问题的探讨》，载《经济研究》，1980（6）。
⑤ 于光远：《关于社会主义经济的几个理论问题》，载《经济研究》，1980（12）。
⑥ 宋涛：《对社会主义计划经济几个理论问题的认识》，载《经济理论与经济管理》，1982（4）。
⑦ 许涤新：《国民经济综合平衡和市场调节的问题》，载《财贸经济》，1982（2）。
⑧ 蒋学模：《论计划调节与市场调节的结合》，载《经济研究》，1979（8）。

济的一个重要机制。社会主义经济在计划指导下，开展一定程度的竞争，可以成为一种外部的强制力量，迫使企业和部门努力上进。[1]

但刘国光却指出目前应以计划调节为主，而改革的最终方向并不是计划调节为主。他认为，目前两种调节相结合应以计划调节为主，是当前体制改革的实际状况和客观需要。但是如果说改革完成后新经济体制要采取的模式，那么就要进一步对"以计划调节为主"的提法加以考究。如果所说的"以计划调节为主"仍像上面指的是指令性计划的直接调节，那么随着指令性计划在国民经济范围内过渡到指导性计划以后，就不能再有上述意义的"以计划调节为主"了。因为在个别场合必要的指令性计划，在整个国民经济的调节体系中，将不起决定的主导的作用。[2]

3. 关于 "计划经济为主、市场调节为辅" 的讨论

1982 年 9 月召开的党的十二大，进一步阐述了关于正确贯彻"计划经济为主、市场调节为辅"原则的问题。报告指出："我国在公有制基础上实行计划经济。有计划的生产和流通，是我国国民经济的主体。同时，允许对部分产品的生产和流通不作计划，由市场来调节。也就是说，根据不同时期的具体情况，由国家统一计划划出一定的范围，由价值规律自发地起调节作用。这一部分是有计划生产和流通的补充，是从属的、次要的，但又是必需的、有益的。国家通过经济计划的综合平衡和市场调节的辅助作用，保证国民经济按比例地协调发展。"报告还明确提出："正确贯彻计划经济为主、市场调节为辅的原则，是经济体制改革中的一个根本性问题。要正确划分指令性计划、指导性计划和市场调节各自的范围和界限，在保持物价基本稳定的前提下有步骤地改革价格体系和价格管理办法，改革劳动制度和工资制度，建立起符合我国情况的经济管理体制，以保证国民经济的健康发展。"[3] 这一方针成为当时改革实践的主导思想。

这一时期，经济学界对于"如何理解'以计划经济为主'"、"计划经济为主、市场调节为辅的含义及其实现形式"以及"如何发挥社会主义市场调节的作用"进行了讨论。

（1）对于"如何理解'以计划经济为主'"的问题，经济学界主要有三种观

---

① 孙尚清、张卓元、陈吉元：《试评我国经济学界三十年来关于商品、价值问题的讨论》，载《经济研究》，1979（9）。

② 刘国光：《略论计划调节与市场调节的几个问题》，载《经济研究》，1980（10）。

③ 中共中央文献研究室：《十二大以来重要文献选编》，上册，22～24 页，北京，人民出版社，1986。

点。第一种观点认为以计划经济为主，就是以指令性计划为主。指令性计划是社会主义计划经济的基本形式，关系国家经济命脉的重要企业是由国家经营的，关系国计民生的产品是由国家掌握的，对这部分占工农业总产值大部分的生产实行指令性计划，就表明我们的经济基本上是计划经济。① 第二种观点认为以计划经济为主，是指以计划管理为主。计划管理包括指令性计划和指导性计划。除少数关系国计民生的主要产品采取指令性计划以外，多数产品的生产和销售采取指导性计划，即在国家计划指导下的市场调节。② 第三种观点认为以计划经济为主，就是以计划调节为主。我们的国民经济主要是靠计划调节，以自发势力为特征的市场调节只起辅助作用。③

（2）对"计划经济为主、市场调节为辅的含义及其实现形式"的认识上，许多经济学家提出了各自的观点。

苏星认为，社会主义经济是建立在生产资料公有制基础上的计划经济，同时要发挥市场调节的辅助作用。计划经济和市场是统一的。社会主义经济是以计划生产为主体，但国家在制订计划时，必须考虑市场的供求比较长时间的变化。市场调节只能在计划指导下进行。市场调节和市场不是一个概念。两者有联系，又有区别。在社会主义国家，不论是计划生产还是非计划生产，都需要通过市场，实现商品的价值和使用价值，在市场上都要受价值规律的支配，市场这个概念比较宽。市场调节则主要是指在计划指导下根据市场需要所进行的自由生产和自由贸易，这个概念的范围比较窄。④

于光远认为，在社会主义制度下实行计划经济，就要根据事物的客观实际，掌握事物的客观规律来制订计划，进行计划管理，有计划地发展国民经济。他认为在对外开放进程中设立的经济特区，应按照特区的特点来安排计划和实行计划管理。客观情况不同，实行计划经济的内容也会不同。深圳特区的国民经济是不能称为市场经济的，因为深圳的经济工作也需要进行有计划的管理，对计划的执行及时检查。这些都是计划经济而不是市场经济的表现。当然深圳特区的经济指导者们在实行计划经济中必须很好地了解市场需要，密切注意市场动向，而这也正是实行计划经济所必要的。⑤

---

① 邓力群：《正确处理计划经济和市场调节之间的关系》，载《经济学周报》，1982-02-22。

② 薛暮桥：《计划经济为主，市场调节为辅》，载《红旗》，1982（8）。

③ 孙冶方：《在"坚持计划经济为主、市场调节为辅"座谈会上的发言》，载《财贸经济》，1982（4）。

④ 苏星：《中国的计划经济与市场》，载《经济研究》，1982（8）。

⑤ 于光远：《谈谈对深圳经济特区几个问题的认识》，载《经济研究》，1983（2）。

卓炯认为，利用商品货币关系，利用价值规律，为计划经济服务。体制改革和对外开放的实质就是要实现价值增值，也就是马克思在《资本论》所讲的资本流通。这种资本流通，实质上是一种扩大商品流通。积极办好经济特区和进一步开放沿海城市，是发展我国商品生产的重要环节。现代化的商品生产和先进的科学技术是分不开的。采取对外开放的政策，引进外资、先进技术和科学经营管理的经验，就成为不可缺少的一环。[①]

孙效良则强调运用两种调节方式来解决两种平衡问题，主张宏观经济实行计划调节、微观经济实行市场调节的模式。他认为宏观经济平衡要通过计划调节来保证，这就决定了宏观经济计划必须由国家来制定。微观平衡要利用市场机制来调节，这就决定了微观经济计划必须由企业来制定。国家的宏观决策靠经济杠杆贯彻到企业的微观活动中去，即靠价格、税收、信贷把国家的决策翻译成经济信号，在市场上诱导企业加以实行。[②]

桂世镛认为，不应该按照国家与企业或者价值与使用价值来划分计划调节与市场调节的界限，而要按照经济活动产品的生产、分配与流通及进行这种活动的企业在整个经济中起的不同作用，来划分哪些实行计划管理，哪些实行市场调节。在计划管理中又进一步划分哪些实行指令性计划，哪些实行指导性计划。不仅对宏观经济要实行严格的计划控制，对直接关系宏观的那些重要的微观活动也要进行计划控制；不仅对价值指标而且对重要的实物指标，也要实行计划控制。在这个前提下，对许多企业的微观活动和一般产品的实物指标实行指导性计划和市场调节。[③]

（3）对于"如何发挥社会主义市场调节的作用"的讨论，不同经济学家提出了自己的看法。

刘国光认为，高度集权的苏联模式仅是社会主义经济体制模式之一，东欧国家偏重分权、偏于分散的市场体制和用经济办法管理经济的模式，也是社会主义经济体制的重要模式之一，我国经济体制改革在选择模式时，"要解放思想，按照实践是检验真理的唯一标准来决定我们的取舍……只要有利于经济的发展和人民生活水平的提高，都是可以采取的，没有什么政治帽子问题，只有适不适合一个国家各个时期的具体历史条件和经济发展条件的问题，也就是适不适合一国国

---

① 卓炯：《试论体制改革和对外开放的理论基础》，载《经济体制改革》，1984（4）。
② 孙效良：《关于计划体制改革的几个问题》，载《经济研究》，1984（1）。
③ 桂世镛：《关于正确认识计划经济为主、市场调节为辅的几个问题》，载《经济研究》，1984（5）。

情的问题"，市场机制是实行分权管理体制的重要手段。①

　　薛暮桥强调应加强市场管理。他认为，在价格等经济杠杆未能充分发挥作用之前，很难实行指导性计划。贯彻计划经济为主、市场调节为辅的原则，首先要解决好市场物价问题。必须在保持物价总水平基本稳定的基础上，对不合理的价格进行有升有降的调整，对许多种小商品放宽物价管理制度。另外还要解决好劳动工资问题，商品流通问题，财政税收问题，交通运输问题，世界经济和对外贸易、对外经济合作问题等。② 而厉以宁则更强调改革流通体系。他认为，除了必须改进和完善计划综合平衡制度，在统一计划和统一政策指导下扩大不同类型的企业生产经营自主权外，还必须保证流通渠道的持续通畅，使少渠道、多环节、封闭式的流通体系改变为多渠道、少环节、开放式的流通体系。③ 桂世镛、魏礼群也主张要根据市场需求结构变化调整生产结构，发挥流通对生产的反作用，以及消费对生产的反作用。同时应改革不合理的价格体系和价格管理体制，并采取措施，打破垄断商品市场，发展一些生产要素市场，为竞争创造必要的条件。④

　　从总体上看，社会主义经济中计划和市场的关系问题一直是经济体制改革中的核心问题。经济学界尽管是在党的十一届三中全会之后才把这个问题作为独立课题展开讨论的，但它是社会主义商品经济、价值规律问题长期讨论的继续和发展。在社会主义必须利用市场的作用、计划与市场必须结合等问题上达成了共识。但也应承认，由于实践的限制与传统观念的束缚，绝大多数学者的探讨从广度和深度来说还处在开始阶段。

>>二、1984—1991年：市场化改革的初步进展——"有计划的商品经济"的大讨论<<

　　随着改革实践的深入，在中央决策层的支持和不少经济学家的共同努力下，党的十二届三中全会通过了《中共中央关于经济体制改革的决定》（以下简称《决定》），明确提出了我国社会主义经济是"公有制基础上有计划的商品经济"。1987年党的十三大系统地做出了我国正处于社会主义初级阶段的论断，进一步

　　① 刘国光：《对经济体制改革中几个重要问题的看法》，载《经济管理》，1979（11）。
　　② 薛暮桥：《关于经济体制改革理论需要继续深入讨论的几个问题——1982年9月25日在经济体制改革理论问题讨论交流会上的发言》，载《经济研究》，1983（1）。
　　③ 厉以宁：《计划体制改革中宏观经济与微观经济协调问题的探讨》，载《经济研究》，1984（2）。
　　④ 桂世镛、魏礼群：《重视运用和发挥市场机制的作用》，载《财贸经济》，1985（2）。

明确了"有计划的商品经济理论",标志着经济体制改革进入了新的阶段,一定程度上也统一了经济学界对于计划经济与市场经济关系的认识。此后,众多学者开始从不同的角度和层面,更加深入地研究改革开放中存在的重大战略问题。

1. 关于 "如何理解有计划的商品经济" 等问题的讨论

1984 年党的十二届三中全会通过的《中共中央关于经济体制改革的决定》指出"就总体说,我国实行的是计划经济,即有计划的商品经济。"《决定》认为:"改革计划体制,首先要突破把计划经济同商品经济对立起来的传统观念,明确认识社会主义计划经济必须自觉依据和运用价值规律,是在公有制基础上的有计划的商品经济。商品经济的充分发展,是社会经济发展不可逾越的阶段,是实现我国经济现代化的必要条件。"同时,《决定》还进一步明确了改革的基本任务是"建立具有中国特色的、充满生机和活力的社会主义经济体制,促进社会生产力的发展。强调增强企业活力是经济体制改革的中心环节,价格体系的改革是整个经济体制改革成败的关键。实行政企职责分开,正确发挥政府机构管理经济的职能;在社会主义全民所有制经济占主导地位的前提下,坚持发展多种经济形式和经营方式,进一步扩大对外的和国内的经济技术交流。"①

这次全会突破了把计划经济同商品经济对立起来的传统观念,基本上确立了市场取向的改革目标。邓小平高度评价这个决定是"马克思主义基本原理和中国社会主义实践相结合的政治经济学"②,成为指导经济体制改革的"纲领性文件"。

这一时期,经济学界围绕"社会主义商品经济存在的原因"、"如何理解有计划的商品经济"、"价格改革的方式"、"经济体制改革的目标模式"等问题展开了讨论,提出了一些不同的理论观点。

(1)关于"社会主义商品经济存在的原因"。经济学界讨论中主要有如下一些代表性的观点。

第一,认为社会主义经济内在具有的商品经济属性是根本原因。其代表人物是马洪。马洪是较早正式提出"有计划的商品经济"的学者。1981 年,他就曾提出我国社会主义现阶段的经济是有计划的商品经济。③ 但当时更多的是强调要克服自然经济的影响。1984 年,马洪又对此进行了详尽阐述。他认为社会主义

---

① 中共中央文献研究室编:《十二大以来重要文献选编》,中册,564~579 页,北京,人民出版社,1986。
② 邓小平:《邓小平文选》,第 3 卷,83 页,北京,人民出版社,1993。
③ 马洪:《关于经济管理体制改革的几个问题》,载《经济研究》,1981 (7)。

经济之所以是大力发展商品生产和商品交换的计划经济，是因为社会主义经济内涵地具有商品经济的属性。社会主义经济是在公有制基础上的有计划的商品经济，计划经济的属性和商品经济在社会主义经济中是可以统一起来的，在实践中是能够找到它们之间的结合形式和结合点的。①

第二，认为社会主义商品经济的存在是由于存在着物质利益差别。但在具体论述中，又有不同的侧重点。林子力强调生产者之间的利益差别。他认为，只要社会分工以及由此引起的生产者之间利益差别普遍存在，不论经济制度如何，在生产方式上都必然是商品生产。② 吴振坤则强调的是劳动作为谋生手段形成的利益差别。他认为，在全民所有制内部存在的商品生产和商品交换，是由社会主义劳动者与公有的生产资料结合方式的特点决定的。这个特点就是劳动者是把自己的劳动作为谋生手段与公有的生产资料相结合的。既然劳动还是谋生手段，就要对劳动支付报酬。这种劳动报酬构成劳动者个人的物质利益。这种物质利益还表现在全民所有制各个企业之间。因此，企业生产的产品就必然采取商品价值形式，企业之间等量劳动的交换，也就必然采取商品等价交换形式。③

第三，认为社会主义商品经济的存在是由生产力发展水平所决定的。于祖尧持这种观点。他指出在社会主义制度下，适应生产力状况，劳动和所有权的结合不是单一的，而是在不同范围、层次上，通过多样化形式实现的。除了商品货币之外，其他生产和交换方式都不能充分体现劳动和所有权的结合。因此，商品交换便成为各个集合体之间互相交换劳动的基本形式，在不同范围、层次上实现了劳动和所有权结合的集体，成为具有自身特殊权益的相对独立的商品经济组织。④

第四，认为实行计划经济的可能性与现实性的矛盾是社会主义商品经济存在的原因。胡培兆持这种观点。他指出，由于社会主义生产资料公有制建立在生产力还不十分发达的基础上，故存在按计划分配社会总劳动的可能性与社会劳动无法直接计算的矛盾。而唯一可行的解决途径就是实行有计划的商品经济，通过市场借助价值规律来预算和决算社会必要劳动。⑤

第五，认为社会主义生产方式的本质决定了社会主义商品经济的存在。何炼

---

① 马洪：《关于社会主义制度下我国商品经济的再探索》，载《经济研究》，1984（12）。
② 林子力：《社会主义和商品经济》，载《人民日报》，1984-12-04。
③ 吴振坤：《商品经济与社会主义的关系》，载《光明日报》，1984-12-23。
④ 于祖尧：《社会主义商品经济论》，载《经济研究》，1984（11）。
⑤ 胡培兆：《"有计划的商品经济"一元论》，载《光明日报》，1985-03-03。

成不赞成以劳动仍是谋生手段来解释社会主义制度下存在着具有独立利益的经济实体。他认为商品经济是一种生产方式，应当由生产方式决定分配方式和交换方式。社会主义商品经济存在的原因，关键在于马克思所设想的劳动者与生产资料的结合，同后来的社会主义实践有所不同。所有走上社会主义道路的国家都没有实现直接的社会劳动力和全社会公共的生产资料的结合，正是这个原因，从总体上决定了社会主义商品经济存在的客观必然性。[1]

（2）对于"如何理解有计划的商品经济"，不同的经济学家也提出了各自的观点。

第一，认为有计划的商品经济就是计划经济制度下的商品经济。王琢强调，社会主义商品生产既是公有制基础上的商品生产，同时也还是社会化的商品生产，两者结合必然实行计划经济制度。[2] 肖灼基更鲜明地指出，有计划的商品经济本质上是商品经济，有计划是商品经济的运行方式。[3]

第二，认为商品经济是社会主义经济运动的落脚点。吴振坤认为，社会主义经济既有商品性，又有计划性。但它们并不是并列存在的，而是在社会主义公有制基础上有机联系的统一体。在这个统一体中，计划经济和商品经济是互相渗透、互相结合的。就是说，商品经济是在计划指导下的商品经济，而计划经济则是建立在商品经济基础上的计划经济。[4]

第三，认为社会主义计划经济与社会主义商品经济是内容和形式的统一。白拓方指出，社会主义计划经济是以商品经济关系为其实现形式的计划经济，而社会主义商品经济则必然是以计划经济关系为其本质内容的商品经济。在这种意义上，社会主义计划经济和社会主义商品经济是计划关系与价值关系的统一体。这种统一的实质是内容与形式的统一。[5]

第四，认为社会主义计划经济就是有计划的商品经济。胡培兆认为，"社会主义阶段的计划经济和商品经济是同一个实体。或者说，计划经济和商品经济是一个实体的两个同质概念，而不是一个实体的两个方面，更不是两个实体。[6]

第五，认为有计划的商品经济是社会主义生产关系体系。于祖尧认为，社会主义经济的商品性是社会主义生产关系内在固有的属性，是社会主义生产关系体

---

① 何炼成：《再论社会主义商品经济》，载《经济研究》，1985（5）。
② 王琢：《社会主义政治经济学的新突破》，载《光明日报》，1984-12-09。
③ 肖灼基：《当前商品经济需要着重研究的几个问题》，载《北京社会科学》，1986（3）。
④ 吴振坤：《商品经济与社会主义的关系》，载《光明日报》，1984-12-23。
⑤ 白拓方：《社会主义商品经济与计划经济的统一》，载《光明日报》，1985-03-24。
⑥ 胡培兆：《"有计划的商品经济"一元论》，载《光明日报》，1985-03-03。

系的本质特征之一。"商品经济"，就是把商品生产当作社会生产关系的体系或总和来理解的。①

（3）在 1984 年全国第一次中青年经济工作者理论研讨会（即"莫干山会议"）上，尽管与会代表几乎一致赞同要立即进行价格改革，但就"价格改革的方式"争论近乎白热化。

一种观点主张价格以调为主。国务院价格研究中心的田源等人提出了对严重扭曲的价格体系，必须进行大步调整的建议，并进行了大量测算和方案比较；周小川、楼继伟、李剑阁等人提出要用小步快调的办法，不断校正价格体系，既减少价格改革过程的震动，又可以逐步逼近市场均衡价格的主张。当时，反对者的意见主要是认为这种方式是借助影子价格或最优计划价格在做计算，但算出来的价格不能反映真实供求变化，价格水平偏离实际，不能为实际部门接受。

一种观点主张价格以放为主，这是以西北大学的张维迎为代表。他主张通过一步或分步放开价格控制，实行市场供求价格。而反对者认为，在计划经济为主的情况下，一下子放开价格控制太不现实，同时市场发育也需要一个过程。在市场不完备时，市场均衡价格既难以实现，也未必优化。

还有一种观点主张搞价格双轨制，这是以中国社会科学院华生、何家成为代表。他们认为，应该通过客观上已经形成的生产资料双轨价格，自觉利用双轨价格使计划价格和市场价格逐步靠拢。在这个过程中，逐步缩小生产资料的计划统配的物资部分，逐步扩大市场自由调节的部分，最后达到两个价格统一。这一思路，得到了当时多数代表的认同，认为一方面冲击了传统的计划价格体系，另一方面也开始形成新价格机制。后来被写入题为"用自觉的双轨制平稳地完成价格改革"的会议纪要。

双轨过渡的想法随即受到了决策层的重视。莫干山会议后不久通过的《中共中央关于经济体制改革的决定》特别强调了"价格体系的改革是经济体制改革成败的关键"。此后，华生等人又发表文章，再次论证了价格双轨制的思想。②1985 年 3 月，国务院下文首次正式废除计划外生产资料的价格控制，这个决定被认为是价格双轨制改革正式实施的标志。

（4）在关于"经济体制改革的目标模式"问题上，经济学家提出了改良的计划经济模式，带有市场机制的计划经济模式，或者两者的结合等观点。各种模式

---

① 于祖尧：《社会主义商品经济论》，载《经济研究》，1984（11）。
② 华生、何家成、张学军等：《论具有中国特色的价格改革道路》，载《经济研究》，1985（2）。

的一个共同点，就是认为社会主义经济不但有计划经济的本质，而且都程度不同地承认和强调社会主义经济的商品经济属性。这其中，刘国光和王琢的观点很具有代表性。

刘国光认为经济体制改革的目标模式应当是在坚持社会主义公有制基础上，建立适合于发展商品生产、商品流通的要求和充分利用市场机制的计划经济模式。[①] 在这一目标模式中，不仅需要解决经济运行机制中的计划与市场、集权与分权、直接控制与间接控制等关系问题，而且必须解决经济运行机制赖以存在的所有制结构和内涵的问题，因而不能轻率地把科尔奈的"有宏观控制的市场协调体制"作为我国经济体制改革的目标模式。[②]

王琢在此基础上，阐述了创立新的商品经济运行机制和新的商品经济运行的宏观调节机制的重要性，强调构建在社会主义公有制基础上的商品经济与计划经济相统一的经济体制模式。改革的具体内容涵盖了从企业职工工资到财政管理体制、信贷管理体制，实行大配套的改革。改革要达到的目的是从全局上控制国民收入分配总量的平衡，控制住膨胀的社会需求，消除国民收入超分配现象，逐步形成适度的买方市场。[③]

邓小平高瞻远瞩，在很多场合都点明了改革的目标模式应是社会主义与市场经济的结合。1985 年 10 月，在会见美国高级企业家代表团时，他提出："社会主义和市场经济之间不存在根本矛盾。问题是用什么方法才能更有力地发展社会生产力。在某种意义上说，只搞计划经济会束缚生产力的发展。把计划经济和市场经济结合起来，就更能解放生产力，加速经济发展。"[④] 1987 年 2 月，邓小平进一步指出："计划和市场都是发展生产力的方法。只要对发展生产力有好处，就可以利用。"[⑤] 邓小平的思想深刻地影响着中国经济体制改革的方向和进程。

2. 对于 "深化经济体制改革思路" 等问题的讨论

1987 年 10 月，党的十三大提出了"社会主义有计划商品经济的体制，应该是计划与市场内在统一的体制"。"新的经济体制的运行机制，总体上来说应当是'国家调节市场，市场引导企业'的机制。国家运用经济手段、法律手段和必要

---

① 刘国光：《彻底破除自然经济论影响，创立具有中国特色的经济体制模式》，载《经济研究》，1985（8）。

② 刘国光等：《经济体制改革与宏观经济管理——"宏观经济管理国际讨论会"评述》，载《经济研究》，1985（12）。

③ 王琢：《中国经济体制模式论纲》，载《经济研究》，1985（11）。

④ 邓小平：《邓小平文选》，第 3 卷，148 页，北京，人民出版社，1993。

⑤ 同上书，203 页。

的行政手段，调节市场供求关系，创造适宜的经济和社会环境，以此引导企业正确地进行经营决策。"此外，十三大报告还明确了"当前深化改革的任务主要是：围绕转变企业经营机制这个中心环节，分阶段地进行计划、投资、物资、财政、金融、外贸等方面体制的配套改革，逐步建立起有计划商品经济新体制的基本框架。"① 这些重要论述，使我国经济体制改革朝着社会主义市场经济体制的目标迈出了极为重要的一步。

这一时期，经济学界围绕"社会主义初级阶段的划分标准、基本经济特征"展开了讨论，继续深化了对"有计划商品经济的体制"的认识。此外，更多的经济学家开始对前一时期的双轨制改革进行反思，并对"如何治理通货膨胀"、"深化经济体制改革的思路"等问题各抒己见。

（1）在"社会主义初级阶段划分标准"的认识上主要有四种不同的观点。第一，生产力标准论。认为生产力的阶段性特征决定了社会发展的阶段性。第二，生产关系标准论。认为生产关系是首要的直接的标准。第三，生产方式标准论。认为应当把生产力与生产关系统一起来，以生产方式为判断标准。第四，所有制标准论。认为应当以全民所有制的发展阶段为标准，随着国家所有制向非国家所有制的直接的全民所有制过渡，社会主义也就从初级阶段进入发达或完备阶段。② 在"社会主义初级阶段的基本经济特征"的认识上，也有三种意见。一是将生产力不发达视为社会主义初级阶段最基本的经济特征；二是认为公有制和按劳分配是社会主义初级阶段的基本经济特征；三是把以公有制为主体的多种经济成分并存和以按劳分配为主体实行多种分配方式看作是社会主义初级阶段的基本经济特征。③

（2）部分经济学家继续深化了对"有计划商品经济的体制"的认识。谷书堂、常修泽指出，坚持"有计划的商品经济"，即坚持实现社会主义与商品经济的"对接"。这两者间不是决然排斥的关系，可以并行不悖地共存于社会主义社会的现实中，而且不可避免地要发生联系。商品经济与社会主义结合在一起，从而形成为一种新型的商品经济。④

戴园晨强调计划调节不能采用单纯缩小指令性计划范围和放松计划管理的方

---

① 中共中央文献研究室编：《十三大以来重要文献选编》，上册，26～32页，北京，人民出版社，1991。

② 杨文松等整理：《我国理论界关于社会主义初级阶段经济特征的部分观点》，载《财经科学》，1987（6）。

③ 李晓玉：《社会主义初级阶段若干经济理论问题讨论综述》，载《江西社会科学》，1988（6）。

④ 谷书堂、常修泽：《社会主义与商品经济论纲》，载《经济研究》，1990（6）。

式。这种改革并不能适应新情况下对计划管理的要求，也不能实现计划和市场的有机结合。他主张"双层次分工结合论"（必须着眼于明确经济活动不同层次中两者的分工，再进而考虑分工基础上的结合），即宏观层次和微观层次调节中，计划和市场的分工与结合，与微观经济活动中价格信号和数量信号并存时，计划和市场的分工和结合。[①]

周为民、卢中原主张提高经济运行效率，实现社会公平要求，是繁荣的社会主义商品经济必须同时达到的经济社会发展目标。改革的成功与否，很大程度上取决于能否找出协调两者的最佳权衡。他们认为，社会主义平等观的实质——机会均等本身是一条效率原则，而它的贯彻意味着调整原有经济与社会发展目标。这种调整首先是指在效率与公平两者中，改变以往公平优先于效率的目标序列，把效率目标放在首位。但与过去目标单一化的倾向相反，这种调整决不意味着只追求经济效率而忽视社会公平。我们所要寻求的是效率目标与公平目标的协调，是在保证最必要的公平程度前提下，最大限度地提高社会经济效率。[②]

这一时期，社会主义商品经济理论也遇到了新的挑战。有的学者提出三点质疑。一是商品经济只是社会主义经济的外壳，而不是它的实质；二是商品经济不过是生产力发展的产物，它还必然要被生产力的发展所消灭；三是将现实中存在的困难和问题，包括贪污盗窃、以权谋私、腐败等，归罪于发展社会主义商品经济。

对此，晓亮认为社会主义商品经济同公有制、按劳分配等一样，都是社会主义经济的实质所在。商品经济不仅是生产力发展的产物，更是生产力发展的巨大推动力量。要不要按照商品经济的要求改革？这是讨论社会主义商品经济问题的落脚点和归宿点。我们确认社会主义经济是有计划的商品经济，并不仅仅是要承认一个客观事实，而是要按照发展商品经济的需要进行改革，理顺各方面经济关系。[③] 此外，还有经济学家从资源配置方式角度，提出 1984 年后形成的行政为主、市场为辅的双重体制模式，违背了改革设计者的初衷，没有取两者之长，反而扬两者之短。因此，应建立市场为主、行政为辅的"新板块"模式，使市场成为稀缺资源的主要配置者，行政则作为市场的补充和某些局部的替代参与资源配置。这不仅符合发展现代商品经济的逻辑，而且也符合"市场协调的效果好，就由市场协调；行政协调的效果好，就由行政协调"的原则。这种模式从根本上突

① 戴园晨：《计划与市场结合的方式和结合中的摩擦》，载《商业经济与管理》，1990 (5)。
② 周为民、卢中原：《效率优先、兼顾公平——通向繁荣的权衡》，载《经济研究》，1986 (2)。
③ 晓亮：《社会主义商品经济理论面临的新挑战》，载《经济研究》，1991 (2)。

破了行政配置资源的窠臼，彻底转上了市场配置资源的轨道。①

（3）双轨制改革出台后，引起了许多经济学家的评论和批评。他们认为实行双轨制价格是错误的，打击了国有大中型企业和技术先进的企业（它们生产的主要是按牌价出售的产品），鼓励了小企业和技术落后企业（它们生产的许多是按市价出售的产品），给一部分人钻了空子，成为一些不正之风的重要根源。

吴敬琏等就指出，双轨制等于在同一条道路上同时实行可以靠左行驶也可以靠右行驶的双重规则，必然导致撞车和混乱，同时还会助长计划内外的倒买倒卖和权力寻租现象，造成腐败蔓延。②

李晓西、宋则对双轨制的功与过做了评价。他们认为双轨制破旧有功，但不足以立新，双轨过渡不可能把新体制推向主导地位，随着时间的推移，双轨制本身很可能从过渡形式蜕变为一种把双重弊病集于一身的畸形体制，成为更难改变的新的改革对象。③

（4）在"价格改革是不是经济体制改革主线"的问题上，经济学界主要有三种观点。

第一种观点，强调"价格—市场"方面的改革，即"市场价格改革关键论"。吴敬琏认为，企业改革的每一步推进，都必须以市场的健全和发育为条件；特别是要有比较合理的价格体系作保证，新的企业制度不可能产生于被扭曲了的价格结构状态之中，因此改革应集中力量大步推进以价格为中心的市场改革。④

第二种观点，则强调"所有制—企业"方面的改革，即"企业所有制改革中心论"。厉以宁认为，面对近期市场紧张的经济环境，只能绕开价格改革，集中精力于加快企业以产权制度转移为中心的所有制内涵的改革。他们提出企业体制改革是整个经济改革的核心，它的进展决定着市场趋向完善和价格趋向合理的进程。其他各项经济改革都应围绕企业改革这一中心任务进行。⑤ 董辅礽也强调必须将经济运行机制的改革与所有制形式和结构的改革相结合。通过运行机制的改革，形成市场交易活动和竞争的规则和环境。在这种环境中，多种经济活动主体，为了按照市场的规则运行，必须具有独立的经济利益和充分的自主性，为此

---

① 《治理整顿深化改革经济理论问题研讨会纪要》，载《经济研究》，1990（8）。

② 吴敬琏、周小川等：《中国经济改革的整体设计》，北京，中国展望出版社，1988。

③ 李晓西、宋则：《从双轨制到市场化——经济体制改革总思路的调整》，载《财贸经济》，1987（12）。

④ 吴敬琏：《中国经济体制改革面临的局势与选择》，载《管理世界》，1988（4）。

⑤ 厉以宁：《经济体制改革的总设计》，载《财贸经济》，1988（7）。

必须进行所有制形式和结构的改革。①

第三种观点，坚持"两条主线相结合的改革思路"。刘国光认为，上述两种观点就其自身逻辑来看都有道理，但都过分强调单方面的推进。实际上，两者是互为因果、互有联系的连环套，没有一个"谁领先、谁在后"的问题。企业产权制度转换要求作为外部条件的价格改革和竞争性市场的形成同步，价格的理顺和放开又要求企业行为机制发生相应的转换。一个是形成市场活动的主体，一个是造成市场竞争的环境。这两方面的改革应当互相配合进行。当然在不同时期和不同情况下，这两者的侧重点可以有所不同。②

（5）面对1988年严重的通货膨胀问题，经济学界就"如何治理通货膨胀"的问题展开了争论。

一种观点认为通货膨胀主要是总量失衡引起的，因此治理通货膨胀应着重进行总量控制，重点是压缩社会总需求。有的文章还提出了几条具体措施控制工业发展速度，年增长率将达到8%～10%；控制货币供应的增长速度，年货币供应增长率降到12%，即低于经济增长率加物价上涨率之和；提高生产和流通领域的效益，保证财政收入的稳定和增长。③

另一种观点认为抑制总需求只是治标，只有增加供给才是治本之道。解决社会总供给与总需求的失衡和通货膨胀问题，不能强调压缩总需求，因为这样做会导致出现"滞胀"局面，而应把重点放在增加有效供给上面，实行刺激供给的宏观政策。增加有效供给的办法既可以促使经济的持续增长，又可以缓解供不应求的根本矛盾。④

还有一种观点认为用通货膨胀的办法来治理通货膨胀。提出在今后五年内运用通货膨胀政策主要加强农业与基础产业的建设，着眼于改善宏观比例关系，稳住后续发展能力，使经济增长不致出现大的停滞和萎缩。国家通过通货膨胀集中到财政手中的资金，一部分用于增加公职人员收入，抵消掉一部分收入分配结构不合理的不良现象。这种主张出来后，遭到有的学者反对，认为那样做是给通货膨胀火上加油。他们认为，通货膨胀不仅不能抑制消费，反而刺激消费；通货膨

① 董辅礽：《经济运行机制的改革和所有制的改革》，载《经济研究》，1988（7）。
② 刘国光：《经济体制改革策略选择的理论问题》，载《人民日报》，1988-08-19。
③ 中国社会科学院"经济体制改革中期纲要"课题组：《中国经济体制中期（1988—1995）改革设想》，载《中国社会科学》，1988（4）。
④ 厉以宁：《深化改革增加供给是稳定市场的根本措施》，载《人民日报》，1988-09-16。

胀不仅不能改善结构，反而恶化结构。[1]

（6）对于"深化经济体制改革思路"问题，经济学家提出了各自的观点。

李晓西、王逸舟、樊纲、王振中等人提出了市场化的改革思路。[2] 他们认为，市场化改革目标是建立在市场经济基础上的社会主义。这场大变动应是以市场经济的全面推进为标志，以社会经济生活全部转上市场轨道为基本特征，即在所有的经济领域和环节，大步推进各类市场的发展；大步骤、大面积引入包括竞争、风险、供求机制在内的市场机制，让各种市场参数进入市场，启动起来，运转起来；建设市场运行中的各种经济组织，发展多种所有制经济；通过法律重新确认财产所有权；在市场化进程中，改造和完善国家调节经济的职能等。[3] 他们还提出，应当通过市场化，来统领搞活企业、健全市场、完善宏观调控的改革，即"一化三改革"，用大约十二年时间完成改革。[4]

卫兴华、魏杰认为，在宏观调节手段选择上，应该在充分发挥财政和金融等调节手段的作用的同时，注重运用所有权约束性调节手段。我国实行的是以生产资料公有制为基础的经济制度，并且国有制占主导地位，国家能够通过所有权约束对经济实行有效的调节作用。就国有制企业来说，所有权约束可以通过经营权让渡条件、所有权实现形式、最终主动调节权、普遍监督权四个方面调节经济运行。[5]

林毅夫、蔡昉等主张实现重工业优先发展战略向比较优势战略的转变是改革的根本目标。他们指出，从中长期看，实行充分利用比较资源优势的战略，工业发展的速度可后发制人，但这一战略要求各种要素和产品价格都由市场的供求决定，以反映资金、外汇、劳动力和各种要素、产品的稀缺程度。此外，他们认为并不存在一步到位的总体改革方案，唯一可行的改革方案是以解决当前一系列紧

---

① 陈晓伟：《1988 年理论界关于价格改革和通货膨胀问题的讨论》，载《财贸经济》，1988 (12)。

②其实，此前已有不少人提到过"市场化"，但重点是讲某领域的，而不是作为改革总思路的。如刘建政在《论生产资料流通体制的改革》（载《当代经济科学》，1984 年 04 期）中提到"流通市场化"；石上松在《经济体制改革的方法和阶段》（载《经济社会体制比较》，1985 年 02 期）中提到物资部门"逐步走向市场化"；郑炎潮在《中国新旧经济体制交替的根本出路——企业股份化与金融市场化》（载《社会科学研究》，1987 年 01 期）中提到"金融市场化"；而戴玉林在《略论我国投资体制改革的目标模式》（载《经济纵横》，1987 年 04 期）中提到"生产要素市场化"等等。

③ 李晓西、王逸舟、樊纲等：《市场化改革——深化改革战略选择》，载《世界经济导报》，1987-11-30。

④ 李晓西、忠东、黄小祥等：《深化改革的战略选择》，载《经济研究参考资料》，1988 (7)。

⑤ 卫兴华、魏杰：《宏观调节手段的选择》，载《经济研究》，1987 (4)。

迫问题和矛盾为出发点的明确的局部方案。①

廖季立强调必须加强宏观平衡和调控,以控制通货膨胀,整顿经济秩序,进行全面配套改革。当前我国经济体制模式和经济运行机制还是一种过渡形式,要随着商品经济发展不断充实完善。总的讲就是要注意宏观总量平衡、转变行政机关职能、开展市场竞争、企业独立自主经营。这四个方面有机结合的过程,也就是初步形成"国家调控市场,市场引导企业"的新运行机制的框架。②

此后,由于受到1989年"政治风波"影响,一些原本就对市场化改革存有否定和疑虑的人们,展开了对"市场化改革"的大规模批评。一时间"市场经济"、"市场化"等提法,都成为意识形态领域中的禁区,"计划经济为主,市场调节为辅"的观点开始重提。官方文件上将"国家调节市场,市场引导企业"新运行机制改为"计划经济与市场调节相结合"。

3. 对于 "计划经济与市场调节能否结合及如何结合" 的讨论

1991年1月,邓小平在视察上海时谈到,"计划经济和市场经济都是手段,市场也可以为社会主义服务"。"发展经济,不开放是很难搞起来的。"③ 此后,理论界对社会主义经济中计划与市场结合问题的讨论再次活跃起来,继续围绕"计划经济与市场调节能否结合及如何结合"的问题展开了讨论。

多数经济学家认为这两者可以结合,但对结合的程度以及所隐含的前提有不同的看法。一种是"结合论",他们认为,社会主义公有制经济为这两者的结合提供了客观基础和制度保障。另一种是"条件结合论",这种观点强调,两者的结合需具备与之相适应的企业制度、市场体系和宏观调控系统等条件。还有一种是"矛盾结合论",即认为两者的结合寓于矛盾之中,只有不断协调矛盾才能实现结合。至于影响两者有机结合的因素,多数经济学家认为,这既包括经济因素,又包括体制、政策和制度因素。其中微观基础、市场体系和宏观调控体系方面滞存的矛盾,则是主要的因素。

就如何实现两者有机结合的问题,学者们一致认为,继续深化改革是最根本的途径和唯一选择。但在具体思路和对策选择上又各有不同。第一,"多形式结合论"认为,两者的结合是通过板块与条块、指令性计划、指导性计划与市场调节的多形式、多空间的结合途径实现的。第二,"计划取向结合论"认为,两者结合关系的本质是计划系统内部一种经济计划与另一种经济计划的相互衔接与协

① 林毅夫、蔡昉、沈明高:《我国经济改革与发展战略抉择》,载《经济研究》,1989 (3)。
② 廖季立:《国家调控市场、市场引导企业》,载《经济研究》,1989 (4)。
③ 邓小平:《邓小平文选》,第3卷,367页,北京,人民出版社,1993。

调，结合的主导方面和途径是计划体制的自我完善。第三，"市场取向结合论"认为，实现两者有机结合可行的和合理的途径是建立有计划的市场调节机制，在当前就是要推进企业制度、市场体系和宏观调控体系的配套改革。第四，"计划调节市场论"认为，计划通过调节市场而与市场相结合。其途径一是计划通过宏观经济体系调节宏观活动，再通过启动市场调节机制；二是运用公有制经济力量调节企业的市场行为，以求得两者的结合。第五，"体制渗透结合论"认为，将两者结合的客观要求贯彻到整个体制中，以体制驾驭并实现结合。第六，"中观主导结合论"认为，以迄今两者结合薄弱环节的中观经济管理为主导，探索结合的新途径。[1]

综上所述，经济学界对于经济体制改革有关问题的探讨，在理论上有了很大进展和突破。特别是 20 世纪 80 年代末针对改革开放十年来的主要历程，许多经济学家开始从不同的角度和层面，力图在客观、真实和科学地总结 20 世纪 80 年代改革开放经验和教训的基础上，更加深入地研究改革开放中存在的重大问题，更加科学、大胆地探索 90 年代改革开放理论与实践的战略问题。

>>三、1992—2001 年：市场化改革的全面推进——"社会主义市场经济体制初步建立"的大讨论<<

从党的十四大提出"建立社会主义市场经济体制是我国经济体制改革的目标"，到党的十四届三中全会通过《中共中央关于建立社会主义市场经济体制若干问题的决定》，全面描绘社会主义市场经济体制的基本框架，我国市场化改革从破除传统体制为主进入了全局性整体推进的新阶段。而党的十五大在社会主义与市场经济、公有制与市场经济怎样结合上提出了具有突破性的理论观点，进一步促使改革进入全面体制创新的攻坚阶段。这一时期，经济学界围绕着如何建立社会主义市场经济、改革的阶段和路径选择等问题，展开了富有成果的讨论。

1. 关于"如何建立社会主义市场经济"等问题的探讨

1992 年 1 月，邓小平在视察南方讲话中指出："计划多一点还是市场多一点，不是社会主义与资本主义的本质区别。计划经济不等于社会主义，资本主义也有计划；市场经济不等于资本主义，社会主义也有市场。计划和市场都是经济手段"。[2]

---

[1]《关于我国经济体制改革与经济发展若干问题的理论思考——"中国经济改革与发展的理论思考研讨会"纪要》，载《经济研究》，1991 (11)。

[2] 邓小平：《邓小平文选》，第 3 卷，373 页，北京，人民出版社，1993。

这就从根本上解除了把计划经济和市场经济看作是属于社会基本制度范畴的思想束缚。1992 年 6 月，江泽民在中共中央党校发表的重要讲话中明确表态："我倾向于使用'社会主义市场经济体制'这个提法"。①

1992 年 10 月，党的十四大报告明确指出："我国经济体制改革确定什么样的目标模式，是关系整个社会主义现代化建设全局的一个重大问题，这个问题的核心，是正确认识和处理计划与市场的关系。""实践的发展和认识的深化，要求我们明确提出，我国经济体制改革的目标是建立社会主义市场经济体制，以利于进一步解放和发展生产力。""社会主义市场经济体制是同社会主义基本制度结合在一起的。"②

1993 年 3 月，八届全国人大一次会议通过的宪法修正案，把"国家实行社会主义市场经济"载入国家的根本大法，明确了社会主义市场经济体制作为经济体制改革的目标，促使改革出现了一个崭新的局面，社会主义市场经济迅速发展。

这一时期，经济学界围绕"如何认识社会主义市场经济"、"如何建立社会主义市场经济"、"渐进式和激进式改革的比较"展开了讨论。

（1）对于"社会主义市场经济"的认识，经济学家的观点基本一致，但略有侧重。

薛暮桥认为，在社会化大生产条件下的商品经济，就是市场经济。既然中国经济体制改革的实质，是用以市场机制为基础的资源配置方式取代以行政命令为主的资源配置方式，那么，社会主义经济也可以叫做市场经济。确认社会主义有计划商品经济就是社会主义市场经济，为深化改革进一步指明了方向。③

马洪强调社会主义商品经济也就是社会主义市场经济。计划和市场都是社会主义市场经济内在的东西，两者不可分割。目前实际运行着的经济运行机制既非改革前的单一计划机制，也不是政府宏观调控下的一元的市场机制，而是计划与市场虽已结合，但尚未有机融合在一起的二元机制。④

于光远认为，作为改革目标的社会主义市场经济体制，应该是现代的市场经济，是接受国家对自己的正确的、有意识的、有目的的、有计划的控制和引导。市场经济不仅是一种社会经济现象，也是一种文化现象。在发展社会主义市场经

---

① 江泽民：《江泽民文选》，第 1 卷，202 页，北京，人民出版社，2006。

② 中共中央文献研究室编：《十四大以来重要文献选编》，上册，17～18 页，北京，人民出版社，1996。

③ 薛暮桥：《关于社会主义市场经济问题》，载《经济研究》，1992（10）。

④ 马洪：《建立社会主义市场经济新体制》，载《经济研究》，1992（11）。

济、争取实现以社会主义市场经济为主体的新体制的问题上，应该提"现代化"的口号。①

厉以宁也认为商品经济与市场经济两者没有区别。但他强调市场经济体制是社会主义条件下有待于实现的经济体制。这种有待于实现的经济体制就是"市场调节经济，政府管理市场"的体制。这两者是统一的，"市场调节经济"就是发挥第一次调节的作用，"政府管理市场"就是政府发挥第二次调节的作用，也就是政府对调节经济的市场的管理与再调节。社会主义市场经济体制，实际上也就是"小政府、大市场"的新体制。②

刘国光则对"社会主义市场经济"的内涵进行了更为系统的解读。他认为，商品经济与市场经济的区别在于，商品经济是讲人类社会经济活动中行为交换是否具有等价补偿的关系，而市场经济则是作为一种资源配置的方式。市场经济是商品经济的一种高度发展了的现象形态。将有计划商品经济的概念换成"市场经济"，就是强调要进一步发展商品经济，并以市场取代行政计划作为配置资源的方式，这也正是我国当前经济改革的实质所在。在市场经济前加上"社会主义"，因为中国以市场为取向的经济改革，其目的其内容都是社会主义制度的自我完善。③

魏礼群认为，社会主义市场经济是把计划与市场都作为资源配置的手段，作为经济运行的机制，力图实现两者优势互补。建立和完善社会主义市场经济体制的过程，就其基本点来讲，可以看作是宏观调控制度和计划工作健全化、科学化的过程，是市场体系完备化、规范化的过程。④

刘诗白指出，当代社会主义的体制创新，表现为由计划经济向市场经济的转变。研究应着眼于在我国的改革中，引进与运用市场经济的一般构架和一般运行机制，同时，又加以创新，使之完善化，更好地与社会主义制度相结合，还要使市场经济体制的构建和中国实际紧密结合，从而形成中国模式的市场经济。⑤

（2）对于"如何建立社会主义市场经济"，薛暮桥的观点具有一定的代表性。他突出强调了三方面的改革。一是加快企业体制改革，特别是国有企业管理体制改革。二是加快培育社会主义市场关系。大力发展消费品市场和生产要素市场，

---

① 于光远：《要的是现代的市场经济》，载《经济研究》，1992（10）。

② 厉以宁：《市场调节经济政府管理市场》，载《经济研究》，1992（11）。

③ 刘国光：《关于社会主义市场经济理论的几个问题》，载《经济研究》，1992（10）。

④ 魏礼群：《建立社会主义市场经济体制与加快计划工作改革》，载《宏观经济管理》，1992（12）。

⑤ 刘诗白：《论社会主义经济体制创新》，载《经济研究》，1993（3）。

健全市场法规，改进市场管理。三是健全以经济方法为主的宏观计划调控体系。通过国家计划把宏观管好，通过市场调节把微观搞活，是改革的目标和方向。[①]刘国光赞同上述三个方面的改革，而且又补充了"建立符合市场经济要求又遵守社会主义原则的社会收入分配机制和社会保障制度"，认为这些方面的改革是一个复杂的系统工程。[②]杨坚白强调，社会主义市场经济的发展，从根本上说，在于完善市场体系，特别是要健全要素市场。[③]王梦奎认为需要着重解决好三方面的问题：一是继续坚持在以公有制为主体的前提下发展多种经济成分，二是正确处理计划与市场的关系，实现计划科学化、市场规范化，三是健全适应多种经济成分和市场经济发展的宏观调控体系。[④]辜胜阻认为建立市场经济体制当务之急应着重加强企业制度、社会保障制度、农村土地流转制度、农村劳动力流动制度、资金商品化制度五大方面的创新。[⑤]李晓西认为向社会主义市场经济转变的主要内容有：政府干预适度化，社会管理法制化，宏观调控规范化，市场主体多元化，国有私有平等化，经济运行市场化，计划调节间接化，经济特区全国化，对外开放国际化。[⑥]

马洪则对建立社会主义市场经济体制做出了更为完整的阐述。他强调了十个方面的转变，即所有制从单一的公有制向以公有制为基础的混合型所有制（股份制）转变；经济运营形式由政府为主体向企业、个人为主体转变；企业经营的决策风险从由政府和社会承担向由企业和个人承担转变；企业的经营战略由依赖型向自我发展型转变；企业同政府的关系由政企不分向无行政隶属转变；政府管理经济由实物的、直接的、一对一的管理向价值的、间接的、行业性的管理转变；国有资产的管理由实物化向价值化、货币化、证券化转变；劳动用工制度由国家包就业向自主择业转变；竞争机制由不同所有制采取不同标准向实行同一竞争规则转变；价格制度由行政性定价向市场定价转变。[⑦]

（3）对于改革是要采取渐进式还是激进式的问题，樊纲、刘世锦和林毅夫等人的观点比较具有代表性。樊纲较为深刻地比较了"渐进式"和"激进式"两种改革方案。他认为，不同的改革成本与改革方式，改革的"激进程度"的关系是

---

① 薛暮桥：《关于社会主义市场经济问题》，载《经济研究》，1992（10）。
② 刘国光：《关于社会主义市场经济理论的几个问题》，载《经济研究》，1992（10）。
③ 杨坚白：《论社会主义市场经济的宏观调控和计划》，载《经济研究》，1994（3）。
④ 王梦奎：《中国经济的回顾与展望》，载《中共党史研究》，1992（6）。
⑤ 辜胜阻：《论社会主义市场经济的制度创新》，载《理论月刊》，1995（4）。
⑥ 李晓西：《我的市场经济观》，南京，江苏人民出版社，1993。
⑦ 马洪：《建立社会主义市场经济新体制》，载《经济研究》，1992（11）。

不同的。"实施成本"与改革方式的关系使人们更倾向于激进的改革，而"摩擦成本"则使人们更倾向于采取渐进的方式。"激进式"改革的"效率损失"较小，而"渐进式"改革的"摩擦成本"较低。只有考虑到改革所面临的不同条件和不同问题，才能对采取哪一种方式更有利，做出具体的说明。"渐进道路"能够成功，是因为经济中新体制成分的成长为旧体制的改革逐步地创造出了条件。从这个意义上说，"剧变道路"的本质特征是在新体制成分未发展起来的时候就对旧体制进行较为彻底的改造，而"渐进道路"的本质特征是在旧体制还"改不动"的时候，首先在旧体制的旁边或缝隙中培育和发展起"新体制部分"，然后随着整个经济体制结构的变化和各方面条件的变化，逐步深化对旧体制成分的改革。[①]

刘世锦认为"渐进"式改革主要不是体现于政府在国营部门所采取的温和的、过渡性改革措施上（尽管这种情况存在并且是有意义的），而是体现于不同部门间改革推进程度的差异上。具体地说，就是在以国营部门为主的旧体制未能大动的条件下，在其旁边成长起了一个市场导向、充满活力、以非国有经济为主的新体制，并且借助新旧体制的"空间并存"和相互作用，产生了"部门间'危机'转移和比较优势改变，新体制从旧体制吸引资源，旧体制获得新体制的改革'援助'，改革初始条件逐步变化，改革由计划经济边缘地带向中心地带深入"等一系列现象。[②]

林毅夫等阐述了渐进式改革的必要性和优势。他们认为，实施"渐进式"改革原因有两点：一是在转轨中，根据预定的时间表进行一揽子改革的设计人和执行人同样面临信息不足的难题；二是改革的规则和惯例不仅是要设计，更是要通过发育而生成，"激进式"的改革可以废除旧的规则和惯例，却无法一下子建立起新的。实行非激进式的改革，首先能够充分利用已有的组织资源，保持制度创新过程中制度的相对稳定和有效衔接。其次，可以避免大的社会动荡和资源的浪费。最后，可以使每个社会集团都能从短期或长期中得到改革的收益，从而使改革成为大多数人的共识和不可逆转的过程。[③]

2. 关于 "改革的阶段和路径选择" 的讨论

1994 年，党的十四届三中全会通过的《中共中央关于建立社会主义市场经济体制若干问题的决定》明确指出："社会主义市场经济体制是同社会主义基本

---

① 樊纲：《两种改革成本与两种改革方式》，载《经济研究》，1993 (1)。
② 刘世锦：《中国经济改革的推进方式及其中的公共选择问题》，载《经济研究》，1993 (10)。
③ 林毅夫、蔡昉、李周：《论中国经济改革的渐进式道路》，载《经济研究》，1993 (9)。

制度结合在一起的。建立社会主义市场经济体制，就是要使市场在国家宏观调控下对资源配置起基础性作用。为实现这个目标，必须坚持以公有制为主体、多种经济成分共同发展的方针，进一步转换国有企业经营机制，建立适应市场经济要求，产权清晰、权责明确、政企分开、管理科学的现代企业制度；建立全国统一开放的市场体系，实现城乡市场紧密结合，国内市场与国际市场相互衔接，促进资源的优化配置；转变政府管理经济的职能，建立以间接手段为主的完善的宏观调控体系，保证国民经济的健康运行；建立以按劳分配为主体，效率优先、兼顾公平的收入分配制度，鼓励一部分地区一部分人先富起来，走共同富裕的道路；建立多层次的社会保障制度，为城乡居民提供同我国国情相适应的社会保障，促进经济发展和社会稳定。"① 这些主要环节勾画出社会主义市场经济体制的基本框架，标志着我国经济体制改革已经进入建立社会主义市场经济体制的全局性整体推进的新阶段。

这一时期，经济学家继续深化对社会主义市场经济认识的讨论，与此同时，还对"改革的阶段和路径选择"的问题展开了讨论。

田国强提出了经济体制转轨的三阶段论。在这三个阶段中所要采取的基本步骤是：经济主体行为自主化、市场化和民营化。体制转轨的基本特征是：在第一阶段中，大力发展非国有企业，它保证了社会经济的持续发展，为后阶段的改革顺利进行提供了物质基础，提高了人们对改革的支持和参与意识；在第二阶段中，各种所有制企业的继续竞争和市场机制的逐步引入将导致那些效率本来就低下，经过改革仍无出路的国营企业的衰减；在第三阶段中，将对国营企业进行大规模的民营化。第一阶段始于1978年从农村开始的经济改革。第二阶段大致从中共十四大决定搞市场经济开始算起。第三阶段还未开始，需等到经济成分格局进一步变化并且社会保障体系基本上建立起来后才能实行。估计这大致需要五到十年时间。②

邹薇、庄子银指出，改革过程在不同时期、不同国家和不同经济制度下显著不同。中国是在工业化任务尚未完成的一个发展中大国进行涉及国民经济各领域和各个经济主体的全面的制度创新，改革任务是双重的，即实现经济结构的工业化和经济制度的市场化；改革的目标也是双重的，即谋求政治支持最大化与社会

---

① 中共中央文献研究室编：《十四大以来重要文献选编》，上册，520～521页，北京，人民出版社，1996。

② 田国强：《中国国营企业改革与经济体制平稳转轨的方式和步骤——中国经济改革的三阶段论》，载《经济研究》，1994（11）。

产出极大化。相应地，改革的调整成本必然相当大，甚至大得令人难以想像。因此，就总体改革而论，选择"渐进式思路"，依循一条稳定的路径逐步地向市场经济制度结构转型，是一个优化的选择。①

在"改革的路径选择"问题上，经济学界主要有以下六种观点。②

第一，体制外改革。这是几乎所有的学者都谈到的改革形式。所谓"体制外"是指在现有计划经济制度之外。与其说这是一个空间概念，不如说是一个制度概念。在中国市场化改革的实际过程中，这种体制外改革主要表现为所谓"双轨制"。

第二，增量改革。增量改革与上述体制外改革非常类似。所不同的是，增量改革是指在体制内，即原有的计划经济系统内的一种改革方式。

第三，特许改革或试验推广。这一改革方式的含义是，将市场化改革限定在一定的范围之内。目的是在较小的范围内进行改革的试点，可以积累有关改革的经验，在更大的范围内推行改革。在特定范围内的改革的成功又会在更大范围以至全国产生示范效应。

第四，补贴改革。当一种改革方案会给一部分经济当事人带来损失时，为了使这一改革能够较少阻力地实行，中央或地方政府对这些改革受损者给予相应的补偿。

第五，计划权利的交易。计划权利是指在计划经济条件下，由计划当局赋予的权利。价格双轨制的条件下，就有可能通过计划权利的交易来实现定价制度的改革，而同时不损害任何人的利益。

第六，局部改革。这种改革方式的特点是，将市场化改革在空间上和时间上分解为较小的单位，然后逐步在空间和时间上扩展和推广。这种改革方式的好处是，"保持制度创新过程中制度的相对稳定和有效衔接"。可以减少和化解改革的阻力，降低改革成本。

3. 关于 "如何建立社会主义市场经济" 讨论的深化

1997 年 9 月，党的十五大报告强调指出，"要坚持社会主义市场经济的改革方向，使改革在一些重大方面取得新的突破"。在社会主义市场经济理论方面，报告中明确提出了"公有制为主体、多种所有制经济共同发展，是我国社会主义初级阶段的一项基本经济制度"。"公有制实现形式可以而且应当多样化。一切反

---

① 邹薇、庄子银：《中国改革过程的性质、特征与动态优化》，载《经济研究》，1995 (9)。
② 盛洪：《关于中国市场化改革的过渡过程的研究》，载《经济研究》，1996 (1)。

映社会化生产规律的经营方式和组织形式都可以大胆利用。""股份制是现代企业的一种资本组织形式，资本主义可以用，社会主义也可以用。""非公有制经济是我国社会主义市场经济的重要组成部分。""把按劳分配和按生产要素分配结合起来。""要加快国民经济市场化进程。继续发展各类市场，着重发展资本、劳动力、技术等生产要素市场，完善生产要素价格形成机制。"① 这一系列具有突破性的新理论，极大地解放了人们的思想，解决了社会主义与市场经济、公有制与市场经济怎样结合的历史性难题。

这一时期，经济运行的市场化程度明显提高，社会主义市场经济体制的基本框架初步建立。但传统体制下的社会经济矛盾并未完全解决，新体制下也产生了一些新的矛盾和问题。改革将从破除传统体制为主转入全面体制创新的攻坚阶段。因此，经济学界对于"如何建立社会主义市场经济"问题的认识进一步深化。

张卓元认为，市场价格体制的初步建立，标志着经济运行机制初步从计划主导型向市场主导型的转变。90 年代初期已开始实现上述目标。但是，社会主义市场经济体制尚未很好建立。最主要的，在于经济运行的主体，特别是其中起主导或骨干作用的国有企业，还不是真正的政企分开的市场主体，还不是自主经营、自负盈亏、自我发展、自我约束的商品生产者和经营者。今后经济体制改革应以国有企业改革为中心，继续深化和推进，通过改革、改组、改造和加强管理，使大多数国有大中型亏损企业摆脱困境，力争到本世纪末，大多数国有大中型骨干企业初步建立起现代企业制度。到那时，社会主义市场经济体制可以说是初步建立起来了，社会主义公有制和市场经济相结合可以说是初步实现了。②

苏东斌强调，必须重构市场经济微观基础与重建管理国有经济的新体制。市场经济体制下等价交换的特征，要求所有制结构多元化。所有制结构的多元化不仅是指寻找到更好的公有制实现的新形式，而且更是指非公有制成分，尤其是非国有制成分的大力发展。市场经济体制下价值实现的特征，要求所有制结构优质化。市场经济体制下交易程序的特征，要求所有制结构动态化。③

樊纲认为，体制转轨的根本问题就是非国有经济比重的不断提高和经济的所有制结构的转变。在非国有经济的增长率高于国有经济的增长率的"基本假定"下，体制转轨的最重要的问题，首先不是改革国有经济，而是发展非国有经济。

---

① 中共中央文献研究室编：《十五大以来重要文献选编》，上册，20～25 页，北京，人民出版社，2000。

② 张卓元：《中国经济体制改革的总体回顾与展望》，载《经济研究》，1998（3）。

③ 苏东斌：《市场经济体制对所有制结构的三大要求》，载《经济研究》，1998（12）。

这不仅是由于非国有经济的发展支撑着经济的增长和市场体制的形成，而且也是由于它创造出使国有经济得以改革的更有利的条件。国有经济改革的重要性主要在于，它们若不改革，就还要占用大量资源，而且是要从非国有经济转移资源作为事实上对国有经济的补贴。正因如此，尽管目前并不面临金融危机，但必须加快国有企业和国有银行控制的金融体制的改革进度，以保证非国有经济能持续发展下去，保证整个体制转轨过程的持续进行而不被某种危机所打断。①

张军认为，经济转轨过程典型地表现为以新兴工业部门的进入和扩张为特征的持续的工业化过程。改革后的中国经济在 80 年代经历了"增量改革"所创造的资源配置效率的总体性改善之后，似乎开始表现出"粗放"增长的特征。如果这个增长模式持续下去的话，那么，必将面临东亚经济所面临的增长缺乏持续性的相关问题。因此，对于中国来说，挑战性的问题将不再是逐步的自由化和市场化是否带来了经济的增长，而是增长将怎样避免过度依赖持续的工业化过程。②

刘世锦等认为，我国加入 WTO 后选择和实施进取性应对战略，立足点是调整和改革，核心问题是政府职能转变。近中期应着力解决以下问题：适应 WTO 规则要求，加快建立统一开放、公平竞争的国内市场；加快国有经济的布局调整，为非国有企业平等参与市场竞争创造条件；以切实转变政府职能为重点，推进政府体制改革；分类推进产业调整，以多种方式有效提升中国产业的竞争力；加快立法和司法体制改革，建立与 WTO 规则和国际惯例相适应的法律体系；加快社会管理体制改革，减少入世后的产业调整冲击；继续扩大内需，保持宏观经济稳定，为加入 WTO 后的调整和改革创造良好的外部环境；加强制度建设，在开放中维护国家经济安全。③

>>四、2002 年至今：市场化改革的进一步深化——"完善社会主义市场经济体制"的大讨论<<

党的十六大明确提出，要在 2020 年建成完善的社会主义市场经济体制。党的十六届三中全会通过了《关于完善社会主义市场经济体制若干问题的决定》。进入新世纪，我国经济体制改革既面对发展战略机遇期，也进入了矛盾凸显期。

---

① 樊纲：《论体制转轨的动态过程——非国有部门的成长与国有部门的改革》，载《经济研究》，2000（1）。

② 张军：《资本形成、工业化与经济增长：中国的转轨特征》，载《经济研究》，2002（6）。

③ 刘世锦等：《政府职能转变的近期重点与远景展望》，载《经济学动态》，2002（10）。

这一时期，经济学界对"改革的推进与深化"、"公平与效率关系"、"处理初次分配与再分配关系"等问题展开了激烈争论。2007 年召开的党的十七大对前一时期的理论争鸣做出了结论。

1. 关于 "改革的推进与深化" 等问题的争论

2002 年 11 月召开的党的十六大，明确提出"本世纪头二十年经济建设和改革的主要任务是，完善社会主义市场经济体制，推动经济结构战略性调整，基本实现工业化，大力推进信息化，加快建设现代化，保持国民经济持续快速健康发展，不断提高人民生活水平。"[①]

2003 年，党的十六届三中全会又通过了《关于完善社会主义市场经济体制若干问题的决定》，进一步明确了完善社会主义市场经济体制的主要任务是："完善公有制为主体、多种所有制经济共同发展的基本经济制度；建立有利于逐步改变城乡二元经济结构的体制；形成促进区域经济协调发展的机制；建设统一开放竞争有序的现代市场体系；完善宏观调控体系、行政管理体制和经济法律制度；健全就业、收入分配和社会保障制度；建立促进经济社会可持续发展的机制。"[②]这次会议既坚持贯彻了 20 多年来改革开放的基本经验，又在理论和实践上有许多重大突破和创新，对以后进一步完善市场经济体制起到很大的推动作用。

随着改革进入攻坚的关键阶段，出现了收入差距拉大、地区发展失衡等不和谐的现象，特别是房改、医改和教育体制改革暴露出的问题也比较多。在这一背景下，改革问题重新引起了经济理论界的广泛关注，学者们就"市场化进展程度的判断"进行了讨论，同时还对"改革的推进与深化"、"公平与效率关系"、"处理初次分配与再分配关系"等问题展开了激烈争论，形成了改革开放以来又一次理论争鸣。

（1）关于"市场化进展程度的判断"的讨论。

经济学界由于对市场化内容理解的不同，往往给出不同的结论。尽管对中国市场化进展具体程度的量上的判断还存在不同的认识，但承认市场机制对计划体制地位的根本性替代是普遍的共识。[③]

李晓西等结合国内外市场经济发展的历史和现实，概括出市场经济五项共性

[①] 中共中央文献研究室编：《十六大以来重要文献选编》，上册，16～22 页，北京，人民出版社，2005。

[②] 同上书，465 页。

[③] 刘伟：《经济发展和改革的历史性变化与增长方式的根本转变》，载《经济研究》，2006 (1)。

标准，即政府行为规范化、经济主体自由化、生产要素市场化、贸易环境公平化和金融参数合理化。据此标准，测度出 2001 年中国经济市场化程度为 69%，结果表明，中国已经是一个发展中的市场经济国家。[①] 樊纲、王小鲁等通过五个方面的指标体系，计算了各地区 1999、2000 年的市场化相对进程总指数。他们强调，市场化改革的体制转轨进程是分阶段的，在不同的阶段上，不同方面的问题会较为突出，或者说这一进程在一定时期会较为突出地体现在某些方面的进展上，市场化进程本身是一个动态的过程。[②]

但也有学者认为，对当前经济市场化程度的判断，需要克服三个误区：经济市场化程度的判断宜粗不宜细、市场化程度的判断宜低不宜高、市场化程度的判断宜宽不宜窄。[③]

（2）在"改革的推进与深化"问题的争论中，一些学者针对当前改革出现的问题，提出要对改革进行反思；而有的学者认为反思改革是对改革的干扰，是反对改革；另一派学者则认为，反思改革中出现的问题是推动和深化改革的需要，反思是为了更好地推动改革。围绕是否要"反思改革"以及如何"深化改革"等问题，不同学者提出了不同的观点和主张。与此同时，反思改革的争论又与批判新自由主义的争论相交织。有些学者继续批判新自由主义的危害，有的学者提出不能借批判新自由主义反对改革。[④]

刘国光指出，当前理论经济学教学与研究中，西方经济学的影响上升，马克思主义经济学的指导地位被削弱和边缘化。中国经济改革和发展是以西方理论为指导的说法会误导中国经济改革和发展的方向。[⑤] 此外，他还认为，改革方向在许多重要方面受到干扰，如在所有制问题上，公有制为主体受到干扰；在分配问题上，社会公平问题受到干扰等。这种对改革的正确方向及社会主义方向的干扰，是客观存在的，对此进行反思，提出改进的建议，不能动不动就说这是反对改革。中国的社会主义自我完善的改革，以建立社会主义市场经济为目标的改

---

① 北京师范大学经济与资源管理研究所：《2003 中国市场经济发展报告》，北京，中国对外经济贸易出版社，2003。

② 樊纲、王小鲁、张立文、朱恒鹏：《中国各地区市场化相对进程报告》，载《经济研究》，2003（3）。

③ 顾海兵：《中国经济市场化程度测定不要陷入误区》，载《价格理论与实践》，2003（5）。

④ 卫兴华、孙咏梅：《2006 年理论经济学的若干热点问题》，载《经济学动态》，2007（3）。

⑤ 刘国光：《经济学教学和研究中的一些问题》，载《经济研究》，2005（10）。

革，绝对不是简单的"市场化改革"。① 他将改革的正确方向归结为：一是改革必须是社会主义的自我完善，必须坚持四项基本原则；二是社会主义的本质是解放和发展生产力，消灭剥削，消除两极分化，最终达到共同富裕；三是根据宪法规定，国家在社会主义初级阶段必须坚持公有制为主体、多种成分共同发展的基本经济制度，必须坚持按劳分配为主体、多种分配方式并存的分配制度；四是在经济运行机制上，建立社会主义市场经济体制，也就是在国家宏观调控下市场在资源配置中起基础性作用；五是政府职能在社会主义初级阶段要以经济建设为中心。②

高尚全则认为，在投资主体多元化、利益主体多元化、思想多样化的情况下，要取得改革的共识难度比以往任何时候都要大。中国改革可以说是世界上最成功的，代价是最小的，所以不能否定改革。③ 目前是改革攻坚的关键时期，对改革问题进行争论有四个不利：不利于改革开放、不利于发展、不利于团结、不利于和谐社会建设。④ 他主张要积极排除干扰，只有通过深化改革才能解决出现的问题，尤其要把政府行政管理体制改革作为重点，强化政府公共服务职能，才是有效化解社会矛盾的基础和前提。⑤

吴敬琏认为，问题不是出在大方向上，而是出现了一些枝节性的问题、执行中的问题和一些跟改革大方向相背离的逆流。⑥ 改革既使我国整体经济实力明显增强，也存在不少缺陷。但一些同志利用大众对社会现状的不满情绪和学界人士对改革和发展中一些问题的正当质疑，又重提"取消计划经济，实行市场化就是改变社会主义制度，实行资本主义制度"的命题，是力图把人们引向反市场化改革的方向上去，并且取得了某些成功。⑦

胡鞍钢认为当前不是要不要改革，也不是要不要加快改革的问题，而是要讨论需要哪一种改革。有好的改革，也有坏的改革；有双赢的改革，也有零和博弈的改革；有大多数人受益的改革，也有大多数人受损的改革。因为改革有不同的路径和方案，当然也就会有不同的结果。在中国，选择改革的路径、方案，不仅

---

① 刘国光：《我国改革的正确方向是什么？不是什么？——略论"市场化改革"》，载《经济学动态》，2006（6）。

② 刘国光：《坚持基本路线必须澄清错误思潮》，载《经济学动态》，2007（5）。

③ 高尚全：《改革还需要取得共识》，载《北京日报》，2005-11-22。

④ 高尚全：《中国下一步改革的思考》，载《社会科学报》，2006-04-06。

⑤ 高尚全：《用历史唯物主义评价中国改革》，载《新华文摘》，2005（24）。

⑥ 吴敬琏：《现代中国的阵痛》，载《改革内参》，2005（1，2）。

⑦ 吴敬琏：《对改革的争论应遵循实事求是的原则》，载《当代经济》，2006（7）。

要考虑到提高经济利益，还要考虑到实现社会公平和社会和谐。我们需要确立以人为本的改革观，需要广泛参与、基于规则、透明和分享式的改革。①

卢中原认为，科学发展观不仅是发展观的飞跃，也是改革观的升华。科学发展观提出的"五个统筹"，需要由"四个协调"推进（微观和宏观经济改革要协调、城乡改革要协调、经济和社会领域改革要协调、经济和政治领域改革要协调）来提供体制保障。要继续高扬改革的旗帜，坚持把改革作为推动发展的基本动力，注意用改革的办法不断克服体制性、机制性障碍，避免单纯就发展谈发展，就技术谈技术，而忽视制度创新的根本性作用。②

（3）关于"公平与效率问题"的争论，经济学界主要有以下三种观点。

第一，效率优先论。这一观点认为，"效率"是经济增长的重要保证，只有"蛋糕"做大了，才能够保证人人有份，才能实现分配的公平。王珏指出对"效率优先"不能产生任何怀疑。在市场经济条件下，在社会主义初级阶段生产力不发达的情况下，效率优先应该是必须遵循的，必须强调的。市场经济的发展效率不能够放在第二位，必须放在第一位，而且没有效率也不可能维持社会公平。③蒋学模则认为，"效率优先、兼顾公平"的原则可以不必再提，但决不能用"公平优先、兼顾效率"来代替"效率优先、兼顾公平"。"效率优先"始终是社会发展占第一位的因素。把社会公平放到更加重要的地位，不是以否定"效率优先"为代价来达到，而仍然是在"效率优先"的前提下来实现的。④

第二，效率与公平并重论。这一观点认为，两者是优势互补的关系，轻视其中的一个因素，必然会对另一个因素产生损害。刘国光多次提出在效率与公平关系上应向公平倾斜，加重公平的分量，主张效率与公平并重。他指出"效率优先，兼顾公平"只适用于社会主义初级阶段的一段时期，不适用于初级阶段的整个时期。"效率优先"不是不可以讲，而是不要放在收入分配领域。在收入分配领域不用再提"效率优先，兼顾公平"，也不要再提"初次分配注重效率，再分配注重公平"，要更加注重社会公平。⑤卫兴华也主张两者并重和统一。他认为强调发展，强调生产力的作用，并不存在轻视或不重视分配公平的理由或内在联系。如果在分配中将效率优先于公平，将公平放在次要地位，忽视分配公平，发

---

① 胡鞍钢：《我们需要什么样的改革观》，载《改革内参》，2005（4）。

② 卢中原：《未来5～15年中国经济社会发展的若干重大问题》，载《财贸经济》，2005（7）。

③ 王珏：《更加注重公平与强调效率优先并没有本质上的冲突》，载《光明日报》，2006-08-21。

④ 蒋学模：《"效率优先、兼顾公平"的原则是否需要修改》，载《学术月刊》，2007（5）。

⑤ 刘国光：《把"效率优先"放到该讲的地方去》，载《经济学动态》，2005（11）。

展的结果必然是两极分化，不可能走向共同富裕。

第三，公平优先论。这一观点认为，我国作为社会主义国家，在经济社会发展过程中应始终以实现共同富裕为目标，不能只重视效率而忽视公平。当前我国要缩小收入差距，防止两极分化，应把"公平分配"放在优先地位，将公平作为我国经济社会发展的长远目标。①

（4）对于"处理初次分配与再分配关系"问题，理论界长期存在着分歧。有的学者坚持初次分配注重效率，再分配注重公平；有的学者强调初次分配以公平为重；有的学者提出在初次分配和再分配过程中都要注重公平；有的学者认为初次分配强调公平会导致低效率，因此，要在初次分配上注重效率，通过二次分配来弥补公平；有的学者提出在初次分配和再分配过程中，公平与效率并不矛盾，应在两次分配过程中努力实现公平与效率的统一。②

刘国光主张在初次分配中也要实现公平与效率的统一。因为，整个国民收入分配中，再分配所调节的只能涉及小部分，而初次分配的数额要比再分配大得多，涉及面也广得多。许多分配不公问题产生于初次分配领域。初次分配不公的大格局一旦形成，再分配无力从根本上改变。③

林毅夫认为，只有在生产过程的初次分配中就实现公平与效率的统一才能缩小贫富差距，促进和谐增长。而在初次分配上实现效率与公平统一的良好机制尚未形成，需要根据比较优势的要求深化改革。一是要鼓励支持中小企业发展，二是消除资源价格扭曲和不必要的行政性垄断，三是提高劳动者的素质和就业能力，四是保障社会困难群体的基本生活。④

2. 党的十七大为改革争论定调

2007 年 10 月，党的十七大明确指出，"改革开放目的就是要解放和发展社会生产力，实现国家现代化，让中国人民富裕起来，振兴伟大的中华民族；就是要推动我国社会主义制度自我完善和发展，赋予社会主义新的生机活力，建设和发展中国特色社会主义；就是要在引领当代中国发展进步中加强和改进党的建设，保持和发展党的先进性，确保党始终走在时代前列。""改革开放的方向和道路是完全正确的，成效和功绩不容否定，停顿和倒退没有出路。""实现未来经济发展目标，关键要在加快转变经济发展方式、完善社会主义市场经济体制方面取得重

① 卫兴华、孙咏梅：《2005 年理论经济学的若干热点问题》，载《经济学动态》，2006（4）。
② 卫兴华、孙咏梅：《2007 年理论经济学的若干热点问题》，载《经济学动态》，2008（3）。
③ 刘国光：《对十七大报告论述中一些经济问题的理解》，载《经济学动态》，2008（1）。
④ 林毅夫：《以初次分配实现公平与效率的统一》，载《人民日报》，2007-04-28。

大进展。"十七大报告在阐述立足社会主义初级阶段这个最大实际时还指出：要"全面认识工业化、信息化、城镇化、市场化、国际化深入发展的新形势新任务，深刻把握我国发展面临的新课题新矛盾，更加自觉地走科学发展道路"。十七大报告还对深化收入分配制度改革提出了明确要求，"初次分配和再分配都要处理好效率和公平的关系，再分配更加注重公平。逐步提高居民收入在国民收入分配中的比重，提高劳动报酬在初次分配中的比重。创造条件让更多群众拥有财产性收入。"①

由此可见，党的十七大针对理论界前一时期在"改革的推进与深化"问题上的争论，做出了强有力的回应。同时，国家还进一步强调了贯彻科学发展观，加快推进以改善民生为重点的社会建设，并在这方面加大了力度，出台了不少措施，这对于缓解社会矛盾，平衡利益分配，使全国民众共享改革开放成果将起到积极的促进作用。相信在改革开放 30 年来临之际，经济学界会从客观、真实的立场总结经验和教训，更加科学、大胆地探索处于改革攻坚的关键阶段下经济发展的理论与实践问题。

>>主要参考文献<<

［1］北京师范大学经济与资源管理研究所. 2003 中国市场经济发展报告［R］. 北京：中国对外经济贸易出版社，2003.

［2］北京师范大学经济与资源管理研究所. 2005 中国市场经济发展报告［R］. 北京：中国商务出版社，2005.

［3］迟福林. 2006 中国改革评估报告［R］. 北京：中国经济出版社，2006.

［4］陈锦华，江春泽，等. 论社会主义与市场经济兼容［M］. 北京：人民出版社，2005.

［5］陈云. 陈云文选［M］. 第 3 卷. 北京：人民出版社，1994.

［6］陈宗胜，吴浙，谢思全，等. 中国经济体制市场化进程研究［M］. 上海：上海人民出版社，1999.

［7］董辅礽. 关于我国社会主义所有制形式问题［J］. 经济研究，1979（1）.

［8］董辅礽. 经济体制改革研究［M］. 上、下卷. 北京：经济科学出版社，1995.

---

① 胡锦涛：《高举中国特色社会主义伟大旗帜　为夺取全面建设小康社会新胜利而奋斗——在中国共产党第十七次全国代表大会上的报告》，北京，人民出版社，2007。

［9］邓小平. 邓小平文选［M］. 第 2 卷. 北京：人民出版社，1994.

［10］邓小平. 邓小平文选［M］. 第 3 卷. 北京：人民出版社，1993.

［11］戴园晨. 计划与市场结合的方式和结合中的摩擦［J］. 商业经济与管理，1990（5）.

［12］樊纲. 渐进改革的政治经济学分析［M］. 上海：上海远东出版社，1996.

［13］樊纲. 两种改革成本与两种改革方式［J］. 经济研究，1993（1）.

［14］范恒山. 中国经济体制改革的历史进程和基本方向［N/OL］. 国家发改委网站，2006-09-10.

［15］顾海兵. 中国经济市场化程度测定不要陷入误区［J］. 价格理论与实践，2003（5）.

［16］高尚全. 用历史唯物主义评价中国改革［J］. 新华文摘，2005（24）.

［17］高尚全. 中国的经济体制改革［J］. 北京：人民出版社，1993.

［18］谷书堂，常修泽. 社会主义与商品经济论纲［J］. 经济研究，1990（6）.

［19］辜胜阻. 论社会主义市场经济的制度创新［J］. 理论月刊，1995（4）.

［20］桂世镛，魏礼群. 重视运用和发挥市场机制的作用［J］. 财贸经济，1985（2）.

［21］胡锦涛. 高举中国特色社会主义伟大旗帜　为夺取全面建设小康社会新胜利而奋斗——在中国共产党第十七次全国代表大会上的报告［R］. 北京：人民出版社，2007.

［22］胡锦涛. 在邓小平同志诞辰 100 周年纪念大会上的讲话［N］. 人民日报：海外版，2004-08-23.

［23］何建章，邝日安，张卓元. 社会主义经济中资金利润率和生产价格问题［J］. 经济研究，1979（1）.

［24］何炼成. 再论社会主义商品经济［J］. 经济研究，1985（5）.

［25］胡培兆. "有计划的商品经济"一元论［N］. 光明日报，1985-03-03.

［26］华生，何家成，张学军，等. 论具有中国特色的价格改革道路［J］. 经济研究，1985（2）.

［27］何伟. 大力发展混合经济［J］. 经济研究，2004（4）.

［28］江小涓. 中国的外资经济：对增长、结构升级和竞争力的贡献［M］. 北京：中国人民大学出版社，2002.

［29］江泽民. 江泽民文选［M］. 第 1 卷. 北京：人民出版社，2006.

［30］蒋学模. "效率优先、兼顾公平"的原则是否需要修改［J］. 学术月刊，

2007（5）.

[31] 蒋学模. 论计划调节与市场调节的结合 [J]. 经济研究，1979（8）.

[32] 蒋一苇. "企业本位论"刍议——试论社会主义制度下企业的性质及国家与企业的关系 [J]. 经济管理，1979（6）.

[33] 孔泾源，胡德巧. 中国劳动力市场发展与政策研究 [J]. 北京：中国计划出版社，2006.

[34] 刘国光. 关于社会主义市场经济理论的几个问题 [J]. 经济研究，1992（10）.

[35] 刘国光. 经济学教学和研究中的一些问题 [J]. 经济研究，2005（10）.

[36] 刘国光，赵人伟. 论社会主义经济中计划与市场的关系 [J]. 经济研究，1979（5）.

[37] 骆耕漠. 关于"计划调节"和"市场调节"的内涵 [J]. 籁江经济，1981（11）.

[38] 李剑阁. 站在市场化改革前沿——吴敬琏教授从事经济研究50年研讨会论文集 [C]. 上海：上海远东出版社，2001.

[39] 刘世锦等. 政府职能转变的近期重点与远景展望 [J]. 经济学动态，2002（10）.

[40] 刘世锦，江小涓. 国有大中型企业改革的难点、实质与战略转变 [J]. 改革，1991（1）.

[41] 刘伟. 经济发展和改革历史性变化与增长方式根本转变 [J]. 经济研究，2006（1）.

[42] 李晓西. 农副产品购销体制面临新的突破 [J]. 红旗：内参卷，1984（4）.

[43] 李晓西，宋则. 从双轨制到市场化——经济体制改革总思路的调整 [J]. 财贸经济，1987（12）.

[44] 李晓西，王逸舟，樊纲，等. 市场化改革——深化改革战略选择 [N]. 世界经济导报，1987-11-30.

[45] 李晓西. 转轨经济笔记 [M]. 广州：广东经济出版社，2001.

[46] 厉以宁. 股份制与现代市场经济 [M]. 南京：江苏人民出版社，1994.

[47] 厉以宁. 计划体制改革中宏观经济与微观经济协调问题的探讨 [J]. 经济研究，1984（2）.

[48] 林毅夫，蔡昉，沈明高. 我国经济改革与发展战略抉择 [J]. 经济研究，1989（3）.

[49] 林毅夫. 制度、技术与农业发展 [M]. 上海：上海三联书店，1994.

[50] 卢中原. 未来 5～15 年中国经济社会发展的若干重大问题 [J]. 财贸经济，
    2005 (7).

[51] 马洪. 关于经济管理体制改革的几个问题 [J]. 经济研究，1981 (7).

[52] 马洪. 关于社会主义制度下我国商品经济的再探索 [J]. 经济研究，1984
    (12).

[53] 马洪. 建立社会主义市场经济新体制 [J]. 经济研究，1992 (11).

[54] 马凯. 计划经济体制向社会主义市场经济体制转轨 [M]. 北京：人民出版
    社，2002.

[55] 马立诚等. 交锋——当代中国三次思想解放实录 [M]. 北京：今日中国出
    版社，1998.

[56] 宋涛. 对社会主义计划经济几个理论问题的认识 [J]. 经济理论与经济管
    理，1982 (4).

[57] 苏星. 中国的计划经济与市场 [J]. 经济研究，1982 (8).

[58] 孙冶方. 要理直气壮地抓社会主义利润 [J]. 经济研究，1978 (9).

[59] 吴敬琏. 经济改革问题探索 [M]. 北京：中国展望出版社，1987.

[60] 吴敬琏. 中国经济体制改革面临的局势与选择 [J]. 管理世界，1988 (4).

[61] 吴敬琏，周叔莲，汪海波. 利润范畴和社会主义的企业管理 [J]. 经济研
    究，1978 (9).

[62] 吴敬琏，周小川. 中国经济改革的整体设计 [M]. 北京：中国展望出版
    社，1988.

[63] 魏礼群. 建立社会主义市场经济体制与加快计划工作改革 [J]. . 宏观经济管
    理，1992 (12).

[64] 王梦奎. 回顾和前瞻——走向市场经济的中国 [M]. 北京：中国经济出版
    社，2003.

[65] 王梦奎. 中国经济的回顾与展望 [J]. 中共党史研究，1992 (6).

[66] 卫兴华，孙咏梅. 2006 年理论经济学的若干热点问题 [J]. 经济学动态，
    2007 (3).

[67] 卫兴华，孙咏梅. 2007 年理论经济学的若干热点问题 [J]. 经济学动态，
    2008 (3).

[68] 卫兴华，孙咏梅. 2005 年理论经济学的若干热点问题 [J]. 经济学动态，
    2006 (4).

[69] 卫兴华，魏杰. 宏观调节手段的选择 [J]. 经济研究，1987 (4).

[70] 王珏. 发展混合经济有利于公有制经济的发展 [J]. 中国流通经济，2004 (4).

[71] 王琢. 社会主义政治经济学的新突破 [N]. 光明日报，1984-12-09.

[72] 王振之，乔荣章. 中国价格改革的回顾与展望 [M]. 北京：中国物资出版社，1988.

[73] 许涤新. 国民经济综合平衡和市场调节的问题 [J]. 财贸经济，1982 (2).

[74] 许涤新. 在国家计划指导下充分发挥市场调节的辅助作用 [J]. 世界经济增刊，1981 (4).

[75] 薛暮桥. 2003 中国经济年鉴 [R]. 北京：中国经济年鉴社，1983.

[76] 薛暮桥. 关于经济体制改革问题的探讨 [J]. 经济研究，1980 (6).

[77] 薛暮桥. 关于社会主义市场经济问题 [J]. 经济研究，1992 (10).

[78] 肖灼基. 当前商品经济需要着重研究的几个问题 [J]. 北京社会科学，1986 (3).

[79] 于光远. 关于社会主义经济的几个理论问题 [J]. 经济研究，1980 (12).

[80] 于光远. 社会主义初级阶段和社会主义初级阶段的生产关系 [J]. 经济研究，1987 (7).

[81] 于光远. 中国经济学向何处去 [M]. 北京：经济科学出版社，1997.

[82] 杨启先. 中国市场经济大思路 [M]. 北京：中国统计出版社，1993.

[83] 中共中央文献研究室. 三中全会以来重要文献选编 [G]. 北京：人民出版社，1982.

[84] 中共中央文献研究室. 十二大以来重要文献选编 [G]. 北京：人民出版社，1986.

[85] 中共中央文献研究室. 十六大以来重要文献选编 [G]. 北京：人民出版社，2005.

[86] 中共中央文献研究室. 十三大以来重要文献选编 [G]. 北京：人民出版社，1991.

[87] 中共中央文献研究室. 十四大以来重要文献选编 [G]. 北京：人民出版社，1996.

[88] 中共中央文献研究室. 十五大以来重要文献选编 [G]. 北京：人民出版社，2000.

[89] 张皓若. 辉煌的历程：中国改革开放二十年 [M]. 北京：中国商业出版

社，1998.

[90] 卓炯. 破除产品经济发展商品经济 [J]. 学术研究，1979 (4).

[91] 周其仁. 中国农村改革：国家与土地所有权关系的变化——一个经济制度变迁史的回顾 [J]. 中国社会科学季刊 (香港)，1995 (6).

[92] 张琦. 中国利用外资的新战略 [M]. 北京：经济科学出版社，2003.

[93] 周为民，卢中原. 效率优先、兼顾公平——通向繁荣的权衡 [J]. 经济研究，1986 (2).

[94] 张卓元. 社会主义经济中的价值、价格、成本和利润 [M]. 北京：中国社会科学出版社，1983.

[95] 张卓元. 中国改革开放经验的经济学思考 [M]. 北京：经济管理出版社，2000.

[96] 张卓元. 中国经济体制改革的总体回顾与展望 [J]. 经济研究，1998 (3).

Ⅱ．

政府管理体制改革 30 年理论回顾

1978 年以来，为适应经济体制改革的深入展开，围绕政府职能转变，中国政府推行了政企分开、行政审批制度创新、政府机构改革、行政法制建设以及科学民主决策机制建设等一系列改革，实现了政府行政管理体制的重大转变。这一系列改革使政府管理呈现出新的面貌，有力地推动了社会主义市场经济发展的进程。

理论是实践的先导。本专题分三个阶段对政府管理体制改革 30 年的理论发展进行回顾：1978—1992 年为政府管理体制改革理论的初步探讨阶段，1993—2002 年为政府管理体制改革理论的纵深发展阶段，2003—2007 年为政府管理体制改革理论的创新发展阶段。

>>一、1978—1992 年：政府管理体制改革理论的初步探讨<<

本阶段的政府管理体制改革主要是从政府机构的"简政放权"开始。精简政府机构，放开部分政府权力，提高政府工作效率。随之推行"政企职责分开"，以国家对企业的"放权让利"为起点，使企业初步具有为市场进行计划外生产的自主权和追求自身利益的动力与活力，从而逐步打破了国家计划一统天下的局面。这样，以中央政府放权让利为发端的经济体制改革，逐步冲破高度集权的计划经济体制的束缚而朝着市场取向发展。[①] 与之相应，政府职能发生了巨大的变化。十一届三中全会之前，我国政府职能的特点之一是重政治统治；此后，党和国家的工作重点转移，政府职能从政治统治为主向经济与社会管理为

---

① 张素芳：《论市场化进程中的政府改革》，载《江汉论坛》，2007（6）。

主转变。① 与此同时，为解决改革所带来的一些问题，在处理计划与市场的关系上出现了理论"大论战"。一派观点认为：改革中出现的问题，是由于选择了"市场取向"、"削弱计划经济"。既然问题归因于"市场取向"，出路就只能是"计划取向"，要收回政府对企业的管辖权、物资调配权、投资权和财权等。另一派观点认为改革中出现问题的根源，或者在于改革偏离了市场方向，或者在于市场取向的改革进行得过于迟缓，从而造成体制失灵，出现通货膨胀、分配不公等问题，出路还在于坚持市场取向的改革。② 政府宏观调控体系的框架在论战中基本形成。

（一）对政府机构改革的探讨

1. 政府机构改革的重要性

政府机构改革既是政府管理体制改革的重要组成部分，也是每一轮政府管理体制改革开始的标志。改革开放初期，党政不分、司法与行政不分、政治与政务人员不分、行政管理人员与专业技术人员不分，一个领导者往往可以决定和支配其领导部门中和其管辖范围内人民群众的几乎一切事情。这就必然造成人治而非法治，各种官僚主义、压制民主和管理的种种弊端就不可避免地会出现。③

针对改革初期政府机构中的问题，早在 1977 年，邓小平就一针见血地指出："现在一提要解决什么问题，就要增加机构，增加人，这不行。"④ 后来他又说："我们的经济管理工作，机构臃肿，层次重叠，手续繁杂，效率极低。"⑤ 1980 年8 月，在中央讨论党和国家领导制度的改革时邓小平同志再次指出："一种长期存在的、复杂的历史现象。我们现在的官僚主义现象，……它同我们长期认为社会主义制度和计划管理制度必须对经济、政治、文化、社会都实行中央高度集权的管理体制有密切关系。我们的各级领导机关，都管了很多不该管、管不好、管不了的事，这些事只要有一定的规章，放在下面，放在企业、事业、社会单位，让他们真正按民主集中制自行处理，本来可以很好办，但是统统拿到党政领导机关、拿到中央部门来，就很难办。谁也没有这样的神通，能够办这么繁重而生疏

---

① 钱振明：《我国政府职能转变的历史轨迹及其理论思考》，载《华东师范大学学报（哲学社会科学版）》，1995（4）。

② 吴敬琏：《市场经济的培育和运作》，1 版，74 页，北京，中国发展出版社，1993。

③ 杨百揆：《论我国政府机构改革》，载《领导之友》，1988（1）。

④ 邓小平：《邓小平文选》，第 2 卷，76 页，北京，人民出版社，1993。

⑤ 同上书，150 页。

的事情。这可以说是目前我们所特有的官僚主义的一个总病根。"① 邓小平从当时现实情况出发，以雄辩的事实向人们揭示了政府机构中存在的问题和可能产生的后果，深刻而又全面地分析了政府机构改革的必要性和迫切性。

从 1977 年到 1981 年，尽管邓小平几乎年年讲政府管理体制方面的问题，但机构与人员膨胀的势头，依然如故。这说明，当旧体制还有广泛的社会基础、其弊端还不被大多数人所认识时，要改变这种现状绝非易事，政府的自我扩张倾向难以得到遏制。只有当改革开放的政策因旧体制的阻滞而难以发挥其本来效力、以至于影响到现代化的进程时，把体制改革提上议事日程，才能得到更广泛的支持。② 1982 年 1 月，邓小平在中共中央政治局讨论中央机构精简问题会议上发表重要讲话，启动了政府机构改革，他强调指出："精简机构是一场革命。……这不是对人的革命，而是对体制的革命。这场革命不搞，让老人、病人挡住比较年轻、有干劲、有能力的人的路，不只是四个现代化没有希望，甚至于要涉及亡党亡国的问题，可能要亡党亡国。"③

2. 政府机构改革的实质

随着经济体制改革的深入发展和政治体制改革的逐步展开，改革政府工作机构，克服官僚主义，提高行政效率，成为我国政治生活中必须认真解决的一个重要课题。④ 1982 年政府机构改革后，由于行政系统的功能和结构并没有得到根本的变革，行政改革所取得的成果也未能巩固下来。相反，在行政改革结束后，又出现了机构膨胀、人员猛增的势头，政府行为方式也一如其旧。⑤ 党的十三大报告中指出，"应该看到，政府机构庞大臃肿，层次过多，职责不清，互相扯皮，也是形成官僚主义的重要原因。因此，必须下决心对政府工作机构自上而下地进行改革。"⑥

在对我国政府机构的现象分析基础上，学术界开始关注政府机构改革的实质研究。有学者提出"职能缩小论"，认为尽管我们自新中国成立以来 30 多年中，曾经多次努力实行精兵简政，下放权力，但均未收到实效。机构反而越来越庞大，人员反而越来越增多。原因之一，就是在于没有缩小政府职能和相应地扩大

① 邓小平：《邓小平文选》，第 2 卷，287～288 页，北京，人民出版社，1993。
② 汪玉凯：《中国行政体制改革 20 年的回顾与思考》，载《中国行政管理》，1998（12）。
③ 邓小平：《邓小平文选》，第 2 卷，397 页，北京，人民出版社，1993。
④ 曹文光：《对政府机构改革若干问题的理解》，载《中国高等教育》，1988（3）。
⑤ 任晓：《中国行政改革的动力与进程（1982—1988）》，载《政治学研究》，1989（6）。
⑥《中国共产党第十三次全国代表大会文件汇编》，23 页，北京，人民出版社，1987。

社会功能。其他社会主义国家在这方面的实践也从正反两方面证明，凡是扩大了社会自治功能，调整政府有关职能的，政府机构就能够得到精简；而满足于从中央到地方权利下放的，政府机构只会更加臃肿，而不能切实得到精简。[①]

还有学者提出"全面改革论"。夏书章指出，政府机构改革实际上应是全面的行政改革。因为通过机构改革带动起来的，不仅是精简机构问题，还有工作方法、程序、作风、领导干部方面的问题，以及人的精神状态问题等。因此，全面的机构改革关系到如何搞好现代化建设事业的问题。现在条件成熟，势在必行，不能拖延。不仅要解决为什么改的问题，还要解决改什么、怎样改的问题，而不是为改而改。机构改革关系重大，所以中央表示，只许前进，不许后退；只许成功，不许失败。机构改革并不简单，牵扯到很多问题，在某种意义上讲是一场革命。[②]

3. 政府机构改革的方向

怎样进行政府机构改革？政府机构改革的方向是什么？学术界有着不同观点。

有的学者从行政组织自身分析。夏书章认为机构改革要解决好四个方面的问题：第一，行政组织的设置不能盲目和随意，要在确定其具有目的性、必要性和适应性后再进行设置；第二，在人事管理问题上，对待干部的选拔不能只依靠考试、选举、推荐、指派这些单一的方法，对待干部年轻化的问题上不能仅谈年轻化，还要结合革命化、知识化、专业化等问题来看，对待"副职"的问题上，认为"副职过多于事业不利"，应该减少副职；第三，工作方法一定要正确，这样才能事半功倍；第四，在机关管理的问题上，应该在精简机构的前提下，加强智力机构，从而帮助权力机构更好地用权，更好地对机构进行管理。[③]

有的学者从机构改革与其他改革的联动效应分析。首先，要根据经济体制、科技体制、教育体制改革后，政府职能和管理方式的需要进行机构改革；其次，要根据现代化建设现状和未来发展的需要进行机构改革；最后，要根据行政管理科学化、服务化、现代化的需要进行机构改革。在改革过程中对不同种类的政府机构采取不同的方式进行改革：为实施统一的宏观调控，对政府经济部门中业务联系密切的部门，合并成"大部"或"大委员会"；宏观调控协调和经济监督部门要充实和扩大；在改变投资体制、物资管理体制、劳动管理体制后，有关部门

① 姚爱玉：《试论小政府与大社会——从海南改革设想得到的一点启发》，载《党政论坛》，1988（9）。
②③ 夏书章：《机构改革与行政学、行政法学的研究》，载《政治与法律》，1983（1）。

要转轨或重建；裁减非专业机构和人员，充实专业管理人员；加强法制机构，以加强行政立法和保证各行政部门的活动符合法律；加强信息、研究和咨询机构；加强审计机构，提高审计部门的法律地位，扩大各级审计部门权限。①

还有学者从政府机构的社会管理职能分析。政府机构改革，一是要"下放权力"，其实质在于国家"还权与社会"，就是将违反国家社会管理职能的一般规律、突破无产阶级专政国家经济管理职权范围而超限行使的权力，逐渐归还给劳动者及其所在企业、事业和社会单位，同时逐步撤销为行使行政权力而设置的那些管理职能部门或行政性公司；二是要"裁减编制"，其实质在于"复原社会劳动力"。机构臃肿、人浮于事、官僚主义、没有效率的直接后果之一，就是消磨了一大批干部的意志，消耗了大批社会劳动力，裁减编制后，这些被裁减的干部可以到企事业、基层和经济实体就业，有的甚至离职回乡创办自己的实业。②

4. 政府机构改革的效果

1982 年和 1988 年两次政府机构改革后，基于对现实的调查和研究，学术界对改革的成效进行了讨论。

（1）成效的肯定。

1982 年的政府机构改革是建国以来规模较大、目的性较强的一次改革。这次机构改革不仅以精兵简政为原则，而且注意到了经济体制改革进一步发展可能对政府机构设置提出的新要求，为改革的深化提供了有利条件。政府较大幅度地撤并了经济管理部门，并将一些条件成熟的单位改革成了经济组织，在一定程度上解决了机构臃肿、人浮于事、效率低下等问题。③ 毛寿龙认为，1982 年政府机构改革与改革开放前的精简机构不同，把调整领导班子，实现干部队伍的"四化"放在首要任务，取得较显著效果；对经济管理机构的职责和业务范围，做了一定的划分；机构和员工做了一定的紧缩和"消肿"。这些改革在大大提高政府工作组织效率的同时，还使后来的改革实际上增加了很多政治发展的意味。④

与 1982 年的改革相比，1988 年的政府机构改革一开始就与政府职能转变联系起来，目标是理顺关系、转变职能、精简机构、提高效率，并着手建立公务员

---

① 杨百揆：《论我国政府机构改革》，载《领导之友》，1988（1）。
② 吴越：《社会管理职能与政府机构改革》，载《青海社会科学》，1988（4）。
③ 高小平、沈荣华：《推进行政管理体制改革：回顾总结与前瞻思路》，载《中国行政管理》，2006（1）。
④ 毛寿龙：《中国政府体制改革的过去与未来》，载《江苏行政学院学报》，2004（2）。

制度。[①] 1988 年政府机构改革还第一次明确提出，"以转变政府管理职能为关键。按照政企分开的原则，把直接管理企业的职能转移出去，把直接管钱、管物的职能放下去，把决策、咨询、调节、监督和信息等职能加强起来，使政府对企业由直接管理为主转到间接管理为主。"[②] 在谈到此次机构改革时，乔耀章认为，这次机构改革按照转变职能的方向和原则，本着加强综合管理与宏观调控，减少直接管理与部门管理原则，着重对国务院的专业经济部门和综合部门中专业机构进行了适当的调整合并，为建立一个适应经济体制和政治体制改革要求的行政管理体系打下了基础。[③] 毛寿龙则认为，这次改革的特色是认识到了计划经济下政府机构改革的困难，开始适应市场经济建设需要来设计和实施政府机构改革。[④] 宋平指出，这次政府机构改革除了近期目标——提高行政效率，适应政治、经济发展需要——之外，还提出改革的长远目标是要建立一个符合现代化管理要求，具有中国特色的功能齐全、结构合理、运转协调、灵活高效的行政管理体系。[⑤] 因此，这次政府机构改革的视野是开阔的，不仅按照政府自身的规律，还照顾到国情，更重要的是改革的目标不再是仅仅停留在机构数量的层面上，明确提出了"功能齐全、结构合理"，而且也注意到了远近目标的结合。

（2）存在的不足。

在肯定成绩的同时，也有学者指出了 1982 年政府机构改革存在的不足。林汉川认为，政企依然没有分开，政府经济管理机构对微观企业仍然管得多、管得死；而该管的宏观却没有管住；各级经济管理机构层次仍然太多，机构重叠、职责不分、互相扯皮、互相掣肘、官僚主义现象仍然存在；一个行业分属多个部门管理，无法统一规划；条块分割、地区封锁仍然严重，割断了企业间的经济联系；政府经济管理仍然以行政手段为主，经济手段和法律手段还不健全。产生这些弊病的原因在于当时我国的经济运行体制没有从根本上变革，市场机制还没有充分发挥作用，政府管理机构的职能、工作方式和方法没有转变。因此，1982

---

① 高小平、沈荣华：《推进行政管理体制改革：回顾总结与前瞻思路》，载《中国行政管理》，2006（1）。

② 宋平：《关于国务院机构改革方案的说明》，见：《中华人民共和国政府机构改革五十年》，483 页，北京，党建读物出版社，2000。

③ 乔耀章：《政府行政改革与现代政府制度——1978 年以来我国政府行政改革的回顾与展望》，载《管理世界》，2003（2）。

④ 毛寿龙：《中国政府体制改革的过去与未来》，载《江苏行政学院学报》，2004（2）。

⑤ 宋平：《关于国务院机构改革方案的说明》，见：《中华人民共和国政府机构改革五十年》，484～485 页，北京，党建读物出版社，2000。

年的改革虽然撤销了一些部委，但由于旧的经济管理体制仍在发挥作用，结果没有几年，机构又膨胀起来了。① 谢庆奎也指出："由于这次改革是在经济体制改革尚未全面展开的情况下进行的，政未简，权未放，政企职责未分，政府管理职能未转变，为时不久，机构、人员又重新膨胀起来。"②

1988 年政府机构改革后，很多学者注意到了政府机构改革中"精简——膨胀——再精简——再膨胀"的怪圈。这一问题的成因在于，高度集权的政治体制和高度集中的计划经济体制从根本上制约了机构的精简。在高度集权的政治体制下，行政权力都集中在中央和上级政府手中，事无巨细都要管，而地方和下级政府自主权很小，大事小事都得请示，因而没有庞大的机构和众多的人员，政府这架"机器"就无法运转。在高度集中的计划经济体制下，要求按产业或产品设置政府部门，从而实现对企业的微观管理和直接控制，这样，分工必然很细，部门林立。而且，随着经济发展和科技进步，新产业、新产品不断涌现，相应的政府管理机构也必然日益增多。③

（二）对政府职能转变的认识

"转变职能"的概念是在 1986 年进行的中等城市机构改革试点过程中总结和概括出来的。1987 年召开的党的十三大明确提出，要把转变职能作为政府机构改革的关键，1988 年开始的政府机构改革首次把转变政府职能纳入政府机构改革中，而且提出"以转变政府管理职能为关键"推进政府机构改革。1992 年 10 月召开的党的十四大首次明确把建立社会主义市场经济体制作为经济体制改革的目标，并把转变政府职能作为建立社会主义市场经济体制的四大任务之一，同时规定：政府的经济管理职能主要是"统筹规划，掌握政策，信息引导，组织协调，提供服务和检查监督。"④

1. 政府职能的界定

长期以来，政府职能一直是国内外学术界探讨的一个重要问题。美国学者布坎南对政府职能进行了分层：第一，执行现行法律的那些行动；第二，包括现行

① 林汉川：《我国政府经济管理机构改革的回顾与思考》，载《改革与战略》，1988（2）。
② 谢庆奎：《中国行政机构改革的回顾与展望——兼论行政机构改革的长期性》，载《学习与探索》，1997（6）。
③ 张安庆：《政府机构改革漫议》，载《武汉大学学报（哲学社会科学版）》，1994（3）。
④ 中共中央文献研究室编：《十四大以来重要文献选编》，上册，28 页，北京，人民出版社，1996。

法律范围内的集体活动的那些活动；第三，包括改变法律本身和现行成套法律规定的那些活动。①

邓小平对我国政府职能提出了一些新观点。一是强调党政分开。鉴于过去我国在政府职能方面存在的党政不分、以党代政给经济社会发展带来的种种弊端，邓小平明确指出："要通过改革，处理好党和政府的关系。党的领导是不能动摇的，但党要善于领导，党政需要分开，这个问题要提上议事日程。"② 他认为，党的领导主要是政治上的领导，保证正确的政治方向，保证党的路线、方针、政策的贯彻，调动各方面的积极性。政府则独立负责地处理其职责范围内的问题，要"真正建立从国务院到地方各级政府从上到下的强有力的工作系统。今后凡属政府职权范围内的工作，都由国务院和地方各级政府讨论、决定和发布文件，不再由党中央和地方各级党委发指示、作决定"。③ 二是强化经济管理职能。鉴于过去政府过多地强调了政治统治的职能，忽视了政府的经济社会管理职能给经济社会发展带来的巨大破坏，邓小平认为，政府的根本职责"主要是必须把经济建设搞好"。④ 十一届三中全会以后，邓小平果敢地纠正了政府的"以阶级斗争为纲"的错误路线，做出了党和政府应该"以经济建设为中心"的重大决策，这就为从根本上实现政府职能结构的重大调整提供了政治保障。⑤

在国内学术界，对政府职能的界定有不同的表述，大致可归结为以下两种。

一是"能力论"，认为政府职能体现的是能力和作用的总和，具体包括如下方面。①控制：控制社会发展的进程和总的方向。②协调：主要协调社会、经济、文化、法律发展过程中的各种矛盾和关系，以利于社会各方面平稳地向前发展。③引导：引导社会发展方向，对外部激发的和内部滋生的各种动力加以规范、引导，使其朝着政府追求的现代化方向发展。④推动：推动各种可利用的人力、物力、财力及政府的社会、经济、文化等手段，以促进社会发展。⑤服务：除了权力自上而下的运作外，政府还要提供服务，为社会每一部门和方面的发展创造条件。⑥平衡：现代化过程中尤其易于出现社会不稳定，政府要平衡各种倾斜，以免发生影响社会发展的社会动荡。⑥

① ［美］詹姆斯·M·布坎南：《自由、市场和国家——80 年代的政治经济学》，244 页，上海，上海三联书店，1989。
② 邓小平：《邓小平文选》，第 3 卷，177 页，北京，人民出版社，1993。
③ 邓小平：《邓小平文选》，第 2 卷，339 页，北京，人民出版社，1993。
④ 同上书，240～241 页。
⑤ 周庆国：《论邓小平的政府职能理论》，载《北京行政学院学报》，2003（6）。
⑥ 王沪宁：《深化改革进程中的政府行为——访王沪宁教授》，载《社会主义研究》，1989（6）。

二是"职责论"，认为政府职能体现的是职责和功能，具体包括以下方面。①指导职能：主要是方针政策、发展规划、科学规律的指导。②管理职能：主要是通过经济杠杆、法律手段以及必要的行政手段来管理，其中以经济杠杆为主。运用经济杠杆来管理，实际是运用经济规律来管理。③服务功能：主要是政府应当为发展生产服务，为基层和企业服务，为人民的富裕和国家的富强服务。社会主义企业向政府上缴 50％以上的利润，政府理应为自己国家的企业提供多种形式的服务，为生产的发展提供各种方便条件。④协调职能：主要是协调政府部门之间、政府与企业之间、中央与地方之间、国民经济各部门之间的矛盾，达到综合平衡，协调发展。⑤监督职能：监督政府各部门执行国家法律和政策。⑥保卫职能：保卫公民的合法权利与安全，保卫国家的独立与主权，反对侵略战争，维护世界和平。①

虽然学者们对政府职能的表述不尽相同，但基本内涵却大体一致，政府职能实际是指政府要履行的职责和义务，是指从事各种有益于国家和国民的活动，或者是指服务的范围。②

2. 政府职能转变的理论依据和主要内容

改革开放以来，高度集权的政府管理体制日益成为发展社会主义商品经济和推进经济体制改革的严重障碍。因此，转变管理职能，改革管理方式，破旧立新，转轨变型，已是迫在眉睫。③ 改革政府管理体制的关键，是在科学的理论指导下转变政府职能，因为政府职能决定了政府的管理内容、管理方式和机构设置。世界各国的政府管理发展实践证明，政府职能不能一成不变，必须根据形势和任务的变化而变化。

学术界总结了我国政府职能转变的三条理论依据。第一，政府管理内容和方式必须适应商品经济的特点，从直接管理转变为间接管理，把企业的生产经营权还给企业，使企业能独立自主地在市场竞争中不断增强活力，加快整个经济的发展。第二，为实现经济和社会事务管理"民主化"的需要，必须扩大企业、地方的自主权，并把政府管理的部分事务转给社会组织管理，充分发挥人民群众和各种社会力量的作用，使人民群众越来越多地参与国家事务的管理与监督。第三，政府的行政管理必须符合行政管理科学的理论原则。原有的政府统管一切的体制

---

① 谭健：《政府职能的理论必须发展》，载《政治学研究》，1985（1）。

② 陈东琪、王冬梅：《政府职能转变与政府体制创新》，载《福建论坛》，2000（11）。

③ 刘怡昌：《实行政府管理职能转变适应经济体制改革需要——全国政府职能理论讨论会部分代表发言要点》，载《科学社会主义》，1986（7）。

在很多方面违反了管理科学的原理，政府的职能只有按照管理科学的理论原则进行转变，才能把经济和各项社会事业管好，保证完成现代化建设的总任务。①

在转变政府职能的理论依据下，政府职能转变的主要内容包括以下几点。第一，职能的完善和发展。所谓完善，是指对职能的"拾遗补阙"。那些本应得到履行的职能，由于各种原因被"遗漏"了，应当及时把它"拾"起来。第二，职能重点的转移。由于社会基本矛盾的运动，科技、经济和社会的发展，政府职能的重点会在一定时期内发生变化。第三，职能的重新综合与分解。行政职能具有整体性、可分性的特点。第四，职能行使方式的转变。随着改革的深入，政府对企业的管理必须从直接管理、微观管理，转变到以间接管理、宏观调控为主的方式上来。②

3. "小政府、大社会"与"小政府、大市场"

对于政府职能转变的目标，学术界主要有两种不同的认识，一种是"小政府、大社会"，另一种是"小政府、大市场"。

"小政府、大社会"最早是对海南省行政体制改革的新设想。这里的"小政府"指在分解原有体制下政府职能的基础上，把政府原有的大量微观职能（主要是微观经济职能）交还给社会，政府集中精力专门办理那些对全社会来说非常重要，而其他社团组织或个人没有能力办的事，成为引导、协调和监督社会经济运行的中心和枢纽。这里的"大社会"指在缩小政府职能、调整政府机构、精简政府人员的同时，充分扩大社会组织的自我管理功能，把旧体制下政府包办代替的大量微观社会经济事务交还给社会的其他组织、其他人来办，实现小政府宏观引导、协调和监督下的社会自我管理。简言之，"小政府，大社会"的实质就是转换政府管理方式，使旧体制下政府对社会事务的直接、全面管理变为宏观协调、指导和监督管理。③

"小政府、大市场"观点以厉以宁等为代表。这里的"小政府"指一个精干的、高效率的政府。政府不用去管理企业、干预企业的生产经营，也不用具体安排一般产品（包括生产资料和消费品）的供求，在"市场调节经济"、"政府管理市场"的新体制中，政府机构不会很多，但政府工作却可以有条不紊进行。这里的"大市场"指一个完整的市场体系，包括商品市场、资金市场、劳务市场、技

---

① 谭健：《实行政府管理职能转变适应经济体制改革需要——全国政府职能理论讨论会部分代表发言要点》，载《科学社会主义》，1986（7）。
② 邹伟：《政府职能的科学表述》，载《中国行政管理》，1995（6）。
③ 王耀斌、李建功：《小政府大社会——新体制简介》，载《乡镇论坛》，1989（12）。

术市场等。"大市场"的含义不在于市场已经完善到可以使经济处于完全竞争状态的程度，而在于一切可以由市场来进行调节的供求关系由市场来承担，政府只是作为第二次调节者起作用。"小政府"与"大市场"的关系是统一的。没有"大市场"，就不可能有"小政府"；反之，没有"小政府"，也就不可能有"大市场"。①

厉以宁还进一步指出"大社会"的概念是模糊的："'大社会'指什么呢？如果把'大社会'理解为'大市场'，即一个完整的市场体系，那就不如干脆换成'大市场'。如果'大社会'不是指'大市场'，而是比'大市场'的含义更广泛，例如把一切企业、个人、社会团体全包括在内了，或把所有的非营利组织也包括在内，那就会显得混乱不堪。"②

（三）对政府宏观调控基本框架的讨论

我国搞市场经济为什么还需要建立宏观调控体系？因为市场不是万能的。吴敬琏指出，在市场经济条件下会出现市场失灵的情况，因而需要宏观调控。这主要表现为四种情况。第一，总量管理。国民经济最重要的总量有三个：财政收支总量、货币收支总量、外汇收支总量。要保证市场经济的正常运行，这三个总量一定要稳定。总量管理靠市场是不行的，需要国家行政机关来管。第二，外部性。当企业效益跟社会效益不一致时，即出现外部正效益或者外部负效益时，市场就管不了了，这就要政府来管。第三，社会目标及其实现。有些社会目标，市场无能为力。如市场不管分配平等不平等，只管等价交换。因此，政府要用福利政策、税收政策等许多办法使得收入比较平等。第四，加速经济发展。发展中国家原有的落后经济格局使其难以发挥一些潜在优势，仅靠市场本身是解决不了这一问题的，需要政府出面实施产业政策，把幼稚产业扶上马，发展起来后再开展竞争。在这些方面，国家宏观调控可以发挥大作用。③

1. 政府宏观调控的内涵

对政府宏观调控的内涵，学术界主要有四种论点："职能论"、"国家计划论"、"间接控制论"和"两分论"。

"职能论"认为，宏观调控作为一种组织管理经济的职能或手段，主要是控

---

① 厉以宁：《市场调节经济，政府管理市场》，载《经济研究》，1992（11）。
② 厉以宁：《是"小政府，大市场"，还是"小政府，大社会"？——向社会主义市场经济转轨中一个有待探讨的问题》，载《经济导刊》，1993（1）。
③ 吴敬琏：《切实转变政府职能，建立有效的宏观调控体系》，载《新视野》，1994（1）。

制经济总量，协调社会总需求与总供给，并逐步完善各种经济手段和法律手段，辅之以必要的行政手段，来调节经济的运行，使企业的微观经济活动能够更好地符合宏观经济发展的要求，从而保证各种经济活动沿着健康轨道运行。①

"国家计划论"认为，宏观调控就是国家有计划地运用或通过社会主义商品经济的市场机制调节社会经济活动的过程。②

"间接控制论"认为，宏观调控是国家通过市场对企业实行间接控制，是计划机制、市场机制和企业机制的有机结合，是国家对于社会主义基本经济规律、有计划按比例发展规律、按劳分配规律的自觉的综合运用。③

"两分论"认为，宏观调控有狭义和广义之分。狭义宏观调控是指在既定的供给能力下，国家采取调节总需求的政策，不仅消极地适应供给现状，而且积极地刺激现有供给能力的充分发挥，使实际的总需求与总供给达到社会所期望的均衡水平。仅限于狭义宏观控制是不够的，社会主义经济有必要也有可能实行广义的宏观调控，它以实现长期发展战略目标和中长期计划为目的，体现了社会主义经济的计划性。首先，它是需求管理与供给管理的配合实施。其次，它不仅仅只是总量控制，还可以实施经济参数（价格、利率、税率等）调节的控制手段。最后，它不一概排斥国家对某些微观经济决策间接的甚至直接的干预。④

2. 政府宏观调控的目标

这一阶段，学者们认为选择正确的宏观调控目标需要考虑以下三点。首先，我国处于社会主义初级阶段的基本特点。从这些特点中引申出我国宏观调控必须解决的重大矛盾，作为选择宏观调控目标的基本出发点。其次，社会主义经济的本质特征。我国社会主义经济是有计划的商品经济。宏观经济调控的目标既要体现计划经济、有计划按比例发展规律、计划调节的要求，又要反映商品经济、价值规律、市场调节的要求，并把它们有机地结合起来。最后，宏观调控目标的选择，要同解决经济发展和体制改革的实践结合起来，使改革能促进经济发展。⑤对宏观调控的具体目标，学术界主要有"三大层次论"和"三大目标论"。

"三大层次论"是指宏观调控的具体目标可以分为三个层次。第一层是发展目标。主要指一定时期经济发展的战略意图和总体结构。第二层是价值总量控制

---

① 纪谷、胡退：《社会主义经济运行与宏观控制》，载《中共浙江省委党校学报》，1986（4）。
② 林子力：《论社会主义经济的宏观控制》，载《光明日报》，1986-03-08。
③ 李成瑞：《关于宏观经济管理的若干问题》，载《财贸经济》，1986（11）。
④ 金碚：《试论宏观经济体制》，载《经济纵横》，1986（4）。
⑤ 王积业：《我国现阶段宏观经济管理问题》，载《财经问题研究》，1987（1）。

目标。它既包括社会总供求之间及其主要构成之间的平衡，又包括保持物价总水平的基本稳定。第三层是宏观管理环节和部门的变动控制。主要包括税收、信贷、工资、外汇和国际收支的调节和控制。在这里，第二层目标不仅是为了保持社会经济的平稳，更主要是为实现发展战略目标创造相应的经济环境和条件，而第三层目标则又是为实现第二层目标服务的，三个层次目标之间有着有机联系。①

"三大目标论"是指宏观调控主要应确立三大目标。一是实现宏观总量平衡。主要是指社会总供求的平衡，在这种总量平衡中，最重要的是国民收入分配，它决定着国民经济的发展速度和三次产业的比例关系。二是实现宏观结构平衡。主要是指建立合理的产业结构，使国民经济各部门之间保持恰当的比例关系。三是实现资源的最佳配置。在利用市场机制的条件下，各企业以本单位利益为原则进行的决策，有时很难实现整个社会资源的最佳配置。国家为了保证宏观总量平衡，必须对一些重大经济活动进行干预，采取一定的行政手段直接控制企业的微观活动，从而确保宏观结构的平衡和资源的有效利用。②

3. 政府宏观调控的手段

对于这个问题，国内学者的看法大致相同，认为主要包括行政手段、经济手段和法律手段等，但强调的重点不尽相同。

有的学者强调从直接调控向间接调控转换。间接调控手段最主要的就是财政和金融手段。财政手段的运用包括平衡的财政收支政策、赤字的财政收支政策和有盈余的财政收支政策，这要根据各个时期的具体情况做出合理安排。金融手段主要包括三个方面：一是运用好利率杠杆，二是存款准备金制度和贴现率、再贴现率，三是银行在资金市场里的活动。③

有的学者强调宏观调控的手段包括以下方面。①抓住资金投入总闸门。包括货币发行、银行信贷、财政预算等，防止出现货币超量发行。②守住两道防线。即固定资产基建投资增长和消费基金增长的规模与速度，防止社会总需求膨胀。③充分运用各种经济杠杆，在微观搞活中与宏观控制密切配合。④加强经济管理人才的培养和配套。④

有的学者强调由直接调控向间接调控转换中，必要的行政手段不可缺少。在

① 胡厚钧：《社会主义宏观经济管理的结构和机制》，载《经济纵横》，1987（4）。
② 常修泽、柳欣：《试论宏观控制的三大目标》，载《南开经济研究季刊》，1986（1）。
③ 戴园晨：《宏观经济间接管理的几个问题》，载《中国经济问题》，1986（2）。
④ 张炳申：《新体制下宏观控制的目标结构和手段》，载《经济问题》，1986（4）。

新旧体制转换过程中，计划工作不仅不应放松，而且应该加强，这样不仅能给市场机制留下充分余地，而且可以弥补市场力量的不足和防止市场机制的消极后果。因此，在学会用价格、税率、利率等经济参数调节经济活动的同时，不能放弃必要的行政手段。[①]

>>二、1993—2002 年：政府管理体制 改革理论的纵深发展<<

与前一阶段相比，本阶段政府管理体制改革加大了力度且取得了显著成效。一是政府不再直接管理企业，企业成为市场主体。政府职能转变立足于全面突破计划经济的樊篱，中心内容是"政企分开"，即政府管理职能与企业经营职能分开，政府管理从微观转向宏观；由政府直接指挥企业生产经营转向间接管理；由政府只管部门所属企业转向全行业管理；由对社会的管治为主转向既实施管治又监督服务；由政府机关办社会转向机关后勤服务社会化。[②] 二是减少行政审批事项，转变工作方式。国务院机构改革中，通过"三定"重新规定了各部门的职责权限，取消了一大批行政审批事项，把属于企业和社会中介组织的职能交给了企业和社会中介组织。三是合理划分职责权限，理顺上下左右关系。通过明确界定政府各部门的职责分工，理顺相互关系，避免职责交叉，完善了运行机制和办事程序，提高了行政效率。

（一）对行政管理体制改革地位和目标的认识————————

1. "适应论" 和 "内动力论"

对行政管理体制改革在改革战略中的地位，学术界有不同的认识。

一种观点认为行政改革处于经济与政治改革的"结合部"，行政改革是为了解决经济改革与政治改革两者的"落差"而进行的，这被称为"适应论"或"行政生态论"。[③] 持这种观点的学者认为行政管理体制改革是一种适应性改革，基本方向就是适应经济体制改革和经济社会发展的需要，改革政府内外部有碍经济体制改革进一步深化，尤其是有碍国有企业转换经营机制的弊端。"正是为了适

---

① 刘国光等：《经济体制改革与宏观经济管理——"宏观经济管理国际研讨会"综述》，载《经济研究》，1985（12）。

② 郭济：《中国行政改革的现状和趋势》，载《中国行政管理》，2000（9）。

③ 郭济：《中国行政改革的现状和趋势》，载《中国行政管理》，2000（9）。

应经济改革的要求，才把行政改革作为一个相对独立的改革领域提上了日程。也就是说，中国的行政改革，不是主动根据政府行政管理的基本规律，从行政管理的特点出发加以设计和推进的，而是以经济改革的理论和经济改革的要求来推动的。"① 因此，行政体制虽然需要政府自身去完成，但不是政府的自我革命，行政体制改革并非由政府自身发动。②

党的十四大提出了建立社会主义市场经济体制的目标，在明确了经济体制改革方向的同时，也为行政体制改革确立了一个较高的起点，即改革是对社会主义市场经济体制的适应。有学者认为"行政体制改革处于政治体制改革与经济体制改革结合部的位置，这就是我们在研究企业改革时，必然要研究下放权力、政企分开、转变职能等问题，在研究行政机构改革时，也必然要研究转变职能、政企分开、下放权力等问题的原因"。③ 1998 年政府机构改革的核心内容，就是顺应市场经济发展的需要，解决各类国有企业改革的"瓶颈"问题，把国有企业的行业管理权、资产管理权和人事管理权分别划归不同部门，理顺政企关系，调整政府内部结构，转变政府职能。

与"适应论"相对应，还有一种观点认为只有从政府内在、客观的改革要求去理解行政改革，才能避免"适应论"带来的政府缺乏自我动力和自我激励机制的不足，找到"自我革命"的动力，这被称为"内动力论"。④ 持这种观点的学者认为行政体制改革应摆脱对经济体制改革的"刺激——回应"的逻辑局限性，推行自我革新和主导型的行政体制改革。改革开放以来，行政系统一直在进行着适应性的变革，每次行政体制改革的任务都是由经济体制改革深入后提出的；而经济体制改革过程中每一次认识上的深化，也同样成为新一轮行政体制改革的起点。⑤ 集中表现在上阶段 1982 年、1988 年和本阶段 1993 年、1998 年四次大规模的政府机构改革，行政系统的角色无形中被定位为社会经济的"消防员"和"稳定器"，行政体制改革成为亦步亦趋的应景式的调整，从而在事实上忽视了行政体制改革对于社会经济发展的反作用。⑥

现代化理论的研究表明，后发国家的现代化有两个普遍特点：一是政治行政

---

① 郭宝平：《行政改革理论和实践的特点与误区》，载《中国行政管理》，1999（1）。
② 张国庆：《当代中国行政管理体制改革》，1 版，56 页，长春，吉林大学出版社，1994。
③ 鲍静：《中国行政体制改革的回顾与展望——访中央机构编制委员会办公室副主任顾家麒同志》，载《中国行政管理》，1996（4）。
④ 郭济：《中国行政改革的现状和趋势》，载《中国行政管理》，2000（9）。
⑤ 汪玉凯：《中国行政体制改革二十年》，1 版，36 页，郑州，中州古籍出版社，1998。
⑥ 汪永成：《新一轮行政改革应选择新的战略方向》，载《理论学习月刊》，1998（2）。

变革往往成为经济社会变革的先导，政治行政上的显著变化带来经济和社会方面的显著变化；二是后发国家现代化起步落后于外部的发达国家，遵循一种"追赶型"的现代化模式，政府主导特点非常鲜明。① 作为中国"后进式"、"追赶型"现代化任务一部分的行政体制改革，本质上要求成为经济社会变革的先导。而且，现代社会调控规模日益扩大，内容日趋复杂，行政系统作为社会调控体系的主导力量，对于驱动社会经济的发展具有决定性的作用。② 因此，应该通过积极的行政体制改革建构能够驱动经济体制改革的行政体系，重构和优化社会调控系统，也就是要求行政体制改革从行政发展转变为发展行政。③ 这一观点虽不是行政体制改革的现实指导思想，但对中国行政体制改革的发展具有建设性导向意义。

2. 行政管理体制改革与政治体制改革的关系

在行政管理体制改革与政治体制改革的关系上也有诸多争论，主要存在"先行论"与"并行论"之争。

"先行论"主张行政体制改革先行于政治体制改革的发展模式，从政治与行政的分离关系、国外发达资本主义国家以及部分发展中国家（例如东亚）行政改革的成功经验出发，主张我国政治发展模式应是行政体制改革优先，先实施行政体制改革，再推行政治体制改革，行政体制改革应是我国政治发展的战略重点和首要任务。④ 这样既可以避免形成政治权威危机，具有较高的政治稳定效应，又可以顺应社会经济发展的要求，并最终完成政治体制的整体转型。这种观点一方面适应了经济体制改革向上层建筑提出相应变迁的需求；另一方面为当时无从着手的政治体制改革寻找到了一个切实可行的突破口，在特定历史时期和特定条件下具有合理性。

"并行论"则主张行政体制改革和政治体制改革的并行模式，以真正实现改革、发展与稳定的统一。有学者指出，中国缺乏国家与社会之间二元性分离，行政体制改革缺少经济自由民主前提，"单纯以行政改革优先为重，忽视政治改革，在现阶段，……从科学判断而言，不利于中国市场经济和多元社会的发展及现代化战略的实现，从而也不利于国家政权的稳固"。"政治改革是治本，行政改革是治标。只有通过政治改革来强化、优化对政府的监督制约，才能较好地保证行政

---

① 任晓：《中国行政改革：目标与趋势》，载《社会科学》，1994 (4)。
② 王沪宁：《论九十年代中国行政改革的战略方面》，载《文汇报》，1992-06-26。
③ 李泽中：《论发展行政及其限度》，载《中国行政管理》，1995 (4)。
④ 田穗生、李广平：《政治发展模式选择与行政改革》，载《社会科学》，1993 (4)。

改革和经济改革的既定目标之实现"。① 行政体制改革优先对于适应经济体制改革要求具有直接意义，但从官员寻租屡禁不止等一系列现象看，政治体制改革对于实现经济自主、政治稳定和社会发展具有根本性意义。而且，考虑到行政体制改革的其他方面，如中央与地方政府间权力的划分与配置、决策体系和过程的改进等，都与政治体制改革密不可分，没有政治体制改革成果的支持，行政体制改革将无法持续深入。

3. 效率和民主的关系

1998 年我国提出了建立高效、规范和协调的行政管理体制改革总目标。与实践进程相适应，对行政管理体制改革目标的确定成为学术界热烈讨论的问题。

理论界和决策层普遍接受和采纳的核心目标是效率目标。他们认为，第一，提高效率或实现政府高效化是行政管理体制普遍追求的目标。政府及其行政活动能够解决个人无法解决的问题，能够实现一般社会组织无法实现的目标。但政府也有其自身的先天缺陷，它具有权力和规模上的自我扩张倾向，往往会越出自身的行政职权边界，侵犯到社会和私人领域，并且容易导致官僚主义和官员腐败等危害，这些都会造成行政低效。因此，如何克服自身弊端，提高效率就成为行政改革的首要问题，效率导向也就自然成为行政体制改革的基本目标模式。第二，从中国作为一个发展中国家的历史社会条件出发，认为提高效率应当是行政体制改革的一个优先目标。中国是处于转型期的发展中国家，提高政府行政效率是强化政府能力的首要选择，是行政体制改革的一个先行目标。②

虽然学术界对行政体制改革的效率目标比较认同，但是在我国行政管理体制改革目标的设定上，如何平衡民主与效率的关系存在较大争论。有学者提出应确立"效率优先、兼顾民主"的行政体制改革目标平衡模式。③ 也有学者提出民主或公平应该成为行政体制改革的核心目标，主张行政民主。④ 主张行政民主的理由主要有两方面。一是 20 世纪 60 年代末以来，美国出现的"新公共行政学"认为，在现代民主社会中，由于行政对决策的积极参与和对社会危机的积极治理，以及社会最少受惠者对公平的切实需求，行政改革应建立起"民主行政"的目标

---

① 李峻登：《中国政治发展：行政改革与政治改革地位之权重》，载《行政论坛》，1995（2）。
② 胡伟、王世雄：《构建面向现代化的政府权力——中国行政体制改革理论研究》，载《政治学研究》，1999（3）。
③ 王颖：《平衡模式的选择与我国的行政体制改革》，载《湖北大学学报》，1998（2）。
④ 张成福：《行政民主论》，载《中国行政管理》，1993（6）。

范式，民主应成为行政改革的最核心价值追求。[1] 二是中国行政体制的一个特点是行政体系事实上处于国家事务的中心，中国的行政是所谓的"大行政"。因此，行政体制改革涉及政府与社会、市场、企业和公民的复杂关系，这些关系的理顺要以民主化为根本目标。[2]

实际上，"新公共行政学"的行政改革民主化主张只是理论探讨，并不是西方行政改革的实际进程。从历史上看，英、法、德等欧洲国家的现代化在政治上表现为行政权力的集权化。[3] 政府的"体制外功能"或"行政系统外部关系"所产生的"民主导向的外在目标"，远远超出了行政体制改革的范畴，而恰恰是经济体制改革特别是政治体制改革的内容。就中国而言，行政体制改革的基本对策应当按照发展社会主义市场经济的要求，建立高效的行政管理体系，完善国家公务员制度，建立高素质的专业化行政管理干部队伍。[4]

（二）对政府机构改革探讨的深化

1. 政府机构改革的艰巨性

这一时期的政府机构改革是在经济体制改革取得重大理论突破的指导下进行的。1992 年 10 月，党的十四大明确了经济体制改革的目标是建立社会主义市场经济体制，使经济体制改革步入了一个新的阶段。与此同时，党政机构臃肿庞大所造成的行政事业经费严重超支引起财政紧张的情况十分突出，进一步全面开展机构改革的时机已经成熟。因此，党的十四大将"下决心进行行政管理体制和机构改革"列为关系全局的十大主要任务之一，要求于三年内完成。[5]

有学者认为，1993 年政府机构改革在新旧体制交替中具有过渡性特征，因此不可避免地带有计划经济体制的痕迹，主要表现为下面五点。①把转变政府职能理解为弱化政府职能。这造成了有些企业以转换经营机制、增强活力为由提出政府少来干涉。有些政府部门也以转变职能为由不管企业。②把转变政府职能简

① ［美］奥斯特罗姆：《美国行政管理危机》，江峰、刘霞、平平等译，北京，北京工业大学出版社，1994。
② 胡伟、王世雄：《构建面向现代化的政府权力——中国行政体制改革理论研究》，载《政治学研究》，1999（3）。
③ ［美］亨廷顿：《变动社会的政治秩序》，张岱云等译，103～104 页，上海，上海译文出版社，1989。
④ 宁骚：《行政改革与行政范式》，载《新视野》，1998（3）。
⑤ 中共中央文献研究室编：《十四大以来重要文献选编》，上册，29 页，北京，人民出版社，1996。

单理解为权力下放。③把转变政府职能理解为"换牌子"。由于热衷于形式，做表面文章，在有些政府机关"变换门庭"后，职能依旧。④把转变政府职能理解为政府办经济或服务实体。错误地理解"小政府、大服务"的改革方向，一些党政机关，甚至包括立法、执法机关利用各种名义，大办公司，在市场中牟取暴利。⑤把转变政府职能理解为政府投资经济建设。某些政府部门盲目增加固定资产投资，出现"开发区"热、市场建设热；一些政府部门、企业实体、银行金融机构相互勾结，从事股票、证券和房地产市场投机，牟取暴利，制造泡沫经济。①

但也有学者认为 1993 年政府机构改革是成功的，它是在建立社会主义市场经济体制的条件下实施的，目标是建立一个适合社会主义市场经济要求的，具有中国特色的，结构合理、运转协调、灵活高效的行政管理体系。② 这次改革在充分发挥市场在资源配置中基础性作用的条件下，对传统的计划、财税、金融、流通、社会保障等体制进行了改革；初步构建了政府宏观调控体系，有效地抑制了通货膨胀，实现了国民经济的"软着陆"。

1998 年政府机构改革也面临严峻挑战，这些挑战来自于政府管理、国有企业、国家财政、金融体制、国际竞争力及国家和民族的文明进步六个方面。③ 这是一次以制度创新为立足点的改革，具有两大特点：第一，突出了在建立社会主义市场经济条件下，要把适应社会主义市场经济体制作为机构改革的基本目标；第二，突出地把转变政府职能放在首位，以转变政府职能作为机构改革的指导思想。但这次改革也没有完全实现以上提出的目标和指导思想，究其原因在于：转变行政观念难、改变国民包括政府官员的社会责任感难、大幅精简人员尤其精简地方人员难、机构改革与"五项改革"同期启动难，以及在动态过程中形成改革的共识难等。④

2. 政府机构改革 "精简——膨胀——再精简——再膨胀" 的怪圈

1978—2002 年，我国进行了四次大的政府机构改革，每次都以精简机构为目标之一，但每次改革后不久都出现了机构再膨胀的现象，形成"精简——膨

① 钱振明：《我国政府职能转变的历史轨迹及其理论思考》，载《华东师范大学学报（哲学社会科学版）》，1995（4）。
② 许志远、林平凡：《"小机关，大服务"改革的有益尝试》，载《中国行政管理》，1994（6）。
③ 乔耀章：《政府行政改革与现代政府制度——1978 年以来我国政府行政改革的回顾与展望》，载《管理世界》，2003（2）。
④ 郭济：《中国行政改革的现状和趋势》，载《中国行政管理》，2000（9）。

胀——再精简——再膨胀"的怪圈。对于怪圈现象的原因，学术界有两种不同认识，一种是"误区论"，另一种是"服务论"。

"误区论"将怪圈产生的原因分为四个层次。第一，体制失误。中国行政体制没有摆脱权利集中、计划指导、部门管理、条块分割的影响。第二，认识偏差。长期以来，人们往往习惯于"人多好办事"的思维模式。没有认识到系统的要素越多，要素之间的相互关系数将成指数性增长，从而大大增加控制、协调的工作量。第三，心理误区。行政主体中某些不健康的心理意识是助长和推动机构膨胀的重要因素。干部只上不下，只能升不能降。这样势必要使机构增加，人员膨胀。第四，设置错误。政府机构设置或按部门，或按行业，或按产权，或按地域，各行其是，而且都要求上下对口，使政府机构经常处于内在的膨胀冲动中，这也是机构膨胀、人员扩张，以至于陷入恶性循环的重要原因。[1]

"服务论"认为政府机构改革出现"精简——膨胀——再精简——再膨胀"恶性循环现象的原因在于行政改革虽然抓住了权力划分这条主线，但改革的思路是将行政改革放在为经济体制改革服务的位置，一切改革措施都是围绕如何促进经济快速发展，机构改革停留在与经济发展的相关部门，政府职能转变着眼于经济职能的转变，从而并未触及行政主体结构，这是一种投入型思路。投入包含两方面：一是经济领域追求发展速度，加大投资，扩大投资领域，追求 GDP 的增长，而忽略经济效益的提高；二是行政经费居高不下，注重适应市场经济发展，自上而下调整政府部门，下放政府权力，四次机构改革都强调了转变政府经济职能，但却很少顾及行政体制自身如何优化行政结构和提高行政效率。[2] 因此，有学者认为四次机构改革没有走出"精简——膨胀——再精简——再膨胀"的怪圈，一个重要原因就是没有实现"法治"，没有实现机构、编制、工作和组织程序的法定化。应当从立法、执法、司法多方面来研究法律约束和法律监督的问题，这是一项根本性的工作。[3]

3. 政府合理规模

我国政府机构改革"精简——膨胀——再精简——再膨胀"的怪圈，引发了理论界对于政府规模的讨论，学者们提出了政府合理规模评判的标准，进而提出了解决怪圈现象的理论方案。

---

① 谢庆奎：《中国行政机构改革的回顾与展望——兼论行政机构改革的长期性》，载《学习与探索》，1997 (6)。
② 刘艳良：《改革政府行政的几点思考》，载《中国行政管理》，1997 (6)。
③ 唐铁汉：《加强机构改革的理论研究》，载《国家行政学院学报》，2000 (1)。

多数学者认为，政府规模的大小不是政府自己可以选择的，而是由整个社会、政治、经济关系客观决定的。它要在适应市场经济和现代社会管理需要转变政府职能后，根据承担职能的大小来确定。在社会发展的不同时期、不同层次的政府和不同类型的机关，政府职能会有变化。随着社会的发展和科技的进步，政府面临的社会事务日益复杂和繁重，从世界范围看，政府职能和行政权力会不断扩大和增强，从历史角度考察，政府规模亦呈不断扩大的趋势。但从政府与社会的关系看，随着市场经济的成熟和完善，社会力量不断壮大，社会发展质量不断提高，政府的部分职能和权力将渐渐地让渡给社会，政府规模会逐渐缩小，这是政府发展的必然趋势。①

合理的政府规模有具体的衡量指标。在对政府规模的研究中，通常使用三个基本数量指标：一是政府支出和消费占 GDP 的比重；二是行政机构数量；三是政府公务人员与总人口或就业人数之比。政府支出和消费占 GDP 比重是分析政府规模的基本指标，一般情况下，这一比重越高，政府规模就越大；政府机构数量是判断政府规模的常用标准，机构规模包括横向管理幅度和纵向层级厚度两种结构型规模（政府横向管理幅度越宽，所属政府个数、工作部门数量及其内设机构相对较多，则政府规模越大；政府纵向层级越多，虽然相对控制幅度较小，但上下机构的设置多，则政府规模越大）；政府公务人员数量与政府规模呈明显的正相关性，人数越多，政府规模越大，反之则越小。②

国内学者普遍认为合理的政府规模是我国政府机构改革的目标取向，能有效解决我国政府机构改革"精简——膨胀——再精简——再膨胀"的问题。

有学者从政府自身角度出发，提出要解决我国政府机构改革"精简——膨胀——再精简——再膨胀"的问题。首先，科学制定总体性机构编制方案，并确定机构设计和调整的具体方案；确定合理的机构层次和必设机构及其限额；利用法律手段进行机构管理。其次，加强行政人员编制管理，制定人员编制方案，控制人员总额、优化人员结构。再次，完善人事制度，建设高素质的公务员队伍。通过竞争激励机制，适应机构改革和构筑政府合理规模的新形势。最后，实行行政经费预算硬约束。控制行政经费预算是遏制机构和人员膨胀，巩固机构改革成果的重要手段。③

还有学者从社会需求角度出发，提出要明确政府规模将随着社会需求增长而

---

① 王玉明、吕文学：《谈政府机构改革的基本理论》，载《理论探讨》，1999（1）。
② 张雅林：《适度政府规模与我国行政机构改革选择》，载《经济社会体制比较》，2001（3）。
③ 王玉明、吕文学：《谈政府机构改革的基本理论》，载《理论探讨》，1999（1）。

增长的必然性。结合目前我国社会发展和行政改革的实际状况，来确定政府机构改革的未来发展方向，然后具体朝以下几个目标去努力。一是明确并加强政府在提供公共物品方面的职能，使政府在提供市场经济运行、政治运作和社会运行等所需要的规则并有效地实施这些规则方面发挥应有的作用。二是切实转变政府职能，真正实现政府与市场、政府与社会的权限界定。三是明确政府职能转变是一个不断发展的动态过程。在社会发展的不同时期，社会对于政府的需求是不同的，政府需要不断地转变职能去适应不同的社会需求。四是在政府与社会的关系问题上，明确社会第一性、政府第二性这一根本前提，坚持社会本位的原则。①

（三）对政府职能转变的再认识

1. 政府职能转变的重要性

在本阶段，理论界总结了两种政府管理体制改革的基本思路。第一种是旨在调节中央和地方权力关系的"下放权力"论。这种观点认为：①传统社会主义体制的根本弊端是决策权力过分集中，抑制了地方政府、生产单位和劳动者个人的积极性和主动性；②改革的要旨在于改变这种状况，充分调动地方和生产者的积极性；③调动积极性主要靠下放权力来实现。第二种是旨在从计划经济转向市场经济的"转变职能"论。这种观点认为：①旧体制下各种弊端的根源，是用行政命令来配置资源；②对于高度社会化的现代经济而言，唯一可能有效代替行政配置资源方式的，是通过有宏观管理的市场制度来配置资源；③改革要以建立生产性市场制度为目标同步配套地进行。

这一时期，学术界否定了以往单纯精简政府机构的改革方案，开始认识到政府职能转变对我国行政体制改革的重要性。以往大规模机构改革和权力下放效果不佳的原因，正在于计划经济体制的严重束缚以及由此形成的对职能转变的忽视与回避。单纯地把注意力集中于机构增减、人员精简和权力下放，以求一时的行政机构"消肿"效果，而没有同时进行政府职能转变，因而从根本上是无效的。②在这种情况下，政府职能转变便成为了行政体制改革的主题，被赋予了极大的重要性。有学者认为职能转变是行政体制改革的内在主题，机构改革是行政体制改革的外在主题，两者是目标与手段的逻辑关系，职能转变是机构改革的前提。③

---

① 史记：《政府规模理念与我国政府机构改革》，载《国家行政学院学报》，2001（3）。
② 胡伟、王世雄：《构建面向现代化的政府权力——中国行政体制改革理论研究》，载《政治学研究》，1999（3）。
③ 于景文：《略论市场经济中的政府职能转变》，载《天津社会科学》，1999（3）。

在此基础上，有学者把政府职能的转变界定为三个方面，即政府职能总量的调适变化、政府职能结构的调整和政府职能实现手段的变化。进而又把这三个方面分解为政府与企业、政府与市场、政府与社会、经济政策工具和政府机构改革五个变量。认为我国政府职能的转变，从政府职能总量的调适变化来看，即在调整政府与市场、政府与企业、政府与社会诸多关系中合理确定政府职能的界限和范围；从政府职能结构的调整来看，既包括政治职能、经济职能和社会职能之间的相互调适，以促进社会经济发展，实现社会公正，又包括中央政府和地方政府之间各项职能的划分和配置；从政府职能实现方式的转变来看，即以何种手段，包括行政手段、经济手段、法律手段，以直接调控、间接调控等方式，管理公共事务。[①]

2. 政府的经济职能

随着建立社会主义市场经济体制作为经济体制改革目标的确定，理论界对政府的经济职能开始了新的讨论，大致形成以下几种观点。

(1) "市场失灵论"。持这种观点的学者认为，市场是比其他任何机制都更有效的资源配置机制，但同时也强调"市场失灵"，认为除了建立和维护市场"游戏规则"外，政府还应修正市场失灵。在市场失灵的领域，光靠自觉自愿的行为是无法解决问题的。这些领域包括：提供公共产品，保持宏观经济稳定和协调发展，使经济外部性内在化，限制垄断，调节收入和财富的分配，弥补市场的不完全性和信息的不对称性。[②]

(2) "经济转型论"。这些学者认为，中国正处在经济转型时期，与成熟的市场经济国家相比，政府应当在更多的领域里发挥作用。[③] 在转型期，政府具体经济职能表现为：促进市场发育，建立公平竞争的统一市场；实施产业政策，促进产业结构调整，保护民族经济；消除行政垄断；完善失业者的社会保障。[④]

(3) "层次分析论"。这些学者根据政府介入经济生活的程度和角色不同，将政府经济职能划分为若干层次。认为我国政府经济职能包括浅层次即制定游戏规则和保护产权；次深层次即弥补市场失灵，强化宏观调控；最深层次即消除对经

---

① 黄庆杰：《20 世纪 90 年代以来政府职能转变述评》，载《北京行政学院学报》，2003 (1)。

② 王绍光、胡鞍钢：《重新认识国家的作用》，见：胡鞍钢、王绍光：《政府与市场》，192～198 页，北京，中国计划出版社，2000。

③ 陈清泰：《中国"入世"后政府面临的挑战》，见：王梦奎：《经济全球化与政府作用》，8～11 页，北京，人民出版社，2001。

④ 阮红新、石祖葆：《论经济转型中政府的经济职能》，载《中央财经大学学报》，2000 (7)。

济改革的阻碍与对抗；外延层次即协调国际经济活动，维护国家经济利益。[①] 他们指出我国政府经济职能包括：第一层"守夜人"职能；第二层宏观调控职能；第三层政府管制职能；第四层直接经营职能。[②]

（4）"外部经济环境分析论"。持这种观点的学者认为，经济全球化使发展中国家面临的外部环境进一步变化，发展中国家的政府需要履行新的经济职能：要求或寻求国际联合干预国际游资的流动；使国内规则及法规与国际通行的规则相适应；运用各种力量渐进性地调整或修改对发展中国家歧视性的、非公平性的国际经济规则；积极参与制定国际经济规则，努力打破经济发达国家对制定国际经济规则的垄断格局，以使新的国际经济规则具有公平性；推动全球贸易自由化，动用政府力量为国内企业发展国际贸易提供有利条件；动用政府力量努力争取生产要素的对等流动，促进优质要素的输出和输入。[③]

（5）"比较优势发展战略论"。这些学者认为，政府对经济的管理应该实行比较优势发展战略，其内在要求是使市场充分运行，价格信号正确。因此，政府的作用首先在于维护市场的竞争性和规则性，由此提出政府经济职能包括：建立市场规则和实施反垄断法；采取独立的货币政策和财政政策，降低经济发展过程中的过度波动；采取适当的方式参与建设投资于那些具有外部性的产业，以及那些需要较大规模的初始投资和需要较长建设周期的项目。[④]

3. "无限政府"向"有限政府"的转变

自 20 世纪 90 年代初起，人们对建立和发展社会主义市场经济必要性的认识越来越深刻，随之引发了从"无限政府"向"有限政府"转变的讨论。

第一，转变的观念方面。无限政府是建立在只有政府才能理解和平衡社会各方面的利益并实现社会公正，只有政府才能办好一切事情，包揽一切社会事务的观念上。无限政府则有无限责任，而政府可以动员和利用的资源是有限的，这就使它无法对社会负责。应当认识到除了政府之外，还有社会、市场、各种社会组织和公众，它们也应有权力和责任。政府应相信它们也可以动员和利用本身的资源把事情办好。这种观念的转变是十分重要的，它可以认清政府权

---

① 邓苏：《中国过渡经济中政府经济职能的分层探析》，载《经济评论》，2002（6）。

② 连云：《市场经济下政府经济职能的力度分层探析》，载《经济问题》，2000（5）。

③ 曾国安：《关于经济全球化背景下发展中国家政府经济职能的思考》，载《财贸经济》，2001（12）。

④ 林毅夫：《政府在经济发展中的作用》，载《开放潮》，2001（3）。

力的性质和作用。[①]

第二，转变的必要性方面。我国面临的最大挑战是实现由与计划经济相适应的无限政府向与市场经济相适应的有限政府的变革。[②] 针对学术界有人把有限政府论误解为无政府主义，有学者指出，把主张限制政府权力、保障个人权利看作是无政府主义，是一种理论上、甚至是常识上的错误。[③] 一些实际工作者也赞成有限政府，认为建立有限政府是政治现代化的必然要求，也是我国实现政府现代化的重要内容。[④]

第三，转变的实际操作方面。政府的权力必须限定在某个界限内，不损害个人与社会的权力和利益。[⑤] 有的学者认为，政治责任的范围有限是由公共权力的行使范围有限决定的。在社会主义国家，有限政府是法治的要求。宪法和法律是行使国家权力的依据，只有它才规定着公共权力行使的边界。[⑥]

但同时，有限政府理论也受到了一些学者的批评和否定，认为强调个人权利至高无上、严格限制国家活动范围的自由主义国家观念，是与西方社会特定历史阶段相适应的，它不仅与我国的文化传统相异，而且还与马克思主义信仰相悖，更会影响到整个中华民族的前途命运。社会主义市场经济条件下的政府职能应该有新的、不同于自由主义政府观的理解。[⑦]

4. "强政府" 与 "弱政府" 的选择

我国对"强政府"与"弱政府"的争论，源于对"东亚模式"成功原因的不同认识，是自由经济的结果还是政府政策指导发挥了更大作用。李晓西认为，"东亚模式中政府主导是明显的，强政府倾向是存在的"。但是，"东亚金融危机"使我们认识到，如果从国家现代化的历史进程而不仅仅是从经济增长的角度看问题，那么，在强调"强政府"之于经济增长的重要性的同时，也应当清醒地认识到，"较高的'政府强度'本质上是实现经济增长的手段，而不是目的，因而它

---

① 齐明山：《中国政府机构改革的几点理论思考》，载《行政人事管理》，1999 (1)。

② 刘军宁：《市场经济与有限政府》，1 版，51 页，南昌，江西教育出版社，1998。

③ 张曙光：《个人权利和国家权力》，见：刘军宁、王炎等：《市场逻辑与国家观念（公共论丛第 1 辑）》，6 页，上海，上海三联书店，1995。

④ 张雅林：《推进行政改革，建立有限政府》，载《中国行政管理》，1999 (4)。

⑤ 施雪华：《政府权能理论》，1 版，157 页，杭州，浙江人民出版社，1998。

⑥ 张贤明：《论政治责任——民主理论的一个视角》，1 版，99～109 页，长春，吉林大学出版社，2000。

⑦ 韩冬雪：《超越自由主义的政治理念——社会主义市场经济条件下的国家职能》，载《中国行政管理》，2000 (9)。

本身是一个可变量。"①

"所谓'强政府'是指这样的政府，即在一定的'政府强度'的基础上，能够有效地发动经济增长和减缓由此产生的各种社会经济压力，并且在一定时期内（主要是经济赶超和跳跃发展时期）以较高的'政府质量'，克服或约束政府机体的种种弊端，使之最大限度和最大效率地服务于经济增长。"② 而对于"弱政府"而言，则意味着在经济发展的一定阶段上，政府必须随着经济的增长和社会的发展而逐步降低自身功能的强度。否则，政府就有可能转变成为社会经济进一步增长的障碍，进而导致社会经济持续发展的困境。

可以看出，无论"强政府"还是"弱政府"，都要在公共政策选择和制度规范两个层面上适时地进一步转变政府职能。在中国，鉴于整体发展水平低下、人口众多、发展不平衡等国情特征，在可以预见的未来，"强政府"仍然是中国继续实现跨越式发展的模式选择。与此同时，中国有必要在三个方面加强政策应对。其一，在既定成就和既得利益面前，各级政府有必要在不断向社会提供稀缺性制度资源的同时，相应提供关于自身建设的制度规范，从而继续维持理性的政策态度。其核心在于各级政府及其官员不可以演变成为变相的特殊利益集团。其二，政府有必要不断强化对法人以至自然人的权力、判断力、决断力的尊重，进一步扩大政府与其之间的良性互动关系。其三，政府有必要大大加强对发展水平高于中国、特别是发展模式具有同构性或近似性国家的现代化进程的研究，以作为本国前瞻性公共政策分析的重要借鉴。③

（四）宏观调控方式和宏观管理模式的讨论

1. 关于 "双轨调控" 的争论

这一阶段初期，我国经济处在通货膨胀的压力下，宏观调控面临的主要问题，是 20 世纪 90 年代初伴随着经济增长加速，国民经济运行逐步超越了其潜在增长能力，经济生活中出现了"四热"（房地产热、开发区热、集资热、股票热）、"四高"（高投资膨胀、高工业增长、高货币发行和信贷投放、高物价上涨）、"四紧"（交通运输紧张、能源紧张、重要原材料紧张、资金紧张）和"一

---

① 张国庆：《中国政府行政改革的"两难抉择"及其应对思路》，载《北京行政学院学报》，2001（5）。

② 李晓：《东亚奇迹与"强政府"》，64 页，北京，经济科学出版社，1996。

③ 张国庆：《中国政府行政改革的"两难抉择"及其应对思路》，载《北京行政学院学报》，2001（5）。

乱"（经济秩序混乱，特别是金融秩序混乱）问题，物价上涨越来越快，通货膨胀呈加速之势。① 对如何运用宏观调控解决通货膨胀的问题，学术界的观点却不尽相同，主要存在对"双轨调控"的争论。

一种观点认为，宏观调控方式的选择取决于对微观经济体制与宏观运行机制的认识，现行体制是宏观调控政策有效性的基本前提。我国目前正处于由旧体制向新体制过渡的转轨时期，其基本特征是"体制双轨"。经济体制的这种特征要求宏观调控方式也采用"双轨调控"。一方面积极运用一些开始生效的市场化的宏观政策手段；另一方面继续运用与旧体制相适应的"直接控制"手段，包括一些行政手段，共同对经济进行调控。②

另一种观点认为，宏观调控方式的选择不宜采用"双轨调控"，尤其不宜继续沿用行政手段。其理由是：行政手段是一种非规范化的权力性强制，造成利益的扭曲和对权力的依附；行政手段不利于企业经营机制的转换；行政手段必然阻碍政治体制改革和政府职能的转变；"双轨调控"将会导致行政手段和经济手段均失灵；行政手段是"一刀切"，不利于经济发展；行政手段调控经济为权力寻租敞开了方便之门。③

2. 关于宏观管理模式的讨论

1993—2002 年，政府宏观调控体系建设逐渐摆脱计划经济的桎梏，向更加市场化的方向发展，在由政府控制经济，即计划经济、政府主导经济即双轨制经济的历史阶段之后，开始加速走向政府宏观调控经济即市场经济阶段。④ 学术界对政府宏观调控的认识也趋于成熟，根据理论基础与政策主张的不同，我国宏观经济管理模式大致可分为三种观点。

一是以刘国光为代表的"宽松派"。在政府宏观调控的目标上，他们主张追求总供给略大于总需求，形成一种"有限买方市场"的宽松环境。生产要大于直接需要，供给要大于需求，但不能超过一定限度，这个限度就是能够保证必要的卖者竞争局面和合理的社会后备的形成。超过这个界限的过剩生产，就会造成浪费。生产略大于需要，供给略大于需求的原则，不仅对于个别产品的生

---

① 汪同三：《宏观调控：经验与当前应注意的问题》，载《人民论坛》，2005（1）。

② 樊纲、张曙光、王利民：《双轨过渡与"双轨调控"（下）——当前的宏观经济问题与对策》，载《经济研究》，1993（11）。

③ 周叔俊：《论宏观调控手段系统》，载《经济理论与经济管理》，1994（5）。

④ 乔耀章：《政府行政改革与现代政府制度——1978 年以来我国政府行政改革的回顾与展望》，载《管理世界》，2003（2）。

产和流通的市场调节是必要的，也为经济体制改革及经济增长质量的提高与结构的优化创造条件。在政策取向上，他们主张"稳中求进"，反对以通货膨胀的手段促进经济增长。① "对物价总水平应当坚持基本稳定的政策。物价总水平基本稳定的政策，不是物价水平绝对不动或者所谓'零'通货膨胀政策，而是在经济周期的变动中正确控制物价变动，使之不向持续通胀或持续通缩方向滑行的政策。"②

二是以吴敬琏为代表的"协调改革派"。他们认为以市场为取向的改革必须协调配套，由于缺乏现代市场经济的基本前提和存在"市场失灵"，政府需要掌握宏观（总量）调节手段，集中必要宏观决策权力。在政策取向上，与"宽松派"相似，他们主张采取偏紧的宏观经济政策以营造宏观经济关系比较协调的良好环境。③ 对于为什么需要这样的经济环境，吴敬琏认为，从根本上说，这是因为经济改革的总方向在于改变过去那种排斥商品货币关系和价值规律作用的经济模式，使市场机制发挥更大的作用，而市场机制发挥积极作用的必要前提，又是存在一个总供给大于总需求的买方市场。

三是以厉以宁为代表的"非均衡派"。他们以"非均衡"理论为基础，在经济运行机制与宏观调控体系上强调市场机制的作用，主张由市场机制进行基础性的第一次调节，政府进行事后的第二次调节，通过数量控制实现配额均衡，中国经济只能从非均衡走向均衡，在这一过程中起决定作用的因素是制度创新。在政策取向上，他们认为一定的通货膨胀是不可避免的，应主要通过需求管理政策优先解决失业问题。适度的通货膨胀对增加就业有一定作用，但这一功能也有一定的前提，即通货膨胀是温和的，没有超过人们的承受能力。④

>>三、2003 年以来：政府管理体制改革 理论的创新发展<<

当改革进入新世纪后，多元结构开始逐步建立，政府不能仅依靠行政命令、财政投入、国有企业，而需更多地依靠市场化的方式。我们可以对这种转

---

① 刘国光：《〈不宽松的现实与宽松的实现〉序》，见《刘国光经济文选（1991—1992）》，北京，经济管理出版社，1993。

② 刘国光、刘树成：《不宜提倡"轻度的通货膨胀"》，载《金融信息参考》，1998 (11)。

③ 吴敬琏：《中国经济改革的整体设计》，北京，中国展望出版社，1990。

④ 厉以宁：《社会主义政治经济学》，北京，商务印书馆，1986。

变做一个概括，改革之前的单一结构时期是"全能型政府"，改革以来的二十年单一结构瓦解时期是"放权型政府"，而多元结构时期将是"服务型政府"，政府不再具有全部的能力，也不能承担全部的责任，而是只能承担有限的、专职的责任。

（一）政府管理创新理论的探讨

江泽民精辟地指出："创新是一个民族进步的灵魂，是一个国家兴旺发达的不竭动力，也是政党永葆生机的源泉。"[①] 反映在政府管理改革中，创新就是在不断积累的基础上，探索适应新环境变化和新现实挑战的政府体制的新模式与政府运行的新方式。[②] 夏书章在谈到创新型国家与创新型公共管理的关系时认为："当我们已经明确提出要建设创新型国家后，若公共管理却一仍其旧，结果必然会格格不入，或事与愿违，或事倍功半，或旷日持久，致失时误事。"[③] 由此可见政府管理创新对于一个国家发展的重要性。

政府管理创新的内涵十分丰富，主要体现为以下几个层面。首先，理论层面上的政府管理创新。它是政府管理创新的核心内容，指的是在理顺政府与市场的关系方面（即政府与市场之间的公共选择），应做到更多的市场和更小、更有效的政府，从而引进市场机制，建立公共服务领域的市场竞争机制。第二，体制层面的政府管理创新。它体现为结构和功能上的政府管理创新，指在政治和政府、行政和立法、司法等的横向关系上，以及中央政府和地方政府的纵向结构方面，加以全面改善和创新，重新塑造政治和行政（政策制定和政策执行）之间的关系。第三，人员层面的政府管理创新。它是指政府工作人员行政能力的不断提升和发展，政府工作人员的观念、知识、经验、能力、工作方式与方法的不同，将在很大程度上影响政府的工作效率和效益，直接关系到政府形象的提升和政府合法性基础的加强，需要认真研究和高度重视。[④] 此外，还有学者认为，政府管理创新还应该包括操作层面的创新。它是指政府工作的信息化或电子化政府，是行政事务在操作层面的管理创新。这种创新既能为民众办事带来方便，更好地为民众服务，又能提高行政效率和效益，使政府操作和运行过程更加透明，更便于民

---

① 江泽民：《全面建设小康社会开创中国特色社会主义事业新局面》，12 页，北京，人民出版社，2002。

② 谢庆奎：《论政府创新》，载《吉林大学社会科学学报》，2005（1）。

③ 夏书章：《建设创新型国家需要创新型公共管理》，载《中国行政管理》，2006（6）。

④ 刘靖华：《政府创新》，68 页，北京，中国社会科学出版社，2002。

众的监督，大大有利于政府管理过程的科学化、民主化和现代化。①

在上述四个层面的政府管理创新中，作为政府管理创新核心内容的理论创新最为重要、最为根本，它指引政府体制创新和政府技术创新的方向，是政府体制创新和技术创新的基础，并直接为后三个层面提供理论服务；政府管理体制层面的创新比较复杂，因为它牵涉到各个方面的关系，需要统筹兼顾、循序渐进和不断强化；政府管理人员层面的创新是整个政府管理创新能否有效执行的保障；相比较而言，政府管理技术层面的创新较为容易、快捷，但由于电子政务刚刚兴起不久，存在诸如网络安全等方面的问题，仍需要不断探索、小心推进。

这一时期，围绕政府管理创新，许多学者从不同的角度对行政体制改革提出了自己的主张，使得行政体制改革的研究视角呈现出多样化。有的学者从公共选择理论出发，认为行政体制改革除了进行组织结构变革外，还要进行工具层面和价值层面的变革，完善制度建设，防止"追求自身利益"的官员损害公共利益。② 有的学者从行政三分制的角度来研究行政体制的改革，认为行政体制改革最重要的是要实现行政、决策、执行三者合理分权的制度体系。③ 有的学者从政府、社会、市场的合理分权来界定行政体制改革，认为行政体制改革是要实现政府、市场、社会的合作治理，政府只能在市场或社会失灵的地方发挥作用。④ 有的学者从区域行政体制的角度出发，认为行政体制改革要适应经济区域化发展的要求，尽快加强统一、合理、公正的公共行政体制一体化建设。⑤ 有的学者从实证角度出发，认为行政体制改革的核心在于压缩管理层级，建立一个"省直管县"的模式。⑥ 还有些学者从学科的角度、政府文化的角度、全球化的角度等出发，对行政体制的改革进行了相关论述，并提出了自己的主张。

（二）对电子政务的讨论

20 世纪 90 年代以来，信息技术和网络环境所引发的政府管理创新，推动了

① 谢庆奎：《服务型政府建设的基本途径：政府创新》，载《北京大学学报（哲学社会科学版）》，2005（1）。
② 姜凌、王成璋：《从公共选择观点看我国行政体制创新》，载《广西社会科学》，2004（9）。
③ 龙晓虹：《从行政三分制看我国的行政体制改革》，载《贵阳市委党校学报》，2004（3）。
④ 宋晓伟、李永龙：《新时期中国政府治理模式初探》，载《山西师大学报（社会科学版）》，2005（5）。
⑤ 张荣昌：《打造长三角公共行政体制一体化》，载《中国行政管理》，2004（8）。
⑥ 孙学玉、伍开昌：《构建省直接管理县市的公共行政体制：一项关于市管县体制改革的实证研究》，载《政治学研究》，2004（1）。

电子政务的发展。电子政务正在成为传统行政模式向虚拟政府模式转变的推动力，它促进了信息社会、官僚制政府和市场机制三者之间的调适，为政府职能转变提供了巨大的机遇。① 2003 年，我国政府机构改革明确提出要改进政府管理方式，推进电子政务，这为电子政务的发展提供了政策保障。

在电子政务发展的意义上，国内学者的观点基本相近。首先，电子政务建设不只是信息技术在政务领域的推广和应用，也不只是简单地将现有职能和业务流程电子化或网络化，而是实现政府职能转变和管理方式改进的重大创新，本质上是政府改革的重要组成部分。② 其次，作为信息化的手段和载体，电子政务使服务型政府建设有了现代科学技术的支撑。可以通过互联网实现政府与公民和企业之间的双向互动；可以实现政府机构内部的办公自动化，提高了办事效率；可以优化政府组织结构，使之向着扁平化和网络化的方向发展。③ 第三，一个信息化的政府已经成为提高一个国家或地区全球竞争力的要素。电子政务的发展还将对我国各行各业信息化的发展，包括电子商务和电子社区的发展，起着示范作用。④ 最后，从转变政府职能的角度看，发展电子政务可以更好地发挥政府宏观经济调控职能，改善公共服务职能。⑤

对于如何推进电子政务建设，国内学者有多种见解，大致可分为两类。一类是从技术开发应用的层面进行阐述，主要包括：一是更加注重社会管理和公共服务，强调电子政务的"应用"；二是深入开展政务信息资源开发利用，进一步推进各级政府部门已有应用系统的"互联、互通和信息共享"；三是加强对电子政务的规划和指导工作，为电子政务建设选好"突破口"。⑥ 另一类是从政府自身改革的层面进行阐述，主要包括：第一，推行电子政务，要改变传统的政府管理理念；第二，以业务需求为导向，重塑政府管理的业务流程，提高行政效率；第三，改革政府管理方式，调整政府与公众的关系；第四，推行开放式管理，加强廉政建设。⑦ 在这方面，有学者还特别强调，电子政务的建设必须坚持以政府核心业务流为主线来展开，同时，坚持以政府业务流程的改造和优化为重点。⑧

① 汪玉凯、张勇进：《电子政务与政府职能转变》，载《学习与探索》，2005（5）。
② 吴江：《推行电子政务与政府管理创新》，载《国家行政学院学报》，2002（S1）。
③ 高小平：《服务型政府建设下一步怎么走》，载《理论参考》，2006（6）。
④ 周宏仁：《电子政务全球透视与我国电子政务的发展》，载《教育信息化》，2003（2）。
⑤ 汪玉凯、张勇进：《电子政务与政府职能转变》，载《学习与探索》，2005（5）。
⑥ 苏保忠：《行政管理体制改革具体途径综述》，载《理论参考》，2006（6）。
⑦ 吴江：《推行电子政务与政府管理创新》，载《国家行政学院学报》，2002（S1）。
⑧ 周宏仁：《我国电子政务建设的主线和重点》，载《中国信息界》，2005（19）。

（三）对政府角色转变的讨论

本阶段政府管理体制改革的热点是在政府管理创新基础上转变政府职能。政府职能问题仍是政府管理的核心问题，政府管理创新，关键在于政府职能转变取得实质性进展。[①] 在政府职能转变上，明确将政府的职能确定为经济调节、市场监管、社会管理与公共服务，其中社会管理和公共服务是政府职能转变的关键环节。也就是说，要以公共服务体系建设为重点进行政府转型，不断转变和优化政府职能，为公众提供基本的、有保障的公共物品，使公共服务体系建设与政府转型形成良性循环。

在政府角色转变的目标上，理论界基本形成了一个共识，就是由管制型政府转向服务型政府，建立与社会主义市场经济体制相适应的、符合全面建设小康社会与和谐社会要求的、有中国特色的社会主义公共行政体制。但不同学者研究侧重的角度有所不同。有的学者从行政管理属性的角度分析，认为行政管理的本质是维护公共利益、为公众提供良好的服务。公共权力随着行政管理的社会化而社会化，公共权力的社会化实际上也就是管理的服务化，即行政管理变成一种公共服务，政府成为有效的服务者，为社会提供基础性的服务和维护公共秩序的稳定。[②] 有的学者从我国行政体制改革目标的多重性出发，认为正确处理政府与市场的关系和转变政府职能是基本目标，创建服务型政府和提升政府能力是行政体制改革的宏观目标，保持社会稳定是行政体制改革的战略目标。[③] 有的学者从经济体制变化的角度分析，认为计划体制下是全面管制，政府的功能几乎无所不包，触角涉及各个领域。但在搞市场经济以后，政府要转为一个服务型政府，这是一个大的趋势。[④]

除此以外，理论界还认为要通过政府角色转变实现政府职能的转变。这方面郭济和汪玉凯的观点比较具有代表性。郭济认为政府角色转变首先是从"权力政府"向"责任政府"转变。向责任政府转变就是要尽快建立健全政府责任体系，包括政治责任、行政责任、法律责任和道义责任，严格实施行政执法责任制，违法行政要承担相应的责任，其核心是把国家法律、法规、规章规定的各级行政机

① 温家宝：《深化行政管理体制改革加快实现政府管理创新——在国家行政学院省部级干部政府管理创新与电子政务专题研究班上的讲话》，载《国家行政学院学报》，2004（1）。
② 顾家麒：《关于行政体制改革总体思路的一些思考》，载《学习与实践》，2006（9）。
③ 郭济：《深化行政改革转变政府角色》，载《中国行政管理》，2003（4）。
④ 汪玉凯：《中国行政管理体制改革30年——思考与展望》，载《党政干部学刊》，2008（1）。

关的职权统一视为职责，以责任制约权力。其次从"全能政府"向"有效政府"转变。要努力解决好政府的职能权责划分问题，解决这一问题的根本途径是实行政事分开，大力发展市场中介组织和社会中介组织，鼓励、支持、引导民间力量开办事业单位和中介组织。① 汪玉凯强调了政府角色转变首先是由单一的经济建设型政府转向公共治理型政府。其次是政府要由简单的手工作业型转向借助信息网络型。②

在政府角色转变讨论的基础上，学术界开始了行政体制改革的争鸣。有的学者从中外行政体制改革的比较中，得出中国行政体制改革的趋势应是政府后退、市场回归，以企业化为方向，充分利用市场竞争机制的作用，实行顾客导向，提高效率、降低成本。③ 一些学者对我国行政体制的模式进行了研究，提出了三种类型的行政体制模式，即"政企合一型"、"政企分离型"、"企业法人型"。④ 一些学者以全面建设小康社会为背景，认为我国行政体制改革的目标是建立和完善公共行政体制，公共行政体制下的政府是公共型政府、公正型政府、民主型政府、法治型政府、有限型政府、分权型政府、透明型政府、服务型政府、效能型政府和责任制政府。⑤ 还有学者总结我国行政体制改革的经验后，提出了综合性的行政体制改革方向，即转变政府职能、调整政府与社会的关系、加快推进行政审批制度改革、推行政务公开、加强行政法制建设、革新行政理念、完善公务员制度等。⑥

（四）对服务型政府的探讨

1. 服务型政府的提出

2004 年 2 月 21 日，温家宝总理在中央党校省级主要领导干部专题研究班结业式上的讲话中第一次提出要强化政府公共服务的职能，"提供公共产品和服务，包括加强城乡公共设施建设，发展社会就业、社会保障服务和教育、科技、文化、卫生、体育等公共事业，发布公共信息等，为社会公众生活和参与社会经

---

① 郭济：《深化行政改革转变政府角色》，载《中国行政管理》，2003（4）。
② 汪玉凯：《中国行政管理体制改革 30 年——思考与展望》，载《党政干部学刊》，2008（1）。
③ 周志忍：《世界行政体制改革大势：政府后退，市场回归》，载《理论参考》，2006（6）。
④ 孙国华：《我国开发区的行政体制模式研究》，载《上海企业》，2005（9）。
⑤ 薄贵利：《论新世纪行政体制改革的目标与路径》，载《北京行政学院学报》，2005（2）。
⑥ 胡良俊：《我国行政体制改革的回顾与展望》，载《山东行政学院·山东省经济管理干部学院学报》，2004（6）。

济、政治、文化活动提供保障和创造条件，努力建设服务型政府。"① 在同年的两会期间，温家宝又强调："管理就是服务，我们要把政府办成一个服务型的政府，为市场主体服务，为社会服务，最终是为人民服务"。② 2005 年十届三次全国人大会议上，服务型政府被写进了政府工作报告中。

学术界对服务型政府的研究比较深入，主要存在两个不同的侧重点，有的学者侧重"政府是什么"的研究；有的学者侧重"政府做什么"的研究。

"政府是什么"的研究从政府与公民关系转变角度出发，认为在建设服务型政府时，首先必须真正解决政府与公民的关系，即究竟是政府本位还是社会本位，究竟是权力本位还是权利本位，这是问题的根本出发点。进而指出，服务型政府"是在公民本位、社会本位理念指导下，在整个社会民主秩序的大框架下，通过法定程序，按照公民意志组建起来的以为公民服务为宗旨并承担着服务责任的政府。"③ 这个关于服务型政府的界定，包含了服务型政府的指导理念、政府职能、管理方式等多个维度，真正从服务型政府的实质，即立足于公民和社会本位，而不是政府本位的定位上界定服务型政府，因而得到了理论界广泛认可。

"政府做什么"的研究从政府职能结构调整和工作方式转变角度出发，认为服务型政府，从经济层面上，为了纠正"市场失灵"，主要为社会提供市场不能够有效提供的公共产品和服务；从政治层面上，政府的权力是人民赋予的，政府要确保为社会各阶层，包括弱势群体，提供一个安全、平等和民主的制度环境，全心全意为人民服务；从社会层面上，政府要从社会长远发展出发，提供稳定的就业、义务教育和社会保障，调节贫富差距，打击违法犯罪等，确保社会健康发展。④ 在这类研究中，还有学者从政府职能的角度出发，认为"服务型政府就是提供私人和社会无力或不愿提供的、却又与公共利益相关的非排他性服务的政府"。⑤ 有学者从政府宗旨的角度出发，认为"服务型政府是把为公众服务作为政府存在、运行和发展的根本宗旨的政府"。⑥ 有学者从政府工作方式的改变出发，认为"工作中改进服务方法、增加服务项目、改善服务态度，提供服务的有

① 温家宝：《提高认识统一思想牢固树立和认真落实科学发展观》，载《人民日报》，2004-03-01。

② 贺劲松：《温总理谈服务型政府：'文山会海'问题必须解决》，载新华网，2004-03-09。

③ 刘熙瑞：《服务型政府——经济全球化背景下中国政府改革的目标选择》，载《中国行政管理》，2002（7）。

④ 迟福林：《适时推进公共服务型政府建设》，载《经济参考报》，2003-07-16。

⑤ 侯玉兰：《论建设服务型政府：内涵及意义》，载《理论前沿》，2003（23）。

⑥ 张康之：《限制政府规模的理念》，载《人文杂志》，2001（3）。

效手段，实行'首问责任制'的政府就是服务型政府"。①

2. 服务型政府的建设框架

在这一阶段，理论界深入地研究了服务型政府的基本框架。

第一，服务型政府的建设是一项系统工程，涉及观念更新、政府职能转变、民主与法制建设、政治文明建设等诸多方面，需要一个较长的过程，这个过程就是政治与政府创新的过程。而政治创新和政府创新是紧密相连、相互促进、相互融合的，因此，服务型政府建设的基本途径是政府创新，即通过政府改革、发展和创新的途径，逐步实现服务型政府的目标。②

第二，服务型政府的建设应借鉴西方前沿的政府管理理论与实践，可以有三个基本的路径选择：政府服务体制建构的市场化取向；"全面质量管理"进入政府管理领域；以政府服务结果评价为内容的政府绩效管理。③

第三，服务型政府的建设要从理念变革和技术变革两方面来推进。在理念层面，要由"统"、"管"转向"服务"，这要求树立"以人为本"的科学发展观，演绎政府"社会服务人"的角色。在技术层面，要以"法治"和"德治"强化对政府运作的约束和监督、推进政府市场化改革、构建"顾客导向型"行为模式、建立"以绩效为主"的政府评价机制等四项具体操作方案。④

3. 服务型政府的建设措施

在服务型政府的建设措施上，国内学者也提出了各自的建议。作为对服务型政府建设的系统性阐述。薄贵利认为应该通过以下措施，完善政府公共服务职能。第一，转变思想观念，切实把公共服务职能放在各级政府的重要位置。第二，修改政府组织法及相关法律、法规，依法明确各级政府履行公共服务的具体职能和职权，克服公共服务领域职责不清、相互扯皮和相互推诿现象。第三，制定公共服务各个领域的全国性标准和地方性标准，加大公共服务的透明度。第四，建立和完善公共财政体制，加大政府财政对公共服务的投入力度，确保满足社会最基本的公共服务需求。第五，建立和完善政府公共服务的绩效评估指标体系，加强对政府公共服务的绩效审计、立法监督、司法监督、行政监察和社会监

---

① 尹戈、陈先芳、姬书莹：《建设廉洁、高效的服务型政府》，载《中国行政管理》，2003（3）。

② 谢庆奎：《服务型政府建设的基本途径：政府创新》，载《北京大学学报（哲学社会科学版）》，2005（1）。

③ 刘祖云：《"服务型政府"价值实现的制度安排》，载《江海学刊》，2004（3）。

④ 束锦、肖靓：《全面推进服务型政府建设——基于矫正政府失灵角度的探讨》，载《甘肃社会科学》，2005（3）。

督，确保各级政府认真履行公共服务职能。第六，借鉴发达国家的有益经验和做法，改革和完善政府公共服务体制，打破某些服务领域的行政垄断、行业垄断，引入市场竞争机制，降低公共服务成本，提高公共服务效能。第七，扩大最基本的公共服务的覆盖面，切实解决某些公共产品分配中的社会不公现象。①

还有学者从各自研究的领域出发，对服务型政府的建设措施提出了各自的观点。从电子政务的角度分析，电子政务对促进政府职能转变具有重要作用，能够更好地发挥政府的宏观经济调控职能，大大加强政府监管市场的有效性，提高政府社会管理水平，更好地改善政府的公共服务职能，因此，它可以有力推动我国服务型政府的建设。② 从政府竞争的角度出发，职能结构的服务主导性、职能目标的权利本位性、职能实现过程的成本节约性和职能实现方式的非强制性是服务型政府的四个基本品质，而新行政环境下政府之间竞争的新态势正向政府提出这四个方面的品质要求，要在竞争的环境中建设服务型政府，必须持续提高政府的公共服务竞争力。③ 从地方政府建设服务型政府的角度分析，我国地方政府创新和服务型政府建设正在横向扩展和纵向深化，存在发展不平衡、民众参与不够、未触及体制层面的改革以及认识上有随意性等问题，亟待通过政府理论创新和实践创新的相互促进，全面深入地推进政府创新活动，逐步实现建设服务型政府的目标。④ 从责任政府的角度出发，责任政府是服务型政府的题中应有之义，建立责任政府需要在正确界定其基本涵义的基础上把握责任政府构架的基本要件，并在把握责任政府建立条件的前提下找到责任政府建立的现实路径。⑤

（五）完善政府宏观调控的讨论

1. 政府宏观调控效果的争论

自 2003 年下半年以来，针对我国宏观经济运行中出现的粮食供求关系趋紧、固定资产投资过猛、货币信贷投放过多、煤电油运供求紧张等问题，党中央、国务院及时采取了措施，加强和完善宏观调控。⑥ 随着国家宏观调控政策效应的显

① 薄贵利：《完善政府公共服务职能，加强服务型政府建设》，载《国家行政学院学报》，2005（6）。
② 汪玉凯、张勇进：《电子政务与政府职能转变》，载《学习与探索》，2005（5）。
③ 汪永成：《基于政府竞争视角的服务型政府建设》，载《学习与探索》，2005（5）。
④ 苗月霞：《建设服务型政府的重要探索：地方政府创新实践——以广东省江门市政府创新实践为例》，载《学习与探索》，2005（5）。
⑤ 景云祥：《"责任政府"：人民政府的基本特征与发展趋向》，载《学习与探索》，2005（5）。
⑥ 汪同三：《宏观调控——经验与当前应注意的问题》，载《人民论坛》，2005（1）。

现，理论界对宏观调控的已取得的成效或将要取得的成效展开了激烈的讨论，概括起来大致有三种看法："着陆论"（包括软着陆论、硬着陆论、非软即硬论），"着陆质疑（否定）论"和"有待时日论"等。

绝大多数学者认为中国经济在 2004 年顺利实现了软着陆。林毅夫、刘吉、刘立峰等指出，经济宏观调控已初见成效，中国经济实现了"软着陆"。①②③ 樊纲认为，2004 年 GDP 增长超过 10％，没有出现通胀之后的大规模通缩，标志着实现了软着陆；④ 国家发改委宏观经济研究院经济形势分析课题组认为，宏观调控在多方面显现成效，宏观调控基本到位，经济增长实现了"软着陆"。李扬则认为，2004 年中国经济是硬着陆。

"着陆质疑（否定）论"以刘国光、刘树成等为代表。刘国光认为，"软着陆"的含义是国民经济的运行经过一段过度扩张后，经济增长率和物价上涨率均逐步平稳回落到适度区间。在显著地降低物价涨幅的同时，又保持了经济的适度快速增长。"软着陆"的前提是经济中发生了超高速增长和物价超高幅上涨，而我国目前经济增长率和物价上涨率都在正常区间，因而不存在"软着陆"的问题。⑤ 刘树成认为，这次宏观调控不是使经济增长率从两位数的高峰大幅度地回落和"着陆"，总体上看，经济还在适度增长区间内（8％～10％）运行，既不是"硬着陆"，也不是"软着陆"，而是通过适当的控速降温，使经济在适度增长区间内既平稳又较快地可持续发展，努力延伸经济周期的上升阶段。⑥

"有待时日论"以韩康、景学成等为代表。韩康认为，任何政府的宏观经济政策，其实际效果都需要经过一段时间的经济运行后才能得到比较完整的验证，从而得出比较合理的评价。现在政府宏观调控政策还在实施之中，最终的验证并做出完整评价还需要一段时间。⑦ 景学成认为，目前宏观调控仅是初见成效，不是大见成效，仍有不确定性，断言经济"软着陆"为时尚早。⑧

2. 对政府宏观调控的建议

对于这一问题，不同学者从不同角度提出了各自观点。

---

① 徐立京：《一位经济学家眼中的宏观调控》，载《经济日报》，2004-08-29。

② 刘吉：《宏观调控及其他》，载《社会科学报》，2004-07-08。

③ 刘立峰：《评价当前的投资走势》，载《宏观经济研究》，2004（8）。

④ 刘欣、樊纲、李扬：《经济过热与调控之度》，载《21 世纪经济报道》，2004-05-27。

⑤ 刘国光：《杂谈宏观调控》，载《经济学动态》，2004（10）。

⑥ 刘树成：《我国五次宏观调控比较分析》，载《经济日报》，2004-06-29。

⑦ 高亚雄：《如何进一步加强和完善宏观调控——访国家行政学院教务长韩康教授》，载《前线》，2004（8）。

⑧ 景学成：《三个阶段——对我国宏观经济调控的思考》，载《国际贸易》，2004（8）。

从宏观调控的含义出发，李晓西指出，什么叫宏观调控？既然是宏观调控，就不是对微观经济的干预，不是用产业政策对微观直接干预；既然是宏观调控，它的目标就应该是有规定的，有物价问题、就业问题、经济增长问题，也有国际收支平衡问题。[①]

从宏观调控的全局性出发，范恒山认为，宏观调控体系的构建要特别注意处理好如下几方面的关系。一是"上"、"下"关系。宏观经济管理体制整体性强，牵涉到全局，要保障改革的顺利进行，必须发挥中央和地方两个方面的积极性，因此要尽量照顾地方或企业已经形成的某些合理的既得利益，因势利导地推出一些实质性调整权力和利益关系的措施。二是"主"、"客"关系。在体制建设过程中，应当正确处理好行政行为推动与"自然成熟"的关系，最大限度地减少行政行为和最大程度地利用"自然成熟"规则，并力求必不可少的行政行为的合理性，使之符合经济规律要求。三是"内"、"外"关系。宏观管理体制的建设既制约着经济体制的其他方面的建设，同时又受制于它们。这种制约性要求构建宏观管理体制时充分考虑相关的环境条件。[②]

从市场经济体制的特点出发，高尚全认为，宏观调控是市场经济的重要内容。我们要建立、完善市场经济体制，必须要建立宏观调控体系。宏观调控是市场经济的内容，不应该把它和改革对立起来，应该通过宏观调控来深化改革，来完善社会主义市场经济，而不是一调控就忽略改革了。宏观调控主要靠市场化的手段，要用间接的宏观调控方式进行调控，要尽量地减少行政手段。因为我们市场化程度已经比较高了，用行政手段进行宏观调控，往往作用不像预期的那么大，而且副作用大。同时，长期以来计划经济所产生的经济膨胀的趋向，现在已经让位给市场经济体制下的过剩现象，宏观调控的基础已经发生变化了。靠行政的手段来进行宏观调控，容易产生钱权交易，并且成本很高。[③]

从政府职能转变的角度出发，唐铁汉认为，加强宏观调控是政府进行经济调节的最重要的职能。从根本上说，就是要按照科学发展观的要求，坚持"五个统筹"，加快推进投资、财税、价格、土地、粮食流通体制等方面的改革，以优化结构、提高效益为着力点，充分发挥经济杠杆的调节作用，更多地运用信贷、税

---

① 中国（海南）改革发展研究院：《直谏中国改革》，1版，108页，北京，中国经济出版社，2006。
② 范恒山：《我国宏观经济调控体系构建的重点与策略》，载《经济导刊》，2004（2）。
③ 中国（海南）改革发展研究院：《直谏中国改革》，1版，107~108页，北京，中国经济出版社，2006。

收、利率、汇率、价格等经济手段，以及法律手段，实行间接调控为主，辅之以必要的行政手段。同时，要继续防止行政冲动下的固定资产投资膨胀，加强对宏观经济运行态势的监测和预测，正确分析和判断经济形势，恰当地把握宏观调控的力度、时机和重点。①

从宏观调控自身的系统出发，陈东琪、宋立认为，第一，在信息与研究方面，科学制定宏观调控方针政策的基础和前提是准确判断形势。第二，在咨询与决策方面，为了提高宏观调控决策的科学性，最高决策者不仅须要获得准确的信息，而且能够获得反映全局与长远战略以及短期策略的高质量决策方案。第三，在目标与任务方面，应进一步明确宏观调控政策的目标体系。第四，在政策取向和组合的选择方面，为了防止宏观调控的盲目性和主观随意性，在确定政策整体取向和具体组合时，要从当时经济社会发展的具体情况出发，选择切合实际的调控政策模式。第五，在调控方式和措施操作方面，一是要强化"规则"意识，二是要强化"协调"意识，三是要强化"全局"意识。②

>>主要参考文献<<

[1] 陈东琪. 政府规模与机构改革 [J]. 经济学家，1999 (3).

[2] 邓小平. 邓小平文选. 第 2 卷 [M]. 北京：人民出版社，1994.

[3] 邓小平. 邓小平文选. 第 3 卷 [M]. 北京：人民出版社，1993.

[4] 傅小随. 中国行政体制改革的制度分析 [M]. 北京：国家行政学院出版社，1999.

[5] 顾家麒. 构建适应社会主义市场经济的行政管理体制 [J]. 管理世界，1999 (4).

[6] 顾家麒. 面向 21 世纪的中国行政管理体制改革 [J]. 中国行政管理，2000 (1).

[7] 胡伟，王世雄. 构建面向现代化的政府权力——中国行政体制改革理论研究 [J]. 政治学研究，1999 (3).

[8] 刘国光.《不宽松的现实与宽松的实现》序 [M]//刘国光. 刘国光经济文选 (1991—1992). 北京：经济管理出版社，1993.

---

① 唐铁汉：《行政管理体制改革的重点》，载《理论参考》，2006 (6)，13～14 页。

② 陈东琪、宋立：《我国历次调控的经验和启示》，载《宏观经济管理》，2007 (2)，46～47 页。

[9] 厉以宁. 非均衡的中国经济 [M]. 北京：经济日报出版社，1992.

[10] 厉以宁. 市场经济体制与政府调节 [M] //于光远. 社会主义市场经济的理论与实践. 北京：中国财政经济出版社，1992.

[11] 任晓. 中国行政改革 [M]. 杭州：浙江人民出版社，1998.

[12] 世界银行. 1997 年世界银行发展报告——变革世界中的政府 [R]. 北京：中国财政经济出版社，1997.

[13] 唐铁汉. 继续深化行政体制改革的思考 [J]. 中国行政管理，2005 (10).

[14] 王沪宁. 论九十年代中国行政改革的战略方面 [N]. 文汇报，1992-06-26.

[15] 吴敬琏. 当代中国经济改革：战略与实施 [M]. 上海：远东出版社，1999.

[16] 吴敬琏. 再论保持经济改革的良好环境 [J]. 经济研究，1985 (5).

[17] 吴江. 我国政府机构改革的历史经验 [J]. 中国行政管理，2005 (3).

[18] 汪玉凯. 中国行政管理体制改革 30 年：思考与展望 [J]. 党政干部学刊，2008 (1).

[19] 汪玉凯. 中国行政体制改革 20 年 [M]. 郑州：中州古籍出版社，1998.

[20] 王玉明. 政府机构改革中基本理论问题探讨 [J]. 实事求是，1998 (5).

[21] 谢庆奎. 当代中国政府 [M]. 沈阳：辽宁人民出版社，1991.

[22] 谢庆奎. 服务型政府建设的基本途径——政府创新 [J]. 北京大学学报：哲学社会科学版，2005 (1).

[23] 谢庆奎. 中国行政机构改革的回顾与展望——兼论行政机构改革的长期性 [J]. 学习与探索，1997 (6).

[24] 夏书章. 行政管理学 [M]. 太原：山西人民出版社，1985.

[25] 中国（海南）改革发展研究院. 直谏中国改革 [M]. 北京：中国经济出版社，2006.

[26] 张国庆. 行政管理学概论 [M]. 北京：北京大学出版社，1989.

[27] 周宏仁. 我国电子政务建设的主线和重点 [J]. 中国信息界，2005 (19).

[28] 张尚仁. 政府改革论纲 [J]. 学术研究，2003 (9).

[29] [美] 道格拉斯·诺思. 制度、制度变迁与经济绩效 [M]. 上海：上海三联书店，1994.

[30] [美] 詹姆斯·M·布坎南. 自由、市场和国家 [M]——80 年代的政治经济学. 上海：上海三联书店，1989.

Ⅲ.

企业市场化改革 30 年理论回顾

中国企业市场化改革已经走过了 30 年。回顾改革历程，我们发现，每一次改革举措出台前都会出现关于企业改革理论的争论和探讨，改革理论指导了改革实践。吴敬琏说："纵观中国改革的整个历程，可以说，从 20 世纪 80 年代中期以后每一次重大的推进，都与我们对现代经济科学认识的深化有关。"①

从总体上看，可把 30 年来企业市场化改革理论的发展分为三个阶段：1978 年到 1991 年的多维探索时期；1992 年到 2000 年的初步形成时期；2001 年至今为不断走向成熟的时期。

>>一、1978—1991 年：企业市场化改革 理论的多维探索<<

1992 年邓小平南方讲话前，改革虽然持续了十几年，但由于受传统理论和极"左"思想的束缚，理论界就改革取向等问题争鸣不断，几经曲折，始终没有明朗。这期间理论界围绕企业改革取向、所有制、企业地位、产品价格、企业分配等问题进行了多维探索。

（一）企业改革取向

中国企业需要改革基本得到学术界的一致同意。但是要如何改？以何种管理体制为改革的目标取向在学术界则存在争论。归纳起来，学术界主要探讨了以下几个较为重要的理论问题。

---

① 吴敬琏：《经济学家、经济学与中国改革》，载《经济研究》，2004（2）。

1. 关于计划和市场的争论

1978 年，改革先从农村开始。企业改革是此后出现的城市经济体制改革的重要组成部分。这一时期，企业改革面临的关键问题是企业改革的大方向是什么？对此，理论界围绕计划和市场的关系问题展开了长期的争论和探索。

改革开放初期，人们对社会主义经济的认识仍是建立在公有制基础上的计划经济。1979 年 4 月，经济学界在无锡举行了"社会主义经济中价值规律作用问题"的学术讨论会，重点讨论了社会主义经济中计划与市场的关系问题。薛暮桥、孙冶方、刘国光、张卓元、刘诗白等学者提出了计划经济与市场机制相结合的命题；谷书堂则系统地探讨了社会主义商品经济中的价值规律。[①] 从此，过去令人谈虎色变的"市场"开始堂而皇之地进入社会主义经济理论体系大厦，计划和市场关系问题的大讨论全面展开。

这一时期，大批学者认识到社会主义经济是商品经济，必须充分发挥市场机制的作用。1984 年 10 月，中共十二届一中全会正式确认了社会主义经济是建立在社会主义公有制基础上的有计划的商品经济。这样，社会主义商品经济被确立，经济理论研究取得崭新的重大成果。

但经济学家并不满足于已取得的进展。中共十二届三中全会后经济理论界正式提出市场经济的概念，开始把经济体制改革引向市场化改革。20 世纪 80 年代后期，一些理论家认为，社会主义商品经济的本质就是社会主义市场经济，[②] 有计划的商品经济也就是宏观调节的市场经济。比如，李晓西、樊纲等学者开始使用"社会主义市场经济"的提法，并进行了研究和探讨。[③] 吴敬琏指出，商品经济和市场经济是既有联系又有互相区别的概念，"商品经济"是从财富的社会存在形态——是进入市场交换的商品，还是自产自用的"产品"，界定一个经济的性质。"市场经济"则是从稀缺资源配置方式的角度界定一个经济的性质。封建社会中商品经济并不具备市场经济的性质，但近现代社会商品经济必定是市场经济。[④]

1991 年，吴敬琏、刘吉瑞在《论竞争性市场体制》中明确提出了建立社会

① 谷书堂：《论价值规律在社会主义商品经济中的调节作用》，载《南开大学学报》，1979 (4)。
② 杨坚白：《关于有计划的商品经济和市场经济问题》，载《天津社会科学学报》，1986 (2)；晓亮：《经济理论三题》，载《经济学周报》，1986-09-21。
③ 李晓西、樊纲等：《市场化改革思路的主要特征与内容》，载《世界经济导报》，1987-11-30。
④《经济研究》编辑部：《中国经济理论问题争鸣》，2～3 页，北京，中国财政经济出版社，2002。

主义竞争性市场体制的目标模式，并全面讨论了如何建立社会主义竞争性市场体制的问题，为 1992 年十四大确立社会主义市场经济体制目标模式做了理论上的准备。

当然，这一时期相反的言论也此起彼伏。他们认为，"实行指令性计划是社会主义计划经济的基本标志，是我国社会主义全民所有制在组织和管理上的重要体现。完全取消指令性计划……取消国家对骨干企业的直接指挥……就无法避免社会经济生活紊乱，就不能保证我们的整个经济沿着社会主义方向前进。"①

1982 年 8 月，有人尖锐地批评了把社会主义经济看成是商品经济的思想，结果使中共十二大政治报告在计划与市场问题上不但没能取得进展，相反有所倒退，重申了"计划经济为主体，市场调节为补充"的原则。

1985 年初，中央正式采纳"调放结合"价格改革思路（又称双轨制）后，双重体制固有的内在矛盾以激烈的方式爆发出来，出现了企业行为短期化、物价持续上升、市场秩序紊乱、宏观调控乏力等现象。于是，理论界对社会主义经济是"在公有制基础上的有计划的商品经济"出现了不同的解释。有的人强调"计划经济"的用语，把发展商品经济视为是对传统体制的一种完善；有的人强调"商品经济"，但又力图使"公有制基础上的有计划的商品经济"与市场经济划清界线。因而，怎样调整改革总思路，选择什么具体改革方向来解决上述问题，成为当时颇具争议的一个重大课题。

由于邓小平对计划和市场相结合理论的肯定，1987 年 10 月，中共十三大报告采纳了理论界提出的"国家调控市场，市场引导企业"的运行机制，突出了市场机制的作用。此后，因经济发展中出现了一些问题，一些政治理论家马上以此为由，声称这些问题都是改革从一开始就出现"方向错误"的结果。特别是 1989 年的政治风波后，一些人把计划和市场的问题同社会主义基本制度的存废直接联系起来，提出这是一个姓"社"还是姓"资"的问题。他们断言"市场取向等于资本主义取向"，"市场经济等于资本主义"。一些坚持计划经济的人又变相地恢复了"计划经济为主、市场调节为辅"的口号。②

20 世纪 80 年代末 90 年代初，虽然出现了对市场化改革的大批判，但因邓小平的抵制，改革没有退回到计划取向。1990 年 12 月 24 日，邓小平在同几位中央负责同志谈话时说："不要以为搞点市场经济就是资本主义道路，没有那么回事。

---

① 《红旗》杂志编辑部：《计划经济与市场调节文集·前言》，3 页，见：《计划经济与市场调节文集》，第一辑，北京，红旗出版社，1982。

② 吴敬琏：《吴敬琏自选集（1980—2003）》，70～72 页，太原，山西经济出版社，2003。

计划和市场都要。不搞市场，连世界上的信息都不知道，是自甘落后。"[①] 1991
年1月至2月间，邓小平同上海市负责同志谈话时指出："不要以为，一说计划
经济就是社会主义，一说市场经济就是资本主义，不是那么回事，两者都是手
段，市场也可以为社会主义服务。"[②] 1992年中共十四大后，长达十几年的计划
与市场问题的争论基本宣告结束。

2. 企业改革目标模式的探索

在改革取向争论的过程中，理论界对具体的企业改革目标模式也进行了多角
度的探索，先后出现了"放权让利"、"承包制"、"股份制"、"现代企业制度"等
几种主要思想和理论，为企业改革的实践提供了一定程度的理论指导。

（1）放权让利。

中国企业的市场化发端于1978年，其初始动力是改革毫无自主权的国有企
业经营机制，提高国有企业运行效率。改革前，与高度集中的计划制度相适应，
中国社会普遍存在的企业形态是全民所有制，即国有企业。集体企业不过是"二
全民"，与国有企业并无实质性区别，其他所有制企业则根本不存在。高度集中
的计划制度使企业几乎没有任何权利，其运转完全依靠政府的行政命令来推动，
不存在任何竞争主体。这使企业既无内部利益刺激，又无外部市场竞争压力，造
成企业生产经营缺乏活力，企业长期低水平徘徊。从这一基本事实出发，70年
代末出现了向企业放权让利的改革思路。[③]

"放权让利"是通过扩大企业自主权和物质刺激，以图调动企业的生产经营
积极性。然而，这种"放权让利"完全是一种政府行为，当"放权让利"超越政
府的初衷或违背政府的意志时，政府就会运用行政强力"收权减利"。结果造成
"一放就活，一活就乱，一乱就收，一收就死"的"怪圈"。[④] 但是，由于"放权
让利"使得僵化的资源计划配置制度得以放松，从而诱致政府较少控制的非国有
企业，特别是乡镇企业出现迅速增长。[⑤]

（2）承包制。

从1984年起，中国经济制度改革的重心从农村移到城市，国有企业改革被

---

① 邓小平：《邓小平文选》，第3卷，364页，北京，人民出版社，1993。
② 同上书，367页。
③ 高明华：《权利配置与企业效率》，323页，北京，中国经济出版社，1999。
④ 同上书，324页。
⑤ 林毅夫：《中国的经济改革与经济学的发展》，见：北京大学中国经济研究中心：《经济学
与中国经济改革》，37页，上海，上海人民出版社，1995。

明确为改革的中心环节。由于"放权让利"暴露出的种种弊端和不规范，这一次改革的核心内容是强化企业经营权，期望在国有制企业内部发动"经理革命"，通过重建微观利益机制和权利主体，使经营者对国有财产负起责任来，于是开始试行旨在划清企业经营权和责任的经济责任制改革。其中最主要的是租赁制、承包制和资产经营责任制。实施范围最广、对国有企业影响最大的当推承包制。理论界也就此展开了广泛的研究和讨论。

通过几年的试点后，1987 年开始在实践中普遍推行多种形式的承包经营责任制。但是，1988 年上半年以后，承包制在实践过程中暴露出了一些问题和弊端，中国经济学界为此展开了一场激烈的争论，国有企业制度改革是继续沿着承包制的方向进行经营权改革，还是推行股份制，进行所有权变革？承包制是中国企业制度改革中的临时过渡形式，还是具有中国特色的目标模式？

以杨培新为代表的经营权主导改革派认为，在保持国有企业国家所有权不变的前提下，通过承包制等形式，把经营权由政府转到企业手中，形成新的国有企业经营体制。企业是现代经济的细胞，是具有独立经济利益的能动的有机体，构造社会主义商品经济新体制，必须以具有独立自主地位的企业为基础。以所有制为突破口的改革应该采取"从外围向核心逐步深入"的战略，即以经营权改革作为所有制改革这条主线中的主线。因此，他们极力推崇承包制的改革。[①]

（3）股份制。

改革初期，在如何改变公有制实现形式问题上，理论界基本上局限于"两权分离"的思路，导致了"放权让利"和"承包制"的改革政策。当时，温州等少数地区出现了农民以资产入股、以劳代资入股等方式创办乡镇企业的做法，引起了一些经济学家的注意。但绝大多数国人尚不知股份公司为何物。对此，吴稼祥、金立佐的《股份化：进一步改革的一种思路》一文最早对国有企业如何进行股份制改造做出系统的分析。作者在文中指出了"两权分离"理论的改革思路和承包制改革方式的局限性，主张从财产关系入手，以股份制形式来解决企业财产独立化和人格问题。文章还分析了股份制的功能及股份制改造的步骤。[②] 这些思想对股份制的探讨和政策实践起了启蒙和理论先导作用。

后来，厉以宁也积极主张以股份制为国有企业改革目标和方向。1987 年他在《社会主义所有制体系的探索》一文中阐述了其股份制改革理论。

---

① 叶远胜：《中国经济改革理论流派》，29～30 页，郑州，河南人民出版社，1994。
② 吴稼祥、金立佐：《股份化：进一步改革的一种思路》，载《经济日报》，1985-08-03。

(4) 现代企业制度。

1984 年，"有计划的商品经济"这一经济体制改革的目标模式确立后，紧接着的问题是如何把它付诸实践？1986 年王珏提出了国有企业改革的方向是建立"现代企业制度"的思路，这是我国学术界第一次提出"现代企业制度"的概念。王珏认为，当时普遍推行的承包制，对企业的权、责、利并没有规范的释义，在制度、法律上更缺乏保障。所谓"授权"、"放权"、"收权"的权力还掌握在政府管理部门手中，一旦客观环境发生大的波动，政企关系就很可能复归故辙。因此，只能把承包制视为企业改革的一种过渡形态，下一步企业改革的中心任务是创建"现代企业制度"。[①]

（二）社会主义所有制问题

尽管学术界对企业改革进行了较为热烈和广泛的探讨，但是讨论大多集中在管理体制改革方面。社会主义企业归谁所有，实现什么样的所有制形式也得到了学术界的关注。归纳起来，这一时期，学术界主要讨论了以下几个理论问题。

1. 公有制及其实现形式

改革开放前，受意识形态的影响，所有制问题是理论禁区。人们虽然在热烈讨论如何改革的问题，但多数是从如何完善经济管理体制着眼。只有少数学者清醒地认识到，现实经济生活中暴露出来的种种问题，都或多或少地与所有制有关。董辅礽是较早提出这类问题的经济学家，他在《关于我国社会主义所有制形式问题》一文中对传统的公有制形式提出了批判：全民所有制采取国家所有制形式，造成政权组织代替经济组织，直接控制经济活动，企业沦落为各级国家行政机构的附属物；……这种体制不仅窒息了企业的活力，而且使客观的经济活动人为地服从于行政的系统、层次和划分，割断了它们的联系。作者还首次区分了公有制和公有制的实现形式，并提出了政企分开的思想。[②]

2. 所有制优劣的判断标准

中国所有制结构的改革在理论上首先遇到的一个难题是，以什么样的标准来评判某种所有制的优劣。改革前，人们以"一大二公"作为衡量所有制形式先进与否的尺度和标准。于光远发表文章，彻底否定了以"一大二公"作为衡量所有制先进与否的尺度和标准，重新确立了以发展生产力为"唯一的尺度"的标准，

---

① 王振中、杨春学：《中国经济学百年经典》，511～512 页，广州，广东经济出版社，2005。
② 董辅礽：《关于我国社会主义所有制形式问题》，载《经济研究》，1979 (1)。

推动了中国经济学界在这方面的积极研究。①

3. 社会主义所有制是否具有多样性

改革开放后，多种所有制形式并存成为越来越明显的事实，但人们在所有制问题上仍然受"左"的观念影响，不敢承认社会主义社会所有制的多样性，任意剪裁具有丰富的多种所有制形式的客观事实。对此，少数经济学家大胆地进行了分析和研究。刘诗白指出，多种所有制并存并非社会主义的"初始阶段"所特有的现象，而是一切社会形态的共同特征，只不过是在每一种社会形态中的"初级阶段"表现得最为显著而已；社会主义"初始阶段"所有制的多样性，在结构上表现为占主体地位的公有制与局部领域存在的某些非社会主义所有制的同时并存，从而形成以公有制为主体，以非公有制为补充的复合结构；中国经济改革的方向是，根据生产力的实际状况，适当地调整各类所有制关系，"寻求与保持最优的所有制结构"，使多种所有制形式同时并存，各得其所，各显其能，共同促进社会生产力的发展。②

4. 股份制的性质

1984 年 11 月，上海飞乐音响公司成为新中国第一家采取股份形式成立的股份有限公司。之后，政府规定，各地可以选择少数有条件的全民所有制企业进行股份制试点。经济学界也开始就股份制问题展开激烈的争论。争论的焦点集中在股份制的性质是姓"资"还是姓"社"、股份制是不是国有企业改革的基本方向等问题上。当时，有的学者认为股份制与搞活国有企业没有必然联系，有的学者认为股份制属于私有制性质，等等。但厉以宁认为，作为企业的一种财产经营和组织形式，股份制本身并不具有什么社会性质，它在实践中的性质取决于投资者的性质……在中国，通过所有制改造而建立的股份制企业，是一种新的公有制实现形式，它能体现劳动者群体作为真正的生产资料所有者这一公有经济的本质特征。③

5. 所有权和经营权的分离

"两权分离"是指企业的所有权与经营权相分离，也是股份制企业的产权特征。但这一时期对它的讨论并非为了探讨现代股份公司的治理结构，而是为了避开所有制问题，为当时的改革提供理论依据。许多学者认为，企业经营效率的高

---

① 于光远：《对待社会主义所有制的基本态度》，载《人民日报》，1980-07-07。
② 刘诗白：《论社会主义社会所有制的多样性》，载《财经科学》，1981 (1)。
③ 厉以宁：《社会主义所有制体系的探索》，载《河北学刊》，1987 (1)。

低关键在于"经营管理",而不是所有制形式。因此企业实行两权分离有利于企业效率的提高,"所有权不再重要"。所以 20 世纪 80 年代初期的"放权让利"和"承包制"改革是基于这一思想提出来的。

6. 公有制与市场机制的兼容问题

20 世纪 80 年代末,以"两权分离"为理论基础的国有企业改革思路日益暴露出其局限性,真正的难题出现了:公有制是否与市场机制兼容以及如何使它们相容的问题,成为一个有待解决的重大实践和理论问题。谷书堂认为,在社会主义社会中,计划经济与商品经济并非"二者必居其一",它们完全可以统一起来,并行不悖地发挥作用。[①] 刘伟的《所有权的经济性质、形式及权能结构》一文对此进行了探讨。作者从商品经济对企业产权的要求出发,力求阐明公有财产制度满足这些条件的途径。他把商品关系所有权的权能分为三个方面:所有权(剩余索取权和外部监督)、市场交易支配权和企业管理权。主张通过对国有企业进行三项权能分离的全方位改革,实现公有制与市场机制的兼容。[②]

(三) 企业地位

在计划经济体制下,企业实质上只是行政主管机构的附属,是国民经济这一大工厂中的车间、班组,而不是一个独立的商品生产者,不存在与国家行政权体系相区别的、具有独立经济意义的企业制度,也不存在与市场交易相联系的独立的企业产权。改革开放后,传统国有企业存在的这一弊端,逐渐被理论界所认识,人们开始探讨企业的地位问题,从而出现了"企业本位论"、"企业细胞论"、"企业中心论"的提法。最有代表性的是 1980 年蒋一苇提出的"企业本位论",其主要观点有:①企业是现代经济的基本单位;②企业必须是一个能动的有机体;③企业应当具有独立的经济利益;④在国家与企业的关系上,国家的政权组织和经济组织应当分离。国家对企业的领导和管理必然要采取经济手段。[③]

(四) 产品价格

企业产品定价问题在企业改革中具有较为重要的地位。价格通过其信号作用

① 谷书堂、常修泽:《再论社会主义经济形式的特征》,载《天津社会科学》,1983 (6);《社会主义与商品经济论纲》,载《经济研究》,1990 (6)。

② 刘伟:《所有权的经济性质、形式及权能结构》,载《经济研究》,1991 (4)。

③ 杨玉生:《市场经济理论史》,401～402 页,济南,山东人民出版社,1999。

能够反映出企业在市场中的经济地位以及经营状况。企业的产品价格改革得到了学术界的关注。归纳起来，这一时期，学术界对企业产品价格改革主要讨论了以下几个理论问题。

1. 价格改革的目标模式

由于长期实行冻结物价政策，价格严重扭曲，既不反映价值，也不反映供求关系。要进行有成效的价格改革，首先必须正确地确立价格改革的目标模式。这一时期，理论界在这一问题上一直争鸣不断。改革初期，学术界的主流看法认为，价格改革的目标模式应该是以国家定价为主，浮动价格为辅，市场价格为补充。随着市场化改革的深入，这种计划价格模式被否定，有人就主张价格改革应以浮动价格为主，市场价格为辅，国家定价为补充。所谓浮动价格，就是由国家统一规定价格的基准价和浮动幅度，实际上仍然是一种计划价格。因此有人主张价格改革应完全由市场来定价，国家计划基本上不加干预。但多数人认为这种主张也不可取，因为如果完全否定国家计划的指导作用，听任市场作用的盲目发挥，势必导致宏观失控和经济秩序的混乱。直到 1992 年社会主义市场经济体制确立后，对价格体制改革的目标模式的认识才基本上达到了一致。①

2. 理论价格的讨论

由于不合理的价格体系，在 1982 年和 1983 年出现了对价格理论的研究热潮，即所谓的理论价格问题研究。一般认为，理论价格是按照马克思主义价格形成理论计算出来的价格。它是相对于实际价格而言，并作为衡量实际价格高低的客观依据。但在理论价格的阐述上存在有不同观点：有人认为理论价格就是基础价格，即按照商品价值或价值转化形态测算的价格，它能比较准确地计算和反映国民经济的比例，较准确地计算和比较企业与社会的经济效果；有人认为理论价格包括基础价格和供求价格（按供求调节市场价格的规律测算的价格）；有人认为理论价格除了包括基础价格和供求价格外，还应包括国家的目标价格，或决策价格；还有人认为理论价格就是影子价格。②

3. 价格改革主线论

20 世纪 80 年代中期，以吴敬琏为代表的协调改革派认为，市场导向作用主要是通过价格导向作用来实现的，只有尽可能放开价格，才能使价格比较真实地

---

① 陈锦华、江春泽等：《论社会主义与市场经济兼容》，248～249 页，北京，人民出版社，2005。

② 章迪诚：《中国国有企业改革编年史》，100 页，北京，中国工人出版社，2006。

反映资源的稀缺程度，才能使价格的导向有利于生产要素的合理流动和资源的优化配置，社会才可能对企业经营状况做出客观公正的评价。[①] 因此，价格改革应该先行，价格改革是企业改革的主线。

（五）企业中的收入分配

这一时期企业的基本分配制度是按劳分配制度。随着改革的展开，这种分配制度的局限越来越明显，加上客观上各种分配形式的出现，理论界对企业分配问题也进行了一些研究和探讨。

1. 关于按劳分配的量化基础

按劳分配是以劳动作为尺度的。但对"劳"指的是什么，则存在着不同的看法。有人认为，按劳分配的"劳"是劳动的三种形态（潜在形态劳动、流动形态劳动、凝结形态劳动）的综合。在确定劳动报酬时，应考虑潜在形态的劳动，把技术等级、职务、职称等作为依据，可以促进劳动者提高技术和业务能力；考虑流动形态的劳动，把劳动时间、劳动强度、劳动艰苦繁重等作为付给报酬的因素标准，可以鼓励劳动者积极劳动；考虑凝结形态的劳动（即物化形态劳动），使报酬多少取决于完成劳动定额的情况，可以有利于促进劳动者关心自己的劳动成果，提高经济效益。有人认为，按劳分配的"劳"只能是物化形态的劳动。按劳分配是产品分配的一部分。按劳分配实际上是按有效劳动分配。"潜在的劳动形态"不能作为确定劳动报酬的根据。[②]

2. 关于劳动分配的层次

一种意见认为，按劳分配有两个层次：一是国家对企业实行分配；二是企业对劳动者个人实行分配。由于现阶段的社会主义社会还存在商品生产，劳动者的个人劳动只有经过企业联合劳动才能转化为社会劳动，为社会所承认。这就有个社会承认企业的联合劳动，并按企业联合劳动的有效性进行分配的问题。各企业之间的职工出现收入上的差别是贯彻按劳分配的结果。有人则认为，国家只能对劳动者个人实行按劳分配，不能对企业集体实行按劳分配。如果国家对企业实行按劳分配，必然出现不同国营企业的劳动者同工不同酬的情况。[③]

3. 按劳分配是否是社会主义分配关系中的唯一原则

一种意见认为按劳分配是社会主义分配消费品的唯一原则。因为社会主义的

---

① 叶远胜：《中国经济改革理论流派》，14 页，郑州，河南人民出版社，1994。
②③ 章迪诚：《中国国有企业改革编年史》，84 页，北京，中国工人出版社，2006。

本质特征是生产资料公有制和按劳分配，同时按劳分配关系与社会主义关系是同一的，是生产关系的另一方面。[①] 另一种观点认为按劳分配不是分配消费品的唯一原则，如非劳动要素也应该参与分配，社会主义初级阶段的分配原则应该是按贡献分配。[②]

>> 二、1992—2000 年：企业市场化改革 理论体系的逐步形成 <<

企业市场化改革初期，学术界对社会主义企业改革进行了多维探讨，取得了较为明显的成绩。1992 年，邓小平发表南方谈话，中国经济体制改革以市场化为主要导向，再次掀起高潮。在此背景下，学术界对企业的市场化改革理论进行了广泛探讨。

（一）企业改革市场化取向的确立

1992 年春，邓小平南方谈话进一步指出，计划经济不等于资本主义，资本主义也有计划；市场经济不等于资本主义，社会主义也有市场。计划和市场都是经济手段。计划多一点还是市场多一点，不是社会主义与资本主义的本质区别。这一精辟论断，从根本上解除了把计划经济和市场经济看作属于社会基本制度范畴的思想束缚，使我们在计划和市场关系问题上的认识有了新的重大突破。1992 年 10 月，中共十四大报告正式确立了把社会主义市场经济作为中国经济体制改革的目标模式。自此，作为经济体制改革重要组成部分的企业改革，其市场化取向成为绝大多数理论工作者的共识。

当然，企业改革的大方向虽然已经确立，但在如何进行市场化改革的许多具体问题上仍然需要理论界做进一步的探讨。1993 年以后，建立"产权清晰、权责明确、政企分开、管理科学"的现代企业制度成为国有企业改革的基本方向。

理论界围绕这一方向进行了全方位的理论研究和探讨，逐步深入，在涉及企业市场化改革的所有制、产权、国有资产管理、公司治理、非国有企业、企业分配等宏微观领域都取得了新突破，到 2000 年逐步形成了一套较为完整的企业市

---

① 章迪诚：《中国国有企业改革编年史》，99～100 页，北京，中国工人出版社，2006。
② 谷书堂、蔡继明：《按贡献分配是社会主义初级阶段的分配原则》，载《经济学家》，1989 (2)。

场化改革理论体系，为中国企业市场化改革提供了相应的理论指导。

（二）公有制和国有资产管理理论的新突破

企业市场化改革取向确立后，一个理论难题出现了：市场经济是通过市场竞争手段来对稀缺资源进行配置，因而必须以众多的利益主体的存在为前提。而现实是，社会主义的所有制形式是公有制或全民所有制，它体现了社会主义性质。那么进行市场化改革，必然要建立适应市场经济要求的体现众多利益主体的所有制形式。要使全民共同所有的、只存在一个利益主体的公有制适应市场经济的要求，就面临两条改革道路：一是将公有制全面变成私有制，这会改变社会主义性质，因而行不通；二是在不改变社会主义性质的前提下通过探讨公有制的多种实现形式来解决公有制与市场经济的兼容问题。后者为中国理论工作者提出了新挑战：公有制与市场经济能否兼容，如何兼容？

虽然董辅礽、谷书堂、刘诗白、刘伟等经济学家先前就涉及了这一难题，但因市场化取向不明朗，这一问题并没有引起足够重视，这些探讨也就只起到了理论先导作用。这一时期，通过不懈努力，理论界在公有制理论上取得了新突破，形成了较完善、较全面的公有制与市场经济兼容的理论体系，为企业市场化改革奠定了强有力的理论基础。

1. 公有制与市场经济兼容的理论基础

（1）所有制是手段而不是目的。

解决公有制与市场经济兼容的首要问题是所有制能否选择或创新的问题，这就涉及所有制是手段还是目的的问题。如果公有制是追求的目标，我们就要像过去那样追求"一大二公"，现有的公有制不仅不能变，还要进一步强化；如果所有制只是发展的手段，我们就可以选择有利于生产力发展的所有制结构或形式，因而现有的公有制是可以进行创新的。对此，何伟、周叔莲等经济学家做了开创性研究，解决了所有制是手段而不是目的的理论难题。何伟在 1993 年 1 月发表的文章中认为所有制不应当是目的，目的应当是邓小平提出的共同富裕。周叔莲发表在《光明日报》1993 年 7 月 13 日的一篇文章中指出，所有制是发展生产力的手段，而不是目的。后来，"中国经济学家论坛"于 1993 年 8 月下旬专门召开了"所有制是目的还是手段"的研讨会。会上，有观点指出："既然所有制是发展生产力的手段，那么所有制就有一个选择问题，改革问题，创新问题，就应该使之有利于生产力的发展。"①

（2）所有制具有多维动态结构。

这一时期，晓亮、王梦奎、黄少安、赵凌云、刘纯志、李运福等学者还就"所有制结构"的内涵进行了研究，他们共同的观点是所有制具有多维结构性和动态性。② 比如，黄少安把所有制分为浅层结构与深层结构、宏观结构与微观结构、静态结构与动态结构。浅层结构是指不同性质的所有制形式及其数量比例，其中占主导地位的所有制形式决定社会生产关系或经济制度的根本性质；深层结构是指特定性质的生产资料所有制的具体组织结构或实现形式。③ 这说明，可以在不改变公有制浅层结构（或公有制性质）的基础上进行深层结构的调整（即公有制实现形式的多样化），以适应市场经济对所有制结构的要求，因而公有制可以通过实现形式的多样化与市场经济相容。

（3）全民所有制具有多种基本形式。

在"所有制结构"内涵得到清晰认识的基础上，于光远、晓亮、何伟等学者对"全民所有制"问题进行了深入分析。他们共同认为："全民所有制"是一个虚幻的概念，不利于市场化改革中具体产权主体的确立，应用其他概念来替代。晓亮主张用"国家所有制"来替代；于光远、何伟主张用"社会所有制"来替代。于光远还分析了"社会所有制"的各种基本形式：社会主义国家所有制、全民所有制、劳动群众的集体所有制、劳动群众的合作所有制、社会个人所有制、社会主义社区所有制、社会主义的社团所有制、社会主义的合作所有制、社会主义的企业所有制等。④ 这些理论研究突破了传统认识，让人耳目一新。按照这些理论，国家所有制、混合所有制、个人所有制也属社会所有制范畴，公有制与市场经济是可以兼容的。

（4）公有制性质与其实现形式的区别。

要解决在保持公有制性质不变的前提下建立适应市场经济要求的反映不同利益主体的所有制结构，还需解决的理论问题是将公有制性质与其实现形式区别开来。高尚全、吕政、肖灼基、晓亮、薛有志、苏星、李运福、白津夫等学者研究了这一问题，他们的共识是：公有制性质与公有制实现形式是不同的，公有制实

---

① 赵晓雷：《新中国经济理论史》，381~382 页，上海，上海财经大学出版社，1999。

②《经济研究》编辑部：《中国经济理论问题争鸣》，30~32 页，北京，中国财政经济出版社，2002。

③ 黄少安：《论所有制深层结构改革与企业制度创新》，载《经济研究》，1990（3）。

④《经济研究》编辑部：《中国经济理论问题争鸣》，33~37 页，北京，中国财政经济出版社，2002。

现形式的多样化不会改变公有制的性质。^①白津夫认为，把公有制与其实现形式相区别是一个伟大的进步，它能够使我们做到坚持公有制的条件下去发展公有制，即在坚持公有制方向的同时，去创造更新、更有利于公有制发展的实现形式。过去我们在公有制问题上，不敢、不能触及，根本原因在于没有把公有制性质与其实现形式加以区别，在公有制认识上简单化，只能坚持而不能探讨，只能增加而不能减少，只能向上过渡而不能横向发展，其结果是把公有制越搞越僵化。

2. 探索适应市场经济要求的公有制为主导的所有制结构

既然所有制具有多维结构，公有制可以通过多种形式来实现，那么应建立什么样的所有制结构才符合社会主义市场经济的客观要求呢？高尚全、董辅礽、张卓元、肖灼基、何炼成、何玉长、冒天启、智效和、黄少安等一批学者进行了探索，他们提出了许多不同的思路。^②比如，采取承包制、租赁制、股份制等多种公有制实现形式的思路；建立个体经济、私营经济、混合经济、"三资企业"、集体经济、国有经济共同发展的所有制结构思路。这些理论上的探讨不断为企业市场化改革举措提供了指导，中共中央关于所有制结构的表述基本上随着所有制结构探讨的深入而逐渐变化。中共十四大的报告指出："在所有制结构上，以公有制包括全民所有制和集体所有制经济为主体，个体经济、私营经济、外资经济为补充，多种经济成分共同发展。"中共十五大后，关于所有制结构的表述改变为"公有制为主体、多种所有制经济共同发展，是我国社会主义初级阶段的基本经济制度"。

3. 公有制主体地位上的争论

中共十四大和十五大都确立了公有制的主体地位，但这一主体地位应该怎样体现，理论界存在有不同认识，出现了争论。其观点大致表现在三个方面：社会主义公有制的主体地位主要体现在数量上；社会主义公有制为主体主要体现在质量上占优势；社会主义公有制为主体要在数量和质量上都占优势。^③总体来说，这一时期，在这一问题上没有形成比较完善和准确的一致意见，结果导致国有企业股份制改造过程中出现了片面强调数量的国有股"一股独大"局面。

---

① 《经济研究》编辑部：《中国经济理论问题争鸣》，38～41 页，北京，中国财政经济出版社，2002。

② 同上书，41～45 页。

③ 同上书，46～50 页。

4. 国有资产管理理论的逐步形成

通过公有制实现形式的多样化改革，国有企业成为享有独立法人财产权的经营主体，国家享有国有企业的所有权，企业对国有资产负有保值增值的责任，这就形成了国家和企业的委托代理关系。那么作为所有者的国家其享有的所有权应怎样体现呢？或者国家这一企业所有者应以怎样的方式来保证企业实现国有资产的保值和增值呢？这就涉及到国有资产的管理问题，也是企业市场化改革中必然要回答的问题。理论界对此进行了研究和讨论，逐步形成了有中国特色的国有资产管理理论。

（1）国有资产管理改革问题的讨论。

1993 年，中共十四届三中全会明确对国有资产实行"国家统一所有、政府分级管理、企业自主经营"的体制，随着市场化改革的不断深入，这一体制的内在矛盾不断暴露出来，理论界围绕是否建立国有资产管理专门机构、如何建立国有资产管理体制、政府如何管理国有资产等问题展开了广泛的讨论。①

通过几年的试点改革，1996 年企业股份制改革正式开始，企业活力有了提高，但同时也带来了所有权对经营权约束不够，部分经营者滥用自主权导致所谓"内部人控制"和国有资产流失等一系列问题，后果相当严重。如何强化国有资产管理体制，实施对企业经营的有效制约是这一时期理论界讨论的热点问题之一。一些人认为，这一问题的真正难点和阻力在于政府机构的改革。国有资产管理职能实际上分别由各级政府的计划、财政、国资、银行等经济管理部门和行业主管部门多头行使。它们都成了国有企业的管理者和经营者，都可以对企业发号施令，随意进行干预，都拥有和行使某一方面的职权，从而使国有企业往往无所适从，但它们事实上都并不承担国有资产运营效率的最终责任，都不对国有资产的保值增值负责。各个部门手中的权力不愿意放弃，就不能有效形成国有资产的主管与监督、协管的合理结构，就与现代企业制度所要求的原则相矛盾。

针对政府干预与"内部人控制"的两难处境，一些人认为，"内部人控制"本身没有错，关键是"内部人控制"失控，所以要控制"内部人控制"。从区分两种不同的所有权与经营权的分离方式角度来理解现代企业制度的产权结构，认为股份公司的产权制度不是对所有权的弱化和对经营权的单方面强化，而是对所有权和经营权的共同强化。②

---

① 章迪诚：《中国国有企业改革编年史》，663～667 页，北京，中国工人出版社，2006。
② 同上书，436 页。

（2）建立新型国有资产管理体制的设想。

1993 年，原国家国有资产管理局组织了一些理论工作者进行了国有资产管理体制改革的课题研究，提出了建立新型国有资产管理体制设想。其基本思想是政府内部实行从事宏观经济调控和行业管理的职能与从事国有资产管理的职能分开，建立三个基本管理组织层次，合理界定其职能，形成从政府到企业的新型国有资产产权约束机制。[①] 高明华在总结国内外国有资产管理体制改革实践经验的基础上，提出中国应该建立"三层次"的国有资产运营体制：设立专门的、经济性的、隶属于人大的国有资产管理委员会（即国资委），行使所有者职能；设立国有资产经营公司，对国有资产进行价值化经营；重构占有国有资产的实体企业，实施股份制改组。三级主体自下而上是通过财产权利纽带而形成的参股关系，不存在任何行政强制性。[②]

（三）对非国有企业地位的新认识

在计划经济体制下，公有制和私有制始终被看作是在本质上不可调和的、彼此冲突的两极，被视为区分社会主义与资本主义的一个根本标志。随着经济体制改革的深入，多种所有制形式并存所带来的社会生产力的巨大发展已成为无可争议的事实，但直到十五大召开之前，人们只是把非公有制经济视为"初级阶段"不得不容纳的东西，视之为社会主义的异己力量，对其发展要控制在某个限度之内。然而，现实是，非公有制经济正在以极快的速度发展，在国民收入中所占的比例不断提高，但非国有企业的发展仍处于与国有企业不平等的发展水平上，面临诸多发展障碍。如何进一步认识非国有企业的地位问题不仅涉及非国有企业自身的进一步发展，也涉及整个国民经济发展水平的进一步提高。对此，经济理论界进行了深入的研究，形成了新的认识。

1993 年，董辅礽指出，非公有制也是社会主义有计划商品经济的必要组成部分，明确否定了把发展非公有制经济认定为是由初级阶段的生产力的落后性决定的正统观点。[③] 中国现阶段的多种所有制形式，不论是公有制还是私有制，也不论是哪种具体的所有制形式，它们都各有强弱并且都各有自己的适用范围，只有把它们组合在一起，才有利于优势互补，彼此弥补对方之不足。非公有制经济

---

① 章迪诚：《中国国有企业改革编年史》，364～347 页，北京，中国工人出版社，2006。

② 高明华：《关于建立国有资产运营体系的构想》，载《南开学报》，1994（3）；高明华：《权利配置与企业效率》，271～287 页，北京，中国经济出版社，1999。

③ 董辅礽：《非公有制经济与社会主义市场经济》，载《黑龙江日报》，1993-02-22。

是天然与市场兼容的，但如何使公有制企业与市场机制兼容却是一个有待解决的历史性问题。让两种经济共同发展、彼此竞争，有助于探索解决这一难题的方法。这就是有名的"八宝饭理论"。①

1996 年晓亮在《现阶段私有经济与公有经济的关系问题》一文中指出，私有经济和公有经济是相互支持、促进、协作依存和竞争的伙伴关系，是共荣共进的关系，而不是你排挤我、我排挤你，你死我活的对立关系。②

1998 年，吴敬琏指出，发展中小企业的意义不仅在于解决下岗职工分流和就业问题，还是支持整个产业发展的基础，对于保持经济活力、提高效益、促进创造发明、增强竞争力起着非常重要的作用。要创建适合中小企业发展的环境：克服片面追求企业规模、轻视中小企业的观点；消除对非公有中小企业的政治歧视；改善中小企业经营的经济环境。③

1999 年 8 月，王珏提出了"国退民进"的主张。他认为，国有企业改革要实行非国有化，许多不该国家办的企业不要搞成国有企业，要变成民有民营的企业。国退民进并不是搞私有化，民有经济和私有经济是两个概念，私有经济是民有经济的一个重要部分。④

2000 年，平新乔提出了"内生决定论"的思想。他认为，国有企业或国有经济的相对比重，是内生决定的，即国有经济的相对比重值是国有企业最优决策与非国有企业最优决策的互动过程的一个均衡解。⑤ 这实际上等于肯定了国有企业和非国有企业完全平等的地位。

正是这些新的认识促成了非国有企业的地位从以前的"有益补充"，到中共"十五大"后"与公有经济平等相处共同发展"的变化，非国有企业开始迎来一个新的发展时期。

（四）现代企业制度的本土化

现代企业制度是西方国家普遍采用的一种行之有效的企业制度。虽然早在 1986 年王珏教授就研究过建立现代企业制度的思想，但当时仅仅是作为改革思

---

① 王振中、杨春学：《中国经济学百年经典》，807 页，广州，广东经济出版社，2005。
②《经济研究》编辑部：《中国经济理论问题争鸣》，50 页，北京，中国财政经济出版社，2002。
③ 吴敬琏：《吴敬琏自选集》，328～340 页，太原，山西经济出版社，2003。
④ 章迪诚：《中国国有企业改革编年史》，557 页，北京，中国工人出版社，2006。
⑤ 同上书，557～558 页。

路之一被提出来，没有引起人们的重视。1992 年以后，中央关于建立现代企业制度的政策明朗化后，理论界在关于现代企业制度的内涵、特征及如何建立现代企业制度等问题上出现了研究热潮，尤其是如何把西方较完善的现代企业制度理论与中国现实国情结合，即如何本土化，理论界进行了卓有成效的探索。

1. 关于现代企业制度的内涵、 特征的争论

当时，对现代企业制度的内涵及其特征的具体理解，经济理论界的分歧很大。吴敬琏、李晓西、吴家骏等经济学家都各自提出了自己的观点。[①] 综合起来主要有三种代表性的思想。

（1）多种制度综合论。由国家经贸委组织的现代企业制度课题组认为，中国所要建立的现代企业制度，是适应社会主义市场经济要求，以规范和完善的企业法人制度为基础，以有限责任制度为核心的新型企业制度。其基本特征是：政企分开，产权关系明晰，企业中的国有资产所有权属于国家，企业拥有法人财产权，是自主经营、自负盈亏的独立法人实体。

（2）公司本质论。从基本意义上讲，现代企业制度就是公司制度，其主要形式是有限责任公司，其基本特征是通过明确地界定财产权利与责任，使资本的效率获得真正广泛的关心，使产权的转让与交易得以有效进行，并通过这种转让与交易，实现资源的有效配置。

（3）广义制度论。吴家骏认为，现代企业制度最本质的特征，就是企业以其拥有的法人财产承担有限责任。要建立现代企业制度，就必须界定企业产权，承认企业法人财产，并且把企业法人的财产同出资人的其他财产划分开，以企业拥有的法人财产承担有限责任。

所谓"现代企业制度"，只是中国所要改革的企业制度的一个组成部分，不可能通过它来实现"政企分开"。企业制度的内涵极为广泛，包括企业形态和企业管理制度两个方面。公司化改革绝不能取代其他方面的改革；如果企业改革仅局限于在产权制度上做文章是不充分的，不考虑产权之外制约国有企业的行为的其他制度因素，就不可能使企业全面摆脱缺乏活力和效率低下的困境。因此，企业制度改革的任务，远不只是解决如何实行公司制问题，而是要全面着眼于转换企业经营机制。这些观点被称为"广义制度论"[②]。

---

①《经济研究》编辑部：《中国经济理论问题争鸣》，128～130 页，北京，中国财政经济出版社，2002。

② 王振中、杨春学：《中国经济学百年经典》，926～927 页，广州，广东经济出版社，2005。

2. 如何建立现代企业制度

首先，建立现代企业制度应根据企业制度发展的一般规律，并结合中国国情，进行多种操作方式的选择。

（1）公司制。这种观点认为，建立现代企业制度应当选择公司制，尤其是股份制。股份制企业的特征，一是企业具有独立出资人的地位，企业作为民事主体拥有法人所有权；二是股东对企业债务承担有限责任，以出资额为限对企业债务承担责任；三是股东委托董事会经营，董事会承担经营责任，以全体股东的利益为经营准则。

（2）承包制。有人认为，经营承包责任制较好地解决了所有权与经营权分离、政企分开等问题，使国有企业以具有充分权利的国有资产所有者的身份进入市场以谋求自我发展，展示公有制的优越性。

（3）租赁制。这种观点认为，国有小型企业出租、出售给集体或个人经营，实施"国有民营"或"国有私营"，是搞活国有企业的较好方式。另有观点解释说，所谓租赁制，是指由个人或团体组织对国有资产实行有偿使用，按照合作者的意愿，组织经营运作，经营者承担经营后果，对国有资产增值负责，体现责、权、利的统一。

其次，建立现代企业制度应包括以下主要内容。

（1）转换经营机制。企业转换经营机制的途径主要是从两个方面入手。一是建立一个完善的外部竞争环境。林毅夫等人认为，因所有权与经营权分离而产生的所有者目标和经营者目标背离之现象，也是发达国家的现代企业与生俱来的，不唯中国的国有企业如此。主要的差别在于在发达国家的市场经济中，对企业的评价、对经理人员的约束和奖惩，都是由充分竞争的市场机制来完成的，因而所有者对经营者的监督成本较低；而在中国目前尚未完成向市场经济的转型的阶段，由于背负着沉重的职工养老和历史形成的巨额企业债务以及某些产品的价格严重扭曲等原因，国有企业面对其他类型企业的竞争时处于不对等的劣势地位，这种不对等竞争因素与企业的经营无关，从而，既使得国家无法以企业的盈亏来评价经营者的实绩，还给企业找到预算软约束的借口。因此，中国国有企业改革的核心应该是，给企业创造一个硬预算约束的公平竞争环境。一旦形成充分竞争的市场环境，国家不再需要给予任何企业以特殊的保护，只需以盈利状态来评判经营者；作为所有者，国家监督企业的成本也将大大下降；经营者在经营中也就必然会兼顾所有者的利益。① 二是建立公司治理结构。吴敬琏认为,公司治理结构是公司化的核心,是现代企业制度最重要的内容。一个健康的公司治理结构是保证企业经营效益的关键。②

(2) 进行国有资产管理体制改革。有效的国有资产管理体制是形成国有资产所有者对企业经营者进行约束的重要机制。

(3) 发展企业集团。组建企业集团的目的是建立适应市场经济需要、以企业集团为主体的新型企业组织结构,从而实现规模经济,实现规模效益。

再次,在改革步骤上,首先是法规准备和试点探索,然后在总结试点经验的基础上全面展开。③

3. 建立现代企业制度的实践总结

1993 年 11 月,中共十四届三中全会提出了建立现代企业制度的要求,并指出,以公有制为基础的现代企业制度是发展社会化大生产和市场经济的基础;建立现代企业制度是发展社会化大生产和市场经济的必然要求,是我国国有企业改革的方向;现代企业制度的特征是产权清晰、权责明确、政企分开、管理科学;国有企业实行公司制,是建立现代企业制度的有益探索。1993 年 12 月,第八届全国人大常务委员会第五次会议通过了《中华人民共和国公司法》(以下简称《公司法》),1994 年 7 月 1 日正式实施。《公司法》是建立现代企业制度的法律依据。1994 年到 1997 年在一些大型国有企业进行了建立现代企业制度的试点改革。1997 年中共十五大要求到 20 世纪末,力争使大多数国有大中型骨干企业初步建立现代企业制度,经营状况明显改善,开创国有企业改革和发展的新局面。1997 年底召开的中央经济工作会议对国有企业改革提出了明确目标:用 3 年左右时间,通过改革、改组、改造和加强管理,使大多数国有大中型亏损企业摆脱困境,力争到 20 世纪末使大多数国有大中型骨干企业初步建立现代企业制度。到 2000 年底,这一目标基本实现。国有及国有控股的 2919 户大中型骨干企业中,有 2005 户依照《公司法》实现了公司制改革,改制面达到 68.7%。④

显然,现代企业制度改革的实践表明,关于现代企业制度理论的本土化研究成果直接指导了这一时期的改革实践。

---

① 王振中、杨春学:《中国经济学百年经典》,843 页,广州,广东经济出版社,2005。
② 吴敬琏:《吴敬琏自选集》,362～366 页,太原,山西经济出版社,2003。
③ 赵晓雷:《新中国经济理论史》,537～538 页,上海,上海财经大学出版社,1999。
④ 周叔莲:《关于国有企业产权的两个问题》,载《光明日报》,1993-07-13。

（五）产权改革理论和公司治理理论的引入

计划经济体制下，企业产权是不存在的。有计划的商品经济改革模式形成后，企业产权的虚置问题逐渐暴露出来。早在 20 世纪 80 年代，以唐丰义、刘诗白等为代表的产权学派就主张把产权制度改革作为经济改革的主线，通过产权制度变革来改造传统的公有制，重塑适应社会主义市场机制需要的微观基础。[①]

随着企业市场化改革的深入，企业产权虚置问题或如何清晰企业产权越来越成为企业市场化理论中一个必须回答的问题。对此，理论工作者在借鉴西方产权理论的基础上大胆创新，形成了指导企业市场化的产权改革理论。

1. 传统公有产权理论的突破

1993 年，周叔莲的《关于国有企业产权的两个问题》一文率先突破了传统公有产权理论，在涉及企业产权改革的两个基本问题上取得了新进展：一是怎样实现国家所有制和市场经济的相容问题；二是认为所有制与市场机制一样是发展经济的手段，而不是发展的目的，因而所有制就有一个选择问题、改革问题和创新问题，其前提是有利于生产力的发展。[②] 两者的突破为产权改革理论的深入研究和西方产权理论的引入奠定了基础。

2. 产权制度改革理论

在解决产权虚置问题上，理论界认为建立适应市场经济需要的产权制度应包括两方面的内容。一方面通过两种方式重构公有产权主体。第一种是"部分产权内部化"，即在国有企业内部由所有者、经理人员和职工代表组成企业董事会，行使法人所有权，并与由政府主管部门所代表的终极所有权相对立，形成政府职能与企业职能分离的局面。第二种是"模拟产权外部化"，即组建不同层次的国有资产管理局，把传统体制下分解到政府不同职能部门和主管部门的所有者权利，包括计划调控权、投资分配权、财务管理权、人事任免权等合为一体，统一由国有资产管理部门负责。

另一方面是企业所有权多元化。即将国有企业中原有的国家所有者单独拥有的所有权，改变为由国家所有者、其他法人、金融机构以及个人分别拥有企业资产的所有权。其途径是将原有的国有企业改造成股份公司，将企业中原有的国有资产折算为国家所有者持有的股份，同时，培育金融中介机构，允许国有企业

---

① 赵晓雷：《中国经济理论史》，277 页，大连，东北财经大学出版社，2007。
② 叶胜远：《中国经济改革理论流派》，6 页，郑州，河南人民出版社，1994。

（股份公司）相互持股，允许金融机构和居民个人持股。

由于产权改革是国有企业改革的关键，对产权问题的研究日益活跃，理论成果层出不穷。比如 1995 年刘世锦的关于"劳动力产权"的理论和李稻葵的模糊产权理论[①]、刘芍佳和李骥的超产权理论[②]、高明华关于权利配置与企业效率的理论[③]等。这些理论成果都对中国的产权制度改革提供了有益的启发和指导。

3. 委托—代理理论与企业治理理论的引入

产权制度理论使人们逐步认识到国有企业改革的重要内容之一就是产权明晰化。但产权清晰只是保证企业效率提高的前提，它并不一定会出现效率的改善。高明华认为，公司制和法人产权制度是企业发展史上的一次革命，其核心特征在于实现了所有权与经营权的充分分离，这种分离既为企业高效运营创造了条件，又因代理问题而可能产生低效率问题，这一矛盾的客观存在正是公司治理产生的根本原因。[④] 因此，理论界开始引入西方委托代理理论和公司治理理论来解决因委托代理问题而引发的低效率问题。

卫兴华、张宇认为，国有经济产权制度改革包括了两个方面的问题。一是国家所有权的人格化问题，即国有资产管理体制的改革。成立国有资产管理机构是实现国有产权明晰化和国家所有权人格化的重要步骤；二是企业治理结构的改革。国有企业进行股份制改造后，在所有者与经营者之间形成了委托代理关系，即国家资产管理机构作为所有者代表委托企业经营者有效经营国有资产，实现国有资产的保值增值。在这种条件下，企业的经营效率的高低主要取决于企业内部的治理结构。[⑤]

（六）企业分配理论的突破

1. 按劳分配问题的进一步讨论

改革以前，国有企业传统的工资制度是按马克思所设想的适应产品经济的按劳分配模式。这种模式，就其运行机制来说，从计量劳动到分配工资，主要靠主观模拟按劳分配的客观规律，通过一系列指令来实施；就其分配主体来说，无论是工资个量的分配还是工资总量的决定，分配主体都是政府而不是企业，企业没

---

① 章迪诚：《中国国有企业改革编年史》，408～409 页，北京，中国工人出版社，2006。
② 同上书，490 页。
③ 高明华：《权利配置与企业效率》，北京，中国经济出版社，1999。
④ 高明华：《公司治理：理论演进与实证分析》，40 页，北京，经济科学出版社，2001。
⑤ 卫兴华、张宇：《社会主义经济理论》，100～103 页，北京，高等教育出版社，2007。

有按劳分配的自主权。

这种产品经济型的按劳分配必然同市场经济的改革目标发生矛盾。在市场经济条件下，职工的个人劳动并非像产品经济那样直接就是社会劳动的一部分，而是需要在市场交换中被承认后才能转化为社会劳动。同量个人劳动，在交换中有可能实现为完全不等量的社会劳动，如果给等量个人分配等量工资，那么，以社会劳动尺度来衡量，按劳分配就可能走向了反面，即多劳少得、少劳多得。为保证按劳分配的质的规定性——等量劳动获得等量报酬，其实现模式也必须以市场为导向进行改革。① 因而，传统的按劳分配理论受到了挑战，理论界在以往讨论的基础上多角度地展开了进一步分析和讨论，包括按劳分配的含义、应用范围、实现形式，按劳分配与市场经济的矛盾，按劳分配与按劳动力价值分配的关系，如何理解按劳分配为主体等方面的问题，从而形成了新时期对按劳分配问题的新认识。②

2. 按生产要素分配问题的讨论

长期以来，中国经济学界把按生产要素分配与按劳分配对立起来，认为按生产要素分配是按劳动力价值分配的资本主义分配方式。在社会主义条件下，由于生产资料公有制的实现，按劳分配是唯一的分配原则，按生产要素分配是剥削社会的分配方式。谷书堂在 1989 年提出"按贡献分配"理论后，理论界提出了不少反对的声音。到了 20 世纪 90 年代，随着国有企业改革和非公有制经济所占比重的不断扩大，客观上出现了多种分配形式并存的现实，这进一步引发了理论界对按生产要素分配问题的讨论，这些讨论主要集中在按生产要素分配的内涵、按劳分配与按生产要素分配能否合一、按劳分配与按生产要素分配是否可能相结合和如何结合、按要素分配的具体实现形式、承认按要素分配的意义等问题上。③

3. 按劳分配和按生产要素分配相结合的理论

通过对按劳分配和按生产要素分配这两个问题的讨论，理论界形成了较为一致的新时期的企业分配理论，这一理论成果主要体现在中共十五大报告中：坚持按劳分配为主体、多种分配方式并存的制度。把按劳分配和按生产要素分配结合起来，坚持效率优先、兼顾公平，有利于优化资源配置，促进经济发展，保持社会稳定。依法保护合法收入，允许和鼓励一部分人通过诚实劳动和合法经营先富

---

① 赵晓雷：《新中国经济理论史》，454 页，上海，上海财经大学出版社，1999。
② 《经济研究》编辑部：《中国经济理论问题争鸣》，291～297 页，北京，中国财政经济出版社，2002。
③ 《经济研究》编辑部：《中国经济理论问题争鸣》，283～291 页，北京，中国财政经济出版社，2002。

起来，允许和鼓励资本、技术等生产要素参与收益分配。这一理论的提出，打破了按劳分配是社会主义的特征、按资分配是资本主义特征的传统观念，有利于优化资源配置，促进经济发展，保持社会稳定；打破了按资本、技术分配属于非法收入的传统观念，明确了在允许和鼓励一部分人通过诚实劳动和合法经营先富起来的同时，允许和鼓励资本、技术等生产要素参与收益分配的思想。[1]

4. 国有企业的剩余支配权理论

这一时期，除了在按劳分配问题上取得新突破外，一些学者对企业的剩余支配权进行了研究，进一步丰富了企业分配理论。刘小玄认为，随着产权结构从完全的出资者所有权向部分的出资者所有权演变，对于剩余支配权的分配问题就日益突出地表现出来。任何一种出资者与经营者的契约都是事前的，它只可能预见到一些约定的因素和可预见性事件带来的收入，而对于不确定性因素导致的结果则无法预见。因此，留给企业经营者的寻求剩余的范围通常是这一块不可预见性的范围，留给他们去挖掘其潜力。其收益就是挖掘结果所产生的剩余，企业得到的剩余越是接近于企业家非常规性的挖掘和开创性的努力，则激励效果越好，剩余就越可能达到最大化。[2]

>>三、2001—2007年：企业市场化改革理论体系的不断成熟<<

到20世纪末，中国改革取得了重大进展。以公有制为主体、多种所有制经济共同发展的所有制格局形成，现代企业制度初步建立，企业市场化程度明显提高，企业效率开始好转。

但从整体看，企业市场化水平和竞争力还有待进一步提高；国有企业和国有资产管理体制改革远未完成，国有股一股独大，内部人控制、国有资产流失现象严重，国有企业效率低下，结构齐全的公司治理结构形同虚设，没有发挥效果；企业社会性负担和政策性负担重，企业冗员多，社会保障制度不完善等；加入WTO后企业发展面临新的挑战，市场竞争加剧，产业结构重新调整，人才竞争加剧，就业压力加大，产业安全受到威胁；[3] 非国有企业的发展还存在不少制度

---

① 章迪诚：《中国国有企业改革编年史》，459页，北京，中国工人出版社，2006。

② 同上书，437～438页。

③ 张大军、白津夫：《社会主义市场经济的基本理论问题》，103～109页，北京，人民出版社，2002。

性限制和阻碍，尚处于不平等竞争和发展的地位，大多数企业面临结构调整和转型升级的挑战，资金不足、人才匮乏、技术不高制约了非国有企业的进一步发展；行业垄断与地区封锁的"市场条块分割"现象比较严重。这些深层次问题引发了理论界全面而深入的思考，同时，出现了研究方法从规范走向实证、研究手段更为科学的特点，企业市场化理论体系不断走向成熟。

（一）国有企业改革理论的深化

1. 在国企改革一些基本问题上的讨论

面对新的问题和挑战，理论界在国有企业深化改革的一些基本问题上展开了讨论。

（1）国有企业是否应当从竞争性行业中退出。

荣兆梓认为，现实中的国有企业都建立在国有产权政府代理的基础上，现有的企业财务数据，只能反映国有产权政府代理下的企业效益状况。从提高国有经济竞争效率的改革目标出发，竞争性领域国有经济的出路在于国有产权代理的"去政府化"。如果国有经济从竞争性领域大规模退出会导致资本市场的供求严重失衡，是产权改革中有损卖方利益的不规范行为和股权分置问题难以解决的根源。①

杨灿明认为，国有企业改革的核心问题就是实现产业定位与产权结构相吻合。一般说来，竞争性、盈利性产业宜采用私有产权结构，而非（弱）竞争性、非（弱）盈利性产业宜采用公有产权结构。国有企业采用公有产权结构，它面临的主要问题并不是产权不明晰，而是产权结构与产业结构错位，即把大量应采用私有产权结构的竞争性、盈利性产业放置到了公有产权的舞台。②

臧旭恒从三方面阐述了国有企业应当从竞争性行业中退出的理由。退出的方式主要有制度性退出和竞争性退出两种。无论哪一种退出都是长期的过程，不仅需要考虑经济因素，而且需要考虑社会文化因素，以及政治体制改革的跟进，是一个多方面的复杂的工程。③

（2）国有企业的产权改革与国有企业的效率。

平新乔认为国有企业产权改革走了三大步，第一步是通过政府和国有企业的

---

① 荣兆梓、陈文府：《"国有企业改革与制度演化研讨会"综述》，载《经济研究》，2005（9），123 页。

② 杨灿明：《产权特性与产业定位》，载《经济研究》，2001（9），53 页。

③ 荣兆梓等：《"国有企业改革与制度演化研讨会"综述》，载《经济研究》，2005（9），123 页。

购买者之间的私下谈判，而不是通过市场公开交易这种方法是不规范的。第二步是 2003 年从场外交易走向场内交易，其好处是有利于监控国有企业买卖，防止垄断的出现。第三步是 2005 年放开国有企业产权交易，国有股、法人股通过支付对价的办法上市流通，通过股东大会合约的方式解决国有股的流通问题。①

谷书堂教授等认为，产权多元化的难点在于非国有的产权主体难以形成，国家所有权结构的根本改变要有多元化投资主体的进入。因此，必须继续降低国有企业的进入门槛，想方设法吸引国外资本，以及国内民间资本、企业内部经营者和职工到国有企业参股。②

贾根良认为，产权改革不一定能改变企业低效率的行为惯性，在短期内国有企业改革很难有大的起色，因此不如在稳步而不是过快地推进国有企业产权改革的同时，把一部分注意力转移到国有企业产权改革之外的技术和组织创新等方面，与此同时，加快发展壮大私人经济，完善竞争性市场结构，提高国有企业的效率。③

（3）国有企业深化改革的途径。

林毅夫、刘培林认为，提高自生能力是国有企业改革的根本出路。20 多年来的企业产权改革使用了除私有化以外的各种改革措施。虽然也产生了一些效果，涌现了像长虹、海尔、联想等非常有竞争力的公有企业，但是相当大比例的国有企业处境越来越艰难。有些学者认为国有企业的根本问题是产权改革还不彻底，预算约束尚未硬化所致。但东欧和前苏联的国有企业都已经私有化了，其预算软约束的情形并未消除，而且还更为恶化。因此，国有企业的问题应该有比产权更为根本的症结。总结国内和国际的经验教训，提高国有企业的自生能力是改革成功的第一位的必要条件。预算软约束、政企不分、缺乏自主权、激励不足、效率低下等一系列问题都是由于国有企业缺乏自生能力所诱发出来的内生性表象问题。④

2. 对国有企业民营化的根源分析

一般认为，国有企业因产权不清而天然效率低下，这是国有企业民营化的根源，但张军、刘小玄的解释却给出了不同的答案。他们通过国企民营化前后市场结构变化的比较静态均衡分析，揭示出国企民营化与行业内国企同私企的边际成

① 荣兆梓等：《"国有企业改革与制度演化研讨会"综述》，载《经济研究》，2005（9），123 页。
② 任俊生等：《国有企业新一轮改革与发展的对策》，载《经济研究》，2002（10），80 页。
③ 荣兆梓等：《"国有企业改革与制度演化研讨会"综述》，载《经济研究》，2005（9），124 页。
④ 林毅夫、刘培林：《自生能力和国有企业改革》，载《经济研究》，2001（9），60、61、68 页。

本差和私企个数相关的内生性机制。国企同私企的边际成本差达到临界值是国企民营化的必要条件，行业内私企发育通过降低临界值加速了国企民营化的进程。① 刘小玄在研究了中国特定的渐进改革基础上，讨论了民营化发生的原因和阻力，以及国有企业的利益相关者在改制过程中的利益权衡行为，并根据它们的相互关系和目标行为建立了民营化的均衡模型。通过对模型的分析发现，能够满足民营化最优均衡的退出条件，就是国有企业退出的最佳时机选择。企业净资本价值、企业家对股权的收购值与职工补偿值之间的合理比例的区间，是形成民营化均衡模型的最优解的取值范围。②

3. 深化国有企业改革的主张

就国有企业进一步改革的思路，学者们从不同角度提出了不同主张，这些主张大多数被政府所采纳。如林毅夫的"债转股"思想③；李兴山推进国有企业战略重组和公司制改造的思想④；徐传谌、张杰提高国有企业环境适应能力和竞争力的思想；谢地、陈甬军、晏宗新等人关于垄断行业国有企业改革的思想⑤；李维安、高明华等人改善公司治理的思想⑥；江小涓推动国内产业结构调整，解决生产能力过剩的主张⑦。

4. 对国有企业改制效果的实证研究

这一时期，利用现代计量经济学方法对前一阶段国有企业改革的效果进行实证分析是理论研究的一大特点。其中，比较有代表性的研究有白重恩等人对国有企业改制效果的实证研究，郝大明对国有企业公司制改革效率的实证分析，宋立刚、姚洋实证研究了改制对企业绩效的影响⑧。

---

① 张军等：《市场结构、成本差异与国有企业的民营化进程》，载《中国社会科学》，2003 (5)，4 页。

② 刘小玄：《国有企业民营化的均衡模型》，载《经济研究》，2003 (9)，21 页。

③ 林毅夫：《发展战略与经济改革》，144 页，北京，北京大学出版社，2004。

④ 李兴山：《社会主义市场经济理论与实践》，323～326 页，北京，中共中央党校出版社，2004。

⑤ 任俊生等：《国有企业新一轮改革与发展的对策》，载《经济研究》，2002 (10)，81 页。

⑥ 李维安：《公司治理》，天津，南开大学出版社，2001；高明华：《公司治理：理论演进与实证分析》，北京，中国经济出版社，2001。

⑦ 江小涓：《加快实施"走出去"战略是提高对外开放水平的重大举措》，载《经济研究》，2003 (12)，11 页。

⑧ 白重恩、路江涌、陶志刚：《国有企业改制效果的实证研究》，载《经济研究》，2006 (8)，4～13 页；郝大明：《国有企业公司制改革效率的实证分析》，载《经济研究》，2006 (7)，61～72 页；宋立刚、姚洋：《改制对企业绩效的影响》，载《中国社会科学》，2005 (2)，17～31 页。

（二）现代企业制度理论的进一步完善

1. 现代产权制度的新认识

现代产权制度是现代企业制度的重要基础。上一阶段，在产权问题上理论界关注的主要是产权主体多元化和产权如何清晰化。随着改革实践的深入，人们开始认识到实现产权清晰后并不一定能保证企业效率的提高。在产权问题上还需要研究更深层次上的问题。张卓元认为，建立和健全现代产权制度，一是明晰产权；二要严格保护产权；三要产权自由流动。个体、私营企业的产权是清晰的，但过去对产权保护不力，随意侵犯产权的现象屡屡发生，挫伤了非公有制经济发展的积极性。产权还要能够自由流动。产权只有在流动中才能很好地保值增值。产权的自由流动，是产权流向能取得较高回报率的领域的重要前提。① 十六届三中全会提出的"归属清晰、权责明确、保护严格、流转自由"的现代产权制度是又一重大理论创新。②

2. 股份制和混合所有制是公有制的主要实现形式

这一时期，在现代企业制度建设上，理论界普遍认识到了股份制和混合所有制是公有制的主要实现形式。张卓元认为，从放权让利的国有企业改革，到推行股份制和发展混合所有制经济，再到股份制和混合所有制成为公有制的主要实现形式，表明我国公有制特别是国有制逐步找到了一个与市场经济相结合的形式和途径。③

郑新立认为，实行混合所有的股份制，有利于集中社会各方面的资金，实现资本的积聚，满足大型工程和项目对资金的需求；有利于所有权和经营权的分离，把经营管理能力强的人才选拔到企业领导岗位；有利于维护各方面的利益，调动各方面特别是广大劳动者投资创业的积极性；有利于实现政企分开、政资分开，使企业成为独立的市场竞争主体。④

3. 国有资产的管理、运营、布局和监督

国务院国资委的成立，标志着国有资产管理体制改革进入了一个新阶段。以前，理论界在国有资产管理问题上主要关注如何实现政企分开，因而重点是放在

---

① 张卓元：《经济体制改革理论的新发展》，载《经济研究》，2003（12），6页。
② 郑新立：《深化改革，完善社会主义市场经济体制》，载《经济研究》，2003（12），8页。
③ 张卓元：《经济体制改革理论的新发展》，载《经济研究》，2003（12），5页。
④ 郑新立：《深化改革，完善社会主义市场经济体制》，载《经济研究》，2003（12），6页。

对管理机构设置的研究上。但随着入世的挑战和企业发展中深层次问题的出现，国有资产在宏观上的整体布局、运营和监督变得更为紧迫，因此理论界开始认识国有资产宏观上的管理、运营、布局和监督问题。

荣兆梓认为，目前的国有资产管理体制始终都没有解决以下三个基本的问题。第一，建立在公司法人制度框架上的国有资产管理体制，从来没有改变也不可能改变政府作为国有股权代理人的基本格局。第二，政府做股东不能像真正的市场投资者那样，单纯以盈利为目的。政府的目标多重化必然导致政府承诺的不可信，而且国有资本出资人的多重目标通过公司治理结构的复杂体制影响公司经营行为，对于国有及国有控股企业的市场绩效有明显负面影响。第三，政府做股东也不能像真正的投资者那样，在证券市场上灵活操作，通过股本的买卖获取投资收益的最大化，避免投资风险，或者利用这种"用脚表决"的最终手段，约束公司经理人的行为。为了解决这些问题，改革必须充分利用信托财产的法律制度，通过建立"社会信托投资基金"的试验，进一步推进国有资产管理体制改革，最终使政府从竞争性领域的国有资本管理中完全退出，即国有资产管理的"去政府化"。[①]

范恒山认为，国有资产管理体制的改革，第一要解决国有资产多头管理无人负责的状况，建立统一的国有资产管理机构；第二要授予各级政府充分的国有资产处置权利，并建立相应的责任；第三要组建竞争性的国有资产经营公司，具体负责国有资产的保值增值；第四要建立有效的监督体系和制约机制，强化国有资产的监督，包括对国有资产管理者的监督。

郝云宏认为，不能把政府职能、国有资本经营职能、企业经营职能混为一谈。在现代市场经济中，担负特殊经营职能的是国有资本，而不一定是某种类型的企业，应该把国有资本经营与相关的企业经营区分开来。[②]

陈锦华、江春泽认为，要建立国有资本有进有退、合理流动的机制，不断调整国有经济的布局和结构，以更好适应社会主义市场经济发展的要求。国有资本的投资方向主要是：①关系国家安全的领域；②关系国民经济命脉的领域；③重要的"公共品"领域；④高投资、高风险、非国有资本不愿意或无力进入的但对发展先进生产力有战略意义的高新技术产业。[③]

---

① 荣兆梓、陈文府：《"国有企业改革与制度演化研讨会"综述》，载《经济研究》，2005（9），126 页。

② 任俊生等：《国有企业新一轮改革与发展的对策》，载《经济研究》，2002（10），81～82 页。

③ 陈锦华、江春泽：《社会主义与市场经济兼容》，233～235 页，北京，人民出版社，2005。

樊纲、高明华认为，现行国有资产监管体制的最大弊病是只考虑企业利润最大化，没有考虑全民利益的最大化。新的国有资产监管体制必须考虑国有资产转型问题，即通过把更多的经营性资产转移到非经营性资产上去，实现政府职能的转轨，使政府从管企业到管社会，从管生产经营到管公共服务，以更大程度地实现全民利益。他们认为，从全民利益最大化和政府职能转换出发，新的国有资产监管体制应是四层次委托代理关系：第一层次是全民与全国人大之间的委托代理关系；第二层次是全国人大与国有资产监督管理委员会之间的委托代理关系；第三层次是国有资产监督管理委员会与国有资产经营公司之间的委托代理关系；第四层次是国有资产经营公司与占用国有资产的基层企业之间的委托代理关系。①

（三）公司治理理论的丰富和完善

上一个时期，公司治理理论主要集中在治理结构的建立、结构模式的选择及其不同治理结构模式的比较、治理结构改革的方向等方面。但国有企业改革在引入治理结构后并没有取得明显的绩效，治理结构没有发挥应有的效果。于是，理论界对公司治理展开了更为深入和更为全面的研究，进一步丰富和完善了公司治理理论，在研究范式上也突破了传统。

1. 对公司治理内涵的准确把握

与以往不同，理论界开始普遍认识到，公司治理和公司治理结构是两个不同的概念，公司治理是有关各方合约当事人，包括股东、债权人、管理人员、工人、政府和其他利益相关者依据法律和合约规定，对公司高层经营活动行使权力；从静态上看，公司治理表现为一种结构和关系，从动态上看，则表现为过程和机制。而公司治理结构仅仅表现为所有者、董事与经理人员之间的权利制衡关系。②

2. 公司治理完善及其与治理绩效关系的研究

这一时期，理论界开始研究独立董事、机构投资者、职工参与治理对治理绩效的作用，同时，利用现代计量经济学对现有公司治理与公司绩效之间的关系进行实证研究。高明华等结合国内外独立董事制度与公司绩效关系的研究，从经验实证的角度，分析了中国独立董事制度的缺陷，提出了完善独立董事有效行权的制度环境的措施。③ 龚玉池实证研究了中国上市公司绩效与高层更换的关系，发

---

① 樊纲、高明华：《国有企业形态转化与监管体制》，载《开放导报》，2005（2）。
② 刘汉民、刘锦：《资本结构、公司治理与国企改革》，载《经济研究》，2001（10），80 页。
③ 高明华、马守莉：《独立董事制度与公司绩效关系的实证分析》，载《南开经济研究》，2002（2），64 页。

现高层更换对改善公司绩效只在短期有效而在长期是无效的。① 林浚清等对我国上市公司内高层管理人员薪酬差距和公司未来绩效之间关系进行了检验，发现二者之间具有显著的正向关系，大薪酬差距可以提升公司绩效。② 于东智的实证研究发现，市场化选择的董事会规模有利于公司绩效的提高，应改变非市场化的董事任免制度并完善董事议事规则，董事持股制度有利于公司绩效的提高，强制持股并在任期内锁定的制度有助于董事关注股东价值。③

3. 股权结构、资本结构、融资结构与公司治理的关系研究

股权结构、资本结构、融资结构对公司治理产生什么样的影响是这一时期理论界研究最多的课题。孙永祥的研究表明，市场经济条件下债权人的存在或融资结构的不同会直接影响委托代理关系与公司控制权的争夺，因而融资结构应该被看作是一种治理结构。④ 黄少安、张岗的研究表明，中国上市公司存在强烈的股权融资偏好；公司股权融资的成本大大低于债务融资的成本是股权融资偏好的直接动因，深层的原因在于现行的制度和政策；强烈的股权融资偏好对公司融资后的资本使用效率、公司成长和公司治理、投资者利益以及宏观经济运行等方面都有不利影响。⑤ 陈小悦、徐晓东发现，在公司治理对外部投资人利益缺乏保护的情况下，流通股比例与企业业绩之间负相关；在非保护性行业第一大股东持股比例与企业业绩正相关；国有股比例、法人股比例与企业业绩之间的相关关系不显著，因此，国有股减持和民营化必须建立在保护投资者利益的基础上，否则将不利于公司治理的优化和企业绩效的提高。⑥ 高明华研究了大股东持股适度区间与公司绩效的关系，发现在不同的区间内，第一大股东持股比例对净资产收益率的影响是不同的。在我国现阶段条件下，第一大股东持股区间大体在 20%～40% 左右时，是有利于公司绩效的改善的。⑦ 刘芍佳等发现，中国上市公司的股权结构与公司绩效确实密切相关。⑧ 陈晓、王琨的研究表明，关联交易的发生规模与股

① 龚玉池：《公司绩效与高层更换》，载《经济研究》，2001（10），75 页。
② 林浚清等：《高管团队内薪酬差距、公司绩效和治理结构》，载《经济研究》，2003（4），31 页。
③ 于东智：《董事会、公司治理与绩效》，载《中国社会科学》，2003（3），29 页。
④ 孙永祥：《所有权、融资结构与公司治理机制》，载《经济研究》，2001（1），45 页。
⑤ 黄少安、张岗：《中国上市公司股权融资偏好分析》，载《经济研究》，2001（11），12 页。
⑥ 陈小悦、徐晓东：《股权结构、企业绩效与投资者利益保护》，载《经济研究》，2001（11），3 页。
⑦ 高明华、初蕾：《大股东持股适度区间与公司绩效》，载《齐鲁学刊》，2004（4）。
⑧ 刘芍佳、孙霈、刘乃全：《终极产权论、股权结构及公司绩效》，载《经济研究》，2003（4），51 页。

权集中度显著正相关；控股股东间的制衡能力越强，发生关联交易的可能性越低、金额越小。[①] 赵俊强等人通过分析探讨非流通股东和流通股东在股权分置改革中的利益分配状况发现，在完成股改的公司中，大部分样本公司的两类股东在股改中获得增量收益、实现"双赢"；在流通股东和非流通股东均获得增量收益的公司中，股改的增量收益未能在两类股东间均分；非流通股比重、公司业绩、公司成长性、非流通股转成流通股份额是影响上市公司股改实际对价水平的重要因素，而流通性溢价、流通股东认可程度和非流通股转成流通股期限等因素未能在实际对价水平的确定上起到关键性作用。[②] 许年行、吴世农应用锚定效应理论对我国股权分置改革中对价的形成机理进行了新的理论阐述和解释。[③]

4. 对公司治理评价量化指标设计的研究

这一时期对公司治理研究还有一个新动向，通过设计治理指数指标来评价公司治理绩效，它进一步完善了公司治理理论。2003 年，李维安组织的公司治理评价课题组建立了一套上市公司治理评价指数，又称南开指数。在此基础上，2005 年李维安等人从公司治理客体——经理层视角构建了中国上市公司经理层治理评价指数。[④]

5. 对公司治理的制度环境和利益相关者的研究

利益相关者、制度环境也是这一时期研究的重点课题。刘汉民认为，资本所有制作为资本所有权的制度安排是企业有效治理的前提条件。[⑤] 周鹏、张宏志认为，企业的契约性与利益相关者理论具有一致性，它们都隐含了企业是一种再谈判机制。利益相关者对企业的所有权分配进行谈判，谈判结果决定出企业的治理结构。企业治理结构是内生的，每个企业的治理结构都是特殊的个案，一种治理结构并不具有普适性。[⑥] 郑志刚的研究证明，外部控制系统的存在，将使内部控制系统的监督功能加强，从而使公司治理机制整体形成对企业家道德风险行为的有效约束。当企业家与分散投资者所签订的合约满足企业家激励相容约束条件

① 陈晓、王琨：《关联交易、公司治理与国有股改革》，载《经济研究》，2005（4），77 页。
② 赵俊强等：《中国上市公司股权分置改革中的利益分配研究》，载《经济研究》，2006（11），112 页。
③ 许年行等：《我国上市公司股权分置改革中的锚定效应研究》，载《经济研究》，2007（1），124 页。
④ 李维安、张国萍：《经理层治理指数与相关绩效的实证研究》，载《经济研究》，2005（11），87 页。
⑤ 刘汉民：《所有制、制度环境与公司治理效率》，载《经济研究》，2002（6），63 页。
⑥ 周鹏、张宏志：《利益相关者间谈判与企业治理结构》，载《经济研究》，2002（6），55 页。

时，内部和外部控制系统表现为互补关系；否则，只有外部控制系统发挥作用，而不需要引入内部控制系统。① 辛宇、徐莉萍的研究发现，上市公司所处地区的治理环境越好，对价越低；较好的治理环境会使上市公司产生"公司治理溢价"，从而明显降低股权分置改革的成本，并可以显著缓解机构投资者和非流通股股东"合谋"侵害中小投资者利益等代理问题的发生。②

6. 上市公司治理中关于兼并与收购问题的研究

随着企业市场化程度的提高，兼并与收购现象频繁，在这方面的研究也越来越多。冯根福、吴林江发现，上市公司并购绩效从整体上有一个先升后降的过程，不同并购类型在并购后不同时期内业绩不相一致；另外，并购前上市公司的第一大股东持股比例与并购绩效在短期内呈正相关关系。③ 李善民、陈玉罡发现，并购能给收购公司的股东带来显著的财富增加，而对目标公司股东财富的影响不显著；不同类型的并购有不同的财富效应；国家股比重最大和法人股比重最大的收购公司其股东能获得显著的财富增加，而股权种类结构对目标公司股东财富的影响不显著。④

7. 公司治理模式的内生决定论

过去我们是在外生强制基础上来建立公司治理模式的，这一时期公司治理模式的"内生决定论"让人耳目一新。夏立军、陈信元⑤，与周鹏、张宏志⑥的研究是这方面的代表。

8. 关于企业性质的探讨

这一时期，一些理论工作者质疑了科斯关于企业性质的经典观点，试图在这一问题上有所突破，表现了探讨理论难题的勇气。杨瑞龙、杨其静认为，虽然剩余索取权和控制权安排是企业制度的重要内容，但企业制度的本质却是如何创造和分配组织租金。现有文献往往含混地将"专用性"视为当事人获得组织租金的法理甚至经济基础，然而事实上，"专用性"不但不是当事人获得组织租金的谈

---

① 郑志刚：《投资者之间的利益冲突和公司治理机制的整合》，载《经济研究》，2004（2），115 页。

② 辛宇等：《投资者保护视角下治理环境与股改对价之间的关系研究》，载《经济研究》，2007（9），121 页。

③ 冯根福、吴林江：《我国上市公司并购绩效的实证研究》，载《经济研究》，2001（1），54 页。

④ 李善民、陈玉罡：《上市公司兼并与收购的财富效应》，载《经济研究》，2002（11），27 页。

⑤ 夏立军等：《市场化进程、国企改革策略与公司治理结构的内生决定》，载《经济研究》，2007（7），82 页。

⑥ 周鹏、张宏志：《利益相关者间谈判与企业治理结构》，载《经济研究》，2002（6），55 页。

判力基础，反而削弱了这一基础。当事人获得企业组织租金的谈判力基础应该是"专有性"，并且这一变量极大地影响着企业制度的选择和演变。总之，现实中的企业制度安排并非是社会福利最大化或交易费用最小化的产物，而是理性的当事人相互博弈的结果。[①] 黄桂田、李正全通过建立一个趋于古典的分析框架，发现企业与市场分别建立在两种不同但有紧密相关性的分工基础上，因而，它们各自的性质及其相互关系源于一般分工与个别分工各自的性质及其相关关系——企业是要素所有者为分享"合作剩余"而达成的合约，而市场则是商品所有者交换比较优势的制度安排。两者互补而不相互替代。这一结论较好地解释了实体经济中不论是企业规模，还是企业数量都在不断扩张，同时市场范围随之不断扩展，两方面相互促进、正相关推进发展的现实。[②] 谢德仁认为，企业的性质是市场中由要素所有者签订的一组不完备的要素使用权交易合约的履行过程。要素使用权交易合约的履约过程包括要素投入、要素使用权的行使以及要素增值的分配，以及企业组织资本与组织资产的创造和使用，这一交易过程融生产与交易功能于一体。合约的关键内容是剩余索取权和剩余控制权的安排。[③]

（四）非国有企业理论的进展

对于非国有企业的研究，前一阶段主要集中在非国有企业的性质、地位等问题上。这一时期，虽然理论上非国有企业取得了与国有企业共同发展的平等地位，但由于历史传统，非国有企业实际上仍处于与国有企业不平等的地位，其发展面临诸多难题。因而，如何解决这些难题是经济理论界需要研究的课题。

2003 年，林汉川等对中小企业（中小企业主要以非国有企业为主）进行了全面调查和研究，取得了突出成果。他们根据对七省市 14 000 多家中小企业的问卷调查，全面分析了中小企业发展中的诸多问题，并提出了相应对策。①中小企业的主要特点是量大面广、起点不高。中小企业都有一个尽快提高自己"二次创业"能力，不断提升自己的资源禀赋和要素禀赋，从劳动密集型到资金密集型再到技术密集型、信息和知识密集型转型的问题。②中小企业大都面临结构调整和转型升级的挑战。③制约我国中小企业发展的瓶颈问题，主要是资金不足、人才匮乏、技术不高。④政府要加快经济体制转轨的进程，建立健全我国中小企业

---

① 杨瑞龙、杨其静：《专用性、专有性与企业制度》，载《经济研究》，2001 (3)，3 页。
② 黄桂田、李正全：《企业与市场：相关关系及其性质》，载《经济研究》，2002 (1)，72～79 页。
③ 章迪诚：《中国国有企业改革编年史》，612 页，北京，中国工人出版社，2006。

发展的支持体系。①

　　民营经济如何发展壮大、如何提高竞争力水平、为什么融资困难、如何解决融资困难，许多学者对此进行了相应的研究。林金忠认为，中小企业可能通过规模经济发展壮大，其路径选择有三种形式：因企业间的横向联系而形成聚集；因企业间的纵向关联而形成聚集；因区位优势指向而形成同一产业或不同产业的众多中小企业的聚集。② 林汉川等人借鉴国内外企业竞争力理论研究成果，结合不同行业中小企业竞争力特点，专门研究了中小企业行业竞争力评价比较的方法和指标体系，并采用层次分析法对不同行业中小企业竞争力进行了评价比较，提出了我国不同行业中小企业竞争力的提升对策建议。③ 李骥、李麟认为中小企业融资困难的原因有两个：一是政府政策的影响；二是银行机构与中小企业之间的天然关系导致其从银行贷款比大企业成本高而且困难。④ 林毅夫和李永军的研究也得出类似的观点⑤。徐洪水认为，中小企业存在着刚性的金融缺口，主要源于中小企业群体信用的短缺、政府的努力不对称、国有银行收益不对称和激励不对称以及资金的过度需求。并提出了缓解中小企业融资困难的五个方面的对策。⑥

　　这一时期，一些学者也开始利用现代计量方法研究非国有企业的效率问题。刘小玄⑦、胡一帆、宋敏、张俊喜⑧是这方面的代表。

　　当然，这一时期非国有企业理论的一个局限是"解决问题"，而不是"解释问题"，因此，田国强认为，产权已基本明晰的民营企业，在当前的政治经济环境下，能否尽快成为国家应对全球化带来的一些重大社会、经济问题的主要力量，仍有许多问题需要从理论上进行解释。很显然，只有一种综合了政治学、社会学和经济学的多元化视角才能勾勒出它未来的成长轨迹。如何预测民营企业下一步的表现？随着它的成长将会对整个改革进程施加怎样一种影响？无疑是现实

---

　　① 林汉川、夏敏仁、何杰、管鸿禧：《中小企业发展中所面临的问题》，载《中国社会科学》，2003（2），94 页。

　　② 章迪诚：《中国国有企业改革编年史》，586 页，北京，中国工人出版社，2006。

　　③ 林汉川等：《中国不同行业中小企业竞争力评价比较研究》，载《中国社会科学》，2005（3），48 页。

　　④ 章迪诚：《中国国有企业改革编年史》，586 页，北京，中国工人出版社，2006。

　　⑤ 林毅夫、李永军：《中小金融机构发展与中小企业融资》，载《经济研究》，2001（1），10 页。

　　⑥ 章迪诚：《中国国有企业改革编年史》，587 页，北京，中国工人出版社，2006。

　　⑦ 刘小玄：《民营化改制对中国产业效率的效果分析》，载《经济研究》，2004（8），17～26 页。

　　⑧ 胡一帆等：《中国国有企业民营化绩效研究》，载《经济研究》，2006（7），49～60 页。

对理论提出的又一大挑战。[①]

（五）企业中的人力资本理论

1960 年，舒尔茨在美国经济年会上宣告，经济增长必须依赖于物质资本和劳动力数量增加的传统观念已经过时，人的知识、能力、健康等人力资本的提高对经济增长的贡献远比物质资本和劳动力数量的增加重要得多。从此，国际上逐渐出现了人力资本的研究热潮。我国早在 20 世纪 80 年代就有人引入了人力资本的概念。20 世纪 90 年代对人力资本的研究日益增多，主要探讨了人力资本的性质和作用，人力资本的开发和流动等问题。[②] 当然，这些研究主要集中在宏观层次上。进入 21 世纪后，理论界在宏微观两个层次上开始全面深入地研究人力资本问题，在人力资本的内涵、对经济增长的作用机制、价值计量与投资、产权特性与收益分配、利用现状与配置等方面取得了重要的研究成果。[③] 企业中的人力资本是这一时期最重要的研究领域之一。

1. 企业中的人力资本及其度量

2002 年，理论界开始从人力资本的角度来分析企业的性质。丁栋虹认为企业是一个三维的合约组织，由资本和约、产权合约和主体合约构成。其中，资本合约由异质性人力资本、同质性人力资本和物质资本构成；产权合约由异质性人力资本产权、同质性人力资本产权和物质资本产权构成；主体合约由企业家、企业职工和资本家构成。三维的平面都有一个人力资本的原点。企业家人力资本是企业合约的核心协调者和主导设计者。[④] 聂辉华认为企业最根本的特征是人力资本使用权的交易，企业是一种人力资本使用权交易的粘性组织。[⑤]

理论的进展使人们认识到人力资本在企业中的重要作用，因此，许多学者转而开始从实证和企业管理的角度来具体地探讨人力资本的开发、运营、激励及其

---

① 田国强：《从政府到企业：关于中国民营企业研究文献的综述》，载《经济研究》，2003（4），86 页。

②《经济研究》编辑部：《中国经济理论问题争鸣》，259～269 页，北京，中国财政经济出版社，2002。

③ 李福柱：《国内人力资本理论研究进展》，载《生产力研究》，2005（6），20、21、49 页。

④ 章迪诚：《中国国有企业改革编年史》，612 页，北京，中国工人出版社，2006。

⑤ 聂辉华：《企业：一种人力资本使用权交易的粘性组织》，载《经济研究》，2003（8），69 页。

计量方式。如李宝元①、王先玉、王建业、邓少华②等对企业中人力资本的运营、开发、激励进行了全面系统的研究，形成了较为系统的人力资源管理理论；傅元略建立了一个利用"纳税付息前利润"来间接度量企业智力资本贡献的模型。③

2. 企业家人力资本理论

归纳起来，该理论包括以下几方面。

（1）企业家人力资本的特征及作用。企业家是最重要的人力资本，其在企业创立、发展过程中具有不可替代的作用。杨其静在《企业家的企业理论》一书中从企业理论的角度对企业家的作用进行了分析。他认为，企业家是具备企业家人力资本的人，企业家的人力资本包括提出创意的能力和整合投入品的能力。④"企业是企业家人力资本的自我定价器。"⑤ 企业家人力资本产权的特征有：①企业家的创意具有信息悖论的性质，只能以私人信息和知识的状态存在，一旦公开就成为公共品；②价值识别相当困难，其创意具有第三方的"不可证实性"；③不可让渡，企业家的能力特别是实施创意的知识与其人身不可分离，因而无法转让给他人，只能自己亲自使用和实践；④非从属性，即企业家个人意志的高度独立性。企业家人力资本产权特征决定了它的特殊的实现方式不是出卖创意，而是创建企业。通过创办自己的企业，企业家就将自己的人力资本物化或者对象化在企业这样一个相对封闭的装置中，不仅可以对之实施比较有效的保护，而且使之有了"可证实性"，不仅增强了企业家对其人力资本的控制，而且提高了企业家从中获得更多经济价值的可能性。也正因为企业是企业家人力资本的物化形态或者对象化形态，通过创办企业也就赋予了企业家人力资本的可定价性和可让渡性，企业家可以在资本市场上卖掉企业，将自己的人力资本价值变现，也可以经营企业和生产产品，通过产品市场将人力资本价值迂回实现。企业家用自己的人力资本将各种分散的要素整合在一起。⑥

（2）对企业家人力资本的激励研究。华民、陆寒寅的研究表明，对企业家的激励会影响资本市场的发展。⑦ 庄子银把企业家活动的配置引入宏观的分析中，

---

① 李宝元：《人力资本运营》，北京，企业管理出版社，2001；李宝元：《现代人力资源管理精要》，北京，经济科学出版社，2005。

② 王先玉、王建业、邓少华：《现代企业人力资源管理学》，北京，经济科学出版社，2003。

③ 章迪诚：《中国国有企业改革编年史》，612～613 页，北京，中国工人出版社，2006。

④ 杨其静：《企业家的企业理论》，34～36 页，北京，中国人民大学出版社，2005。

⑤ 同上书，50～63 页。

⑥ 张曙光：《企业理论的进展和创新》，载《经济研究》，2007（8），154～155 页。

⑦ 华民、陆寒寅：《经理激励、信息制造与股市效率》，载《经济研究》，2001（5），53 页。

考察了企业家活动的配置对宏观总量的影响，得出一国相对报酬结构导致的企业家活动配置（生产性与非生产性企业家的比例）的差异是 R&D 投入水平、技术水平和经济增长率的跨国差异的根源。同时他又把企业家活动的配置对经济活动影响的一般性分析引入创新活动分析中，考察了企业家活动的配置、相对报酬结构与技术创新水平之间的动态关系，这种动态关系导致了多种均衡的可能性。要提高经济中 R&D 投入水平，进而提高技术创新水平以及经济增长率，就必须通过政治、经济、法律和文化制度创新，营造激励创新的报酬结构，促使企业家更多地从事生产性的创新活动，经济才能打破低水平均衡陷阱，趋向较发达的均衡。① 李新春、苏琦、董文卓等人认为，公司治理实质上包含着朝向企业家精神的保健机制与激励机制，其共同作用影响企业家精神的发挥从而决定了公司治理的绩效。②

3. 对人力资本作用的实证研究

杨立岩、潘慧峰的研究表明，决定基础科学知识长远增长率的最终变量为经济体中的人力资本存量，人力资本是经济增长的真正源泉。③ 代谦、别朝霞认为 FDI（外商直接投资）能否给发展中国家带来技术进步和经济增长，依赖于发展中国家的人力资本积累，只有辅之以较快速度的人力资本积累，FDI 才能给发展中国家带来技术进步和经济增长。④ 岳书敬、刘朝明的实证研究表明，人力资本对技术进步及全要素生产率具有显著的正向作用。⑤ 姚先国、盛乐对乡镇企业和国有企业的实证比较分析表明，同属于公有制的国有企业和乡镇企业以及不同类型的乡镇企业之间之所以出现较大的经济效率差异，原因不在于物质资本产权的性质，而在于人力资本产权界定上的差异，尤其是经营者人力资本产权界定是导致两者经济效率差异的主要原因。⑥

>>主要参考文献<<

[1] 董辅礽. 经济发展研究 [M]. 北京：经济科学出版社，1997.

---

① 庄子银：《创新、企业家活动配置与长期经济增长》，载《经济研究》，2007（8），93 页。
② 李新春、苏琦、董文卓：《公司治理与企业家精神》，载《经济研究》，2006（2），57 页。
③ 杨立岩、潘慧峰：《人力资本、基础研究与经济增长》，载《经济研究》，2003（4），77 页。
④ 代谦、别朝霞：《FDI、人力资本积累与经济增长》，载《经济研究》，2006（4），15 页。
⑤ 岳书敬、刘朝明：《人力资本与区域全要素生产率分析》，载《经济研究》，2006（4），90～127 页。
⑥ 姚先国、盛乐：《乡镇企业和国有企业经济效率差异的人力资本产权分析》，载《经济研究》，2002（3），61 页。

[2] 樊纲．金融发展与企业改革［M］．北京：经济科学出版社，2000．

[3] 高明华．权利配置与企业效率［M］．北京：中国经济出版社，1999．

[4] 谷书堂．社会主义经济学通论［M］．上海：上海人民出版社，1989．

[5] 黄少安．产权经济学导论［M］．济南：山东人民出版社，1995．

[6]《经济研究》编辑部．中国经济理论问题争鸣（1990—1999）［M］．北京：中国财政经济出版社，2002．

[7]《经济研究》编辑部．中国社会主义经济理论问题争鸣（1949—1984）［M］．北京：中国财政经济出版社，1985．

[8]《经济研究》编辑部．中国社会主义经济理论问题争鸣（1985—1989）［M］．北京：中国财政经济出版社，1991．

[9] 刘世锦．经济体制效率分析导论［M］．上海：上海三联书店，1993．

[10] 刘伟，平新乔．经济体制改革三论［M］．北京：北京大学出版社，1990．

[11] 李晓西．20 年观察与思考［M］．北京：经济科学出版社，1999．

[12] 林毅夫．发展战略与经济改革［M］．北京：北京大学出版社，2004．

[13] 厉以宁．非均衡的中国经济［M］．北京：经济日报出版社，1990．

[14] 马洪．论社会主义商品经济［M］．北京：中国社会科学出版社，1987．

[15] 盛洪．分工与交易［M］．上海：上海三联书店，1994．

[16] 宋则行．转轨中的经济运行问题研究［M］．沈阳：辽宁大学出版社，1997．

[17] 吴敬琏．吴敬琏自选集［M］．太原：山西经济出版社，2003．

[18] 于光远．中国社会主义初级阶段的经济［M］．北京：中国财政经济出版社，1988．

[19] 张春霖．企业组织与市场体制［M］．上海：上海三联书店，1991．

[20] 张军．中国过渡经济学导论［M］．上海：立信会计出版社，1996．

[21] 周立群．国有财产组织论［M］．西安：陕西人民出版社，1993．

[22] 周其仁．产权与制度变迁［M］．北京：北京大学出版社，2004．

[23] 张维迎．企业理论与中国企业改革［M］．北京：北京大学出版社，1999．

[24] 周小川，王林，肖梦，等．企业改革：模式选择与配套设计［M］．北京：中国经济出版社，1994．

[25] 张卓元．社会主义价格理论与价格改革［M］．北京：中国社会科学出版社，1987．

Ⅳ.

财政体制改革 30 年理论回顾

财政体制主要是指中央政府与地方各级政府在财政管理方面划分职责、权限和相应收支范围的制度安排。其核心问题是财权与财力的划分及其矛盾处理，即集权与分权关系。区别不同财政体制的一个主要标志就是财政集权与分权的程度和模式的不同，其实质是如何确定财政收支规模在中央和地方（包括政府与企业）之间的界限划分。以此为视角，可将新中国财政体制变迁路径大致描述为：中央集权型"统收统支"体制向行政性分权型"财政包干"体制转化，再向与国际惯例接轨的经济分权型"分税制"体制和公共财政体制转变。本专题对改革 30 年来，学术界对财政体制改革的重要理论观点进行了回顾。

>>一、1978—1993 年：财政分成和包干制理论<<

1978 年，我国实行了改革开放的总路线，对经济体制进行改革。改革的方向是向有计划的商品经济体制转变。这也对财政管理体制提出了新的要求：一是要求财政政策和法制的决策集中于中央，维护中央的权威。二是要求地方财政自治，各地要依据本地实际情况和本地区企业的特点，因地制宜地搞好各项公共服务设施。在此背景下，学术界探讨了财政分成和实行包干制体制的必要性，以及如何对统分统支的财政体制进行改革等重要的理论问题。

（一）对财政包干制的讨论

当时学术界一致认为，传统的财政体制存在着较为严重的弊端，需要对其进行改革。但是改革的方向是什么，尤其是在我国这样一个幅员辽阔、人口众多的社会主义大国，应实行什么样的财政体制？财政包干制为什么可能是合适的改革

方向？学术界对这些问题进行了讨论。归纳起来，主要讨论了以下几个较为重要
的理论问题。

1. 对传统财政体制弊端的讨论

我国财政体制应当实行什么样的具体形式，这决定于经济形势和经济运行模
式。在过去计划经济体制下，经济运行是纵向进行的，传统财政体制在中央与地
方的关系上，按企业事业行政隶属关系划分收支范围，形成经济上的条块分割。
何振一认为，当时的财政体制在国家与企业的财政关系上，财政与财务不分，财
政代替企业财务承担全部资金供给和盈亏责任，这种体制是建立在"全民所有同
政府机关直接经营企业混为一谈"的思想认识基础上，反映着经济运行上的条块
分割关系和国家与企业之间的政企不分关系。① 传统计划经济体制下的财政体制
在运行过程中高度依赖于政府强制与政治动员等非经济因素的集中控制，这导致
了财政资源配置的低效率。主要表现在传统计划体制下的财政体制产权边界不
清、交易费用高、缺乏有效激励与约束，出现严重的"大锅饭"现象，个人吃企
业的"大锅饭"、企业吃国家的"大锅饭"、地方吃中央的"大锅饭"等等。

2. 对实行财政包干制必要性的讨论

1978 年改革开放后，我国经济体制向有计划的商品经济体制转变，这也对
财政管理体制提出了新的要求。

一是要求财政政策和法制的决策集中于中央。学术界的观点认为，在有计划
的商品经济下，各企业的生产经营活动，直接受市场状况所制约，只有全面保障
企业的自主经营权，企业才能有旺盛的活力，市场才能充分发挥调节经济主体的
积极作用。为保障企业的自主权和市场的调节作用，国家在经济管理上，就必须
从指令性计划为主，转向指导性计划为主，从对宏观经济与微观经济一起管，转
向只对宏观经济直接管理的方向上来，即借助财政、货币、信贷政策等经济手
段，来有计划地控制和调节市场，使市场按照计划的要求调节企业的生产经营活
动。财政要有效地承担起有计划地调控市场总量平衡的任务，就必须在财政政策
和法制上保持高度的集中统一。②

二是要求地方财政自治。在商品经济下，分散在各地的企业，其生产经营各
有特点，对经营环境要求也各异，只有各个地方政府依本地实际情况和本地区企
业的特点，因地制宜地搞好各项公共服务设施，才能满足各经济实体发展商品经

---

① 何振一：《财政改革若干战略性问题的再思考》，载《财贸经济》，1987（8）。
② 许毅：《走向新世纪》，第 1 卷，194、199 页，北京，经济科学出版社，1993。

济的需要。要做到这一点，地方政府没有较大的财政自主权是办不到的。贾康认为，我国的国情和有计划的商品经济体制，决定了我国的财政既要保持在宏观经济调控上的高度集中，又要求地方政府有充分的财政自主权；既不能实行单纯的中央高度集中，又不能只有地方财政自治，必须是高度集中和高度自治的有机结合。[①] 在当时的情况下，财政包干体制是体现两者结合点的最佳体制选择。何振一认为，中央集中调控包含两层含义：一层是财政的倾向运动不再按条条实行，而统一由财政逐级实施；另一层是财政政策、财政法制以及财力调剂等方面宏观决策权归中央财政，这对克服财政关系的条块分割、政出多门、妨碍财政宏观调控效果等弊病是十分必要的。[②]

3. 对财政包干制的性质与特点的讨论

学术界大多数观点认为，财政包干制不同于统收统支体制，并有利于打破传统的统收统支体制，向分级财政迈进。温怀荣认为，财政包干制的内在机制不同于传统体制主要表现在三个方面：一是地方有绝对的财力支配自主权，国家全局计划是参考指标；二是多收了可多用，增强了地方驾驭收入的意识；三是地方之间利益关系的差异，对地方在财政收支决策上有着很大的诱惑力，形成分配形式的多样性。[③] 分灶吃饭的本意就是企图打破条块分割的旧体制框架，给地方以充分的财政自主权。当时明确规定，实施"分灶吃饭"，中央各条条对已经明确划给地方自主安排的各项事业，不再归口安排支出，也不再向地方分配支出指标。这无疑是向分级财政方向迈了一大步。凌晨认为，财政包干制有以下四方面的变化和特点值得重视：一是由过去全国一个灶吃饭，改变为分灶吃饭，打破了过去的统收统支、吃大锅饭的局面；二是财力的分配由"条条"为主变为"块块"为主，从前归口安排各项支出，需要与可能的矛盾反映在各部门，集中在中央，实行包干后，地方对各项财政支出进行统筹安排，负责调剂余缺；三是体现了财权和事权的统一，权力与责任的结合，权责利紧密结合，有利于财政的稳定和平衡；四是包干制对不同地区做了不同规定，区别对待，体现了灵活性。[④]

（二）对如何实施财政包干制的讨论

但是，如何从财政体制改革的实践中来实施财政包干制？财政体制改革在

---

① 贾康：《财政本质与财政调控》，160～164 页，北京，经济科学出版社，1998。
② 何振一：《谈现行财政体制的缺点和改进的途径》，载《财政研究资料》，1982 (82)。
③ 温怀荣：《财政包干体制与经济秩序刍议》，载《浙江社会科学》，1989 (1)。
④ 凌晨：《试论财政体制改革的作用及其完善的途径》，载《中央财经大学学报》，1982 (2)。

经济体制改革中处于什么样的位置？这些由实践提出的问题也给学术界的理论探讨提供了重要命题。归纳起来，学术界主要讨论了以下几个较为重要的理论问题。

1. 经济体制改革应该以财政体制改革为突破口

项怀诚在回顾财政体制改革时强调，新中国成立以来的经济管理体制基本上是学习前苏联在斯大林时期所采取的高度集中办法。粉碎"四人帮"以后，特别是党的十一届三中全会做出了把全党工作重点转移到社会主义现代化建设上来的战略决策，并且明确提出，我国经济管理体制的一个严重缺点是权力过于集中，应该有领导地大胆下放，充分发挥中央部门、地方、企业和劳动者个人四个方面的主动性、积极性、创造性。为贯彻落实十一届三中全会决定的精神，贯彻落实国民经济调整、改革、整顿、提高的八字方针，适应逐步实现社会主义四个现代化的需要，从 1979 年开始积极研究经济管理体制的改革工作。[①] 但当时由于多年来积累下来的问题很多，各方面要办事普遍遇到一个财政资金的问题，都希望手中要有一定的财权，因而对改革财政体制的呼声甚高。不少省、市、自治区的领导同志认为，旧的财政管理体制集中过多，管得过死，束缚了地方的积极性，不利于经济的发展。因此，经济改革首先要扩大地方和企业的财权，财政体制改革是当务之急。学术界的很多学者也认为，经济管理体制改革的中心问题是改革分配制度，其核心就是改革财政管理体制。

2. 对实施财政包干制改革的讨论

1979 年 4 月召开的中央工作会议，对改革经济和财政体制问题做了讨论，决定这次改革以财政为"突破口"，先从财政体制改起。1980 年 2 月，国务院颁发了《关于实行"划分收支，分级包干"财政管理体制的暂行规定》，全面揭开了"划分收支、分级包干"的"分灶吃饭"财政体制改革大幕。随着改革进程，也出现了一些问题。周小川、杨之刚认为财政运行中出现了两个突出的问题：一是中央财政连年出现较大的赤字，宏观调控能力日益削弱；二是上解比例较大、留成比例较低的上解地区组织收入的积极性不高，而是放水养鱼，藏富于企业。[②] 为此，中央决定首先解决如何调动上解地区组织收入积极性的问题。张卓元认为，在实行包干办法期间，地方财政收入增长部分让地方多得一些，中央过几年紧日子，"蛋糕"做大后，再按照"分税加包干"的办法调整中央和地方的财政分配

---

① 项怀诚：《中国财政体制改革的回顾》，载《税务》，2002 (12)。

② 周小川、杨之刚：《中国财税体制的问题与出路》，71、113 页，天津，天津人民出版社，1992。

关系，中央从收入增量中多拿一块。这有利于解决当时存在的积极性问题。[①]

3. 对财政包干制的积极评价

实行财政包干体制到底好不好？效果如何？如何对财政包干制进行评价？学术界的大多数观点认为，总的改革方向是对的，效果是好的。陈柏源、尹树楷指出，在一定程度上说，财政包干制打破了地方吃中央财政的大锅饭局面，强化了各级地方的利益，增强了地方财政的平衡能力，调动了地方和企业增收的积极性，为地方政府实现责权利相结合创造了条件，保证了吃饭钱和政府的必要支出。[②] 宗文认为，这次改革坚持了统一领导、分级管理原则，正确处理了集权和分权的关系。把统一性和特殊性、计划性和灵活性有机地结合起来，有利于加快社会主义现代化建设事业的发展。"分灶吃饭"用经济办法管理经济体制，打破了过去多年来全国吃"大锅饭"的办法，有助于改变过去的那种收入多少向上交，花钱多少向上要，只管花钱，忽略经济效益的弊病。从实践上看，改变了过去集中过多、统收统支的局面，扩大了地方的财权，调动了各级政府组织收入和当家理财的积极性，加强了它们自求平衡的责任心。[③] 此外，包干制也有利于地方统筹安排本地区经济发展规划。包干制一般是一定几年不变，地方可以预测自己的财力，做到几年早知道，可以有步骤地解决各方面的问题，协调地发展国民经济，财政包干制也支持和配合了其他领域的改革。

（三）对财政包干制存在问题的讨论

虽然财政包干制是财政体制和企业组织机制的一次制度创新，中央和地方、财政和企业在利益增长上都得到了实实在在的好处，但学术界也有观点认为，承包制没有真正触及旧的体制框架和既得利益，加上放权让利的某些措施和方法失当，带来了一系列严重后果。归纳起来，学术界主要讨论了以下一些较为重要的问题。

1. 财政体制不规范的问题

很多学者认为，在中央变更或确定体制、基数、比例时，往往需要与地方（包括国有企业）进行"一对一"的谈判，形成了更加明显的讨价还价的行政性分权模式。郭灿鹏认为，地方利用信息优势往往使中央处于不利的谈判地位而疲

---

① 张卓元：《中国改革开放经验的经济学思考》，239~242 页，北京，经济管理出版社，2000。

② 陈柏源、尹树楷：《进一步完善财政包干体制的思考》，载《经济体制改革》，1989（2）。

③ 宗文：《1988 年改进财政包干体制的点滴回顾》，载《中国财政》，1989（12）。

于日常"算小账"中。特别是由于在"跑部钱进"、"会哭的孩子有奶吃"的心理驱使下，很多财政性资源被投入到寻租等非生产性的灰色支出地带。"一对一"的讨价还价方式缺乏规范和透明度，助长了地方和企业之间强烈的不公平感，承包制的合法性遭到怀疑。这种模式具有严重的随意性，体制的不稳定和预期的不确定，从而产生了行为的不规范，大大增加了制度交易成本、谈判成本和监管成本。体制运行的边际费用递增，边际收益递减，财政资源的配置效率和使用效率降低，中央宏观经济目标在执行过程中大打折扣。[1]

2. 认为财政包干制可能会弱化中央财政宏观调控能力

李晓西认为，一是在放权让利的各项举措中，大多数都采取了"包"字当头，以保存量让增量的方法，来构造利益激励机制。这虽然有利于不降低国家财政收入存量，但也包死了国家财政收入，导致国家财政收入弹性系数大幅度下降。二是中央财政多次向地方放权让利，中央财政收入汲取能力不断下降，地方拥有国家总财力 70% 的收入权，中央财政却失去了自己的财力，陷入靠地方上解收入才能平衡收支的被动局面。三是在不断放权让利的同时，没有相应地转换财政职能范围，没有相应调整财政支出结构，结果财政统收打破了，而统支依旧，加之随着改革开放的发展，新的财政支出需要的不断增加，带来收支矛盾日趋尖锐化。四是由于中央财政无力支撑社会各项改革所需成本，"中央请客（出台政策），地方买单（财政支付）"现象时有发生。地方迫于压力，便有了"上有政策，下有对策"。各地方、各部门预算外资金和各种其他政府性收费、基金就在这一时期急速膨胀起来，游离于财政之外，严重肢解了财政的完整性。[2]

3. 认为财政包干可能会导致经济粗放式增长和产业结构失衡

学术界观点认为，财政增收源于经济增长，包干体制多收多用的诱惑力，促使各级地方极力追求生产发展的速度，热衷于扩大生产规模，而忽视了经济效益的提高。在包干制下，地方和企业的利益被过度强化，地方政府和企业行为短期化，各地盲目投资，重复建设，靠上价高利大的项目、增加产值来实现财政收入的增长，走的是外延式、粗放式经济发展之路。生产的高速度，形成财政的"虚胖子"，财政紧张，被迫从经济速度中找出路，这是包干体制带来的一种经济财政不良循环。尤其是"一地一包"、"一企一包"成为严重地方保护主义和全国统一市场形成的体制障碍，导致诸侯经济特征明显。

① 郭灿鹏：《中国财政体制（1979—2000）变迁的效率和方向》，载《改革》，2001（4）。
② 李晓西：《试论推行"分税制"的意义及条件》，载《财贸经济》，1994（1）。

4. 认为财政包干制不利于稳定宏观经济

部分学者认为,主要可能在以下几个方面不利于稳定宏观经济。一是财政包干制容易导致基本建设膨胀。杨志勇认为,在包干制下,地方的财力有多少,首先取决于包干的收支基数的高低。因此,人们对收支基数都十分敏感。① 在体制实行过程中,各地为防止下一次改体制吃亏,谁都不把增加的财政收入积存下来不用,把收入基数抬高,把支出基数压低。各地自主安排财政资金,富裕的财力一般用于去办事业、上项目,基本建设过热难以避免。当时,基本建设和技术改造投资大幅度增长,其中地方增长的一块占到 70% 以上。二是包干制驱动银行贷款扩张。有学者认为,通过大量使用银行贷款,各级地方政府不需增加多少财政支出而能不断递增扩大再生产的投入,还可通过税前还贷,利用应上交中央的财政资金(指体制上应上交的地方)办地方事业。银行信贷资金有限,就大规模地搞财政信用,增加了整个信贷规模的派生贷款。三是不利于稳定物价。财政补贴是稳定价格的一项重要措施。价格改革的调与放,价格"双轨制",都关系到财政负担问题。永秀认为,在价格放调结合的形势下,区域性的市场及价格体系已不复存在。而财政体制则是各自为政的。任何一个地方都不愿意增加财政支出或减少财政收入来补贴商品经营环节以平抑市场价格,或严格执行国家指令性计划平价供应部分物资。否则,必然是牺牲当地的财政利益而让他方共同受益。而且只会在价格上相互攀比,竞相抬价,大搞平转议,以增加地方财政收入。②

可见,随着经济体制市场化程度进一步加深,财政包干制对经济持续稳定运行产生的负面效应就表现得越来越明显,体制运行成本不断增加,需要更高效率的财政体制取代它。因此,财政体制改革还要继续进行下去。

5. 按市场经济要求突破财政包干办法,进而改革财政体制

李晓西和白景明提出,应按市场经济要求深化财政体制改革。主要有六方面:按市场经济产权明晰化要求,明确国有资产产权,支持各类企业明确产权的改革;按平等化要求,统一税制,公平税负;按贸易自由化要求,解决地方财政包干问题,以形成统一大市场;按宏观调控间接化的要求,减少中央财政支出,实行政府间收入转移;按管理法制化要求,变国有经济财政为全民财政;按大社会小政府要求,精简机构,压缩政府行政开支。③

---

① 杨志勇:《中国财政体制改革理论的回顾与展望》,载《财经问题研究》,2006 (6)。

② 永秀:《坚持和完善现行财政包干体制》,载《四川财政研究》,1989 (5)。

③ 李晓西、白景明:《社会主义市场经济条件下的财政体制初探》,载《财政研究》,1993 (1)。

>>二、1994—1998 年：分税制财政体制理论<<

1978—1993 年的财政包干体制对调动地方增收节支的积极性，保证财政收入的增长，促进国民经济的发展，都曾起过十分积极的作用，为整个经济体制改革奠定了基础。但是，必须清醒地看到，随着我国市场经济体制改革的深入，社会主义市场经济体制目标的提出，必须尽快建立一套科学合理的分配体制，并以此来优化资源配置，保障公平。而包干制带来的国家财政困难已经到了难以为继的地步，酝酿已久的分税制财政体制改革势在必行。

（一）对分税制的理论探讨

分税制作为一种在西方市场经济体制下普遍采用的财政体制，是建立在西方财政分权的理论基础之上。该理论认为在一定的经济条件下，地方政府提供某些公共产品和服务要比中央政府具有更大的优越性，中央与地方在税收关系上的合理分权则是其中的关键之处。国内学者普遍借鉴西方的分权理论作为分税制在我国实施的理论基础，主要讨论了以下几个问题。

1. 对分税制的实质的讨论

按照新古典经济学的原理，中央政府能够完全根据居民的偏好、经济中的产品和服务总量以及资源禀赋供给公共品，从而实现社会福利最大化。一个国家如果没有多级政府，也就没有必要讨论财政分权。但是，现实是地方政府不仅存在，而且作用很大。基于此，西方财政分权理论逐渐产生，传统的财政分权理论以蒂布特（Tiebout）1956 年发表的《地方支出的纯理论》为标志，然后马斯格雷夫（Musgrave）、奥茨（Oates）等经济学家对此做出补充和发展。杨之刚综述了国外学术界对分税制的讨论：蒂布特认为居民可以"用脚投票"迁移到自己满意的地区，结果地方政府要吸引选民，就必须按选民的要求供给公共品，从而可以达到帕累托效率；① 马斯格雷夫从考察财政的三大职能出发，分析了地方政府比中央政府更有利于经济效率的提高和社会福利水平的改进，并指出在公共品供给效率和分配的公正性实现方面，中央政府和地方政府间必要的分权是可行的，这种分权可以通过税种在各级政府间的分配固定下来，从而赋予地方政府相对独立的权力；奥茨的"分权定理"指出对某种公共品来说，如果对其消费涉及全部

---

① 马海涛主编：《财政转移支付制度》，北京，中国财政经济出版社，2004。

地域的所有人口的子集，并且关于该公共品的单位供给成本对中央政府和地方政府都相同，那么让地方政府将一个帕累托有效的产出量提供给它们各自的选民，则总是要比中央政府向全体选民提供的任何特定的且一致的产出量有效率得多，因为与中央政府相比，地方政府更接近自己的公众，更了解其所管辖区选民的效用与需求，也就是说，如果下级政府能够和上级政府提供同样的公共品，那么由下级政府提供则效率会更高。①

2．政府间事权和支出的划分

对财政收支进行合理划分，首先要遵循的基本原则就是事权与财权相结合。张立荣认为，所谓事权是指政府处理事务的权力或职权。② 事权是财政学中的一个基本词汇，与事权相对应的概念是财权，指政府在取得财政收入、安排财政支出，以及对财政收入和支出过程进行管理等方面的权限。③ 孙开认为，科学合理地划分和确定政府事权与支出范围是理顺政府间财政关系的关键。而事权与财权又有着密切的关系，财权反映着事权，合理地划分了事权（即确立了各级政府的职责）以后，财政收支的划分和财政体制的确立就有了相应的依据。在事权范围划分明确的前提下，仍然要对支出的职责细化，特别是中央和地方之间的交叉支出、跨地区支出、具有外溢性的支出，更应该力求"边界"清晰，避免混淆不清，防止干扰。④ 关于如何划分中央和地方的事权，巴斯特布尔（C. F. Bastable）曾经提出了几个重要原则，即技术原则，凡属复杂的支出项目应划归中央财政，一般性的而又需要适时进行监督的支出项目划归地方财政；利益原则，即凡属事关国家范围内的整体利益的支出，应划归中央，而与地方利益有直接关系的支出则应划归地方政府；行动原则，即行动需要一致的项目划归中央，须因地制宜安排的支出划归地方财政。阿图·埃克斯坦（O. Eckstein）更重视决策程序问题，认为与中央政府决策相比，地方政府通过一项决策程序所需的时间更短些。中央决策即使本来是科学的，也常常会因为决策程序过长而错过了执行的最佳时机，而地方政府决策更能符合本地居民的利益，体现本地居民的偏好和习惯。因此主张国防、外交、国家管理等项支出需由中央财政承担之外，其他支出主要由地方财政负责。塞力格曼（Seligman）在强调以效率为标准划分支出的同时，还提出

---

① 杨之刚：《财政分权理论与基层公共财政改革》，北京，经济科学出版社，2006。
② 张立荣：《中外行政制度比较》，北京，商务印书馆，2002。
③ 刘溶沧、李茂生：《转轨中的中国财经问题》，北京，中国社会科学出版社，2002。
④ 孙开：《政府间财政关系的理论及对中国的体制改革评析》，见：《中国财政理论前沿 II》，北京，社会科学文献出版社，2001。

规模较大的支出归中央财政，规模较小的支出归地方财政。费舍尔（Ronald C. Fisher）在分析地方财政支出时认为，外溢性较小和地方性较强的公共产品，包括基础设施、警察、消防等，更适合于由地方政府提供。[①]

3. 政府间税收如何划分的问题

对税收在政府间的划分，学者们主要从税种、税权和税收划分形式及方法上提出了自己的看法。吴俊培认为税收在中央和地方划分有两种形式。一是中央和地方共有税基，分享税收。它有三种办法，只设同一税种，税收收入在中央和地方之间分享；同一税基分别设置中央税和地方税；地方税采取中央税附加形式。二是划清中央税和地方税各自的税基。一般来说，根据效率原则，富有流动性的税基应属于中央，难以流动的税基属于地方。因此，流动性强的流转税基归中央，流动性弱的财产税基归地方。根据社会公平原则看，收入再分配功能大的税基属于中央，再分配功能弱的税基属于地方，因此所得税的所得一般属于中央税基。但税基的流动性存在地域范围，大多是在区域之间流动，这是流动性税基成为中央和地方共享税基的根据。另外，地方靠非流动性税基满足不了支出需要，辖区内居民对该区公共产品的受益程度与其收入水平相关，因而地方政府对辖区内居民分享部分所得税也是应该的。[②] 孙开认为，一般把需要由全国统一管理、影响全国性的商品流通和税源集中、收入较大的税种划为中央税，税权（立法权、司法权、执法权）均归中央；根据便利的原则把与地方资源、经济状况联系比较紧密，对全国性商品生产和流通影响小或没有影响，税源比较分散的税种划为地方税，税权归地方；根据协调的原则把一些税源具有普遍性、但征管难度较大的税种划为中央和地方共享税，立法权归中央，司法权可归中央也可归地方。[③]

4. 政府间转移支付制度的问题

对转移支付问题，学者们从建立和实施政府间转移支付的必要性及转移支付的方式选择上进行了探讨。孙开认为转移支付制度是分税制财政管理体制的重要组成部分，目的在于调节各级政府财政之间的纵向与横向不平衡问题。作为集权与分权的调节器，转移支付更多地体现中央政府的意志，注意解决横向财政均衡问题，偏重对地方财政收支的结构调节，实行补助制，使财政收入所有权与资金使用权相对分离，是处理集权与分权关系的良策。为弥补地方政府财政经常性收

---

① 毛程连：《西方财政思想史》，北京，经济科学出版社，2003。
② 吴俊培：《论中央和地方的财政关系》，载《经济研究》，1994（4）。
③ 孙开：《财政体制改革问题研究》，北京，经济科学出版社，2004。

支缺口，补偿地方政府在提供公共产品或服务时，产生的受益外溢，确保最低服务标准，缩小不同的财政净受益的差距，实现经济稳定目标，建立和实施政府间转移支付制度很有必要。① 倪红日认为健全的政府间转移支付制度应由转移支付的多重目标和多样化手段所组成。要解决地方财政收支不对称这一基本问题，在转移支付方式的选择上，只能选择一般性非配套的转移支付方式。要补偿受益外溢，最佳的选择是中央政府运用选择性非限额配套转移支付来矫正外部效应，对地方从事的特定活动或提供的劳务成本，给予全部或部分的补偿。要确保地方政府最低服务标准的实现，在选择转移支付的方式上，最好是采取有条件非配套的转移支付方式。要使地区间财政净受益趋于均等，可以采用一般性无配套转移支付的方式。要消除经济建设和社会发展的"瓶颈"，体现国家产业政策，履行政府的资源配置和经济稳定职能，在转移支付方式的选择上，应采取专项拨款或选择性无限额或限额转移支付方式。②

（二）分税制改革理论的系统提出

随着财政包干制的弊端不断显现，理论界和政府决策部门都不断发出财政体制改革的呼声，但是由于经济发展水平和地方既得利益的原因，导致分税制的提出到实施经历了一个过程。下面对这一过程进行回顾。

1. 分税制改革的提出

由于在单纯的分权让利思想指导下的分灶吃饭财政体制使得国家的财政日益陷入困境，学术界就如何改变这种困境进行了很多探索。何振一早在 1982 年就提出我国自 1980 年以来实施的分灶吃饭体制改革方向是正确的，但这个体制在办法上和思路上有缺点。③ 单纯地进行让利放权，不能达到全面理顺财政关系，建立符合有计划的商品经济要求的新财政体制的目的。沿用旧体制的按企业行政隶属关系划分收支范围办法，造成了分灶变分家，集权与分权失去结合点。强调我国下一步财政体制改革，应当以强化中央调控力量，明确中央与地方事权和责任为主要内容。④ 田一农、朱福林、项怀诚也认为进一步改革我国财政管理体制

---

① 孙开：《政府间财政关系的理论及对中国的体制改革评析》，见：《中国财政理论前沿Ⅱ》，北京，社会科学文献出版社，2001。

② 倪红日：《关于中国政府间财政管理和转移支付制度改革》，见：《中国财政理论前沿Ⅲ》，北京，社会科学文献出版社，2003。

③ 何振一：《谈现行财政体制的缺点和改进的途径》，载《财政研究资料》，1982（82）。

④ 何振一：《财政改革若干战略性问题的再思考》，载《财贸经济》，1987（8）。

的思路应是配合经济改革，在完善利改税基础上实行以划分税种为主的、比较健全的分级管理的财政体制。① 贾康则认为要消除包干制带来的种种弊病，必须实现财政体制改革与整体经济改革进一步的衔接和配套，有必要在今后创造条件来突破"行政性分权"局面，使财政体制向更为纵深的经济性分权方向发展，向彻底的中央、地方分税制和分级财政过渡。以经济性分权为方向推进财政体制改革，其核心内容在于按照社会主义有计划商品经济的客观要求，通过国家与企业、中央与地方关系的变革与完善，使国家职能得到正确、充分的发挥，既创造企业自主经营、公平竞争良好的环境和条件，也实行以经济手段为主的计划调节和为区域发展提供必要的财力分配上的协调平衡。②

2. 对分税制改革必要性的认识

刘溶沧提出，必须尽快对"分灶吃饭"的体制做进一步的改革，重点通过分税制的办法来促进中央与地方财政关系的规范化、制度化。实行分税制能充分保证各级政府具有与事权范围相适应的、稳定的财政收入来源，有效克服长期以来由于企业行政隶属关系来划分收入所造成的种种弊端，为建立真正的分级财政体制奠定基础；它可以较好地落实地方政府的自主权，保护企业的合法权益。③ 陈共提出完善以致取消两个包干制，解除对提高"两个比重"方针的困扰，是迟早必行的改革步骤。以分税加包干作为过渡，随着条件的成熟程度，逐步走上分税分级预算管理体制。④ 张馨认为，分税制基本可以解决新中国成立以来一直困扰着我国财政工作的财政体制难题，为我国财政对宏观经济间接调控提供必要的和良好的框架。⑤ 李晓西从市场经济条件下财税体制的基本共性特点，提出大胆借鉴西方分税制带有共同性的做法，同时强调不能脱离我国的国情，不能脱离我国体制和经济发展的基础条件。⑥ 王绍光、胡鞍钢认为，中国既不能实行中央集权体制，也不能实行地方分权体制，而必须采用中央集权－地方分权的混合体制，应根据现代市场经济和现代国家的基本原则，重新界定和划分中央与地方事权和职能，依靠制度创新，通过建立稳定的现代的决策结构和财政制度（特别是中央地方分税制），保证中国比较顺利地实现市场经济转变，避免出现前苏联和前南

---

① 田一农、朱福林、项怀诚：《论中国财政管理体制的改革》，北京，经济科学出版社，1985。
② 贾康：《深入进行财政体制改革的设想》，载《中国经济体制改革》，1986 (10)。
③ 刘溶沧：《财政体制改革和财政政策》，重庆，重庆出版社，1988。
④ 陈共：《振兴财政之思考》，载《财贸经济》，1991 (11)。
⑤ 张馨：《财政·计划·市场——中西财政比较与借鉴》，北京，中国财政经济出版社，1993。
⑥ 李晓西：《试论推行"分税制"的意义及条件》，载《财贸经济》，1994 (1)。

斯拉夫的市场化过程中的社会解体和国家分裂。[①] 项怀诚认为，分税制是根据市场经济的原则和公共财政的理论确立的一种分级财政管理制度，分税制在西方发达的市场经济国家已有上百年的历史，至今已形成一套比较科学的管理制度。从我国的情况看，财政包干体制虽然在前些年对经济发展起过作用，但随着市场在资源配置中的作用不断扩大，其弊端越来越明显，因此，对现行财政体制必须尽快进行改革。改革的方向就是实行分税制的分级财政体制。同时强调在我国推进分税制改革，既要借鉴国外的成功经验，又不能盲目照搬，必须从我国的基本国情出发，结合实际情况，采取循序渐进、逐步到位的方式。特别是考虑到目前我国中央和地方两级财政都比较困难的现状，在改革的力度上更要注意掌握分寸、尺度，以保证适合中国国情的分税制改革能够顺利进行。[②]

3. 对分税制改革具体内容的探讨

部分学者认为，分税制改革的主要内容包括几个方面。一是中央和地方在支出范围上的划分。按照中央与地方政府事权划分，合理确定各级财政的支出范围，规定中央财政主要承担国家安全、外交和中央国家机关运转所需经费，调整国民经济结构、协调地区发展、实施宏观调控所必需的支出以及由中央直接管理的事业发展支出，地方财政主要承担本地区政权机关运转所需支出以及本地区经济、事业发展所需支出。二是中央和地方收入上的划分。根据事权与财权相结合原则，将税种统一划分为中央税、地方税和中央地方共享税，建立中央税收与地方税收体系，将维护国家权益、实施宏观调控所必需的税种划为中央税，将同经济发展直接相关的主要税种划为中央与地方共享税，将适合地方征管的税种划为地方税，并充实地方税税种，增加地方税收入，中央税、共享税以及地方税的立法权都集中在中央，以保证中央政令统一，维护全国统一市场和企业平等竞争。三是财税机构的设置。分设中央与地方两套税务机构，中央税和共享税由中央税务机构负责征收，共享税中地方分享的部分由中央税务机构直接划入地方金库，地方税由地方税务机构负责征收。四是中央财政对地方税收返还数额的确定。为了保持原有地方既得利益，中央财政对地方税收返还数额以1993年为基期核定。按照1993年地方实际收入及税制改革和中央与地方收入划分情况，核定1993年中央从地方净上划的收入数额（即消费税＋75%的增值税－中央下划收入）。1993年中央净上划收入全额返还地方，保证原有地方既得财力，并以此作为中

① 王绍光、胡鞍钢：《中国国家能力报告》，沈阳，辽宁人民出版社，1993。
② 项怀诚：《实行分税制是当前财政体制改革的重要内容》，载《求是》，1994（2）。

央财政对地方财政的税收返还基数。1994 年以后，税收返还数额在 1993 年基数上逐年递增，递增率按全国增值税和消费税的平均增长率的 1∶0.3 系数确定，即上述两税全国平均增长 1％，中央财政对地方税收返还增长 0.3％。如果 1994年以后中央净上划收入达不到 1993 年基数，则相应扣减税收返还数额。

（三）对分税制改革的过渡性特征的认识

学术界对分税制改革的成绩给予了肯定。杨之刚认为，从 1994 年的分税制实行情况看，这次改革成功之处在于，它不仅改变了中央和地方政府间的财政关系，还在制度层面对中国的多极财政体制产生了正面效应。[①] 贾康、阎坤认为，分税制的主要成就表现在：确立了分税制的基本框架，并为进一步深化财政体制改革创造了有利条件；初步改革了财力和财权过于分散的局面，增强了中央的宏观调控能力；调动了地方生财和聚财的积极性，促进了资源的优化配置和产业结构的合理调整。[②]

但由于市场化进展程度、政府与市场关系的界定以及政府体制内部关系的界定等决定了 1994 年的分税制体制改革还有许多不尽如人意之处，具有明显的过渡特征。学者们主要从税收体制、各级政府事权划分、转移支付这几个方面对分税制的过渡特征进行了探讨。

1. 税收体制不完善

吕炜认为，1994 年实行的分税制从一开始体制的过渡特征就十分明显，突出地表现在中央财政通过划分税种迅速集中了财力，但为了确保地方既得利益，以 1993 年为基数的税收返还办法使集中的财力大部分又原封不动地返还给了地方。也就是说体制框架有了，调控形式有了，但实际的调控能力还不具备。[③] 贾康、阎坤认为，税收上保留的企业所得税按行政隶属关系划分这条旧体制的尾巴，与企业深化改革和专业化联合趋势的矛盾日趋尖锐。共享税在全部税收收入中的比重相当高（60％左右），与比较彻底的分税制表现出很大的距离。[④] 项怀诚也认为 1994 年分税制只是建立了市场化的财政体制框架，具有明显的过渡特征。比如企业所得税仍按企业被管辖的行政隶属关系在政府之间划分收入，不是真正的"分税制"。作为分税制的基础，税制要不断完善。"分税制"和"税制"

① 杨之刚：《中国分税财政体制：问题成因和改革建议》，载《财贸经济》，2004（10）。
② 贾康、阎坤：《转轨中的财政制度变革》，163 页，上海，上海远东出版社，1998。
③ 吕炜：《当前财政体制与政策运行的六点思考》，载《财政研究》，2003（6）。
④ 贾康、阎坤：《转轨中的财政制度变革》，163 页，上海，上海远东出版社，1998。

的改革要同步。①

2. 各级政府事权划分不清晰

1994 年的财政改革的突出特点就是，在保地方既得利益的前提下实行渐进的体制转换和增量调整，过渡色彩比较浓重。贾康、阎坤认为，体制方面遗留的较大问题之一是事权划分，对最为关键的生产建设项目投资权尚未做清晰的规定，实际上各级政府都可以搞一般盈利性项目，不利于清理政府级次间的事权纠葛和地方政府职能调整到位。② 张馨认为现行的分税制不是完全的分"税"制，还包含明显的分"利"因素在内。它无法有效地划分清楚各级政府的事权，没能形成清晰的各级财政的相互间关系。它仍包含了若干不规范因素，难以形成有效的返还收入或转移支付制度，是现体制不规范的集中表现。③ 项怀诚认为，中央政府与地方政府的事权划分不够清楚，收支范围的划分不合理。深层次的原因是我国的经济体制改革尚未到位，现代企业制度尚未建立，政企关系没有真正理顺，政府职能的转换也没有到位。④

3. 财政的转移支付制度不完善

张卓元认为，从 1994 年中国分税制实践的情况来看，有两个主要特点：一是它在一定程度上具有现代分税制基本内容；二是它较多地保留了包干体制的痕迹，因此实际上是不彻底的分税制，与规范、彻底的分税制还有很大距离。受制于体制的过渡特征，转移支付还很不规范。⑤ 胡鞍钢认为，分税制作为一项制度创新，在没有发生重大社会动荡的情况下"初战告捷"，但还尚未实现分税制的目标，主要表现在：中央汲取财政能力进一步下降；现行的财政做法仍保留了旧体制的特征；中央财政援助比税制改革前扩大了各省区人均地方财政支出的相对差距；中央对各省区人均财政援助额与人均 GDP 水平相关性极低，不利于缩小地区经济发展差距。分税制已迈出了决定性的第一步，既不能停下来，也不应退回去，只有义无反顾地、有策略地向前迈出第二步，即建立完善的财政转移支付制度。⑥ 因此，中国的分税制财政体制还需要进一步改革和完善。

---

① 项怀诚：《分税制——改革的回顾与展望——在武汉大学 110 周年校庆"专家论坛"上的报告》，载《武汉大学学报》，2004（1）。
② 贾康、阎坤：《转轨中的财政制度变革》，上海，上海远东出版社，1998。
③ 张馨：《现行分税制的缺陷》，载《经济研究参考》，1996（7）。
④ 项怀诚：《分税制——改革的回顾与展望——在武汉大学 110 周年校庆"专家论坛"上的报告》，载《武汉大学学报》，2004（1）。
⑤ 张卓元：《中国改革开放经验的经济学思考》，北京，经济管理出版社，2000。
⑥ 胡鞍钢：《分税制：评价与建议》，载《中国软科学》，1996（8）。

>>三、1998—2008 年：公共财政体制理论<<

随着社会主义市场经济体制框架的基本确立和 1994 年财税体制改革的进行，财政收入持续、快速、稳定增长的机制基本建立了起来。1998 年以来实施的积极财政政策取得明显成效，国民经济出现了重要转机。这一切都为我们进一步推进财政体制改革打下了坚实的基础。为加快建立适应社会主义市场经济发展需要，规范收支管理，更有效地满足公共需要，促进经济健康发展，维护社会稳定，我国财政模式也要相应发生转变，即从计划型的"国家财政"向市场型的"公共财政"转变。下面对学术界关于公共财政理论的讨论进行回顾。

（一）公共财政理论的提出及争论

20 世纪 90 年代初期，随着我国从计划经济向市场经济的转变，财政理论相应也发生了从"国家财政"向"公共财政"的根本性变革。但公共财政是随着社会主义市场经济体制改革的不断推进，逐渐被大家认知和接受的。学术界对公共财政理论进行了较为激烈的争论。

1. 对实行公共财政必要性的争论

理论界对我国是否有实行公共财政的必要进行了争论。主要存在以下几种观点。

一是认为我国必须实行公共财政。张馨认为，市场经济的要求就是公共财政。只有公共财政才能适应于、服务于并有利于市场经济的存在和发展，这是数百年来市场经济在西方的发展历程所鲜明昭示的。我国要建立社会主义市场经济，很自然也要建立与之相适应的公共财政。[①] 李利也认为公共财政是财政历史发展中的一种形态，是一种与市场经济相适应的财政模式，它是财政职能的调整，是财政管理深化与资金投向的深刻变革，我国必须构筑公共财政新框架，适应财政体制的发展趋势。[②] 叶振鹏从公共财政存在的条件出发，认为公共财政是市场失效的产物，是以企业和个人追求自身最大利益为分析的基点。而这两点对我国公共财政来说也是如此。正是由于存在着市场失效和追求企业自身利益，才

---

① 张馨：《市场经济不存在公共财政吗》，载《财政研究》，1998（8）。
② 李利：《国家的钱应该怎样花》，载《瞭望》，1994（15）。

使得在社会主义市场经济下，也要有与之相适应的社会主义公共财政存在。①

二是对公共财政持否定态度。叶子荣尖锐地指出，"公共财政"是唯心主义的产物，无论其是财政的本质还是财政的类型的理论，都存在根本性的错误。正确的态度是依据邓小平同志的"社会主义本质论"，坚持"国家分配论"，大胆借鉴西方财政实践中有助我国财政改革与运行的具体做法，不断发展和完善"国家分配论"。② 许毅认为，借鉴西方经验，把我国财政称之为公共财政是从根本上错了位。把不同社会制度，把私有制基础上的与公有制为主体的基础上的生产方式的市场关系混同了，把国家的阶级性否定了，否定了社会主义制度是"现实生活的生产再生产"，把消除两极分化的公有制生产关系与扩大两极分化的资本生产关系混同了。③ 陈共认为我国财政改革的关键，应是采取有力措施，适当集中财力，振兴财政，充分发挥并强化财政在社会主义市场经济下应有的职能，而实行"公共财政"并不能解决这些问题，也不能达到党中央提出的振兴财政的目标。④ 刘邦池认为如果完全用公共财政理论代替国家分配论，将导致国家财政作用领域的范围过分缩小，国家宏观调控经济功能的减弱和财政完全退出生产领域的局面，这同社会主义市场经济以公有制为主体，市场在国家宏观调控下对资源配置起基础作用的特征相悖。⑤

三是认为公共财政要建立，国家财政也不可忽视。邓子基认为，建立和完善社会主义市场经济体制，也不断地促使着财政职能的转变、财政制度的改革和财政支出范围与结构的调整和优化。因此建立"公共财政"的基本框架非常必要和正确，但也不能忽视"国有资产财政"。⑥

2. 对公共财政特征的不同观点

学术界主要有以下几种看法。第一种是杨灿明归纳的三大特征。一是财政收入是凭借公共权利取得的，反过来说，凭借公共权利取得的收入，都是财政收入。政府要把财权统一到财政部门，预算外、制度外的收入都要取消。只能采取立法，通过税务部门集中收取的形式。二是财政支出用于公共领域。包括公共安全、公共机构、公共事业、公共福利、公共工程、公共企业，当然财政在这六个

① 叶振鹏：《建立公共财政基本框架的几个问题》，载《中国财政》，1999（10）。
② 叶子荣：《"公共财政"辨析》，载《财政研究》，1998（4）。
③ 许毅：《对国家、国家职能与财政职能的再认识》，载《财政研究》，1997（5）。
④ 陈共：《关于"公共财政"的商榷》，载《财贸经济》，1999（3）。
⑤ 刘邦池：《当前财政学建设的若干理论问题》，载《财政研究》，1996（7）。
⑥ 邓子基：《我所理解的公共财政》，载《中国财经报》，1999-03-26。

方面介入的程度是不一样的。三是财政决策是一种公共选择、民主决策。这是公共财政区别于其他财政的本质特征。搞公共财政改革，必须要用公共决策、民主理财等来理解和指导它。① 第二种是贾康从四个角度归纳的公共财政的基本特征：一是以满足社会公共需要为主要目标和工作重心；二是把提供公共产品和服务作为财政分配的基本方式；三是以公民权利平等、政治权力制衡为前提的规范的公共选择作为决策机制；四是管理运行上必然要有公开、透明完整、严格的预算作为基本管理制度。② 第三种是郑建新将公共财政简单归纳出的五个方面的特征：它是一种着眼于满足社会公共需要的经济活动或分配活动，活动对象是提供公共物品，核心是效率，立足点是非市场盈利性，运行机制法制化。③

3. 关于公共财政构建的不同观点

对如何构建社会主义的公共财政，理论界提出了不同看法，主要有以下几种观点。第一种是以完善财政收支体系为基础的公共财政构建。项怀诚提出，在不断完善财政收入体系的同时，大力推进财政支出管理制度改革。加快建立适应社会主义市场经济发展需要，有中国特色的公共财政体制框架，规范收支管理，更有效地满足公共需要，促进经济健康发展，维护社会稳定。④ 第二种是以解决好财政职责问题的公共财政构建。邓子基认为，公共财政的构建必须做到预算的公共性、收入的公共性、支出的公共性，市场有效竞争领域的资源配置，是经济主体的事，财政不必插手。⑤ 张馨认为，构建公共财政要注重解决财政职责不清的问题，解决政府预算占 GDP 比重下降的问题，解决财政对不同经济成分的区别对待问题，解决财政消费性支出膨胀与不足问题，解决财政投资性支出失当与不足问题，解决征税的基本依据不足的问题，解决我国公债集中于中央政府的问题，解决财政体制尚未真正实现分税制的问题，解决财政的预算外和制度外问题，解决公共财政与资本财政的区分问题。⑥ 第三种是以纠正市场失灵为基础的公共财政构建。安体富、高培勇提出，构建我国的公共财政，最关键的一步，就是以"市场失灵"作为标准，从纠正和克服"市场失灵"现象出发，对现存的财政职能事项逐一鉴别、筛选。必须坚持"尽可能多的市场，尽可能必要的财政"

① 杨灿明：《推进公共财政支出改革的几点建议》，载《财政研究》，2001（9）。
② 贾康：《关于公共财政的若干思考》，载《中国社会科学院学报》，2005（6）。
③ 郑建新：《公共财政再分析》，载《财政研究》，2002（6）。
④ 项怀诚：《建立公共财政体制框架推进财政体制改革和制度创新》，载《国有资产管理》，2000（9）。
⑤ 邓子基：《"国家分配论"与构建公共财政的基本框架》，载《当代财经》，1999（5）。
⑥ 张馨：《论建立公共财政的现实意义》，载《当代财经》，2000（1）。

的原则。① 第四种就是以建立和谐社会为基础的公共财政构建。金人庆提出，在构建社会主义和谐社会的进程中，财政支出必须坚持以人为本，推进公共服务均等化，把更多财政资金投向公共服务领域，不断加大对重点支出项目的保障力度，向农村倾斜，向社会事业发展的薄弱环节倾斜，向困难地区、困难基层、困难群众倾斜，不断改善人民群众的生产生活条件，满足人们的公共产品需求，让广大人民群众共享改革发展成果、同沐公共财政阳光。② 第五种是以效率优先为基础的公共财政构建。吴俊培认为，财政效率制度是规范公共部门经济行为的约束条件，具体分两个层次。一是政府的效率资源配置制度。政府决定提供公共商品种类、数量和质量，由此给公共部门安排资金。二是公共部门的生产效率制度，即按照政府配置的资源生产出尽可能多的公共商品，或生产出质量尽可能高的公共商品。效率问题是基础，效率优先始终是财政制度建构中要遵循的原则。③

4. 对公共财政职能的不同观点

对公共财政的职能问题，学术界的主要看法有两种。第一种是三职能论。吴俊培在分析了我国传统财政的三大职能的基础上，借鉴了马斯格雷夫对财政职能的新概括，提出了对现代财政三职能的新解，认为财政的资源配置职能是解决市场资源配置失败领域的问题，收入分配职能是解决市场分配不公问题，财政稳定职能是解决市场宏观经济波动的问题。④ 第二种是四职能论。谢旭人认为，根据财政与政府事权相统一的原则，在社会主义市场经济中，国家财政职能应包括四个方面：一是公共保障职能，在公安、司法、行政、国防、外交、环境保护、义务教育等公共活动领域，靠市场机制无法动员和组织相应的资源来满足这些社会需求，只能由国家财政通过税收筹集资金，用预算分配的方式来予以满足；二是收入分配职能，主要有两个目标，即调节个人收入分配、实现社会公平、避免或减少市场分配造成的个人收入过分悬殊问题，调节国民收入在地区之间的分配，协调地区之间各项社会经济事业的平衡发展；三是经济调控职能，重点是在宏观经济运行中，对社会供求总量和经济结构进行调节；四是国有资产管理职能，我国是以公有制为主体、多种经济成分并存的社会主义国家，国有经济是国民经济的主导力量，国家财政作为国有资产的直接投资者和所有者，有权利对国有资产

① 安体富、高培勇：《社会主义市场经济体制与公共财政的构建》，载《财贸经济》，1993 (4)。
② 金人庆：《完善公共财政制度逐步实现基本公共服务均等化》，载《求是》，2006 (22)。
③ 吴俊培：《重构财政制度的思路》，载《中国财经报》，1999-04-09。
④ 吴俊培：《怎样认识市场经济下的财政职能》，载《财政研究》，1993 (10)。

的运营进行必要的管理和监督，有义务实现国有资产的保值和增值。①

（二） 分税制财政体制的进一步完善

1994 年实施分税制以后，针对实践中出现的问题，学术界对如何进一步完善分税制做了大量研究，提出了许多有益的改革思路。

1. 关于合理处理中央和地方的收入划分问题

对政府间收入划分有改进型和彻底分税制两种观点。前者主张，将企业所得税改为共享税，同时将企业利润按比例在中央和地方之间分配，将资源税和证券交易税划归地方管理，国有土地有偿使用收入可并入资源税，将固定资产投资方向调节税收回中央，② 个人所得税应该或主要是中央税，增值税可适当增加地方分享比例，③ 社会保障税为共享税，中央分享 20％，地方分享 80％，遗产与赠与税为地方税，并将所有城建税收入划归地方。④ 而后者主张采用分税分率制，将税种划分为中央税和地方税，不设共享税。中央收入包括增值税、消费税、资源税、社会保险税、国债收入、中央企业上缴利润等。地方收入包括营业税、房产税、车船使用税、印花税、农业税、城市维护建设税、屠宰税、地方企业上缴利润及地方债务收入。对企业和个人所得税实行中央与地方同源课税，分率计征。⑤ 其中，作为长远目标，应将增值税全部划为中央税；资源税和证券交易税都具全国意义宜作为中央税种；不再将银行等行业的营业税作为中央税，以消除不规范的共享形式。⑥ 此外，中央应赋予地方（主要是省级）必要的征税权，允许开辟地方税种和税源，如商品和服务零售税等，作为权力制约，必须上报国务院及财政部批准。开征不动产税，作为地方专项税收。⑦ 吴俊培则认为税收在中央和地方划分有两种形式，要么是中央和地方共有税基，分享税收，要么是划清中央税和地方税各自的税基。⑧

2. 关于中央和地方的职责划分问题

在对于中央和地方职责划分问题上主要有以下几种观点。第一种观点在对财

---

① 谢旭人：《我国财政职能的转变及财税体制改革》，载《财政研究》，1994 (5)。
② 贾荣鄂：《关于进一步理顺中央与地方财政关系的思考》，载《财经研究》，1996 (7)。
③ 钟晓敏：《论政府间财政转移支付制度》，载《经济研究》，1997 (9)。
④ 郭代模、许太谊：《关于完善地方税体系的基本思路》，载《财政研究》，1997 (3)。
⑤ 寇铁军：《我国财政体制改革的目标模式》，载《财经问题研究》，1995 (12)。
⑥ 易剑虹：《从税收职能角度对我国中央税体系构造的研究》，载《经济学家》，1997 (2)。
⑦ 胡鞍钢：《分税制：评价与建议》，载《中国软科学》，1996 (8)。
⑧ 吴俊培：《论中央和地方的财政关系》，载《经济研究》，1994 (4)。

政职能进行结构分析基础上提出，地方政府应主要从事资源配置工作，也就是地方政府要为地方居民提供地方公共产品和劳务。财政的收入再分配职能和经济稳定及增长职能由中央政府承担，中央政府在资源配置上主要从事纯公共产品或接近于纯公共产品的供给，也要解决开放性地方公共产品利益补偿问题。① 第二种观点在强调政府事权划分基础上，强调着重把调控经济的事权和投资权限划分清楚。由于我国是一个大国，一些省份比西方国家还大，中央不能管得过宽过细，赋予省级适度的管理权限十分必要。一方面，省级在区域范围内调节各地财力均衡方面肩负重要职责；另一方面，有关区域性的财税法规的实施性、操作性、解释性的办法与制度，应给予省级适当的自主权、立法权。② 第三种观点认为，中央和地方要明确划分经济管理权限、行政管理权限和事业管理权限。在事业管理方面，中央负责重要文化遗产整理和珍贵文物保护以及国家级艺术团体、博物馆、展览馆、陈列馆、图书馆所需经费；重要基础科学研究和高精尖应用技术研究；具有榜样作用的重点院校和学科；国家级医药科学研究、病疫预防和中央公务员的医疗保障。地方政府负责地方级艺术团体、图书馆、博物馆、文化馆、展览馆等的建设和发展；地方性基础科学研究和一般性应用技术研究；地方性高等院校、职业教育、成人教育、义务教育；地方性医药卫生和体育事业等。③

3. 关于完善转移支付制度的问题

对于转移支付问题，理论界主要对以下问题有不同看法。一是转移支付使用的方法，一部分人认为确定转移支付，可以采取使用因素计分法、因素回归法以及系数调整法三种方法。④ 苏明认为以因素法取代基数法进行分配很好。⑤ 刘溶沧等也认为应该逐步用"因素法"取代"基数法"。⑥ 二是对于地区因素的选择，刘溶沧用两个变量估算地方税基：社会商品零售总额和工业企业的税前利润。将每个省的支出需求分成七类：教育、卫生、社会福利、公检法、基础设施维护、行政管理、其他公共服务。⑦ 而马骏主张重点考虑 10 个因素：经济发展程度、都

① 吴俊培：《论中央和地方的财政关系》，载《经济研究》，1994（4）。

② 苏明：《"九五"期间财税改革的若干问题》，载《经济纵横》，1996（1）。

③ 徐志：《关于中央政府与地方政府事权界定的基本思路》，载《经济改革与发展》，1995（12）。

④ 财政部财政科学研究所课题组：《完善我国政府间转移支付制度的探讨》，载《财政研究》，1995（9）。

⑤ 苏明：《中国财政体制改革的现状与政策取向》，载《中央财经大学学报》，2003（1）。

⑥ 刘溶沧、焦国华：《地区间财政能力差异与转移支付制度创新》，载《财贸经济》，2002（6）。

⑦ 刘溶沧：《重建中国政府间财政转移支付制度的总体构想》，载《管理世界》，1996（4）。

市化程度、地区总人口、少数民族人口比例、人口密度、气候、地貌、面积、财政供养人口和农业产值份额。[①] 而胡鞍钢认为最重要的是按各省区人均 GDP 水平排序，其次要考虑到少数民族自治特殊情况，按少数民族人口占总人口比重指标作为转移支付方案的权重因素。[②] 三是对于转移支付方式问题，钟晓敏主张将无条件拨款分成两个部分：一部分是由一般性因素确定的拨款，另一部分由一些特殊因素来确定，如少数民族人口的比例。[③] 崔维认为按客观因素建立模型不能完全反映中央政府的政策取向，应在统一客观因素的基础上补充政策性因素进行转移支付。[④] 马拴友提出应对转移支付制度做出大的调整，包括调整体制上解数，对沿海富裕地区的收入增量集中一部分，用来进行转移支付；部分地调减税收返还数量，或下决心触动现行财政利益分配格局，取消中央税收返还，将其作为中央可支配财力全部用于转移支付；适当压缩专项补助数量，将体制补助和结算补助纳入政府间财政平衡体系。[⑤]

4. 完善省以下财政体制的问题

对于省以下财政体制的完善主要有三种观点。第一种观点以减少财政级次和构建地方税体系为基础。杨之刚认为分税制存在的问题，最突出的就是导致了基层财政困难和地区间差距的日益扩大，应构建一个可以有效运行，并具有自律机制的基层财政体制，借鉴国际上较为通行的三级政府体制，减少财政级次，解决基层财政困境；构建地方税体系，以财产税（或称不动产税）作为基层政府地方税的税种，逐步规范地方政府的非税收入；适当下放税权。[⑥] 第二种观点以财政层级的扁平化为基础。贾康认为省以下财政体制尚未进入分税制轨道，导致过渡中的一些负面因素在积累和放大。对于现行分税制造成的基层财政困难，要得到一个长效机制来解决它，就必须考虑以减少财政层级的扁平化改革为前提，在省以下，实质性地推进和贯彻分税制，这样来打造一个从中央到地方的低端——就是我们的基层，能够真正上下贯通、顺畅运行的以分税制为基础的分级财政，来和我们要构建的整体性的社会主义市场经济配套。[⑦] 第三种观点是以制度创新为基础。阎坤认为地方财政问题本质上不是一个技术性问题，而是一个制度创新问

① 马骏：《中央向地方的财政转移支付》，载《经济研究》，1997 (3)。
② 胡鞍钢：《分税制：评价与建议》，载《中国软科学》，1996 (8)。
③ 钟晓敏：《论政府间财政转移支付制度》，载《经济研究》，1997 (9)。
④ 崔维：《我国现行财政转移支付制度亟待改革》，载《中国财政》，1998 (9)。
⑤ 马拴友：《论完善我国政府间财政平衡制度》，载《经济体制改革》，1999 (2)。
⑥ 杨之刚：《中国分税财政体制——问题成因和改革建议》，载《财贸经济》，2004 (10)。
⑦ 贾康：《分税制改革需要继续深化》，载《中国改革》，2006 (2)。

题，但自 1994 年至今，我们一直在技术的层面上进行，即税率的增降、税种的开征与停征以及收入共享的划分等，而从未考虑过用制度创新来解决县乡财政问题。制度创新一方面要求逐步建立民主的理财机制；另一方面要重构县乡财政体制新框架，明晰界定县乡两级政府事权，培育新的主体税种，下放税权并且加大转移支付力度。[①]

（三） 对现代预算管理制度的研究

预算管理作为政府财政管理的一项重要内容，从早期消极的税收收入控制，逐步转向支出管理控制，更加注重政府预算调节宏观经济运行的经济杠杆作用。政府预算逐渐由经济工具转变为调节经济、约束政府的重要手段。因此，预算管理制度研究也就成为研究财政体制的一项重要内容。我国财政管理体制的重点，在改革开放的前 20 年一直侧重于财政收入方面，直到 1998 年才转移到财政支出方面，政府预算编制、国库管理制度和预算科目体系等基础性管理制度的改革已成为财政体制改革的重点，也相应进行了理论研究。

1. 对规范预算管理必要性的认识

对于规范预算的必要性理论界没有多少异议，只是从不同角度提出规范预算的必要。项怀诚认为我国传统的财政预算编制由于比较粗，执行中资金调剂随意性大；编制不完整，导致大量财政资金在预算外运行；编制的方法落后，预算资金的分配缺乏公正、透明；编制不统一，部门间管理分散，难以形成整体的部门预算。财政监督也因为预算分散而不能行之有效，预算的透明、公开性原则不能充分体现，因此规范财政预算势在必行。[②] 马蔡琛认为政府预算作为国家管理社会经济事务、实施宏观经济调控的重要管理手段之一。它涉及社会政治经济的各个领域。从纵向关系上看，涉及中央与地方以及地方各级政权间事权和财权的正确划分；从横向关系上讲，则涉及各预算单位之间以及社会成员之间物质利益关系的正确处理。我国财政体制从 50 年代起经历了统收统支、总额分成、分级包干等多个历史阶段。期间预算管理制度则保持总体相对稳定，但是预算形式上采用单一预算，预算编制原则上贯彻国民经济综合平衡原则，长期沿用基数法编制预算，预算编制程序上采用自下而上和自上而下，上下结合，逐级汇总的方法，

---

① 阎坤：《转移支付制度与县乡财政体制构建》，载《财贸经济》，2004（8）。
② 项怀诚：《国家财政在 10 年改革中与时俱进——在"中国财税论坛 2003"上的讲话》，载《经济研究参考》，2004（1）。

预算管理总体上比较粗放，预算管理制度变迁长期滞后，因此有必要对我国预算进行改革。[1] 郭代模认为我国改革后的预算管理体制实质走上了一条放权、让利、减税、分散的路子。财权被肢解，体制过于分散，收支严重失衡，分配格局失衡，财政职能被肢解，作用在弱化，因此需要规范财政预算以强化财政职能。[2]

2. 对预算范围问题的研究

对于预算范围的研究主要有以下几种看法。杨之刚认为中国预算存在的问题很多。首先就是预算的范围不全，不能全面反映政府所有资金的运用情况，从而不能反映政府职能的履行状况。要求各部委将其所有的支出和收入全部列入预算，包括原来的预算外部分，这是向统一预算管理迈进的一大步，同时还要清理非预算资金，结合进行税费改革。将一部分具有外溢效应的公共产品和服务的收费改为征税，对部分受益和付费直接关联的项目收费规范管理，同时对乱收费进行彻底清理废除。[3] 李扬根据当时公共部门的架构提出预算账户应进行调整。除了预算内资金以外，财政性预算外资金应当被明确划入预算内，大量的和分散的财政性集资、摊派和收费（"政府的非正规收入"）也应明确地在预算内列示。而市场导向的国有企业（金融的和非金融的）以及若干事业单位的收支应当从预算中分离。为体现政府对这些企业的所有权，可考虑设置专门的国有企业账目反映其收支，该账目的差额进入国家财政预算。[4] 梁尚敏、马拴友提出了规范非税收入的思路，包括坚决制止不合理性收入，将强制性非税收入立项纳入公共选择过程，由国家权力机关审批；部分收费、基金用于纯公共产品，应以通税形式向全体纳税人筹资；部分收费、基金具有受益税性质，用途特定且受益人明确，按照税收公平的受益原则征收受益税；部分收费具有矫正税性质，调节外部不经济者征收矫正性庇古税；剩余的非固定性非税收入仍保持非税形式，但必须纳入财政管理。[5] 贾康强调预算的完整性原则，提出按照市场经济发展、政府职能调整与客观规范的客观要求，确立预算内、预算外、制度外资金三大块政府财力"三而二，二而一"归并的远景目标，即第一阶段预算外和预算内两概念仍保留，但制度外的，包括人们称之为"小金库"的财力将清理整顿，纳入预算外的轨道。再

---

① 马蔡琛：《中国预算管理制度变迁的经济学分析》，载《税务与经济》，2002（5）。
② 郭代模：《关于预算管理体制改革的再探讨》，载《中央财经大学学报》，1992（2）。
③ 杨之刚：《中国财政体制的进一步改革》，载《中国经贸导刊》，2000（22）。
④ 李扬、杨之刚：《市场取向的财政改革》，载《财贸经济》，1993（3）。
⑤ 梁尚敏、马拴友：《论非税收入及其管理的规范化》，载《财政研究》，1998（7）。

往前发展，预算外的财力在加强管理的过程中会逐渐规范化，随着条件进一步成熟，也会分步纳入预算内，这就是第二阶段，达到"二而一"，从而最终达到预算的完整性，远期达到依托于市场经济体制而实现政府预算完整性，相应将"预算外资金"也予以取消的目标。①

3. 对预算编制问题的研究

对于预算编制问题，学者们主要对预算的意义、我国预算存在的问题及如何加强预算管理提出了一些看法。项怀诚财政预算编制的改革，特别是部门预算的改革意义非常深远。它的本质是引入现代预算制度，实现以民为本的原则，建立起社会对政府进行有效监督的制度。一个包括政府所有开支的详尽预算，是人大和人民群众监督的基础，它的建立关系到我国公共财政体制的建立和健全，将对我国政治民主发展产生巨大的影响。② 杨之刚也认为我国预算的编制方法不科学，且不够细化，造成预算追加的情况大量存在，使预算的法律效力降低。③ 孙开和彭健认为预算改革首先应该深化政府预算编制改革，编制预算以经济预测为基础，成立专门机构负责编制，考虑修改《预算法》，实行跨年制预算，延长预算编制时间，实行部门预算，细化预算科目，提高预算编制的准确度。④

4. 对预算管理体制问题的讨论

规范的预算管理体制是对政府财政活动的有效监督，同时有利于抑制腐败的滋生，因此预算管理体制问题也是学者们关注的。杨之刚认为预算管理体制改革的努力方向应是建立统一、规范、清晰和能与国际接轨的预算管理体制，主要是进行部门预算、政府采购和国库集中支付改革。预算项目和分类设置要符合国际惯例，否则无法进行比较研究，这样既不利于人大对预算进行审查，也不利于预算的规范执行和依法监督；同时，要改变政府的各部门从不同的地方交叉拿钱、政出多门，结果导致管理混乱的局面，这样无法对财政进行有效的监督和管理。⑤ 孙开、彭健认为，首先应该加强国库管理，实施国库集中支付制度改革，因为国库管理是政府财政管理体制中的基础性环节，承担着交纳财政收入和拨付财政支出的重任，是预算执行的制度性保障。借鉴国际通行做法和成功经验，结

① 贾康：《财政本质与财政调控》，37 页，北京，经济科学出版社，1998。
② 项怀诚：《国家财政在 10 年改革中与时俱进——在"中国财税论坛 2003"上的讲话》，载《经济研究参考》，2004（1）。
③ 杨之刚：《中国财政体制的进一步改革》，载《中国经贸导刊》，2000（22）。
④ 孙开、彭健：《财政管理体制创新研究》，北京，中国社会科学出版社，2004。
⑤ 杨之刚：《中国财政体制的进一步改革》，载《中国经贸导刊》，2000（22）。

合我国国情，建立和完善以国库单一账户管理体系为基础、资金缴拨以国库集中收付为主要形式的财政国库管理制度。其次，就是加强政府采购制度管理。政府采购制度是市场经济国家普遍采用的制度，也是我国预算管理制度改革的重要内容，可以在市场经济条件下加强财政支出管理，延伸财政支出职能的重要举措。由于我国这一改革起步较晚，与国际接轨存在较大差距，应借鉴发达国家的通行做法，建立健全《政府采购法》为基础的法律体系，建立完善的招投标机制，逐步实现政府采购的预算管理，建立和完善政府采购监督机制。最后就是建立有效的政府预算监督机制，加快预算法律法规建设；提高预算编制准确性，细化预算编制，增强透明性；强化人民代表大会对预算的审查监督；加强财政部门对预算收支的监督。[①] 吴俊培认为预算的管理要借鉴国际经验，推行预算绩效管理，在绩效预算管理的实践中，应该纠正片面强调货币指标的倾向，主张绩效预算的目标是政府的公正和正义。[②]

（四） 对我国财政体制改革理论的展望

市场经济体制在继续深化，分税制改革在不断完善，我国财政体制改革理论也日趋成熟。未来如何完善有中国特色的财政体制，理论界也做了一些展望。

1. 分税制改革展望

健全中央和地方财力与事权相匹配的财政体制，进一步规范中央与地方的分配关系。一是按照法律规定、受益范围、成本效率等原则，推动中央与地方事权划分。全国性公共产品和服务以及具有调节收入分配性质的支出责任由中央全额承担；地方性公共产品和服务的支出责任由地方政府全额承担；具有跨地区"外部性"的公共产品和服务的支出责任，分清主次责任，由中央与地方各级政府按照一定比例共同承担。[③] 二是按照财力与事权相匹配的原则，在保持中央财政收入占全国财政收入比重相对稳定的前提下，合理调整中央与地方政府间的分配关系，改革完善地方税体系，增加地方税收。[④] 将维护国家权益、实施宏观调控所必需的税种划分为中央税收；将与经济发展直接相关的税种划分为共享税；将适合地方征管的税种划分为地方税。在此基础上，科学界定中央和地方的税收管理权限，明确中央集中管理中央税、共享税及对宏观经济影响较大的地方主要税种

---

① 孙开、彭健：《财政管理体制创新研究》，北京，中国社会科学出版社，2004。
② 吴俊培：《绩效预算研究》，载《财政监督》，2007 (6)。
③ 金人庆：《中国：科学发展与财政政策》，北京，中国财政经济出版社，2006。
④ 谢旭人：《财政部门要为国理财、为民服务》，载《人民日报》，2008-02-29。

的立法权。① 三是完善财政转移支付制度。优化转移支付结构，提高一般性转移支付规模和比例。加大对禁止开发与限制开发区域转移支付力度，建立资源枯竭地区转移支付制度，鼓励这些地区加强生态建设和环境保护，分类规范专项转移支付。完善省以下财政体制，强化省级财政调节辖区内财力差异的责任，增强基层政府提供公共服务的能力。②

2. 税收改革展望

按照完善社会主义市场经济体制的要求，进一步完善以流转税和所得税为主体税种，财产税、资源税及其他特定目的税类相互配合，多税种、多环节、多层次调节的复合税制体系，健全地方税体系，努力构建以人为本、充满活力、富有效率、更为公平、更加开放、高度文明的税收体制。一是深化税费制度改革，充分发挥税收筹集财政收入的主渠道作用，优化财政收入结构，全面清理取消不合法、不合理的收费、基金，完善非税收入管理。二是抓紧研究在全国全面实施增值税转型改革的具体方案及配套措施，稳步在全国范围内实施消费型的增值税。三是继续深化消费税改革，适当扩大消费税征税范围，调整消费税税率，充分发挥消费税在促进节能减排和调节收入分配方面的作用。四是围绕综合与分类相结合的个人所得税改革目标，积极研究个人所得税改革方案。五是实施资源税改革方案。研究改进和完善原油、天然气、煤炭等重要资源产品的计税依据和计税方式，由现行的从量征收改为从价征收，建立资源税收入随资源收益变动的调节机制，并适当提高税率水平。六是健全地方税体系。完善现行房地产税、车船税、城镇土地使用税等相关税收政策，改革城建税制度，研究开征物业税，完善财产税制度。七是择机开征燃油税。根据节约能源和道路交通税费改革的总体要求，结合成品油价格形成机制的改革情况，完善燃油税改革方案，择机开征燃油税。八是研究开征环境保护税。为加强环境保护，增强可持续发展能力，借鉴国外通常做法，逐步建立切合我国实际的环境保护税体系。九是积极推进税收管理体制改革。在统一税政、明晰税权的前提下，适当赋予地方一定的税政管理权限，充分调动中央与地方加强税政管理、组织收入的积极性。③

3. 预算管理制度改革展望

全面深化预算管理制度改革，是完善公共财政体制、推动依法理财的必然要求。要进一步完善部门预算制度，规范编制程序，细化编制内容，完善定额标准

---

① 金人庆：《中国：科学发展与财政政策》，北京，中国财政经济出版社，2006。

② 谢旭人：《财政部门要为国理财、为民服务》，载《人民日报》，2008-02-29。

③ 谢旭人：《财政部部长谢旭人阐释中国未来深化税改新思路》，载新华网，2008-03-10。

体系和项目预算管理模式，增强预算的公正性和透明度。建立财政支出绩效考评制度，建立绩效指标评价体系、绩效预算基础资料数据库和绩效预算制度。加快国库集中收付制度改革，将各级政府的所有预算单位全部纳入国库集中支付改革范围，规范国库单一账户体系，健全国库动态实时监控系统，加强对预算全过程的监控，研究制定国库现金管理办法，提高国库资金运作效率。深化政府采购制度改革，通过公开招标、竞标方式，扩大政府采购的范围和规模，规范政府采购程序和方式，节约财政资金。① 深化预算制度改革，规范预算管理机制。进一步改进预算编制办法，细化预算科目，增加预算透明度，强化预算约束，提高预算执行的均衡性。全面推行并不断完善部门预算、国库集中收付、政府集中采购等预算管理制度，建立起编制科学、执行严格、考评绩效各个环节有机衔接的预算管理机制。加强财政预算的科学化和精细化管理，逐步将所有预算外资金纳入预算统筹使用管理，建立综合财政预算。加强预算编制管理，做到内容完整、项目明显、定额科学、程序规范，确保预算准确、可执行。加强预算执行管理，完善管理方式，保障正常支出进度，严格预算约束，提高执行效率。加强和规范转移支付资金管理，合理确定年初和季度预算到位率。建立健全预算执行与预算编制互动机制。预算执行的主体是各个部门，预算执行监管的责任要落实到财政部门预算管理机构，国库管理机构要密切配合，主要负责财政资金收付运行管理、库款调拨，加强资金监控，并综合分析研究预算执行情况，发现问题及时反馈。进一步创新政府投资管理和财政资金运行方式，加强财政部门与行业主管部门配合、上下级财政部门协调。②

李晓西认为，预算制度的改革，已推进了 10 年之久。今后一个时期，应在"全、长、严"上下工夫。"全"就是要建立全口径的预算制度，包括国有资本的经营预算，把预算外经费收支纳入预算中来；"全"就是税种的设计更周全，更科学，就是要把国家的各类公共资源的收入与支出也纳入预算轨道；"全"还意味着要协调好政府部门间预算的安排关系。"长"就是不仅要做好年度的财政预算，而且要做好与发展规划相适应的长期预算，把年度预算与中长期预算协调起来；"严"就是要防止赤字和债务可能带来的财政风险，控制好财政支出的扩张；"严"就是在新设立税种时，要强调法律立税；"严"的另一方面，就是要防止以公共服务为名向社会过度征收资源。③

---

① 金人庆：《中国：科学发展与财政政策》，北京，中国财政经济出版社，2006。

② 谢旭人：《深入贯彻落实科学发展观，努力做好各项财政工作》，载财政部网站，2008-01-14。

③ 李晓西：《我国财政体制改革 30 年回顾与思考》，载《中国改革报》，2008-03-26。

4. 稳步推进政治体制改革，从根本上完善财政体制

有专家认为，公共财政体制建设，利益的协调，尤其可能涉及中央政府的财政利益，这就不仅是一个技术层面的问题，而需要考虑如何才能继续推动改革的问题了。中央领导强调要完善财政转移支付制度，改革政府投资管理方式，合理安排财政超收收入，但体制上达到财政收支的合理是太难了。如何不仅使政府各部门内部提高财政透明度，而且真正向社会大众公开财政透明度？如何让人民真正地能有时间、有程序、有能力来监督各级政府收支，比如用法律控制财政支出？在美国、日本以公式拨款的法律能控制 70％以上的财力。如何让相关利益者真正能参与相关的分配法规的决定，而不仅仅是请专家来决策？这些都涉及了民主制度的建设，都涉及了政治体制的改革。积 30 年正反经验可知，经济体制改革推不动的难点，可能就是政治体制改革的起点。我们不要硬套西方的政治理念，但解决自己的问题总是需要的，各种思路和方案的借鉴总是需要的。[①]

>>主要参考文献<<

[1] 何振一. 理论财政学［M］. 北京：中国财政经济出版社，1987.

[2] 贾康. 财政本质与财政调控［M］. 北京：经济科学出版社，1998.

[3] 姜维壮. 当代财政学若干论点比较研究［M］. 北京：中国财政经济出版社，1987.

[4] 刘溶沧. 财政体制改革和财政政策［M］. 重庆：重庆出版社，1988.

[5] 刘溶沧，李茂生. 转轨中的中国财经问题［M］. 北京：中国社会科学出版社，2002.

[6] 林毅夫，蔡昉，李周. 中国的奇迹：发展战略与经济改革［M］. 上海：上海人民出版社，1994.

[7] 刘云龙. 民主机制与民主财政——政府间财政分工及分工方式［M］. 北京：中国城市出版社，2001.

[8] 孙开. 财政体制改革问题研究［M］. 北京：经济科学出版社，2004.

[9] 田一农，朱福林，项怀诚. 论中国财政管理体制的改革［M］. 北京：经济科学出版社，1985.

[10] 王传伦. 当代西方财政经济理论［M］. 北京：商务印书馆，1995.

---

① 李晓西：《我国财政体制改革 30 年回顾与思考》，载《中国改革报》，2008-03-26。

[11] 吴敬琏. 当代中国经济改革 [M]. 上海：上海远东出版社，2004.

[12] 吴俊培. 公共财政研究文集 [M]. 北京：经济科学出版社，2000.

[13] 王绍飞. 改革财政学 [M]. 北京：中国财政经济出版社，1989.

[14] 许毅. 走向新世纪：第 1 卷 [M]. 北京：经济科学出版社，1993.

[15] 杨之刚. 财政分权理论与基层公共财政改革 [M]. 北京：经济科学出版社，2006.

[16] 周小川，杨之刚. 中国财税体制的问题与出路 [M]. 天津：天津人民出版社，1992.

[17] 张馨. 财政·计划·市场——中西财政比较与借鉴 [M]. 北京：中国财政经济出版社，1993.

[18] 张卓元. 中国改革开放经验的经济学思考 [M]. 北京：经济管理出版社，2000.

V.

金融体制改革 30 年理论回顾

中国金融体制改革是以市场化为基本线索而展开的。金融体制改革的主要内容有以下等几个方面：第一，银行体制改革，包括中央银行改革与专业银行改革；第二，金融市场改革，包括债券市场、股票市场、货币市场以及非银行金融机构的改革；第三，金融基础环境改革，包括金融监管体制改革以及利率市场化改革；第四，外汇管理体制改革。

改革的过程是渐进的，分阶段进行的。中国金融体系从建国初期大一统的金融体制，到改革开放初期建立银行体系，直至今天现代金融体系初步完整的建立，遵循了明显的渐进逻辑。

金融体制改革实践的先导是金融理论的探索与争鸣。从开始探讨"建设什么样的银行"，"要不要运用银行来管理和调节社会经济生活"等初始的理论问题开始，到今天日益接近国际金融理论前沿的金融理论探讨，一部中国金融体制改革 30 年的理论史同时也是一部"摸着石头过河"的探索史。正是这些不断探索与发展的金融体制改革理论拉开了中国金融体制改革的大幕，并推动中国金融体制改革的伟大实践。欲知未来，必先知其过去。30 年来，金融体制改革学术思想风起云涌，给我们留下了难得的宝贵经验与教训。

>> 一、1978—1984 年：银行作用与银行 体制改革的讨论 <<

中国金融体制改革的大幕从改变大一统的单一银行体制开始拉开。在建设什么样的银行，要不要运用银行来管理和调节社会经济生活这个重大课题上，金融学术界进行了很多探讨和争论。本节对金融体制改革初期，金融学术界对银行作用和银行体制改革的讨论进行理论回顾。

（一）对"大一统"的金融体制理论的简要回顾

改革前的中国金融体制以建立于 20 世纪 50 年代的单一银行体制为主要特征。在这种银行体制下，国家银行是核心，集中央银行和商业银行的各种职能于一身，既是货币的发行者和调控者，又是商业银行业务的主要办理者。资料显示，这一时期，人民银行掌握了全国金融资产总额的大约 93%，几乎垄断了所有的银行业务。中国人民银行是"现金、借贷和结算中心"，它发放现金和信贷，城镇居民所持有的现金和国有企业单位所掌握的信贷都存入其中。[①] 专业银行实际上只是人民银行的部门。从中华人民共和国 1949 年建立到 1978 年改革初期，中国的银行体制尽管在机构设置上有些变化，但是，这种无所不包的单一银行体制的本质在改革前一直没有改变。

从理论上说，在金融体制改革之前，这种"大一统"的金融体制得到采用有其必然性。

第一，"苏联模式"的示范效应。从经济上来说，苏联模式表现为一个高度集中的计划经济体制，片面发展重工业，以行政命令为经济政策，以行政手段为运作方式，把一切经济活动置于指令性计划之下。在金融体制上，实行单一银行体制。在某种程度上说，前苏联的大一统经济模式在发展前苏联经济上曾起到积极作用。中国建国初期的经济建设过程中，在一穷二白的基础上发展中国经济，借鉴前苏联经验就难免受到前苏联经济、金融模式的影响，因而采用大一统的金融模式。

第二，建国初期的经济发展战略决定实行单一银行制。中国从 20 世纪 50 年代开始推行以优先发展重工业为目标的经济发展战略，但中国本身却是一个资本稀缺的国家，重工业优先发展无法借助市场机制得以实现。为了将有限的资金集中起来并配置到需要大量资本投入的重工业部门，这必然要求对金融体系实行垄断，并实行指令性的计划模式。[②] 因此出现建国后，银行金融机构被并入人民银行，或者隶属财政部的金融体制模式。

（二）对银行作用与建立银行体系的讨论

1978 年十一届三中全会确立了改革开放的总路线，开始进行经济体制改革。

---

① 刘鸿儒：《社会主义的货币与银行问题》，北京，中国财政经济出版社，1980。
② 林毅夫、蔡昉、李周：《中国的奇迹：发展战略与经济改革》，增订版，上海，上海三联书店、上海人民出版社，1994。

同年召开的全国银行行长会议，也对恢复银行的正常秩序进行了讨论。这既为金融体制改革创造了条件，也向金融体制改革提出了要求。1979 年，邓小平提出：银行应该抓经济，现在仅仅是算账、当会计，而没有真正起到银行的作用。要把银行当作发展经济、革新技术的杠杆，"必须把银行办成真正的银行"。①

在此思想的指导下，学术界开始探讨什么是真正的银行？怎样建设真正的银行体系？在社会主义制度下，中央银行和商业银行应该如何定位？应该发挥什么样的作用？这些今天看起来似乎显而易见的问题，在当时的环境中，答案却并不明显。正如刘鸿儒回忆的那样，"对什么是中央银行，中央银行应该怎么做，当时人们心里都不清楚"。② 归纳起来，在金融体制改革初期，学术界对银行体系的建立主要讨论并回答了下面几个较为重要的理论问题。

1. 应建立什么样的银行体制

对此，学术界并不存在一致看法。大致说来，主要有三种看法。一是主张恢复十一届三中全会前"大一统"的银行体制。在 1981 年中国金融学会召开的外国中央银行学术讨论会上，有些代表提出这种主张。在他们看来，社会主义国家的银行应该综合化、多能化，不宜专业化，社会主义银行应该是万能的垄断者。"大一统"的银行体制有助于国家调配资金，而各种专业银行的设立不利于把宏观决策贯彻到微观经济中，这将削弱银行调节经济的作用。他们认为，在分设专业银行之前，人民银行已经基本上起到了中央银行的作用，专业银行的设立，有可能分散中央银行的职能，并架空中央银行。二是主张维持一种混合体。在会议上，有的代表提出维持现状，人民银行既执行中央银行的职能，又兼工商信贷及储蓄业务，同时保留部分专业银行。在他们看来，工商信贷及储蓄业务是人民银行的有力武器，一旦分出，将给人民银行控制发行、抑制通货膨胀带来困难，同时，人民银行也需要有庞大的基层网络，因此，专业银行的建立也很必要。三是认为应该成立中央银行。其主要理论根据是，随着商品生产和市场机制的发展，银行体系的专业化是一种普遍规律。实践已经证明，"大一统"的银行体制存在一些不可克服的缺点，不能履行中央银行的职能。③ 1983 年，国务院以国发［1983］146 号文件下达《国务院关于中国人民银行专门行使中央银行职能的决定》（以下简称《决定》）后，成立中央银行的问题成为事实。

---

① 邓小平：《邓小平文选》，第 3 卷，北京，人民出版社，1993。
② 梁伯枢、刘彪等：《中国金融博导》，202 页，北京，中国金融出版社，1998。
③ 中国金融学年会：《完善我国金融体系实行中央银行制的具体建议》，载《金融研究》，1981（10）。

2. 关于银行的地位与作用

当时的问题是，在社会主义制度下，社会主义银行处于什么样的地位，应该担负起什么任务，起什么作用。学术界主要有两种观点，一种观点认为银行很重要，在经济建设中应该起到纽带作用。刘光第认为，当前的银行远不能适应加快实现四个现代化的要求。尤其是行政命令管理经济的做法冲淡了银行的作用，而且管理和运用大银行的经验还很缺乏，小农经济式的和封建衙门式的管理思想也削弱了银行的作用。因此，应该充分发挥银行组织和分配资金的作用，发挥银行在扩大再生产过程中的纽带作用，发挥银行在外汇工作中的枢纽作用，发挥银行对货币流通的调节作用。[①] 刘鸿儒认为，社会主义银行是全国的信贷、现金以及结算中心，是国民经济各部门货币和资金活动的总枢纽。[②] 赵海宽在论进一步发挥银行调节经济的作用时提出，要用经济的办法，更多地聚集社会资金，扩大贷款范围，支持国民经济发展，搞好信贷资金的综合平衡，合理调节货币流通。[③] 薛暮桥认为，银行像人体的心脏。人体中的血液汇集到心脏，再由心脏扩散到全身。社会上的资金汇集到银行，再由银行扩散到全社会的各个企业。资本主义国家也好，社会主义国家也好，银行都是资金集散的中心，起资金调节的作用。[④] 第二种观点认为，社会主义国家中，银行并不处于核心地位。比如朱德林认为银行既不是社会主义经济活动的中心，也不是国民经济系统的中枢神经，更不是万能的垄断者，而只能是市场调节的工具，处于辅助地位。[⑤] 但这种观点并不是当时学术界的主流观点。

在银行资金支持经济建设方面，许毅认为，把没有物资保证的银行储蓄存款用来扩大基建投资，是不能实现的。用虚拟的资金来搞建设，会拉长战线而且增加生产资料的压力，会冲击计划内基建和抢购物资，打乱生产和建设的正常秩序。[⑥] 而杨培新则认为，基本建设是影响宏观经济和"四平"的决定因素，银行应该关心基本建设，并认为在社会主义的神经中枢和调节机构中，银行是主要调节机构之一，不能随便"截流"。[⑦]

---

① 刘光第：《试论银行在新时期的作用》，载《经济研究》，1979 (1)。
② 刘鸿儒：《社会主义银行在现代化建设中的作用》，载《金融研究动态》，1980 (1)。
③ 赵海宽：《进一步发挥银行调节经济的作用》，载《经济研究》，1982 (4)。
④ 薛暮桥：《薛暮桥经济论文选》，334 页，北京，人民出版社，1984。
⑤ 朱德林：《试论社会主义银行的作用》，载《金融研究》，1983 (7)。
⑥ 许毅：《对如何动员社会资金搞积累问题的几点看法》，载《金融研究》，1982 (10)。
⑦ 杨培新：《谈当前的货币流通形势》，载《金融研究》，1983 (12)。

3. 关于中央银行的性质与职能

1982 年初，国务院领导人提出了建立中央银行的原则。但建立什么样的中央银行？中央银行应该行使什么样的职能？学术界对此未能取得一致意见。对人民银行的性质，学术界大致有以下几种意见。一是认为人民银行既是国家的金融管理机关，又是办理信用业务的经济组织。并认为这基本上概括了中央银行的基本性质。[1] 二是虽承认人民银行既是国家机关又是金融企业，但认为，只有总行是机关，而基层行是企业。樊纪宪认为，从我国国家银行执行的现实职能上看，确实具备着既是国家的金融管理机关，又是办理信用业务的经济组织的"双重性"。[2] 三是认为承认人民银行的双重性是一种模棱两可的结论。强调银行的企业性在人民银行的性质上是处于次要的，从属的地位。[3] 四是认为中央银行是国家机关。李梦琳认为，中国人民银行的性质，今后不再像过去表述的那样，既是国家管理金融活动的行政机关，又是经营货币信用业务的经济组织，而是国务院领导和管理全国金融事业的国家机关。[4] 1983 年的《国务院关于中国人民银行专门行使中央银行职能的决定》（以下简称为《决定》）在某种程度上统一了学术界对中央银行性质的认识。而在中央银行的职能上，《决定》也提出了中央银行的主要职责。[5] 在学术界，对中央银行的性质与职能具有较为全面和深刻认识的则是刘鸿儒。他认为，中国人民银行肩负的重要任务是，集中力量研究和做好全国金融的宏观决策，加强信贷资金管理，保持货币稳定。人民银行对全国金融业的领导和管理主要是用经济办法，并介绍了当时资本主义国家的中央银行所运用的经济办法。但是在当时既没有证券市场，利率又不能频繁变动的条件下，又不能完全使用经济办法，还要辅以行政办法，包括要制定银行法、制定金融监管方针等等。[6]

4. 人民银行与各专业银行的关系

在讨论初期，专业银行不愿受中央银行领导，中国银行和农业银行要求国务院成立银行委员会，统一领导中国金融事业，由国务院直接领导。人民银行认为

① 王克华：《关于社会主义银行性质问题》，载《中国金融》，1979（3）。
② 樊纪宪：《试论我国社会主义银行的性质》，载《河南金融研究》，1980（7）。
③ 张贵乐：《我国银行的性质和银行体制的改革》，载《金融研究动态》，1980（70）。
④ 李梦琳：《我对人民银行专门行使中央银行职能后银行性质的认识》，载《安徽金融研究》，1984（1）。
⑤《国务院关于中国人民银行专门行使中央银行职能的决定》，1983-09-17。
⑥ 刘鸿儒：《关于中国人民银行专门行使中央银行职能的几个问题》，载《中国金融》，1983（11）。

专业银行作为企业要由中央银行领导，应建立中央银行领导下的各专业银行分工协作的银行体系。并强调，中央银行的领导是实体的，不能是虚的，也不能搞成"协商会议"。在学术界，马裕康认为，在业务上，人民银行与专业银行应明确为管理、监督、指导、协调的关系。为此，必须改变目前专业银行分散归口的问题，银行间的专业分工是必要的，但是专业银行决不能成为部门的银行，否则就不能发挥专业银行对有关经济部门的监督作用，就会在处理部门与全局的关系上偏袒部门，忽视全局。所以，改革今后的金融体制，专业银行必须接受人民银行的管理和指导。[①] 国务院 1983 年《决定》之后，中央银行制度的建立和人民银行与专业银行的关系成为事实，学术界对此也暂时平静接受。

1978 年至 1984 年间，学术界关于银行体系建立的学术探讨具有明显的实践意义。1978 年，中国人民银行脱离财政部成为一个独立实体。1983 年，中国人民银行的央行地位得到确认。中国银行（始建于 1912 年），负责结算与外国贸易和投资相关的业务，中国建设银行（始建于 1954 年），负责与固定投资相关的业务，中国农业银行（始建于 1979 年），负责农村地区的所有银行业务，中国工商银行（始建于 1984 年），接手中国人民银行的其他商业结算业务。四大国有专业银行渐次出现，与中国人民银行一道标志着金融体制改革初期中国银行体系的建立。

这一阶段对金融体制改革的探讨，尽管在理论上有了很大进展和突破，但就中国金融体制改革的实践来说，尚有很多问题没有得到触及。这些问题也为学术界进一步的理论探讨提供了选题。归纳起来，金融体制改革初期，还有以下几个主要问题。首先，在思想认识上，金融体制改革初期，在经济体制上提法较多的是要以计划经济为主，市场经济为辅。这种体制上的弊端也必然给金融体制带来影响。比如，银行业务的进行主要还是靠行政命令而不依市场规律，银行没有自主权。其次，尽管中央银行在形式上得以建立，但中央银行对专业银行和其他金融机构的业务活动缺乏有力的调节和控制方法，中央银行的宏观调控不灵。再次，专业银行自身的体制在很大程度上还是行政型的，吃"大锅饭"现象比较严重。因此，资金吸收、资金运用效率低，资金效益差，并妨碍资金的横向流动，也导致了信用膨胀和通货膨胀问题。

---

① 马裕康：《银行与宏观经济调节》，载《金融研究》，1983（11）。

>>二、1985—1991 年：金融体制改革方案 与金融调控经济的讨论<<

金融体制改革初期对银行体系的讨论，为中国金融体制改革的整体进程打下了基础。但是，就金融体制改革本身来说，却缺乏整体方案与设计。尤其是 1984 年底，出现了信贷失控、通货膨胀加剧的现象。中央决定从 1985 年开始紧缩银根，调整经济。从 1985 年到 1991 年，在要求稳定经济的大背景下，金融体制改革的步伐放慢了。本部分对这一时期学术界关于金融体制改革方案以及金融调控经济的讨论进行了理论回顾。

（一）对金融体制改革方案的讨论

1985 年 9 月，中共十二届四中全会召开。会议通过的《关于制定国民经济和社会发展第七个五年计划的建议》指出，第七个五年计划期间，是全面改革我国经济体制的关键时期。"七五"期间，改革的重点是围绕稳定经济的要求，从宏观上加强和完善间接调控体系。该建议对金融体制改革也提出了明确方案。[①]

尽管有了纲领性的指导，但是究竟如何来正确认识并执行金融体制改革？这在学术界引起了广泛讨论。归纳起来，这一时期学术界对金融体制改革的讨论主要集中在下面几个问题上。

1. 金融体制改革与经济体制改革的关系

学术界认识到，应该把金融体制改革与经济体制改革结合起来，但在金融体制改革的速度上则存在不同意见。刘鸿儒认为，"七五"前两年改革的重点是围绕稳定经济的要求，从宏观上加强和完善间接调控体系。"七五"后三年，要围绕发展社会主义商品市场的要求，进一步加强间接控制，认真搞好生产资料价格体系和价格制度的改革。但是这两步都要有金融体制改革相配合，研究金融体制改革又必须了解整个经济体制改革的要求。[②] 周建松说，经济决定金融，金融服务于经济并反作用于经济。必须要充分思考和测量金融改革的宏观经济环境，把

---

① 关于"七五"计划期间金融体制改革的方案，请参看刘鸿儒：《中国金融体制改革的思路和改革方案的形成》，见：刘鸿儒：《刘鸿儒论中国金融体制改革》，21 页，北京，中国金融出版社，2000。

② 刘鸿儒：《我国金融体制改革的指导思想和方向》，载《金融研究》，1986（2）。

金融改革置身于整个社会经济改革之中去。① 在金融改革与经济改革的速度上，学术界存在不同意见。江其务认为，价格改革是经济改革的关键，而金融改革又是价格改革成败的关键，因此，金融改革与经济改革不能同步，也不能滞后，而是要超前。② 甘培林则不同意金融改革应超前的看法，认为企业改革是金融改革的前提。③ 刘鸿儒也认为，金融体制改革不能脱离经济改革孤立地超前进行，也不能落后，必须要紧密配合。④

2. 金融体制改革的原则与指导思想

在学术界，主要有以下几种主张。第一种主张是取消指令性的计划分配信贷指标，改用经济办法控制信贷规模。薛暮桥说，银行体制怎么改革，我们经验还不足，要深入研究。但总的来说，一要把各级金融搞活，二是银行要能够起宏观控制作用。⑤ 第二种主张是金融改革必须适应有计划的商品经济的需要。刘鸿儒认为，经济改革是按照发展有计划商品经济的方向进行的，金融制度是商品经济发展的产物。因此，研究金融体制改革，必须从正确认识社会主义条件下的商品经济开始。我国新型的有特色的金融体制，必须适应有计划的商品经济的需要，必须适应新型经济体制的需要。⑥ 第三种主张是以金融产业观念作为金融改革的指导思想。陆世敏说，金融改革首先要有个观念上的变化，就是要从金融机关化的框框中解放出来，以金融产业观念作为金融体制改革的指导思想。并强调，西方国家历来把金融业视为大产业。⑦ 第四种主张是应把金融改革置于整个经济改革中去考虑。范棣认为，改革金融体制有两条思路，一是从金融体制自身出发，针对金融体制上的各种弊端，提出方案。另一种思路是把金融改革置于整个经济体制改革中去考虑，提出配套方案。两种思路相比，后一种更现实。⑧

3. 金融体制改革的方向和步骤

金融体制改革改什么？如何改？在学术界讨论得非常热烈。在专业银行体制上，石雷主张把现行的中央银行与专业银行为主的银行体制改为以中央银行与地

---

① 周建松：《社会主义初级阶段金融改革策略的选择》，载《广西金融研究》，1987（2）。
② 江其务：《关于当前金融体制改革战略问题的思考》，载《金融研究》，1987（5）。
③ 中国金融学会秘书处等：《中国金融学会第二届年会文件汇编》，167 页，1986，见：王志：《十年金融改革学术观点概况》，北京，中国金融出版社，1990。
④ 刘鸿儒：《要把金融体制改革摆在重要位置上》，载《金融研究》，1986（11）。
⑤ 薛暮桥：《现代化经济要有现代化金融体系》，载《经济学动态》，1985（8）。
⑥ 刘鸿儒：《我国金融体制改革讲座：第二讲》，载《金融研究》，1986（2）。
⑦ 陆世敏：《论金融产业观念》，载《金融研究》，1985（5）。
⑧ 范棣：《论城市金融体制改革中的金融配套改革》，载《中青年经济论坛》，1985（4）。

方银行为主。在业务上，实行中央银行与地方银行分别组织存款、分别供应和管理资金的办法，也可以叫中央银行与地方银行划分存贷款收支、分灶吃饭的办法。① 而钱道云提出应削弱专业银行总行对其分支机构的领导权，然后以经济区域为范围，成立中央银行区。② 但是，有学者对此设计表示不同意。卢汉川说，有一种意见认为，只有取消专业银行总行对它的分支机构的领导，才能把金融业务搞活。取消了总行，专业银行就不存在了，岂不又回到了一家银行统管天下的老路？③ 刘鸿儒认为，深化金融体制改革应该围绕几个重点来进行，主要是要完善和强化中央银行的宏观调控系统和职能，要开拓、建立和发展金融市场，而且要逐步深化专业银行的企业化改革。④ 而在金融体制改革的步骤上，他提出，金融体制改革必须分步骤、分层次地推进。改革的方针应该是走一步，看一步，及时总结经验。在思想上，要处理好新旧体制交替与转化的关系，处理好集中和分散的关系，处理好金融体制改革与经济体制改革的关系。⑤ 在操作层面上，江其务提出，银行改革的步骤，应根据我国幅员辽阔，经济发展不平衡的特点，划分三个不同的金融地带，采取区别对待的策略。第一金融地带，以经济特区和 14 个开放城市为代表，建立完全开放的经济金融结构。第二金融地带以广大腹地省市为代表，建立过渡型的银行体系。第三金融地带以边远省区为代表，主要实行直接投资，可以保持专业银行的系统管理。⑥

4. 金融体制改革的突破口与中心环节问题

1984 年，在中国金融学会第二次年会上，中国人民银行的几个研究生建议在我国开放资金市场，并把开放资金市场作为金融体制改革的突破口。自此引出了学术界对什么是"金融体制改革的突破口"的讨论。但是在当时的条件下，建立金融市场作为金融体制改革的突破口难以实行，学术界多数学者也不同意以建立金融市场作为金融体制改革的突破口。什么才是金融体制改革的突破口？当时学术界主要有以下几种观点。第一种是认为银行企业化是金融体制改革的突破口。比如臧志风强调实行专业银行企业化成了建立新的金融体制的关键性问题。⑦ 江其务也认

① 石雷：《进一步改革我国金融体制》，载《金融研究》，1985（10）。
② 钱道云：《我国金融体制改革目标模式及其步骤》，载《经济问题》，1985（10）。
③ 卢汉川：《继续改革和完善我国的银行体制》，载《农村金融研究》，1985（11）。
④ 刘鸿儒：《我国金融体制改革的基本思路》，载《红旗》，1987（14）。
⑤ 刘鸿儒：《我国金融体制改革的方向和步骤》，载《金融研究》，1987（5）。
⑥ 江其务：《中国社会主义金融体系的再探索》，载《金融研究》，1985（2）。
⑦ 臧志风：《金融体制改革要加强社会主义商品经济理论的研究》，载《金融研究》，1986（11）。

为，金融体制改革应以专业银行企业化为突破口。① 第二种是认为加强和完善中央银行的宏观金融调控作用是突破口。吴念鲁认为，加强和完善中央银行的宏观调控作用是纲，而开放资金市场，基层银行企业化以及充分发挥专业银行作用是目。只有办成真正的中央银行，金融体制改革中的其他方面问题才能解决。② 第三种认为，基层银行经营自主权是突破口。陆世敏说，我国金融体制改革的突破口，只能是直接经营金融业务的基层银行的经营自主权。③ 在金融体制改革中心环节的认识上，学术界大多同意银行体制改革是金融体制改革的根本。周升业认为，银行信用仍然是金融领域的主导形式。要搞活金融，就应该把这部分发动起来，其中心环节则在增强地方专业银行的活力。④

这一时期对金融体制改革方案的讨论取得了很大的成绩。金融体制进一步改革的方向与基本思路比较清楚，金融体制改革的新框架得以确立。

（二）对社会主义金融调控经济的讨论

1984 年底，中国经济出现了信贷失控、通货膨胀加剧的现象。这充分暴露了当时宏观调控"一控就死"，"一放就乱"的弊病。1985 年，中央决定紧缩银根，调整经济。金融学术界进而也对金融调控经济进行了广泛讨论。归纳起来，当时在金融如何调控经济方面，学术界主要探讨了以下几个问题。

1. 关于通货膨胀的问题

这一时期对通货膨胀的讨论具有明显突破，从过去不承认社会主义国家也会发生通货膨胀，转变到承认在社会主义条件下也同样存在发生通货膨胀和信用膨胀的条件和可能。比如王文宁认为，我国目前发生的通货膨胀，与我国经济处于长期停滞转向迅速增长这一历史时期有着必然的联系，在经济增长过程中，通货膨胀不可避免。⑤ 在论证我国当时是否已经发生通货膨胀上，大多数经济学家都同意，我国当时出现了通货膨胀现象。但是在讨论通货膨胀的原因上，则出现意见分歧。第一种意见认为我国的通货膨胀主要出自于非货币原因。认为总需求和总供给的缺口是形成通货膨胀的基本原因。第二种意见认为，我国的通货膨胀根源在于货币政策，货币供应量过大。林继肯认为，中央银行丧失了掌握货币发行

① 江其务：《关于当前金融体制改革战略问题的思考》，载《金融研究》，1987（5）。
② 中国金融学会秘书处：《中国金融学会第二届年会文件汇编》，102 页，1986。
③ 陆世敏：《论金融产业观念》，载《金融研究》，1985（5）。
④ 周升业：《金融体制改革的任务和中心环节》，载《经济研究》，1985（7）。
⑤ 王文宁：《论通货膨胀与经济增长》，载《金融研究》，1986（8）。

的独立自主权,被迫向市场投放了大量的货币。① 第三种意见认为,社会主义国家发生通货膨胀是由转轨经济的经济结构引起的。李晓西认为,转轨经济中,货币供给过多是由于货币需求过多,货币需求过多是由于实际经济需求过多,实际经济需求过多源自转轨中双轨体制激发的过旺的计划内外需求。②

对通货膨胀原因的不同认识会导致明显不同的政策建议。在如何治理我国的通货膨胀这一问题上,学术界提出了多种方案。第一种主张是放缓市场机制改革,强化行政干预和控制经济的权力。蔡重直认为应适应形势,放缓市场机制改革。③ 第二种主张是不惜以经济增长率下降、工人失业为代价,坚决制止通货膨胀。丁鹄认为,通货膨胀是最不公平的"税法",除此之外它还具有两种破坏性,它使生产不能得到应有的发展速度,又使物价体系不顺。④ 他认为,主张慢性通货膨胀对生产增长没有好处,反而是有害的。因而坚决主张制止通货膨胀。⑤ 李扬认为,把治理通货膨胀置于首要地位,承担企业亏损乃至倒闭、工人失业和经济增长率下降的代价,顺势全面推开价格、工资和企业制度的改革是明智的选择,代价也可能是最小的。⑥ 在手段的选择上,金妍祖认为提高利率是治理通货膨胀的有效手段。⑦ 第三种主张是综合治理通货膨胀。李晓西认为,潜在通货膨胀释放具体的、直接的条件是对价格管制放松,行政配给范围缩小,价格财政补贴减少,企业可以根据市场供求定价,资金有正常运行的条件等。⑧

1985 年开始的冷却经济的紧缩政策,使得自 1984 年底出现的通货膨胀得到抑制。但是由于紧缩银根挤压了生产周转资金,各方要求增加流动资金。1986年起,银根重新宽松,结果进一步诱导了通货膨胀。1988 年,再次出现经济过热的问题,投资大幅度增长,金融形势很严峻。整个 1985 年至 1992 年间,通货膨胀都是较大问题,也是学术界讨论的热点问题。据笔者统计,1985 年至 1992年间,仅《经济研究》杂志里关于通货膨胀的研究文献就多达 27 篇,远远高于对其他经济金融问题的讨论。

---

① 林继肯:《消除通货膨胀的两块发源地》,载《中国金融》,1988(8)。
② 李晓西:《通货膨胀压力的衡量、成因及释放》,载《经济研究》,1991(10)。
③ 蔡重直:《关于抑制通货膨胀的几个问题》,载《金融时报》,1988-11-14。
④ 丁鹄:《通货膨胀背后的两点破坏性》,载《金融研究》,1987(6)。
⑤ 丁鹄:《向慢性膨胀者进一言》,载《金融研究》,1987(7)。
⑥ 李扬:《通货膨胀及其治理》,载《金融时报》,1988-10-05。
⑦ 金妍祖:《运用利率杠杆抑制通货膨胀》,载《经济研究》,1988(10)。
⑧ 李晓西:《通货膨胀压力的衡量、成因及释放》,载《经济研究》,1991(10)。

2．金融调控经济的目标和内容问题

学术界探讨的问题集中在金融调控经济应该调控什么，实现什么样的目标等问题上。刘鸿儒提出，金融在宏观调节方面的主要目标是保证社会总供给和总需求相适应，从而稳定货币，使国家财政收支平衡，并实现财政、信贷、外汇、物资的综合平衡，保持国民经济持续、稳定、协调发展。在金融调控的内容方面，他提出，金融调节的内容主要有两个方面：一是规模调节，二是结构调节。[①] 但是，这只是金融调控经济的原则，具体应该控制什么，学术界主要存在以下几种看法。第一种看法是认为应该控制货币总量。什么是货币总量？赵海宽认为，货币供应总量就是每年投放到市场的现金和转账货币量。[②] 而在如何控制货币总量上，学术界的倾向性意见是从控制现金转向控制货币供应量。第二种看法是认为应控制中央银行的再贷款数量，认为中央银行对专业银行的再贷款决定着基础货币的数量。第三种看法是用存款准备金进行控制。但是对此又大致有三种意见：一是认为建立存款准备金制度有必要，但要改进；二是认为存款准备金的作用有限；三是认为无必要建立存款准备金制度；四是要控制信贷总规模。

3．金融调控经济的手段和方法

现代经济理论认为，金融调节经济的政策，主要是指央行的货币政策。这种货币政策与财政政策一道形成政策组合，调控经济，保持经济持续、稳定发展。在当时的条件下，对宏观调控经济的手段和方法主要有以下几种主张。第一种主张使用货币供应量和政策法规进行控制。刘鸿儒认为，要通过控制货币供应量来控制总需求，使之与总供给相适应。保持货币稳定同时要区别对待，安排计划，确定资金的使用方向和重点，制定各种金融政策，引导资金流向，提高资金的使用效益。[③] 第二种主张用中央银行的贷款额进行控制。赵海宽认为，当前比较可行的办法是调节中央银行对专业银行的贷款额，简称调节中央银行贷款额。[④] 第三种主张把专业银行的计划和资金分开，采取双线控制。第四种主张实行双重控制，既控制货币发行，也控制贷款总规模；既控制中央银行贷款，控制高能货币，也控制专业银行的贷款准备；既控制计划指标，也控制周转指标等"双重"控制。

---

① 刘鸿儒：《建立灵活有效的金融调节体系》，载《金融研究》，1986（3）。

② 赵海宽：《掌握中央银行贷款额是当前宏观金融控制的最好办法》，载《经济研究》，1986（10）。

③ 刘鸿儒：《建立灵活有效的金融调节体系》，载《金融研究》，1986（3）。

④ 赵海宽：《简论加强改善宏观金融控制》，载《光明日报》，1986-06-07。

4. 金融宏观调节的条件

刘鸿儒认为，搞好金融调节，必须具备一些基本条件，如增强企业的活力、完善市场体系，搞好财政体制、价格体系和劳动工资制度的改革等。从当时情况来说，加强宏观金融控制，必须打破四个"大锅饭"。一是打破中央银行与各专业银行的"大锅饭"。各专业银行独立经营，有多少钱办多少事，资金不足向中央银行借。二是打破银行同企业的"大锅饭"。各专业银行对企业的资金需要，不能包下来。三是打破专业银行内部各级之间的"大锅饭"。今后各专业银行要逐步实行企业化管理，同时健全贷款审批制度和责任制度，有权按照国家批准的计划和信贷政策自主地发放贷款，并承担贷款责任和风险。四是打破银行同财政的"大锅饭"。"七五"计划强调中央银行的独立性，主要是指对政府部门，对财政的独立性。财政有困难，用发债券的办法解决资金来源，中央银行不购买，但可对专业银行发放以国库券作抵押的贷款。①

除对金融体制改革方案与金融调控经济的讨论外，金融学术界也对建立金融市场与改革外汇管理体制进行了讨论。但是在当时要求稳定经济的背景下，这些讨论难以在政策层面全面实行。

这一时期对金融体制改革的讨论取得了很大成绩，但就中国金融体制改革的实践来说，还有很多遗留问题未得到有效解决，这也为学术界更深入的理论探讨提供了命题。归纳起来，主要还存在以下几个方面的问题。首先，在思想认识上还比较保守，改革的步子放不开。对市场经济尚存疑虑，因而导致了经济生活中行政干预过甚的问题，这在金融体制理论和实践中的表现也很明显。经济中通货膨胀问题的出现，使得金融体制改革的步伐进一步放缓，金融体制改革滞后于经济体制改革。其次，作为金融体系最重要部分的银行体系改革并未启动，银行体制弊端依然存在。主要表现在"大锅饭"现象严重。企业吃银行的"大锅饭"，专业银行吃中央银行的"大锅饭"，专业银行内部吃"大锅饭"，财政吃中央银行的"大锅饭"，降低了经济效率。再次，资金分配体制弊端明显。资金的纵向分配无法满足经济发展的横向联系。而同时期对金融市场的理论和实践的讨论又很滞后，导致经济活力受到抑制。最后，中央银行的独立性并未得到加强。中央银行的宏观调控未起到强化宏观经济管理的作用，央行缺乏制定和贯彻货币政策的独立性。这些弊端成为金融体制改革第三阶段对相关问题进行理论探讨的重点。

---

① 刘鸿儒：《建立灵活有效的金融调节体系》，载《金融研究》，1986（3）。

>>三、1992—1997 年：银行业改革与发展金融市场的讨论<<

1992 年，改革开放的总设计师邓小平发表"南方谈话"，中国经济体制改革再次掀起高潮。新一轮改革高潮以进一步明确市场导向为主要标志，在此背景下，金融体制改革有了很多新进展。本节对这一时期学术界关于银行业改革和发展金融市场等问题的讨论进行简要理论回顾。

（一）对中央银行改革与专业银行改革的讨论

中国金融体制改革的各个时期，银行体制改革一直是金融体制改革的题中之意。改革虽然取得了显著成绩，但并不深刻。因为以中央银行确立以及专业银行成立为标志的银行体系仅在量上得到规定和扩张，其经营和运转并未发生质的变化。突出表现在中央银行缺乏调控经济与金融监管能力，以及专业银行的行政指令与"大锅饭"问题。因此对原有的银行体系进行市场导向的改革变得非常迫切。归纳起来，就银行体系改革，金融学术界主要讨论了以下几个问题。

1. 中央银行独立性的问题

国务院在关于金融体制改革的决定中指出，深化金融改革，首要的任务是把中国人民银行办成真正的中央银行，建立在国务院领导下独立执行货币政策的中央银行宏观调控体系。但是如何认识并保证中央银行的独立性？谢平认为，中国人民银行的独立性主要体现在拥有货币政策的自主权，独立于财政部，独立于其他部委，独立于地方政府等。[1] 在如何保证中央银行独立性上，学术界大多数观点认为，中央银行的独立性主要取决于央行与政府的关系。于学军认为，应该从立法上，从权力机构的设置上、从组织上和从舆论上来保证央行的独立性。[2] 也有学者强调中央银行体制决定于商业银行体制。戴根有认为，中央银行改革在逻辑上应从属于商业银行改革。金融体系的稳定性主要取决于商业银行体系的健全性。在商业银行体系健全之前，如果中央银行改革超前进行，对充分发挥金融体系的效率性和稳定性功能来说，意义并不是很大。[3] 1995 年 3 月，《中华人民共

---

[1] 谢平：《关于我国中央银行的独立性问题》，载《金融研究》，1994（3）。
[2] 于学军：《中央银行独立性与宏观调控手段的间接化》，载《金融研究》，1994（10）。
[3] 戴根有：《论建立适合中国国情的金融体制》，载《经济研究》，1994（11）。

和国中国人民银行法》以法律形式确立了中央银行制度，并对中国人民银行的独立性进行了明确，学术界对央行独立性的讨论暂告一段落。

2. 中央银行的宏观调控职能

大体来说，中央银行的宏观调控职能主要是制定、执行货币政策以及金融监管。这两者在学术讨论中都得到了强调。但什么才是中央银行的基本职能？学术界存在不同意见，一种认为稳定币值是中央银行的首要职能，但也有观点认为稳定纸币契约代表的信用关系才是央行的首要职能。李念斋认为，中央银行的基本职能是稳定信用关系和稳定币值的双重职能。[①] 对如何制定和执行货币政策，大多数学者都认为，应该实现宏观调控由直接调控向间接调控过渡，信贷规模控制应该被取代。许键认为，直接调控导致社会资源配置不合理并阻止了金融系统的正常竞争，提供了非金融中介化的温床。间接调控可以在设定的货币政策目标下，运用货币政策工具，通过市场机制，控制货币政策中介目标，最终达到终极目标。但是需要对诸如准备金、利率、再贴现等政策工具进行改革，改革的基本要求是根据操作目标与中介目标而进行。[②] 对货币政策的中介目标问题，大多数学者认为，在当时的条件下，选择货币总量作为中介目标比较现实。

这一时期对中国人民银行的金融监管职能也有较多探讨，学术界和政策界的代表主要提出"大监管体系"的想法，中央银行监管、金融机构自律、社会公众监督三位一体。黄存明认为，央行的监管应特别关注金融机构经营状况、金融机构行为和竞争、金融创新、社会办金融的情况以及企业改制。[③] 但是，在监管的过程中，又要防止走极端，不能管得太死，又不能过于宽松。学术界提出金融监管的原则应该一要公开、公正、公平竞争，二要实行统一，三要实行分业经营和管理的原则。

3. 国家专业银行向商业银行的转变问题

这也是这一时期金融学术界讨论的热点和重点问题。国务院在《关于金融体制改革的决定》中，对国家专业银行转化为国有商业银行的改革提出了方向性原则。学术界也认为，4家专业银行存在着许多体制上的弊端，金融体制内部风险较大，尤其是国有银行与国有企业之间的关系过于复杂，必须进行改革。

归纳起来，学术界主要讨论了以下几个问题。一是专业银行改革的必要性。董辅礽认为，专业银行必须改革成为市场经济中的商业银行，做到自主经营、自

---

① 李念斋：《试论中央银行的双重职能》，载《金融研究》，1997（12）。
② 许键：《对我国金融调控由直接向间接过渡的探讨》，载《金融研究》，1997（5）。
③ 黄存明：《对建立中央银行大监管体系的思考》，载《金融研究》，1995（7）。

负盈亏,专业银行要以盈利为目标。① 袁木也强调,办好商业银行是深化金融体制改革的重要组成部分。当时的专业银行不适应社会主义市场经济发展的要求。② 二是改革的思路与步骤。李晓西认为,国家专业银行向商业银行转化很难一步到位,提出了国家专业银行向商业银行转化中的"两步脱壳"步骤。第一步向国有全资商业银行转化,而不是向一般意义上的商业银行转化。在此基础上,再进一步实现向以国家控股或参股的股份制商业银行转化。③ 赵海宽认为,促进国有大银行稳步而坚定地向商业银行转化,要统一思想认识,进一步深化改革,要努力促进现代企业制度的建设,要加快建立商业银行运营机制,建立能适应商业银行运营需要的一套新制度,同时要采取可行措施解决呆滞贷款问题。④ 戴根有认为,在多种思路中,最具有进一步研究价值的是按照现代公司制模式,将现在实行的全国一个独立法人、按行政区划设置分支机构、总分行模式的各专业银行改组成数家全国性商业银行和众多区域性商业银行。⑤ 三是改革的目标模式。谢平认为,国家专业银行要成为真正的商业银行,就要打破专业银行的垄断地位,主要是放松银行业的市场准入,形成竞争环境。要把政策性银行与专业银行分离,要对专业银行本身组织结构进行改革,要消除政府对专业银行的行政干预,专业银行改造为国有商业银行后,经营方向要综合化。⑥

但是,在改革的思路上,也有学者提出股份化不一定是专业银行商业化改革的唯一道路。周建松认为,对现有专业银行进行商业化改革,比较现实可行的思路是在努力推进专业银行自我改造的同时,积极构建竞争性金融体系。⑦ 为构建竞争性的金融体系,这一时期出现了多家非国有商业银行。1997 年,又有 9 家外资银行被允许在上海浦东进行人民币业务操作。

(二) 对发展金融市场的讨论

理论上说,金融市场是指货币借贷、各种票据和有价证券买卖等融资活动的场所。按照业务活动来划分,主要包括货币市场和资本市场。货币市场主要从事

---

① 董辅礽:《中国的银行制度改革——兼谈银行的股份制改革问题》,载《经济研究》,1994 (1)。
② 袁木:《积极稳妥地办好商业银行》,载·《金融研究》,1994 (1)。
③ 李晓西:《试论专业银行向商业银行的转化过程》,载《金融研究》,1994 (7)。
④ 赵海宽:《论国有大银行如何转化为商业银行》,载《金融研究》,1994 (5)。
⑤ 戴根有:《论建立适合中国国情的金融体制》,载《经济研究》,1994 (11)。
⑥ 谢平:《论国家专业银行的改革》,载《经济研究》,1994 (2)。
⑦ 周建松:《专业银行商业化改革思路之我见》,载《金融研究》,1994 (2)。

几天到几个月不等的短期资金借贷，因此又叫做短期资金市场。与此对应，资本市场主要包括债券和股票市场等有价证券市场，是政府和企业进行长期融资的重要场所。20 世纪 80 年代在制定金融改革方案时，把金融市场的建设放在相对靠后的位置，因为整个金融体系未能有大的推进时，很难能够涉及金融市场的改革。

1992 年以后，在进一步改革的大背景下，发展金融市场得到了广泛关注。总体上说，学术界对金融市场的发展存在两种思路：一种是认为中国金融市场的发展应在坚持间接金融为主的前提下，搞活间接和直接金融市场；另一种则认为，国家应改变只注重发展间接融资的方针，而应开放直接融资，大力发展资本市场。具体从以下几个方面对发展金融市场的理论观点进行回顾。

1. 关于发展中国货币市场的问题

实际上，中国金融市场的发展过程中，最先受到关注并付诸实践的金融市场改革就是货币市场改革。刘鸿儒认为，发展货币市场不仅能为市场参与者提供短期支付手段，为政府弥补财政赤字提供高效率、低成本的筹资场所，还有利于中央银行控制货币供给，保证经济发展有一个稳定的货币环境，货币市场还能够在短期资金供求关系中，产生自由利率。[①] 更有学者认为，从当代发达国家的经验来看，必须优先建设和发展货币市场。

归纳起来，这一时期对货币市场的讨论主要集中在以下几个方面。一是同业拆借市场。学术界的主流观点认为，同业拆借市场是货币市场中最重要的一个市场，它不仅可以弥补商业银行流动性的不足，调剂资金余缺，中央银行货币政策传导机制的灵活、有效，也离不开高效、规范的同业拆借市场。1986 年到 1991年可以看作是同业拆借市场的起步时期。这一时期同业拆借的规模很大，但是乱拆借现象严重，对随后的通货膨胀起到了推波助澜的作用。1992 年之后，同业拆借市场重新活跃起来。在建设什么样的同业拆借市场上，焦瑾璞等学者通过借鉴外国经验提出，一要建立统一、有序的同业拆借市场组织体系，建立全国资金融通中心；二要大力发展头寸市场，各地融资中心应充分利用中央银行组织同城票据清算和电子联行汇款的有利条件，把头寸调剂与票据清算紧密结合起来；三要把融资中心办成中央银行实施货币政策的窗口，[②] 部分政策建议在 1996 年的央

---

① 刘鸿儒：《中国货币市场的发展和认识转化》，见：刘鸿儒：《刘鸿儒论中国金融体制改革》，719 页，北京，中国金融出版社，2000。

② 焦瑾璞、朱焕启：《按照国际惯例，发展我国的同业拆借市场》，载《金融研究》，1994（4）。

行政策中得到采用。二是国债市场。相对来说，国债市场起步较晚，1991 年开始试点。对起步发展的国债市场，学术界主要讨论了国债市场存在的问题及解决对策。主要观点认为，政府对当时的国债市场缺乏有效的监管，使得国债交易在某种程度上失去了原有的调剂临时性债券和资金头寸以及套期保值的作用，成为套取国家信用和银行信贷资金的场所。学术界的探讨推动了随后政府对国债市场的监管政策的出台。三是关于票据市场。这一时期，学术界的主要观点认为，作为央行再贴现工具的商业票据市场处于起步阶段，但是却暴露出了诸多问题，尤其是"三角债"现象比较严重。不过李扬认为，大力发展以实际工商活动为基础、以"自偿性"为特色的票据市场，并在此基础上发展票据的再贴现业务，仍然是明智的战略选择。①

2. 关于发展我国资本市场尤其是股票市场的问题

20 世纪 90 年代中国金融体制改革最重要也最引人注目的事件之一是中国股票市场的建立和试验。1990 年 12 月和 1991 年 7 月，上海、深圳两地证券交易所的先后正式营业，标志着中国股票市场正式开始进入试验阶段。1992 年，邓小平指出，"证券、股市，这些东西究竟好不好，有没有危险，是不是资本主义独有的东西，社会主义能不能用？允许看，但要坚决地试，看对了，搞一两年，放开；错了，纠正，关了就是了。"② 这给中国资本市场的发展定下了基调。

在学术界，对发展资本市场尤其是股票市场大抵有两种态度。一是对发展资本市场尤其是股票市场存有疑虑，认为中国的股票市场没有实现其宏观功能。二是对股票市场持欢迎态度并鼓励其进一步发展。具体说来，学术界主要讨论了以下几个问题。

（1）关于股票市场的作用。多数学者认为，中国股市的发展初具规模，并为直接融资开辟了一条道路，为企业经营机制的转换提供了新的组织形式。认为中国股票市场的发展有利于国有企业改革的进行，有利于改变银行的困境，甚至有利于减轻通货膨胀的压力。但也有学者提出中国资本市场的发展并非包治百病的良药。认为现阶段对资本市场的功能做出过高估计不现实。

（2）中国股票市场存在的问题。尽管对中国股票市场的功能作用的认识存在分歧，但是学术界几乎一致认为，当时中国股市的发展存在诸多问题。刘光第认为，中国的股市受利益驱动、上下争利的影响，股市的作用被扭曲，出现股票溢

---

① 李扬：《发展货币市场：转变我国金融宏观调控机制的前提条件》，载《金融研究》，1996 (1)。

② 邓小平：《邓小平文选》，第 3 卷，北京，人民出版社，1993。

价发行的现象。股市投机猖獗，投资不足，暴涨暴跌，股票交易所类似赌场，以权谋私，扰乱股市，幕后交易现象非常严重。[①] 王华庆认为，我国的股票市场没有达到发达国家所具有的较高水平的行业自律状态，政府对股市还是处在"建造"而不是监管的位置。我国股票市场还没有起到合理调节资本在行业部门和企业之间流动的作用，没有起到促进企业转向市场的作用并且具有严重的投机性。[②] 但是，究竟是什么造成了中国股票市场的诸多问题？李茂生认为，中国股市发展的问题，根子在于迄今尚未将证券市场的战略转变提上议事日程，考虑的还是继续试验。立法缓慢，管理主要靠频繁调整政策，靠行政措施，市场准入透明度不高，既然是试验，就只能凭主观随意性很大的审批决定少数公司上市，这些公司的素质参差不齐，市场狭小和不规范就是必然的。[③]

（3）对股价波动的看法。建立股票市场试点初期，股市存在的较为严重的问题是股价的涨跌幅度很大，证券市场的发展也随之陷入困惑。股市蓬勃向上，担心股票市场的泡沫终有一天要破灭，而股市走向熊市时，股民则变得惊慌。因此，学术界对如何正确看待股价的波动进行了许多讨论。刘荣玉认为，股价波动主要有两点原因，一是我国股市规模不大，上市公司产业种类不全，这是股市投机性过强，个股被恶炒，导致价格波动的原因。二是随着股市发展，上市和扩容都在加快，股票供不应求的局面得以缓解，也容易导致价格回落。[④] 赵海宽认为，股市的大起大落原因有多方面，然而交易主体主要为个人，其中不少人缺乏有关的知识和经验，盲从跟进，少数大户暗中操纵，推波助澜也是重要的原因。[⑤]

（4）中国股市发展的战略及对策。这一时期，由于发展资本市场成为学术界热点，对中国股市发展的建议很多，并形成了不同倾向。部分学者认为，基于中国股市的诸多问题，健全法律法规非常重要。但认为，不应过分夸大资本市场的作用，而应该以发展间接金融为主，把重点放在银行业的改革上。但是，仍有学者建议坚持资本市场的市场化改革。李扬认为，中国股票市场发展的问题是由于头顶上始终悬着一柄"搞不好就关闭"的利剑，我国的股票市场实际上处于封冻状态。在这种背景下理论界和管理者只是讨论类如"中国经济中应当不应当有一

① 刘光第：《关于发展股票市场的几个问题》，载《经济研究》，1992（3）。
② 王华庆：《上海股票市场的运作与发展》，载《经济研究》，1993（6）。
③ 李茂生：《关于发展中国证券市场的战略思考》，载《经济研究》，1995（9）。
④ 刘荣玉：《关于当前我国股市发展的若干问题》，载《经济研究》，1994（8）。
⑤ 赵海宽：《中国证券市场的现状和发展构想》，载《金融研究》，1997（2）。

个股票市场"等起步性问题。而对各种制度性缺陷以及这个市场未来的发展方向等，基本上没有做过认真的研究。发展股票市场应该在全面执行"法制、监管、自律、规范"八字方针下，突出"规范管理"和"顺势引导"。尽快出台与证券市场有关的法律和法规，并形成完整的体系，进一步开拓市场规范和深度，并创造出新的融资工具和交易方式。要扩大市场，增加交易品种和开拓新的交易活动。[1] 李茂生认为，既然决定搞市场经济，就要搞证券市场，大力发展市场经济，就应该坚定不移地大力发展证券市场。发展证券市场上，要普及基本知识，要摒弃对投机的成见，为投机正名。中国的改革要深化，中国的证券市场应当从试验转向放开发展。要以法制而不是政策来规范证券市场，同时政府对证券市场的监管不能多元化。国家应改变只注重发展间接融资的方针，而应开放直接融资，大力发展资本市场。[2] 赵海宽认为，发展中国的证券市场，一要逐步增加股票和企业债券的上市量，在条件成熟后统一股票市场，二要发展投资基金，提高投资者的市场活动水平，三要加大立法进度，规范证券市场。[3]

3. 关于保险市场和期货市场的发展

作为金融市场重要组成的保险市场和期货市场方面的问题也得到了学术界的重视。对保险市场而言，学术界的基本判断是从 1980 年保险业起步以来，中国的保险业有了长足进展。学术界分时期讨论了保险是否是一种商品，保险公司可否存在多家，中国的保险业是否该对外开放等问题。到 1997 年为止，上面三个问题基本都得到了肯定回答。但是，学者们认为，中国的保险业发展还是相对缓慢。许键认为，中国保险业发展缓慢的原因主要有三个方面：一是中国保险体制改革落后于银行体制改革 5 至 10 年；二是中国保险市场还未形成，市场主体太少，竞争机制不健全，法律监管不完善；三是中国保险业没有实行分业经营，制约了保险业务的发展。因此，提出利用"复关"契机来加速保险体制改革，并尽快开拓国内保险市场。[4]

在期货市场方面，自 20 世纪 80 年代末以来，期货市场的发展进展较快。但仍存在问题。吴颖认为，目前我国期货市场存在的主要问题：一是发展过猛，重复建设，二是经纪公司超前发展，三是地方争建，国有资产流失严重，四是法规

① 李扬：《96 中国资本市场：发展及问题》，载《金融研究》，1997（2）。
② 李茂生：《关于发展中国证券市场的战略思考》，载《经济研究》1995（9）。
③ 赵海宽：《中国证券市场的现状和发展构想》，载《金融研究》，1997（2）。
④ 许键：《中国保险业的发展和展望》，载《金融研究》，1994（11）。

滞后，管理混乱等。① 金玫认为，发展期货市场，首要的任务就是要尽快建立全国统一的期货交易管理机构，并颁布期货市场管理法。而且要着手建立期货市场和期货交易的统计制度。在微观层次，要加强期货交易所自身建设以及相关人才的培养等问题。②

这一时期学术界对银行业改革以及发展金融市场的讨论取得了一定成绩。国有专业银行向国有商业银行转化的目标已经确立，并取得了一定成效。对发展金融市场的讨论尽管争议较大，但客观上仍推动了中国金融市场的发展。但是金融体制改革的实践中，仍存在一些较为严重的问题，在实践中和学术讨论中都未得到有效解决。突出的表现是专业银行商业化的过程中，面临着内部和外部许多困难，尤其是四大商业银行不良资产率较高、资本充足率不够等根本性问题，学术界的讨论还是相对有限。专业银行规模庞大的垂直组织结构，影响了营运效率和内部控制的有效性，这些问题都没有得到根本触动。可以说专业银行转变为商业银行后，如何健全公司治理结构，如何明晰所有者、经营者的角色和权、责、利关系等，一直是中国金融体制改革的重要命题。同时，这一时期对金融市场的讨论也在思想上有着很大局限。学术界很多学者对发展金融市场尤其是股票市场存有疑虑，使得讨论的争议较大，从而延缓了金融市场改革与发展的步伐，导致中国金融市场体系不健全、不完整的问题很明显。

>>四、1998 年至今：全面深化金融体制改革的讨论<<

1997 年亚洲金融危机之后，金融全球化背景下的中国金融稳定与金融安全成为金融体制改革考虑的重点。中国的金融体制也因而开始了新一轮全面深化的改革。改革以进一步市场化为明显标志，同时强调金融全球化背景下的中国金融安全。在此条件下，发生了一系列金融制度创新。

从金融学术界来说，这一阶段对金融体制改革的理论探讨获得了巨大提升，并表现出以下主要特点。第一，探讨的主题全面开花。可以说，这一时期金融理论探讨日益接近国际金融理论探讨的最前沿，几乎金融领域的所有方面都有涉及。第二，理论分工非常明显。与过去金融理论探讨不同，这一时期对金融理论

---

① 吴颖：《关于我国期货市场问题的综述》，载《金融研究》，1994 (2)。
② 金玫：《中国期货市场的发展现状、问题及展望》，载《金融研究》，1994 (1)。

选题进行细化、专业化、规范化的趋势非常明显。第三,全面的市场导向。在思想上,已经牢固地树立了市场化的改革理念,金融理论探讨日益深入并与国际接轨。

本节从学术界对亚洲金融危机后金融风险、金融安全与金融监管的讨论开始,进而对全面深化金融体制改革的讨论进行简要的理论回顾。

(一) 亚洲金融危机后对金融风险、安全与监管的讨论

20 世纪 90 年代开始的第二波金融全球化浪潮使各个国家的金融联系日益加强。理论上说,金融全球化有利于金融资本在全球优化配置,提高经济效率。但同时金融全球化也伴随着金融风险和危机的传染性,亚洲金融危机就是典型一例。在金融全球化背景下,控制资本流动与隔离于国际金融联系的成本巨大,如何应对金融全球化浪潮给国内金融体制改革带来的机遇和挑战是这一时期学术界讨论的重要问题。学术界的大多数观点认为,国内金融体系的健全与发展和金融监管的加强,有利于防范金融危机并利用金融全球化的好处。归纳起来,学术界主要讨论了以下几个问题。

1. 亚洲金融危机的教训与启示

从危机和挫折中学习是加速和完善金融体制改革的重要途径。亚洲金融危机之后,学术界主要讨论了亚洲金融危机的原因和教训。学术界普遍认为,金融危机的爆发是内外因素综合作用的结果,内因主要是不适当的固定汇率制度,经济结构失调导致泡沫经济严重以及金融开放政策失当。尤其是金融系统监管不力、金融体系不透明是非常重要的原因。从对中国的启示来说,学术界认为,要强化风险意识,大力加强金融监管,加快金融体系改革,进一步推进商业银行的企业化进程,提高金融系统的效率和抗风险能力。同时要谨慎和渐进地开放金融市场。刘鸿儒认为,要健全金融监管体系和中央银行的调控体系,维护金融机构经营自主权,减少行政干预,同时增强金融机构和资本市场的透明度,改变间接融资为主的格局,逐步提高直接融资的比重。① 周小川认为,金融稳定是一个世界性的课题,一个国家应该注重防范金融风险。我国 2003 年对金融体制进行了重大调整,显示了中国政府保持金融稳定的决心。在保持金融稳定的同时,努力防止道德风险,是整个金融工作的两个重要环节。并认为,良好的破产机制是保持金融稳定、防范道德风险的突破口。作者讨论了关于金融机构破产的几个技术问

---

① 刘鸿儒:《亚洲金融危机的教训》,载《金融研究》,1998 (6)。

题，这对中国加强金融体系的自身建设、防范金融危机、维护金融稳定等金融实践具有较为重要的指导意义。① 余永定强调要健全金融体系，汇率制度应更具弹性，汇率应存在随经济变动而定期调整的空间，要稳步、有序地实行资本管制自由化等是亚洲金融危机的主要经验教训。② 亚洲金融危机之后，对中国金融安全问题的研究也开始得到学术界的重视。王元龙对金融安全的概念进行了谨慎讨论，并探讨了金融安全与金融风险、金融危机之间的相关性及区别。③

2. 对央行在防范金融体系危机方面作用的讨论

亚洲金融危机之后，学术界认识到，有效的金融监管和规范、科学的宏观经济调控在防范危机方面具有重要作用。而作为央行的重要职能，对金融业进行有效监管要求减少对央行的行政干预。因此，加强央行的独立性再次得到重视。国际经验表明，央行独立性高的国家的宏观经济稳定性也较高。在加强央行的独立性方面，我国政府也做了多次尝试。但是孙凯、秦宛顺认为，对央行独立性问题不可过于迷信，应结合我国的实际情况；现阶段建立完全独立的央行在我国缺乏现实可行性，在我国不可能出现独立的央行，而是要加强央行的独立性。要注重法律建设但更要注重实际建设央行的独立性，认为央行必须对资本市场保持独立是央行独立性的重要表现。④ 他们认为，一方面我国央行对金融市场应保持一定的独立性；另一方面央行必须为在我国建立一个运行良好的金融市场提供监督和服务。央行独立性的精髓不在于将中央银行与民众的意见完全隔离开来，而是要在独立决策与听取民众意见中寻求平衡。⑤

在实施规范、科学的宏观经济调控职能的认识上，学术界的绝大多数观点认为，中央银行除要对金融业进行有效监管外，也应同时承担以实施货币政策为主要手段的宏观调控职能。汤小青认为，在主要发达国家中，大致有一半的国家的中央银行具有金融监管和货币政策两项职能，其他国家则将"两项职能"分离。但从中央银行分离出银行业的监管职能是相对和有条件的，要保证货币政策和金融监管协调运作。中央银行仍是银行业监管主体之一。⑥ 央行的货币政策职能是这一时期学术界讨论的热点问题。学术界对货币政策的讨论主要集中在这样几个

① 周小川：《保持金融稳定 防范道德风险》，载《金融研究》，2004（4）。
② 余永定：《中国应从亚洲金融危机中汲取的教训》，载《金融研究》，2000（12）。
③ 王元龙：《关于金融安全的若干理论问题》，载《国际金融研究》，2004（5）。
④ 孙凯、秦宛顺：《关于我国中央银行独立性问题的探讨》，载《金融研究》，2005（1）。
⑤ 孙凯、秦宛顺：《对我国中央银行独立性建设的探讨》，载《金融研究》，2007（5）。
⑥ 汤小青：《论我国中央银行货币政策和金融监管的制度选择》，载《金融研究》，2001（10）。

问题上。一是货币政策的最终目标问题。1995 年的《中国人民银行法》规定货币政策的目标是保持货币币值稳定，并以此促进经济增长。实际上，这正是理论争论的焦点，即稳定物价与经济增长目标之间的矛盾问题。谢平认为，货币政策的多目标是"要求过高"了，这迫使央行在多目标之间寻求平衡，容易采取机会主义的手段注重短期效果和表面效果。货币政策无论短期还是长期都应坚持稳定物价的单一目标。[①] 二是货币政策的传导机制问题。学术界的普遍观点认为，我国货币政策传导机制存在很大缺陷，真正的改善则在诸多制度方面。郭树清认为，影响货币政策传导机制的因素很多，但应该特别注意三个方面。首先是我国仍然保持着对固定资产投资的直接控制，这限制了市场化的投融资方式。其次是银行处于转轨时期，支持经济发展与防止不良贷款的矛盾非常突出。我国的融资活动高度依赖银行，但是银行却存在"惜贷"现象，造成一定程度的信贷紧缩。再次是金融市场不健全，造成货币政策传导的路径过窄。归结起来就是投融资体制不合理、不健全，是货币政策传导机制不完善的症结。因此深化投融资体制改革是完善货币政策传导机制的关键。[②] 三是货币政策中介目标的选择问题。夏斌、廖强认为，货币供应量已不宜作为当前我国货币政策的中介目标，而应暂不宣布新的中介目标，在实际操作中模拟通货膨胀目标，努力使物价恢复并稳定在一个合理范围内。[③]

3. 对金融监管体制问题的讨论

大一统金融体制下，不存在金融监管问题，也没有相应的法律法规。1984 年后，中央银行、专业银行二元银行体制形成后，金融监管主要围绕市场准入进行，带有鲜明的计划性、行政性特点，监管手段也相对单一。1998 年开始，我国金融业在实行分业经营的基础上实行分业监管。在这一原则指导下建立了保监会和证监会，使得我国的金融监管体系初步形成三足鼎立的局面。人民银行负责监管货币市场，证监会负责监管资本市场，保监会负责监管保险机构。但学术界普遍认为，我国的金融监管还存在诸多问题。方平、杨启庸在综述了学术界关于金融监管方面的观点后提出，我国的金融监管尚处在"幼稚期"，主要是以分业经营和分业管理为主线，因此，要进行金融监管体制的创新。[④] 在理顺中央银行

---

① 谢平：《新世纪中国货币政策的挑战》，载《金融研究》，2000 (1)。

② 郭树清：《深化投融资体制改革与完善货币政策传导机制》，载《金融研究》，2002 (2)。

③ 夏斌、廖强：《货币供应量已不宜作为当前我国货币政策的中介目标》，载《经济研究》，2001 (8)。

④ 方平、杨启庸：《金融监管问题观点综述》，载《金融研究》，1998 (12)。

与银行监管体制之间的关系方面，周建松认为，中央银行与银行监管体制改革的基本思路之一是应该成立相对独立的中国银行业监督管理委员会。[①] 2003 年，中国银行业监督管理委员会成立，负责监督中国银行业。由此，中国金融业的分业监管体制正式确立。

分业监管虽然有利于监管力度的强化，但容易出现分业监管与跨业违规的矛盾。对金融监管的加强也容易影响金融创新，造成金融压抑的局面。在这种背景下，学术界对我国的金融监管体制进行了许多讨论。吴晓灵认为我国还是存在金融压抑的现象，金融压抑是造成中国金融发展现状与中国经济发展现状不匹配的根源。中国经济的持续健康发展必须伴随放松金融管制。但是为什么会产生金融压抑现象？吴晓灵认为主要有三个方面的原因。首先是政府把金融作为调控经济的工具，用行政手段分配金融资源的影响依然存在。其次，政府也承担了过多的金融风险偿付责任，致使监管部门对金融业务的对内开放持慎之又慎的态度。再次，从理论上说，还是缺乏关于经济金融全球化形势下金融博弈对一国经济发展作用的深刻认识。这些是造成中国金融压抑的重要原因。要发挥金融对资源的优化配置作用，就要在金融监管与放松金融管制之间寻求一个理想的平衡。吴晓灵认为，为减少金融压抑，政府应该从对风险偿付承担过多责任中摆脱出来。通过立法实现对投资人的有限偿付，采用取之于市场用之于市场的办法筹集偿付资金，减少道德风险，同时放松金融管制。监管者也应该允许各种类型的金融机构运用国际金融市场上成熟的金融产品，为企业和投资人服务。吴晓灵强调，金融研究工作者、金融从业人员和社会大众都应该关注法律的修订，只有这样，法律才能充分反映和代表市场参与各方的利益，维护一个公正的市场秩序。[②]

（二）对金融开放与全面的市场导向改革的讨论

为顺应全球化趋势，尤其是顺应加入 WTO 以后，中国金融业对外开放的趋势，学术界对中国金融开放问题，以及如何在金融全球化背景下培育健康的国内金融体系，即金融体制的进一步市场化改革方面倾注了很多精力。归纳起来，这一时期学术界重点讨论了以下几个问题。

1. 金融开放问题

总体说来，中国金融业的开放遵循了较为明显的渐进轨迹。在机构类型上，

---

① 周建松：《关于中央银行与银行监管体制的思考》，载《金融研究》，2002（10）。
② 吴晓灵：《进一步放松金融管制 给市场更多融资自主权》，载《中国金融》，2006（8）。

从允许设立代表处扩展到经营性机构；在地域上，从经济特区扩展到沿海开放城市再到内陆中心城市；在业务经营上，从外币业务逐渐扩展到试点经营人民币业务；在部门上，从银行业到保险业再到证券业。20 世纪 90 年代以来，在金融全球化背景下，金融开放更是得到了学术界和政策界的关注。金融学术界主要讨论了以下几个问题。一是对金融全球化的认识。学术界认为，金融全球化是世界经济和金融发展的趋势，已经并将会继续对我国经济和金融产生重大影响。戴相龙认为，金融全球化表现在资本流动全球化、货币体系全球化、金融市场全球化、金融机构全球化以及金融协调和监管全球化五个方面。并认为，金融全球化本身包含着巨大风险，因此，各国在融入金融全球化时要权衡利弊，加强管理，趋利避害。[①] 二是金融开放与金融风险问题。如何控制和防范金融开放带来的金融风险是学术界讨论的重点问题。江其务认为，转轨时期中国的金融风险是以制度性风险为主的股市风险、增量风险、国际风险和国有经济风险为重点的特殊风险群体。这种特殊性质的金融风险必须以制度变革为先导，消除产生金融风险的制度基础，着重防范股市风险、增量风险、国际风险和国有经济的金融风险。[②] 三是如何完善金融业的对外开放并化解金融风险问题。郭树清认为有以下几点很重要：一是金融开放的战略重点是转变机制，通过机制转变，达到改善金融服务、增加产品创新、增强风险控制能力的目的；二是要区分不同行业、地区，不能使用同一个模式；三是要创造公平竞争的外部环境，主要是市场环境、信用环境、法律环境，特别是税收环境等；四是要引导培育民间信用，支持发展各种形式的金融机构，并认为这不会造成风险；五是要及时调整资本流进和流出政策，进一步调整国际收支，避免内部经济与外部经济的失衡给中国经济发展造成巨大威胁；六是要支持中国金融业走出去，但是要十分谨慎并不断总结经验。[③] 这些措施给中国金融业的对外开放提供了指导性意见。

2. 利率市场化问题

利率市场化即利率自由化，是一国金融深化重要的质的标志。我国在 1993 年明确了利率市场化改革的基本设想，1995 年初步提出利率市场化改革的基本思路。1998 年开始，利率市场化进入全面实施阶段。对利率市场化问题，金融学术界主要探讨了以下几个问题。一是利率市场化的必要性。学术界强调，利率市场化备受各国政府关注的原因在于正的实际利率具有收入效应和金融深化效

[①] 戴相龙：《关于金融全球化问题》，载《金融研究》，1999 (1)。
[②] 江其务：《论中国转轨时期的金融风险》，载《金融研究》，1999 (3)。
[③] 郭树清：《积极稳妥地推动中国金融业进一步对外开放》，载《国际经济评论》，2006 (7, 8)。

应。金融市场进一步开放，中国利率管制的金融约束政策则不可持续，因此利率要实现完全的市场化。谢平认为，利率市场化是市场配置资源的基本机制，有效的货币政策必须在利率市场化环境下才能发挥作用，而且利率市场化有利于金融业的竞争，提高效率，有利于资本市场的发展。[①] 二是中国利率市场化的现实困难。学术界普遍认为，我国利率市场化改革存在困难。王宇认为，主要是还面临着一个悖论。一方面利率作为资金的价格，应具有内生性。可是我国由于金融市场不完善和利率管制，利率的外生性大于内生性，央行对利率控制性较强，利率与经济活动之间的相关性较弱。另一方面，利率市场化的基础是资金所有者和资金使用者行为的市场化，而中国的国有企业和国有商业银行都还不是真正的工商企业和真正的商业银行，不是真正的市场主体，很难有真正的市场行为。[②] 三是利率市场化的对策。如何进行利率的市场化？学术界认为，正确选择利率改革的时机和把握其顺序是关键，并认识到，缺乏市场基础的利率自由化其结果必然是高利率，因此要以完善的金融监管为保障。许键认为，我国全面利率自由化条件尚不成熟，因此在转轨时期进行利率自由化应慎重地渐进推行。一要调整利率结构，将法定利率减少到 10% 左右，并根据经济运行状况适度调节各个层面的利率结构；二要坚持以一年期存款利率为主要管理对象，在此基础上形成利率结构；三要完善货币市场、资本市场和保险市场利率结构，丰富市场上的交易品种，逐步扩大直接融资比重；四要在国有银行商业化改革进行得较顺利的前提下和监管机制得到完善的条件下，适当考虑逐步扩大商业银行决定贷款利率的自由权，逐步放开贷款利率。[③]

3. 汇率制度及汇率形成机制的改革问题

与利率市场化对应，汇率市场化及汇率制度改革是这一时期金融界的又一重要问题。1979 年开始，我国实行双重汇率制。1985 年后，随着外汇调剂市场的发展，开始实行官方牌价和外汇调剂价格并存的新双重汇率制。1994 年，我国实现人民币官方汇率与外汇调剂市场汇率并轨，建立了以市场供求为基础的、有管理的浮动汇率制度。汇率并轨 10 年以来，人民币汇率波动不大。2005 年 7 月 21 日起，我国开始实行以市场供求为基础，参考一篮子货币进行调节，有管理的浮动汇率制度。学术界对人民币市场汇率形成及有管理的浮动汇率制度的利弊等问题进行了广泛探讨。归纳起来，主要讨论了以下几个问题。

---

① 谢平：《货币监管与金融改革》，上海，上海三联书店，2004。
② 王宇：《论中国货币政策调控机制的改革》，载《经济研究》，2001 (11)。
③ 许键：《利率自由化的约束及实践》，载《金融研究》，2003 (8)。

（1）关于汇率制度的问题。根据 1998 年国家外汇管理局文件，我国实行"在保证经常账户人民币可兑换的前提下，有管理的浮动汇率制"。但是这种汇率制度的效率如何？学术界认为，汇率制度的宏观效率主要表现在三个方面：一是汇率制度是否有良好的市场均衡汇率的形成机制，二是汇率是否具有良好的可控性，三是汇率制度对其他政策的制约程度能够给政策当局提供宏观调控的便利。陈平、王曦认为，我国实行的"以市场供求为基础、有管理的浮动汇率制度"的缺陷已经日益凸显。主要表现在，人民币汇率的市场非均衡是这种制度安排的主要特点，不存在浮动汇率制度中的国际收支的自动调节机制。当时的汇率类似于"可调整的盯住汇率制"，不具备汇率制度的汇率稳定机制和稳定的汇率预期。同时，直接管制政策的大量运用导致事实上的多重汇率制，降低了资源配置的效率。虽然我国汇率制度在宏观效率上也有优点，但更倾向于同时具有固定和浮动汇率制的缺点。[①] 因此，汇率制度改革成为引申的政策含义。

（2）人民币汇率制度如何改革的问题。2002 年以来，人民币汇率制度改革的压力增大。国内学术界几乎也一致认为，人民币汇率需要改革，应建立更具弹性的汇率制度。但是在改变汇率机制的优先次序上，学术界存在不同意见。很多研究者认为，启动人民币汇率制度改革，应当首先调整业已低估的人民币汇率水平，然后继之以汇率形成机制的调整。另外一些学者则主张先调整汇率形成机制，而将汇率水平的变动置于相对次要的地位。李扬、余维彬认为，人民币汇率的机制改革优先，并在改革过程中始终重视汇率稳定，应当是人民币汇率制度改革的基本战略。回归有管理的浮动汇率制度，是实施这一战略的适当选择。但他们也谨慎地指出，汇率制度改革需要全面配套安排。保持较高水平的外汇储备，加强对针对货币错配的审慎性监管，通过稳健的宏观经济政策和微观制度建设来促进资本市场发展、加强针对货币错配的资本项目管制等等都是必要的配套条件。[②]

（3）人民币是应该升值的问题。1997 年亚洲金融危机，中国政府承诺人民币不贬值，对亚洲地区金融体系的稳定以及亚洲地区经济的恢复做出了重要贡献。但从 2002 年末日本财政大臣再次提出人民币汇率问题以来，人民币是否应该升值的争论成为学术界的热点问题。大体来说，存在两种意见即主张升值和反对升值的观点。理论上说，不能够准确计算出人民币的均衡汇率，因而也难以判

---

① 陈平、王曦：《人民币汇率的非均衡分析与汇率制度的宏观效率》，载《经济研究》，2002（6）。

② 李扬、余维彬：《人民币汇率制度改革：回归有管理的浮动》，载《经济研究》，2005（8）。

断人民币是被低估还是高估。不过学术界的研究结论几乎一致认为，人民币存在低估现象，有升值压力。张曙光认为，金融体制改革以来，随着汇率体制改革，人民币汇率水平出现了一个不断贬值的过程。但是1994年至今，随着中国经济不断走强以及资本账户的开放，热钱大量流入。在美元不断走低的情况下，出现了人民币升值的巨大压力。① 金雪军、王义中的研究认为由于当前中国产出的汇率预期弹性大于资本可流动下产出的利率弹性，政府主导型升值下的最优路径是"先贬后升"，而不是走单一的升值路线。当前人民币汇率不应该持续升值，政府应该公开并放宽外汇市场汇率波动幅度。在中国采取"市场主导型"升值是不现实的。②

（4）汇率调整的影响。理论上说，汇率变化会影响一国在对外经济交往中的相对地位。经济学传统智慧认为，货币升值是紧缩性的，在短期将提高国内商品对外国商品的相对价格，导致本国出口下降和进口商品对国内生产商品的替代，从而降低总需求。但是，学术界也有学者认为，货币贬值也可能产生紧缩性的效果。万解秋、徐涛认为，本币升值时，不利于出口，容易增加失业。但是人民币汇率比较稳定，波动幅度较小的时候，汇率小幅度波动对就业的影响不显著。但是当人民币汇率作较大幅度调整时，国内就业就必然会受到影响，人民币升值将导致就业减少，贬值在一定时期内可增加就业。③ 施建淮认为，人民币汇率升值会导致中国产出出现一定程度的下降，货币升值在中国是紧缩性的。但从人民币升值是紧缩性的结论并不能引申出中国应该继续维持人民币汇率低估的政策建议，因为低估的人民币汇率在过去几年已经造成了中国经济的内部失衡和外部失衡。允许人民币以更快的速度升值，从而使人民币实质汇率恢复到均衡水平，有助于降低人民币的升值预期，缓和外汇储备快速增长对政策当局的压力。并认为，我国管理当局不必过虑人民币升值是否是紧缩性的问题。④ 这些理论讨论为我国放宽人民币汇率的波动幅度提供了理论参考。

4. 农村金融改革问题

纵观中国的金融体制改革，明显发现改革呈现"重城市、轻农村"的特点，农村金融体制构建问题严重滞后。1993年，《国务院关于金融体制改革的决定》设计了农村金融的机构框架，组建了中国农业发展银行，设计了合作金融的思

---

① 张曙光：《人民币汇率问题：升值及其成本——收益分析》，载《经济研究》，2005（5）。
② 金雪军、王义中：《人民币汇率升值的路径选择》，载《金融研究》，2006（11）。
③ 万解秋、徐涛：《汇率调整对中国就业的影响》，载《经济研究》，2004（2）。
④ 施建淮：《人民币升值是紧缩性的吗》，载《经济研究》，2007（1）。

想，有步骤地组建农村合作银行。1996 年，《国务院关于农村金融体制改革的决定》，提出要建立和完善以合作金融为基础、商业性金融和政策性金融分工合作的农村金融体系，并提出建立各类农业保险机构。但实际上，从 1996 年到 2003 年，农村合作金融制度依然没有在实质上加以确立。2003 年，为挽救处于危机中的农村金融体系，国家再度出台农村金融改革举措。

这一时期学术界对农村金融改革讨论很多，主要观点认为，1996 年后，在中国农业朝着现代化方向发展的过程中，农村金融未能发挥相应的核心作用，并且农村金融改革滞后于农村经济发展的步伐。因此，需要进行农村金融改革。如何开展农村金融改革？易纲认为，当前改革面临的主要问题可以概括为"三个高于预期"和"一个亟待完善"。所谓"三个高于预期"是指化解历史包袱、改善资产质量的难度明显高于预期，加强内部管理、转换经营机制的难度明显高于预期，明晰产权关系、完善法人治理的艰巨性明显高于预期。"一个亟待完善"是指支持包括农村信用社在内的农村金融可持续发展的系统性、制度性政策亟待完善。他同时提到，深化农村金融改革应该坚持五个原则，即为三农服务的原则、商业可持续的原则、适度竞争的原则、政策扶持的原则以及市场化的原则。① 具体说来，学术界主要探讨了以下几个问题。

（1）农村金融模式的选择问题。戴根有认为，中国农村金融模式，必须坚持为农民、农业、农村经济服务的宗旨，从农村资金有利于服务农村和服务县域经济发展的目标出发，使政策性金融、商业金融和合作金融相互配合、协调发展。农村金融模式首先要满足广大农民对存、贷、汇金融服务的要求，为农业和农村经济服务，其次，对农村信用社体制要区别对待，不应采取同一模式。② 在模式的选择上，学术界主要讨论了四种可供选择的模式。一是维持现有农村信用社组织的格局，并加以整顿提高。但现有的农村信用社格局出现了严重的经营困境，必须进行改革。二是提出让民营经济参股、控股、充实资本金，转变经营机制。如果选择这样的农村金融模式，能够逐步按现代企业制度改革农村信用合作组织。三是让国有金融机构的分支机构深入农村，占领融资阵地。但要区分政策性金融与商业性金融。可供选择的方式是重新组建新兴商业银行，占领农村融资阵地。四是将农村信用合作社作为商品，在资本市场上转让。对几种模式的讨论为农村金融体制改革的政策选择提供了思路。

---

① 易纲：《推动农村金融改革再上新台阶》，载《中国金融》，2008（1）。

② 戴根有：《中国金融改革和发展若干重要问题研究提纲》，载《金融研究》，2001（9）。

(2) 农村信用社的市场化改革问题。20 世纪 90 年代中期的金融改革之后，随着包括中国农业银行在内的国有商业银行纷纷撤出农村金融市场以及中国农业发展银行的业务收缩，农村信用社几乎已成为基层农村金融市场中唯一的正规金融机构。但是受到经营机制僵化落后、政府不合理干预、缺乏规模经济、历史包袱沉重等影响，农信社长期以来在总体上已经陷入了严重的经营困境，因此必须对其进行改革。学术界认为，改革应该以产权是否得到有效明晰，行政干预是否得到有效遏制，约束机制是否得到有效强化，支农服务功能是否得到有效增强为标准。但具体应如何改革，主要是产权问题和经营管理体制问题。学术界普遍认为，农信社的合作制起不到合作的作用。谢平认为，合作制是一种产权制度或企业制度，它需要一系列前提条件。中国近 50 年来，不存在合作制生存的条件，在当前制度背景下，现有农村信用社体制确实不具备向真正的合作制过渡的可能性。因此，股份制是一条较为明确的道路。谢平认为，组织体制采取何种模式并不重要，关键在于产权模式的统一。如果在产权制度上放弃合作制而走向股份制，组织模式可以多样化。在农村信用社的管理体制上，谢平认为，比较现实的方式是在信用社自愿的基础上自行组建自律性的行业协会，协调相互间竞争、资格培训、会计标准、收费标准等问题，证券行业协会是个可资仿效的实例。① 在这些理论指导下，我国对农村信用社进行了市场化改革。改革虽然富有成效，但仍存在很多问题。西南财经大学中国金融研究中心调研组经过调研认为，改革完成了机构整合，增强了经营实体，初步建立了股份合作制的产权结构，建立了法人治理框架和议事规则，并且业绩开始显现，主要的经营指标出现好转。但仍然存在许多新问题，主要是机构层次增加，经营决策链拉长；经营机制的转变有限；历史包袱和潜在风险仍然存在；虽然实现了国家适当支持，但地方政府负责并未落实。因此，理论上和实践上仍需进一步研究的问题是，股份制和合作制之间的取舍，农信社的政策性和商业性之间的定位，以及农信社改革与农村金融制度的安排等问题。②

(3) 农村非正规金融问题。在农村正规金融发展的同时，以民间借贷为代表的农村非正规金融也经历了快速发展。学术界观点认为，比之正规金融，非正规金融更贴近农户的生产生活，更符合以农户经济为基础的农村经济发展需要。如何正确引导和发展农村非正规金融，以弥补正规金融的不足，更好地为"三农"

① 谢平：《中国农村信用合作社体制改革的争论》，载《金融研究》，2001（1）。
② 西南财经大学中国金融研究中心课题组：《农村金融改革值得探讨的几个理论问题》，载《金融研究》，2006（8）。

服务也是学术界讨论的一个重要问题。苏士儒等认为，政府必须承认农村非正规金融是基层群众金融诉求的一种表达，简单地禁止或放任自流都不是正确选择。政府的明智之举是放弃视自己为制度唯一供给者的计划经济体制下的思维惯性，及时完成诱致性制度变迁所必需的基础性正式制度的建设，使非正规金融成为具有竞争性的、多元化的农村金融市场中的一极。对发达地区的农村非正规金融，应该促进非正规金融组织从"地下"转入"地上"，使其合法化，使其交易、信用关系及产权形式等非正式制度得到法律的认可和保护。对欠发达地区的农村非正规金融，要保护合法的借贷关系，鼓励设立小额信贷组织。同时，政府应该把正规金融制度嵌入到非正规金融领域中去，一要探索建立适合非正规金融发展的监管机制，二是建立多种类型的信用中介机构管理公司。[①] 农村非正规金融的发展有利于促进竞争性的农村金融市场的形成，从而可能成为破解农村金融体系建设难题的一种有效方法。2007 年的政府工作报告中，加快农村金融体制改革被确定为加快金融体制改革的六项任务之一。对学术界而言，如何加快农村金融改革仍是需要进一步探讨的重要命题。

金融体制改革的 30 年，是波澜壮阔的 30 年，是中国金融体制化茧成蝶的 30 年，也是中国金融理论与实践积跬步而致千里的 30 年。纵观 30 年的历史过程，在我国金融体制的伟大变革中，理论与实践的交互影响非常明显。理论推动了实践，实践同时也为理论研究提出了重要命题。总结 30 年的历史经验，我们认为最根本的就是循序渐进地坚持市场取向的改革，继续利用市场机制来重构、改革和调整我国的金融体制。

必须承认，中国金融体制改革尽管硕果累累，但远未达到尽善尽美的程度。正如中国人民银行行长周小川所强调的那样，金融体制改革是一个系统工程，需要金融机构自身改革、金融生态环境改进、金融监管的加强和宏观经济改善四个方面统筹兼顾，综合推进。继续深化国有商业银行以及政策性银行的改革，加强并提高对金融机构的监管水平，进一步开放金融市场，发挥健康的金融市场的功能，积极应对汇率改革以及全球金融不稳定性带来的挑战仍是摆在金融学术界和政策制定者面前的问题。

---

① 苏士儒、段成东、李文靖、姚景超：《农村非正规金融发展与金融体系建设》，载《金融研究》，2006（5）。

>>主要参考文献<<

[1] 白钦先. 白钦先经济金融文集［M］. 北京：中国金融出版社，1999.

[2] 黄达. 黄达自选集［M］. 北京：中国人民大学出版社，2007.

[3] 刘鸿儒. 刘鸿儒论中国金融体制改革：上、下卷［M］. 北京：中国金融出版社，2000.

[4] 刘鸿儒. 中国金融体制改革问题研究［M］. 北京：中国金融出版社，1987.

[5] 林继肯. 稳定通货论［M］. 北京：中国金融出版社，1990.

[6] 刘诗白. 刘诗白文集［M］. 成都：西南财经大学出版社，1999.

[7] 李晓西. 二十年观察与思考［M］. 北京：经济科学出版社，1999.

[8] 厉以宁. 厉以宁九十年代文选［M］. 北京：北京大学出版社，1998.

[9] 孙冶方. 孙冶方全集［M］. 太原：山西经济出版社，1998.

[10] 王传纶. 王传纶自选集［M］. 北京：中国人民大学出版社，2007.

[11] 吴敬琏. 吴敬琏专集［M］. 太原：山西经济出版社，2005.

[12] 吴念鲁. 金融热点探析［M］. 北京：中国金融出版社，2005.

[13] 王志. 十年金融改革学术观点概况［M］. 北京：中国金融出版社，1990.

[14] 薛暮桥. 薛暮桥专集［M］. 太原：山西经济出版社，2005.

[15] 中国人民银行，中共中央文献研究室. 金融工作文献选编［G］. 北京：中国金融出版社，2007.

[16] 赵海宽. 中国社会主义金融市场研究［M］. 北京：中国金融出版社，1993.

[17] 周升业. 周升业自选集［M］. 北京：中国人民大学出版社，2007.

[18] 周小川. 转轨期间的经济分析与经济政策［M］. 北京：中国经济出版社，1999.

Ⅵ.

贸易体制改革 30 年理论回顾

贸易体制是经济体制的重要组成部分，是经济体制在流通领域的延伸。中国贸易体制改革的 30 年历程，是逐渐破除计划贸易体制的过程，也是市场贸易体制逐渐形成、完善和成熟的过程。经济理论的研究，尤其是关于流通、价格、对外贸易理论的研究，对催生和完善市场贸易体制起了重要的助推作用。

回顾 30 年贸易体制改革理论发展的历程，可分为四个阶段：一是 1978—1984 年对计划贸易体制的全面理论反思；二是 1984—1992 年逐步破除计划贸易体制；三是 1992—2001 年市场贸易体制的确立；四是 2001 至今的贸易体制的完善与内外贸的融合。

>>一、1978—1984 年：对计划贸易体制的 全面理论反思<<

1978 年党的十一届三中全会以前，中国实行的是计划经济体制，国民经济活动由国家控制，实行带有命令性质的指令性计划。在体制上，国家把流通贸易体制分割成相对独立的五大块：一是物资，主要经营生产资料；二是商业，主要经营消费资料；三是粮食，主要从事粮食的统购统销；四是供销，主要在农村经营物资和消费品；五是外贸，专门从事对外商品流通，并由国家专营。在经营上，整个流通领域实行国家垄断贸易体制，统购统销，企业没有任何自主权，没有任何利润考核指标，企业经营好坏不与经济利益挂钩，因而经济活动主体没有积极性。所以，早在改革开放以前，理论界就有人对当时的流通体制进行了反思，甚至有普通农民也对流通体制的运行提出了质疑，这些都为后来推出的流通和贸易体制改革做了理论上的准备。1978 年以后，流通和贸易理论研究开始活跃起来，取得了较大进展。

（一）贸易体制改革的理论准备

由于套用前苏联计划经济模式，这一时期的流通和贸易理论研究还处于探索阶段，主要集中讨论了以下几个问题。

1. 对 "无流通论" 的批判

从理论上看，多数人认为社会主义计划经济将替代"无政府"的市场经济，社会主义国家将按照统一的总计划协调安排自己的生产力，按照总的计划来经营社会经济活动，所以在意识中产生了排斥流通的观念，而且非常流行。孙冶方在20世纪60年代就批判了这种"无流通论"，指出，这实际上是"自然经济论"。[①]它的产生有两个原因：第一，私有制的消灭，以及由此而引起的盲目自发的市场交换的消失，使人产生一种错觉，认为至少从全民所有制内部生产关系来说，作为社会分工的各个单位之间的联系纽带或起媒介作用的流通已不存在了；第二，社会主义国家现在普遍采用的物质技术装备的供应方式，是在物资缺乏、供不应求的情况下采取的一种不得已的措施，而绝不是社会分工基础上产生的产品交换或产品流通的正常形式。孙冶方认为，这种认识给社会主义经济造成了很大的危害，严重地妨碍着人们在理论上全面正确地认识社会主义经济。这是对于计划经济体制和流通体制的最早认识和批判。

1984年10月，中国社会科学院财贸物资经济研究所在南京召开了孙冶方社会主义流通理论讨论会。学者们认为，马克思主义经济学家孙冶方是我国研究社会主义流通理论和实践问题的先驱，在同自然经济论和"无流通论"的长期艰苦斗争中，逐步形成了自己一套有特色的社会主义流通理论，对中国社会主义经济建设做出了贡献。[②]

2. 关于流通渠道和价值规律讨论

对于商品流通渠道和流通规律的研究，在20世纪50年代没有受到重视，只是到了60年代初才有少数人论及到。许涤新认为，社会主义商品流通有三条渠道：第一，国营商业是全民所有制商业，它是以生产资料全民所有制为基础的；第二，供销合作社是以生产资料集体所有制为基础的，它是集体所有制商业；第三，集市贸易是以农村人民公社社员的自留地、家庭副业生产和极少量的独立经

---

① 孙冶方：《流通理论》，见：《社会主义经济的若干理论问题》，202～216页，北京，人民出版社，1984。

② 旷建伟：《加强流通理论研究，促进流通体制改革——记孙冶方社会主义流通理论讨论会》，载《经济学动态》，1984（12）。

营的手工业者生产作为条件的，各个集体经济组织之间的经济联系，也是集市贸易存在的条件。①

对于商品流通规律的研究，王公维提出社会主义商品流通的 10 个规律：一是社会主义商业的总的过渡的规律；二是社会主义商品流通不断增长的规律；三是社会生产和社会需要之间的矛盾迅速反映到市场，并通过商业不断地有计划联系与不断解决的规律；四是商品购进的对象方面的规律；五是商品销售不断完善的规律；六是商品调拨与流向日趋合理的规律；七是商品储存力量不断加强的规律；八是国营贸易与对外贸易相互联系与相互制约的规律；九是商品流通费用不断下降的规律；十是商业利润不断增长的规律。②

与流通紧密相关的就是价格问题。顾准最早从理论上对计划价格进行了分析，他倡导在市场价格的基础上对社会主义经济活动进行研究。③ 薛暮桥也认为，虽然在社会主义条件下，商品价格由国家计划而定，但国家决定价格时必须考虑价值规律的作用。④

在实践中，轻视流通，甚至遏制流通的贸易体制给经济运行带来了极大的不便。陕西省户县的三个农民于 1962 年 5 月撰写的《当前形势怀感》（亦名《一叶知秋》）客观地描述了遏制流通、限制市场造成的不便。作为普通农民，他们以犀利的眼光和朴素的语言，比较客观地描述了当时流通体制的弊端。例如，文中详细叙述了生产队为了完成上级派购的一项 18 斤的鸡蛋收购任务，需要经过多达 10 个环节，还要处理损耗，书写财务证明，队长签字做账的繁琐手续正是当时实际情况的真实写照。⑤ 正如《中国经济时报》的评论文章说："作者对市场经济理解、阐述深刻生动，对社会主义'阶段性'论述的精辟和'先见'都令人叹止。"这篇文章引起了当时理论界的重视，从而也引发了对流通体制的进一步探讨。

所以，无论在理论上还是在实践上，传统的计划贸易体制都走到了尽头，客观需要对流通和贸易体制进行全面改革。

---

① 许涤新：《论我国的社会主义经济》，第 1 版，246～247 页，北京，人民出版社，1964。
② 陈绍元：《上海财经学院贸易经济系讨论社会主义商品流通的规律问题》，载《大公报》，1963-02-27。
③ 顾准：《试论社会主义制度下的商品生产和价值规律》，载《经济研究》，1957（3）；见：顾准：《顾准文集》，47～49 页，贵阳，贵州人民出版社，1994。
④ 薛暮桥：《价值规律与我们的价格政策》，载《红旗》，1963（7，8）。
⑤ 杨伟名、贾生财、赵振离：《当前形势怀感》，载《参考文选》，1998（39）。原文于 1998 年 7 月 31 日在《中国经济时报》重新刊出，并配有评论文章。

3. 关于对外贸易作用的认识

改革开放前，外贸的作用被简单化为互通有无，调剂余缺。说到底，就是从使用价值角度来看待外贸作用。在对外贸的认识上，也形成了一些政治色彩非常浓厚的观点，主要体现在三个方面：一是社会主义国家之间的经济关系是一种国际主义互相援助的关系，是兄弟般的互助合作的关系；二是平等互利、互通有无的贸易，是社会主义国家之间经济合作的主要形式之一；三是社会主义各国的对外贸易，是根据协定有计划进行的，贸易按照稳定的和统一的价格来进行核算，摆脱了资本主义市场的市场价格波动等。[①]

（二）计划贸易体制改革的起始阶段

1978 年党的十一届三中全会开启了中国改革开放的大门，从而使中国的经济体制改革成为一个不可逆转的历程。首先在消费品流通领域和农村进行经济体制改革，放开消费品的价格和实行农村土地制度改革，使农村和流通领域呈现出一派欣欣向荣的局面。在体制上，1983 年，商业部、粮食部、全国供销合作社合并成立商业部。而这一阶段学者们对流通、商业、价格和对外贸易理论的进一步探索和讨论有力地推动了改革的进程，起了巨大的能动作用。

1. 关于流通的作用和流通规律

孙冶方的观点是很有现实意义的。因为在我国，长期以来轻视流通、轻视市场、重视实物经济的观念，造成了实际的产销脱节，而且形成了浪费，即使是现在我们向社会主义市场经济过渡的过程中，许多国有企业仍然不能适应复杂多变的市场需求，因而不可避免地陷于困境，在某种程度上与这种重生产、轻流通和市场的观念不无关系。高涤陈论述了流通在社会主义经济中的作用，提出：第一，流通是生产的前提、条件，是实现社会主义生产目的的最后环节；第二，流通对社会再生产速度起着制约和决定作用；第三，流通是社会经济结成有机整体的纽带；第四，流通是各种经济关系借以实现的领域，对社会经济发展有巨大的推动作用；第五，流通过程是完善计划经济的关键。[②] 陈学工则提出不同意见，认为流通是决定生产的。他说，流通决定生产，这是商品经济的本质要求，是从商品本身直接引申出来的结论。商品生产者生产商品的目的，不是供自己消费，

---

① 李晓西：《对外开放理论》，见：张卓元主编：《论争与发展：中国经济理论 50 年》，615 页，昆明，云南人民出版社，1999。

② 高涤陈：《论流通经济过程》，载《经济研究》，1984（4）。

而是满足他人需要，用自己的劳动生产物去交换别人的劳动生产物，通过迂回的方式满足自己的需要。产品没有生产出来之前，就已命中注定必须进入流通领域，否则就不能成为商品。流通构成商品生产的基本前提和先决条件，失去这一基本前提和先决条件，就根本没有什么商品生产可言。①

党的十一届三中全会以后，在对流通的地位和作用重新认识的基础上，对于流通领域的经济规律也进行了探索。高涤陈等认为，在流通领域中的经济规律有：一是等价交换规律，二是商品自愿让渡规律，三是商品竞争规律，四是商品供求平衡规律，五是货币流通规律。②

在这一阶段，对于流通地位和作用的认识提到了一个新的高度。以前对于流通是在计划经济的思维框架内来认识的，认为只有生产才是决定流通的因素，尽管流通反作用于生产，但归根结底是生产决定流通；现在则把对于流通的认识置于市场经济的框架之内，充分肯定流通和市场的作用。在市场经济下，是为市场而进行生产，流通不畅，就会置生产于死地。只有在这样的思想认识基础上，才能真正揭示市场经济下流通的真谛。同时，在这一阶段，人们已经不再是去描述或者去罗列所谓的流通规律，而是开始实实在在地研究流通规律的运行条件、作用过程和后果。这表明，对于流通和流通规律的研究已经开始走向成熟。

2. 关于商业经营责任制

在 20 世纪 80 年代初期，经济学界主要研究了商业经营责任制。万典武认为，商业经营责任制的内容主要包括以下几点。第一，实行责权利三结合，把商业企业对国家和人民群众所承担责任的多少，经营的好坏，权限的大小，同企业的经济利益联系起来。在企业内部，把商业职工收入的多少，同职工劳动成果联系起来。第二，坚持国家、企业、个人三者利益相结合，商业企业增加的经济效益，国家必须通过税收或利润取得大部分，商业企业本身通过利润分成等形式得到一小部分，职工通过奖金、提成工资、浮动工资等形式再从企业分得一部分。第三，承包是主要形式和做法。承包企业要同上级主管单位签订合同，明确承包者必须承担的责任、应有的权限和经济利益；承包企业内部，要把对上承包的责权利通过各种岗位责任制层层落实到班、组（个人）。③ 但是，那时的理论研究，主要是为计划经济张目，目的是"完善社会主义计划经济"。

① 陈学工：《流通决定生产论》，载《商业经济文荟》，1989（1）。

② 高涤陈、陶琲：《再论流通领域的经济规律》，载《商业经济研究》，1983（3）。

③ 万典武：《商业实行经营责任制的意义》，见：万典武主编：《商业经营责任制讲话》，2～3页，北京，光明日报出版社，1983。

3. 关于商品市场价格形成机制

关于社会主义价格形成的基础问题，在这一阶段的研究涉及到两个方面：一是价格形成的基础是生产价格还是价值；二是价格形成的基础是生产价格还是均衡价格。理论界还进行了理论价格的讨论和测算。杨坚白认为生产价格是社会主义的客观经济范畴，决不会由于某些人否认它，它就销声匿迹、退出历史舞台。在社会主义的有计划的商品经济条件下，社会总劳动要以社会总资金来表示，而资金总是来源于利润。社会总劳动、进而社会总资金在不同生产部门之间的分配是受社会需要，即社会规模的使用价值制约的。在这里，正是利润平均化的趋势，使社会总劳动时间适应于不同的社会需要而配置于不同的生产部门，进而形成相应的生产规模和生产结构。由此可见，社会劳动的分配是同生产价格的形成密切地联系在一起，更确切地说，是由生产价格起调节作用。[①] 何建章等认为，在社会主义条件下，按生产价格定价，是社会主义经济发展的客观要求，也是经济改革的需要和经济管理体制改革本身所包含的一项重要内容。[②] 谷书堂也认为，作为价格形成基础的价值不是个别价值，而是社会价值；决定价值的劳动耗费不是实际劳动耗费，而是社会必要劳动耗费。价值是价格的基础，但在社会主义条件下，价格也不再是以商品的原始价值为基础，价值也要转化为生产价格。因此，社会主义的价格也要以价值的转化形态生产价格为基础。[③] 楼继伟、周小川在比较了不同价格体系改革方案对于现存弊端的疗效以后，提出了不同观点，认为生产价格的定价思想以产品平均生产成本加社会平均资金利润来确定产品的价格。这在形式上同马克思的生产价格理论很相似，但深入分析可以看出，价格形成的条件是完全不同的。其中本质区别就在于决定价格的主体不同，在马克思那里主体是社会，而按生产价格定价主体是计划者。两者间的这种差别在经济活动中会产生本质的差异。他们提出了供求平衡指导价，即在我国的市场条件下从宏观上通过计算获得的分类产品总体供求平衡的理论价格。[④] 此外，经济学界还具体研究了农产品价格形成的基础。

在 20 世纪 80 年代初期及其以后的一些年份，经济学界已经有相当多的人认

---

① 杨坚白：《杨坚白选集》，106～147 页，太原，山西经济出版社，1993。

② 何建章、邝日安、张卓元：《社会主义经济中资金利润率和生产价格问题》，载《经济研究》，1979（1）。

③ 谷书堂：《社会主义价格形成问题研究》，11 页，北京，中国社会科学出版社，1986。

④ 楼继伟、周小川：《论我国价格体系改革的方法及其有关的模型方法》，载《经济研究》，1984（9）。

为，在社会主义条件下，商品的价值必然要转化为生产价格。基于当时对计划价格的认识，经济学界和决策层开始讨论并测算理论价格。所谓理论价格，就是按照马克思主义价格形成原理设计出价格形成的数学模型，它是计划价格的基础。计划价格就是在理论价格的基础上，考虑商品的供求关系、货币流通量变动和国家的政策要求制定出来的。按照经济学家和决策者的初衷，理论价格将成为国家制定计划价格和调整价格的依据和基础。整个理论价格的测算工作大体分为 4 个阶段：一是召集理论工作者和实际工作者研究有关测算理论价格的理论问题，并确定为测算理论价格所需要的财务成本资料，约花了半年的时间；二是部署财务成本调查和组织企业填报资料，又花了约半年的时间；三是对企业所填报的资料进行分析、修正，然后上机计算，约花了九个月的时间；四是进行最后论证。这次理论价格采用 1981 年的资料计算，根据 7000 多个工业企业、3000 多个商业企业、2000 多个农业生产队的资料进行计算，最后通过对 1000 多万个数据的运算，采取了多种方案，计算出了 1981 年静态模型的理论价格。[①] 但由于理论价格脱离市场实际、方法笨拙，以轰轰烈烈的势头开始，最后却悄然收场。

4. 关于对外贸易的作用和外贸体制改革

20 世纪 80 年代初，理论界首先重新认识了对外贸易的作用。有学者提出了要重视外贸在价值交换方面的作用，要从国民经济盈利性角度看外贸，认为"调剂余缺，互通有无"思想不能作为对外贸易的主要功能作用。如袁文祺等提出了要重视外贸在价值交换方面的作用，要重新认识外贸的经济效益。[②] 不仅如此，袁文祺等还提出了国际分工的必然性，认为比较成本学说有其"合理内核"，应该正确看待国际分工。[③]

此后，关于对外贸易作用问题的讨论更加深入。江小涓从工业经济发展与对外经济贸易结合角度，提出比较利益原理可以用来解释国际贸易格局的现状，但是，不能以获得比较利益作为落后国家对外贸易的长期目标，要看到发展中国家的"后发优势"，应致力于使外贸发挥促进国内工业增长、结构调整和技术进步

---

① 刘学敏：《中国价格管理研究——微观规制和宏观调控》，29 页，北京，经济管理出版社，2001。

② 袁文祺、王建民：《重新认识和评价对外贸易在我国国民经济发展中的作用和地位》，载《国际贸易》，1982（1）。

③ 袁文祺、戴伦彰、王林生：《国际分工与我国对外贸易关系》，载《中国社会科学》，1980（1）；季崇威：《应用比较成本论指导我国对外贸易，在国际贸易中取得较好的经济效果》，载《外贸教学与研究》，1981（3）。

的重要作用。① 从这样一个角度来认识外贸作用，实际上已经超越了就外贸看外贸了，是从国民经济发展的整体考察外贸的作用了。

针对建国 30 年的实践，经济学家对外贸战略也进行了反思。藤维藻认为，初级产品出口奖励、进口替代和出口替代是发展中国家曾经或正在采取的较典型的发展战略，但不能绝对化和简单化，贸易战略具有多种形式。②

此外，理论界已经开始探讨外贸体制改革的方向。张培基认为，外贸体制改革的方向应该是，对外贸易部负责研究发展政策，掌管方针政策的贯彻执行，负责全国对外贸易活动的监督和管理；各个专业外贸公司经营一些重要的商品，并负责对地方经营的商品进行协调和管理；一些具备条件的重要企业和联合体将直接经营对外贸易，它们各自独立核算，自负盈亏。③

>>二、1984—1992 年：逐步破除计划贸易体制<<

1984 年党的十二届三中全会通过了《中共中央关于经济体制改革的决定》。从此，中国经济体制改革从农村到城市，从消费资料领域到物资、外贸领域全面铺开，改革进入了一个全新的阶段。在理论研究方面，学者们对商业体制、物资体制和外贸体制进行了大量研究，有效地指导了改革实践。

（一）商业体制改革理论

面对新的形势，理论界对商业经济体制进行了广泛而深入的讨论，也出现了激烈的争论，主要集中在以下方面。

1. 关于商品流通体制

针对过去封闭、单一、僵化的流通体制状况，有学者提出，要在改革中健全以国营商业为主导，多种经济形式、多条流通渠道并存的少环节、开放式的商品流通体制。④ 但是，随着人们认识水平的不断提高，对这种"三多一少"（多种经济形式、多种经营方式、多条流通渠道、少流通环节）的流通体制也提出了质

---

① 江小涓：《中国工业发展与对外经济贸易关系的研究》，16 页，北京，经济管理出版社，1993。

② 藤维藻：《中国社会主义现代化与外贸形式》，载《南开大学学报》，1981（1）。

③ 张培基：《中国对外贸易发展及其前景》，见：张培基：《世界经济与中国对外经济贸易》，116 页，北京，中国对外经济贸易出版社，1992。

④ 王境：《学习马克思流通理论，推动流通体制的改革》，载《南方经济》，1985（6）。

疑。李恩贤认为，商品流通体制目标模式的任务，一是理顺政府与独立生产经营单位之间的法制关系；二是理顺国家对市场的调控关系；三是理顺上下级之间的关系；四是理顺企业之间的商品交换关系。因此，应当建立以国家有效调控为前提的法制化自主经营体制。① 陈为民提出了不同观点，认为，在旧的商品流通体制下，封闭、独占的多环节渠道占主导地位，要进行改革以减少流通中的多余环节，提出"多渠道少环节"确实有积极意义。但在新的流通体制格局下，由于新渠道体系的开放性和非独占性，以及多环节渠道优势的发挥，生产企业根据客观的需要与科学的考察，就不仅要选择少环节多渠道销售产品，而且也要根据需要选择多环节多渠道销售产品。因而多渠道不仅促进了商品的少环节流通，也促进了多环节流通。从总体上看，多渠道与少环节已不存在必然联系。企业应该在商品流通过程中自由选择，才能扬长避短，最大限度地发挥商品流通渠道的积极作用。②

万典武等经过一年的大量调查研究，就商品流通体制改革提出建立"间接宏观调控下的商品自由流通"的初步设想。具体表述为"社会主义国家间接宏观调控下自愿让渡等价交换的商品市场"，简称为"间接宏观调控下的商品自由流通"。作为商品流通体制改革的目标模式，这一研究受到当时领导部门和各方面的重视。③

2. 关于所有制改革

与商业体制改革紧密联系的是价格体制改革。《中共中央关于经济体制改革的决定》中指出，价格体系改革是整个经济体制改革的关键。但是经济学家厉以宁认为，经济体制改革的关键不是价格体制改革，而是所有制改革，并对此进行了十个方面的系统论证。第一，价格改革有个心理效应问题。价格改革使人联想到自己在改革中将失去什么。由于人们心理上的这种状态，就不可能积极地配合价格改革。所有制改革对人们的心理作用是"正"的，使人联想到能得到什么，增加什么，因此，就能积极配合改革。第二，价格改革是不能搞试点的，当它迈出一步以后，是不可逆转的。所有制改革可以试点，可以由点到面，总结经验，逐步推广。第三，价格改革对企业来讲是被动的。不管企业接受不接受，只能这么办，因此，企业采取"磨"和"混"的态度，进而影响效率。所有制的改革却不是这样，企业是自愿的。每个企业根据自己的条件进行改革，所以，企业

① 李恩贤：《商品流通体制改革目标模式的再思考》，载《当代经济科学》，1989（2）。
② 陈为民：《商品流通体制改革中渠道与环节问题的思考》，载《商业时代》，1988（9）。
③ 万典武：《20 年商品流通体制改革目标模式的探索》，载《商业经济与管理》，1999（2）。

的态度将是积极的，配合的。第四，价格改革对地方政府来说是顾虑重重，怕产生什么问题。对所有制改革它们则积极配合。第五，价格改革的后果没有把握。这与自然科学不一样，没有办法知道方案出台以后结果会怎样。所有制改革进程非常明确，它们愿意试点，必定条件成熟了，效益也高，积极性也能调动起来，因此，效果是有把握的。第六，价格改革不能解决根本性的问题，它还不能调动积极性，充其量只能创造一个环境。所有制改革与它不同，可以解决根本性问题，把企业内部的积极性调动起来。第七，价格改革一经实施，其他改革就要停下来。因为价格改革要求的社会承受力已经很大，不可能再跟上诸如金融管理体制、劳动就业体制等项改革。所有制改革时，其他改革都能快速跟上。这时价格"冷冻"或者暂时不动，单项个别可以调整，加速金融体制、劳动就业制度等的改革，整个改革就都跟上来了。第八，经济改革要考虑成本问题。价格改革成本很大。所有制改革不要成本，因为哪个单位都可以搞，资金来源可以集资，利用地方资金，减少国家投资负担。第九，价格改革不能与政治体制改革、文化改革配套，它是孤零零的改革。所有制改革则必然要与政治改革结合在一起，因为没有所有制改革，政治改革就深入不下去，而没有政治改革，所有制改革也不能进一步发展。第十，价格改革层次很低，至多是个稳定价格、创造环境的问题。所有制改革却要触及到人，即人在社会主义制度下是不是社会生活的主人？是不是生产资料的主人？人的积极性怎样发挥？人怎么才能全面发展？这些问题价格改革是不触及的。他断言，经济改革的失败，可能是由于价格改革的失败，但经济改革的成功并不取决于价格改革，而取决于所有制改革，也就是企业的改革。①

3. 关于价格体制改革

针对经济体制改革的关键不是价格体制改革，而是所有制改革的观点，张卓元等提出了十条反驳意见：第一，认为价格改革给人们带来的是负心理效应，这种看法与实际情况不符；第二，认为价格改革对企业来讲是被动的，企业采取"磨"和"混"的态度，进而影响效率的提高，这并没有准确描述价格改革中的企业行为；第三，认为地方政府对价格改革顾虑重重似乎也不切合实际；第四，认为价格改革的结果是不确定的，无法预测，而实际经验表明，价格变动反映市场供求关系的变化，这个结果不是无法确定，而是一目了然的；第五，认为价格改革不解决根本性问题，充其量只能创造一个环境，这种说法贬低了价格改革的作用；第六，认为价格改革是不能试点的，当它迈出之后是不可逆的，这种说法

① 厉以宁：《先改价格还是先改所有制》，载《价格理论与实践》，1987（1）。

也不完全正确，因为价格改革可以试点，价格改革也是可逆的，而所有制改革是难逆的；第七，认为价格改革的成本很大而收益很小，这里实际上存在一个改革成本与改革收益之间的比较问题，它不能用财政拿出多少钱来衡量；第八，认为价格改革一经实施，其他改革就要停下来的观点，既缺乏实际证明，在理论上也难以成立；第九，认为价格改革不能和政治体制改革、文化改革配套，是孤零零的改革的观点也站不住脚，且不说政治体制改革，仅就价格改革形成市场的作用来说，也是市场观念、效益观念、竞争观念等取代自然经济和产品经济观念的过程；第十，认为价格改革的层次低，不触及人际关系的观点也难以成立。[①]

戴园晨也提出不同观点。他明确指出，所有制优先改革行不通。中国经济体制改革的过程中，价格改革、所有制改革、宏观经济间接调节，它们互为前提，互相牵扯，改革要照顾到各个层面，不能孤军深入，应该配套前进。[②] 对于所有制改革，也就是企业改革的单项突进，吴敬琏也表示反对。[③] 经过一段时间的理论争论以后，随着社会主义市场经济体制改革目标的确立，流通体制的市场化、价格市场化最终确立下来，形成共识。

（二）物资体制改革理论

生产资料价格改革是物资体制改革的重点。在我国，由于长期以来不承认生产资料的商品属性，实施无偿调拨，生产资料的价格完全是由政府给定的。随着消费品价格的市场化，导致某些生产资料供不应求，在计划价格又偏低的情况下，就会出现计划外价格。因此，在物资流通领域出现了生产资料的"双轨制"价格，即同一种生产资料在同一市场上、同一时间具有计划价格和市场价格。对此，经济学界进行了热烈的讨论，既有反对者，也有赞成者。主要观点有三种。

第一种观点是反对生产资料的"双轨制"价格。张泓铭认为，现阶段（指 20 世纪 80 年代中期）应当控制国民经济发展速度，保持供需之间的平衡，而不应该实行"双轨制"价格来刺激"计划定额以外"的生产资料生产，"双轨制"价格形成的市场是小农经济的市场，会造成社会资源配置更加不合理。而且，由于两轨差距悬殊，计划轨和市场轨都背离了价值规律的要求。[④]

---

① 张卓元、边勇壮：《价格改革仍然是经济体制改革的关键》，载《成本与价格资料》，1987 (1)。

② 戴园晨：《所有制优先改革行不通》，载《价格理论与实践》，1987 (1)。

③ 吴敬琏：《关于改革战略选择的若干思考》，载《经济研究》，1987 (2)。

④ 张泓铭：《论我国价格管理体制的合理模式》，载《财经研究》，1986 (10)。

　　第二种观点是赞成生产资料的"双轨制"价格。华生指出，"双轨制"是我国经济体制改革特定历史条件下的产物，它的产生有其必然性和积极性。流通领域的混乱、投机倒把、转手加价倒卖、计划外产品挤计划内产品等不良现象与"双轨制"无必然联系。①

　　第三种观点介于上述两者之间。马凯认为，"双轨制"价格一产生，其利弊就同在，积极的一面和消极的一面就同时发生作用。对于这一点，各方面认识比较一致。问题在于，对利弊的大小、得失的多少认识不尽一致。实践证明，双轨制价格利弊得失的权衡，并不完全取决于双轨制价格形式本身，在不同的宏观经济条件下，利弊权衡不同。在宏观经济环境紧张的情况下，双轨差价势必过大，弊病则突出，表现在：一是推动价格全面轮番上涨；二是加大实现国家生产计划和供货计划的困难；三是加剧流通秩序的混乱；四是助长投机倒把、腐败现象的滋生；五是影响企业的经济核算和正常生产等。但在宏观经济环境相对平衡的情况下，大部分生产资料双轨制价格差价缩小到不大的幅度内，使双轨制价格在运行中，既可减弱对国家生产计划的影响，又能保持对企业增产的一定刺激作用，既能减缓对国家重点建设、重点企业物资供应的冲击作用，又能继续网开一面照顾一般企业特别是乡镇企业的物资需求，既可避免物资市场的过大波动，又有助于增强物资企业的活力，促进物资市场的进一步发育。所以，他认为，在产生双轨制价格的特定历史条件尚未消失，从而双轨制价格还会继续存在的情况下，若要求其有利而无弊，是难以办到的，但是，尽可能地扬其利，抑其弊，趋利避害，这是必须做的，也是我们可能做到的。②

　　关于"双轨制"价格的前途，经济学家也进行了讨论。李晓西等认为"双轨制"破旧有功，立新不足，他在 1987 年就主张通过市场化，把"双轨制"的规则统一为市场规则。③

　　经过几年的实践和认识，理论界逐渐取得共识，即价格改革的目标是要使价格回归到市场上，在市场交换中形成，最终过渡到市场定价的体制。所以，关于这一阶段影响深远的物资流通体制改革和生产资料"双轨制"价格，尽管人们褒贬不一，许多学者提出了不同的观点，但"双轨制"打破旧体制的功绩是不可抹杀的。美国经济学家斯蒂格利茨指出，从严重扭曲的价格体系过渡到能够比较准

　　① 华生：《中国十年改革：回顾、反思和前景》，载《经济研究》，1988（9）。
　　② 马凯：《从计划价格走向市场价格——价格体制转换的理论和实践探索》，294～308 页，北京，中国物价出版社，1993。
　　③ 李晓西、宋则：《从双轨制到市场化》，载《财贸经济》，1987（12）。

确反映资源稀缺程度的价格体系，实行价格"双轨制"，这也许是中国人找到的
"天才的解决办法"。[①]

（三）外贸体制改革理论

这一时期的外贸体制改革也是一个热点，这与邓小平的对外开放理论是分不
开的。早在 1978 年，邓小平就明确提出要突破权力过于集中的经济管理体制，
要有计划地大胆下放权力，在经济计划、财政、外贸等方面给予更多的自主权。
1979 年他又提出，要利用沿海优势，试办经济特区，并给予充分的外贸自主
权。[②] 1983 年，外贸行业开始推行承包经营责任制。1984 年，国务院提出了外贸
体制改革的指导思想和原则为：政企职责分开，工贸结合，推行代理制。1987
年，党的十三大进一步明确了外贸体制改革的方向是：统一政策，自负盈亏，放
开经营，平等竞争，工贸结合，推行代理制。到 1991 年，国家全面取消了财政
的补贴，通过外汇留成额度支持出口。这一时期的外贸体制改革呈现出由浅及深
的特点，体现了我国渐进式改革及增量改革的总体思路。在理论上，受邓小平理
论思想的指导和启迪，学者们围绕外贸体制改革进行了广泛的讨论。

1. 关于外贸体制改革方向

如何改革旧体制，逐步放开经营，需要对改革的方向和步骤进行探讨。周小
川提出了对外贸易逐步放开的五个阶段：一是高度行政管理和数量控制阶段；二
是开始利用经济杠杆的间接控制与直接控制相结合的阶段；三是汇率合理化阶
段；四是经济性与价格性手段逐步全面取代不必要的行政手段的阶段；五是货币
自由兑换阶段。[③] 钟朋荣提出外贸体制要实现四个转变：一是经营体制由收购制
向外贸企业与生产企业联营制转变；二是外汇分配体制由配给制向企业创汇用汇
到市场买卖的拍卖制转变；三是外贸亏损方式由消极补亏向只对政策性亏损补亏
的积极补亏转变；四是外贸宏观控制由直接控制向以税率、关税、汇率等经济手
段的间接控制为主转变。[④] 厉以宁则指出，中国的外贸公司不是真正的企业，外
贸体制改革最终要走股份制道路。[⑤] 袁文祺认为，改革旧的外贸体制，使政企职
能分开，变高度集中经营为分散经营，各外贸企业成为独立经营、自负盈亏的经

[①] 斯蒂格利茨：《中国第二步改革战略》，载《人民日报》，1998-11-13。

[②] 中共中央研究室：《邓小平思想年谱》，99、117 页，北京，中央文献出版社，1998。

[③] 周小川：《论外贸体改的方向、阶段和问题》，载《国际贸易》，1988（2）。

[④] 钟朋荣：《外贸体制要实现四个转变》，载《经济参考》，1988-09-10。

[⑤] 厉以宁：《中国外贸体制改革和发展外向型经济问题》，载《社会科学辑刊》，1989（4）。

济实体，才能实现社会主义对外贸易目的。[①] 这一时期理论界一致认为，政企分开是整个外贸体制改革的方向，也是解决外贸体制中管死与管活，以及国家和企业之间主要矛盾的关键。学者们的这些观点，成为外贸体制改革政策出台的理论基础。

2. 关于分权式改革

理论界对分权式改革的认识比较统一。学者们肯定分权式改革在调动部门和地方的积极性、促进我国外贸的增长、开辟工贸结合的新途径、扩大对外贸易渠道、促进企业的技术进步、锻炼外贸干部队伍等方面的积极作用，认为改革也带来了新的矛盾。王林生认为矛盾主要集中在三个方面。一是分散经营与统负盈亏的矛盾。由于企业有经营之权，享盈利之利，而不负亏损之责，形成了上千只手伸到一口大锅里争食的局面。二是刚性的出口收汇任务与软性的资源收购方法之间的矛盾。由于大部分出口商品均须按议价收购，出口收汇则仍是指令性的硬任务，于是经营者不得不群起争夺货源。三是优惠政策对创汇主力呈现逆倾斜的矛盾。由于国家对多创汇进行鼓励，原有专业外贸公司实力强，仍是受惠主力，与优惠政策扶植外贸新生力量的初衷相悖。他认为这些矛盾本质上是权责利相分离的必然结果，所以，调整国内价格水平和体系是外贸实现自负盈亏的必然条件。[②]

但是，有学者对分权式改革的成效提出了质疑。第一，这一阶段改革只是将外贸权下放给部门和地方，而真正经营外贸的企业的自主权并没有扩大，企业的经营仍受条条块块束缚，积极性并未充分调动起来。第二，外贸经营权下放后，受国内外市场价格差异所蕴藏的利益驱动，各地方和部门都争相成立外贸公司从事进出口贸易，甚至有些地方不具备外贸经营条件，也成立了口岸，对外成交，造成恶性竞争。如同一种商品有几个甚至一二十个口岸同时经营，出现互争货源、客户，对内抬价抢购，对外削价竞销现象，造成了"肥水外流"等情况。第三，改革没有触及外贸企业的财务体制，国家仍然对外贸企业亏损进行补贴，没有解决吃"大锅饭"的问题。

3. 关于外贸承包经营责任制改革

学术界对外贸承包经营责任制评价不一。在改革措施出台之前，袁文祺和陈家勤就积极支持外贸承包经营责任制，认为：第一，以契约和招标方式为特征的

---

① 袁文祺：《中国对外贸易发展模式研究》，北京，中国对外经济贸易出版社，1990。
② 王林生：《外贸体制改革的回顾与反思》，载《科技导报》，1990 (1)。

外贸承包责任制是实现自负盈亏、放开经营的基本措施，有利于促进工贸的真正结合，是提高经济效益的根本途径；第二，其根本目的在于调动和发挥外贸承包企业的主动性和积极性，在深化外贸体制改革的过程中，将会起到举足轻重的作用；第三，外贸承包责任制还只是适应社会主义初级阶段要求的初级形式，随着社会生产力的不断发展，以及社会主义初级阶段向高级阶段过渡，外贸体制改革的形式必然向高级形式转化。[①]

对于外贸承包经营责任制改革的效果，张松涛认为从一定意义上讲，外贸承包责任制改变了过去地方只对扩大出口有积极性而对盈亏不承担责任的状况，权责利开始趋于统一，改革总的来说是成功的。改革进一步发挥了各地方、各部门、各类外贸企业和生产企业扩大出口的积极性，对于改善企业内部经营机制，扩大出口贸易，促进对外贸易的发展，起到了重要作用。改革在一定程度上消化了 1988 年下半年以来国内物价大幅度上涨对外贸出口的压力，出口有了较大发展，国家外汇收入和储备增加，进出口商品结构和贸易平衡状况有了明显改善。[②] 事实上，承包头一年效果良好，不少地方既完成了任务，又能减亏转盈，之后外贸企业亏损增大、周转困难。这些情况表明承包在一定程度上确能挖掘外贸扭亏增盈的潜力，同时也表明它缺乏内在的应变机制。

同时，很多学者认为外贸承包制有一定的局限性。于立新等认为：第一，在以地方政府为承包主体的情况下，要完成出口创汇任务，只能依靠地方政府财政进行补贴，外贸企业并未真正走上按商品经济原则经营、自负盈亏的轨道；第二，以三项承包基数包干为中心内容，突出了块块利益，出现了市场分割，地方封锁加剧；第三，承包基数的确定有很大的随意性和伸缩性，容易产生在不规范条件下的不平等竞争；第四，受经济体制改革其他方面不配套的掣肘，加之新旧运行机制交错，使得原材料、能源、资金、货源等方面的矛盾加重。[③] 此外，李雨时还提到外贸承包制是在承认并保证各地区、各企业历史上形成的成本、外汇留成等方面的差异的基础上实施的，在某种程度上强化了不平等的竞争环境，加剧了地区间、企业间不正当的和盲目的竞争。[④]

---

① 《经济研究》编辑部：《中国经济理论问题争鸣（1990—1999）》，407 页，北京，中国财政经济出版社，2002。

② 张松涛：《宏观经济、对外经济、世界经济——改革开放新阶段的思考》，191 页，北京，中国对外经济贸易出版社，2001。

③ 于立新、袁伶娃：《对"八五"期间外贸体制改革的几点思考》，载《宏观经济研究》，1991（4）。

④ 李雨时：《外贸体制改革的难点及可供选择的出路》，载《科技导报》，1990（1）。

无论当初的讨论如何激烈，一个不争的事实是：继 1988—1990 年实行外贸承包经营责任制改革以后，经过三年的完善，外贸承包经营责任制改革从财务体制上打破了"吃大锅饭"的局面，为以后的市场化改革奠定了基础。

>>三、1992—2001 年：市场贸易体制的确立<<

1992 年春天邓小平"南方谈话"明确指出："计划多一点还是市场多一点，不是社会主义与资本主义的本质区别。计划经济不等于社会主义，资本主义也有计划；市场经济不等于资本主义，社会主义也有市场。"[①] 这不仅明确了中国经济体制改革的市场化取向，也指明了市场贸易体制改革的方向。

（一）国内贸易体制改革理论

邓小平"南方谈话"以后，随着社会主义市场经济体制的逐渐确立，理论界也在讨论如何构建市场贸易体制的框架。在商业体制上，1993 年，物资部、商业部合并为国内贸易部，从此结束了国内贸易体制分割的格局。

1. 关于商品流通体制改革

在理论认识上，赵尔烈认为，要以产权为基础，建立商业经营机制。一是要培育市场主体，调整所有制结构；二是要以契约合同为纽带，建立企业之间、企业与政府之间的新型关系；三是要以公平竞争为动力，建立市场的进步和选择机制；四是要以商品市场体系为依托，建立市场经济商品流通的枢纽。[②]

陈文玲提出了社会化大流通的构想。所谓社会化大流通，是涵盖一切进入流通领域可以用于交换的、具有价值和使用价值的物质载体与非物质载体，以及交换关系的总和，其时代特征就是社会化、国际化、信息化、混沌化。[③] 丁俊发等提出我国商品流通体制改革的总体目标是：建立起能够充分发挥市场机制，在国家宏观调控下对资源配置起基础作用的商品流通体制。在这种体制下，各种生产资料、生活资料完全实现商品化，全部进入市场，能够按照价值规律和市场需求合理流通，形成城乡市场协调发展，国内外市场有效衔接的统一开放、竞争有

---

① 邓小平：《在武昌、深圳、珠海、上海等地的谈话要点》，见：邓小平：《邓小平文选》，第 3 卷，373 页，北京，人民出版社，1993。

② 赵尔烈：《建立社会主义市场经济的商业新体制》，载《商业经济研究》，1993（2）。

③ 陈文玲：《论社会化大流通》，载《财贸经济》，1998（2）。

序、高速畅通的流通总格局。①

2. 关于市场体系建设

针对市场体系建设中的问题，张卓元提出了新的建设思路：一是在继续深化价格改革的同时，要更积极地推进市场建设，市场建设的目标是建立统一、开放、竞争、有序的市场体系；二是市场建设的重点是发展要素市场，价格改革的重点是推进要素价格的市场化；三是依靠市场机制，调整和改善产业结构和产品结构，形成适应市场经济发展的供求关系，以利于更好地参与国际市场竞争；四是建立起以间接调控为主的市场调控体系；五是发展市场中介组织，以发挥市场的自我协调、自我组织的功能。②

随着丰富的实践和经济理论研究的深化，特别是党的十四大、十五大对"社会主义市场经济"改革目标的精辟阐述，人们的理论认识不断提高。万典武将"间接宏观调控下的商品自由流通"这一模式的基本想法形象地概括为"四梁八柱"，就是以商品、商人（经营者）、市场、宏观调控等四个方面作为商品流通体制改革等总体设想的四大栋梁，将价值规律、供求规律、竞争规律、自愿让渡规律、企业经济利益主体、市场的培育完善、有形市场建设、政企分开等作为八大支柱。③

3. 关于价格管理

虽然此前我国价格改革已经取得了显著的成绩，学者们认为还应继续深化和完善价格管理机制。马凯认为，应该继续深化价格改革，着力于促进经济结构的调整。一是要健全价格调控，防止再次发生严重通货膨胀，为调整经济结构创造良好的宏观经济环境；二是要完善价格机制，增强企业活力，为调整经济结构奠定微观基础；三是要调整价格结构，支持基础产业发展，为继续促进经济结构"纠偏"发挥积极作用；四是要利用价格杠杆，培育新的经济增长点，为推动经济结构升级注入活力；五是要规范价格秩序，大力清费治乱减负，为经济发展和结构调整创造良好的价格环境；六是要搞好价格服务，帮助企业了解市场，为企业的生产不断适应市场的变化提供价格服务。④

针对生产资料"双轨制"问题，经过几年的研讨，各方面逐渐取得共识，即

---

① 万典武：《20 年商品流通体制改革目标模式的探索》，载《商业经济与管理》，1999（2）。
② 张卓元：《新价格模式的建立与市场发育的关系》，57～72 页，北京，经济管理出版社，1996。
③ 万典武：《20 年商品流通体制改革目标模式的探索》，载《商业经济与管理》，1999（2）。
④ 马凯：《继续深化价格改革，着力促进结构调整》，载《财贸经济》，1998（1）。

价格改革的目标是要使价格回到市场交换中形成，过渡到市场定价体制。因为实行"双轨制"价格的初衷，本来就是要在价格形成中逐步引入市场机制，使行政定价体制平稳地向市场定价体制过渡。温桂芳呼吁，应该尽快实现"二价合一"，向市场价为主的新价格体系过渡，这应该是 20 世纪 90 年代生产资料价格改革的主要任务。[①] 事实上，实践没有超出理论家的预期。在内贸体制上，明确了市场化的改革方向，尤其是生产资料"双轨制"价格的并轨问题得到解决，顺利地实现了"二价合一"，并于市场轨，使改革以来争论最多的问题圆满地画上了句号。

可以说，1992 年邓小平的"南方谈话"，开启了新一轮思想解放的闸门。改革道路上的姓"资"姓"社"障碍得以清除，改革的方向得以明确，改革的目标就是建立和完善社会主义市场经济。这一阶段的商业和流通理论的研究，极大地推动了实践的进程。

（二）外贸体制改革理论

1994 年，以汇率并轨为主要内容的汇制改革开启了新时期外贸体制改革的序幕，2001 年我国加入 WTO，外贸体制逐步朝着市场化方向进行了综合配套改革。一是 1994 年初，将官方汇率和外汇调剂中心的双重汇率并轨成统一的、由银行间外汇市场所决定的汇率；二是国家对外贸出口企业实行统一的结汇制，经常项目下的用汇凭有效凭证兑换；三是进一步放开进出口商品的经营，减少进出口的数量限制；四是部属外贸企业与原主管部委脱钩；五是按照现代企业制度改造外贸公司；六是鼓励外贸经营企业所有制形式多元化；七是加强出口退税，出口退税制度从 1994 年开始逐步过渡到由中央财政统一退税；八是认真落实鼓励出口发展的信贷政策；九是加强宏观协调管理，保持良好的外贸经营秩序。

在理论上，学者们集中讨论了汇率体制改革，对外贸易发展战略和占我国外贸半壁江山的加工贸易发展等问题。

1. 关于汇率体制改革

汇率体制的改革直接关系我国对外贸易的发展，关系外贸企业的生存。时任对外经济贸易部部长的吴仪认为，在当时形势下，"改革汇率制度是真正抓住了关键。这些措施较之以往的改革措施在统一政策、放开经营、自负盈亏、平等竞争等方面取得了重大突破，将使长期困扰外贸发展的一些深层次问题得以有效地解

---

① 温桂芳：《生产资料价格改革的环境和近期任务》，见：中国社会科学院财贸经济研究所、四川省社会科学院：《市场发育与价格改革》，304～311 页，北京，中国展望出版社，1989。

决，从而有利于我国外贸体制按国际规范运行，有利于外贸企业更广泛、更深入地
参与国际分工和交换，发展开放型经济，实现国内经济与国际经济的互接互补。"①

对于为什么要进行汇率制度改革，张松涛认为：一是国有外贸企业与外商投
资企业由于外汇留成比例不一，不平等竞争加剧，国家财政和外汇流失；二是汇
率波动剧烈，使外贸企业受到国内供货提价和外商成交压价两方面的压力，且客
户观望，不敢成交，影响了正常的进出口活动；三是外商投资注册资本按官方汇
率折算，而多数企业汇出利润按市场汇率计算，矛盾更为突出，外商投资增加疑
虑；四是从需求和供给两方面加重了通货膨胀的压力；五是严重地阻碍了对外经
贸事业向国际规范靠拢，极大地影响了我国企业参与国际竞争的能力，使我国企
业在国际市场处于不平等竞争的劣势地位；六是手续繁杂，环节过多，效率低
下。他认为汇率制度已到了非改不可的时候。② 对于汇制改革的目标，于立新认
为，从长远看，实现人民币可自由兑换是我国汇率改革的最终目标。下一步改革
应选准时机，适时推出人民币自由兑换的一揽子改革方案。③

总体而言，汇率并轨意味着我国外贸体制改革向前迈了一大步。从开放角度
讲，它理顺了连接国内市场价格体系与国际市场价格体系的通道，使得我国外贸
管理体制和经营体制进一步与国际接轨。从管理手段上讲，它使我国外贸管理的
市场化程度大大提高。汇率并轨以后，我国外贸的飞跃式发展充分显示了该措施
的正确性。

2. 关于对外贸易发展战略

继 20 世纪 80 年代学者们讨论的"外向型"经济发展战略和"国际大循环"
等经济发展战略后，这一时期主要讨论了"大经贸战略"和"科技兴贸"战略。
这两大战略直接影响了外贸体制改革实践。

1994 年 12 月，吴仪在"90 年代中国对外贸易战略研讨会"上指出，我国对
外经贸必须实行以进出口贸易为基础，商品、资金、技术、劳务合作与交流相互
渗透，协调发展，外经贸、生产、科技、金融等各部门共同参与的"大经贸"战
略。王子先对该战略的内涵和目标进行了归纳，认为"大经贸战略"实施，有利
于打破部门和地区界限，增进竞争，促进专业化协作，促进产业结构调整，对推

---

① 吴仪：《如何面对一场没有硝烟的世界商战——关于外贸体制改革问题》，载《中国改革》，
1994（7）。

② 张松涛：《宏观经济、对外经济、世界经济——改革开放新阶段的思考》，248 页，北京，
中国对外经济贸易出版社，2001。

③ 于立新：《深化外贸体制改革中的若干问题的思考》，载《国际经贸探索》，1994（6）。

动我国的改革开放，尤其是外经贸领域的改革开放都具有十分积极的意义。[①]
"大经贸"战略的提出是我国改革步伐加快、对外日益开放和外贸迅速发展的必
然结果。从战略的内容和目标不难看出，"大经贸"战略是对之前外贸体制改革
思想认识的延续、继承和发展。"大经贸"战略一经提出，便引起了中国经济学
界的广泛讨论，并指导着中国外贸体制改革的实践。可以说，"大经贸"战略来
源于改革实践，反过来又服务于改革实践，是理论与实践相结合的最佳印证。

　　20世纪90年代后期，为了应对亚洲金融危机造成的困难，加速我国由外贸
大国向外贸强国的转变，大力推动高新技术产品出口，加快我国适应知识经济时
代到来的需求，我国提出了"科技兴贸"的战略。时任外经贸部副部长的张祥指
出，"科技兴贸"战略的实施对当前和今后中国对外贸易发展具有十分重要的意
义。"科技兴贸"战略是"科教兴国"战略在外经贸领域的具体体现，是我国适
应国际竞争的必然需要和贸易大国走向贸易强国的必由之路。[②] 从此，"科技兴
贸战略"内涵更为丰富，成为更符合中国外贸发展的一项长期战略，也必将成为
促进中国由贸易大国走向贸易强国的必由之路。

3. 关于加工贸易

　　加工贸易政策基本框架在20世纪80年代已经形成，经过90年代的完善，
形成了一套包括来料加工、进料加工、保税工厂、外商投资企业加工贸易、保证
金台账、深加工结转和异地加工、保税区和出口加工区等政策在内的较为完整的
加工贸易政策体系。加工贸易政策的核心内容，就是通过对进口中间投入品的
"保税监管"和对本地中间投入品的"出口退税"，消除高关税、高流转税造成的
价格扭曲，从而保障在华企业在与国外企业平等的条件下参与国际分工与竞争。

　　加工贸易作为一种国际上普遍接受的贸易形式，在我国改革开放过程中扮演
着重要角色。杨圣明等认为，在加工贸易发展的初期，人们更多地关注它的优
点，中后期则开始注意它的弊端。一些加工贸易理论正是在20世纪90年代末期
人们更多地思考加工贸易的弊端、讨论加工贸易在国民经济发展过程的作用中逐
步发展起来的。学者们认为，加工贸易的手续费收入很低，因此纯粹从经济收益
上来看，加工贸易的作用是微不足道的。但是在宏观经济范围内，加工贸易对技
术引进、国内行业转移、国际行业转移和就业都有着积极影响。[③]

　　对于加工贸易的作用，隆国强等人做了深入的分析，得出了"加工贸易是经

① 王子先：《关于我国实行"大经贸战略"的若干问题》，载《国际贸易问题》，1994（12）。
② 张祥：《用科技振兴贸易》，载《中国高新技术产业导报》，1999-06-01。
③ 杨圣明：《中国对外贸易理论前沿》，304页，北京，社会科学文献出版社，1999。

济全球化背景下后起国家推进工业化的一条新途径"的结论。认为加工贸易的发展，从供给和需求两个方面为我国的工业化提供了条件。在供给方面，开展加工贸易引进了国内短缺的资金和技术，与我国过剩的劳动力资源相结合，形成了大量劳动密集型产品的制造能力；在需求方面，国际市场为这些劳动密集型产品提供了有效的需求。他们将加工贸易对我国工业化的作用归纳为：第一，直接带动资源投入制造业，形成强大的具有国际竞争力的制造业能力；第二，加工贸易带来大量新产品、新技术，形成了新的产业；第三，加工贸易提高了企业技术开发能力，促进了技术进步；第四，加工贸易的技术与管理"外溢效应"促进了相关企业的技术进步与产业升级；第五，加工贸易的发展，培养了大量能够适应工业化大生产的熟练劳动力；第六，加工贸易的发展为我国培养了大批适应国际化竞争的技术与管理人才；第七，加工贸易创造的大量顺差为进口先进设备提供了条件，有利于促进国家的工业化进程。[①] 可以说，加工贸易是我国改革开放初期在外汇、资金、技术短缺和劳动力丰富条件下的现实选择。20 世纪 90 年代末对加工贸易的弊端和作用的讨论，从侧面论证了经过改革开放，我国已经开始摆脱当初外汇、资金、技术严重短缺的约束，外贸形式的选择也将更加趋向市场化。

总之，通过汇率并轨，逐渐理顺了连接国内市场价格体系与国际市场价格体系的通道，使得外贸管理体制和经营体制进一步与国际接轨。"大经贸"战略是外贸体制改革思想认识的延续、继承和发展，它引起了经济学界的广泛讨论，并指导着外贸体制改革的实践。这一阶段的理论探索和市场经济的实践，使中国的贸易体制改革最终成为一个不可逆转的过程。

>> 四、2001 年至今：贸易体制的完善与内外贸的融合 <<

2001 年中国加入 WTO，贸易体制逐渐与国际接轨。2003 年 4 月，国内贸易部与对外经济贸易部合并，成立商务部，这标志着内外贸融合的开始。这一时期，理论研究为推进改革所起的作用是不可忽视的。

（一）加入 WTO 与外贸体制改革————————————————

加入 WTO 前后，理论界对加入 WTO 对中国经济的影响进行了广泛讨论，

———————————

① 隆国强等：《加工贸易：工业化的新道路》，8～20 页，北京，中国发展出版社，2003。

有人说加入 WTO 是"狼来了",将对中国经济产生严重冲击,但更多的人认为加入 WTO 对中国经济是机遇与挑战并存。对外贸体制改革来说也是既有机遇也有挑战的,机遇主要来源于更加开放、更加全球化的外部环境,挑战则主要针对我国以往的外贸管理手段和外贸管理机构职能的转变。

1. 关于建立有管理的自由贸易体制

在加入 WTO 前,就有专家提出按照 WTO 规则建立有管理的自由贸易体制。施用海在对 20 年外贸体制改革进行回顾后,认为中国对外贸易体制改革面临的新任务是彻底抛弃计划经济时代的外贸管理模式,建立符合市场经济流通体制形式要求,符合国家可持续发展的对外开放战略,符合国家相应的国际权利义务要求,适度管理型的自由贸易体制。并将 1998 年之后的外贸体制改革目标分为两个阶段:一是 2000 年之前,基本建立有管理的自由贸易体制框架;二是 2000—2010 年,在有管理的自由贸易体制框架内,全面放开外贸经营权,最终完成外贸经营权的行政审批制向依法登记制的转变,建立并不断完善贸易管理和政策体系。他提出世界先进的市场经济流通体制模式和世界贸易组织原则是改革的最终体制。[①]

2. 关于外贸体制改革中的政府职能转变

加入 WTO 后,关于外贸体制改革的讨论更多地集中在转变政府职能上。李晓西认为,加入 WTO 是党中央、国务院根据国际国内经济发展形势,高瞻远瞩,总览全局,做出的重大决策,将对我国经济和社会各方面产生重大而深远的影响。而中国直接成为经济全球化的一个部分,国际竞争将更加激烈。这种竞争,从表面上看是企业之间的竞争,但其背后是政府管理方式、机制、职能与效率的竞争,我们必须正视入世对政府管理体制的重大影响。为此,在市场经济体制基础上进行政府管理体制改革与职能转变,实行高效率的现代行政管理制度才能适应入世的形势需要。同时还要做到以下几点:第一,确保国内相关法律法规与世贸组织规则和相关义务一致,要建设与国际接轨的外经贸体制,要处理好严格履行 WTO 协议与从我国实际出发的关系,包括研究并利用世贸组织为发展中国家提供的某些保护措施,支持企业发展;第二,在不违反世贸组织规则基础上,从中国国情出发,制定一些有助于本国经济发展的政策;第三,关注并参与贸易争端的解决,对企业进行入世的辅导和帮助等。[②]

---

① 张卓元、黄范章、利广安主编:《20 年经济改革回顾与展望》,174 页,北京,中国计划出版社,1998。

② 李晓西:《WTO 与政府管理体制的创新》,载《求是》,2001 (22)。

关于转变政府职能，国务院发展研究中心课题组就全球化与中国政府职能转变问题进行了专项研究。[①] 该研究认为，由于中国是一个计划经济向市场经济过渡的国家，现行体制在很多方面与 WTO 的要求存在明显的差距。我国对 WTO 的承诺非常广泛，包括国民待遇、透明度、贸易制度的统一实施、司法审议、外贸权、进出口许可程序、国家定价、落实 TRIPs 与 TRIMs 有关规定、标准与技术法规等诸多方面，其中绝大部分承诺实质上都直接涉及中国体制的改革与调整。该研究认为，加入 WTO 对政府职能转变的直接挑战主要表现在以下几个方面。一是政府保护国内市场的方式受到限制。以往，中国保护国内市场的主要手段是高关税和配额等非关税壁垒。由于中国承诺在加入 WTO 后大幅度降低关税、取消配额等非关税壁垒，传统的保护手段将受到极大限制，对国内市场的保护程度将大大降低。二是政府支持国内产业提高国际竞争力的方式必须改变。政府支持提高国内产业的国际竞争力的重点，必须从以往的保护市场、直接补贴等方面转向改善企业治理结构、维护公平竞争、保护与鼓励技术创新、降低社会交易成本等方面。三是政府涉外经济管理的办法必须调整。在加入 WTO 的谈判中，中国承诺将公布所有涉外经贸的法律法规和部门规章，未经公布的不予执行。更为重要的是，在设计对外经贸法律、法规和其他措施前，将向公众提供草案，并允许提出意见。而以往中国政府管理经济主要用发内部文件的办法，有关规定既不透明，变动也很频繁，政策的可预见程度不高。四是政府涉外经济管理的机构必须调整。为了兑现中国加入 WTO 的承诺，原来一些政府的涉外经济管理职能就不再存在。例如对外贸权的审批已经大大减弱，现在只剩少量的配额，政府分配与发放配额职能大大削弱，一些交给了市场，其他如进口机电产品强制性招标的审查，已经交给商会。该研究还强调，在政府的一些管理职能弱化的同时，一些新的涉外经济管理职能却亟待加强。例如，对国外进口产品的反倾销调查、与国外的贸易谈判等。随着政府涉外经济管理职能的调整，政府涉外经济管理的机构设置也必须进行相应的调整，对官员的知识与技能要求也会发生相应的变化，从而导致人员的更新。

3. 关于市场竞争和外部环境

加入 WTO 后，还应该营造一个好的竞争环境。国务院发展研究中心课题组还指出，加入 WTO 对中国体制改革提出了新的要求。一是加快完善市场经济体

---

① 国务院发展研究中心课题组：《全球化与政府职能转变：国际比较研究》，载《国际贸易》，2002（5）。

制变得更为迫切。在经济全球化的新形势下，一个国家在激烈的国际竞争中取胜的唯一办法，是创造一个富有吸引力的投资环境，吸引全世界的人才、资金、信息等生产要素汇聚，从而发挥本国的比较优势，推动经济的快速发展。二是建立公平竞争的体制环境，实现国内统一市场。中国的对外开放与体制改革采取的是渐进式推进的战略，这一战略的好处是保证了体制的稳定过渡，避免了过大的冲击，但其成本则是，在不同部门、不同地区、不同所有制的企业之间，形成了普遍的差别待遇，完全不能适应市场经济体制最基本的公平竞争的要求。三是加快建立开放经济的风险防范体系。开放经济的风险来自于诸多方面，按照国际经验，风险防范体系应该包括以下几个方面：建立灵活的汇率制度，保持国际收支平衡；加强金融监管，防范金融风险；建立反补贴、反倾销体系，防止国内产业受到来自外部的不正当竞争；完善社会保障体系，防止开放市场所必需的结构性调整演变为社会问题。四是对加快政府本身的改革提出更迫切的要求。在中国社会主义市场经济新体制的建立与完善过程中，政府作为改革的发起者与实施者，始终居于中心地位。在中国加入 WTO 之际，由于政府职能转变滞后带来的一系列的矛盾日益尖锐，加快政府本身改革成为更加迫切的任务。[①]

（二）内外贸一体化与外贸体制改革

1. 关于内外贸一体化的研究

事实上，早在 20 世纪 90 年代初，就已经有专家提出内外贸一体化的思路。马洪在 1992 年指出，部门对市场的分割，在商品市场方面主要表现为内贸与外贸分家，商业与物资分设。随着近年来流通体制的改革，商业与物资相互分割和相互封锁的状况有了较大改变，但内外贸分家的格局基本如旧。今后，要逐渐打破这种界限，通过试点，建立起一批内外贸兼营的大型流通企业，这样做有利于把国内市场和国际市场联系起来，发挥两类部门的综合优势。[②]

2001 年中国加入 WTO，使得内外贸一体化更加迫切。陈文玲等人对中国内外贸分割体制的弊端进行了深入分析，认为内外贸的分割是人为破坏了市场体系的竞争性、统一性和开放性，损害与扭曲了企业作为市场的主体地位，不利于流通企业做大做强，不利于从整体上全面提高对外开放水平，严重影响了中国流通

[①] 国务院发展研究中心课题组：《全球化与政府职能转变：国际比较研究》，载《国际贸易》，2002 (5)。

[②] 马洪：《马洪集》，112 页，北京，中国社会科学出版社，2000。

业促进生产、引导消费作用的发挥，不利于节约流通费用，不利于提高国民经济的综合效率。[①]

2. 关于外贸管理体制改革

内外贸一体化需要相应地改革外贸管理体制。张卓元认为我国长期以来内外贸分别管理的体制，已不适应内外贸业务相互融合、国内国际市场一体化和加入世贸组织的形势，也不适应建立开放的市场体系和进一步吸收外资的需要。为完善社会主义市场经济体制，必须深化流通体制改革，把内外贸管理统一起来，把贸易管理同对外经济合作结合起来。表现在机构设立上，就是要把对外贸易和经济合作部与国家经贸委内贸管理等职能整合起来，组建商务部。[②]

陈文玲等分析了内外贸分割的弊端后，也主张成立商务部，并把商务部成立的推动力归结为五点。一是坚持社会主义市场经济改革方向，完善社会主义市场经济体制的需要。中国正处于从计划经济体制向市场经济体制的转轨时期，内外贸分割是计划经济体制的产物，与市场经济体制格格不入。二是加入 WTO，与国际接轨的需要。到 2004 年底，中国将放开外贸审批权，按国际惯例，内外贸经营权是企业的天然权。在市场经济国家，没有一个国家把外贸与内贸分割管理。三是政府职能转变的需要。根据党的十六大精神，政府有经济调节、市场监督、社会管理和公共服务四大职能，对经济的宏观调控主要是促进经济增长、增加就业、稳定物价、保持国际收支平衡，成立商务部正与此相适应。四是继续贯彻扩大内需的方针，提高综合国力，增强国际竞争力的需要。因为加入 WTO 后，我国内外贸形势发生了两大变化：一方面，商品短缺状况基本结束，市场供求关系发生了重大变化；另一方面是全方位对外开放格局基本形成，开放型经济迅速发展，对外经济关系发生了重大变化。为充分利用这一有利形势，只有把国内外两种资源、两个市场结合好、利用好，才能提高我国的综合国力，提高竞争力。五是全面提高对外开放水平的需要。为了在更大范围、更广领域和更高层次上参与国际经济技术合作和竞争，单靠原来的外经贸部是不行的，必须形成合力，内外贸通力合作，工商部门通力合作，坚持"引进来"和"走出去"相结合，才能全面提高对外开放水平。[③]

---

① 陈文玲、丁俊发、郭冬乐、韩继志：《现代流通与内外贸一体化》，292 页，北京，中国经济出版社，2005。

② 张卓元：《张卓元文集》，434 页，上海，上海辞书出版社，2005。

③ 陈文玲、丁俊发、郭冬乐、韩继志：《现代流通与内外贸一体化》，292 页，北京，中国经济出版社，2005。

（三）统筹国内发展与对外开放

2003 年党的十六届三中全会通过的《中共中央关于完善社会主义市场经济体制若干问题的决定》提出，在全面建设小康社会的进程中，要贯彻"五个统筹"，即做到统筹城乡发展、统筹区域发展、统筹经济社会发展、统筹人与自然和谐发展、统筹国内发展和对外开放。"五个统筹"一经提出，就引起了广泛讨论，被认为是实现科学发展观的根本要求，具有重要的历史意义和现实意义。

"五个统筹"中统筹国内发展和对外开放是指导我国外贸体制改革的重要原则。郭克莎认为，我国改革开放的发展已使国内发展和对外开放的关系上升到与前四个关系同样重要的地位。这可以从以下几方面理解其必要性和重要性。第一，加入世贸组织后我国经济全方位开放的趋势日益深入。经济全方位开放的趋势，是我国改革开放不断深化和经济发展适应经济全球化趋势的必然结果，也是完善社会主义市场经济体制的客观要求。新的开放格局既对国内经济发展提出了新的挑战，又带来了可以利用国际环境加快发展的良好机遇。因此，协调好国内发展和对外开放的关系，已成为一个日益重要的宏观经济问题。第二，对外经济在我国经济发展中的地位日益重要，不断扩大的对外开放，使对外经济在我国经济中的比重持续上升，国际经济技术合作也已形成一定规模。在近几年国内需求相对不足的条件下，出口增长成为拉动经济增长的一个重要力量。对外贸易和外商直接投资的发展也带来了一系列新问题，如贸易摩擦升级、人民币升值压力、国内市场受冲击以至国家经济安全等问题。在这种情况下，我国的经济发展既要有效利用国际资本、技术和市场，又要关注国际经济形势和全球资源配置格局的变化，这就需要高度重视国内发展和对外开放的协调问题。第三，这是根据对外开放新格局调整经济发展战略的需要。21 世纪前期，是我国经济发展的重要战略机遇期。在我国经济发展进一步外向化和发展战略调整转变的过程中，要将产业发展战略与对外贸易战略和利用外资战略结合起来，将国内战略与国际战略结合起来，将"引进来"战略与"走出去"战略结合起来。第四，统筹国内发展和对外开放的关系，还有一个重要意义，就是在全面建设小康社会的过程中，随着我国逐步成为世界贸易大国，要发挥我国在国际市场上的重要作用，扩大我国对国际经济运行和发展的影响，这种作用和影响反过来又能够带动和促进国内经济的发展。[1]

---

[1] 郭克莎：《为什么提出"统筹国内发展和对外开放"》，载《人民日报》，2003-11-06（9）。

此外，由于对外贸易发展是与对外开放的总思路相关的，尤其是 2001 年中国加入世贸组织后，全球化背景下的对外开放有了很多新特点，学者们也是纷纷探讨如何应对新形势，统筹发展。李晓西等从"政府走出去"、"经贸双平衡"、"引资平常心"三方面论述了对外开放的新思维，提出了以下几点建议：第一，政府制定政策应该立足本国，放眼世界；第二，政府要积极参与国际组织并参与制定规则，从维护国际规则向制定规则转变；第三，要从追求国际收支顺差向追求国际收支平衡转变；第四，要追求国内经济与国际经济综合平衡；第五，要从大规模的招商引资走向以平常心对待外商；第六，要对内资企业和外资企业一视同仁，鼓励技术创新等。① 这些观点产生了实际影响，尤其是从追求国际收支顺差向追求国际收支平衡的建议得到了决策部门的认可，实际上也是统筹国内外经济发展。在中央提出科学发展观的新形势下，学者们还提出需要进一步研究的问题，如裴长洪提出，要研究如何在科学发展观指导下进一步发展开放经济，如何理解转变外贸增长方式，如何统筹国内改革发展与对外开放的关系，如何加强自主创新、扩大自主知识品牌，如何处理扩大内需和开发国外市场的关系，如何通过建立贸易平衡机制解决贸易摩擦等。②

综观我国贸易体制改革的历程，可以看出 20 世纪 80 年代如火如荼的经济体制改革实践，使中国的经济理论空前繁荣，各种理论观点风云际会，也推进着改革的实践。在流通和贸易体制改革中，主流的观点是要推进市场化改革，但是，也存在着反市场化的改革思想，两种理论观点一直处于胶着状态，市场经济姓"资"姓"社"的问题一直困扰着经济理论的研究，也束缚着改革者的手脚，反市场化、维护计划经济体制的思想一度占了上风，以至于在 20 世纪 90 年代初期，改革曾出现反复，市场化也遭否定。但是，改革就像长江大河，千回百转，滚滚东去。更可贵的是，在这一阶段，中国逐渐探索出了一条渐进式的市场化改革道路。2001 年加入 WTO，使我国的市场经济融入世界经济的潮流中，国内市场和国际市场逐步融为一体，此时理论界对加入 WTO 以后的各种可能后果进行了大量的探索，像"会计报表"那样，罗列出了"好处"和"弊端"，并提出了各种应对措施。这样，就使加入 WTO 以后"心中有数"，政府和企业都相应做了各种防范。应该说，理论的生命力就在于它回答了实践中遇到的问题，也指导着实践的进程。面对新的形势，中央提出"五个统筹"，明确提出要统筹国内发

---

① 李晓西、张生玲：《对外开放的新思维》，载《中国流通经济》，2005（2）。
② 《裴长洪谈对外开放需要研究的新问题》，载中国管理传播网，2006-01-09。

展和对外开放，这既是科学发展观的重要内容，也是统筹内外贸实践必须遵循的重要原则，而这个原则本身是改革开放以来理论研究的升华。可以说，中国内外贸体制改革的每一步，都不能没有流通和贸易理论，以及市场经济理论的超前探索，也不能没有理论的诠释。

>>主要参考文献<<

[1] 北京师范大学经济与资源管理研究所. 2003 中国市场经济发展报告 ［R］. 北京：中国对外经济贸易出版社，2003.

[2] 国家体改委综合司. 中国改革大思路 ［M］. 沈阳：沈阳出版社，1988.

[3] 《经济研究》编辑部. 建国以来社会主义经济理论问题争鸣（1949—1984）：上、下册 ［M］. 北京：中国财政经济出版社，1985.

[4] 《经济研究》编辑部. 中国社会主义经济理论的回顾与展望 ［M］. 北京：经济日报出版社，1986.

[5] 《经济研究》编辑部. 中国社会主义经济理论问题争鸣（1985—1989）［M］. 北京：中国财政经济出版社，1991.

[6] 江小涓，杨圣明，冯雷. 中国对外经贸理论前沿（3）［M］. 北京：社会科学文献出版社，2003.

[7] 裴长洪. 中国对外经贸理论前沿（4）［M］. 北京：社会科学文献出版社，2006.

[8] 宋则. 中国流通理论前沿 ［M］. 北京：社会科学文献出版社，2006.

[9] 王珏. 中国社会主义政治经济学四十年：第 1 卷～第 4 卷 ［M］. 北京：中国经济出版社，1991.

[10] 徐振方，常修泽. 中国经济体制改革争鸣（1984—1986）［M］. 成都：四川社会科学院出版社，1988.

[11] 杨继绳. 邓小平时代：中国改革开放纪实 ［M］. 北京：中央编译出版社，1998.

[12] 杨圣明. 社会主义市场经济基本理论问题研究 ［M］. 北京：经济科学出版社，2008.

[13] 叶远胜. 中国经济改革理论流派 ［M］. 郑州：河南人民出版社，1994.

[14] 赵海均. 30 年：1978—2007 年中国大陆改革的个人观察 ［M］. 北京：世界知识出版社，2008.

[15] 张小济. 中国对外开放的前沿问题 [M]. 北京：中国发展出版社，2003.

[16] 张卓元. 改革开放经验的经济学思考 [M]. 北京：经济管理出版社，2000.

[17] 张卓元. 改革以来我国经济理论研究的回顾与展望 [J]. 经济研究，1997 (6).

[18] 张卓元，黄范章，利广安. 20 年经济改革回顾与展望 [M]. 北京：中国计划出版社，1998.

[19] 张卓元. 论争与发展：中国经济理论 50 年 [M]. 昆明：云南人民出版社，1999.

Ⅶ.

劳动力市场化 30 年理论回顾

改革开放 30 年来，劳动力资源配置的体制和机制发生了巨大变迁，劳动力市场化不断向前推进。同时，劳动力市场化理论也取得了重大进展，有中国特色的劳动力工资理论和劳动力流动理论不断发展和完善。根据中国改革开放 30 周年基本阶段的划分和劳动力市场化理论的深化进程，在对 30 年劳动力市场化理论重要文献梳理、归纳和提炼的基础上，我们将中国劳动力市场化理论的演进轨迹大体分为以下四个阶段，即劳动力市场化理论的探索阶段（1978—1983 年）、劳动力市场化理论的拓展阶段（1984—1991 年）、劳动力市场化理论的深化阶段（1992—2001 年）和劳动力市场化理论的完善阶段（2002 年以后）。

>>一、1978—1983 年：劳动力市场化
理论的探索阶段<<

新中国建立到改革开放前，劳动力资源依靠行政安排配置，而不是通过市场配置，劳动力被严格分割，社会劳动生产率十分低下。改革开放后，劳动力市场初步形成和建立，也把劳动力市场化理论的研究带入了一个全新的时代。广大经济理论研究者从以往"左"的、教条的、脱离实际的束缚中解脱出来，积极探索和研究中国特色社会主义劳动力的重大理论与实践问题。

（一）关于劳动收入理论的探讨

20 世纪 70 年代末，中国农村开始实行联产承包责任制改革，把农民的收入分配与生产经营成果分配直接联系起来，从根本上改变了集体统一经营时收入分配与个人劳动贡献脱钩的状况，极大地调动了农民的劳动积极性。在这一时期，

收入分配理论成为经济学界关注的焦点领域，理论界围绕按劳分配和物质利益原则体现等问题展开了多次大的讨论。学术界总体上充分肯定按劳分配原则，肯定物质激励原则，在此基础上促进生产力的释放和发展。[①] 针对"文革"时期否定按劳分配原则和物质利益原则，否定企业和个人有自己的物质利益要求的错误思想，一些学者旗帜鲜明地指出，按劳分配不会引起两极分化，按劳分配不是产生高薪阶层的经济基础。[②] 他们认为，按劳分配是社会主义社会的一个客观经济规律，它是在社会主义经济条件的基础上产生的。马克思讲的按劳分配，不但适合于物质生产领域，也适合于非物质生产领域。[③] 个人利益应该得到重视，关心个人物质利益对社会主义社会生产力的促进具有积极意义，而坚持按劳分配，多劳多得、少劳少得、不劳不得，实行劳动平等和产品分配平等，则是贯彻个人物质利益的重要原则和基本措施。[④]

在具体的劳动报酬方面，一些学者对计件工资和奖金进行了专门研究。有学者认为，计件工资是实现按劳分配原则的一种科学的劳动报酬形式，是提高劳动生产率的一个强有力的经济杠杆，应该在一切有条件采用计件工资的单位和工种实行计件工资。[⑤] 奖金也是一种重要的激励手段，是保护劳动者的劳动能力、调动他们的社会主义积极性应有的措施。[⑥] 同时，一些学者从制度层面探讨工资问题，针对工资制度中存在的问题展开分析，指出工资制度的主要弊病是平均主义，应全面改革我国工资制度，使工资更好地发挥经济杠杆作用，调动劳动者的积极性。[⑦][⑧]

（二）对"统包统配"就业理论的否定

改革之前，我国实行"统包统配"的就业政策，即全部新增劳动力的就业由国家统一调配，实行严格的计划管理。这一政策的长期实行使得劳动力调控机制

---

① 于光远：《关于深入研究按劳分配理论的几个问题》，载《经济研究》，1979（1）。
② 汪海波、周叔莲、吴敬琏：《按劳分配不是产生资产阶级的经济基础》，载《经济研究》，1978（1）。
③ 黄振奇：《按劳分配不只是物质生产领域的分配原则》，载《经济研究》，1978（12）。
④ 肖灼基：《劳动平等和产品分配平等是贯彻个人物质利益的重要原则》，载《经济研究》，1978（10）。
⑤ 赵履宽、潘金云：《论计件工资》，载《经济研究》，1979（2）。
⑥ 晓亮、张问敏：《关于奖金的几个问题》，载《经济研究》，1978（9）。
⑦ 许玉龙、曲书敏：《工资中的问题究竟是什么》，载《经济研究》，1982（10）。
⑧ 赵履宽：《我国工资制度的改革问题》，载《经济研究》，1983（2）。

僵化,计划指标因脱离劳动力市场供求关系而严重失实,劳动力需要计划基本上由国家垄断和控制,每个劳动者只能服从国家的安排和决定,严重影响了劳动者的积极性,束缚了生产力的发展。20 世纪 80 年代初,中国开始逐步进行城市劳动制度的改革尝试,放宽了对一些经济活动(比如饮食服务、集贸市场等)的控制,放松了对部分劳动力就业的限制,通过在国有经济之外发展个体、私营经济来促进就业的市场化。1980 年 8 月,在全国劳动就业工作会议上,中共中央、国务院制定了《关于进一步做好城镇劳动就业工作的意见》,提出"劳动部门介绍就业、自愿组织起来就业和自谋职业相结合"的就业的"三结合"方针,意味着国家统包统配的单一就业渠道被打破,开辟了多渠道就业的新格局。1981 年,中共中央做出《关于广开门路、搞活经济、解决城镇就业问题的若干规定》,1982 年,劳动人事部下发《关于积极试行劳动合同制的通知》,进一步明确了多渠道解决就业问题的政策,鼓励在城市实行合同工、临时工和固定工相结合的多种就业形式,中国城镇的劳动力市场开始在原有体制的边缘生成并逐步发展。这一时期,专家学者对"统包统配"的劳动就业方针提出了质疑,认为统包统配的劳动就业方针及其相应的一整套高度集中的管理体制,已经证明不能同我国生产力的状况相适应,必须加以改变,同时,也提出了改革方案,即取消统包统分的就业方针,代之以在国家统筹规划和指导下,劳动部门介绍就业、自愿组织就业和自谋职业相结合的方针。[①]

(三)关于农村剩余劳动力转移的理论探讨

改革开放前,在我国广大农村,长期以来存在着农村劳动力人口过剩和相对有限的土地资源之间的矛盾,同时由于人力资本水平较低和户籍制度的管制,束缚了过剩劳动力的流动,造成了农村大量劳动力的隐性失业。改革开放早期,农村的大量剩余劳动力在土地经营制度改革的过程中获得了极大的解放,开始在城乡之间大规模流动,关于农村劳动力转移问题的研究也开始起步。一些学者开始关注劳动力转移,傅政德通过数据分析指出了农业劳动力的转移是世界各国经济发展的共同趋势,提出了以混合型内部吸收和中观、微观型外部转移为主的我国农业劳动力转移的复合模式。[②] 程必定则指出,不断提高的农村劳动生产率导致剩余劳动力日益增加,要求非农经济解决劳动力安置显得日益迫切,只靠农村内

[①] 冯兰瑞:《劳动就业问题六议》,载《经济研究》,1980(10)。
[②] 傅政德:《我国农业剩余劳动力的转移途径和模式浅议》,载《经济研究》,1982(9)。

部力量是不够的，提出走"城乡交融"之路促进剩余劳动力的解决。①

经济理论界对社会主义初级阶段收入分配理论的研究和探索在思想上突破了平均主义"大锅饭"的格局，重新确立了按劳分配原则，在形式上突破了单一化、一刀切，创造了灵活多样的劳动分配方式，尽管有些看法还很不成熟和完善，但已经有一个良好的开端，取得了突破性的进展，有力地推动了改革开放的顺利进行。同时，学者对劳动就业制度、劳动力流动等领域的研究也促进了实践的发展和相关政策的出台。然而，由于时代的局限性，一系列不利于劳动力市场化的制度和政策依然存在。例如，工资制度改革尚处于起步阶段，工资的市场化决定机制还未形成，地方性就业政策仍然给予城市人口以高度的优先地位，制定种种政策和规制排斥外地劳动力，劳动力市场分割依然严重等。这些亟待解决的现实问题催促着改革的深化，也为继续推动收入分配，劳动力转移等相关研究提供了广阔的思考空间和探索平台，为下一阶段的进一步改革提供了基础。

>>二、1984—1991 年：劳动力市场化理论的拓展阶段<<

1984 年，我国经济体制改革的重点由农村转向城市。随着社会主义商品经济理论的深化，劳动力市场化实践与理论不断发展和创新，学术界重点从收入分配制度的完善，工资制度改革，劳动力流动等方面开展研究，并取得了很大的进展。

(一) 收入分配理论的新突破

以 1984 年 10 月召开的党的十二届三中全会为标志，收入分配制度有所突破，通过建立以承包为主的多种形式的经济责任制，使职工劳动所得同劳动成果相联系。企业职工奖金由企业根据经营状况自行决定，国家只对企业适当征收超限额奖金税。在企业内部，根据岗位和绩效扩大工资差距，拉开档次，以充分体现奖勤罚懒、奖优罚劣，充分体现多劳多得和少劳少得，充分体现复杂劳动和简单劳动、熟练劳动和非熟练劳动、繁重劳动和非繁重劳动之间的差别。在改革实践的推动下，经济理论界对收入分配理论进一步完善，一些学者提出了将企业职

---

① 程必定：《城市经济要适应农村商品生产的发展》，载《经济研究》，1984（8）。

工工资同企业经营成果挂钩作为一种新的分配模式，在按劳分配中引入价值规律和市场机制的作用，是对按劳分配原理的重大发展。① 一些学者对非按劳分配因素进行了分析，认为考察分配形式的立足点是看其对生产的反作用，而不是从道德原则出发，按劳分配是社会主义社会分配消费品的主要原则，但实践中同样存在着非按劳分配因素，对此不能笼统地反对或肯定，应视具体情况限制或保留。② 一些学者则认为，在经济体制改革过程中，我国存在着多层次的生产力水平以及各种形式的公有制经济特征，分配关系不可能都是按劳分配。③ 而一些学者则明确提出按资分配的概念，认为随着经济体制改革的全面深化和全方位对外开放，利息、股息、红利等按资分配在整个社会分配中所占的比重呈现出上升的趋势，肯定了按资分配在社会主义初级阶段存在必要性和合理性。④ 谷书堂等充分肯定了劳动力个人所有制和劳动力市场，主张生产要素参与分配，首次提出了按劳分配与按生产要素分配结合的收入分配观点。⑤ 张维迎则从国民收入的角度提出了收入分配政策的参照系，指出了收入分配政策具有积累资本、刺激效率、公平收入、平衡资源、稳定物价五个基本目标，市场分配、政府分配和伦理道义分配三个主要机制，开放劳动力市场，将市场机制引入工资决定，是工资改革的基本方向。⑥ 关于收入分配理论的进一步探讨成果在这一时期得到了党和政府的重视，党的十三大明确指出，社会主义初级阶段的分配方式不可能是单一的，必须实行以按劳分配为主体的多种分配方式和正确的分配政策，提出了允许合法的非劳动收入，要在促进效率的前提下体现社会公平的政策主张。

针对经济生活中出现的收入分配不公的问题，学者们也展开了深入的争论，"效率优先"是否会造成收入分配不公成为讨论的热点之一。一些学者对国有经济收入同个体经济和私营经济收入的差距问题、脑体劳动收入倒挂问题、国有经济内部不同行业和企业之间的个人收入分配不公平问题、以权牟取暴利的行为问题等几种不公平收入分配现象加以分析，并提出相应的对策设计。⑦ 一些学者则

① 张泽荣：《工资与企业经营成果挂钩是按劳分配理论的重大发展》，载《中国工业经济》，1987 (2)。
② 胡逢吉：《关于非按劳分配因素及应采取的对策》，载《经济研究》，1984 (10)。
③ 张问敏：《关于按劳分配理论的思考》，载《经济研究》，1987 (2)。
④ 金喜在、刘春林：《关于按资分配的讨论》，载《经济研究》，1987 (8)。
⑤ 谷书堂、蔡继明：《按贡献分配是社会主义初级阶段的分配原则》，载《经济学家》，1989 (2)。
⑥ 张维迎：《新时期收入分配政策研究》，载《管理世界》，1986 (1)。
⑦ 卫兴华、魏杰：《收入分配体制的现实考察与对策设计》，载《经济研究》，1989 (1)。

对收入分配不公的原因进行了分析并提出了相应的解决思路。例如，有学者认为，双重经济体制的并存和摩擦是产生分配不公现象的主要土壤或根本原因。①②有学者则认为收入分配机制不健全是社会分配不公问题的重要原因，提出要一方面反对来自国家分配机制的平均主义普调升级的做法；一方面克服来自市场分配机制的不合理差距，建立一个有差异且合理的收入分配体系。③ 还有一些学者则认为，劳动报酬的多少和分配公平需要区别对待，劳动报酬的多少，只取决于个人劳动成果的多少，而解决公平问题，要依靠社会福利保障体系。④

（二）企业工资制度改革的探讨

1985 年，中国开始了新一轮工资制度改革，实行了工资总额与经济效益挂钩，企业自主选择的具体分配形式。一些学者明确主张工资决定的市场化，提出要把工资水平的决定特别是不同职业相对工资水平的确定与不同类型或层次劳动力的供求状况联系起来，让市场供求通过工资杠杆发挥对劳动力流向的调节作用。⑤ 有学者认为，在商品经济条件下，工资也是一种"价格"，工资差别只有让劳动力市场决定，运用国家调节劳动力市场，劳动力市场引导企业和劳动者的机制，才能逐步趋于合理。⑥ 一些学者在对历史反思的基础上提出了工资制度改革的模式。他们对以往工资制度改革进行评价，认为平均主义既有其存在的社会根源，也是一种体制现象，并提出工资制度改革"国家放开、实行调控，企业自主分配"的目标模式。⑦ 一些学者则将企业改革与工资制度改革紧密地联系起来，从国有企业改革的角度研究了工资制度改革的重要性和关键所在，认为我国国有企业活力不足的主要根源是不能有效地激发劳动者的生产积极性，国有企业部门劳动激励机制严重扭曲，应为他们提供更具竞争性的就业机制、工作机制和收入形成机制，在国有企业控制机制、管理机制、劳动与工资制度等方面进行更

---

① 赵人伟：《对当前收入分配不公问题的几点看法》，载《经济研究》，1989（12）。

② 赵人伟：《我国转型期中收入分配的一些特殊现象》，载《经济研究》，1992（1）。

③ 牛越生、文海英、左春文、陈炳才：《完善个人收入分配体系的构想》，载《经济研究》，1991（1）。

④ 李学曾、张问敏、仲济垠：《建立以效率为导向的工资体制》，载《经济研究》，1989（2）。

⑤ 黎玉柱：《浅谈开放劳动力市场的实施对策》，载《经济研究》，1986（12）。

⑥ 赵履宽、杨体仁、文跃然：《解决个人收入分配不公平问题的新设想》，载《经济研究》，1988（7）。

⑦ 晓亮：《工资制度改革的若干问题认识》，载《管理世界》，1992（3）。

深刻的改革。① 他们指出，工资改革的中心环节就是激发职工的积极性，提高工资效益，实现效益工资。为此在工资管理上要充分尊重企业内部分配的自主权，在国家调控的范围内企业对工资自主分配，逐步建立和健全企业内部强有力的自我激励机制和自我制约机制相结合的工资增长机制。②

（三）剩余劳动力转移理论的深化

随着改革开放的进行和农业劳动生产率的提高，大量农业剩余劳动力开始向非农转移，一部分进入城镇劳动力市场，另一部分转移到农村乡镇企业、农村个体和私营企业。1984 年，国家调整城乡户籍政策，允许农村人口自理口粮进小城镇务工经商，大规模的人口与劳动力流动开始出现。1985 年，中国开始实施居民身份证制度，使户籍制度逐步适应动态经济的需要。在总结改革试点经验的基础上，1986 年国务院制定了更为完善的劳动合同制规定，颁布了《关于改革劳动制度的四个规定的通知》，在全国推广劳动合同制，建立待业保险制度。同年 7 月，国务院颁布了《国营企业实行劳动合同制暂行规定》，在新增工人中确立了劳动供求双方的自主权，用工主体开始由国家向企业转换，年底，全国人大常委会通过了《中华人民共和国企业破产法（试行）》，以法律的形式进一步明确了企业的自主经营权，通过允许企业破产来打破全民所有制企业职工就业的终身制，开始将原有体制下就业的职工推向市场。1988 年，七届全国人大一次会议通过了《中华人民共和国全民所有制工业企业法》，规定全民所有制工业企业是独立的商品生产单位，享有分配权、录用和辞退职工权。这些改革措施触动了长期以来包得过多、统得过死、能进不能出的僵化就业体制。城乡劳动力流动的束缚也逐步放松，劳动力流动加快。

农村剩余劳动力转移日益成为了经济理论界研究的重点，一些学者特别关注劳动力转移障碍对经济发展的影响。中国经济体制改革研究所综合调查组通过对工资结构性上涨现象的调查和分析，指出由于劳动力不能流动，劳动力供给方没有竞争，需求方没有选择，等量劳动获得等量报酬的合理要求不能通过供求关系得到准确评价，现实中只能以扭曲的"攀比"机制来表现，提出要充分利用东欧国家改革时不具备的"劳动无限供给"优势，审慎地逐步打破劳动力流动的制度壁垒，展开不同所有制之间以及城乡之间的劳动力流动，让剩余劳动力参与就业

---

① 胡汝银：《国有企业的激励机制与劳动供给行为》，载《经济研究》，1992（1）。
② 杨时旺：《关于深化工资改革的基本思路》，载《管理世界》，1992（3）。

竞争，是从根本上抑制消费基金膨胀的机制性选择。[①]

　　一些学者则特别关注劳动力市场机制的建设，呼吁劳动力的市场化配置。有的学者认为开放劳动力市场，让企业在市场上自由选择自己所需要的劳动力，是增强企业活力，发展商品经济必不可少的步骤，是劳动力管理体制改革的中心环节和改革统包统配劳动制度的必然趋势。[②] 卢中原直接指出，开放劳动力市场的实质是在全社会规模上自觉运用市场机制合理配置劳动力要素，并从就业竞争的展开、工资的决定、市场上的利益矛盾及其协调、社会保障制度的改革四个方面，对健全我国劳动力要素的市场配置方式做了分析。[③]

　　一些学者通过研究调查论证了我国劳动力转移的必然性。有专家认为，富余农业劳动力向非农产业转移是由现代社会变迁固有的经济和社会规律的强制作用所致，必须依照规律办事。[④] 劳动力转移联合课题组对江苏、浙江等地六县二市进行调查发现，收入的强烈反差成为农业劳动力向非农产业转移的主要驱动力，"住在农村，从事非农产业"及自带口粮，在小城镇居住工作是多数农民对理想的工作及生活方式的选择，广大农民已经产生了强烈的转移意愿并形成了向非农产业转移的一股潮流。[⑤] 有的学者则通过对城市国有企业的考察发现，国有企业存在大量剩余劳动力，必须鼓励劳动者自由流动和变革福利制度，建议政府在指导思想上抛弃对劳动力的统包统配，在实践中应力戒对劳动资源配置的行政干预，转而采用经济杠杆进行宏观调节。[⑥]

　　这一时期，"离土不离乡"的农业剩余劳动力转移模式成为了中国经济发展实践中走出的一条新路。一些学者认为，发展以乡镇工业为基础的集镇是我国农业剩余人口转移的最广阔的途径，也是改变我国城镇现有结构不合理状况的必由之路，应大力发展小城镇以吸收和容纳大量剩余劳动力。[⑦⑧] 而一些学者则持有不同意见，"离土不离乡"只是解决人口流动问题的权宜之计，而非长久之策。

---

　　① 中国经济体制改革研究所综合调查组：《改革：我们面临的挑战与选择——城市经济体制改革调查综合报告》，载《经济研究》，1985（11）。

　　② 张一德：《开放劳动力市场与劳动力管理体制改革》，载《经济研究》，1986（1）。

　　③ 卢中原：《论劳动力要素的市场配置方式》，载《经济研究》，1988（4）。

　　④ 郭书田：《对农村工业化、城市化和农业现代化的几点思考》，载《中国农村经济》，1989（2）。

　　⑤ 劳动力转移联合课题组：《改革条件下农业劳动力个人行为模式》，载《管理世界》，1990（5）。

　　⑥ 罗德明：《国有企业潜藏的剩余劳动与经济发展》，载《经济研究》，1990（10）。

　　⑦ 杨重光、廖康玉：《试论具有中国特色的城市化道路》，载《经济研究》，1984（8）。

　　⑧ 王向明：《农业剩余人口的转移与经济发展》，载《经济研究》，1985（2）。

他们认为，"离土不离乡"是违反规律的，小城镇的发展和大城市一样，是依其资源条件、坐落区位、交通状况以及消费者状况决定的，小城镇发展要因地制宜并加强管理，解决人口流动问题的首要任务是采取以迁移自由为目的的有控制的人口流动和移居政策，彻底改革传统的劳动人事制度。①

（四）劳动保障理论的初步形成

20 世纪 80 年代以来的经济改革动摇了"国家—单位"保障制度的经济基础与社会基础。20 世纪 80 年代以后，随着改革步伐的加快，整个社会经济结构也发生了越来越大的变化，中国社会保障制度改革也从 20 世纪 80 年代中期开始逐渐由"国家—单位"保险制度向"国家—社会"保障制度转变，理论界有关社会保障问题的研究也逐渐增多，特别对隐性失业向显性失业转变过程中产生的社会保障问题进行了初步探索。一些学者认为，随着劳动力市场的开放，失业是不可避免的，需要改革现行的社会保障体制，建立职业保险和社会救济制度，变在业保障为失业保障。② 一些学者则从社会保障体系建设的角度提出了我国社会保障改革急需建立健全的国民养老体系、社会失业保障体系、国民医疗与健康保障体系、社会救济和扶贫体系等社会保障体系目标。③

由于中国经济体制改革是在理论准备不足的情况下起步的，在改革启动阶段，决策者事实上设定了渐进式的"改革程序"。这种实践先行的探索策略对改革的理论研究提出了挑战，也为理论的发展创造了机遇。这一时期，对社会主义传统的斯大林模式必须进行根本性改造已经成为多数人的共识，虽然继续固守僵化的传统观念公开反对改革的言论不多了，但是在对改革方向和政策的理解上还存在着很大的分歧。经济理论界从发展社会生产力的实际需要出发，总结改革实践，逐步明确了市场化改革的正确方向，需要对收入分配方式、工资制度改革、劳动力转移等理论的深入探索和研究。同时，我们也应该看到，尽管市场化取向的劳动力工资和流动改革理论有了初步进展，但劳动力市场化改革仍然任重道远，政府对工资的管理方式变革，城乡劳动力市场一体化的实现，与劳动力市场体系适应的社会保障体系建设等问题都需要在理论和实践上有更大力度的突破。

① 伍晓鹰：《人口城市化：历史、现实和选择》，载《经济研究》，1986（11）。
② 黎玉柱：《浅谈开放劳动力市场的实施对策》，载《经济研究》，1986（12）。
③ 程军祥：《我国社会保障制度改革的几个问题》，载《经济研究》，1991（7）。

>>三、1992—2000 年：劳动力市场化
改革理论深化阶段<<

1992 年党的十四大明确提出我国经济体制改革的目标是建立社会主义市场经济体制，强调要使市场在国家宏观调控下对资源配置起基础性作用。1993 年十四届三中全会通过《关于建立社会主义市场经济体制若干问题的决定》，提出要形成统一、开放、有序的全国性大市场，要建立和完善劳动力市场。在这一时期，社会保障制度得到很大程度的发展，重点完成了失业保险和企业养老保险，强化其社会功能以减轻企业负担，形成了适应市场经济发展的社会保障体系的基本框架。

（一）剩余劳动力转移的理论探讨

中国改革开放，特别是 20 世纪 90 年代以来，以农村流向城市、中西部地区流向东部沿海地区为特征的劳动力流动的规模和范围都空前扩大了。由于地区发展的不平衡，农民开始了有规模有组织的流动，主要流向珠三角、长三角等经济比较发达的沿海地区，形成了农民工进城大潮。民工潮体现出就业体制和劳动力流动的新变化。

多数学者都肯定了农村剩余劳动力转移对我国经济发展的正面作用。有学者指出，农村剩余劳动力进城不仅降低了城市劳动力成本，提高了城市劳动生产率，而且增加了城市职工的流动性，对城市企业原有用工制度带来有力冲击，从而有利于劳动力资源的合理配置和有效利用，对全国劳动力市场的发育具有不可估量的作用。[1] 也有一些学者估算了劳动力转移对中国经济增长的贡献。蔡昉和王德文的研究发现，劳动力转移对 1982—1997 年中国经济增长的贡献为 20.23％。[2] 王小鲁、夏小林的预测表明，在未来 10 年城市化加速条件下，城市化对经济增长的贡献为 5 个百分点，其中劳动力转移的贡献为 2 个百分点。[3]

改革开放以来，中国劳动力自由流动的政策环境逐步改善，劳动力流动的体制和制度更有利于农村剩余劳动力的转移。但是，如果我们把劳动力流动与人口

---

[1] 袁志刚：《失业理论与中国失业问题》，载《经济研究》，1994 (9)。

[2] 蔡昉、王德文：《中国经济增长的可持续性与劳动贡献》，载《经济研究》，1999 (10)。

[3] 王小鲁、夏小林：《优化城市规模推动经济增长》，载《经济研究》，1999 (9)。

迁移看作是不同的概念，即把劳动力流动理解为临时性的异地居住和就业，把人口迁移看作是以永久性改变居住和就业地点为目的的身份转变，则后者的政策环境的确还没有完好形成，而构成制度障碍的核心是户籍制度。[①]

户籍制度从确立至今有其存在的合理性。一些学者认为，户籍制度是推行重工业优先发展战略不可避免的选择。[②] 中国传统的户籍制度与其他国家实行的居住地登记制度不同，其目的是把城乡人口的分布和劳动力配置固定起来。由于户籍制度能够有效地把农村人口控制在城市体制之外，城市福利体制就可以相应地建立起来。有学者从迁移历史的角度揭示了户籍制度的实质和效应，认为中国城乡迁移的控制是通过户籍政策来实现的。[③]

但户籍制度的实施，给经济发展带来的弊端日趋明显。一些学者认为，户籍制度是造成城乡间巨大收入差距的重要制度因素。城市福利体制的核心是以保障城市劳动力全面就业为目标的排他性劳动就业制度，如果再加上诸如住房、医疗、教育、托幼、养老等一系列排他性的福利，那么这一福利性收入将相当大。[④] 据有关专家估算，目前国有企业用于职工住房和福利设施等的非生产性资产比重约为15%～20%，加上养老、医疗等福利保障所对应的资产，非生产性资产的比重将至少在30%以上。[⑤] 根据统计资料，1995年全国城镇居民人均获得的福利性收入为3304元，占平均工资收入的60%，而广大农村居民基本上无任何福利性收入。[⑥] 还有一些学者指出，城乡二元户籍制度加大了农民向城镇迁移的成本，从而进一步制约了农村剩余劳动力的转移。由于传统户籍制度严重制约了农村人口向城镇实现稳定的迁移，大量农村劳动力在进入城镇新兴部门或实现自我就业后，很难将户口从原登记地迁入实际常住地，形成了一种特殊的"人户分离"现象。这部分人群已经构成城市经济社会生活中的重要组成部分，并已经对流入地的劳动力市场产生重要影响。[⑦]

多数学者建议对户籍制度进行改革。在20世纪90年代，中国户籍制度改革

① 蔡昉：《破解农村剩余劳动力之谜》，载《中国人口科学》，2007（2）。
② 林毅夫、蔡昉、李周：《中国的奇迹：发展战略与经济改革》，上海，上海人民出版社，1999。
③ 赵耀辉：《中国农村劳动力流动及教育在其中的作用》，载《经济研究》，1997（2）。
④ 蔡昉：《发展阶段转折点与劳动力市场演变》，载《经济学动态》，2007（12）。
⑤ 高书生、刘晶：《收入分配的效应分析》，载《经济理论与经济管理》，1998（3）。
⑥ 卢中原、陈志理：《城镇居民收入福利分析和建议》，载《财贸经济》，1997（6）。
⑦ 杨云彦：《改革开放以来中国人口"非正式迁移"的状况》，载《中国社会科学》，1996（6）。

并未触及本质，即户籍身份上所附着的福利差异。而目前各地在试图深化户籍制度改革时，也通常是从放宽入籍条件上着眼。有学者指出，户籍制度改革的实质并不在于是否放宽了入籍的条件，而根本在于是否把福利因素与户籍身份相剥离。[①]

（二）劳动力市场分割的理论探讨

劳动力市场分割是这一时期我国劳动力市场运行中一个突出的现象，是对竞争的否定和对市场功能的削弱。在一些发展中国家，劳动力市场功能障碍也主要来自于劳动力市场的分割，如地区之间的分割、部门之间的分割，以及城乡之间的分割。[②] 较早的一些经济学家主要是对这种分割的现象进行验证，而后来的经济学家则更倾向于寻找这种分割的内在原因及其存在的意义和影响。20 世纪 90 年代初期，国内学者开始引进劳动力市场分割的概念，用于描述中国劳动力市场上体制性分割的现象。中国劳动力市场分割的明显特征是体制性分割十分严重，以致提起劳动力市场分割，人们便首先想起户籍制度以及由此造成的城乡隔离的状况。有学者指出，中国的劳动力市场分割主要表现为制度性分割，并认为这种分割是经济转型国家特别是中国的一种特殊现象。[③] 政府人为地把城乡劳动力市场分割开的政策，是一种具有中国特色的扭曲性发展政策，是妨碍劳动力市场发育的制度性根源。[④]

我国学者按照研究目的不同，对劳动力市场分割的特征进行了不同的分类。有学者从广义的角度认为中国劳动力市场存在以下形式的分割：城乡分割、地区分割、部门分割和正式劳动力市场与从属劳动力市场的分割等。[⑤] 也有学者认为我国除了典型的城乡劳动力市场分割外，城市劳动力市场的行业分割也十分严重，认为一些国家垄断行业由于缺乏必要的竞争和流动，将垄断收益大量地分配给职工个人，形成这些行业不合理的高收入。[⑥] 还有学者在研究欧盟劳动力市场时，提出了三种市场分割的类型：一是功能性分割，二是制度性分割，三是区域

---

① 蔡昉：《破解农村剩余劳动力之谜》，载《中国人口科学》，2007 (2)。

② 蔡昉：《发展阶段转折点与劳动力市场演变》，载《经济学动态》，2007 (12)。

③ 赖德胜：《论劳动力市场的制度性分割》，载《经济科学》，1996 (6)。

④ 蔡昉、都阳、王美艳：《户籍制度与劳动力市场保护》，载《经济研究》，2001 (11)。

⑤ 李建民：《中国劳动力市场多重分隔及其对劳动力供求的影响》，载《中国人口科学》，2002 (2)。

⑥ 许经勇：《解决"三农"问题的新思路》，载《财经问题研究》，2003 (3)。

性分割。[①]

　　劳动力市场分割使劳动力要素不能自由流动，扭曲了其相对价格，导致了劳动力资源配置的低效率。一些学者从企业效率的角度论证了这一现象，指出在市场分割体制下，"内部人"缺乏竞争压力和失业压力，企业和劳动者对教育培训等人力资本投资和积累的积极性也不高，还导致了国有企业大量的冗员。[②] 也有学者从产业的角度分析了市场分割下劳动力流动的障碍，认为劳动力市场分割会鼓励政府发展资本密集型产业，而抑制劳动密集型产业的发展，从而造成我国产业政策的失当，给缓解就业形势带来更大的难度。[③] 还有学者从劳动力市场分割的社会经济效应方面进行了分析，指出劳动力市场分割会造成技术对劳动力的替代和成本的提高，进而造成就业量和产出量的同时下降。[④] 多数学者认同打破劳动力市场的地区间分割和封锁，建立一个城乡统一的、更加富有弹性和竞争的劳动力市场，是提高我国国际竞争力、完善社会主义市场经济体系和促进经济社会发展的紧要任务。

（三）收入分配差距扩大的理论探讨

　　20 世纪 90 年代以来，我国收入分配差距不断扩大，已经成为经济和社会发展的突出问题。中国社会科学院经济研究所收入分配课题组估计出来的 1988 年全国的基尼系数为 0.382，而 2002 年全国的基尼系数接近 0.46。最高的 5％人群组的平均收入是最低的 5％人群组的 33 倍，最高的 10％人群组的平均收入是最低的 10％人群组的 19 倍。[⑤]

　　关于中国收入差距扩大的原因是近年来理论界争论的焦点之一。

　　一些学者认为，我国发展多种所有制经济，实行市场经济，必然会导致收入分配差距的扩大。有学者指出，在市场经济条件下，市场竞争的结果必然会扩大收入差距，导致两极分化。因而政府应通过政策的制定来消除中国的城乡差距，这对于推动经济增长，构建和谐社会有着重要意义。[⑥] 也有学者认为，市场机制和竞争天生具有偏离社会公平的趋向，政府需要用更多的精力协调效率与公平的

---

① 赖德胜：《欧盟一体化进程中的劳动力市场分割》，载《世界经济》，2001（4）。
② 袁志刚、黄立明：《国有企业隐性失业与国有企业绩效》，载《管理世界》，2002（5）。
③ 李实、赵人伟、张平：《中国经济转型与收入分配变动》，载《经济研究》，1998（4）。
④ 赖德胜：《分割的劳动力市场理论评述》，载《经济学动态》，1996（11）。
⑤ 李实：《收入分配与和谐社会》，载《中国人口科学》，2007（5）。
⑥ 关华：《构建和谐社会必须努力缩小城乡收入差距》，载《经济与管理》，2006（3）。

关系，避免收入差距过分扩大。①

一些学者将收入差距过分扩大主要归之于垄断和腐败等非市场因素，认为实现市场化可缩小收入差距。吴敬琏指出，中国居民收入的不平等主要是因为机会不平等，其中首要因素是腐败。缩小贫富差距最重要的一条是实现市场化，制止腐败，把社会资源的使用权从那些垄断部门解放出来；寻租问题只有靠实现法治基础上的市场化才能解决。② 高尚全认为，我们不可能在同一时期，同时富裕。除了由于个人背景、能力、要素不同外，导致我国贫富差距的另一个原因是腐败问题。③ 但也有学者指出，尽管大家都认为行业垄断和腐败是造成收入不公的重要因素，但却没有实证研究说明这两个因素到底有多重要。④

另有一些学者把收入差距过大归之于改革不到位，制度不健全。林毅夫指出，城乡和收入差距扩大的主要症结在于改革不到位，包括金融结构失衡、资源税费不合理以及行政垄断问题。其中，金融结构失衡是最关键和最核心的问题。⑤ 李实不赞同将收入差距的扩大与收入分配不公归结为市场化改革的观点，认为当前收入分配领域中出现的问题正是长期以来只重视经济改革，不进行政治改革的"一腿实、一腿虚"的改革模式弊病的集中表现。⑥ 他还指出，制度因素也是影响收入差距的一个重要因素，并指出在我国影响收入差距的制度因素主要包括一些长期的、历史性的偏向性政策，例如对工业倾斜的政策、户籍制度等，以及不同所有制和资本所有权的差别。⑦

也有部分学者将收入差距扩大归之于城乡和区域间存在的二元经济结构。对于日益扩大的收入差距，越来越多的研究深入到形成收入差距的社会结构中去。中国的城乡分割和城市倾向的经济政策对于城乡收入差距的影响已经得到了实证研究的支持。⑧ 一些学者使用 1995 年和 2002 年两次城镇住户调查的数据，对东西部企业职工的收入差距做了实证分析，发现地区之间劳动力流动性的缺乏使得地区收入差距居高不下，同时东西部各自的收入分配格局也有所不同。这说明各

---

① 邹东涛：《科学改革视野下几个重大问题的理论辩护》，载《理论前沿》，2006（24）。
② 吴敬琏：《妥善处理收入差距过大》，载《中国经济时报》，2006-07-06。
③ 高尚全：《改革开放是决定当代中国命运的关键抉择》，载《中国改革报》，2007-11-05。
④ 陆铭：《〈中国转轨时期收入差距与贫困〉评介》，载《经济学动态》，2007（8）。
⑤ 林毅夫：《收入差距扩大症结在改革》，载《经济前沿》，2007（10）。
⑥ 李实：《收入分配与和谐社会》，载《中国人口科学》，2007（5）。
⑦ 李实、赵人伟、张平：《中国经济转型与收入分配变动》，载《经济研究》，1998（4）。
⑧ 蔡昉、万广华等：《中国转轨时期收入差距与贫困》，北京，社会科学文献出版社，2006。

地区分割、相对独立的劳动力市场将不利于地区间收入差距的缩小。[1]

随着学界对收入分配问题研究的深入和增多，不少学者在研究中涉及到收入差别"倒 U 曲线"问题。[2] 一些学者以库兹涅茨"倒 U 曲线"为依据，认为目前我国存在收入差距是正常的，收入差距拉大是经济增长过程中的必然现象。当经济发展到一定程度后，收入差距自然会缩小，因而无需政府干预。也有一些学者对"倒 U 假说"提出质疑和批评。王检贵的研究表明，近年来无论从经验事实还是从计量分析上看，"倒 U 假说"都受到了极大的挑战。[3] 万广华特别研究了转型经济中的收入差距与经济增长的关系，也没有发现倒 U 形库兹涅茨曲线的证据。[4] 陈宗胜指出，即使收入差距"倒 U 曲线"趋势是一定的，至少有两点需要密切关注：一是"倒 U 曲线"转折点或拐点的发生程度；二是"拐点"的持续时间长短。[5] 多数学者赞同政府应该通过税收和转移支付等方式，对收入分配差距扩大问题积极加以干预。

（四）劳动价值论的争鸣

自 20 世纪 90 年代以来，我国学界针对劳动价值论进行了广泛、深入的讨论。由于我国发展社会主义市场经济与马克思主义创始人当时所面对和研究的情况有很大不同，因此我们应该结合新情况和新问题，深化对劳动价值理论的研究和认识。尽管有学者主张用要素价值论、供求价值论、市场价值论、效用价值论等取代劳动价值论，但多数学者仍认为坚持和发展劳动价值论是主流。在对劳动价值论的解读上，理论界一直存在不同的观点。

第一，关于什么样的劳动创造价值的问题。一些学者认为，要在坚持物质生产劳动创造价值的前提下，扩大创造价值的劳动的外延。创造价值的劳动既包括创造物质财富的劳动，也包括创造精神产品的劳动。只有活劳动才创造价值，非劳动生产要素不创造价值的观点是一种传统观点。而传统的劳动价值一元论已经不能够解释现实生活的价值决定，需要在原来的劳动价值一元论的基础上，引进

[1] 李实、王亚柯：《中国东西部地区企业职工收入差距的实证分析》，载《管理世界》，2005（7）。

[2] 收入分配差距倒 U 形曲线假说是由美国经济学家库兹涅茨于 1955 年首先提出。

[3] 王检贵：《倒 U 现象是不是一条经济法则?》，载《经济研究》，2000（7）。

[4] 万广华：《解释中国农村区域间的收入不平等：一种基于回归方程的分解方法》，载《经济研究》，2004（8）。

[5] 陈宗胜：《关于收入差别倒 U 曲线及两极分化研究中几个方法问题的建议》，载《中国社会科学》，2002（5）。

资本、土地等非劳动生产要素。①② 也有一些学者认为，只有人类的活劳动才是价值的唯一创造者，其他任何生产要素都不创造价值，认为无论是在简单商品经济条件下，还是在市场经济条件下，价值的源泉都是无差别的抽象的人类劳动。③④⑤ 有学者强调要坚持马克思的劳动价值论一元论，批评了我国理论界近几年来出现的非劳动生产要素也决定价值的多元论观点，坚决否认资本、土地、劳动共同创造价值，强调只有活劳动才能创造价值。⑥

第二，关于哪种社会必要劳动时间创造价值的问题，主要有两种观点。一些学者认为，价值只能由第一种含义的社会必要劳动时间决定，而不能同时或只由第二种含义的社会必要劳动时间决定。但也有一些学者坚持第二种含义的社会必要劳动时间也参与价值的决定。

有学者指出，只存在一种含义的社会必要劳动时间，所谓第二含义的社会必要劳动时间，也就是所谓第一含义的社会必要劳动时间。两者同一含义，都是指在现有的社会平均生产条件下，某种商品的生产与社会需求总量一致时生产商品的社会必要劳动时间。因此，不是两种含义的社会必要劳动时间共同决定商品价值，而只是一种含义的社会必要劳动时间决定商品价值。⑦ 也有学者主张两种含义的社会必要劳动时间共同决定价值，是完全符合劳动价值论一元论的。⑧

第三，关于知识、技术、管理是否创造价值的问题。随着科技进步在经济增长中的作用日趋重要，知识、技术和管理是否创造价值的问题引起了理论界的极大关注和广泛的讨论。实质上，这是劳动价值论讨论的一个延伸。一些学者认为，当代劳动出现了新的特点，知识劳动对生产和经济生活起着越来越重要的作用，将成为价值创造的主体。⑨⑩⑪

---

① 谷书堂、柳欣：《新劳动价值论一元论》，载《中国社会科学》，1993（6）。

② 郭小鲁：《对马克思劳动价值论的再思考》，载《经济学动态》，2001（2）。

③ 晏智杰：《重温马克思的劳动价值论》，载《经济学动态》，2001（3）。

④ 蔡继明：《关键是弄清非劳动生产要素的作用——也谈深化对劳动价值论的认识》，载《学术月刊》，2001（10）。

⑤ 钱伯海：《关于深化劳动价值认识的理论思考》，载《厦门大学学报（哲学社会科学版）》，2001（2）。

⑥ 苏星：《劳动价值论一元论》，载《中国社会科学》，1992（6）。

⑦ 宋则行：《对"两种含义的社会必要劳动时间"的再认识》，载《当代经济研究》，1996（5）。

⑧ 何炼成：《也谈劳动价值一元论》，载《中国社会科学》，1994（5）。

⑨ 胡培兆：《社会主义社会的劳动和劳动价值论》，载《学术月刊》，2001（11）。

⑩ 陈征：《当代劳动的新特点》，载《光明日报》，2001-07-17。

⑪ 卫兴华：《关于深化对劳动和劳动价值理论的认识问题》，载《经济学动态》，2000（12）。

>>四、2001 年以来：劳动力市场化改革
理论完善阶段<<

2001 年，中国加入世界贸易组织，对我国劳动力市场产生了重要影响，劳动力市场化进度加快。到 2002 年底，再就业服务中心全部撤消，实现了体制内和体制外劳动力市场的并轨，劳动力市场的失业和下岗的双轨制不复存在。2002年党的十六大召开，赋予了劳动力市场建设更高的要求和任务，提出要稳步推动劳动力流动和工资决定的市场化。随着经济体制改革逐步推向深入，也出现了一些问题，主要体现在劳动力供大于求的矛盾日渐加大、就业的结构性矛盾随着经济结构的调整而日渐突出，以及现有劳动力的整体素质越来越不适应经济发展和科技进步的要求等。我国劳动力市场发展的现状是多元的、扭曲的，所以建立统一、开放、竞争、有序的劳动力市场就具有紧迫的现实意义。

（一）非正规就业的理论探讨

有学者指出，我国城镇非正规就业人员规模达 1.36 亿，基本上占到城镇部门总就业人口的 51%。其中，大学生非正规就业者逐年增多。[①] 我国非正规就业群体主要是城镇下岗、失业人员以及进城的农民。

早在 20 世纪 70 年代，国际劳工组织就提出了"非正规就业"的概念，即在低收入、低报酬、无组织、无结构的小生产规模企业的就业。[②] 我国最早提出"非正规就业"的是上海市，源于 20 世纪 90 年代上海市促进再就业模式。随后，此概念在理论界和其他城市得以推广和研究。目前我国学界对非正规就业的概念仍然没有形成统一意见，出现灵活就业、弹性就业、阶段性就业与非正规就业等交叉混用的局面。有学者认为非正规就业主要指广泛存在于正规部门和非正规部门的、有别于传统典型的就业形式。[③④] 也有学者认为非正规就业主要指未签订

---

① 任远、彭希哲：《2006 中国非正规就业发展报告：劳动力市场的再观察》，重庆，重庆出版社，2007。

② 陈淮：《非正规就业：战略与政策》，见：劳动和社会保障部："非正规部门就业研讨会"论文，2000。

③ 胡鞍钢：《非正规部门和非正规就业：特点、障碍及对策》，见：劳动和社会保障部："非正规部门就业研讨会"论文，2000。

④ 许经勇：《开创我国就业的新增长点》，载《经济经纬》，2002（1）。

合同，无法建立或者是暂无条件建立稳定劳动关系的一种就业关系。[①] 还有一些学者认为非正规就业接近于"灵活就业"。[②] 但也有一些学者不赞同非正规就业的提法。有学者指出，在汉语中"非"字通常带贬义，应将非正规就业译为"分散性就业"更为合适。[③] 还有学者建议使用"弹性就业"的概念来代替。[④]

从 2000 年开始，对非正规就业的研究开始成为国内学界研究的焦点问题之一。我国学术界对非正规就业标准的研究刚刚起步，对非正规就业的认定标准还存在较大分歧。有的学者把劳动关系的稳定性作为区分正规就业和非正规就业的标准。[⑤] 有的学者认为非正规就业状态的关键是"劳动契约随时可能被终止"和"劳动时间长短可由雇主和劳动者双方灵活选择"两项。[⑥] 也有学者认为，在有关部门注册登记过、纳入了国家管理系统的小型部门不属于非正规部门，只有那些没有登记的才被认为是非正规部门。[⑦]

多数学者都认同虽然从岗位的稳定性、社会保护的程度、工资水平和其他待遇以及劳工标准来看，非正规化就业还存在诸多问题，但是这种新生的就业形式及其特殊机制，有助于利用尚未完全成熟的劳动力市场配置就业、解决失业和下岗难题。我国城镇的下岗失业人员、残疾人等弱势群体、农村的大量剩余劳动力以及由于城市化加速发展产生的众多失地农民，他们的就业绝大部分只能靠非正规就业的方式来解决。由此看来，非正规就业对降低困难群体贫困程度、缩小贫富差距和增强社会稳定具有积极作用。还有学者指出，由于非正规部门具有投资少、进入障碍少和机制灵活等优点，发展非正规就业能节约投资并推动经济增长。袁志刚的实证研究表明，如果不把外来民工就业人数的增长考虑进去，就无法说明上海 GDP 增长的来源。[⑧]

目前中国城市出现的非正规就业，实际上是利用劳动力市场机制的一种方

① 杨宜勇：《中国转型时期的就业问题》，北京，中国劳动社会保障出版社，2002。

② 劳动和社会保障部劳动科学研究所：《2002 年：中国就业报告》，北京，中国劳动社会保障出版社，2003 年。

③ 董克用：《关于"非正规部门就业——分散性就业"问题的研究》，载《中国劳动》，2000（12）。

④ 杨燕绥：《规范劳动力市场与灵活就业》，载《清华大学学报（哲学社会科学版）》，2003（4）。

⑤ 杨宜勇：《我国劳动力市场状况及国际比较》，载《经济纵横》，2001（3）。

⑥ 陈淮：《发展非正规就业是一项战略选择》，载《经济纵横》，2001（8）。

⑦ 李军峰：《中国非正规就业研究》，郑州，河南人民出版社，2005。

⑧ 袁志刚、龚玉泉：《上海经济增长与就业、失业演变的实证分析：1978—1999》，载《上海综合经济》，2001（2）。

式，并且成为进一步发育劳动力市场的主要路径。[①] 非正规部门就业实际上已经发挥了矫正劳动力价格扭曲的作用。尽管城市劳动力市场上仍然存在着对外来工的工资歧视，但是，外来工的工资决定已经显示出更加市场化的倾向。例如，一项研究表明，城市劳动力市场上的外来工的工资决定中，人力资本的报酬率较高，而基本上没有对政治资本的报酬。[②]

（二）公平与效率问题的争鸣

随着改革的推进和经济的快速增长，中国出现了收入差距过分扩大的趋势。公平与效率问题再次成为理论界的讨论焦点，特别是中央提出建设和谐社会、落实科学发展观，强调重视社会公平，必然涉及在经济理论上怎样正确处理公平与效率的关系问题。

我国学术界有关公平与效率的讨论，往往与中央作为指导性意见的关于效率与公平关系的提法相交织。与分配相关的效率与公平的关系问题，中央的提法有多次改变。学术界之所以普遍关注这一问题，因为它既是一个涉及经济发展和社会主义生产关系完善的重要理论问题，也是一个关系到和谐社会建设、公平与正义有效实现的实际问题。而中央有关提法的演变，又是与改革的推进和经济社会发展的不同历史阶段的特点相联系的。[③]

从 1993 年十四届三中全会提出"效率优先，兼顾公平"起，到 1997 年的十五大报告，2002 年的十六大报告，再到十六届三中全会，延续讲了十几年。从十六届四中全会起，到五中全会和六中全会，中央不再提"效率优先，兼顾公平"，而强调更加重视社会公平。十七大报告第一次正式提出"初次分配和再分配都要处理好效率和公平的关系"，是首次强调初次分配也要讲公平，这是过去没有讲的。

近年来，经济学家对这一问题的探讨也达到了前所未有的高潮。对于公平与效率关系问题的争论，理论界主要有三种观点：效率优先论、公平优先论和效率与公平并重论。

一些学者继续坚持"效率优先，兼顾公平"原则。他们认为，效率是经济增

---

① 蔡昉、都阳、王美艳：《中国劳动力市场转型与发育》，88～89 页，北京，商务印书馆，2005。

② 王美艳：《经济转轨、社会分层和社会流动——一个两部门检验》，见：王德文等：《中国劳动经济学》，北京，中国劳动社会保障出版社，2004，1(2)。

③ 卫兴华：《关于公平与效率关系之我见》，载《经济学动态》，2007 (5)。

—— 488 ——

长的重要保证，只有"蛋糕"做大了，才能够保证人人有份，才能实现分配的公平。①②③ 另一些学者则认为，公平问题是建设和谐社会的首要问题，不能再将其放在兼顾的位置上，要重新审视"效率优先，兼顾公平"的政策，有的提出要"公平优先，兼顾效率"。④ 但更多学者认为，对于效率与公平关系的认识要随着我国社会经济的发展，逐步加重公平的分量，实现从"效率优先，兼顾公平"向"效率与公平并重"或"统一"过渡，或实现"公平与效率优化结合"。⑤⑥⑦

蒋学模指出，"效率优先，兼顾公平"的原则可以不必再提，但绝不可以倒过来，用"公平优先，兼顾效率"来代替。⑧ 黄范章提倡用"效率优先，增进公平"的提法。"效率优先"是增进公平、缩小差距的基础和前提，而"增进公平"是效率优先的归宿和目的，"效率优先"的结果是增进社会公平。⑨ 刘国光指出，"效率优先不是不可以讲，但应放到应该讲的地方去讲，而不是放在收入分配领域。"⑩

近年来，我国在初次分配领域出现了许多分配不公的问题，诸如企业分配中资本所得偏高，劳动所得偏低；垄断行业所得偏高，一般行业偏低；农民工所得大大低于城市人员，企业压低和拖欠农民工工资等。十七大报告提出"初次分配和再分配都要处理好效率和公平的关系"，就是要遏制近年来收入分配状况的恶化和贫富差距扩大的趋势。十七大报告还提出，要"提高劳动报酬在初次分配中的比重"。这是实现初次分配中就重视社会公平的很重要的要求。提高劳动报酬在初次分配中的比重，具体在劳动工资制度方面，必须切实强化劳动者权益的保护，加强对《劳动法》、《劳动合同法》等相关法规的执行力度，减少资本对劳动的剥削，让职工的工资福利能够得到切实的提高。还要进一步完善社会保障制度，逐步提高最低工资标准，着力形成职工工资增长的长效机制等。⑪

---

① 晓亮：《我对公平与效率问题的基本看法》，载《北京日报》，2005-11-28。

② 刘新宜：《现在能舍弃"效率优先，兼顾公平"吗?》，载《理论前沿》，2006 (1)。

③ 周为民：《效率原则——已优先考虑机会均等》，载《社会科学报》，2006-07-06。

④ 程连升：《政府管公平，市场管效率》，载《理论前沿》，2005 (22)。

⑤ 刘国光：《公平与效率哪个该优先?》，载《中国财经报》，2006-01-10。

⑥ 高尚全：《用历史唯物主义评价中国改革》，载《经济观察报》，2005-10-03。

⑦ 卫兴华：《实现分配过程公平与效率的统一》，载《光明日报》，2006-09-11。

⑧ 蒋学模：《"效率优先，兼顾公平"的原则是否需要修改》，载《学术月刊》，2007 (5)。

⑨ 黄范章：《更加注重公平与强调效率优先并没有本质上的冲突》，载《光明日报》，2006-08-21。

⑩ 刘国光：《把效率优先放到应该讲的地方去》，载《经济学动态》，2005 (10)。

⑪ 刘国光：《对十七大报告论述中一些经济问题的理解》，载《经济学动态》，2008 (1)。

（三）"民工荒"与刘易斯转折点的理论探讨

从 2004 年春天开始，"缺工"这个词成为沿海地区企业主的话题，珠三角地区首次拉响"民工荒"的警报。根据一些调查结果，珠江三角洲地区是缺工最为严重的地区，有近 200 万人的缺口，缺工比率约为 10％。① 国务院发展研究中心农村部的一项调查表明，当前全国 20％的农村剩余劳动力已经所剩无几，在中部地区的许多村庄，16 岁到 25 岁的青壮年越来越少。

随着人们对"民工荒"一词越来越熟悉，中国劳动力市场供求关系所受的关注和争论也越来越多，这一话题的讨论焦点集中于农民工的供给是否已经出现短缺。一些学者认为，"民工荒"的出现和 2004 年以后沿海地区劳动工资的较快增长标志着中国已到达劳动力供给从无限供给过渡到有限剩余的转折点，劳动力的供求关系将发生根本性的变化。② 由于二元经济发展的理论框架是由经济学家刘易斯提出的，因此，这个劳动力从无限供给到短缺的转变，即二元经济结构转换，也被称为"刘易斯转折点"。中国社科院在《2007 年人口与劳动绿皮书》中指出，中国劳动力正在由过剩转向短缺，预计在"十一五"期间，将出现人口流动模型中著名的"刘易斯转折点"。③

对于"刘易斯转折点"是否已经到来的判断，学界存在较大的争议。一些学者指出，中国目前已经进入刘易斯转折时期。蔡昉认为，中国劳动力无限供给的特征正在消失，刘易斯转折点已经初见端倪。2004 年开始出现的以"民工荒"为表现形式的劳动力短缺现象，已经从沿海地区蔓延到中部地区甚至劳动力输出省份，并且推动了普通劳动力工资的上涨。与此同时，城市失业率攀升和劳动参与率下降的趋势也得到遏止。这些都是劳动力市场变化的征兆。④ 李实肯定了蔡昉关于中国"刘易斯转折点"到来征兆的看法，但是认为中国的这一转折应该是一个区间，目前只是开始进入这一"转折区间"。⑤ 但也有一些学者认为中国还远未达到"刘易斯转折点"。侯东民指出，中国农村大量剩余劳动力存在的事实与"刘易斯转折点"出现的前提并不相符。他估计目前我国农村剩余劳动力还在

① 劳动和社会保障部课题组（b）：《关于民工短缺的调查报告》，2004-09-08。
② 王德文、蔡昉、高文书：《全球化与中国国内劳动力流动：新趋势与政策含义》，载《开放导报》，2005（4）。
③ 中国社会科学院：《中国人口与劳动问题报告之八：刘易斯转折点及其政策挑战》，北京，社会科学文献出版社，2007。
④ 蔡昉：《发展阶段转折点与劳动力市场演变》，载《经济学动态》，2007（12）。
⑤ 李实：《警惕突发性劳动力流动》，载《财经》，2007（4）。

1亿人以上。① 另有一些学者指出，中国经济在短期内出现的劳动力短缺主要是由短期内的一些供求因素引起的，并不能真实地反映出中国已经进入了一个劳动力短缺的时代。中国目前出现的"民工荒"是由很多短期因素和制度障碍引起的，整体的劳动力供求状况并不能简单地由目前的现象得出上述转折点已经到来的结论。中国的劳动力短缺还没有到来。②

多数学者都认同"民工荒"和"刘易斯转折点"的到来，对中国而言是一个积极的、良性的信号。如果"刘易斯转折点"的说法能够成立，企业之间在获取劳动力方面的竞争将日趋激烈，中国将面对劳资关系的崭新局面。政府应该利用"刘易斯转折点"的有利时机，加强劳动保障方面的法制建设和劳动监察力度，鼓励和引导企业善待劳动者，为保护劳动者提供有效的法律支持。2007 年中央出台的三部劳动保障方面的重要法律，《劳动合同法》、《就业促进法》和《劳动争议调解仲裁法》，对保护劳动者的合法权益、构建和谐稳定的劳动关系以及促进社会公平正义都具有十分重要的意义。

改革开放 30 年来，中国在市场化改革方面的进展是显著的。正如整个经济改革所经历的过程一样，中国劳动力市场的发育也采取了渐进式的改革。虽然相对于其他领域而言，在这方面的改革进展和成效是滞后的，但在经济日益多元化的环境下，劳动力在区域之间、城乡之间、传统部门与新兴部门之间的流动大大扩大，劳动力市场也逐渐发育，一体化程度得到增强。在劳动体制改革的二十多年来，劳动力市场经历了一个逐步建立和完善的过程，直到现在，这一过程还仍在进行当中。从总体上看，中国劳动力市场的市场化程度不断提高，市场正在成为解决就业问题越来越重要的手段，但同时，中国的劳动力市场建设仍然面临着诸多的制度障碍。消除这些制度障碍，促进劳动力市场的进一步发育，是未来劳动力市场政策应该关注的重点所在。

>>主要参考文献<<

[1] 陈吉元，陈家骥，杨勋. 中国农村经济社会变迁 1949—1989 [M]. 太原：山西经济出版社，1993.

[2] 董辅礽. 中华人民共和国经济史 [M]. 北京：经济科学出版社，1999.

---

① 侯东民：《质疑人口红利说》，载《人口研究》，2007（2）。
② 陈静敏、陆铭、陈钊：《劳动力短缺时代有没有到来》，载《经济学动态》，2008（4）。

[3] 高书生. 中国收入分配体制改革 20 年 [M]. 郑州：中州古籍出版社，1998.

[4] 辜胜祖，简新华. 当代中国人口流动与城镇化 [M]. 武汉：武汉大学出版社，1994.

[5] 胡鞍钢，杨韵新. 21 世纪的最大挑战：中国就业状况分析（1952—2000）[M]. 北京：中国劳动社会保障出版社，2002.

[6] 孔泾源. 中国劳动力市场发展与政策研究 [M]. 北京：中国计划出版社，2006.

[7] 李实，张平. 中国居民收入分配实证分析 [M]. 北京：社会科学文献出版社，2000.

[8] 李晓西. 转轨经济笔记 [M]. 广州：广东经济出版社，2001.

[9] 林毅夫，蔡昉，李周. 中国的奇迹：发展战略与经济改革 [M]. 增订版. 上海：上海人民出版社，1999.

[10] 莫荣. 2003—2004 年：中国就业报告 [R]. 北京：中国劳动社会保障出版社，2004.

[11] 汪海波. 新中国工业经济史（1978—2000）[M]. 北京：经济管理出版社，2001.

[12] 王梦奎. 改革攻坚 30 题 [M]. 北京：中国发展出版社，2003.

[13] 卫兴华，孙咏梅. 2006 年理论经济学的若干热点问题 [J]. 经济学动态，2007（3）.

[14] 卫兴华，孙咏梅. 2007 年理论经济学的若干热点问题 [J]. 经济学动态，2008（3）.

[15] 徐林清. 中国劳动力市场分割问题研究 [M]. 北京：经济科学出版社，2005.

[16] 杨先明，徐亚非，程厚思. 劳动力市场运行研究 [M]. 北京：商务印书馆，1999.

[17] 杨云彦，蔡昉，陈金永等. 城市就业与劳动力市场转型 [M]. 北京：中国统计出版社，2004.

[18] 杨宜勇. 中国转轨时期的就业问题 [M]. 北京：中国劳动社会保障出版社，2002.

[19] 袁志刚. 失业经济学 [M]. 上海：上海人民出版社，1997.

[20] 中共中央文献研究室. 三中全会以来重要文献选编 [G]. 北京：人民出版社，1982.

[21] 赵人伟，李实，李思勤. 中国居民收入分配再研究［M］. 北京：中国财政经济出版社，1999.

[22] 张卓元. 论争与发展：中国经济理论 50 年［M］. 昆明：云南人民出版社，1999.

VIII.

土地制度市场化改革 30 年理论回顾

农村土地制度市场化改革在中国改革开放 30 年辉煌成就中的作用巨大，农村土地制度改革的成功突破，引发了整个中国农村经济体制的全面变革，进而又带动了中国城市经济的市场化改革。也正是以土地为核心和主线的农村改革与土地有偿化的城市土地改革相结合，实现了中国区域经济改革开放战略从东南沿海到中国内地的有序推进，从珠江三角洲到长江流域进而拓展到环渤海地区的成功转换，从西部大开发、振兴东北老工业基地、中部崛起到成都重庆的城乡综合改革试点。中国土地制度改革所走的每一步，实际上也是整个中国市场经济改革的真实写照。中国土地制度市场化改革 30 年的理论探索与创新的成果，是众多理论工作者奉献才智辛勤耕耘的结晶，很值得认真总结。

>>一、1978—1989 年：中国农村土地联产承包责任制理论体系形成<<

20 世纪 80 年代是中国改革开放探索的试点阶段，同时也是冲破计划理论禁区的大胆创新阶段，这种创新是对我国长期的计划经济思想束缚的一种试探性的冲击，虽然受到了来自原有思想观念的制约，但从理论和实践深层次看，中国的改革更多的是从实践中率先突破，然后才是理论上的完善和丰富，并进而理论指导实践。20 世纪 80 至 90 年代中国土地制度改革历程可以分为两个阶段：1978—1984 年土地联产承包责任制理论形成阶段和 1985—1989 年土地联产承包责任制反思与完善阶段。

（一）第一阶段：1978—1984 年，土地联产承包责任制理论的初步探索

有人说以安徽凤阳县小岗村村民为代表的中国农民，在极其困难的条件下，秘密进行的家庭承包经营是一种冒险自救行为，是有一定道理的。安徽凤阳县小岗村农民们为了能够获得能够赖以生存的粮食，秘密签字画押协议承包土地，开创了中国经济改革的新纪元，对我国农村实行的农村集体所有队为基础的人民公社制度进行了改良。这一做法获得了改革总设计师邓小平的支持，掀起了一次中国农村土地制度改革的浪潮，引发了农村经济体制改革和整个中国的全面改革。最后命名的家庭联产承包责任制是在经过了 1979 年到 1982 年的不断试点、完善基础上才得以确立的，而真正在全国推广则到了 1982 年后。土地联产承包责任制在理论界和政府中经过了激烈的讨论，中共中央经历了从不允许、小范围允许再到全面推广的过程，其间用了近三年时间。1982 年，中共中央正式肯定了包干到户也是一种生产责任制，是社会主义农业经济的组成部分，标志着家庭联产承包责任制进入了全面推广的阶段，而 1983 年更是给出了高度评价，标志着家庭联产承包责任制正式成为农村改革的一项战略决策。理论界也对土地联产承包责任制这一改革创新进行了相当激烈和严肃的讨论，讨论重点主要集中在土地联产承包责任制产生根源和性质、采取的具体形式和效果评价，以及完善土地联产承包责任制对策建议。总的来说，土地制度理论探讨是随着农民实践的发展而展开的。家庭联产承包责任制在当时经历了一个由点到面，由少到多，由贫困边远山区到富裕平原地区，从违法最终到合法的过程。在 1979—1980 年，由于家庭联产承包责任制还没有被中央承认，理论界的讨论非常少，有少部分的讨论也是集中在能否实行"包产到户"。直到中央的态度开始改变，以及部分地区实践获得成功，理论界掀起了生产责任制大讨论的第一个高峰。

1. 土地联产承包责任制出现的原因讨论

这是这一时期理论界首先要研究的最基本问题，只有分析研究土地联产承包责任制产生的根源和原因，才能证明其产生的内在必要性、客观必然性和现实可行性。对此，一般学者都认为这一制度是广大农民自发寻求的一种最适合当时农村情况的生产方式，是农民们自救的结果。在农村经济濒临崩溃的边缘时，家庭联产承包责任制的出现，使农村经济、农业发展进入了一个快速发展的时期，大大调动了农民生产的积极性，劳动生产率大幅度提高，粮食产量快速上升，使广大农民群众解决了温饱问题。有学者认为农业生产活动在客观上要求依据劳动社

会化的需要，把分工和协作的关系通过建立一定的生产责任制巩固起来，而家庭联产承包责任制正是集体劳动分工协作发展的产物。[①] 还有的学者从马克思主义原理出发，认为家庭联产承包责任制是生产关系一定要适应生产力水平基本原理的体现，过去那种具有超前性质的生产关系和落后的生产关系同样会阻碍生产力的发展，家庭联产承包责任制的出现是生产关系必然要适应生产力发展的结果。[②] 有的学者还指出这一制度从两个方面发展了马克思主义的农业合作化理论：一是把统一经营和家庭经营结合起来，合理地实现了农业劳动者与生产资料的直接结合；二是实行联产计酬，既能更好地贯彻"按劳分配"的原则，又能鼓励承包者投资，做到按劳分配与按资金分配相结合。[③]

2. 关于土地联产承包责任制性质的讨论

作为一种新的制度安排，家庭联产承包责任制在最初出现的时候，人们对其认识并不是十分清楚，因此，学者们围绕家庭联产承包责任制的性质进行了较多的讨论。有的学者认为，家庭联产承包责任制和分田单干没有区别，就是一种个体经济。但是大部分学者都认为其是社会主义性质的。家庭联产承包责任制是在坚持土地公有制的前提下开展的，是在坚持国家计划指导和集体统一管理的原则下，把集体经济的优越性同社员分户经营的积极性结合起来，兼顾了集体利益和个人利益。[④] 包产到户是联产计酬的一种形式，是集体经济经营管理的一项措施，土地等生产资料仍是集体所有，生产队通过合同，可以在相当程度上控制社员的生产计划，所以属于社会主义集体经济性质。[⑤] 包产到户、包干到户与分田单干不同，有学者分别从生产资料的所有权、经营的自主权以及最终产品的分配权进行了比较，认为它们存在本质区别，分田单干是私有制下的个人经济，而包产到户、包干到户是公有制下的分散经营。[⑥] 前者是完全独立的、完整的个体经济，而后者则是集体经济内部的、附属于集体经济的个体经营单位。[⑦] 而另外一些学者则认为，包干到户实际上已经将生产的实际经营管理权、产品分配权以及

---

① 郑庆平：《论农业生产责任制》，载《农业经济问题》，1981（11）。

② 冯子标：《农业联系产量责任制和生产关系一定要适合生产力性质的规律》，载《经济研究》，1981（4）。

③ 洪永淞：《家庭联产承包责任制是对马克思主义农业合作化理论的新发展》，载《中山大学学报（社会科学版）》，1984（3）。

④ 陈钦凤：《家庭联产承包责任制的性质及其发展趋向》，载《暨南学报（哲学社会科学）》，1984（1）。

⑤ 王贵宸、魏道南：《论包产到户》，载《经济研究》，1981（1）。

⑥ 王松需、郭明：《论"包产到户"与"包干到户"》，载《经济研究》，1981（10）。

⑦ 周诚：《论包产到户》，载《经济理论与经济管理》，1981（2）。

生产资料的占有权、使用权、支配权都下放给农户，农户在生产过程中起支配作用，它至少成为不完全的集体经济了。[①]

3. 关于土地承包责任制采取的具体形式讨论

当时在实践中存在两种生产责任制：一类是不联系产量的生产责任制，另一类是联系产量的生产责任制。两者的特点不同。不联系产量的生产责任制的特点是包工不包产，按定额记工分，并以此为基础计算报酬，虽然比原先的方式要先进，但在实行时要求比较完整的劳动定额，如果定额不健全，组织领导松散，则容易形成大轰大嗡的局面，导致分配上的平均主义。[②] 相比之下，联系产量的生产责任制是既包工又包产，比不联系产量的生产责任制更有优越性：实行联产计酬，一可以把劳动者的生产劳动和最终成果联系起来，二可以使劳动者将劳动成果和其经济收益直接联系起来，[③] 让农民直接体会到劳动和报酬之间的紧密联系，更有利于刺激农民发挥自己的生产力。[④] 除此之外，联产计酬还可以避免大量的无效劳动，它不仅节约了社会劳动，还改变了过去的分配程序，改善经营管理，防止浪费和腐败，而且方法简便，适合当时农村大多数干部和群众的管理水平。

4. 家庭土地联产承包责任制的效果评价

实践证明了家庭土地联产承包责任制是最适合中国农村经济发展的模式选择，不仅顺应了生产力的要求，还克服了"大呼隆"和"大锅饭"的弊病；不但继承了合作化的积极成果，适应了农业生产的特点，也适合我国大部分地区人多地少、机械化水平低的特点。尽管起初土地联产承包责任制遭到一些质疑，但它采取适合中国国情的农业合作化步骤和方法，在很少社会震动情况下，顺利地实现了对个体农业的社会主义改造，逐渐得到了广泛的认同。学者们通过对多种形式生产责任制的比较，论述了土地联产承包责任制的巨大绩效，认为其最大功效就是大幅度提高了劳动生产率，增产增收，经济效益显著，有效克服了分配上的无偿平调"瞎指挥"，降低了成本，减轻了社员负担，改善了干群关系。同时，还有学者指出它不仅克服了生产、分配、交换、消费过程互相脱节和互相抵消的

[①] 马德安：《农业生产的组织管理形式要由生产力发展水平决定》，载《经济研究》，1981 (1)。

[②] 王贵宸、魏道南：《论包产到户》，载《经济研究》，1981 (1)。

[③] 冯子标：《农业联系产量责任制和生产关系一定要适合生产力性质的规律》，载《经济研究》，1981 (4)。

[④] 杜润生：《农业生产责任制与农村经济体制改革》，载《中共山西省委党校学报》，1981 (3)。

不良弊端，使劳动者和生产资料更好地结合，还正确地处理了农民生产劳动和物质利益关系。[①] 虽然农业生产责任制在许多地方已初步建立起来，并显示出强大的生命力，但也伴随着一些分歧和担心，担心这种措施只是权宜之计，会影响到农业现代化，或者是会引起两极分化。对此，有学者认为实行大规模集体耕作或机械耕作是一种现代化方式，而分户经营，由农机服务单位为客户服务，也同样能提高机械化程度。[②] 至于会不会两极分化，发展成资本主义，有学者认为我国农业生产水平低，货币收入少，不可能发展成资本主义，并且发展资本主义的前提条件如生产资料私有、劳动力成为商品可以买卖等在我国并不具备。[③] 这些讨论对全面认识土地联产承包责任制是非常有利的。

5. 家庭联产承包责任制的缺陷及完善建议

尽管对学术界关于农业生产要不要和能不能实行包干到户的争论，实践已经给予了肯定的答案，但仍有学者坚持认为，由于生产责任制是一场深刻而复杂的变革，时间短，具体做法还有待于进一步总结、完善和提高。有学者认为，完善土地联产承包责任制中心环节就是处理好集体统一经营与家庭分散经营的关系，关键是建立和健全承包合同制，这既是保障集体利益需要，也是保护农民利益需要。[④] 针对当时存在"用地而不养地"现象，许多学者提出应鼓励农户对土地进行投资，最直接做法就是延长承包期，稳定土地承包关系。这条建议是非常及时的，因为当时的土地承包期限多为 3～5 年，较短的承包期无疑鼓励了掠夺性的经营。[⑤] 还有学者提出可以对承包土地进行适当作价，这也是考核和鼓励承包户进行投资的好方法。此外，还应该发展新的经济联合体，从"小而全"向"小而专"转化，向着专业户、社会化的方向发展；并做好土地转包工作，以使土地可以向种田能手集中，这样不仅有利于多种经营专业户迅速扩大生产规模，还有利于提高劳动生产率和产品商品率。这一系列建议经过多位专家呼吁，被政府所接受，将承包期延长到 15 年。从上述可以看出，土地联产承包责任制理论的形成

---

① 乔凤山：《农业生产责任制是适应生产力状况的生产关系的具体形式》，载《内蒙古社会科学（汉文版）》，1981（6）。

② 钱梦梧：《从联产承包责任制的发展看农村合作经济的前景》，载《江苏社会科学》，1983（6）。

③ 刘隆：《包产到户是现阶段加快农业发展的劳动管理形式》，载《经济问题探索》，1981（1）。

④ 许经勇：《完善家庭联产承包责任制的若干问题》，载《厦门大学学报（哲学社会科学版）》，1984（4）。

⑤ 邱建强：《浅谈农业承包年限问题》，载《经济问题探索》，1984（3）。

有一个从实践到理论再到实践的过程，而这一阶段只是这项制度的形成阶段。

（二）第二阶段：1985—1989 年，对农村土地联产承包责任制的反思与完善

前一个阶段，农村经济的改革主要有两项措施：一是推行家庭联产承包责任制，二是取消农副产品的统派统购制度，实行合同订购。但 1985 年后出现了许多新问题、新矛盾，如土地经营规模过小，效益难以提高；流通渠道不畅，卖粮难等现象反复出现以及非农产业发展缓慢等，而 1985 年后连续几年粮食大减产给政府和社会各界敲响了警钟。此时，研究者开始重新审视农村经济形势，更多学者从更深更广角度来探讨农村改革和发展问题，改革思路和模式包括改革流通体制、健全商品经济、健全市场、调整产业结构、发展新型合作经济等，而农村土地制度自然是一切问题的核心点。

1. 对农村经济包括 "包产到户" 的反思

20 世纪 80 年代中后期出现粮食减产以及农村经济发展徘徊现象，促使理论界开始重新审视家庭联产承包责任制，许多学者对家庭联产承包责任制做了更深入的分析和更客观的评判。反思和评判自然有不同观点，也出现一些否定家庭联产承包责任制的声音。这些学者认为，虽然土地联产承包责任制对中国农村经济发展产生了巨大推动效应，但承包制是一定阶段农村土地关系的反映，随着农村经济发展，愈来愈暴露出许多自身难以克服的困难，需进一步改革深化。[①] 土地联产承包责任制的地权结构并不稳定，权能主体基本处于无组织状态，而且土地碎化和家庭经营降低了基本建设投资及农机利用率，农户短期行为十分严重。双层经营结构面临"统"的作用日益降低，集体经济功能退化等问题，所以这种结构基本上已完成了历史使命。[②]

有学者则持相反观点，认为否定家庭联产承包责任制的起源仅仅是农业增长连续放缓，而放缓的主要原因是自然灾害、粮食产量突然增多带来的卖粮难等问题，而不只是责任制的原因。人们担心的土地规模经营等也不是原因，土地规模大小和经营方式与采用新技术之间没有必然联系。[③] 许多问题出现的原因不是家

---

① 赵源、张岩松：《深化农村土地制度改革的基本趋势》，载《中南财经政法大学学报》，1989（6）。

② 高鸿宾：《对农村集体经济中双层结构的历史认识》，载《农业经济问题》，1985（3）。

③ 张舫：《社会主义初级阶段和我国农村家庭联产承包责任制》，载《吉林大学学报》，1989（1）。

庭联产承包责任制的问题，而是责任制落实不到位。[①] 双层经营结构中"统"的层次未起作用是因经济发展水平低和干部放松管理等原因，随着经济的发展，"统"的层次会日渐加强。[②] 还有学者提出了下一步发展趋势，认为现行土地制度限制了经济发达地区生产潜力和规模效益提高，而土地适度规模经营，不仅是深化家庭承包经营责任制的需要，也是农村经济向专业化、社会化、商品化方向发展的客观要求和必然趋势。[③]

2. 反思焦点： 农村土地所有制

对农村第二步改革，土地制度自然成为讨论焦点。其中，土地所有制关系调整则成了焦点中的焦点。农村土地制度是指农村土地的所有、占有、使用、处分、管理、保护等各项制度的总称，是一定社会经济条件下农村土地关系的总和，主要由所有、经营（即使用）和管理三项制度构成。[④] 而所有，无疑是一切权利的基础，当时我国农村的土地所有制制度又面临着集体所有者缺位、主体混乱、承包户乱占滥用、一些集体组织侵犯承包户自主经营权等各种问题，许多学者认为这些问题出现的根本原因就是我国农村土地所有制关系不清。集体的土地承包给农户，解决了分配上的大锅饭，推动了生产力发展，第二步改革就应该解决土地使用和占有间的大锅饭，而变革土地制度，确立农民的土地所有权，则是从根本上解决这一问题的关键。[⑤] 关于土地所有制关系的讨论，主要形成了以下四种有代表性的观点。

第一种观点：国有制取代集体所有制。认为社会主义实践就是要还农村土地国家所有制本质，在土地全部收归国有的基础上，再赋予农户土地使用权。原因如下：其一，我国农村土地集体所有制难以真正成立，集体所有权是不完整的，尤其在土地收益、处分等方面最终还要受制于国家所有权；其二，人民公社解体后，"农民集体"组织已不复存在，土地集体所有的基础也就丧失了，没有也不可能产生一个新集体组织来充当集体土地所有权主体；[⑥] 其三，实行土地国家所

---

① 张培春：《再谈农村家庭联产承包责任制》，载《渤海大学学报（哲学社会科学版）》，1990（1）。

②《农村合作经济研究》课题组：《对农村合作经济的动向和趋势的认识》，载《农业经济问题》，1985（8）。

③ 冯明放：《土地制度改革中的适度规模经营问题》，载《理论导刊》，1988（6）。

④ 周登科：《农村土地制度改革必须坚持生产力标准——兼评当前集中土地制度改革的观点》，载《生产力研究》，1990（1）。

⑤ 蒋克平：《应该确立农民的土地所有权——变革农村土地制度初探》，载《安徽财贸学院学报》，1989（1）。

⑥ 安希伋：《论土地国有永佃制》，载《中国农村经济》，1988（11）。

有制将有利于土地资源有效管理使用，有利于所有权经济利益得以体现；① 其四，有利于农村土地市场化、商品化及农村剩余劳动力的转移。但对于如何实现也有不同观点：一种观点认为应实行国家永佃制，即土地国家所有，农民永佃；② 另一种观点主张实行土地国有租赁制③，根据两权分离原则，实行土地国有制，把土地租给农民耕作，以收取地租，促进土地向种田能手集中，实现规模经营，以推动私人经济发展和投资增加。④ 在实行土地国有制方式上，还有学者提出了土地国有社会化，使用商品化的观点，并且要通过阶段性的时序推进发展战略来实现。⑤ 而另外一些学者则认为农村土地使用问题根源并不在于土地所有制，而在于土地使用制度不完善。⑥ 对改革农村土地制度讨论，不是要改变根本制度，而只是要完善现行土地使用制度，要继续坚持公有制，遵循"两权分离"原则，完善使用权，同时，应搞好土地总体规划和土地管理体制改革。⑦

第二种观点：继续坚持并完善集体所有制。这部分学者认为当时农村土地制度改革与创新的主要目标仍然是稳定与完善农村土地集体所有制。对于为何要坚持土地集体所有制，不同的学者各有各的见解。因为土地私有化不可能实现，原因在于国家无力解决潜在的几亿失业人口问题；而国有化也必须排除，因为操作成本过高，过于复杂的变革既缺乏效率又有难以估量的风险。⑧ 而且我国正处于社会主义初级阶段，人多地少矛盾突出，只有集体所有的土地制度才适应我国现阶段社会生产力、生产关系发展水平和基本国情，改革重点不是改变土地所有制，而是要进行土地使用制度改革，完善两权分离机制，建立土地有偿使用和流转的机制，⑨ 即明确所有权，强化承包权，开辟承包权流转市场。有的学者则认为改革与完善农村集体土地所有制的关键在于为农村土地所有权找到一个规范有

① 杨勋：《国有私营：中国农村土地制度改革的现实选择——兼论农村改革的成就与趋势》，载《中国农村经济》，1989（5）。
② 杨经伦：《农村土地制度的变革与创新》，载《农业经济问题》，1987（7）。
③ 梁秩森、刘少波：《逐步实现全部土地国有化是建设有中国特色的社会主义的重大战略措施》，载《体制改革探索》，1987（3）。
④ 文迪波：《还农村土地所有制形式的本来面目——国家土地所有制》，载《农业经济问题》，1987（8）。
⑤ 张琦：《中国农村土地制度建设发展模式初探》，载《经济研究》，1990（8）。
⑥ 雷厚礼：《坚持公有制 完善使用权——农村土地使用上的问题和对策》，载《贵州社会科学》，1991（9）。
⑦ 张朝尊、吕益民：《中国土地经济问题研究中的几个问题》，载《经济学家》，1990（6）。
⑧ 陈吉元：《完善联产承包责任制 推动农业迈上新台阶》，载《经济研究》，1989（12）。
⑨ 刘书楷：《构建我国农村土地制度的基本思路》，载《经济研究》，1989（7）。

效的人格化载体，从而主张以行政村为土地所有权主体的农村土地所有制关系格局。①

第三种观点：私有制取代集体所有制。这部分学者认为实行农村土地私有化更有效率，因为它保证了农民对土地拥有排他性的产权，使农民的土地收益得到了应有保证；同时也解决了土地权属问题，恢复民有土地权利的完整性、确定性和稳定性，构建和健全了农民土地权益保障机制和有效农村社会保障机制，从源头上遏制城市化进程中土地征收、流转过程中农民权益受损的现象。另有学者从马克思主义理论入手，指出马克思主义也不完全排斥私人占有土地，将农村土地所有权给予农民，是在真正实现马克思所说的"重建个人所有制"，给土地私有化找到了理论和事实依据。② 在实行了家庭联产承包责任制以后，农村的土地关系发生了深刻的变化，农民在一定程度上已经成了土地的实际所有者，土地集体所有制已经不具有实质意义，只是在法律上有些象征意义，实行农村土地私有制是顺应这种趋势的结果。只有有了明晰的、人格化的私有产权制度，规模不经济的问题才能从根本上解决。③ 实行土地所有权私有化不仅对经济发展有重大意义，而且对减少社会纠纷、安定社会、稳定地方财政具有重大意义，是有百利而无一害的理性选择。

第四，其他观点：除上述观点外，石成林、周登科等学者主张"国有、集体、私有"多层并存体制。毕宝德、曲福田等学者开始运用西方新制度经济学和产权学派的理论来分析国内农村土地制度改革问题，并引入交易费用理论来研究农村土地产权制度与农业经济绩效之间的关系。这对中国土地产权制度研究具有方法论的启示和意义。

>>二、1990—1999 年：中国城乡土地市场化制度改革理论的形成<<

20 世纪 90 年代是中国经济走向全面改革的 10 年，改革的重点开始从农村转向城市，这主要得益于中国农村土地制度成功改革和农村经济发展基础巩固。尽管农村改革也面临着很多新问题，但从总体上来说，农村土地联产承包责任制制度框架已经形成，整个 90 年代农村经济改革的重点已转移到购销体制改革，农

---

① 范为常：《优化农村土地制度的选择》，载《学习与探索》，1989（3）。
② 李庆曾：《谈我国农村土地所有制结构改革》，载《农业经济问题》，1986（4）。
③ 罗海平：《农地产权制度改革目标——私有化》，载《农业经济问题》，1988（11）。

村土地制度改革的重点已主要体现在稳定承包责任制，而最重要的就是相继确定了延长土地承包期 15 年和确定中国农村土地承包责任制 30 年不变的基本政策和相应的法规制度。因此，20 世纪 90 年代中国土地制度改革的重心和最大贡献就是城镇土地制度市场化改革取得突破性进展和中国城镇土地制度改革理论体系初步建立和形成，这也成为中国推动区域改革发展的重要支撑。以上海浦东开发为先导，推动了中国第二次改革开放的浪潮，实际上就是城镇土地制度改革从东南沿海成功试点的区域型推广结果。

（一）20 世纪 80 年代城镇土地使用权市场化研究已经开始

尽管农村土地制度改革是 20 世纪 80 年代的主线和重点，但是伴随着农村土地家庭联产承包责任制如火如荼地展开以及改革开放思潮的影响，关于城市土地制度改革的理论探讨也逐渐开始。但这时还只是一种理论概念上的探讨，真正的深入探讨是从 1985 年之后开始的，同样也是伴随土地使用费征收试点逐步深入的，总的理论观点就是改变城市土地"无偿、无限期使用、无流通"的制度弊端，向有偿、有限期、有流动性的使用权改革方向进行。学者们在进一步讨论土地使用收费的理论依据及其构成要素的基础上，还针对土地使用收费的标准、形式等多方面进行了讨论。1987 年深圳市进行了全国首次土地使用权公开拍卖后，土地市场的建立开始起步。此后，针对城市土地产权制度的讨论也逐渐展开，为城镇土地使用权的市场化打下了初步的基础。学者们的讨论涉及到应不应该收费、收费的理论依据、收费的标准和形式等各个方面。

1. 土地使用费征收依据及其构成要素研究

要实行有偿使用，必须弄清其理论依据，弄清城市土地的价值、价格和地租等问题。学者们对土地使用费构成要素的观点主要有四种：一是大构成论，城市土地有偿使用客观依据是地租和土地投资补偿（含利息）两大项，有学者认为土地使用费应该包括地租、土地资本或资金的折旧及利息；二是小构成论，即地租（含绝对地租和级差地租），而不包括土地投资补偿及其利息；三是级差论，即有偿使用理论依据是级差收益或级差地租；四是绝对论，城市土地有偿使用的理论依据是绝对地租。

（1）城市土地有偿使用费的物质基础和征收标准问题。当时主要有两个不同出发点：其一，商品论即城市土地的价值是城市土地价格和有偿使用的物质基础；其二，资源论即认为土地是一种经济资源，不是商品，租金是城市土地价格和有偿使用的物质基础。[1] 杨重光认为由于我国还没有建立起真正的土地市场，土地价格还不存在，要实行有偿使用，必须通过大量调查、科学测算，求得比较准确和合理的标准，这是实行有偿使用制度的核心。有学者指出土地是由作为自然资源的土地和土地资本这两部分构成的。作为自然资源的土地，没有价值，但仍具价格。土地资本是人们开发土地所投入的物化劳动和活劳动，因此具有商品属性。土地资本商品价格是由土地资本带来的利息性地租的资本化，是各种对土地开发和投入的成本。[2] 这些分析成为确定合理的城市土地价格又称使用费标准的基本依据。

（2）土地使用费的征收形式及流向之争。实际上主要是税费之争。有人认为应采用土地使用税方式来征收，城镇土地属国家所有，国家代表是中央，收入应该归于中央。而更多学者认为应按照使用费来收取，理由主要有四点。①税和费的含义不同，使用费的含义符合理论和实际。②税和费表现的关系不同。土地使用费表现的是土地所有者与使用者之间的经济关系，而税体现的是权利和义务关系。③税费的对象和主体不同。土地使用费是土地收入的初次分配，土地税是土地收入的再分配。④我国已经对中外合资企业收取土地使用费，应该使国内与国外保持一致。税费之争说到底实际上是经济利益分配之争，因此，其分配应该据其性质分别采取费或税形式，如土地投资折旧和利息应归土地经营管理机构，绝对地租、级差地租应以征收土地税的形式交给财税部门，级差地租是由土地开发投资形成，则应归土地经营管理部门，主要靠企业追加投资的则应留企业，垄断地租应一部分留给企业，一部分以土地税的形式上交财政，还有一部分以土地使用费的形式上交土地经营管理部门。

（3）征收的形式和主体问题。部分学者坚持由税务部门和土地管理部门直接向土地使用者分别征收土地税和土地使用费；另一些学者则主张土地资产税应包括在土地使用费中，由税务部门向土地所有者（土地管理部门为代表）征收，而土地营业税、土地增值税和土地转移契税则由土地的经营者和使用者直接向税务部门缴纳；还有学者根据费税并收、费中含税、先收费后纳税的思路，主张国有地产公司直接向各类地产开发经营公司征收地产使用费，再由财税部门向城市国有地产公司征收地产税，并认为这种模式使国家作为政权的化身与作为城市地产

---

① 邱永和：《我国城市土地有偿使用的理论选择》，载《江汉论坛》，1990（8）。
② 郝寿义：《论社会主义制度下土地的商品经济属性》，载《经济研究》，1987（7）。

产权主体的身份明确区分开来，符合改革的大趋势。① 关于土地使用费的流向问题，有学者主张原则上用于土地，② 或大部分留给城市政府，使之成为城市政府今后进行城市建设的一个重要资金来源；也有人主张实行国家和地方分成，地租部分上缴国家财政，归土地所有者所有，土地开发投资补偿及利息由地方政府掌握，用于地方性基础设施的更新和改造，③ 或由土地的开发投资者所有④；还有人主张应根据土地国有制的收益分配原则，由国家占有和支配。

2. 关于城市土地产权制度改革的初步讨论

土地制度改革核心是建立新型产权制度，应在严格界定各利益主体权利、利益和责任基础上，为各种权能转让及土地流转和合理使用提供现实可能性。土地产权是土地合理流转的前提。⑤ 城镇土地改革的理论讨论主要集中在明晰产权，开辟土地市场，完善土地流转制度等方面。有学者认为要在城市土地所有权归国家所有的前提下，科学界定与城市土地利用相关的各种土地利用权利，形成明晰的城市土地产权关系结构；充分利用价值规律和市场价值，形成规范化的以土地使用权流转为主要内容的城市土地市场体系。⑥ 由于当时还处于转轨时期，土地的市场化是由政府推动的，行政手段在当时仍占据重要地位，所以全面研究城市土地市场机制的不多，一般都是融合在城市土地产权制度的研究中。有学者提出建立土地三级交易形式：一级交易形式是政府征用农村集体所有制土地，形成土地所有权转移；二级交易形式即政府出让其土地使用权给土地使用者；三级交易形式指土地使用者之间的交易。⑦

（二）20 世纪 90 年代中国城镇土地制度市场化改革理论初步形成

20 世纪 80 年代的城镇土地制度改革讨论为 90 年代中国城镇土地市场化制度改革营造了一个理论基础，而促进和推动中国城镇土地制度改革理论研究形成的

---

① 刘辉煌：《城市土地有偿使用问题新探》，载《湘潭大学学报（哲学社会科学版）》，1989（3）。

② 唐允斌：《土地公有有偿委托——对我国土地使用制度的探讨》，载《经济研究》，1985（12）。

③ 张方：《城市土地经济性质浅析》，载《江汉论坛》，1985。

④ 吕益民：《城市土地使用费的构成与土地价格问题》，载《经济研究》，1990（8）。

⑤ 李文、杨继瑞：《我国城市土地制度改革的理论思考》，载《经济研究》，1990（8）。

⑥ 郑荣禄：《中国城市土地经济分析》，昆明，云南大学出版社，1996。

⑦ 吕益民、王进才：《论我国土地产权制度的改革》，载《经济研究》，1990（8）。

关键，还是深圳率先进行的土地有偿化试点以及后来上海浦东开发的实践。90年代城镇土地制度市场化改革理论研究主要有以下内容。

1. 关于城市土地的所有权、经营权问题的讨论

对此，理论界主要有三种主张：政府所有、职能部门所有和法人所有。"政府所有论"者坚持认为中央政府是全国城镇国有土地的法定所有者，可以将不同空间土地资产分别归属中央、省、市乃至县、镇政府，[①] 也有人主张应建立一个统一的全国城市土地管理机构作为中央政府的法定代表行使土地所有权，[②] 还有人赞成由城市政府代表国家行使土地所有权。"职能部门所有论"者中，多数主张国家土地管理部门作为土地所有者的法定代表；也有人主张国有资产管理局行使国有土地所有者职能，有人主张成立国有土地资产管理局、国家地政部、国家土地资源管理委员会，市政部门或城建部门不能也不应该成为国有土地的产权代表。"法人所有论"中，有的主张国有地产公司是国有土地所有权的法定代表组织，隶属于城市政府，接受政府的指令；有的主张如果政企分开，就应成立国营的土地公司，代表并受控于土地管理局；有的专家则提出，要按照土地产权市场化的要求，改革城市土地产权制度，建立城市土地法人所有制，中央政府设立土地资产总公司，对各级政府的地产公司通过参股控股的方式进行经营、管理，土地所有权可以在各土地资产公司之间让渡。这些理论探讨对后来中国国有资产管理体制和土地管理体制改革都有重要借鉴意义。

2. 关于城市土地产权制度内容的讨论

在20世纪80年代关于城市土地产权制度改革初步讨论的基础上，90年代人们的观点更加关注产权的制度内容问题。戚名琛从理论上将其归纳为三种思路。[③]

第一种主张是"舍弃简单的土地所有权与使用权两权分离的说法，代之以所有权的权利束理论"。其依据和推理是：依据法律对所有权的规定及解释，可以看出当国家将土地使用权赋予土地使用者时，其法律原意并不仅仅是所谓两权分离，而是国家将其对土地所有权的一部分有条件地赋予土地使用者，这个时候的所有权就不再是完整意义上的所有权。持这种观点的学者认为，划拨土地使用权

---

① 高波：《灰色土地市场的理论探析》，载《管理世界》，1993（1）。

② George S. Tolley、郝寿义：《中国城市土地市场的发展、问题和对策》，载《天津社会科学》，1993（1）。

③ 戚名琛：《综述城市土地产权制度建设的三种思路》，见：南京地政研究所：《中国土地问题研究》，合肥，中国科学技术大学出版社，1998。

不能取得转让、出租、抵押土地使用权的权利。①

第二种主张是以物权理论来重塑土地产权制度。中国土地利用和管理课题组提出我国土地他项权利的设定，可以按照民法物权理论来建立。沈守愚认为"土地产权是不动产物权的简称，以土地的所有权为基础"，"土地产权的权利束是以物权理论为基础的"。②

第三种主张是继续遵循着国有土地所有权与使用权分离理论展开，认为其与权利束理论、物权理论相互包容、相互补充。戚名琛认为，"我国国情决定了一切土地的他项权利客体莫不是土地使用权，土地市场交易归根到底莫不是土地使用权"，"世界上无例外地界定地上权为物权，凭借权为债权。前者较后者大，可以转让、抵押，我国批租土地使用权类似，后者权小，我国划拨土地使用权类似。权利大小与义务大小必须是相称的，因而批租土地使用权理应大于划拨土地使用权"。对此，戚名琛还指出，"土地产权结构可分为三大层次：第一层次，只有所有权这一权利，是其他两个层次的母权；第二层次，包括占有权、使用权等，以使用权为主，土地抵押权等都是以使用权为标的物，土地使用权具有特殊重要性；第三层次，包括收益权、处分权，这些权利离开所有权和使用权就无从存在"。③从以上论点可以看出，坚持两权分离思想的学者，并不排斥权利束理论、物权理论。但他们既不赞成从权利束理论推出土地所有者将土地所有权的一部分赋予土地使用者，也不赞成从物权理论推出划拨土地使用权也属于他物权或土地租赁权属于他物权。城市土地产权讨论为我国城市土地所有权与使用权分离和土地有偿使用奠定了理论基础。

3. 对城市土地市场机制运行的讨论

完善我国城市土地市场机制是 90 年代我国城镇土地制度改革的又一重点内容。从研究方法来看，一些学者将此研究与城市土地产权制度研究相结合，还有学者利用马克思地租理论或西方经济学理论来研究我国城市土地市场机制。从研究角度看，有学者从土地作为生产要素角度认为，开放土地市场的根本目标是孕育土地价格机制，使城市土地资源配置和使用引入有效传导机制和动力机制。也有学者认为我国城市土地市场构建目标与城市土地制度创新目标应一致，即充分

① 中国城市土地使用与管理课题组：《我国城市土地使用制度及其改革》，载《中国社会科学》，1992 (2)。
② 沈守愚：《从物权理论分析土地产权权利束的研究报告》，载《中国土地科学》，1996 (1)。
③ 戚名琛：《土地产权制度建设若干问题思考》，载《经济研究参考》，1993 (4)。

发挥土地作为生产要素和资产双重功能以及调控职能。[①] 对城市土地市场机制研究还包括了对城市土地价格、土地增值理论等的研究，有学者利用马克思地租理论对城市土地价格的上涨机制进行了探讨，还有学者对城镇土地增值进行分析，认为土地增值包括投资性增值和供求性增值，为政府调节土地市场以及合理分配土地收益提供了理论依据，尤其是土地资产理论的提出以及随后土地资产价格评估理论与方法的应用，为我国在 90 年代开始的企业股份改制中国有土地资产显化和增值保值提供了有力支持。

（三）农村土地制度研究更加注重改革方向和目标讨论

与 1990 年后国民经济新一轮高速增长和市场经济不断活跃相比，农民收入增长滞缓状况并未有明显改观，反而又凸显出种种不利局面，包括农业贸易条件恶化，"打白条"现象严重，农业资金外流，开发区圈占耕地等，再度引起人们的关注。总体看，20 世纪 90 年代以后，农村土地制度研究是在中国农村经济波动徘徊中展开的。针对农村经济出现的农民收入增长停滞，二、三产业发展缓慢等问题，理论界展开了广泛的讨论，对问题不同的判断产生了众多不同的看法，不过，有相当一部分学者认为这些问题产生的原因是家庭经营的规模过小，只有发展规模经营才是农村经济发展的出路，并对当时出现的一些规模经营的尝试进行了总结和归纳。还有的学者认为土地规模经营并不是万全之策，发展市场机制才是解决之道。总的说来，探讨的内容更加深入，中心与焦点涵盖了现有农村土地制度内在缺陷的剖析、农村土地产权制度的创新、农村土地经营制度探索以及农村土地流转机制的选择等。同时土地制度创新的实践在部分地区不断涌现，试图从新的实践中探索农村土地制度变迁方向的也比较突出，学者们试图通过跟踪、总结各地农村的创新经验，从中发现今后农村土地制度进一步变迁的线索，而较少要求从根本上变动农村土地制度。

1. 关于土地规模经营的探讨

土地规模经营历来都是人们讨论的内容，但在此时却显得更加突出。农村家庭联产承包责任制带来土地分散，不利于科技推广，不便于规模经营，限制了大型农业机械等现代化生产资料的应用及对农业的投入，影响了农民收入的提高，导致了规模不经济，偏低的收益也影响到了农民投资的积极性。并且，随着经济的发展，许多地区的农民不断地从农业逐渐转向非农业，农业经营日益兼

---

① 高波：《城市土地市场的建构目标与结构模式》，载《学术研究》，1992 (1)。

业化，在给农民增收带来了利好的同时，也导致了土地流转停滞和小规模经营格局凝固化。① 土地适度规模经营不是简单的土地归并，而是对农村土地经营方式进行变革，是农业长远发展的方向。关于土地适度规模经营观点在上一个阶段就已经出现，但是无论是广度还是深度都没有这一阶段深入，而且当时已经有一些地区在进行土地适度规模经营试验。实践证明，土地适度规模经营在提高土地生产率、提高农民收入、带动农业增加投入、促进农业技术进步等方面成效明显，对有效地制止抛荒，摆脱土地束缚，促进乡镇企业、小城镇建设等都具有重要作用。② 当时实践中的土地规模经营大多发生在"四荒地"及"两田制"、"股份合作制"等探索中；土地规模经营的具体形式主要有三类：集体办农场式、联户合作式和大户承包式。

在对土地规模经营评价方面，很多学者通过调查指出，当时规模经营仍停留在粗放经营层次，总体发展水平仍很低，范围小，层次不高，技术含量少。③ 有人认为，土地规模经营不等同于农业规模经营，根据土地数量确定农业生产经营规模，不符合现代农业发展实际。④ 还有学者指出，规模经济的根源是要素不可分割性，在农业生产中，除动力机械外，几乎不存在不能分割的要素，而农业机械也是可大可小，国外的一些数据表明技术上的规模经济即使存在，其数量通常也小于 10%。农村改革的目标应该是发育产品和要素市场，使产品和要素自由流动，不仅可以诱导农民根据产业、产品需求结构变化的信息不断地调整农业生产结构，达到增产增收的目标，而且可以引导农村非农产业健康发展。⑤

2. 关于农村土地制度改革变迁的分析

这一时期，理论界除了追踪局部地区农村土地制度创新实验和实践外，还试图揭示农村土地制度改革的变迁方向。运用西方新制度经济学和产权学派的理论研究中国土地制度改革的学者日渐增多。有学者运用新制度经济学及产权理论，建构了一个以工分制作为收入分配方式的生产队生产模型，在模型中正式引入了监督和监督费用，通过模型分析，发现生产队对劳动的激励效果是低下的，在农业生产中的监督费用也是很高的；而在家庭生产制度下，由于劳动者享有生产剩

① 韩俊：《土地政策——从小规模均田制走向适度规模经营》，载《调研世界》，1998 (5)。

② 舒亚清：《土地适度规模经营：发达地区农村改革的必由之路 (综述)》，载《理论学习月刊》，1996 (5)。

③ 武汉交通科技大学商学院农村经济课题组：《内地农村土地规模经营问题探析》，载《武汉交通大学学报》，1998 (1)。

④ 罗叶：《从更高层次重新探讨我国农业规模经营问题》，载《农业规模经营》，1992 (3)。

⑤ 林毅夫：《90 年代中国农村改革的主要问题与展望》，载《管理世界》，1994 (3)。

余索取权，对劳动进行监督和计量就不必要了，这是中国农村改革获得成功的根本原因，今后农村土地制度改革仍应沿着降低劳动监督成本和提高劳动激励的路径发展。[①] 有学者认为我国农村土地制度存在的突出问题是产权残缺，尤其是集体所有权主体的缺失，往往导致各个"上级"以所有者的名义来干扰农户承包土地的使用权。[②] 有学者认为中国农村土地制度改革必须要兼顾新产权合约及其执行和保障系统之间的互相协调，不能让产权创新孤军奋进，否则将影响整个改革的绩效。[③] 还有学者认为农村土地制度改革应紧紧围绕土地资源市场化配置方式，同时进行多方面的制度创新，如农村土地产权制度、土地组织制度和土地流转制度等都要适应市场经济发展的要求，都要继续创新和重构。

>>三、2000—2008 年　中国城乡公平化土地制度改革的研究与探讨<<

经过 20 世纪八九十年代中国农村土地制度改革的理论和实践，20 世纪 90 年代中国城镇土地市场化制度改革的成功推进，进入 21 世纪后，我国农村经济和城市经济均得以快速迅猛发展，中国提前实现了国民经济翻两番的目标，农民的收入水平较快提高，工业发展迅速，综合国力大大提升，我国区域经济改革与发展重心也从 80 年代的珠三角、90 年代的长三角转向西部大开发、振兴东北老工业基地、中部崛起和以滨海新区开发为龙头的环渤海经济圈发展。2001 年中国加入 WTO，中国经济融入世界经济一体化的推动力更有力地促进了国民经济的全面振兴，高速的经济增长、雄厚的经济实力，为中国 21 世纪探索城乡公平性土地制度研究既创造了条件，也营造了良好的市场氛围。不管是农村土地流转制度研究方面，还是农村征用土地制度完善的研究方面，农村土地产权制度改革的研究，都是在城乡公平性的土地制度目标框架下进行的，而这种公平性土地制度的主线就是土地市场化研究，是一种市场化基本框架下的城乡土地公平性制度研究与探索，其核心就是农村土地与城市土地在产权制度、利益分配制度中农民、农村和农业利益保障条件下的积极探索，这种探索一直积极地进行，无论是重庆和成都城乡综合性改革试点探索，还是广东集体建设用地的直接入市，也不管是

① 林毅夫、李周：《发育市场——九十年代农村改革的主线》，载《农业经济问题》，1992（9）。

② 刘守英：《中国农地制度的合约结构与产权残缺》，载《中国农村经济》，1993（2）。

③ 周其仁：《中国农村改革：国家和所有权关系的变化》，载《管理世界》，1995（3，4）。

土地参与国家宏观调控政策，还是土地市场化程度的测度研究，甚至城市土地储备制度研究，都是围绕着城乡土地公平化和统一的市场机制转移中心展开的。

（一）城乡土地制度一体化研究探讨

长期以来，我国在二元土地所有制基础上实行城乡有别的建设用地使用制度。农村乡镇企业用地、农民住宅用地、集体经济组织公共设施用地和公益事业用地等使用集体所有土地；而城市企业、城市居民等国有土地，需要占用集体土地的，必须先由国家通过土地征收将集体土地转为国有土地后再出让或划拨给土地使用者使用。这样，以二元土地所有制为基础，与城乡企业、居民身份相挂钩，长期依赖城乡分割管理的路径，形成了典型的城乡建设用地双轨制。改革和消除城乡二元土地制度一直是理论工作者的研究目标之一，但改变这种长期形成的原有制度的艰难性，使得这项改革的突破性进展推迟到了 21 世纪后中国进入到取消农业税的工业反哺农业阶段后才逐渐成为现实。中国学者关于城乡土地制度一体化的研究主要从城乡土地价格一体化和城乡土地市场一体化两个角度进行。

1. 城乡土地价格一体化研讨

实现城乡土地制度一体化的关键是消除城乡地价的"二元性"，城乡土地价格实现一体化，城乡土地制度才可能公平化。一些学者通过对城乡结合部地价的研究，对农业用地增值潜力进行预测，分别拟合出农业用地转为其他城镇用地类型后的价格水平，使之与城镇地价体系相应用地类型的地价衔接，从而实现城乡地价的一体化。有学者在对北京城乡结合部的土地价格变动规律以及土地价格形成机制等问题进行研究后，提出要规范集体土地合理流转的权属，集体土地所有权、开发权和土地使用权的转移。[①] 刘小玲分析了中国城乡土地市场的结构现状，探索了城乡土地市场体系建设的路径选择，提出要建立城乡一体化的土地市场体系，关键在于建立城乡协调的地价体系等。城乡一体化地价体系建立的实质是农用地地价与城镇地价的衔接，两种地价衔接的关键在于农用地完全价值的显化与量化。[②]

2. 城乡土地市场一体化研讨

中国土地市场可分为农村土地市场和城市土地市场，两者既有联系又有区

---

① 吕萍、姜东升：《城乡结合部土地价格及变动机制探索》，载《中国土地科学》，2003（2）。
② 刘小玲：《建立中国城乡一体的土地市场体系探索》，载《南方经济》，2006（8）。

别。我国城乡土地市场是一种二元市场，尽管城市土地市场是农村土地市场的延续，但是农村土地市场转变到城市土地市场是通过土地征用而发生所有权变更的，两者之间的价格没有联系，这样就形成了一种完全隔离的城乡土地市场。而要打破这种二元制度的关键就是要加快农地使用权流转，重要的就是农村建设用地流转。集体建设用地包括集体农业建设用地和集体非农建设用地两大部分。目前，中国土地市场中，主要是城市国有土地的垄断流转，集体非农建设用地进入隐形市场流转。当前我国土地市场的主要问题就是农村集体建设用地和非建设用地问题以及土地流转问题。

学术界从 20 世纪 90 年代就开始对此有所关注，并普遍认为建立土地流转机制最好的办法是通过市场机制来实现。[1] 有学者认为，我国农地制度的根本问题并不是所有权问题，农地使用权流转是任何一项农地产权制度改革都绕不开的问题，也是促使潜在利润内部化的帕累托最优选择。[2] 真正触及城乡土地公平性，主要体现在农村集体建设用地流转上，农村建设用地流转是构建城乡土地市场一体化的重要内容。理论工作者从不同角度对此进行了分析和探讨。首先，强调了农村集体建设用地流转市场的重要性。农村集体建设用地流转市场开放及其流转机制完善，对显化集体土地市场价值，逐步压缩土地征收范围非常有益。其次，还要深化土地产权改革，开通城乡建设用地市场。[3] 有学者对中国城乡建设用地市场进行了研究，分析了中国大部分地区建设用地呈现失常的低效状态的原因，得出城乡一体化的建设用地市场是土地市场建设的必然趋势。[4] 还有学者开始关注农地集体建设用地流转过程中的农民权益。"集体建设用地流转制度改革的目的，就是要打破二元土地所有制基础上的城乡建设用地双轨制，按照市场经济的内在要求建立城乡接轨的建设用地市场。但在这里需要注意保障农民的权益不受到侵害，因为土地流转过程中往往会侵害农民权益。"[5]

集体土地流转后的产权如何变化？传统的观点是集体土地必须先国有，然后再出让，这种流转不是城乡一体化的土地流转。城乡土地一体化的公平流转制度允许以下两种情况。第一种是允许集体建设用地入市后，设立集体出让土地使用权，从而建立起集体出让土地使用权和国有出让土地使用权两种产权基础上的统

① 杨学成、曾启：《试论农村土地流转的市场化》，载《管理世界》，1994（4）。

② 陈永志、黄丽萍：《农村土地使用权流转的动力、条件及路径选择》，载《经济学家》，2007（1）。

③ 王小映：《土地征收公正补偿与市场开放》，载《中国农村观察》，2007（5）。

④ 马凯：《中国城乡建设用地市场的统一趋势研究》，载《资源与产业》，2006（6）。

⑤ 许恒周、曲福田：《农村土地流转与农民权益保障》，载《农村经济》，2007（4）。

一市场。另一种就是允许集体建设用地入市后，将集体土地所有权转为国有土地所有权，从而将城乡建设用地市场统一到国有出让土地使用权一种产权基础上的一个市场上来。当然，这里已经涉及了产权问题，但主要还是城乡土地流转一体化的公平问题。集体建设用地使用制度改革可以先改革存量集体建设用地使用制度，再改革增量集体建设用地制度，同时，应建立和完善相关配套的土地收益分配调节机制。要进一步强化土地用途管制，完善以土地用途管制为核心的城乡土地统一管理制度，处理好土地利用总体规划、城市规划、村镇规划之间的关系，并积极吸收公众参与和监督。①

城乡建设用地市场供应创新模式是在坚持土地所有权与使用权分离原则的基础上，将国有土地和集体建设用地纳入统一的供应市场；遵循"规划控制市场配置"的市场运作方式，通过建立宏观调控管理下的土地市场供需平衡，实现市场机制对城乡土地资源配置的基础性作用；并在此过程中实行有效的监督机制，保证市场的公平竞争和正常运行。城乡建设用地市场供应的创新模式由三个层面组成：政府宏观调控管理层面、市场运行层面、监督层面。②

（二）加快土地市场化进程的研究探讨

城乡土地公平化制度研究的一个重要内容就是加快土地市场化进程研究。土地市场化包括土地市场管理制度、土地市场的法律和法规、土地制度环境体系，等等。我国土地市场化推进的明显特征是：土地市场化程度提高很快，但整体水平不高，土地市场化区域差异性明显，土地市场化多层次推进，但发展不同步。其根源就是土地产权与土地管理制度对市场化的约束；完善的土地市场化体系尚未完全建立，运行机制不完善、市场行为不规范；土地价格上的非市场化强力阻碍。提高中国土地市场化的对策要点是：要明确提高土地市场化的目标；要探索中国土地制度改革的新思路、新方法和新模式；应允许多种土地所有制并存，并要在实践中积极地探索中国土地公有制的多种实现形式；要探索和打破目前存在的土地所有权不平等即所有权上的"二元制度结构"，消除不平等待遇带来的利益与权利上的极大不公平。③ 我国经济体制改革的目标是建立社会主义市场经济体制，相比城市而言，整个农村的市场化进程较慢。土地作为农村最重要的生产

① 王小映：《推进集体建设用地市场化改革》，载《中国土地》，2005（12）。
② 刘继文、冯长春、金洁：《新农村背景下的土地市场供应模式创新探讨——基于佛山市龙江镇调研的思考》，载《特区经济》，2007（7）。
③ 张琦：《关于我国土地市场化的思考及建议》，载《中州学刊》，2007（1）（总第 157 期）。

要素，理应通过市场来配置，但农用土地流转还没有充分体现市场经济规律。目前，我国农用土地流转缺乏完整的土地测量评级、土地评估等中介组织以及土地信用、土地融资和土地保险等服务机构；土地交易和土地合同管理等制度体系不健全，基本上不能实现土地产权的跨区域流动。市场是配置资源的基础手段和有效方式，市场发育程度的不同会导致不同的资源配置和利用效率，提高我国土地利用集约度的主要思路应是推进土地市场创新，使市场成为土地资源配置的主要机制，并作为转变土地管理机制的基本点。[①] 在土地制度改革的理论与实践中，越来越多的学者考虑了土地市场化中的公平问题。土地市场化出让需要与政府住房保障制度结合，也就是在即将"招拍挂"的出让地块中有选择地配建动迁安置房或中低价保障住房建设指标，以此既可实现动迁安置房或中低价保障住房的市场化建设，又可落实不同住宅阶层的融合，解决中低收入阶层的空间失配现象。[②]

土地市场化经营的模式应该是国家垄断一级市场，放开二级市场，即政府通过征用增量土地，采用收回、收购、置换目前大量存量土地的办法，建立土地储备制度，然后对这些土地进行统一规划、开发、储备，最后依据市场价格原则和公共服务原则将土地出让给市场，建立土地市场化经营机制，并通过完善土地立法，改善土地管理，为土地改革提供有效的法律支持。[③]

（三）农地市场化改革的模式讨论及创新

为了切实维护农民利益、实现土地资源最优化配置、完善农村集体土地产权制度，必须实行农村集体土地的市场化运作。运作的主要模式有：加快土地承包权物权化，促进土地规模经营和转移农村人口；探索农村宅基地市场运作规则，建立农民财富积累机制；盘活农村非农建设基地，建立农村集体非农建设用地与国有土地同等进入市场交换的新机制。[④] 很多省市在农地改革过程中，发展了形式多样的农地流转模式。上海市农村土地流转研究课题组研究发现，在上海市农

① 曲福田、吴郁玲：《土地市场发育与土地利用集约度的理论与实证研究——以江苏省开发区为例》，载《自然资源学报》，2007（3）。

② 何芳、马洪波：《土地市场化出让与住房保障制度的结合》，载《住房保障》，2006（3）（总第 303 期）。

③ 揭明、张勇敏、刘振环、姚菊芬、王宏志、张大伟：《土地市场化经营存在的法律问题及对策研究》，载《学术交流》，2005（2）。

④ 顾吾浩：《农村集体土地市场化运作研究》，载《上海市经济管理干部学院学报》，2008，6（1）。

村土地流转中，一些地区正在运行或即将运行一种农村集体土地流转模式，其基本运作过程是：农民以土地使用权入股给集体，然后由集体再入股到乡（镇）或更高级的特定组织，由这个特定组织运作入股土地并以固定的报酬返还给集体，集体再将所得的收益分配给入股的农民，这种模式被称为上海市农村集体土地股份合作制模式。[①]

这一时期学术界对农地市场化改革进行了大胆的创新模式探讨。农村土地股份合作制就是农村土地市场化改革一种典型的创新形式，也叫股田制。股田制是在现有土地承包经营权基础上把土地创设为若干股份，发给农民土地股权证书。依据实际情况确定土地承包经营权收益，增加人口可获得股权收益，转出土地也可获得股权收益；减少人口，需要向集体交出超出部分的土地股权，转入土地也要交出相应的股权收益，在出现人口增减时采取动股不动地的原则。追求农业的产业化和经济的规模效益，实现收入的增加是农民进行土地流转的根本目的，这与股份合作制本身所具有的功能相似。

学者对农村土地股份合作制评价有两种不同观点。一种观点认为股份合作制是农民实现土地流转的有效方式。股份合作制对农村土地流转的现实意义有四个方面：有助于完善农民的土地产权制度；有助于实现农村经济的产业化；有助于农民实现规模经济；有助于建立和完善农村的新组织。[②] 应当按照"集体土地股份化、土地产权物权化、产权交易规范化"的思路，建立"归属明确、权责明晰、保护严格、流转顺畅"的土地产权市场交易机制和集体农民土地权益的保障机制。[③] 还有学者在对股田制的性质、风险、实施条件和发展趋势等做了全方位分析后认为，在土地集体所有权和家庭联产承包责任制不变条件下，我国应把股田制作为农村土地流转创新目标制度。股田制在中国农村有普遍适用性，是实现农业现代化过程中的一种值得大力提倡的土地流转制度安排，在发达地区、中等发达地区都适用。[④] 考虑土地股份合作制产生的具体诱因、制度创新特征和后果，土地股份合作制是在特定条件下主要由土地增值收益所诱致的一种过渡性的制度安排。土地股份合作制以股份化和合作化的形式实现了组织和管理形式上的一体化，以股份化的收益分配形式满足了社区内的多重需要以及将市场风险分散

① 上海农村土地流转研究课题组：《上海市农村集体土地股份合作制模式的研究》，载《上海综合经济》，2001（7）。

② 韩江河：《论股份合作制对农村土地流转的现实意义》，载《广西大学学报（哲学社会科学版）》，2007（1）。

③ 黎元生：《农村土地产权配置市场化与制度改革》，载《当代经济研究》，2007（3）。

④ 唐国华、朱小静：《股田制：农村土地流转创新的目标制度》，载《农村经济》，2007（7）。

化，在一体化的基础上以决策权的集中化实现了对土地增值收益等各类潜在收益最大程度的挖掘和集体分享。① 许多学者从合作制和股份制相结合的角度来分析土地股份合作制的制度创新特征，认为土地股份合作制是对股份制的改造、对合作制的发展。土地股份合作制是坚持农地集体所有的前提下完善家庭承包制的一种制度创新，实现了土地利用效率目标和集体福利目标的统一，协调解决了农村土地利用和社会经济发展中的诸多矛盾。

另一种是对股份合作制持质疑的观点。这部分学者认为，股份制仅仅是为了降低生产经营风险而建立的一种合作方式，并不适合一切生产经营活动。在股份制下，普通股东要以某种方式参与管理活动，以保障自己的权益。农民专业合作社一般来说不必是股份制企业，虽然它们的建立也是为了降低交易成本，减少经营活动中的各种风险。在所有农业发达的国家，农民专业合作社并不是以土地入股而建立的；农民与合作社的联系是以自己与合作社的交易量来获得由合作社创造的属于自己的那部分利益。离开了市场交易，在直接生产环节上，农业生产还是以家庭经营为主。②

（四）农地征用制度改革研究

1998 年修订的我国《土地管理法》正式确立土地用途管制后，农用地征收制度与土地用途管制相结合，土地征收成为政府实施农用地转用管制的重要手段。虽然从 20 世纪 90 年代中期开始，理论界就开始探讨土地征用补偿和土地收益分配问题，但从城乡土地制度公平化角度来探讨土地征用制度，则是从 2000 年后深入的。这一方面是因为中国城市经济发展取得巨大成就，开始进入到工业反哺农业、城市带动农村的新阶段；另一方面是城市土地与农村土地之间巨大的价格差距导致了农民利益受损，众多腐败现象严重扰乱了房地产和土地市场秩序。

1. 农村征地制度改革的紧迫性

我国农地非农化的唯一合法途径是土地征收或征用。尽管现行征地制度的产生有其特殊的时代背景，③ 但是它有效地保证了国家社会经济发展所需要的土地。现在仍然存在着征地目标泛化和补偿标准偏低等缺陷，严重侵害了农民的土

① 王小映：《土地股份合作制的经济学分析》，载《中国农村观察》，2003 (6)。
② 党国英：《建设新农村必须深化农村土地制度改革》，载《中国城乡桥》，2007 (8)。
③ 周其仁：《农地产权与征地制度——中国城市化面临的重大选择》，载《经济学（季刊）》，2004，4 (1)。

地权益。农民们普遍反映现行的征地补偿标准偏低，征地补偿费分配操作缺乏规范，农民缺乏参与权和知情权，对现有征地制度大多持不满意态度。① 对我国现行的征地制度，理论界普遍一致的看法是现行征地制度存在征地目标泛化、征地补偿标准偏低、征地程序不尽规范等缺陷。土地股份合作制的实践从一个角度说明，改革现行农地征用制度，保障农民参与分享农地转用过程中的土地增值收益，已经成为促进城乡经济社会协调发展的现实要求。② 要从征地补偿标准、征地程序、征地补偿机制、安置办法、社会保障等方面探讨征收制度改革的途径。③

消除土地征用制度弊端十分必要和紧迫。土地征用制度的弊端之一在于土地产权制度不合理，即在城乡土地制度中集体土地所有权与国有土地所有权实际地位不平等，这是征地制度存在问题的根源。具体表现在：农村土地所有权主体不明，使当事人缺乏维权的法律支持；农民土地承包经营权缺乏排他性，使当事人缺乏维权的自我激励；政府对农地产权的不当限制直接侵害了当事人的土地权。④ 弊端之二是没有正确界定公共利益和非公共利益性质征地行为界限，实际征地中往往是假借公共利益征地而实际上是非公共利益经营。弊端之三是产权主体模糊。法律规定只有国家可以征用农村土地，但是实际征用过程中征地的往往有国家、省市县、国有企业和股份制企业等，从而造成了在征用农村土地上的混乱现象。⑤

2. 改革土地征用制度的要点

改革征地制度需要注意以下要点。其一，必须使集体土地和国有土地地位平等。当然，主体地位平等并不意味着权利性质相同。在国家宏观经济战略发展和转型过程中形成的集体土地所有制的产权特征决定了现行土地征用制度所面临的社会问题，其关键仍然在于将土地作为直接生产资料和劳动对象的农民的利益诉求无法在征地过程中得到合理的表达。因而，土地征用制度的改革从根源上与对现行集体土地产权制度的改革方向是一致的。在公平与效率的前提下明晰集体土

① 钱忠好等：《我国城乡非农建设用地市场：垄断、分割与整合》，载《管理世界》，2007 (6)。

② 王小映：《土地股份合作制的经济学分析》，载《中国农村观察》，2003 (6)。

③ 蒋省三、刘守英：《农村集体建设用地进入市场势在必行》，载《决策咨询》，2003 (10)。

④ 冀县卿、钱忠好：《论我国征地制度改革与农地产权制度重构》，载《农业经济问题》，2007 (12)。

⑤ 国家限制是对土地的归属、流动及制度安排与变迁施加影响。它包括公有制度，税赋制度，农田保护、用途管制和农地征用制度等。

地的产权内涵，完善其在经济上实现的具体形式是征地制度改革的根本要求。在此基础上，从目的性的审查、补偿安置的内容、征用补偿的程序等方面加以完善构成了征地制度改革的具体需要。[①] 其二，需要区分公益性用地和非公益性用地。黄小虎认为，经营性用地采用征收形式，按市场价格给集体以补偿，国家在获得土地所有权后或出租或出让给用地者，按不同标准对农民进行补偿。[②] 对于补偿的地价确定，可通过有资质的评估机构进行估价后由征地双方确定，并根据国家有关规定进行土地登记。[③] 有学者认为公共利益是一个动态的概念，有绝对公共利益和相对公共利益之分，相对公共利益在不同的发展阶段可能有不同的内容。[④] 也有人提出征地时不区分"公共利益"与"非公共利益"的差别，推行"片区综合补偿价"，但在供地时则要考虑这种差别，对"非公共利益"用地收取较高的土地出让金以弥补"公共利益"征地时多付出的补偿费。[⑤]

3. 农村土地征用补偿制度改革

对农村土地征用补偿制度的摸索与探讨也是这一时期理论探讨的重点。学术界对征地补偿问题研究主要从地价补偿和土地收益分配角度进行，其中最核心也存在最多争论的是如何实现公正补偿。

其主要观点有六个方面。其一，根据被征地者失去土地后的生活成本来确定补偿标准和补偿分配办法。[⑥] 其二，通过合理配置和界定土地发展权并对土地发展权进行补偿以实现对被征地者的公正补偿。[⑦] 其三，建立市场价格征地补偿标准，即"按价补偿"。以可以满足农民生活需求等为目标，参照城镇中等收入水平家庭收入补偿被征地农民，淡化被征地农民对土地过分依附的思想，引导扶持农民走富裕与市民之路。其四，按照包括农业租金价值、预期成长性增值和选择性价值的公平市场价值进行补偿。因为在不考虑规划管制影响，在完全竞争的土

---

① 刘向南、曲福田：《土地征用制度改革问题综述》，载《南京农业大学学报（社会科学版）》，2005（4）。

② 黄小虎：《征地制度改革的经济学思考》，载《中国土地》，2002（8）。

③ 刘燕萍、任庆恩：《村委会无权截留村民小组征地收益——兼谈集体土地所有权法律制度的缺陷》，载《中国土地》，2004（1）。

④ 陈江龙、曲福田：《土地征用的理论分析及我国征地制度改革》，载《江苏社会科学》，2002（2）。

⑤ 刘永湘、杨明洪：《农民集体所有建设用地流转的创新模式分析与评价》，载《国土经济》，2003（5）。

⑥ 卢海元：《土地换保障：妥善安置失地农民的基本设想》，载《中国农村观察》，2003（6）。

⑦ 黄祖辉、汪晖：《非公共利益性质的征地行为与土地发展权补偿》，载《经济研究》，2002（5）。

地市场中，对于农用地而言，公平市场价值不仅仅是指与农用地质量、肥力和农产品价格相关的农业租金价值，还包括与土地区位以及影响城市成长的人口等因素相关的成长性增值和农用地的选择性价值等，距离城市边缘越近农用地的公平市场价值就越高，距离城市边缘越远农用地的公平市场价值逐步降低。[①] 其五，有学者提出土地所有权补偿、农民生存权补偿、地上物补偿、残余地补偿、生态环境效益补偿的五项内容。[②] 除了考虑对被征土地本身赔偿以及失地者生活安置外，不应忽视残留地和相邻土地损失赔偿。[③] 除现有补偿内容外，还要增加农民在 30 年内土地收益权损失、土地潜在收益损失、相邻土地损害、土地增值的价格损失，以及各项间接损失等。[④] 对不改变现行土地征用框架下非公益性质的征地项目，提出设立土地发展权补偿。[⑤] 其六，公平地进行征用补偿，法律应该赋予农民集体完整的土地产权，土地征用价格也应以农地转用后土地的用途为依据确定。根据被征地在土地市场中的供地价格，直接评估征用转用后的价格。在确定了转用后的土地的价格后，国家、集体、个人三方按比例分配农用地转用后的土地增值收益，分配比例的确定应有弹性。

关于补偿费用测算，有学者从资源经济学角度，认为土地征用补偿价格构成应包括土地的直接使用价值、间接使用价值、选择价值、存在价值和遗赠价值内容，同时补偿应该一概以完全补偿为原则。尽快完善农村土地的价格评估制度，全面考虑征地带来的社会、经济与生态影响，是今后补偿费用测算的方向。[⑥] 关于补偿发放，应该建立多元化补偿方式，可以是货币补偿，也可以是实物补偿和债券或股权补偿的方式。另外，强调避免低水平的一次性现金补偿，对土地全部或大部被征的农民，应建立、健全养老保障制度。

在征地补偿范围和标准方面，主要有以下几种观点。其一，避免土地征用与地产经营出现较大差距，以维持农民现有的生活水平。其二，根据不完全补偿的原则，应设置土地补偿费、青苗及建筑物和构筑物补偿、残余地补偿等主要项目，将劳动力安置补助费合并到土地补偿项目中。其三，全国统一的补偿项目无

① 王小映：《土地征收公正补偿与市场开放》，载《中国农村观察》，2007（5）。

② 张全景、王万茂：《我国征地补偿制度改革探讨》，载《国土与自然资源研究》，2003（4）。

③ 汪晖：《城乡结合部的土地征用：征用权与征地补偿》，载《中国农村经济》，2002（2）。

④ 朱明芬：《浙江失地农民利益保障现状调查及对策》，载《中国农村经济》，2003（3）。

⑤ 黄祖辉、汪晖：《非公共利益性质的征地行为与土地发展权补偿》，载《经济研究》，2002（5）。

⑥ 诸培新、曲福田：《从资源环境经济学角度考察土地征用补偿价格构成》，载《中国土地科学》，2003（6）。

法体现地区差异，主要表现在现有补偿项目已经不能满足经济发达地区的现实需求。主张国家只规定基本的补偿项目，允许各地根据实际情况增加必要的项目，但必须报国家批准。征地制度改革中的补偿标准应因地制宜，采取区别对待的方针，因地区差别确定不同的补偿标准，实行差别价格。其四，"私公兼顾论"。在公平补偿失地者的前提下，将土地自然增值的剩余部分用于支援全国农村建设。其五，征地补偿费重点应包括征用土地费、青苗及附着物费、少数残存土地补偿费、事业损失补偿安置费和福利费。

（五）农村土地产权制度改革研究探讨

城乡土地公平化制度研究不容回避，社会各界相关讨论的深层次问题就是农村土地产权制度改革。20 世纪 80 年代和 90 年代都曾掀起过讨论热潮，但是，21 世纪后的中国农村土地产权制度改革讨论却有所不同，这主要表现如下：其一，农村土地产权制度改革是在我国取消了农业税情况下进行的，农村土地承包权已经成为一种土地经营权；其二，农村土地开始出现了多种流转形式，农村土地市场化进程已经逐渐加快；其三，农村城市化速度加快，农村土地和城市土地市场化之间的联系开始紧密；其四，1996 年的《土地管理法》和修订后的《土地管理法》及 2002 年 8 月全国人民代表大会常务委员会通过的《中华人民共和国农村土地承包法》，使农村土地承包法制化，把国家对土地承包经营权的保护具体到农民土地承包权利、流转权利、收益权利和获取补偿的权利等方面，使对农民权益保护更直接、更具体，奠定了农村土地产权制度建设的法律基础。中国农地产权制度变迁从生产经营机制改造层面进入到土地财产权利构建层面，从政策规范层次进入到法律保护层次，取得了实质性的突破。

在这种情况下，沿袭以前的农地产权改革讨论，学者们提出四种意见：一是保留集体土地所有权，对其进行改革与完善；二是取消集体土地所有权，实行农村土地私有化；三是取消集体土地所有权，实行农村土地国有化；四是部分取消集体土地所有权，实行农村土地国家所有、集体所有和农民私人所有三者并存。

与前一时期不同，2004 年后，学者们大都从深化农地产权制度改革的角度，寻求更好的全方面改革的农地制度，而且更多从有利于城乡土地公平化制度改革的角度进行研究。根据现代产权制度的要求，要深化农村土地产权制度改革，全面确立农地现代产权制度。① 赞成农地国有化的学者认为国家应该拥有土地所有

① 王周宾：《现代产权制度与农村土地制度改革》，载《河南社会科学》，2004（3）。

权，赋予农民长期稳定能流转的物权性质的农地使用权。此外，可以寻求建立以农地使用权抵押为特征的农地金融制度。可以建立土地银行或者在农业银行内部特设"农地使用权抵押贷款部"来办理农地使用权抵押贷款业务。① 关于农地制度模式的选择则必须考虑中国的具体实际和改革面临的阻力，农地改革的最佳战略思路是：第一阶段实行土地股份所有，市场化经营；第二阶段实行农村土地农户个人所有制。②

这一阶段还涌现出了从新制度经济学角度分析农地制度的代表性文献。在中国转型期间，农地集体所有制无疑要优于私有产权和国有产权，是转型期中国农地所有权的最佳安排模式。这主要是由于市场化程度的相对落后以及国有制下多层委托—代理关系的高成本弊端等因素的限制，使得农地所有权的私有化和国有化往往是低效或是无效的，而农地集体所有制则随着排他性权利的赋予、农地市场的开放以及村民自治等方面的完善，弥补了私有制和国有制的诸多缺陷，成为一种相对较优的所有权安排模式。③ 赞成土地国有化的学者建议取消集体土地所有权，确立国家全部对土地终极和强制的所有权，根据不同用地类型，合理分解土地国有权的所有、占有、使用权处置等内容，实行土地使用年期财产制度，并延长有关土地使用期限至 999 年。④ 也有学者根据路径依赖理论，分析了家庭联产承包经营制度的确立和演进，在此基础上进一步提出了中国农村土地制度的创新模式及其基本框架。⑤

（六）土地政策参与国家宏观调控的讨论

长期以来，人们常见的经济宏观调控手段主要是财政、货币、汇率和产业政策等，其中财政政策和货币政策是最基本的手段。但从 2003 年开始，我国宏观调控政策中运用了土地政策，这是中国土地制度改革的一个尝试，对此，理论界出现了不同的意见，主要有两种代表性观点。

第一种观点认为土地能成为宏观调控的手段。黄小虎从多方面证明了土地管

① 颜运秋、王泽辉：《国有化：中国农村集体土地所有权制度变革之路》，载《湘潭大学学报（哲学社会科学版）》，2005（2）。

② 张琦：《中国农村土地制度改革模式探索》，载《当代经济科学》，2006，28（5）。

③ 陈志刚、曲福田、黄贤金：《转型期中国农地最适所有权安排——一个制度经济分析视角》，载《管理世界》，2007（7）。

④ 周天勇：《中国土地制度的困境及改革的框架性安排》，载《学习月刊》，2003（12）。

⑤ 蒋永穆、安雅娜：《中国农村土地制度变迁的路径依赖及其创新》，载《经济学家》，2003（3）。

理在宏观调控的作用。第一，土地规划可以成为调控的手段。土地规划是通过干预土地资源的配置（具体来说就是用途管制）来调节其他要素的配置。第二，地租地价是否能成为调控手段？在土地私有的条件下是不可能的，但是在土地国有的条件下则有这种可能。地价是地租的资本化，本质上也是地租。地租是土地的所有权在经济上的实现形式，是"地主"凭借着对土地的垄断参与社会剩余产品的分配。在现代市场经济条件下，土地所有权又进一步分解成很多权利，形成了很多相对独立的土地产权，有关权利人共同参与社会剩余产品的分配。因此，地租属于社会分配关系。总而言之，土地的调控作用是客观存在。自觉地去运用这个工具，可能用得好，也可能用不好。用得好能够起积极作用，用不好则会起消极作用。① 他还从土地规划要严，地租（地价）要灵活两方面说明土地如何更好地参与宏观调控。

土地政策参与宏观调控的手段，主要体现在四个方面：土地供应总量与结构调控、市场准入调控、土地价格调控和短期预警与动态调控。② 土地参与宏观调控的一个重要手段是土地收购储备制度的改革。土地收购储备是为了满足公共利益的需要、促进城市的综合开发和均衡发展、调控房地产市场的平稳运行，政府授权或委托专门机构，依据城市规划对特定范围内的土地，依法通过土地征用、土地使用权收回、土地置换、土地优先购买等方式取得土地使用权，并对相关土地使用权人给予合理补偿后，对取得的土地进行必要的开发、整理和储备，以便由政府划拨或予以集中出让的行政行为。土地收购储备包括土地取得、土地开发整理、土地储备与土地供应几个环节，每一个环节都有其特定的内涵。根据我国城镇土地收购储备的内涵、性质和基本特征，土地收购储备是服务于公共目的的行政行为，具有目的上的公益性、效力上的行政强制性、权利义务上对收购对象的补偿性、土地财产上的转移性、执行依据和程序上的法定性、功能上与土地市场的互补性、运作中的行政授权与委托性等特征。③

第二种观点则持质疑或反对意见。有学者认为土地不适宜做宏观调控的手段。宏观调控是需求管理，不是供给管理。宏观调控解决的是短期问题，供给管理则包括解决中长期问题，应当将需求管理与供给管理相结合，但不要把两者混为一谈。土地管理是供给管理，政府完全有权利根据土地的相关法律来管理好土

---

① 黄小虎：《土地调控与制度创新》，载《红旗文稿》，2008（3）。

② 胡进安：《土地政策参与宏观调控的途径和重点》，载《国土资源通讯》，2005（4，5）。

③ 王小映：《我国城镇土地收购储备的内涵、性质和特征分析》，载《城市发展研究》，2004，11（3）。

地。但是宏观调控是需求管理，是对经济短期变化的干预，因此，不应把土地作为宏观调控的内容。即使土地信贷影响了资金供求，影响短期的形势变化，也不要因此将它作为宏观调控内容。[①]

土地制度改革和完善是农村改革的核心，是中国建立社会主义市场经济的重要组成部分。我国在 30 年的改革开放历程中，边摸索边总结经验，学者们成为理论探索的先行者，为土地制度改革把脉、开方，每一时期理论讨论都紧密围绕着土地制度存在的问题、矛盾和改革方向等。从改革发展的方向看，在经历了 20 世纪 80 年代中国农村土地制度改革试点，90 年代城市土地制度改革成果推进，在 21 世纪，中国土地制度改革正沿着构建城乡公平化土地制度的目标不断探索。

>>主要参考文献<<

[1] 安希伋. 论土地国有永佃制 [J]. 中国农村经济，1988 (11).

[2] 毕宝德. 土地经济学 [M]. 北京：中国人民大学出版社，1993.

[3] 陈江龙，曲福田. 土地征用的理论分析及我国征地制度改革 [J]. 江苏社会科学，2002 (2).

[4] 蔡继明. 中国土地制度改革论要 [J]. 东南学术，2007 (3).

[5] 陈吉元. 完善联产承包责任制　推动农业迈上新台阶 [J]. 经济研究，1989 (12).

[6] 陈钦凤. 家庭联产承包责任制的性质及其发展趋向 [J]. 暨南学报：哲学社会科学，1984 (1).

[7] 陈泉生. 海峡两岸土地征用补偿之比较研究 [J]. 亚太经济，1998 (2).

[8] 陈述春，舒茂瑞. 浅谈农村土地适度规模经营问题 [J]. 农村经济，1988 (1).

[9] 陈世荣. 城市土地有偿使用与城市建设 [J]. 企业经济，1984 (11).

[10] 陈锡文，韩俊. 如何推进农民土地使用权合理流转 [J]. 农业产业化：山东专辑，2006 (1).

[11] 蔡孝箴，郝寿文. 我国城市土地市场的若干问题 [J]. 城市，1989 (2).

[12] 崔智友. 中国村民自治与农村土地问题 [J]. 中国农村观察，2002 (3).

---

① 李晓西、曾学文、金三林：《从提高执政能力来看完善宏观调控》，见：李京文、刘国光、王洛林：《2005 年：中国经济形势分析与预测》，北京，社会科学文献出版社，2004。

[13] 杜润生. 农业生产责任制与农村经济体制改革 [J]. 中共山西省委党校学报，1981 (3).

[14] 冯明放. 土地制度改革中的适度规模经营问题 [J]. 理论导刊，1988 (6).

[15] 范为常. 优化农村土地制度的选择 [J]. 学习与探索，1989 (3).

[16] 樊万选. 国内外农地产权和使用权流转制度研究的回顾与展望 [J]. 世界农业，2008 (1)（总 345 期）.

[17] 付晓东. 中国城市土地潜力释放的"三级跳"——"政府＋土地＋金融"模式：不易流动的土地资源与易流动的金融资源的结合 [J]. 中共济南市委党校学报，2007 (1).

[18] 冯子标. 农业联系产量责任制和生产关系一定要适合生产力性质的规律 [J]. 经济研究，1981 (4).

[19] 郭爱请，葛京凤，梁彦庆. 城乡结合部土地估价探讨 [J]. 资源科学，2004 (1).

[20] 高鸿宾. 对农村集体经济中双层结构的历史认识 [J]. 农业经济问题，1985 (3).

[21] 顾吾浩. 农村集体土地市场化运作研究 [J]. 上海市经济管理干部学院学报，2008，6 (1).

[22] 何芳，马洪波. 土地市场化出让与住房保障制度的结合 [J]. 住房保障，2006 (3)（总 303 期）.

[23] 灏寒. 包产到户责任制产生和发展的历史必然性 [J]. 财经理论与实践，1982 (1).

[24] 胡进安. 土地政策参与宏观调控的途径和重点 [J]. 国土资源通讯，2005 (4，5).

[25] 韩江河. 论股份合作制对农村土地流转的现实意义 [J]. 广西大学学报：哲学社会科学版，2007，29 (1).

[26] 韩俊. 土地政策——从小规模均田制走向适度规模经营 [J]. 调研世界，1998 (5).

[27] 郝寿义. 论社会主义制度下土地的商品经济属性 [J]. 经济研究，1987 (7).

[28] 洪永崧. 家庭联产承包责任制是对马克思主义农业合作化理论的新发展 [J]. 中山大学学报：社会科学版，1984 (3).

[29] 黄小虎. 土地管理在宏观调控中的重要作用 [J]. 宏观经济研究，2004 (6).

［30］黄小虎. 土地调控与制度创新［J］. 红旗文稿，2008（3）.

［31］黄小虎. 运用土地政策参与宏观调控的理论与实践［J］. 中国地产市场，
　　　2006（12）.

［32］黄选平. 家庭联产承包责任制是对毛泽东农业合作思想的新发展［J］. 甘肃
　　　理论学刊，1984（1）.

［33］胡尹燕. 中国农村土地制度变革的历史回顾与创新思考［J］. 国土经济，
　　　2003（7）.

［34］黄祖辉，汪晖. 非公共利益性质的征地行为与土地发展权补偿［J］. 经济研
　　　究，2002（5）.

［35］蒋克平. 应该确立农民的土地所有权——变革农村土地制度初探［J］. 安徽
　　　财贸学院学报，1989（1）.

［36］揭明，张勇敏，刘振环等. 土地市场化经营存在的法律问题及对策研究
　　　［J］. 学术交流，2005（2）.

［37］冀县卿，钱忠好. 论我国征地制度改革与农地产权制度重构［J］. 农业经济
　　　问题，2007（12）.

［38］江新，苏晨汀. 关于农村家庭联产承包责任制的进一步思考［J］. 江西社会
　　　科学，1987（3）.

［39］金晓月. 农村宅基地流转模式构建探析［J］. 农村经济，2006（7）.

［40］刘辉煌. 城市土地有偿使用问题新探［J］. 湘潭大学学报：哲学社会科学
　　　版，1989（3）.

［41］雷厚礼. 坚持公有制完善使用权——农村土地使用上的问题和对策［J］. 贵
　　　州社会科学，1991（9）.

［42］罗海平. 农地产权制度改革目标——私有化［J］. 农业经济问题，1988
　　　（11）.

［43］刘继文，冯长春，金洁. 新农村背景下的土地市场供应模式创新探讨——
　　　基于佛山市龙江镇调研的思考［J］. 特区经济，2007（7）.

［44］刘嘉毅. 股田制发展的约束因素分析［J］. 农村经济，2005（6）.

［45］刘隆. 包产到户是现阶段加快农业发展的劳动管理形式［J］. 经济问题探
　　　索，1981（1）.

［46］吕萍. 城乡经济一体化中集体土地流转问题研究［J］. 中国农业资源与区
　　　划，2003（4）.

［47］吕萍，姜东升. 城乡结合部土地价格及变动机制探索［J］. 中国土地科学，

2003 (2).

[48] 吕萍，孙琰华. 农地转用价格确定模型与实证研究 [J]. 中国农村观察，2004 (4).

[49] 李庆曾. 谈我国农村土地所有制结构改革 [J]. 农业经济问题，1986 (4).

[50] 刘石成. 宏观调控中的土地转让问题 [J]. 经济问题，2007 (5).

[51] 刘书楷. 构建我国农村土地制度的基本思路 [J]. 经济研究，1989 (7).

[52] 刘守英. 土地使用权流转的背景、原因及要注意的主要问题 [J]. 国研报告，2001 (11).

[53] 刘守英. 中国农地制度的合约结构与产权残缺 [J]. 中国农村经济，1993 (2).

[54] 李文，杨继瑞. 我国城市土地制度改革的理论思考 [J]. 经济研究，1990 (8).

[55] 刘小玲. 建立中国城乡一体的土地市场体系探索 [J]. 南方经济，2006 (8).

[56] 刘向南，陈定荣等. 公共利益：理论与实现的比较研究 [J]. 城市规划学刊，2005 (4).

[57] 刘向南，曲福田. 土地征用制度改革问题综述 [J]. 南京农业大学学报：社会科学版，2005 (4).

[58] 林毅夫，李周. 发育市场——九十年代农村改革的主线 [J]. 农业经济问题，1992 (9).

[59] 林毅夫. 90 年代中国农村改革的主要问题与展望 [J]. 管理世界，1994 (3).

[60] 黎元生. 农村土地产权配置市场化与制度改革 [J]. 当代经济研究，2007 (3).

[61] 罗叶. 从更高层次重新探讨我国农业规模经营问题 [J]. 农业规模经营，1992 (3).

[62] 吕益民. 城市土地使用费的构成与土地价格问题 [J]. 经济研究，1990 (8).

[63] 吕益民，王进才. 论我国土地产权制度的改革 [J]. 经济研究，1990 (8).

[64] 李肇文. 城市土地的有偿使用与土地使用费 [J]. 企业经济，1983 (8).

[65] 梁秩森，刘少波. 逐步实现全部土地国有化是建设有中国特色的社会主义的重大战略措施 [J]. 体制改革探索，1987 (3).

[66] 麻宝斌. 公共利益与公共悖论 [J]. 江苏社会科学，2002 (1).

[67] 马德安. 农业生产的组织管理形式要由生产力发展水平决定 [J]. 经济研究，1981 (1).

[68] 马凯. 中国城乡建设用地市场的统一趋势研究 [J]. 资源与产业，2006 (6).

[69]《农村合作经济研究》课题组. 对农村合作经济的动向和趋势的认识 [J]. 农业经济问题，1985 (8).

[70] 农业部农村经济研究中心. 我国农村经济发展面临的问题及战略转变 [J]. 经济研究，1994 (1).

[71] 乔凤山. 农业生产责任制是适应生产力状况的生产关系的具体形式 [J]. 内蒙古社会科学：汉文版，1981 (6).

[72] 钱建平，周勇. 基于 DRS 的城乡结合部土地价格影响因素体系的构建 [J]. 地理与地理信息科学，2004 (11).

[73] 邱建强. 浅谈农业承包年限问题 [J]. 经济问题探索，1984 (3).

[74] 戚名琛. 土地产权制度建设若干问题思考 [J]. 经济研究参考，1993 (4).

[75] 戚名琛. 综述城市土地产权制度建设的三种思路 [M] //南京地政研究所. 中国土地问题研究. 合肥：中国科学技术大学出版社，1998.

[76] 钱梦梧. 从联产承包责任制的发展看农村合作经济的前景 [J]. 江苏社会科学，1983 (6).

[77] 邱永和. 我国城市土地有偿使用的理论选择 [J]. 江汉论坛，1990 (8).

[78] 钱忠好. 我国城乡非农建设用地市场：垄断、分割与整合 [J]. 管理世界，2007 (6).

[79] 宋国剀. 城乡结合部研究综述 [J]. 社会学研究，2004 (2).

[80] 史金善. 社区型土地股份合作制：回顾与展望 [J]. 中国农村经济，2000 (1).

[81] 孙佩兰. 谈城市土地的有偿使用 [J]. 天津社会科学，1985 (6).

[82] 宋启林. 运用经济规律解决城市土地问题 [J]. 城市规划，1981 (2).

[83] 沈守愚. 从物权理论析土地产权权利束的研究报告 [J]. 中国土地科学，1996 (1).

[84] 舒亚清. 土地适度规模经营：发达地区农村改革的必由之路（综述）[J]. 理论学习月刊，1996 (5).

[85] 唐国华，朱小静. 股田制：农村土地流转创新的目标制度 [J]. 农村经济，

2007（7）.

［86］唐洪潜，陈武元. 对包产到户的初步探讨［J］. 农业经济问题，1980（12）.

［87］唐允斌. 土地公有　有偿委托——对我国土地使用制度的探讨［J］. 经济研究，1985（12）.

［88］王成艳. 城乡统筹下的农地非农化制度改革［J］. 山东农业大学学报：社科版，2006（4）.

［89］文迪波. 还农村土地所有制形式的本来面目——国家土地所有制［J］. 农业经济问题，1987（8）.

［90］王贵宸，魏道南. 论包产到户［J］. 经济研究，1981（1）.

［91］汪晖. 城乡结合部的土地征用：征用权与征地补偿［J］. 中国农村经济，2002（2）.

［92］武汉交通科技大学商学院农村经济课题组. 内地农村土地规模经营问题探析［J］. 武汉交通大学学报，1998（1）.

［93］王克强，罗庆，刘红梅. 中国城乡土地市场一体化政策模拟国内研究综述［J］. 中国土地科学，2007，21（5）.

［94］王敏典. 试论城市土地使用权的有偿出让和转让［J］. 深圳大学学报，1990（2）.

［95］王松需，郭明. 论"包产到户"与"包干到户"［J］. 经济研究，1981（10）.

［96］温铁军. 中国农村基本经济制度研究："三农"问题的世纪反思［M］. 北京：中国经济出版社，2000.

［97］王小映. 土地股份合作制要慎行［N］. 经济学消息报，2002-01-04.

［98］王小映. 土地制度变迁与土地承包权物权化［J］. 中国农村经济，2000（1）.

［99］王小映. 土地征收公正补偿与市场开放［J］. 中国农村观察，2007（5）.

［100］王小映. 推进集体建设用地市场化改革［J］. 中国土地，2005（12）.

［101］王小映. 我国城镇土地收购储备的内涵、性质和特征分析［J］. 城市发展研究，2004，11（3）.

［102］徐承华. 关于完善包干到户生产责任制的几点看法［J］. 江淮论坛，1982（5）.

［103］许经勇. 完善家庭联产承包责任制的若干问题［J］. 厦门大学学报：哲学社会科学版，1984（4）.

［104］肖艳霞. 农村土地金融制度创新及政策建议［J］. 金融理论与实践，2007
　　　（7）（总 336 期）.

［105］杨重光. 城市土地有偿使用的核心是规定合理的收费标准.［C］//中国土
　　　地学会 1987 年学术讨论会论文选集.

［106］杨重光，吴次方. 中国土地使用制度改革十年［M］. 北京：中国大地出版
　　　社，1996.

［107］杨经伦. 农村土地制度的变革与创新［J］. 农业经济问题，1987（7）.

［108］袁庆寿，王兴化. 论土地家庭承包制时期农村产权关系及其发展［J］. 北
　　　方论丛，1995（6）.

［109］杨学成，曾启. 试论农村土地流转的市场化［J］. 管理世界，1994（4）.

［110］杨勋. 国有私营：中国农村土地制度改革的现实选择——兼论农村改革的
　　　成就与趋势［J］. 中国农村经济，1989（5）.

［111］应笑我. 中国土地忧思录［J］. 改革内参，2003（32）.

［112］颜运秋，王泽辉. 国有化：中国农村集体土地所有权制度变革之路［J］.
　　　湘潭大学学报：哲学社会科学版，2005，29（2）.

［113］周诚. 关于我国农地转非自然增值分配理论的新思考［J］. 农业经济问题，
　　　2006（12）.

［114］周诚. 论包产到户［J］. 经济理论与经济管理，1981（2）.

［115］周登科. 农村土地制度改革必须坚持生产力标准——兼评当前集中土地制
　　　度改革的观点［J］. 生产力研究，1990（1）.

［116］张舫. 社会主义初级阶段和我国农村家庭联产承包责任制［J］. 吉林大学
　　　学报，1989（1）.

［117］张方. 城市土地经济性质浅析［J］. 江汉论坛，1985（12）.

［118］中国城市土地使用与管理课题组. 我国城市土地使用制度及其改革［J］.
　　　中国社会科学，1992（2）.

［119］朱明芬. 浙江失地农民利益保障现状调查及对策［J］. 中国农村经济，
　　　2003（3）.

［120］张培春. 再谈农村家庭联产承包责任制［J］. 渤海大学学报：哲学社会科
　　　学版，1990（1）.

［121］诸培新，曲福田. 从资源环境经济学角度考察土地征用补偿价格构成［J］.
　　　中国土地科学，2003（6）.

［122］张琦. 关于我国土地市场化的思考及建议［J］. 中州学刊，2007（1）（总

157 期).

[123] 张琦. 中国农村土地制度改革模式探索 [J]. 当代经济科学，2006，28 (5).

[124] 张琦. 中国农村土地制度建设发展模式初探 [J]. 经济研究，1990 (8).

[125] 张全景，王万茂. 我国土地征用制度的理论考察及改革思考 [J]. 经济地理，2003 (11).

[126] 郑庆平. 论农业生产责任制 [J]. 农业经济问题，1981 (11).

[127] 周其仁. 农地产权与征地制度——中国城市化面临的重大选择 [J]. 经济学：季刊，2004，4 (1).

[128] 周其仁. 中国农村改革：国家和所有权关系的变化（上、下）[J]. 管理世界，1995 (3，4).

[129] 郑荣禄. 中国城市土地经济分析 [M]. 昆明：云南大学出版社，1996.

[130] 朱守银. 南海市农村股份合作制改革试验研究 [J]. 中国农村经济，2002 (6).

[131] 詹武，何乃维，张保民. 联产责任制发挥了社会主义集体农业的优越性 [J]. 中共陕西省委党校学报，1981 (3).

[132] 朱文. 新农村建设中农村集体土地流转制度改革与创新 [J]. 农村经济，2007 (9).

[133] 张朝尊，吕益民. 中国土地经济问题研究中的几个问题 [J]. 经济学家，1990 (6).

[134] 张朝尊. 中国社会主义土地经济问题 [M]. 北京：中国人民大学出版社，1991.

[135] 张薰华. 论社会主义经济中地租的必然性 [J]. 调查与研究，1985 (5).

[136] 张薰华. 土地经济学 [M]. 上海：上海人民出版社，1987.

[137] 赵源，张岩松. 深化农村土地制度改革的基本趋势 [J]. 中南财经政法大学学报，1989 (6).

[138] 朱元珍. 家庭联产承包责任制是社会主义合作经济的新发展 [J]. 北京师范大学学报：社会科学版，1985 (1).

Ⅸ.

农村市场化改革 30 年理论回顾

中国农村的市场化改革，始于 1978 年安徽、四川等地的家庭联产承包责任制。家庭联产承包责任制的实行，不仅扭转了当时陷入"贫穷社会主义"困境的农村形势，也使得农村经济体制的改革成为了中国市场化改革的突破口。中国农村经济 30 年的改革历程，并不是一帆风顺的，在理论上也存在激烈争论。

>>一、1978—1984 年：农村改革突破的理论探讨<<

农村改革在这一阶段主要是确立了家庭联产承包责任制。家庭联产承包责任制的确立，打破了 20 多年来人们对于社会主义农村经济模式的传统认识，在理论界引发了最为广泛和激烈的争论。家庭联产承包责任制的实行（包括初期的包产到户和包干到户）触动了生产关系的变动，受到维护传统社会主义观点的"传统派"的反对，以及看到计划经济的弊病和家庭联产承包责任制所迸发生机的"改革派"的支持，在以下两个方面出现争论。

（一）关于家庭联产承包责任制产生原因的讨论

为什么会出现家庭联产承包责任制，主要有以下看法。

1. 反对 "左" 倾路线结果论

万里认为："群众要求搞包产到户，是对极'左'路线的反抗"[①]；也有人认为，农业集体化"存在着一些严重的问题"，造成"这部分生产队中最穷的，连温饱问题也不能解决，简单再生产也很难维持"，其原因"主要是'左'倾思潮、

——————

① 陆子修：《"三农"论衡》，19 页，北京，人民出版社，1997。

极'左'路线的干扰和破坏，其中最突出的有两条：一是劳动管理、生产指挥上的主观主义……二是分配上的平均主义"；"即使在那些长期落后贫困的社队，集体经济已失去任何吸引力，农民仍然没有表示要背弃社会主义道路，而是在社会主义许可的范围内，自发地努力寻找摆脱恶性循环的突破口，这就是包产到户的由来"。[①]

2. 生产力水平决定论

有学者认为，低下的农业生产力是家庭承包制得以存在和发挥作用的物质条件。在我国的许多边远落后地区，劳动工具仍以简单的手工工具为主，劳力仍以人力和畜力为主，"在这种情况下，农民个人的体力强弱、技术高低以及劳动态度好坏，对农业生产的成果起着决定性的作用。在这类地区，农民从实际情况出发，要求责任到人，包产到户，是很自然的。"[②] 杜润生认为："在这个过程（合作化过程）中，家庭式的经营不可能一个早上废除掉，有必要在一定时期内利用它的形式而改革它的内容，利用它的潜力"，"一种旧生产关系，在它所容纳的生产力未充分发挥以前，其作用不会自行消失的，家庭式经营也是这样"。[③]

3. 管理者素质决定论

有学者指出，"家庭经营方式之所以产生并能长期存在下去，还因为现阶段我国农村干部的政治素质和业务素质不足以胜任对集体大农业的经营管理"。相对来说，以商品生产为目标的家庭经营，则要比管理一个合作经济组织"简单得多，容易得多"。[④]

4. 体制薄弱论

陈锡文认为，农村之所以产生家庭联产承包制并成为中国改革开放的突破口，原因在于：第一，"原有的农村经济体制严重制约了农村生产力的发展，阻碍了农民收入的提高和生活的改善"；第二，"农民从未被政府'包'下来过，因此，他们不怕在改革中会失去什么既得利益，农民是最无保留地支持改革的群体"；第三，"相对而言，农村是计划经济的薄弱环节，因而改革也易于从这里突破"；第四，"农业自身的生产特点，与其他部门相比较，农业是一个最具特点的

---

① 吴象：《阳关道与独木桥——试谈包产到户的由来、利弊、性质和前景》，载《人民日报》，1980-11-05。

② 杨勋：《论包产到户——一个重要的理论政策问题》，见：中国农村发展问题研究组编：《包产到户资料选（一）》，1981。

③ 杜润生：《中国农村经济改革》，121～122页，北京，中国社会科学出版社，1985。

④ 刘文璞、魏道南、秦其明：《中国农业的社会主义道路再认识》，164～166页，北京，中国社会科学出版社，1987。

经济部门"。① 吴象通过对农村改革和城市改革的比较，提出："城市中旧体制的这一套照抄前苏联的东西非常顽强，扩大企业自主权，扩大不了……当然农村也是高度集中统一，农村里折腾得更厉害，但是比较起来，农村只有大锅饭，没有铁饭碗，而且农民消极怠工，不满情绪非常普遍，有强烈的愿望要突破旧体制的框框。是整个旧体制的薄弱环节，有可能先突破，突破以后，推动作用也大。"②

从实践看，安徽的家庭经营方式之所以产生，是因为 1978 年安徽发生了特大旱灾，而传统的集体经营方式已不能使农民在灾荒之年得到最基本的温饱。包产到户仅仅是农民想吃饱肚子，以度过灾荒。在当时的情况下，安徽省肥西县农民的这一做法得到万里等领导的支持，并且当年粮食生产就得到了空前的丰收。包产到户潮流只用了 2～3 年的时间便席卷全国，到 1984 年底，全国 569 万个生产队中的 99.96％实行了包产到户和包干到户。

（二）关于家庭承包责任制性质的讨论

关于家庭承包责任制性质的讨论，主要有以下三种观点。

1. 单干论

这一派学者认为，在包干到户中，"把生产队的土地分到各户经营，只明确完成国家的征购任务，收入归户计算；有的虽明确以户完成国家的征购任务……但否定了生产队的统一经营、统一核算和统一分配；主要农活和农事活动由户安排，产品的主要部分由户自行支配"③，因此本质上是分田单干。也有人认为，包产到户"把主要作物的全部农活都交给了个人承担，产量也完全由个人负责，失去了集体劳动和统一经营的基本特征，而变成了分散的个体经营"，因此，包产到户和集体经营下的"生产责任制"是有本质上的区别的。④ 这一派的大多数学者认为，家庭联产承包责任制改变了农村的生产资料集体所有制。实行家庭承包之后，很多生产资料，包括耕牛等都分到了农户并且归家庭支配，土地的经营权下放到了个体，这就动摇了公有制的基础。⑤ 从这种逻辑出发，他们认为家庭承包制没有贯彻或者削弱了按劳分配原则，部分生产资料在一定程度上归个体支

---

① 陈锡文：《中国农村改革：回顾与展望》，50～55 页，天津，天津人民出版社，1993。

② 杜润生等：《思考与选择——关于中国农村改革和发展问题研究》，74 页，北京，中共中央党校出版社，1990。

③《分田单干必须纠正》，载《农村工作通讯》，1980（2）。

④ 严正农：《包产到户不是生产责任制》，载《大众日报》，1980-03-20。

⑤ 刘必坚：《包产到户是否坚持了公有制和按劳分配？》，载《农村工作通讯》，1980（3）。

配，生产过程又是分散的，其分配不属于按劳分配，而是个体经济的直接分配；[1] 家庭承包制不存在统一经营和统一指挥下的劳动，分配方法上也没有体现按劳分配的原则。[2]

2. "准"集体经济论

在这派学者中，有人认为实行家庭联产承包责任制之后，经营权和实际的产品分配权，已经由生产队下放到个体农户了，此外，基本农活都包到了户，属于个体劳动的方式，具备个体小生产的特征，因此，家庭承包责任制"已不是完整的集体经济性质。粗略地说，它已经是一种'准'集体经济形式"。[3] 还有观点认为，"农户尽管在很大程度上进行独立经营，但是各个农户在生产队统一领导和管理下，不仅承担着对国家应尽的'包征购'的义务，而且承担着对集体应尽的'包上交'义务。加之，生产队在一定程度上还拥有统一经营权"，因此，可以将家庭责任制视为"生产队内部以农户为单位的产量责任制的一种特殊形式"，是介于个体经济与集体经济内部生产责任制之间的个体经营形式。[4] 在所有制上，有的学者认为家庭承包既坚持了农业基本生产资料的集体所有，同时原来集体所有制的生产关系也做了调整，农户逐渐拥有了各种大中型生产资料，例如农业机械、牲畜等，"合作经济内部的单一的生产资料集体所有制变成了生产资料的集体所有与农民的个体所有共存"。[5] 在按劳分配问题上，他们认为家庭承包制不是纯粹的按劳分配，同时也有非按劳分配的因素，家庭的收入，除了劳动的报酬，还包含了投资所得，[6] 根据生产资料占有情况不同也形成了收入的差别，家庭承包制的分配原则是多劳多得，但与传统的按劳分配原则是有区别的。[7]

3. 集体经济论

这派学者认为，第一，家庭联产承包责任制是集体经济的生产责任制，实行了家庭承包经营，农户所使用的生产资料的所有权仍是归集体所有，生产队通过

① 张应高：《论包干到户与按劳分配》，载《农业经济》，1983 增刊 (1)。
② 陈桂赒：《论包干到户的性质》，载《农业经济丛刊》，1981 (6)。
③ 马德安：《农业生产的组织管理形式要由生产发展水平决定——关于包产到户问题》，见：中国农村发展问题研究组：《包产到户资料选 (一)》，160 页，1981。
④ 周诚：《关于包产到户的几个问题》，见：中国农村发展问题研究组：《包产到户资料选 (一)》，74 页，1981。
⑤ 刘文璞、魏道南、秦其明：《中国农业的社会主义道路再认识》，168 页，北京，中国社会科学出版社，1987。
⑥ 晓亮：《包干到户后社员是什么身份》，载《东岳论丛》，1982 (6)。
⑦ 刘文璞、魏道南、秦其明：《中国农业的社会主义道路再认识》，170 页，北京，中国社会科学出版社，1987。

承包合同，可以在很大程度上控制农户的生产计划，保证社员户完成国家和集体的上交任务；生产队从农户收入中提取一定数量的公积金，作为集体经济的公共积累；生产队还有权调配劳动力从事较大型的公共生产事业。① 杜润生指出，（家庭联产承包责任制）"是在土地公有化条件下的家庭经营，在许多方面受集体经济的制约，是合作经济中的一个经营层次，也是整个社会主义经济的有机组成部分……是一种新型的家庭经济。"② 第二，家庭联产承包责任制坚持了农村的生产资料集体所有制，农户既不能在事实上占有土地，也不能得到法律的承认，③ "只要生产队仍保持着土地的所有权、支配权，就可以说是保持了主要生产资料的公有制"。④ 第三，家庭承包制符合按劳分配原则，"保证国家的，留足集体的，余下的都是自己的"，这种分配方式遵循了兼顾国家、集体和个人三者利益的社会主义分配原则，⑤ "从形式上看，固然不能说它是最纯粹意义上的按劳分配，但多劳动，多投入，可以多得，而投入依然是本人劳动的物化，也不同于剥夺他人的剩余劳动。从实际结果看，比起那种平均主义的分配方法来，这是更接近按劳分配原则的，是更适合我国农村现阶段生产力水平的一种劳动报酬制度。"⑥

>>二、1985—1991 年：农村改革迈向市场化阶段<<

家庭联产承包责任制的确立，充分地调动了农民的生产积极性，从 1978 年到 1984 年，我国的粮棉产量保持了迅速增长的态势，1984 年的粮食生产达到了历史最高水平，棉花生产创下 625.8 万吨的纪录。然而，从 1985 年开始，我国出现了农户"买难卖难"的问题，主要原因是流通体制不畅。这说明农村经济体制的改革要求已从生产领域转移到流通领域。因此，从 1985 年到 1991 年，农村经济体制改革的重点转向农产品流通体制，农村改革逐步迈向了市场化阶段。这一阶段的改革以改革农产品流通体制、培育农产品市场和调整农业产业结构为主。

---

① 王贵宸、魏道南：《论包产到户》，见：中国农村发展问题研究组：《包产到户资料选（一）》，46 页，1981。
② 杜润生：《中国农村的选择》，40 页，北京，农村读物出版社，1989。
③ 张净宗、黄钧儒：《包产到户的性质和发展趋势初探》，载《贵州日报》，1980-12-24。
④ 陆学艺：《包产到户的动向和应明确的一个问题》，载《农业经济丛刊》，1981（5）。
⑤ 方恭温：《包产到户是集体所有制的合作经济》，载《光明日报》，1982-11-28。
⑥ 杜润生：《中国农村经济改革》，129 页，北京，中国社会科学出版社，1985。

（一）关于农产品流通体制改革的讨论

农产品流通体制改革是这一时期农村改革的重中之重，在流通领域改革中，整个经济生活的各方面，财政、税收、价格、金融、信贷、工业、农业、商业及所有行业，都开始了震荡，农产品流通领域的改革促使经济社会全面改革。1985年1月1日，中共中央和国务院发布了《关于进一步活跃农村经济的十项政策》，取消了粮食和棉花的统购，而由商业部门直接和农民协商，签订合同进行订购，而生猪等其他大宗农产品，则逐步取消了派购，实行自由交易。这引发了理论界新一轮的讨论。

1. 关于农产品流通中的宏观调控

宏观调控是市场经济中"看得见的手"，关于宏观调控的必要性，理论界的观点是基本一致的，有人认为，"计划与市场相结合，是农产品流通应遵循的基本原则"，因为市场机制不是万能的，存在着外部性的弊病，垄断和市场规则的形成和执行不能完全依靠市场的力量。[1] 另外，有学者认为，农产品供给具有不稳定性，但需求具有相对稳定性，供求之间的矛盾使得国家宏观调控存在必要性。[2] 还有人认为，我国农村生产组织化程度低，"高度商品化的农村市场体系尚未形成"，加上农业周期长带来的市场信号滞后性，使得农户"对市场机制调控的敏感度和适应性都比较低"，需要加强宏观调控。[3]

对于应该采取何种方式进行农产品流通的宏观调控，理论界有不同看法。一种观点认为应采取多种方式进行调控，手段包括价格监督调控、信息指导调控、干预基金调控、购销合同调控、行政管理调控。[4] 也有观点认为，政府各种调控手段的单一使用或组合使用要有明显的规则，要兼顾近期和长期市场的稳定，干预手段有非常时期限价，特别时期实行补贴倒挂，其他时期搞长远建设。[5] 另外，还有学者从数量与计量经济学研究的角度提出，"由于我国农产品市场状况比较复杂，各种农产品的发育程度不一"，因此，宏观调控应采用复合调控的方

---

[1] 卢迈：《农副产品流通体制改革的若干问题》，载《改革思考录》，134页，中国卓越出版公司，1990。

[2] 阮正福：《论农产品流通的宏观调控》，载《农业经济》，1989（1）。

[3] 湖南省委政策研究室课题组：《试论农产品市场的复合调控》，载《农业经济问题》，1989（1）。

[4] 乔久华：《农副产品流通问题的思考》，载《经济与管理科学》，1989（4）。

[5] 卢迈：《农副产品流通体制改革的若干问题》，见：《改革思考录》，136～137页，中国卓越出版公司，1990。

式，"这种调控的机制是复合的，是市场调节与参数调节、数量调节的有机结合"；复合调控的形式"不是单一的，而是多种形式"，因为上述三种调控形式所调控的农产品对象不固定，要根据不同的农产品市场状况来决定调控手段。①

2. 关于农产品流通的主体

关于不同农产品流通主体的地位当时有三种主要观点，第一种观点认为应以供销合作社为主体。原因在于：供销社一直是农产品流通的主渠道；供销社在农民心目中的威望比较高；供销社的各方面资源比较雄厚；供销社的经验比较丰富。②

第二种观点认为应实行双重主体制，国营商业和供销社是一重，其他个体商业或合作组织为另外一重主体。原因在于国营商业和供销社一直按照计划经济机制运行，在转轨过程中，适应性较差，但同时，如果继续维持国营商业或者供销社在农产品流通中的单一主体地位也是不行的，因此应建立双重主体制度。除了供销社和国有商业之外，个体商业和其他流通合作组织也应该处于主导地位。

第三种观点认为应主张发展新的流通主体，发展产供销一体化。产供销联合组织打破了生产、收购、加工等部门分离的体制，"实现了服务的系列化"；打破了过去各环节中的单纯买卖关系和互相争利的体制，"实现经济利益的共同体关系"；打破了过去按行政区域或者部门进行商品调拨的机制，实现了跨越性的"联合和商品的直线流通"；同时，这些联合组织还可以发展农业生产的专业化、商品化，并促进适度规模经营；这些组织还有利于国家宏观调控的进行。③

3. 关于农产品流通的市场体系

农贸市场是农产品自由流通的主要场所，也是发育得比较快和成熟的农产品流通市场。随着农村经济市场化进程的推进，对农产品流通市场的建设和完善提出了新的要求，这个阶段的讨论主要集中在新兴市场，即农产品批发市场和农产品期货市场的讨论上。

关于农产品批发市场，理论界认为其功能应包括：第一，"缓解城市副食品供应的紧张状况"；第二，批发市场为生产提供直接的信息，利于传统农业产业结构调整，并加速农村的专业化生产；第三，批发市场是连接城乡的枢纽，对于

---

① 湖南省委政策研究室课题组：《试论农产品市场的复合调控》，载《农业经济问题》，1989（1）。

② 郑普清：《须进一步改革农村商品流通体制》，载《中国经济问题》，1987（3）。

③ 段应碧：《农产品流通体制与价格改革》，见：杜润生等：《思考与选择——关于中国农村改革和发展问题研究》，251～252 页，北京，中共中央党校出版社，1990。

城市经济体制改革有促进作用；① 第四，农产品批发市场可以起到"调整供求关系，平抑物价的作用"；② 第五，农产品批发市场的完善有利于价格改革。③

　　农产品期货市场是一个新生事物，理论界认为其功能主要有：第一，生产者可以按合同生产减少风险；第二，期货市场集中了原来分散的农产品，消除了地方的垄断，也减少了由于地方和季节差异带来的价格影响；第三，价格的形成建立在大量产品供求的基础上，比较公正；第四，通过对预期的估计，可以减少生产盲目性；第五，期货市场规则严格，可以避免商业欺诈和非法投机行为；第六，期货市场和现货市场结合起来，有利于推动涉及农产品的各项改革。④

　　关于农产品期货市场的发展思路，有两种观点。第一种观点认为，农产品期货市场可以分为三种模式，即萌芽期货市场、初期期货市场和现代化期货市场，各个地方可以根据市场化程度不同选择不同模式。⑤另外一种观点主张应结合国外初期型和现代型期货市场的特点，建立具有我国特色的农产品期货市场。在这个市场上，以非标准的远期合同转让和买卖为主，以少量标准化期票交易为辅；以生产者和经营者为主，经纪人为辅；以最终实货交割为主，投机为辅。另外，成交品种应重点选择价格已经放开、市场波动大、需要新交易方式的品种，排除市场紧缺并且由国家垄断的农产品。⑥

　　从实践来看，这一阶段的农产品流通体制改革成效也是比较明显的，形成了城乡农贸市场、零售和批发市场及农产品期货市场等一整套较完善的农产品交易体系；农村的一些农产品也进入了国际市场；最重要的是通过这一系列的改革，除了粮食和棉花外，大量农产品不再由国家调配，对于农民生产农产品的积极性也是一个很大的激励，并提高了城乡居民的生活质量。

　　然而，与其他农副产品相比，粮食、棉花等大宗农产品的流通体制改革却经历了多次的反复，浪费了大量的人力和物力。粮食流通体制真正的市场化改革始于 1992 年，1992 年改革的主要内容是：建立粮食批发市场，取消计划调拨；取消统销制度，提高销售价格；放开粮食收购价格，实行保量放价；建立粮食保护价制度；建立粮食风险基金制度。此后，由于粮食价格的急剧上涨，导致了粮食流通体制改革的一些反复，直到 2004 年才全面放开粮食购销市场。而全国棉花

　　① 张留征、张亚来、匡小东、张泉欣：《进一步发展农产品批发市场若干问题》，载《农业经济问题》，1985 (12)。
　　② 毛信莘：《把农副产品批发市场搞活搞好》，载《中国农村经济》，1985 (7)。
　　③ 张泉欣：《农产品批发市场研究》，载《中国农村经济》，1986 (2)。
　　④⑤ 常清：《试办农产品期货市场的设想》，载《改革》，1988 (5)。
　　⑥ 甘子敏：《建立具有我国特色的农产品期货市场》，载《财经理论与实践》，1989 (3)。

市场也直到 2001 年才完全放开。

（二）关于农产品价格改革的讨论

农产品价格改革也分为两个阶段，1985 年以前的方针是调放结合、以调为主，1985 年以后的方针则是调放结合、以放为主。1986 年，国家物资局等八家单位发布了《关于改进农产品价格管理的若干规定》，该规定指出"农产品价格管理实行国家定价、国家指导价和市场调节价三种形式。国家定价是计划价格，国家指导价也具有计划的性质。要适当扩大国家指导价的品种，减少国家定价的品种，逐步形成少数重要的农产品实行国家定价，多数实行国家指导价或市场调节价"。但在实践中，价格改革出现了一些问题，1985 年后搞的用"定购"取代"统购"办法没有行通，"定购"实际上成为变相统派购，[①] 在一定程度上导致了 1985 年以来我国农业生产的相对停滞和低速发展。在这个阶段理论界重点关注了以下问题。

1. 关于农产品价格的形成方式

一种观点认为，对于农产品价格的确定，应该采用自由价格制度，可以动用国家宏观调控的力量，但在一般情况下应该采用市场手段来进行。"改革的目标，是实行计划指导下的自由价格，正常情况下，国家不再为农业生产者和商业企业直接规定农产品的购销价格，而是主要通过对具有战略地位的产品的吞吐来调节市场价格。"[②] 农产品流通应是在政府领导下或者计划指导下的自由购销，因为农产品的经营者是"自主经营、自负盈亏的经济实体"，因此，农产品所有权的让渡应通过自由交换来实现，对于主要农产品，可实施指导性的生产计划和流通计划，计划指导包括以下手段：直接宏观调控；通过国营公司收购和销售部分农产品；通过物质储备机构、国营公司或者供销社在农产品市场上进行吞吐，从而调节价格。[③]

另外一种观点则认为，对于主要农产品，仍应由国家直接制定和调整价格，国家必须按照价值规律制定和调整主要农产品价格，粮棉等重要农产品，国家还

---

① 李晓西：《农副产品购销体制面临新的突破——广东省农副产品议购议销调查报告》，载《农村问题论坛》，1985。

② 中国社会科学院农村发展研究所《中国农业发展战略研究》课题组：《中国农业发展战略问题》下册，载《中国农村经济》，1986（9）。

③ 吴硕、杨敏：《农产品流通体制改革的模式构想》，载《农业经济问题》，1987（2）。

应加强管理。① 虽然两种观点存在一定的不同，但都强调了价值规律和市场调节的作用，国家所制定的农产品价格，应对农户具有足够的吸引力，而粮食作为特殊战略物质，也应体现国家的调节作用。

2. 关于农产品价格改革的思路

农产品价格改革是农产品流通体制改革的难点，当时理论界对农产品价格改革的思路主要有以下几种。

一是以议购议销为主，以换购、代购为辅，以统派购为临时应急手段的新购销体制，是一个符合经济规律要求的农副产品购销体制。②

二是主要农产品先调后放，其他农产品逐步全面放开，实现价格形成机制的转换。一方面要提高主要农产品的合同收购价格，然后在条件成熟的时候取消合同定购任务，实现市场的单一价格；另一方面，压缩平价供应和居民口粮的定量供应标准并提高主要农产品销售价格，同时通过提高职工工资或改暗补为明补的方式，实现购销价格由市场调节。③

三是主张选择切块消化、分区推进的方法，最终放开农产品价格。主要农产品价格的完全放开面临巨大的压力，通过这种方式可以弱化矛盾。以省、市、县为单位逐步放开主要农产品价格，从富裕和贫困地区开始放开价格，再过渡到中间地带，贫困地区由国家补贴。④

四是以理顺价格形成机制为重点，解决通过价格补偿价值的问题。改革的重点应该是变革农产品购销倒挂体制，改革的思路是，"逐步减少统购数量，相应压缩统销粮，与此同时放开一块议价市场，供需双方在市场上直接见面，而不要政府插手其间。"⑤

3. 关于农产品收购价的定价依据

关于农产品收购价的定价依据，有不同的观点，并形成一定的分歧。第一种观点认为，农产品定价应以其价值为依据。第二种观点主张以生产价格加地租为依据。这样做的好处在于可以把投入的生产要素用资金的形式加以量化，同时农业生产也有其机会成本，资金投入到农产品生产上的收益，应和投入到其他部门

---

① 周长军：《国家调节下农产品的自由流通》，载《广西社会科学》，1988（3）。

② 李晓西：《农副产品购销体制面临新的突破——广东省农副产品议购议销调查报告》，载《农村问题论坛》，1985。

③ 张颖：《按全面放开的思路逐步深化农产品价格改革》，载《价格辑刊》，1988 增刊。

④ 韩宗琪：《农价改革仍是农村改革的核心问题》，载《中国农村经济》，1989（9）。

⑤ 王育琨、黄鸣：《农产品供求的特殊放大机制与改革战略的选择》，载《江海学刊》，1987（5）。

相同。第三种观点认为，应以农产品成本为定价依据。但其中也有分歧，有人主张以劣等地的成本为依据，另有学者主张以中等地的成本为依据。主张前者的理由是：只有以劣等地成本为依据定价，才能将覆盖面涵盖大多数农户，可以保证其经济利益，并有利于提高农民的收入，而若以中等地的成本为定价依据，则会导致农民"亏本种田"。[①] 主张后者的理由是：第一，有利于土地合理节约利用；第二，有利于促进农业企业化发展；第三，有利于稳定物价；[②] 第四，可以保证中等水平生产者的合理收益，鼓励先进，带动后进。[③]

4．关于农产品价格补贴调整的讨论

当时促进农业生产发展必须提高农产品收购价，为维持物价稳定，保护消费者的利益，又不能相应提高农产品及其制成品的销价，购销价格倒挂的价差和亏损补贴就构成农产品价格补贴的主要内容。农产品价格补贴政策调整的主要压力来自于不断增加的财政负担。关于农产品价格补贴的改革，有以下几种观点。

一是农产品价格补贴要实现转型，要从补流通到补消费和生产。发达国家主要是补给生产者，而我们是补在国家粮食部门，如果把农价补贴进行分类，让补贴转型，由补流通到补消费，将会对形成新的农产品价格体系起关键的作用。[④]

二是放开大部分农产品的价格，农产品价格补贴应由对流通环节的暗补改为对消费者的明补。[⑤]

三是应由全民性补贴改革为有针对性的定向补贴，即应针对低档食品进行补贴，优质产品则自由采用市场的高价格。[⑥]

四是应该取消农产品价格补贴，"现行的农产品价格补贴必须进行改革，使补贴减少到最低限度，发挥价值规律的作用，让价格在商品交换中成为唯一的等价形式，不再借助于其他的辅助价格措施。"[⑦]

5．关于工农业产品价格剪刀差的相关争议

关于农产品与工业品价格剪刀差的问题，也是当时理论界讨论得比较多的问

---

① 刘家声：《制定农产品价格必须考虑级差地租的因素》，见：《农业经济论丛》(2)，126～134 页，北京，中国农业出版社，1982。

② 石建社：《论农产品两部制价格》，载《山西财经学院学报》，1989 (5)。

③ 杨方勋：《试论我国确定和调整农产品收购价格的依据》，载《价格理论与实践》，1981 (3)。

④ 李晓西：《论我国农产品价格补贴的改革》，载《重庆经济体制改革》，1984 (5)。

⑤ 王永康：《农副产品购销价格要以市场价值为基础》，载《价格理论与实践》，1988 (8)。

⑥ 向宁：《应从全民性补贴走向目标补贴》，载《瞭望》，1990 (44)。

⑦ 赵兴汉：《改革农产品价格补贴的探讨》，载《天津社会科学》，1985 (6)。

题，这些讨论主要集中在：工农业产品剪刀差的含义，剪刀差产生的原因，剪刀差的利弊及减少剪刀差的途径。

什么是工农业产品剪刀差？学界主要有三种观点。第一种观点认为剪刀差是"工农业商品不等价交换比价的剪刀状差距"①，"应概括为实际价格背离了符合另一种含义的社会必要劳动时间的合理价格而产生的价格差额"②。第二种观点认为"剪刀差的实质就是工农业产品价格朝不同方向背离价值"③，"是指它们的价格比例与其价值比例相背离"，在交换中，农产品的价格低于价值，工业品的价格高于价值，所以无论如何都是农民吃亏。④ 第三种观点认为剪刀差可以区分为比价剪刀差和比值剪刀差两种表现形式。比价剪刀差是"以价格动态表现的剪刀差"，而比值剪刀差是"价格偏离价值程度表现的剪刀差"。关于这两者的关系，有人认为，比价剪刀差"是剪刀差的最初含义"，比值剪刀差"是在剪刀差研究日益深化的情形下产生的新概念"。⑤ 也有人认为价格和价值的背离不应成为剪刀差，而应成为"比值差"，故比值剪刀差实际上不存在。⑥

关于我国剪刀差产生的原因，看法也比较多，归纳起来有三种观点。第一种观点认为是我国社会主义政策的产物，有人指出，"国家通过农产品统购统销制度，人为压低农产品价格，获取廉价工业原材料和基本生活资料，从而降低原材料成本和工资成本，推动并保证工业部门产生高额利润。工农业产品价格剪刀差不仅促使国家工业化资金从农业部门迅速向非农业涌流，而且从总体上保证国民收入分配比例的确定有利于积累。"⑦ 第二种观点认为是工农业劳动生产率提高速度不同的结果，有人指出，工农业产品剪刀差产生的原因是"工业的劳动生产率提高快，农业的劳动生产率提高慢"，反映了"工农业生产力发展不平衡"，⑧ 实质上是一种"相对收入的差异，不应把它看成是不等价交换"。⑨ 第三种观点

---

① 贾克诚、张跃庆：《关于剪刀差》，载《经济研究》，1979 (1)。

② 刘福垣：《要重新认识工农产品比价剪刀差》，载《农业经济问题》，1986 (3)。

③ 姜兴渭：《谈谈工农业产品价格剪刀差问题》，载《经济研究》，1980 (4)。

④ 王振之、韦韵琅、王永治：《逐步缩小工农业产品价格剪刀差》，载《农业经济论丛 (2)》，144 页，1982。

⑤ 韩志荣：《关于工农业商品剪刀差三个重要问题的研究（上）》，载《价格理论与实践》，1990 (11)。

⑥ 刘福垣：《要重新认识工农产品比价剪刀差》，载《农业经济问题》，1986 (3)。

⑦ 王亚平：《论农产品价格政策与工业化资金积累》，载《经济研究》，1990 (12)。

⑧ 王振之、韦韵琅、王永治：《逐步缩小工农业产品价格剪刀差》，载《农业经济论丛》(2)，144 页，1982。

⑨ 孟军：《对工农业产品价格"剪刀差"的新认识》，载《农民日报》，1989-03-23。

认为，剪刀差是工农业生产率增长不同和传统计划经济体制下价格形成机制不合理造成的，有人指出，"计划价格的计划性不强"，"在计划体制上没有引进市场因素，没有给结构和市场价格的自我调节留有余地是'剪刀差'产生的重要原因"，这个因素和工农业劳动率变化速度不同共同造成了剪刀差。[①]

理论界基本认同在这个时期剪刀差的弊大于利。虽然有利于工业积累，但挫伤了农民的生产积极性，而且，农民的购买力低也不利于工业品农村市场的拓展，[②] 因此需要改革。至于缩小剪刀差的途径，主要有以下几种观点。第一种观点认为应主要依靠提高农业生产率，辅以调整工农业产品价格，这是缩小剪刀差的根本途径。[③] 第二种观点认为应以调整工农业产品价格为主，指出第一种观点是不可行的，因为只有农业生产率超过工业时，剪刀差才会减少，但历史上我国从未出现过这种情况，"而且今后相当一段时期内也不大可能出现"，[④] 因此应"主要是提高农产品价格，或主要是降低工业品价格"。[⑤] 第三种观点主张提高农业生产率和调整工农业产品价格并重。[⑥]

尽管存在着种种争论，在改革实践中也存在着反复，但农产品价格改革一直朝着市场化的方向前进。从 1992 年以后，中国主要的农产品除了粮食和棉花以外，其他都实行了市场价收购和销售。2002 年棉花购销市场放开，2004 年粮食市场放开，因此，从 2004 年起，在全部的农产品流通领域，除了烟叶还是计划收购以外，都放开了市场和价格控制。在农副产品收购总额中，2003 年，政府定价比重合计为 1.9%，其中，中央政府定价比重为 1.0%，省及省以下政府定价比重为 0.9%。[⑦]

（三）关于乡镇企业的讨论

乡镇企业在改革开放之前也称为社队企业，长期作为农业的附庸而存在，而

---

① 刘福垣：《工农业收入差异》，13～18 页，重庆，重庆出版社，1990。

② 季龙、路南：《谈谈工农业品价格的剪刀差》，载《红旗》，1980（4）。

③ 姜兴渭：《谈谈工农业产品价格剪刀差问题》，载《经济研究》，1980（4）。

④ 孔敏、赵兴汉：《靠调整工农产品价格，逐步缩小"剪刀差"》，载《农业经济论丛》（2），115 页，1982。

⑤ 黄达：《试论物价的若干问题》，载《中国社会科学》，1980（4）。

⑥ 陈宝森：《关于工农业产品剪刀差的几点看法》，见：中国社会科学院经济研究所：《社会主义制度下价格形成问题》，287～288 页，中国社会科学出版社，1980。

⑦ 北京师范大学经济与资源管理研究所：《2005 中国市场经济发展报告》，北京，中国商务出版社，2005。

为了防止其与城市和工业争夺各种资源和工业化的原始资本，社队企业受到政策抑制，1984 年 3 月 1 日，中共中央、国务院转发农牧渔业部和部党组《关于开创社队企业新局面的报告》的通知，"同意报告提出的将社队企业名称改为乡镇企业的建议"，通知指出，"乡镇企业发展，有利于'以工补农'，扩大农业基本建设，使农业合作经济组织增强实力，更多更好地向农民提供农业机械和各种服务。乡镇企业发展，还有利于促进专业承包，适当扩大经营规模。各级党委和政府应当积极引导乡镇企业做好'支农'工作"。乡镇企业在 80 年代中期异军突起，成为拉动农村改革和发展的重要力量，得到了理论界的广泛关注。

1. 关于乡镇企业的作用

对于乡镇企业的作用，存在着截然不同的观点，这里的分歧主要集中在乡镇企业对农村经济和城市工业化的影响上。肯定乡镇企业作用的学者认为乡镇企业对于农村发展有以下作用：第一，乡镇企业起到合理配置农村资源的作用；[①] 第二，乡镇企业有利于维护农业的稳定；[②] 第三，乡镇企业改变了农村经济的生产和交换方式；第四，乡镇企业引起了农村消费方式和消费性质的变化；[③] 第五，乡镇企业有助于推动我国城市化进程；[④] 第六，乡镇企业促进农业生产条件的改善，提高了农业现代化程度。[⑤] 关于乡镇企业对城市工业的影响，有学者认为：从主流上看，"乡镇企业与城市工业是相互补充、相互促进的"；[⑥] 乡镇企业比起城市工业，相对的分散性还是有必要的，因为乡镇企业所开发的资源和劳动力都是相对分散的。[⑦]

而反对意见则认为乡镇企业不仅对农业是不利的，对工业化也是不利的。对农业不利的原因是：第一，乡镇企业加剧了环境污染；第二，加重了城乡二元结构的形成；第三，挤占了农业资金；第四，乡镇企业侵占了农业用地；第五，导致农村过剩人口滞留在土地上。[⑧] 对工业化发展不利的原因在于：一是以小挤大，乡镇企业挤掉了国营工业的市场；二是乡镇企业不符合现代生产和布局集中的规律；三是乡镇企业技术落后，不符合工业现代化的要求；四是乡镇企业能耗

① 陈锡文：《国民经济的格局变动与乡镇企业的发展》，载《经济研究》，1985 (10)。
② 吴象、孙方明：《略论乡镇企业与农业的关系》，载《人民日报》，1986-01-13。
③ 吴象：《中国农村改革》，109 页，北京，光明日报出版社，1986。
④ 黄守宏：《乡镇企业是国民经济发展的推动力量》，载《经济研究》，1990 (5)。
⑤ 朱道华：《论乡镇企业的崛起》，载《农村发展战略研究通讯》，1986 (5)。
⑥ 陈吉元、余国耀：《协调城乡工业发展》，载《人民日报》，1988-08-22。
⑦ 朱道华：《论乡镇企业的崛起》，载《农村发展战略研究通讯》，1986 (5)。
⑧ 张力国：《建立农业生态保护区势在必行》，载《经济参考报》，1990-07-23。

较大。经过将近十年的发展，乡镇企业规模逐渐扩大，资源配置得到进一步的优化，早期存在的一些问题逐渐得到解决。

乡镇企业的主导产业是工业和第三产业，其成立的初衷便是"以工补农"，经过一段时期的改革和发展，理论界对这个问题的讨论也不断深入，主要形成了三种意见。第一，肯定以工补农的必要性。这种意见认为工农业产品价格剪刀差的存在是"以工补农的理论依据"，剪刀差的存在，意味着农民要贱卖农产品，贵买工业品，承受两方面的损失，只有通过以工补农，才能弥补农民的这部分损失。① 第二，否定以工补农的必要性。这部分学者认为以工补农实际上保护了生产效率低的农业部门，同时也给乡镇企业的发展带来了负担。② 第三，综合论。以工补农实质上是矛盾的转移，即由国家与农民的矛盾、工业和农业的矛盾转移到办乡镇企业的合作社本身，可以缓解工农业的矛盾，但不能根治。③

2. 乡镇企业制度建设

这个讨论主要集中在两个方面，一是乡镇企业自身的管理，二是乡镇企业的外围管理体制。

关于乡镇企业自身管理的讨论，集中在对乡镇企业是否应实行政企分开。主张分开的学者认为：第一，政企不分使企业财产难以界定，乡镇企业没有独立的经营目标，扼杀了乡镇企业的活力；第二，社区政府和企业的利益最大化目标不同，企业承担了政府的福利性目标；第三，社区政府将各种负担转嫁给企业，增加了企业的非生产性支出；第四，乡镇企业的领导多是由社区政府任命，其经营目标和企业发展目标不一定一致。④ 反对分开的学者认为：乡办、镇办与村办企业和干部有着密切联系，政企分开会打击干部积极性。⑤ 此外，政府、村社承担着乡镇企业的保护和风险责任，如果硬要实行政企分开，"无异于让企业塌台"。⑥ 还有的学者主张应因地制宜，根据不同发展水平在不同地区实行不同措施，但要保持乡村政府对企业的适度参与。⑦ 除了政企分开的讨论，有学者还建言乡镇企业应完善激

---

① 张让：《"以工补农"质疑》，载《农民日报》，1986-08-27。

② 李庆曾、刘福垣、蔡昉：《我们对"以工补农"的一些看法和建议》，载《农业经济丛刊》，1986（5）。

③ 刘文璞：《试论"七五"时期农业进一步改革的目标》，载《中国农村经济》，1986（7）。

④ 郭晓鸣：《九十年代中国乡镇企业面临的挑战及其对策》，载《经济学家》，1992（4）。

⑤ 郁尚第：《定好上头稳住下头莫管中层》，载《农业经济问题》，1986（12）。

⑥ 杜鹰：《中国乡镇企业制度建设试验》，见：《改革思考录》，188 页，中国卓越出版公司，1990。

⑦ 杜海燕：《中国乡镇企业体制分析（下）》，载《中国农村经济》，1988（6）。

励机制和自我积累机制，建立财务管理机制，规范企业的经济行为。[1]

政府应该如何管理乡镇企业？主要有以下几种主张。第一，建立一个"统管城乡中小企业，协调部门关系的中小企业局"[2] 或者综合管理部门，原因在于乡镇企业的地位比较重要，需要权威部门的监督管理；乡镇企业内容丰富，难以划分具体的对口部门。[3] 第二，主张归口管理，在具体操作上，又有不同主张，有学者认为应该按行业归口管理，[4] 有的主张归工业或者农业部门管理，[5] 还有的主张规模比较大的归工业部门管理，规模小的归农口管理。[6] 第三，主张归乡镇企业主管部门管理，避免陷入多重管理的困境。[7]

乡镇企业在 20 世纪 80 年代中期的异军突起，是这一时期农村改革的最大收获。早期的乡镇企业在产权上都是集体所有，进入 20 世纪 90 年代后期，乡镇企业中的集体企业也开始了市场化的改革，通过大规模的改制，解决了乡镇集体企业中存在的体制不顺、政企不分、机制不活、管理不善等问题，使乡镇企业基本上完成了市场化的改革，到 21 世纪在乡镇企业的组织形式上，产权主体多元化的格局已经形成，在全部乡镇企业中，公司制占 7.3％，合伙制占 4.7％，个人独资占 87.9％。[8]

>>三、1992—2002 年：农村改革深化阶段<<

进入 20 世纪 90 年代以来，中国的改革开放和农村经济发展进入了新的阶段，这个阶段是我国市场经济体制确立和市场化改革进一步推进的阶段，这一阶段最为突出的特点是农村市场经济主体即经济组织的改制与发展，其中最引人关注的有农业产业化的发展、乡镇企业的改制、国有粮食企业的改革以及农村金融体制的改革。

---

① 张建凉、汤小兰：《重振乡镇企业活力：挑战与对策》，见：《当代财经》，1992（10）。
② 杜鹰：《中国乡镇企业制度建设试验》，见：《改革思考录》，189 页，中国卓越出版公司，1990。
③ 刘宇：《必须重视加强对乡镇企业的管理》，载《经济学周报》，1986-04-27。
④ 苟速：《乡镇企业应按行业归口管理》，载《经济学周报》，1986-04-27。
⑤ 郭振山：《乡镇企业隶属工业经济部门为好》，载《经济学周报》，1986-03-02；王任真：《乡镇企业还是归农口管理为好》，载《经济学周报》，1986-04-27。
⑥ 陈昊：《按规模来归口管理》，载《经济学周报》，1986-06-29。
⑦ 闵学冲：《不要给乡镇企业再加"婆婆"》，载《经济学周报》，1986-06-29。
⑧ 中国社会科学院农村发展研究所、国家统计局农村社会经济调查总队：《2002—2003 中国农村经济形势分析与预测》，77 页，北京，社会科学文献出版社，2003。

（一）关于农业产业化的讨论

随着农产品流通体制的改革和农产品市场的放开，农户家庭的分散经营与农产品市场的不稳定之间产生了巨大的矛盾，买难卖难交替发生。为解决这一矛盾，农村经济中自发产生了各种各样的农业产业化经营形式，1996 年全国人大八届四次会议批准的《国民经济和社会发展"九五"计划和 2010 年远景目标纲要》明确提出，"要鼓励发展多种形式的合作与联合，发展联结农户与市场的中介组织，大力发展贸工农一体化，积极推进农业产业化经营"，理论界也对农业产业化进行了广泛的讨论。

1. 关于农业产业化的组织形式的讨论

农业产业化组织形式应该如何进行划分，学者们提出了很多看法。第一，根据带动者的不同，分为企业带动型，即所谓的"公司＋农户"型；市场带动型，由当地的农产品，尤其是农产品批发市场带动；中介组织带动型，由区域性经济合作组织、专业合作社和专业技术协会带动；主导产业带动型；现代农业综合开发区带动型；农工商综合企业，实现了生产、加工和销售环节完全一体化。[①] 第二，由"公司＋农户"模式衍生出来的各种形式，分为主导产业启动型；龙头企业带动型；市场牵动型；科技导向型；协会组织型；外向推动型；城乡利益驱动型，由城市部门和农村部门共建而成。[②] 第三，围绕农民合作组织组成，按照发起形式，分为专业大户发起型；社区集体组织带动型；政府推动型；个体联办型。[③]

从上述划分可以看出，虽然理论界和实践部门有不同的划分形式，但农业产业化经营组织的实质是用一系列或松或紧的长期契约关系取代一些临时性的市场交易关系，进而形成一种基于商品契约的组织，是介于企业和市场两种极端形式之间的一种经济组织形式。[④] 根据契约性质的不同，农业产业化经营组织尽管分为多种形式，但归纳起来主要就是两种，即公司＋农户型和合作组织型。哪一种形式更具有优越性？学者们有不同观点。

第一种观点赞成合作组织型，反对公司＋农户型。有学者对这两种形式进行

---

① 王姮：《对农业产业化组织运行模式初探》，载《商业研究》，1998（5）。
② 王潇、卢野：《农业产业化的组织载体》，载《农业经济》，1998（8）。
③ 谢高波：《发展农民合作组织推进农业产业化》，载《农业经济》，1999（10）。
④ 杨明洪：《农业产业化经营组织形式演进：一种基于内生交易费用的理论解释》，载《中国农村经济》，2002（10）。

了比较：第一，合作社是农民自己的组织，为会员共同利益服务，而"公司＋农户"型则存在着企业和农户的利益冲突；第二，合作组织型是在农户自愿的基础上建立的，农户可以参与合作社的经营决策，而在"公司＋农户"型中，合同签订之后，农民的地位比较被动；第三，在"公司＋农户"型的关系中，如果出现农产品的买方市场或者卖方市场，农户或企业的违约机会比较大，而在合作社中，则有比较规范的章程约束会员的行为。因此，"合作经济组织是我国农业产业化的最好形式"。[①]

第二种看法承认"公司＋农户"模式的弊端，但认为可以加以改进。有学者从博弈论的角度进行论证，认为违约金不高，长期契约难以签订，公司和农户都有违约的激励。作为"公司＋农户"模式的改进，可以采用"公司＋农村专业合作组织＋农户"的形式，"农村专业合作组织是通过农户中的大户带动，逐步发展为农户自愿参加的农协"，通过示范性作用，其他农户和这些大户联系起来，同时随着生产社会化水平的提高，这些大户逐渐脱离生产，成为专门跑市场的人，由于节约了交易成本，农村专业组织得以形成。由于公司和农村专业合作组织之间存在重复博弈，农村专业合作组织与农户之间也存在重复博弈，最终结果是双方违约的可能性减少了。[②] 还有学者认为，"公司＋农户"模式中存在以下主要矛盾：其一，双方利益非一致性矛盾，双方通过合同连接，形成松散型联盟，但不稳定性很强，容易出现违约行为；其二，企业和农户之间经济地位、社会地位与信息不对称；其三，大型或先进企业支持农业的积极性不高和产业化程度低，导致龙头企业整体实力不强。对此，可以进行改革，首先，根据"利益共享、风险共担"的原则，"完善利益联结机制，构建利益共同体"；其次，"推动农业体制改革，充分发挥政府在龙头企业与农户利益中的协调功能"；再次，"培育壮大龙头企业，充分发挥龙头企业在利益体制中的功能效应"；最后，"实施比较优势战略，培育主导产业，创建具有本地特色的专业化农产品基地"。[③]

2. 对于农业产业化资金支持的思考

农业产业化的发展需要大量的资金支持，学者认为应该从不同角度加大对农业产业化的资金支持力度。有学者认为，针对资金不足的问题，应建立农业资本化机制。首先，完善土地市场，建立土地银行，并发放土地抵押贷款；其次，要

① 李明贤：《合作经济组织是我国农业产业化的最好形式》，载《农业技术经济》，1999 (2)。
② 许治：《农业产业化组织创新"公司＋农户"模式分析》，载《农村经济》，2002 (9)。
③ 农业部软科学委员会办公室：《推进农业结构调整与建设现代农业》，215～237 页，北京，中国农业出版社，2005。

改革合作社，使之真正起到将社会资金引向农村、扶持农业的作用；最后，应成立农业合作银行，促进农业产后环节规模化经营和发展。① 有人则主张应发挥财政支持的导向作用，促进农业产业化发展：第一，重点支持各地区的重点企业、拳头产品或具有当地特色并有竞争力的产品或产业；第二，把选择支持项目与企业和农户间建立利益联结机制结合起来，支持规范的并形成利益共同体的组织形式；第三，加强农业服务体系的建设。② 还有人认为解决农业产业化资金问题的策略是：第一，立足农业自筹，一是农民自愿筹资，二是建立乡镇企业的农业产业化基金，三是引进资金，包括引进外资；第二，保证必要的财政投入，可在县乡两级建立农业产业化专项扶持基金；第三，社会扶持，动员社会各界集资捐款；第四，适度加大银行贷款投入，包括信用社、农业发展银行和农业银行的信贷支持。③

3. 农业产业化与政府行为

农业产业化的发展需要得到政府支持，政府也需要建立一套完整的管理体制来促进农业产业化的发展。政府首先明确对农业产业化的干预目的是弥补市场失灵，其次要掌握如下几个问题：第一，政府对农业产业化经营的干预，要有所为，有所不为；第二，政府要把握对农业产业化经营的干预程度；第三，政府要把握农业产业化经营的干预方面。④ 政府可以在以下方面发挥积极作用：第一，招商引资；第二，用政策来引导大型工商企业进入农业，包括金融政策、税收政策、土地政策和贸易政策；第三，调节农业产业化中的利益矛盾；第四，适当保护农产品价格；第五，组织专业协会和中介组织引导农民进入市场；第六，健全社会服务体系；第七，建立良好外部条件；第八，合理布局，避免不正当竞争。⑤

与对家庭经营和乡镇企业的争论不同，无论是理论界还是政府都对农业产业化给予了热烈支持和政策鼓励。2003 年全国各类农业产业化经营组织总数达 9.4 万个，其中，龙头企业带动型 4.2 万个，占 44.4%，中介组织带动型 3.2 万个，占 34.5%，专业市场带动型 9 163 个，占 9.7% 个，其他 1.1 万个，占 11.9%。

① 杜吟棠：《提高农业资本化水平 推动农业产业化发展》，见：全国政协经济委员会：《农业产业化论坛文集》，133～134 页，北京，经济日报出版社，2004。
② 褚利明：《充分发挥财政支持的导向作用 促进农业产业化向更高层次发展》，见：全国政协经济委员会：《农业产业化论坛文集》，54～55 页，北京，经济日报出版社，2004。
③ 魏安义：《农业产业化面临的困难与资金问题及金融对策》，载《经济社会体制比较》，1998 (2)。
④ 程治中：《浅议农业产业化经营发展过程中的政府行为》，载《乡镇经济》，2000 (1)。
⑤ 张建武：《浅析农业产业化过程中的政府行为》，载《农业现代化研究》，1999 (1)。

在这些产业化组织与农户的联结方式中，合同方式占 51.9%，合作方式占 12.6%，股份合作方式占 13.3%，其他方式占 22.2%，合同、合作、股份合作这三种较为稳定的利益联结方式占的比例达到了 77.8%。① 但到本阶段为止，我国农业产业化的发展依然处于初级阶段，主要表现为多数龙头企业和其他产业化组织的辐射带动能力不强，品种少，质量低，竞争能力和发展后劲不足；农民参与农业产业化的程度还不高，产业化运行机制不畅、可持续能力不强，与农村发展和农民增收的实际要求相比，仍然有很大的差距。

（二）关于粮食流通体制改革的讨论

1992 年 9 月，国务院发出的《关于发展高产优质高效农业的决定》指出："加快粮食购销体制改革，进一步向粮食商品化、经营市场化的方向推进"，我国启动了第二次粮改进程；1998 年 5 月，国务院下发了《关于进一步深化粮食流通体制改革的决定》，发起了新一轮粮食流通体制改革，改革的重点是国有粮食企业；随后，国务院又发出《关于印发当前推进粮食流通体制改革意见的通知》，明确指出"落实按保护价敞开收购农民余粮、粮食收储企业实行顺价销售、粮食收购资金封闭运行'三项政策'和加快国有粮食企业自身改革"；2001 年 8 月，国务院下发《关于进一步深化粮食流通体制改革的意见》，该意见将这次改革浓缩为 16 个字，"放开销区、保护产区、省长负责、加强调控"，由此全面启动了第三轮粮食流通体制改革进程。在这一轮粮改进程中，理论界就以下问题展开了讨论。

1. 关于国有粮食企业的改革的讨论

有学者指出，国有粮食企业改革的思路是通过"四分（分离、分流、分财和分债)"来建立自主经营、自负盈亏、自我发展的经营机制，国有粮食企业应分离替政府承担的政策性调控职能；应在政策性调控和商业性经营的框架下调整自身的经营和组织结构，将存量资源分流到其他经营领域；应对国有粮食企业单一的产权结构进行改革，"形成主体多元、竞争有序、富有活力的财产所有制和经营格局"；应分清政策性债务和经营性债务的界限。② 也有观点主张粮食企业改革应结合自身经营情况进行，选择适当的转制形式。大型粮食企业可以实行股份制改造，吸收社会各方面的资本扩大企业规模，也可强强联合，组建企业集团；

① 国家农业部：《中国农业发展报告》，2004，北京，中国农业出版社，2004。
② 曾宏志：《关于推进粮食流通体制改革问题的思考》，载《财经理论与实践》，1999（2）。

中小型粮食企业可以实行股份合作制形式；城市的骨干粮店可以发展规范化的连锁经营模式；而效益差的粮食企业则可以通过资产重组来扭转生产经营亏损的局面；另外，鼓励工商企业联手，形成贸工农一体化。①

2. 关于保护价制度和粮食价格机制的讨论

有人主张，应结合市场的自发调节机制和宏观调控，使价值规律更好地发挥作用。第一，合理调整保护价。地方政府要从粮食市场供求、生产成本和财政承受能力三方面综合考虑，制定适当的保护价，"保护范围不宜过大，价格也不宜过高，给价值规律更多发挥作用的空间"。第二，要根据质量、地区和季节的不同制定区别性的保护价。② 有人从实践经验中提出，在抛售专储粮平抑粮价时，只能规定一个目标价格，然后由执行单位根据市场情况逐步压价，这样才能达到平抑粮价的目的，同时保有一定的利润，如果强行干预，一步到位，反而会导致地方和企业大量吞进，抵消宏观调控的作用。③ 也有学者对粮改持反对意见，认为，保护价政策的制定，可以保护农民的生产积极性，但也带来了显著的"外部不经济"，因为其扭曲了市场价格信号。保护价制度人为地干预了农业部门的市场均衡价格，使得该部门资源合理配置的真实标准被掩盖了，使得本来可以在其他部门创造更高价值的资源滞留在农业部门，导致社会总收益减少。④

3. 关于粮食风险基金制度和储备制度的建议

我国是一个人口大国，人均耕地大大低于世界平均水平，因此，与欧美国家相比，我国的粮食安全问题有其特殊重要性。有人主张应建立健全粮食风险基金制度。但对粮食风险基金的用途则有不同看法，有人认为，风险基金应主要用于对粮农的直接补贴，支持粮食储备和稳定粮食市场，各级财政要监管好这笔资金的使用；中央粮食补贴资金应向主产区倾斜，提高主产区直补资金占粮食风险基金的比重，从而保证国家粮食安全；"各级补贴都要向优质粮倾斜，扩大良种补贴范围"。⑤ 有人认为，国家储备粮和风险基金主要用途是调控粮食市场，保障粮食安全。第一，当粮食市场出现供不应求时，应动用储备来平抑价格，并对低

---

① 侯立军：《当前粮食流通体制改革的难点分析》，载《中国农村经济》，1999（8）。

② 刘笑然：《当前粮食流通体制中的问题与深化改革的构想》，载《经济纵横》，1999（9）。

③ 赵凌云：《关于深化粮食流通体制改革的几点看法（摘要）》，载《商业经济研究》，1998（6）。

④ 杨学锋：《粮改不利于农业产业化》，见：宋光茂等：《中国经济大论战（第四辑）》，177页，北京，经济管理出版社，1999。

⑤ 李淑湘：《关于推进我国粮食流通体制市场化改革的思考》，载《中央财经大学学报》，2004（11）。

收入群体实行定向补贴；当市场粮价过低，则应动用储备基金吞进粮食以提高市场价格，并对粮农实行直接补贴，保护农民利益。[①] 还有人主张，在粮食储备制度方面，"要实现中央到地方的垂直管理"，应建立一套"垂直＋中央储备局"的国家专项储备系统；政府储备粮的储存和保管实行代理制，引入竞争机制，提高效率，降低成本；要把国家储备系统建在中央一级，省级储备主要是调节省内市场。在粮食风险基金方面，第一，积极开辟基金来源，包括农产品企业销售额的一部分，农业发展银行的无息和低息贷款都可以作为基金的来源；第二，要保证粮食风险基金的专款专用；第三，要重点保障主产区利益；第四，要完善补贴制度。[②]

从改革的实践看，这一轮粮食流通体制改革形成的结果是：国有企业按保护价敞开收购农民余粮；国家利用粮食风险基金对国有粮食企业进行超储补贴；国家对农民的补贴主要是通过补贴流通环节间接实现的。这一改革的成果并没有取得预想的成功，主要问题在于：一是粮食主产区政府财政负担沉重，影响了地方政府的积极性；二是国有粮食企业顺价销售难、库存压力大、粮食收储难；三是价格信号扭曲，农民得益少；四是农发行资金大量套牢。很快，这一改革政策就得到了调整，对农民的补贴由间接补贴改为直接补贴。

（三）关于农村金融体制改革的讨论

1979 年，国务院发布了《关于恢复中国农业银行的通知》，中国的农村金融体制改革开始启动。1993 年 12 月，国务院发布了《关于金融体制改革的决定》，决定组建中国农业发展银行，并取消农村合作基金会的存、贷款业务。1996 年，在国务院《关于农村金融体制改革的决定》中指出，"农村信用社与中国农业银行脱离行政隶属关系"，要求把农村信用社逐步改为由农民入股、社员民主管理，主要为入股社员服务的合作性金融组织。另外，"清理整顿农村合作基金会"，通过这些措施想在中国农村构建一个合作性、商业性和政策性分工明确的农村金融体系，消除非正规金融。农村金融体制改革也引发了理论界的激烈争论。

1. 关于农村金融组织的改革方向

农村金融组织应是合作金融，政策性金融，还是商业性金融？即农村金融是

---

① 苏健勇：《进一步建立市场化的粮食流通体制探索》，载《管理现代化》，2002（2）。

② 罗丹、陈洁、徐天祥：《经济规律：深化粮食流通体制改革的准绳》，载《中州学刊》，2002（1）。

走合作化、政策化，还是商业化、市场化道路？这是当时中国农村金融改革的争论核心。

第一种观点主张发展政策性金融。认为我国农村社会经济的基础条件不适应市场经济条件，农村金融应该强调政策性的特点。李剑阁认为，在中国的一些贫困地区，其经济活动所产生的资金流量和经济效益根本无法支撑任何商业性的金融机构的运行，这些地区的农民的资金需求只能靠政策性的金融机构来解决，一旦实现商业化、市场化，农村金融市场必然会发生缺位现象。农业信贷的这些特点（即高风险、收益少、成本高、资金周转慢），使之与以盈利为目的的金融机构的贷款原则相悖，资金一般会从农业流向工商业。结果，本应为农业"供水"的金融机构，却变成了"抽水"机构。同时，由于农业自身资金积累速度缓慢，数量远远不能满足需要。因此，农业的发展以及农村经济的振兴、农民生活质量的提高，都必须大量依靠外部资金的投入。而当商业性资金拒绝进入农村金融市场之时，国家政策性金融就更显得责无旁贷了。

第二种观点主张发展国家支持的农民互助的合作金融组织。何广文认为，合作金融组织尽管存在着制度缺陷，但也同时存在着制度优势，具有旺盛的生命力和良好的适应性，合作制的农村信用社存在的必要性在于它兼顾了效率与公平；丁为民认为，农村金融市场是个分散的、小额的、个性化的市场，而不是集中的、大额的、共性化的市场。在这个市场里，商业银行集中化的机构和管理不适应农户分散的、多样化和小额的需求，特别是农村大量的小额贷款，小额零售贷款的收益与所耗费的成本相比较往往无利可图甚至亏本。这正是我国近年来国有商业银行纷纷撤离农村金融市场的原因所在。而农村信用社的特点适应农民分散的、多样化的融资需求，特别是低廉的管理监督费用和信息费用使其面对微小利差的小额贷款也能游刃有余，稳步经营。合作社既利用了其成员固有的当地信息源和信任资本，又利用了自我雇佣的优势，因而可以降低信息、监督和执行等交易费用，给社员带来更多的利益；农民是弱势群体，农业是弱势产业，农村是落后地区，出于和谐社会发展的需要，理应加强国家扶持，让农民承受商业化贷款的利率，既不公平，也不合理。

第三种观点认为应发展股份制商业银行。谢平、马忠富等学者认为，我国农村信用合作社不符合合作制原则的历史已经表明，这些原则在我国农村金融领域是行不通的，信用社制度本身存在着固有的缺陷，合作制并不是完美的制度选择。因此，农村金融改革和发展的重点应转向组建和发展股份制商业银行。其理由在于中国农村信用社合作制属性的全部丧失。农民没有真正意愿上的合作意识，合作是靠政府行政强制力量实现的，特别是前几年的扩股增资都是借助行政手段层层摊派实现的；中国农村信用社从诞生时起就没有实行真正的合作制，贷款程序与商业银行基本相同，贷给谁、贷多少、抵押担保程序均由农村信用社说了算，农民从来不认为它是互助性的金融机构。信用社所有权和社员基本权利缺乏法律保障，信用社主任提名和财务状况、人员变动等从来不向社员公开；从实践效果看，旨在恢复农村信用社合作金融性质的信用社体制改革实质进展不大。中国农村信用社事实上已成为一个内部人控制倾向十分明显的利益集团。为了维护既得利益，它必然本能地抵制其他利益主体进入。因此，农村信用社吸引农民参与的改革注定只能流于形式，很难突破"体制锁定"，向真正的合作金融组织转化。[①] 农民，即使是贫困农民也是有能力参与商业金融市场的。以前大家认为穷人是不能参加商业金融市场的，这是很普遍的一个看法，但是实践证明，即使是贫困农民，也是有能力承担商业化利率的。

第四种观点认为应发展多元化的金融机构。张元红、李静等学者认为，在社会主义市场经济多元化、多样性和不均衡性的前提下，农村信用社是实行合作制，还是实行股份制商业银行，并不是唯一的、排他的选择。应发育多元化的金融机构，包括银行、保险、担保等各个方面，以商业性金融为主，辅之以适当的政策性金融和真正的合作金融，可以考虑将贫困地区的农村信用社改为政策性银行的基层网点，专门从事政策性扶贫、开发工作；也可以根据需要由农民按照合作制原则重新发育新的信用合作社；而在某些发达地区选择股份制商业银行，也不失为明智的决策。[②]

2. 关于农村金融改革与发展的关键问题

段应碧指出，当前农村金融改革需要研究解决的问题虽然很多，但关键是要在以下三个方面有所突破：一是发展多种形式的金融组织，二是切实转换农村信用社的经营机制，三是加大对农村金融机构的扶持力度。要继续加大中国人民银行对农村信用社的再贷款；通过财政贴息等方式引导信贷资金投向农村；对各类商业银行实行"属地再投资"制度，规定它们把在农村吸收的存款大部分投放到当地农村；要对农村金融组织实行税收优惠政策，凡是为农民提供金融服务的，不论所有制形式和规模大小，都可以考虑不交或少交营业税、所得税，至少是农

---

① 王芳、吕刚正、赵启越等：《外生金融与内生金融：一个历史视角》，载《货币金融评论》，2003（9）。

② 张晓山、何安耐：《走向多元化、竞争性的农村金融市场》，太原，山西经济出版社，2005。

户贷款免税，以扶持农村金融事业发展。[①]

谢平认为，中国农村金融改革要突出解决以下四个方面的问题：第一，产权改革是关键性的；第二，农村金融建设必须坚持多样化，兼顾竞争和盈利；第三，规模经济是农村信用社应追求的首要经营目标；第四，要结合体制改革解决"历史包袱问题"。目前，推行中国农村一揽子金融体制改革必须考虑以下难题。

（1）农村信用社是"主力军"，但又不能独家垄断。独家垄断经营会导致服务质量下降、不良资产增加。但如果竞争过于充分，信用社显然坚持不住，亏损难免。所以，需要在竞争、效率、垄断和基本盈利间寻找平衡。

（2）中国农村政策性金融究竟包括哪些业务，哪些业务由独立机构办理，哪些业务由商业性机构代理，政策性金融业务的操作程序、贴息机制、代理监督等问题，经过 8 年实践与争论，应该有明确的决断。而且，随着粮食流通体制改革的深化，随着西北部分地区"退耕还林"，有必要把农发行县支行放入农村金融一揽子改革中通盘考虑。

（3）农村的证券、保险机构将来如何布局。目前绝大多数农村县及县以下没有证券交易网点；财险代理机构有一些，但寿险的代理机构（或代理人）基本没有。农村证券、保险构成农民的基本金融服务需求的组成部分，市场潜力很大。农村证券、保险业务发展，是采取专门机构模式，还是代理机构模式，必须早做决断。

（4）行业管理与政府监管是否有必要分开的问题。我国的农村信用社是否有必要建立统一的全国性行业管理组织值得继续讨论。比较现实的方式是在信用社自愿基础上自行组建自律性行业协会，协调相互间竞争、资格培训、会计标准、收费标准等问题，证券业协会是个可资仿效的实例。

（5）农村信用村改革应按如下步骤进行：第一步，在产权上实行统一的自然人持股的股份制模式；第二步，实现真正股份制改造的农村信用社自行决定组织模式，可以在同一地（市）境内从农村信用社发展出银行和非银行金融机构；第三步，通过利益诱导而非行政指令实现多种形式的规模化。

（6）改善金融制度运行的外部制度和环境，建立和健全保护金融机构合法权利的法律制度。

---

① 张晓山、何安耐：《走向多元化、竞争性的农村金融市场》，太原，山西经济出版社，2005。

3. 关于农村金融的改革方向

张元红等人认为,以市场化为方向推进中国农村金融体制改革与发展是现实的选择。应该遵循必要的市场原则:竞争性的市场;产权明晰、决策自主的市场主体;信息对称、守信负责、公平合法、制度化的市场规范。只有采取积极的市场化策略,建立一个竞争性的市场,才能逐步改善农村金融的运营状态,营造良好的信用环境和制度环境,促进农村金融进入一个良性健康的发展轨道,才能切实解决农业农民的资金短缺问题,实现社会经济和谐发展的最终目标。当然,农村金融体制的创新和金融市场的发育与其他的制度改革一样,也是一个渐进的过程,不可急于求成,欲速则不达。[①]

谢平认为,改革的方向虽然是市场化,但是要完全实行市场化操作还存在现实的困难和约束。无论是《商业银行法》、"97 规定",还是人民银行监管实践都证明,对应该实行市场退出的金融机构实行关闭是有理有据的。但现实情况是,监管当局对农村信用社一直采取保护措施,对机构关闭持谨慎态度。这是因为随着国有商业银行逐步撤出县及县以下地区,广大农村地区的融资供给基本由农村信用社承担,对经营不善的信用社实施关闭,势必出现农村金融市场供给主体缺位问题。另外,由于农村信用社主要吸收本来就属于低收入阶层的农民的存款,在没有存款保险机制的情况下,农村信用社大面积市场退出可能直接意味着农民作为一个阶级的破产,是国家无法承受的。只要农业还是基础产业,农民还构成国内居民的主体,农村经济还是中国经济工作的重点,对信用社实施关闭就不仅仅是单纯的市场问题,更是一个政治问题。因此,在农村信用社的经营管理中,破产约束是失灵的,即不存在真正的市场操作原则。在破产约束失灵的前提下,道德风险问题可能变得非常严重。综合全国农村信用社的情况,道德风险可以在三个层次同时发生:第一是地方政府层次,第二是农村信用社自身层次,第三是借款人层次。另外,基于不破产预期,他们比较容易说服信贷人员放宽条件,本是正常贷款可能逾期,逾期的变为呆滞,呆滞变为呆账。因此,农村信用社整体资产质量低下,一个重要因素是上述"破产约束失灵下的三层次道德风险问题"。

4. 关于农村合作基金会的讨论

农村合作基金会曾是中国农村经济发展中的一个重大事件,理论界对农村合作基金会的研究也有分歧,主要集中在农村合作基金会的性质,以及对农村合作

---

① 张晓山、何安耐:《走向多元化、竞争性的农村金融市场》,太原,山西经济出版社,2005。

基金会关闭的不同看法上。

(1) 关于农村合作基金会的性质。

农村合作基金会是一种什么样的经济组织，是学者们比较关心的问题。它是否是一种金融组织？它是股份制还是合作制抑或是股份合作制？它是农民的还是政府的？它是否是一个独立的法人，等等，对于这些问题，不同的研究者有不同的看法。

第一种观点认为农村合作基金会是资金合作组织。农村合作基金会的主管方——农业部，在 1991 年农经字第 11 号《关于加强农村合作基金会规范化、制度化建设若干问题的通知》中的定义是，"农村合作基金会，是在坚持所有权和得益权不变的前提下，由乡村集体经济组织及其成员按照自愿互利、有偿使用的原则而建立，主要从事调剂资金余缺，支持本乡（镇）、本村范围内的农户和企业发展生产"。① 农村合作基金会发展的大省——四川省在 1988 年 7 月做出的《关于建立农业发展基金和合作基金的决定》中指出：农村合作基金会"是在保障原单位资金所有权、自主权和得益权的条件下，按照自愿互利原则组织起来的一种股份式的资金合作组织"。② 余国耀、温铁军、张晓山等学者认为，"农村合作基金会不是一种非银行的金融机构，是社区合作经济组织内部成员在资金上互通有无、有偿使用、独立核算、自负盈亏、民主管理、自愿互利、共担风险的一种专业性合作经济组织，它不以盈利为唯一目的，基本符合国际通行的合作性质的金融组织的普遍原则。它虽然是依托经管站组织建立的，但两者性质不同，后者是国家在基层的事业单位，前者是农民的合作经济组织，具有独立的财产关系，而不是后者经办的一个经济实体。"③ 姜旭朝认为"农村合作基金会是中国当代农村地区最大的民间信用组织，它是在农村实行家庭承包责任制以后出现的一种具有互助合作性质的农村金融组织"，其特征是"社区性、内部性、服务性"，是"农民自愿意组织起来的资金互助组织。"④ 石秀印认为，农村合作基金会的实质是"以农民为股东、以基层政府为权力执掌者的'合作银行'"，"其类似于国外的金融合作社，也类似于中国 20 世纪 50 年代的农村信用合作社。但是由于基层政府的进入，其权力执掌、经营目的和经营方式又带有

① 姜旭朝：《中国民间金融研究》，143 页，济南，山东人民出版社，1996。

② 郭晓鸣、赵昌文：《以农民合作的名义：1986—1999 四川省农村合作基金会存亡里程》，载《世纪周刊》，2001（1）。

③ 余国耀、温铁军、张晓山：《九十年代产权制度的对策研究》，81 页，北京，中国商业出版社，1994。

④ 姜旭朝：《中国民间金融研究》，142、144、157 页，济南，山东人民出版社，1996。

较强的官方色彩。"①

第二种观点认为合作基金会要分类看。温铁军指出，对于合作基金会的性质要分类看，乡镇及其以上建立的合作基金会，与村级农村合作基金会在性质上是不同的。大多数在乡镇级组建的农村合作基金会并不是农民和村集体经济组织参与制度创新的结果，而是属于地方政府所有的农村金融组织，乡镇级农村合作基金会的实际所有者是地方政府，而不是集体，也不具有合作性质。只有村级的合作基金会属社区合作经济组织内部的专业性信用合作组织，是属于"集体所有"的。

第三种观点认为合作基金会不是合作组织。秦池江认为，农村合作基金会既不是银行机构，也不是"社区内经济合作组织"，而是"非银行金融机构"，因为它提供的不是实体产品，而主要是货币资金，对于合作基金会不能像管理银行那样去管，应按基金组织管理，用基金专门管理办法来管理。纪志宏认为，农村合作基金会"是较为普遍和具有代表性的非正规金融机构"，"是地方政府参与组成、带有浓厚的行政色彩、没有许可证而从事金融业务的准金融组织，其行为与基层政府有密切的联系"，"它带有合作成分，但是不完全按合作原则运作，从事商业性金融活动又不属于金融机构，呈现出极强的不规范性。"②

第四种观点认为合作基金会是政府所有的农村金融组织。郭晓明、赵昌文认为，"农村合作基金会是地方政府和农业行政管理部门制度创新活动的产物……农村合作基金会的所有者是'缺位'的。同传统的集体经济组织一样，对合作基金会拥有实际控制权的不是集体经济组织的成员——农民，而是乡镇政府和相关部门……农民在合作基金会发展中扮演的会员身份，说到底只是一般意义上的储户。缺乏农民的实际参与，没有建立合作经济的运行机制，农村合作基金会从来就没有具备过合作经济的基本特征。合作基金会为自己贴上合作金融的标签，其目的是在传统经济体制的重压之下，寻找一个合法生存的空间，就实质性的发展方式而言，合作基金会从一开始起就是同农民的自主参与无关的。""如果我们承认在产权不清的条件下控制者就是所有者的逻辑，那么，只能说农村合作基金会是属于地方政府所有的农村金融组织。或者，以'集体所有，政府控制'来界定

① 温铁军：《农村合作基金会的兴衰：1984—1999 农户信用与民间借贷课题分报告之二》，载中经网，2001-06-07。
② 中国社会科学院农村发展研究所、国家统计局农村经济社会调查队：《中国农村经济形势分析与预测》，1997—1998 年，54、55、56 页，北京，社会科学文献出版社，1998。

农村合作基金会的财产所有形式具有更高的准确性。"① 李静通过对四川乐山和温州两地的比较研究认为，"农村合作基金会不是乡村集体经济组织与农户的社区性资金互助合作组织，而是通过行政命令控制的集体组织（在四川），或民营性质的股份制经济组织，集体所有制与合作制不是等同的，而是完全不同的。"②

（2）关于农村合作基金会清理整顿。

对于农村合作基金会的清产关闭的做法，不同的研究者有不同的看法。

陈剑波、封小霖、阎裕民站在国家政策和金融监管的立场上，认为农村合作基金会大发展的时期，也正是其金融风险日渐加大的阶段，如果不尽快予以清理，很可能会酿成严重的后果，中央、国务院的决策无疑是十分适时和正确的。张元红、李静、张军等人也认为农村合作基金会有积极的一面，但对农村合作基金会的清理整顿也是必要的。因为它所从事的金融活动超出了其允许经营的业务范围，而且一直没有得到金融监管部门的认可和管理。

郭晓鸣、赵昌文则从中国农村金融发展的角度，认为农村合作基金会面临的问题和矛盾虽然严重，但似乎并未达到一触即溃的程度。换言之，农村合作基金会运行中的诸多危机征兆虽已暴露无遗，但据此判断已进入危机全面爆发的阶段却缺乏足够的依据。③ 四川省农村合作基金会总体上仍然是盈利的，与大面积亏损的国有商业银行和农村信用社相比较，合作基金会的经营绩效并不算差。他们认为，"中央政府做出取缔农村合作基金会的政策决定，合作基金会自身矛盾的局部激化只是一个直接诱因，1998 年中国所面临的严峻经济和社会形势，才是更深层次的原因所在"，"将合作基金会列为众多经营状况不良的金融组织中被清理的首选对象，与其说是合作基金会自身的危机因素确已全面爆发，不如说是为了用杀一儆百的方式防范金融风险，更有效地控制可能出现的金融形势的全面恶化，以此达到确保政治和社会稳定的目的"。④对其采取"一刀切"的整体封杀可能并非最合理的政策选择。也许还可以有代价更小和更有利于未来整个农村金融发展的另一种选择。比如，采取"关闭一块，改造一块"的分类处置办法，在化解风险的同时，促进农村合作金融得到实质性发展。

温铁军从法律的角度看农村合作基金会的清理整顿，他认为对农村合作基金

① 郭晓鸣、赵昌文：《以农民合作的名义：1986—1999 四川省农村合作基金会存亡里程》，载《世纪周刊》，2001（1）。

② 李静：《中国农村金融组织的行为与制度环境》，172 页，太原，山西经济出版社，2004。

③④ 郭晓鸣、赵昌文：《以农民合作的名义：1986—1999 四川省农村合作基金会存亡里程》，载《世纪周刊》，2001（1）。

会的清理整顿要分类来看,大多数在乡镇级组建的农村合作基金会是属于地方政府所有的农村金融组织,既然是政府所有,政府关闭那些经营不好的基金会是理所当然的。而大多数没有实行"村有乡管"村级的合作基金会则可以认为仍然是属于"集体所有"的。对其合理的政策,则应该是在落实法律规定的财务公开原则的前提下,按照集体经济内部资金经营管理办法进行整顿和规范改制,而不是关闭。上级以行政命令关闭本来是地方政府控制的基金会,必然造成政府信用丧失,因此带来的资产损失相对更为严重。①

从改革实践看,2003 年以前的农村金融改革仍然进展不大。这段时间的农村金融改革总体上没有完全摆脱计划经济的发展理念,在农村金融市场的建设和发育方面少有进步,农村金融市场仍然延续着落后隔离的二元结构。主要问题有以下几方面。一是改革的总体思路和目标仍不清楚,政府和金融部门的改革政策常常摇摆不定,甚至出现前后冲突和矛盾。二是金融机构产权改革进展不大,国有银行的商业化改革和改组,只是解决了一个法人身份,以及统一了国有金融内外部管理和明确了法律责任等问题,并没有真正解决国有银行单一产权的问题。在农村信用社的产权改革方面,由于坚持把农村信用社改为农民的合作性金融组织,信用社产权改革始终没有取得明显突破。实际上,信用社也难以成为真正合作性质的金融组织,而是成了一个"四不像"的组织。三是很多地区农村金融市场重新回归垄断,1997 年以后,农村合作基金会被关闭,原本已经进入农村金融市场的国有商业银行——包括中国工商银行、中国建设银行和中国银行等纷纷撤消了设在乡镇一级的营业网点,甚至中国农业银行也撤消了大部分的乡镇营业网点,农村信用社又成了垄断者,压抑了金融创新。

>>四、2003 年以来:全面建设小康社会新阶段<<

2003 年可以视为中国农村改革的一个分水岭,2003 年以前的改革,最明显的特征是"放权",通过放权,在生产领域和流通领域进行市场化改革并形成适应市场化要求的市场主体,通过对各个市场主体的激励以促进经济发展,改革的举措相对独立;2003 年以后的改革,最大的特征是在分配领域实行国民收入分配的调整,农民增收问题是"三农"问题的核心,也是全面建设小康社会的重点

---

① 温铁军:《农村合作基金会的兴衰:1984—1999 农户信用与民间借贷课题分报告之二》,载中经网,2001-06-07。

和难点。通过多予少取、城乡统筹、新农村建设等措施解决"三农"问题，是这个阶段农村改革的主线。

（一）关于"三农"问题的讨论

进入新世纪以来，"三农"问题作为一个综合反映农村发展困难的问题提出，并得到了政府和学术界的高度重视。学术界的争论主要集中在两个方面：一是"三农"问题的关键是什么？二是解决"三农"问题的出路在哪里？

张晓山、崔红志认为，"三农"问题的要害是宏观政策的城市倾向和国有工业倾向，这种倾向在农村财政政策和农村金融政策上都得到了反映。"三农"问题的症结已不在农业和农村本身，而在于与农业和农村经济密切相关的宏观经济体制。必须从国民经济的宏观层次上，在财税、金融、体制方面采取突破性的举措，调整扭曲的国民收入分配格局，改变全国范围的资源优化配置，使不同地区和从事不同职业的公民和法人单位能够享受水平相近的基础性公共服务，造就一个全社会的公民和法人单位发展机会尽可能均等的社会环境。[①]

于建嵘认为，"三农"问题的关键是农民问题，由于农民利益缺乏政治表达，使农民遭受行政性强迫、市场性掠夺和技术性制约。其中，行政性强迫表现为国家利用行政手段对农村生产要素的市场化进行强制性的限制；市场性掠夺是指农业生产资料的价格、农产品价格、农村劳动力的价格等交换的不平等性；技术性制约是指农业生产技术尚不足以从根本上改变农耕经济的性质。因此，解决农民问题需要从政治方面入手，最根本的是调节国家与农民的关系。一个前提是要在政治上重新认识农民，将农民视为具有理性判断能力的政治人，他们可以成为市场经济的行动主体，同样也可以成为民主政治的权利主体。一个原则就是保障农民的基本权利，城市化应以农民权益得到合理的保障为基础，在农村建立科学公平的农村公共财政体制。搞好三个制度建设，即实现乡镇自治、规范社区组织、发展农民组织。[②]

温铁军认为，"三农"问题是中国工业化过程中的历史必然和世界普遍现象，因为工业化只能靠占有国内的农业剩余来完成原始积累，由于小农经济使农民难以面对市场，使得"三农"问题只能逐步缓解，而不大可能彻底解决。要缓解

---

① 中国社会科学院农村发展研究所：《中国农村发展研究报告》（NO.3），66、81页，北京，社会科学文献出版社，2002（4）。

② 田永胜：《重中之重——32位权威人士解读"三农"问题》，140页，北京，光明日报出版社，2005。

"三农"问题，第一要把降低行政管理的制度成本作为政策出发点，努力实现增量政治体制改革，具体的设想就是"增省、撤地、强县、弱乡"。第二要成立能够代表农民利益、贯彻"三个代表"重要思想的"中共中央农村工作委员会"，协调各个部委的利益。三是要建立适合小农村社的合作制度，提高农民组织化程度。[①]

（二）加入 WTO 对中国农业的挑战的思考和对策的探索

2001 年 12 月 11 日，中国加入世界贸易组织，从此我国农业全面融入世界经济体系之中。我国在农业方面的承诺，主要有：第一，逐步降低农产品关税；第二，取消农产品出口补贴；第三，对部分重要农产品实行配额管理；第四，建立农产品进口关税配额管理制度。[②] 关于我国农业入世，理论界基本达成的共识是加入世界贸易组织，我国农业既面临机遇，也面临挑战，但机遇大于挑战。理论界普遍更关心挑战和对策，并对此进行了比较深入的讨论。

1. 关于农业保护和支持政策的讨论和建议

在 WTO 框架内有农业支持和农业保护两种政策，支持政策主要指那些可以在不扭曲市场机制下促进农业发展的政策，比如农业科研，基础设施投入，与生产不挂钩的收入支持等，也被称为"绿箱"政策。保护政策一般会扭曲市场机制，具体包括对生产和贸易采取的财政补贴、关税和非关税壁垒等，被称为"黄箱"政策，我国农业加入 WTO 之后应采取何种政策，是理论界讨论的焦点。

第一种观点主张应以"绿箱"为中心。理由有三个方面。①中国政府财力有限，必须更加重视农业支持资金的使用方式和使用效率。由于财政预算的约束，中国今后大幅度增加农业公共投资的可能性并不大，这种情况下，更需要考虑如何把有限的钱，以最合适的方式加以利用。逐步减少乃至取消农业税费，加大政府在一般性服务、结构调整支付、环保支付、国内食品援助、扶贫援助等"绿箱"政策方面的支出，无疑是最为直接和有效的。②在增加农业国内支持总量的同时，以完善中国农业支持的"绿箱"支持结构为主要内容，以完善农业价格支持体系为重点，完善农业国内支持的"黄箱"政策措施体系，是中国在经济全球化条件下农业国内支持政策改革的方向。③使用"绿箱"政策，更符合中国农业

① 田永胜：《重中之重——32 位权威人士解读"三农"问题》，155 页，北京，光明日报出版社，2005。

② 宋洪远等：《中国农村改革三十年》，323～324 页，北京，中国农业出版社，2008。

市场化改革目标，更有助于中国农业的长期稳定、持续发展。"黄箱"政策在目前中国的情况下也必须加以利用，但从长远来说，毕竟对农产品贸易、对农业生产和流通等产生扭曲性影响，不但与 WTO 有关规则的立意不符，而且会阻碍中国农业管理体制和生产经营机制的改革，束缚中国农业的长远发展。所以，在中国农业支持政策中，应优先选择"绿箱"政策。比如，调整国家投入分配格局，将原投入农产品流通领域的价格补贴转向政府一般服务等。通过科学合理地分配有限的公共资源，提高利用效率。①

主张实行农业财政支持政策的主要理由有四点：第一，农业支持政策更有利于农业可持续发展；第二，我国的农业保护政策在实践中并不成功，没有达到补贴向农业转移收入的目的，反而导致资产从农业部门转移出来，高关税还导致了消费者福利损失；第三，我国工业化水平低，财政规模有限，而农业人口众多，保护能力确实有限；第四，WTO 框架下的农业政策趋势是不允许农业保护，农业保护政策容易被视为倾销，导致国际贸易摩擦，农业支持政策更有利于农产品国际贸易的发展。因此，我国有以下政策选择：第一，把农业政策重心由保护转向支持，充分利用 WTO 框架下的"绿箱"政策；第二，要以提高农业生产力、增加有效供给和支持农民增收为目标，建立农业支持和保障体系；第三，确定适宜的农业支持水平，尽快达到农业支持的国际水平；第四，选择正确的农业支持重点，选择经济手段和法律手段作为主要支持方式。②

第二种观点主张"黄箱"政策，实行农业保护政策为主。持这种观点的学者认为，第一，农业是弱势产业，具有本质的弱质性；第二，农业在国民经济中处于基础地位；第三，我国的农业生产力水平和市场化程度都比较低，我国的农产品以初级品和初级加工品为主，生产成本高，在国际上缺乏竞争力。因此应加强农业保护。③ 也有学者认为，我国的农业支持政策存在一些问题：第一，尽管我国农业科研和基础建设等方面的支持总量比较高，但由于体制因素，这些支持并没有完全用于农业部门；第二，在实践中我国的农业支持手段有限，未能建立既符合国际规则，同时又能起到支持农业发展作用的支持体系，仍是以价格干预为主。④ 因此，当前，我国的农产品贸易政策应该是：第一，充分利用关税的保护

① 商务部国际贸易经济合作研究所：《WTO"绿箱"政策与中国农业的可持续发展》，载《经济研究参考》，2003（57）。
② 鲁德银、雷海章：《"入世"后中国农业财政支持政策》，载《财经研究》，2002（2）。
③ 李颖：《浅析入世与我国农业的合理适度保护》，载《安徽农业科学》，2002（4）。
④ 钟京：《入世后加强农业保护问题》，载《中国农垦经济》，2002（2）。

作用，调控重要农产品进出口；第二，利用反倾销条例和争端解决机制，防止境外有补贴的廉价农产品大量进入我国，带来对农业的冲击；第三，建立和完善动植物卫生检疫体系，以此作为保护国内市场的手段；第四，政府应大力促进农产品出口；第五，促进农业支持体系发展，将农业支持政策作为我国促进农业发展的主要措施；第六，掌握适度保护原则，合理确定保护重点和保护水平。[①]

第三种观点认为应该两者兼顾，两种手段配合使用。有学者认为，应运用保护政策，进行有理有节的自我保护，同时运用支持政策，推动农业产业的可持续发展，两种手段缺一不可。理由是：第一，世贸组织允许在许可范围内对农业实施保护和支持，我国应充分利用 WTO 的相关规则；第二，世贸组织中的农业发达国家都普遍对农业实行高水准的保护和支持，拉开了和发展中国家的保护和支持水平，如果发展中国家不尽量争取这两种手段，在竞争中的地位会更加被动；第三，我国入世后面临制度接轨和国际市场竞争两方面的冲击，需要运用农业协议的保护和支持政策。因此，在政策上，我国应该：第一，加大政府农业投入，强化农业综合保护支持力度，提升我国农业的国际综合竞争力；第二，充分利用 WTO 政策空间，合理有效地实施农业贸易关税保护；第三，加快健全完善农业技术标准制度，形成科学合理的技术保护屏障；第四，加快我国国内农业支持目标和支持方式的调整，形成法制规范的农业支持制度性安排；第五，调整国内农业财政支持范围，突出支持重点，提高政策支持的功效。[②]

2. 关于农产品遭遇 "绿色壁垒" 的讨论

绿色壁垒是常见的非关税壁垒之一，是指那些为了保护生态环境和公众健康而直接或间接采取的限制甚至禁止贸易的措施。入世以来，我国农产品出口屡次受到绿色壁垒的限制，影响了我国农产品的对外贸易，理论界对这个现象产生的原因，以及如何应对绿色壁垒也进行了探讨。

关于我国农产品出口受阻于绿色壁垒的原因，有学者从国际和国内因素两方面展开了讨论。国际因素有：一是贸易保护主义，我国部分劳动密集型农产品具有比较优势，在国际市场上具有较强竞争力，对进口国国内的相关产业造成了冲击；二是国际社会对于环境和健康问题的关注增加，不断制定新的更加严格的安全卫生标准，我国的出口企业不能及时适应这些标准。国内因素有：一是农产品生产缺乏协调和统一；二是农产品生产者的素质和农产品生产的技术条件较低；

---

① 李颖：《浅析入世与我国农业的合理适度保护》，载《安徽农业科学》，2002（4）。
② 朱海洋：《"入世"后我国农业支持政策取向的思考》，载《财经研究》，2002（9）。

三是生态环境污染；四是农产品外贸体制不完善，出口企业和农户之间存在信息不对称问题；五是农产品信息系统不健全。①

如何应对"绿色壁垒"？有学者提出以下建议：第一，发展绿色食品、有机食品，建立绿色产品生产基地，生产、流通环节重视绿色食品生产标准；第二，注重农产品的品牌经营；第三，发展农产品深加工，建立健全农产品加工业质量标准体系；第四，健全技术法规体系，保护国内农产品，增强农产品的国际竞争力；第五，提高绿色认证、环境标识水准；第六，国家政策立法应加大对农业的补贴。

（三）关于"统筹城乡"的讨论

2002 年 11 月，党的十六大报告中指出"统筹城乡经济社会发展，建设现代农业，发展农村经济，增加农民收入，是全面建设小康社会的重大任务"。2003 年 10 月，党的十六届三中全会又提出了"五个统筹"，将统筹城乡发展放在了首位。跳出了就农业论农业，就农村论农村的传统模式，把农村经济的发展放到了整个国民经济发展的大环境中统筹考虑。② 目前，国内学者对于这一问题的研究主要集中于以下几个方面。

1. 关于统筹城乡发展理论的思考

陈锡文认为，长期以来，中国一直重视"三农"问题，为什么没有解决？过去"三农"问题的解决，可能更多地注重于农村内部考虑农业、农村和农民问题。而党的十六大召开之后，提出了要用城乡统筹的眼光解决中国的农业、农村和农民问题。其中，既要建设现代化农业，也要进一步促进农村经济的发展，还要增加农民的收入，而这些问题的解决，不可能封闭在农村内部，要和城市结合起来，包括加快推进中国的城镇化，使更多的农业人口转移到城市中去，从事非农产业，形成一个城乡统筹的格局，逐渐为解决中国的农业、农村、农民问题找到一个新的途径。许经勇认为，长期保留和发展一个相对独立的农村社会经济领域，是不可能最终解决农村的社会经济问题的。只有改变传统的城乡社会分工格局，把过去集中到城市的非农产业不断扩散到农村去，才有利于合理地配置生产要素，才有可能从根本上克服作为相对独立系统的城市领域与农村领域所必然产生的一系列矛盾，并为整个社会经济系统的协调发展开辟广阔前景。③

① 李吉明：《我国农产品出口受阻绿色壁垒的原因及对策》，见：孔祥智：《聚焦"三农"》，上册，163～166 页，北京，中央编译出版社，2004。
② 路明：《城乡统筹的理论与实践》，北京，民主与建设出版社，2005。
③ 李树基、朱智文：《"三农"问题综述》，载《甘肃社会科学》，2003（4）。

2. 关于统筹城乡发展内涵的认识

统筹城乡发展战略提出后，有学者对统筹城乡发展的内涵进行了深入的分析和阐述。顾益康认为，城乡统筹就是要彻底摒弃计划经济体制，彻底改变城市偏向的一系列政策制度，摆脱城乡分割、重工轻农、重经济总量增长轻结构优化、重投资轻消费的发展战略模式，实行城乡一体化的比较优势发展战略。中心内容就是要以城乡配套的大改革来促进城乡一体化的经济结构大调整。① 陈锡文认为，十六大报告中提出来的统筹城乡发展是一个宽广的内容，不仅仅指财政方面，而是指整个国家经济的发展方面如何做到统筹。② 陈希玉认为，城乡统筹，就是改变重城市、轻农村，"城乡分治"的传统观念和做法，通过体制改革和政策调整，消除城乡之间的樊篱，破除城乡"二元结构"，把城乡作为一个整体，对国民经济发展计划、国民收入分配格局以及重大经济政策实行城乡统一规划，把解决"三农"问题放在优先位置，更多地关注农村、关心农民、支持农业，实现城乡协调发展。城乡统筹具有丰富的内涵，体现在经济和社会发展的方方面面。傅崇兰认为，统筹城乡发展不是要实现城乡同等或同步发展；统筹城乡发展未必等同于实现城乡相同的制度；统筹城乡发展不等于要实现区域均衡发展。③

3. 关于城乡统筹发展内容的讨论

陈希玉认为，统筹城乡发展的内容主要有：统筹城乡生产力布局，提高农村生产力发展水平；统筹城乡产业结构调整，加快农村二三产业发展；统筹城乡就业，加快转移农村富余劳动力；统筹城乡社会事业，提高农村教育、卫生和文化水平；统筹城乡投入，加大对农业和农村的支持保护力度。刘奇、王飞认为，统筹城乡发展的内容包括：统筹城乡资源配置，重点是打通城乡市场梗阻，建立统一有序的城乡市场，促进资源和生产要素的城乡互通；统筹城乡产业发展，重点是打破城乡产业分割，加快城乡产业融合，增强城乡产业关联度，促进城乡产业优势互补的一体化发展；统筹城乡国民收入分配，重点是调整国民收入分配结构和财政支出结构，加大对农村的支持和保护力度；统筹农民和市民待遇，重点是给农民以国民待遇，使农民拥有和城市人口平等的发展机会和享受同等的公民权利。④

① 顾益康：《如何统筹城乡经济社会发展》，载《农民日报》，2003-06-13。
② 陈希文：《城乡统筹解决三农问题》，载人民网，2002-12-23。
③ 傅崇兰：《城乡统筹发展研究》，25～26 页，北京，新华出版社，2005。
④ 刘奇、王飞：《论统筹城乡经济社会发展》，载《中国农村经济》，2003 (9)。

（四）"新农村建设"的探讨

新农村并不是一个新概念，20 世纪 50 年代以来党的文件中曾多次使用这个提法。党的十六届五中全会，将建设社会主义新农村作为政府的主要工作之一，把建设社会主义新农村提升到国家战略的高度，《中共中央关于制定国民经济和社会发展第十一个五年规划的建议》提出了建设社会主义新农村的"20 字"蓝图："生产发展、生活宽裕、乡风文明、村容整洁、管理民主"。理论界对于新农村建设的研究和探讨主要集中在社会主义新农村建设的背景与意义、内涵与内容、地区经营以及对策和建议上。

1. 新农村建设的背景的讨论

陈锡文提出，新农村建设，建设的不仅仅是农村，而是在统筹城乡发展的大背景下提出的。[①] 他认为，近两年，农村在粮食生产、公共事业、税费改革、民主建设和社会治理结构方面取得了重大进展，但农村过去就存在的一些深层次的矛盾开始凸显，并且又出现了不少新的矛盾和问题。正是在这样的背景下，十六届五中全会对"十一五"规划的建议明确提出了要建设社会主义新农村的重大任务。[②] 徐小青认为，当前新农村建设的时代特征要从两个方面去认识，一是 20 世纪 90 年代后期"三农"问题凸显；二是我国已具备了实现工业反哺农业、城市带动农村的条件。[③] 社会主义新农村建设是此前一系列"三农"新政的延伸和发展。温铁军认为，把新农村建设作为解决当前中国非常紧迫的"三农"问题的重要方向提出来，既是国家战略的客观需要，也符合国际上通行的规律。[④] 同时他还认为中国加入世界贸易组织之后，如何在世贸框架允许的范围内加强处于弱势地位的农业，以应对国际竞争，这也是新农村建设考虑的一个方面。[⑤]

2. 对于社会主义新农村建设的内涵与性质的认识

新农村建设内涵丰富，学术界普遍认为，新农村建设是一个全面、完善、可持续的发展目标，涉及了农村经济、政治、文化、社会和法制的各个方面。对于新农村建设的性质，学者们有三种不同的观点。第一种观点认为新农村建设是科学发展观、小康社会、和谐社会等国家发展理论政策的重要组成部分，是历史时期乡村建

① 陈锡文：《重提"新农村"》，载《中国改革》，2006（2）。
② 陈锡文：《当前的农村经济发展形式与任务》，载《农业经济问题》，2006（1）。
③ 徐小青：《对社会主义新农村建设的一些认识》，载《科学决策月刊》，2006（1）。
④ 温铁军：《中国新乡村建设问答》，载《人民论坛》，2005（10）。
⑤ 温铁军：《怎样建设社会主义新农村》，载《发展》，2005（12）。

设的继承、弘扬和超越，是建立在初步工业化和总体小康基础之上的新农村建设。[①] 第二种观点认为，当代的新农村建设与全面小康目标相辅相成。[②] 第三种观点认为，建设社会主义新农村是"十一五"乃至更长时间中国农村发展的总目标、总思路。[③] 温铁军认为，新农村建设的"新"体现在：第一，新在改变以往简单化地加快城市化的倾向，更关注城乡之间良性互动；第二，新在农村的发展能够体现科学发展观的要求，体现和谐社会的要求，重在农村社会相关制度建设；第三，新在追求农村发展的同时仍然要保持田园风光，是要建设一个自然人文环境令人耳目一新的良好生态型社会。[④]

3. 关于社会主义新农村建设的主体的争论

对于社会主义新农村建设主体的认识，理论界有两种声音。第一种观点认为新农村建设的主体是农民。支持这种观点的学者认为，农民对其生产和生活环境有最直接的认识，往往和官员或技术人员所总结的问题有很大差异。要真正实现农村的可持续发展，就必须把所有的外部干预转化为农民内部的建设力量。[⑤] 农民是促进新农村和谐发展和建设的主体，农民的现代化决定着农业和农村的现代化。[⑥] 一些学者在总结了中国台湾地区的经验后，认为建设新农村，首先要建立真正属于农民的"农会组织"，进一步提出新农村建设的真正主体是农民组织。[⑦] 第二种观点认为新农村建设的主体是政府。这种观点的支持者认为，由于我国目前缺乏制度支持，农民或是农民组织都无法担当新农村建设的重任。我国的农村基层组织事实上是一种政府组织，强调农村集体组织的主体性与重要性，表明了政府在新农村建设中的主导作用，地方政府尤其是乡村组织是建设新农村的主体之一，是组织者，主体地位不可取代。

4. 新农村建设区域差异的理论研究

由于区域自然条件和发展政策的差异，大多数学者认为针对不同的区域特点，新农村建设应该制定不同的战略，采用不同的措施。王志刚认为，我国中、东、西

---

① 王景新：《工业反哺条件下的中国新乡村建设》，载《小城镇建设》，2005（11）。

② 温铁军：《中国新乡村建设问答》，载《人民论坛》，2005（10）。

③ 黄惠：《社会主义新农村建设的提法由来》，载《瞭望新闻周刊》，2005（47）。

④ 温铁军：《新农村建设新在哪里?》，载《决策与信息》，2006（4）。

⑤ 叶敬忠、杨照：《参与式思想与新农村建设》，载《中国农村经济》，2006（7）。

⑥ 黄建荣：《农民现代化：建设社会主义新农村的核心制度》，载《现代经济探讨》，2006（7）。

⑦ 于建嵘：《农会组织与建设新农村——基于中国台湾经验的政策建议》，载《中国农村观察》，2006（2）。

部的经济发展水平不同，三者的新农村建设的重点也应有所不同。① 陈文科针对中部地区的具体情况，将中部与东部和西部进行比较分析，对中部地区进行新农村建设提出了发展建议。② 但也有学者认为，由于发达地区的财政能力显著地高于欠发达地区，各个地区新农村建设的力度很可能有所不同，因此中央政策必须一致，才有理由加大对西部的扶持。③

中国农村经济从传统高度集权的人民公社体制向现代市场经济体制转变是一个极其复杂、十分困难的过程，在改革开始时，并没有提出一个基于市场经济体制的理论框架，只是在理论上探讨、实践中摸索。因此，伴随着农村 30 年渐进式改革实践的，是理论上的不断深刻与成熟。在农村改革的第一个阶段，理论探讨的重点是农业生产领域中的家庭联产承包责任制，即生产领域的市场化；在第二个阶段，重点转移到流通领域，即流通领域的市场化，研究价格、供需等市场机制的作用，打消了姓资姓社的顾虑，关心市场机制的缺陷与政府宏观调控之间的关系；在第三个阶段，重点转向培育和发展符合市场经济要求的市场经济主体，即经济主体的市场化，对经济主体产权问题的重要性形成了共识；在第四个阶段，重点转向了市场经济的制度建设，即政府行为的规范化。理论界尽管在一些具体的问题上有分歧，但在给予农民公平地位、城乡统筹、以工补农等根本性问题上形成了共识。通过理论研究重点的变化，可以看出我国社会主义市场经济体制，由"创建期"到"成熟发展"期，由"初步建立"到"全面完善"的发展历程。

>>主要参考文献<<

[1] 陈吉元. 九十年代农村改革与发展大思路 [M]. 太原：山西经济出版社，1993.

[2] 程漱兰. 中国农村发展：理论和实践 [M]. 北京：中国人民大学出版社，1999.

[3] 陈锡文. 中国农村改革：回顾与展望 [M]. 天津：天津人民出版社，1993.

[4] 邓鸿勋，陆百甫. 走出二元结构——农民工、城镇化与新农村建设 [M]. 北京：中国发展出版社，2006.

---

① 马戎、王志刚、李周：《建设新农村：中国式道路该如何走》，载《人民论坛》，2006（1/B）。
② 陈文科：《中部传统农区新农村建设的几个问题》，载《中国农村经济》，2006（7）。
③ 马戎、王志刚、李周：《建设新农村：中国式道路该如何走》，载《人民论坛》，2006（1/B）。

[5] 杜润生. 思考与选择——关于中国农村改革和发展问题研究 [M]. 北京：中共中央党校出版社，1990.

[6] 杜润生. 中国农村的选择 [M]. 北京：农村读物出版社，1989.

[7] 杜润生. 中国农村经济改革 [M]. 北京：中国社会科学出版社，1985.

[8] 杜润生. 中国农村体制变革重大决策纪实 [M]. 北京：人民出版社，2005.

[9] 国务院农村发展研究中心试验区办公室. 改革思考录 [M]. 北京：中国卓越出版公司，1990.

[10] 黄祖辉，宋顺锋，史晋川等. 中国"三农"问题：理论、实证与对策 [M]. 杭州：浙江大学出版社，2005.

[11] 孔祥智. 聚焦"三农" [M]. 北京：中央编译出版社，2004.

[12] 路明. 城乡统筹的理论与实践 [M]. 北京：民主与建设出版社，2005.

[13] 刘文璞，魏道南，秦其明. 中国农业的社会主义道路再认识 [M]. 北京：中国社会科学出版社，1987.

[14] 陆学艺. 联产承包责任制研究 [M]. 上海：上海人民出版社，1986.

[15] 陆学艺. "三农论"——当代中国农业、农村、农民研究 [M]. 北京：社会科学文献出版社，2002.

[16] 陆学艺. "三农"新论——当前中国农业、农村、农民研究 [M]. 北京：社会科学文献出版社，2005.

[17] 林子力. 论联产承包制——兼论具有中国特色的社会主义农业发展道路 [M]. 上海：上海人民出版社，1983.

[18] 陆子修. "三农"论衡 [M]. 北京：人民出版社，1997.

[19] 《农村经济与社会》编辑部. 中国农村经济改革与发展的讨论（1978—1990）[M]. 北京：社会科学文献出版社，1993.

[20] 农业部软科学委员会办公室. 加快农村劳动力转移与统筹城乡经济社会发展 [M]. 北京：中国农业出版社，2005.

[21] 农业部软科学委员会办公室. 推进农业结构调整与建设现代农业 [M]. 北京：中国农业出版社，2005.

[22] 农业部软科学委员会办公室. 增加农业投入与改善农村金融服务 [M]. 北京：中国农业出版社，2005.

[23] 瞿振元，李小云，王秀清. 中国社会主义新农村建设研究 [M]. 北京：社会科学文献出版社，2006.

[24] 宋洪远. 中国农村改革三十年 [M]. 北京：中国农业出版社，2008.

［25］王贵宸. 中国农村改革新论［M］. 北京：中国社会科学出版社，1998.

［26］吴象. 中国农村改革［M］. 北京：光明日报出版社，1986.

［27］朱道华. 朱道华文集［M］. 北京：中国农业出版社，2002.

［28］中国社会科学院农村发展研究所编辑组. 农业生产责任制论文集［C］. 北
　　　京：人民出版社，1986.

［29］浙江师范大学农村研究中心，浙江师范大学工商管理学院. 中国新农村建
　　　设：理论、实践与政策［M］. 北京：中国经济出版社，2006.

本书主要参考文献

[1] 安志文. 将城市经济体制改革引向深入 [J]. 中国改革，1986（11）.

[2] 贝多广. 宏观金融论 [M]. 上海：上海三联书店，1988.

[3] 北京师范大学经济与资源管理研究所. 2003 中国市场经济发展报告 [R]. 北京：中国对外经济贸易出版社，2003.

[4] 北京师范大学经济与资源管理研究所. 2005 中国市场经济发展报告 [R]. 北京：中国商务出版社，2005.

[5] 白南生，卢迈. 中国农村扶贫开发移民：方法和经验 [J]. 管理世界，2000（3）.

[6] 保育钧. 深化所有制改革 促进经济发展方式的转变 [J]. 中国城市经济，2007（10）.

[7] 白永秀. 中国现代市场经济研究 [M]. 西安：陕西人民出版社，1996.

[8] 陈东琪. 当前需求控制的主要目标——兼论"稳中求进"的改革思路 [J]. 经济研究. 1988（2）.

[9] 陈东琪. 新政府干预论 [M]. 北京：首都经济贸易大学出版社，2000.

[10] 陈岱孙. 现代西方经济学的研究和我国社会主义经济现代化 [J]. 北京大学学报：哲学社会科学版，1983（3）.

[11] 陈栋生. 西部大开发与可持续发展 [M]. 北京：经济管理出版社，2001.

[12] 陈栋生. 新世纪中国区域经济走势初探 [J]. 工业技术经济，2002（4）.

[13] 蔡昉，都阳，王美艳. 中国劳动力市场转型与发育 [M]. 北京：商务印书馆，2005.

[14] 蔡昉. 农村经济发展特征与下一步改革 [J]. 经济研究，1987（8）.

[15] 迟福林. 2006 年中国改革评估报告 [R]. 北京：中国经济出版社，2006.

[16] 迟福林. 门槛：政府转型与改革攻坚 [M]. 北京：中国经济出版社，2005.

[17] 陈淮. 关于国有经济改革的若干思考与辨析 [J]. 管理世界，2000（5）.

[18] 陈淮. 工业化——中国面临的挑战 [M]. 北京：中国人民大学出版社，1993.

[19] 陈佳贵. 经济改革发展中的若干重大问题研究 [M]. 北京：社会科学文献

出版社，2006.

[20] 陈佳贵. 试论中国社会主义市场经济的目标模式 [J]. 中国工业经济，1993
(3).

[21] 陈锦华. 关于市场经济条件下政府的作用 [J]. 宏观经济研究，1997 (2).

[22] 陈锦华，江春泽. 论社会主义与市场经济兼容 [M]. 北京：人民出版
社，2005.

[23] 陈锦华. 逐步建立社会主义有计划商品经济的新体制 [J]. 中国改革，1991
(3).

[24] 陈吉元. 九十年代农村改革与发展大思路 [M]. 太原：山西经济出版
社，1993.

[25] 陈吉元. 完善联产承包责任制 推动农业迈上新台阶 [J]. 经济研究，1989
(12).

[26] 陈清泰. 国有企业走向市场之路 [M]. 北京：中国发展出版社，2000.

[27] 陈锡文. 关于建设社会主义新农村的若干问题 [J]. 理论前沿，2007 (1).

[28] 陈锡文. 我国农业和农村经济的改革和发展 [J]. 经济社会体制比较，2001
(1).

[29] 陈锡文. 中国农村改革：回顾与展望 [M]. 天津：天津人民出版社，1993.

[30] 陈云. 陈云文选：第3卷 [M]. 北京：人民出版社，1994.

[31] 曹远征. 中国经济现代化进程中的体制变革分析 [J]. 管理世界，1989
(3).

[32] 曹远征. 中国金融改革的基本问题 [J]. 经济研究参考，2002 (15).

[33] 陈宗胜. 双重过渡经济学 [M]. 天津：天津教育出版社，2005.

[34] 陈宗胜. 中国经济体制市场化进程研究 [M]. 上海：上海人民出版
社，1999.

[35] 董辅礽. 关于我国社会主义所有制形式问题 [J]. 经济研究，1979 (1).

[36] 董辅礽. 经济发展研究 [M]. 北京：经济科学出版社，1997.

[37] 董辅礽. 经济体制改革研究 [M]. 北京：经济科学出版社，1995.

[38] 董辅礽. 中华人民共和国经济史 [M]. 北京：经济科学出版社，1999.

[39] 邓鸿勋，陆百甫. 走出二元结构——农民工、城镇化与新农村建设 [M].
北京：中国发展出版社，2006.

[40] 杜润生. 农业生产责任制与农村经济体制改革 [J]. 中共山西省委党校学
报，1981 (3).

[41] 杜润生. 思考与选择——关于中国农村改革和发展问题研究 [M]. 北京：中共中央党校出版社，1990.

[42] 杜润生. 中国农村的选择 [M]. 北京：农村读物出版社，1989.

[43] 杜润生. 中国农村经济改革 [M]. 北京：中国社会科学出版社，1985.

[44] 戴相龙. 关于金融全球化问题 [J]. 金融研究，1999 (1).

[45] 戴相龙. 中国人民银行五十年：中央银行制度的发展历程 [M]. 北京：中国金融出版社，1998.

[46] 邓小平. 邓小平文选：第 2 卷 [M]. 北京：人民出版社，1994.

[47] 邓小平. 邓小平文选：第 3 卷 [M]. 北京：人民出版社，1993.

[48] 戴园晨. 从封闭型经济走向开放型经济 [M]. 福州：鹭江出版社，1993.

[49] 戴园晨. 社会主义宏观经济学 [M]. 北京：中国财政经济出版社，1986.

[50] 戴园晨. 中国经济体制改革模式研究 [M]. 北京：中国社会科学出版社，1988.

[51] 邓子基. 财政与宏观调控研究 [M]. 北京：中国财政经济出版社，2005.

[52] 邓子基. "国家分配论"与构建公共财政的基本框架 [J]. 当代财经，1999 (5).

[53] 樊纲. 渐进改革的政治经济学分析 [M]. 上海：上海远东出版社，1996.

[54] 樊纲. 金融发展与企业改革 [M]. 北京：经济科学出版社，2000.

[55] 樊纲. 两种改革成本与两种改革方式 [J]. 经济研究，1993 (1).

[56] 范恒山. 市场经济新体制建设若干重大问题论要 [J]. 管理世界，1994 (5).

[57] 范恒山. 16 年经济改革理论探索论评 [J]. 管理世界，1995 (5).

[58] 范恒山. 中国经济体制改革的历史进程和基本方向 [J]. 中国改革，2006 (8).

[59] 方生. 走向开放的中国经济——理论、模式、路线 [M]. 北京：经济日报出版社，1991.

[60] 房维中. 迈向 2000 年的中国经济 [J]. 上海综合经济，1998 (5).

[61] 房维中. 中国经济的治理整顿与转机 [J]. 管理世界，1990 (4).

[62] 冯子标. 农业联系产量责任制和生产关系——一定要适合生产力性质的规律 [J]. 经济研究，1981 (4).

[63] 冯子标，周扬明. "社会主义资本"回顾与研究 [M]. 北京：经济科学出版社，2000.

［64］顾海兵. 中国经济市场化程度测定不要陷入误区［J］. 价格理论与实践，2003
（5）.

［65］顾海良. 马克思经济思想的当代视界［M］. 北京：经济科学出版社，2005.

［66］高鸿业. 科斯定理与我国所有制体制改革［J］. 高校理论战线，1994（4）.

［67］高鸿业. 为什么在我国原有经济体制下"一放就乱"［J］. 宏观经济管理，
1986（9）.

［68］国家工商总局. 中国工商行政管理年鉴：2005—2007 年［R］. 北京：中国
工商出版社，2005—2007.

［69］国家海关总署. 海关统计年鉴：2005—2007 年［R］. 北京：中国海关出版
社，2005—2007.

［70］顾家麒. 构建适应社会主义市场经济的行政管理体制［J］. 管理世界，1999
（4）.

［71］国家商务部国际贸易经济合作研究院. 中国对外经济贸易白皮书 2004［R］.
北京：中信出版社，2004.

［72］国家税务总局. 中国税务年鉴：2005—2007 年［R］. 北京：中国税务出版
社，2005—2007.

［73］国家统计局，国家发改委，国家科委. 中国高技术产业统计年鉴：2007 年
［R］. 北京：中国统计出版社，2007.

［74］国家统计局贸易外经统计司. 中国对外经济统计年鉴：2004 年［R］. 北京：
中国统计出版社，2004.

［75］国家统计局普查中心. 中国基本单位统计年鉴：2001—2007 年［R］. 北京：
中国统计出版社，2001—2007.

［76］国家统计局. 中国农村统计年鉴：2007 年［R］. 北京：中国统计出版
社，2007.

［77］国家统计局. 中国人口统计年鉴：2005—2007 年［R］. 北京：中国统计出
版社，2005—2007.

［78］国家统计局. 中国统计年鉴：1995—2007 年［R］. 北京：中国统计出版社，
1995—2007.

［79］国家统计局. 中国物价及城镇居民家庭收支调查统计年鉴：2004 年［R］.
北京：中国统计出版社，2004.

［80］郭克莎. 结构优化与经济发展［M］. 广州：广东经济出版社，2001.

［81］高明华. 权利配置与企业效率［M］. 北京：中国经济出版社，1999.

[82] 高明华. 中国企业市场化进程研究 [J]. 管理世界，2003（8）.

[83] 关梦觉. 关于经济体制改革的几个理论问题 [J]. 财贸经济，1984（11）.

[84] 关梦觉. 关于价值规律的几个基本理论问题 [J]. 吉林大学社会科学学报，1979（3）.

[85] 高培勇. 社会主义初级阶段税制改革模式选择的思路 [J]. 财贸经济，1988（11）.

[86] 高培勇. 论举借国债的经济作用机制 [J]. 经济研究，1996（9）.

[87] 高尚全. 我国的所有制结构与经济体制改革 [J]. 中国社会科学，1998（1）.

[88] 高尚全. 要积极探索计划与市场的结合问题 [J]. 宏观经济管理，1986（12）.

[89] 高尚全. 用历史唯物主义评价中国改革 [J]. 新华文摘，2005（24）.

[90] 高尚全. 中国的经济体制改革 [M]. 北京：人民出版社，1993.

[91] 郭树清. 国民经济运行机制的转变与改革战略的选择 [J]. 经济研究，1990（5）.

[92] 郭树清. 经济体制转轨与宏观调控 [M]. 天津：天津人民出版社，1992.

[93] 高书生. 中国收入分配体制改革 20 年 [M]. 郑州：中州古籍出版社，1998.

[94] 谷书堂，常修泽. 社会主义与商品经济论纲 [J]. 经济研究，1990（6）.

[95] 谷书堂. 社会主义经济学通论 [M]. 上海：上海人民出版社，1989.

[96] 桂世镛. 关于正确认识计划经济为主、市场调节为辅的几个问题 [J]. 经济研究，1984（5）.

[97] 桂世镛，魏礼群. 重视运用和发挥市场机制的作用 [J]. 财贸经济，1985（2）.

[98] 辜胜阻. 改革发展中的金融创新 [M]. 武汉：湖北科学技术出版社，2001.

[99] 辜胜阻. 进一步推动我国民营经济发展的对策与思路 [J]. 经济学动态，1998（7）.

[100] 辜胜阻. 中国跨世纪的改革与发展 [M]. 武汉：武汉大学出版社，1996.

[101] 辜胜阻. 中国农村剩余劳动力向何处去 [J]. 改革，1994（4）.

[102] 顾准. 顾准文集 [M]. 贵州：贵州人民出版社，1994.

[103] 胡鞍钢，杨韵新. 21 世纪的最大挑战：中国就业状况分析（1952—2000）[M]. 北京：中国劳动社会保障出版社，2002.

［104］胡鞍钢. 中国经济增长的现状、短期前景及长期趋势［J］. 战略与管理，1993（3）.

［105］黄达. 黄达自选集［M］. 北京：中国人民大学出版社，2007.

［106］黄达. 宏观调控与货币供给［M］. 北京：中国人民大学出版社，1999.

［107］胡寄窗. 关于价格改革的几点思考［J］. 上海经济研究，1990（6）.

［108］胡锦涛. 高举中国特色社会主义伟大旗帜 为夺取全面建设小康社会新胜利而奋斗——在中国共产党第十七次全国代表大会上的报告［R］. 北京：人民出版社，2007.

［109］胡锦涛. 在邓小平同志诞辰 100 周年纪念大会上的讲话［N］. 人民日报（海外版），2004-08-23.

［110］韩俊. 中国农村经济改革与发展的新阶段与新思路［J］. 中国农村经济，1999（5）.

［111］韩俊. 中国农村下一步改革的重点和政策走向［J］. 经济体制改革，2004（4）.

［112］何建章，邝日安，张卓元. 社会主义经济中资金利润率和生产价格问题［J］. 经济研究，1979（1）.

［113］何炼成. 何炼成文集［M］. 西安：陕西人民教育出版社，1997.

［114］何炼成. 再论社会主义商品经济［J］. 经济研究，1985（5）.

［115］胡培兆. 改革的经济学思考［M］. 南昌：江西人民出版社，1993.

［116］胡培兆. 中国社会主义商品经济思想研究［M］. 北京：经济科学出版社，1997.

［117］黄少安. 产权经济学导论［M］. 济南：山东人民出版社，1995.

［118］华生，何家成，张学军，等. 论具有中国特色的价格改革道路［J］. 经济研究，1985（2）.

［119］海闻. 经济全球化与中国的选择［J］. 中国国情国力，2000（2）.

［120］黄小虎. 土地管理在宏观调控中的重要作用［J］. 宏观经济研究，2004（6）.

［121］洪银兴. 论市场机制运行的秩序——兼论国家调节市场的内容和途径［J］. 管理世界，1988（3）.

［122］洪银兴. 中国市场化过程的非均衡与均衡——兼论推进市场经济的重点［J］. 经济学家. 1993（5）.

［123］黄祖辉，宋顺锋，史晋川，等. 中国"三农"问题：理论、实证与对策

[M]. 杭州：浙江大学出版社，2005.

[124] 金碚. 产业国际竞争力研究 [J]. 经济研究，1996（11）.

[125] 金碚. 债务支付拖欠对当前经济及企业行为的影响 [J]. 经济研究，2006（5）.

[126] 季崇威. 论中国对外开放的战略和政策 [M]. 北京：社会科学文献出版社，1994.

[127] 《经济研究》编辑部. 中国经济理论问题争鸣（1990—1999）[M]. 北京：中国财政经济出版社，2002.

[128] 《经济研究》编辑部. 中国社会主义经济理论问题争鸣（1985—1989）[M]. 北京：中国财政经济出版社，1991.

[129] 《经济研究》编辑部. 中国社会主义经济理论问题争鸣（1949—1984）[M]. 北京：中国财政经济出版社，1985.

[130] 贾康，白景明. 中国发展报告——财政与发展 [M]. 杭州：浙江人民出版社，2000.

[131] 贾康. 财政本质与财政调控 [M]. 北京：经济科学出版社，1998.

[132] 江平. 西方国家民商法概要 [M]. 北京：法律出版社，1984.

[133] 江其务. 关于当前金融体制改革战略问题的思考 [J]. 金融研究，1987（5）.

[134] 江小涓. 经济转轨时期的产业政策 [M]. 上海：上海人民出版社，1996.

[135] 江小涓. 中国的外资经济——对增长、结构升级和竞争力的贡献 [M]. 北京：中国人民大学出版社，2002.

[136] 江小娟. 中国经济的开放与增长 1980—2005 年 [M]. 北京：人民出版社，2007.

[137] 蒋学模. 论计划调节与市场调节的结合 [J]. 经济研究，1979（8）.

[138] 蒋学模. 社会主义宏观经济学 [M]. 杭州：浙江人民出版社，1990.

[139] 蒋一苇. 论社会主义的企业模式 [M]. 广州：广东经济出版社，1998.

[140] 蒋一苇. "企业本位论"刍议——试论社会主义制度下企业的性质及国家与企业的关系 [J]. 经济管理，1979（6）.

[141] 江泽民. 江泽民文选：第1～3卷 [M]. 北京：人民出版社，2006.

[142] 孔泾源，胡德巧. 中国劳动力市场发展与政策研究 [M]. 北京：中国计划出版社，2006.

[143] 孔泾源. 中国劳动力市场发展与政策研究 [M]. 北京：中国计划出版

社，2006.

[144] 李泊溪，谢伏瞻，李培育. 对"瓶颈"产业发展的分析与对策 [J]. 经济研究，1988 (12).

[145] 李稻葵. 大国发展战略：探寻中国经济崛起之路 [M]. 北京：北京大学出版社，2007.

[146] 刘国光. 把"效率优先"放到该讲的地方去 [J]. 经济学动态，2005 (11).

[147] 刘国光. 关于社会主义市场经济理论的几个问题 [J]. 经济研究，1992 (10).

[148] 刘国光. 略论计划调节与市场调节的几个问题 [J]. 经济研究，1980 (10).

[149] 刘国光. 中国经济体制改革的模式研究 [M]. 北京：中国社会科学出版社，1988.

[150] 刘国光，赵人伟. 论社会主义经济中计划与市场的关系 [J]. 经济研究，1979 (5).

[151] 骆耕漠. 关于"计划调节"和"市场调节"的内涵 [J]. 籁江经济，1981 (11).

[152] 骆耕漠. 社会主义计划经济的几个理论问题 [M]. 上海：上海人民出版社，1982.

[153] 刘鹤. 改革十年间中国对外贸易的实证分析 [J]. 经济研究，1991 (9).

[154] 刘鹤. 正确把握全面建设小康社会新的更高要求 [J]. 求是，2007 (23).

[155] 刘鸿儒. 刘鸿儒论中国金融体制改革 [M]. 北京：中国金融出版社，2000.

[156] 刘鸿儒. 中国金融体制改革问题研究 [M]. 北京：中国金融出版社，1987.

[157] 李剑阁. 站在市场化改革前沿——吴敬琏教授从事经济研究50年研讨会论文集 [C]. 上海：上海远东出版社，2001.

[158] 廖季立. 关于改进我国经济管理体制问题 [J]. 经济研究，1978 (12).

[159] 刘吉. 论中等收入阶层 [J]. 社会科学，2005 (4).

[160] 楼继伟. 论改革的运动形态和发展前景 [J]. 经济研究，1987 (5).

[161] 楼继伟. 选择改革的优先次序——二十年回顾与思考 [J]. 中国改革，2006 (11).

[162] 李京文. 李京文文集 [M]. 上海：上海辞书出版社，2005.

[163] 李京文，郑友敬. 技术进步与产业结构问题研究 [J]. 数量经济技术经济研究，1988（1）.

[164] 李克强. 论我国经济的三元结构 [J]. 中国社会科学，1991（3）.

[165] 刘隆. 包产到户是现阶段加快农业发展的劳动管理形式 [J]. 经济问题探索，1981（1）.

[166] 林凌. 城市经济商品化与城市开放 [J]. 财贸经济，1985（9）.

[167] 卢迈. 港商在内地农业投资的现状与前景 [J]. 管理世界，1999（4）.

[168] 刘溶沧. 财政体制改革和财政政策 [M]. 重庆：重庆出版社，1988.

[169] 刘溶沧，李茂生. 转轨中的中国财经问题 [M]. 北京：中国社会科学出版社，2002.

[170] 刘诗白. 刘诗白文集 [M]. 成都：西南财经大学出版社，1999.

[171] 刘树成. 论中国的菲利普斯曲线 [J]. 管理世界，1997（6）.

[172] 刘树成. 经济周期与宏观调控 [M]. 北京：社会科学文献出版社，2005.

[173] 刘世锦，江小涓. 国有大中型企业改革的难点、实质与战略转变 [J]. 改革，1991（1）.

[174] 刘世锦. 经济体制效率分析导论 [M]. 上海：上海三联书店，1993.

[175] 刘世锦. 经济体制组织选择与国有企业制度改革 [J]. 经济研究，1992（4）.

[176] 刘世锦，王旭，石耀东. 政府职能转变的近期重点与远景展望 [J]. 经济学动态，2002（10）.

[177] 李善同. 加入 WTO 对我国经济及财政的影响分析 [J]. 中国财政，2002（2）.

[178] 李实，张平. 中国居民收入分配实证分析 [M]. 北京：社会科学文献出版社，2000.

[179] 李铁映. 改革 开放 探索 [M]. 北京：中国人民大学出版社，2008.

[180] 刘伟. 产权通论 [M]. 北京：北京出版社，1997.

[181] 刘伟. 改革与发展的经济学分析 [M]. 北京：北京大学出版社，2005.

[182] 刘伟. 经济发展和改革历史性变化与增长方式根本转变 [J]. 经济研究，2006（1）.

[183] 刘伟，平新乔. 经济体制改革三论：产权论、均衡论、市场论 [M]. 北京：北京大学出版社，1990.

[184] 林文益，贾履让. 关于供求规律及其在社会主义经济中的作用 [J]. 经济研究，1981 (9).

[185] 李晓西. 20 年观察与思考 [M]. 北京：经济科学出版社，1999.

[186] 李晓西. 宏观经济学（中国版）[M]. 北京：中国人民大学出版社，2005.

[187] 李晓西. 农副产品购销体制面临新的突破 [J]. 农村问题论坛，1984 (5).

[188] 李晓西，宋则. 从双轨制到市场化——经济体制改革总思路的调整 [J]. 财贸经济，1987 (12).

[189] 李晓西，王逸舟，樊纲等. 市场化改革——深化改革战略选择 [N]. 世界经济导报，1987-11-30.

[190] 陆学艺. 联产承包责任制研究 [M]. 上海：上海人民出版社，1986.

[191] 陆学艺. "三农论"——当代中国农业、农村、农民研究 [M]. 北京：社会科学文献出版，2002.

[192] 李扬. 财政补贴经济分析 [M]. 上海：上海三联书店，1990.

[193] 李扬. 国际资本流动与我国宏观经济稳定 [J]. 经济研究，1995 (6).

[194] 林毅夫，蔡昉，李周. 中国的奇迹：发展战略与经济改革 [M]. 上海：上海人民出版社，1994.

[195] 林毅夫，蔡昉，沈明高. 我国经济改革与发展战略抉择 [J]. 经济研究，1989 (3).

[196] 林毅夫. 发展战略与经济改革 [M]. 北京：北京大学出版社，2004.

[197] 林毅夫. 90 年代中国农村改革的主要问题与展望 [J]. 管理世界，1994 (3).

[198] 厉以宁. 非均衡的中国经济 [M]. 北京：经济日报出版社，1990.

[199] 厉以宁. 股份制与现代市场经济 [M]. 南京：江苏人民出版社，1994.

[200] 厉以宁. 计划体制改革中宏观经济与微观经济协调问题的探讨 [J]. 经济研究，1984 (2).

[201] 厉以宁. 厉以宁九十年代文选 [M]. 北京：北京大学出版社，1998.

[202] 龙永图，刘光溪. 中国入世五周年主要战略关系调适的评析与思考 [J]. 国际贸易，2006 (12).

[203] 龙永图. 中国参与经济全球化的应对策略 [J]. 理论前沿. 2000 (7).

[204] 吕政. 对深化国有企业改革的再认识 [J]. 中国工业经济，2002 (10).

[205] 吕政. 论公有制的实现形式 [J]. 中国社会科学，1997 (6).

[206] 林子力. 论联产承包制——兼论具有中国特色的社会主义农业发展道路

[M]. 上海：上海人民出版社，1983.

[207] 李子奈. 中国农村城市化模式的需求分析 [J]. 清华大学学报：哲学社会科学版，2004 (5).

[208] 卢中原，胡鞍钢. 市场化改革对我国经济运行的影响 [J]. 经济研究，1993 (12).

[209] 卢中原. 宏观经济运行和中长期发展 [M]. 北京：中国财政经济出版社，2006.

[210] 卢中原. 论劳动力要素的市场配置方式 [J]. 经济研究，1988 (4).

[211] 卢中原. 未来 5～15 年中国经济社会发展的若干重大问题 [J]. 财贸经济，2005 (7).

[212] 马洪. 改革经济管理体制与扩大企业自主权 [M] //马洪. 经济结构与经济管理. 北京：人民出版社，1984

[213] 马洪. 关于经济管理体制改革的几个问题 [J]. 经济研究. 1981 (7).

[214] 马洪. 关于社会主义制度下我国商品经济的再探索 [J]. 经济研究，1984 (12).

[215] 马洪. 建立社会主义市场经济新体制 [J]. 经济研究，1992 (11).

[216] 马洪. 论社会主义商品经济 [M]. 北京：中国社会科学出版社，1987.

[217] 马洪. 马洪选集 [M]. 太原：山西经济出版社，1986.

[218] 马建堂，黄达，林岗. 世纪之交的国有企业改革研究 [M]. 北京：经济科学出版社，2000.

[219] 马建堂. 体制改革与结构变动的传递机制 [J]. 东岳论丛，1993 (4).

[220] 马凯. 计划经济体制向社会主义市场经济体制转轨 [M]. 北京：人民出版社，2002.

[221] 冒天启，朱玲. 转型期中国经济关系研究 [M]. 武汉：湖北人民出版社，1997.

[222] 马晓河. 改革以来的农业和非农产业关系 [J]. 中国农村经济，1998 (12).

[223] 茅于轼. 市场经济下的新道德观 [J]. 改革，1998 (4).

[224] 茅于轼. 择优分配原理——经济学和它的数理基础 [M]. 成都：四川人民出版社，1985.

[225] 农业部农村经济研究中心. 我国农村经济发展面临的问题及战略转变 [J]. 经济研究，1994 (1).

[226] 裴长洪. FDI 与中国外贸制度改革 [J]. 中国社会科学院研究生院学报，1996 (5).

[227] 裴长洪. 我国对外贸易发展：挑战、机遇与对策 [J]. 经济研究，2005 (9).

[228] 逄锦聚. 经济波动与经济调整 [M]. 天津：南开大学出版社，1993.

[229] 逄锦聚. 论中国经济中长期发展的决定因素及基本趋势 [J]. 南开经济研究，2003 (1).

[230] 彭森. 拉美三国改革发展及经验教训 [J]. 经济学动态，1996 (5).

[231] 潘岳. 战略环评与可持续发展 [J]. 经济社会体制比较，2005 (6).

[232] 青锋. 加强和深化政府法制监督工作 [J]. 中国工商管理研究，2004 (3).

[233] 青锋. 我国政府职能转变的路径分析 [J]. 行政法学研究，2008 (2).

[234] 钱颖一. 中国经济改革的现代经济学分析 [J]. 上海管理科学，2002 (6).

[235] 任兴洲. 市场流通秩序与通货膨胀 [J]. 经济改革与发展，1996 (6).

[236] 宋国青，张维迎. 关于宏观平衡与宏观控制的几个理论问题 [J]. 经济研究，1986 (6).

[237] 盛洪. 分工与交易 [M]. 上海：上海三联书店，1994.

[238] 孙尚清. 论经济结构对策 [M]. 北京：中国社会科学出版社，1984.

[239] 孙尚清. 前进中的中国经济 [M]. 石家庄：河北人民出版社，1983.

[240] 宋涛. 对社会主义计划经济几个理论问题的认识 [J]. 经济理论与经济管理，1982 (4).

[241] 宋涛. 宋涛自选集 [M]. 北京：中国人民大学出版社，2007.

[242] 苏星. 建立社会主义市场经济体制与劳动价值论 [J]. 经济改革与发展，1995 (6).

[243] 苏星. 中国的计划经济与市场 [J]. 经济研究，1982 (8).

[244] 苏星. 怎样理解按经济规律办事 [J]. 经济研究，1980 (5).

[245] 石小敏. 对中国 20 年渐进式经济改革的几点思考 [J]. 经济工作导刊，1998 (11).

[246] 石小敏. 中国改革三十年 [J]. 中国物流与采购，2006 (24).

[247] 宋晓梧. 关于培育市场主体的几个问题 [J]. 中国改革，2005 (5).

[248] 孙冶方. 把计划和统计放在价值规律的基础上 [J]. 经济研究，1956 (6).

[249] 孙冶方. 价值规律的内因论和外因论——兼论政治经济学的方法 [J]. 中国社会科学，1980 (4).

[250] 孙冶方. 社会主义经济论稿 [M]. 广州：广东经济出版社，2000.

[251] 孙冶方. 要理直气壮地抓社会主义利润 [J]. 经济研究，1978 (9).

[252] 宋则行. 转轨中的经济运行问题研究 [M]. 沈阳：辽宁大学出版社，1997.

[253] 宋则. 中国经济改革的市场体制 [M]. 西安：陕西人民出版社，1992.

[254] 谭崇台. 谭崇台文集 [M]. 武汉：武汉大学出版社，2006.

[255] 陶大镛. 陶大镛文集 [M]. 北京：北京师范大学出版社，1992.

[256] 田国强. 中国国营企业改革与经济体制平稳转轨的方式和步骤——中国经济改革的三阶段论 [J]. 经济研究，1994（11).

[257] 田纪云. 中国农业和农村的改革与发展问题——在中央党校上的报告 [R]，1992-04-25.

[258] 汤敏，茅于轼. 现代经济学前沿专题 [M]. 北京：商务印书馆，2002.

[259] 汤敏. 新农村建设中要发挥金融的作用 [J]. 中国财政，2006 (9).

[260] 滕维藻，郑伟民. 实行对外经济开放的内外依据 [J]. 世界经济，1985（10).

[261] 唐旭. 金融理论前沿课题 [M]. 2 版. 北京：中国金融出版社，2004.

[262] 唐旭. 我国金融调控和改革的若干问题 [J]. 济南金融，2007 (1).

[263] 田一农，朱福林，项怀诚. 论中国财政管理体制的改革 [M]. 北京：经济科学出版社，1985.

[264] 王传纶. 王传纶自选集 [M]. 北京：中国人民大学出版社，2007.

[265] 汪海波. 社会主义商品经济问题研究 [M]. 北京：经济管理出版社，1988.

[266] 汪海波. 汪海波经济文选——论市场取向的经济改革 [M]. 北京：经济日报出版社，1998.

[267] 魏杰. 动摇不得：中国经济改革若干问题 [M]. 北京：中国发展出版社，2007.

[268] 魏杰. 国有企业改革的新思路 [J]. 管理世界，1999 (6).

[269] 魏杰. 社会主义宏观经济控制 [M]. 石家庄：河北人民出版社，1987.

[270] 魏杰. 社会主义市场经济理论·制度·体制 [M]. 北京：高等教育出版社，1994.

[271] 吴家骏. 中国企业制度改革研究 [M]. 北京：经济管理出版社，1993.

[272] 乌杰. 科学发展观与系统改革 [J]. 中国改革，2005 (5).

［273］吴敬琏. 当代中国经济改革 ［M］. 上海：远东出版社，2004.

［274］吴敬琏，刘吉瑞. 论竞争性市场体制 ［M］. 北京：中国财政经济出版社，1991.

［275］吴敬琏. 吴敬琏自选集 ［M］. 太原：山西经济出版社，2003.

［276］吴敬琏，周叔莲，汪海波. 利润范畴和社会主义的企业管理 ［J］. 经济研究，1978（9）.

［277］吴敬琏，周小川. 中国经济改革的整体设计 ［M］. 北京：中国展望出版社，1988.

［278］乌家培. 探索社会主义再生产模式的若干问题 ［M］//乌家培. 经济数学方法研究. 上海：上海三联书店，1980.

［279］王建. 中国改革新阶段的主要特征 ［J］. 中国改革，2006（11）.

［280］王洛林，江小涓. 中国的外资引进与经济发展 ［J］. 中国社会科学，1997（5）.

［281］王洛林. 苏联东欧经济改革的若干经验教训 ［J］. 厦门大学学报：哲学社会科学版，1986（1）.

［282］魏礼群. 积极推行公有制的多种有效实现形式 ［J］. 求是，2003（21）.

［283］魏礼群. 建立社会主义市场经济体制与加快计划工作改革 ［J］. 宏观经济管理，1992（12）.

［284］王梦奎. 回顾和前瞻——走向市场经济的中国 ［M］. 北京：中国经济出版社，2003.

［285］王梦奎. 企业领导制度中的一个问题——对于一长制的考察 ［J］. 经济研究，1981（1）.

［286］王梦奎. 中国经济转轨 20 年 ［M］. 北京：外文出版社，1999.

［287］吴念鲁. 金融热点探析 ［M］. 北京：中国金融出版社，2005.

［288］王绍飞. 改革财政学 ［M］. 北京：中国财政经济出版社，1989.

［289］吴树青，胡乃武. 关于深化改革的若干问题 ［J］. 中国人民大学学报，1988（4）.

［290］吴树青. 深化社会主义初级阶段的认识 ［J］. 北京大学学报，2003（2）.

［291］温铁军. 中国农村基本经济制度研究："三农"问题的世纪反思 ［M］. 北京：中国经济出版社，2000.

［292］汪同三. 宏观调控：经验与当前应注意的问题 ［J］. 人民论坛，2005（1）.

［293］汪同三. 建立现代企业制度与宏观经济发展和调控 ［J］. 管理世界，1994

(3).

[294] 卫兴华，孙咏梅. 2005 年理论经济学的若干热点问题 [J]. 经济学动态，2006 (4).

[295] 卫兴华，孙咏梅. 2006 年理论经济学的若干热点问题 [J]. 经济学动态，2007 (3).

[296] 卫兴华，孙咏梅. 2007 年理论经济学的若干热点问题 [J]. 经济学动态，2008 (3).

[297] 卫兴华，魏杰. 宏观调节手段的选择 [J]. 经济研究，1987 (4).

[298] 吴晓灵. 我国外汇体制改革的进展——人民币实现从经常项目可兑换到资本项目可兑换 [J]. 金融研究，1997 (1).

[299] 吴晓灵. 完善农村金融服务体系 支持社会主义新农村建设 [J]. 中国金融，2006 (11).

[300] 王珏. 对计划调节和市场调节相结合原则的探讨 [J]. 东岳论丛，1980 (3).

[301] 王珏. 发展混合经济有利于公有制经济的发展 [J]. 中国流通经济，2004 (4).

[302] 王珏. 计划经济与市场调节 [J]. 财贸经济，1982 (5).

[303] 王珏. 中国社会主义政治经济学四十年 [M]. 北京：中国经济出版社，1991.

[304] 汪玉凯. 中国行政体制改革 20 年 [M]. 郑州：中州古籍出版社，1998.

[305] 王一鸣. 新的发展阶段：阶段性特征及其战略选择 [J]. 经济理论与经济管理，2004 (10).

[306] 王亚南. 中国经济原论 [M]. 广州：广东经济出版社，1998.

[307] 王琢. 建立社会主义市场经济体制的几个理论问题 [J]. 经济管理，1992 (5).

[308] 王琢. 社会主义政治经济学的新突破 [N]. 光明日报，1984-12-09.

[309] 王忠明. 改革开放与国有经济战略性调整 [J]. 经济与管理研究，2008 (2).

[310] 王振中. 汇价水平的变化与对外经济的发展 [J]. 经济研究，1986 (4).

[311] 王振中. 转型经济理论研究 [M]. 北京：中国市场出版社，2006.

[312] 王振之，乔荣章. 中国价格改革的回顾与展望 [M]. 北京：中国物资出版社，1988.

[313] 夏斌，廖强. 货币供应量已不宜作为当前我国的货币政策中介目标 [J]. 经济研究，2001 (8).

[314] 许涤新. 国民经济综合平衡和市场调节的问题 [J]. 财贸经济，1982 (2).

[315] 许涤新. 论我国的社会主义经济 [M]. 北京：人民出版社，1964.

[316] 许涤新. 在国家计划指导下充分发挥市场调节的辅助作用 [J]. 世界经济：增刊，1981 (4).

[317] 谢伏瞻. 经济结构战略性调整的方向与政府作用 [J]. 经济学动态，2000 (12).

[318] 习近平. 论中国农村市场化进程测度 [J]. 经济学动态，2003 (2).

[319] 薛暮桥. 关于经济体制改革问题的探讨 [J]. 经济研究，1980 (6).

[320] 薛暮桥. 关于社会主义市场经济问题 [J]. 经济研究，1992 (10).

[321] 薛暮桥. 论中国经济体制改革 [M]. 天津：天津人民出版社，1990.

[322] 薛暮桥. 薛暮桥专集 [M]. 太原：山西经济出版社，2005.

[323] 薛暮桥. 中国社会主义经济问题研究 [M]. 北京：人民出版社，1983.

[324] 谢平. 货币监管与金融改革 [M]. 上海：上海三联书店，2004.

[325] 谢庆奎. 服务型政府建设的基本途径——政府创新 [J]. 北京大学学报：哲学社会科学版，2005 (1).

[326] 许善达. 改革探索：财税 农业经济·报酬递减律 [M]. 北京：社会科学文献出版社，2005.

[327] 许宪春. 中国国民经济核算理论方法与实践 [M]. 北京：中国统计出版社，1999.

[328] 许宪春. 中国经济发展与绿色国民经济核算 [J]. 中国统计，2005 (5).

[329] 徐振方，常修泽. 中国经济体制改革争鸣（1984—1986）[M]. 成都：四川社会科学院出版社，1988.

[330] 肖灼基. 当前商品经济需要着重研究的几个问题 [J]. 北京社会科学，1986 (3).

[331] 肖灼基. 关于改革经济管理体制的若干设想 [J]. 北京大学学报：哲学社会科学版，1981 (5).

[332] 袁宝华. 十年改革中我国企业管理的变化与发展 [J]. 管理评论，1989 (2).

[333] 袁宝华. 50 年来我国社会主义经济建设中几个问题的回顾 [J]. 宏观经济研究，1999 (11).

[334] 易纲. 中国的货币化进程 [M]. 北京：商务印书馆，2003.

[335] 于光远. 关于社会主义经济的几个理论问题 [J]. 经济研究，1980 (12).

[336] 于光远. 我的市场经济观 [M]. 哈尔滨：黑龙江教育出版社，1993.

[337] 于光远. 中国社会主义初级阶段的经济 [M]. 北京：中国财政经济出版社，1988.

[338] 杨坚白. 杨坚白集 [M]. 北京：中国社会科学出版社，2001.

[339] 俞可平. 改革开放 30 年政府创新的若干经验教训 [J]. 国家行政学院学报，2008 (3).

[340] 杨启先. 关于我国经济体制改革目标模式研究 [J]. 中国改革，1986 (5).

[341] 杨启先. 中国市场经济大思路 [M]. 北京：中国统计出版社，1993.

[342] 杨瑞龙. 国有企业股份制改造的理论思考 [J]. 经济研究，1995 (2).

[343] 杨瑞龙，周业安. 相机治理与国有企业监控 [J]. 中国社会科学，1998 (3).

[344] 杨圣明. 社会主义市场经济基本理论问题研究 [M]. 北京：经济科学出版社，2008.

[345] 杨圣明. 杨圣明文集 [M]. 上海：上海辞书出版社，2005.

[346] 杨小凯，黄有光. 专业化与经济组织：一种新兴古典微观经济学框架 [M]. 北京：经济科学出版社，2000.

[347] 余永定. 国外经济增长方式的理论与实践 [J]. 改革，1995 (6).

[348] 余永定. 中国宏观经济管理的新阶段 [J]. 改革，1998 (5).

[349] 于洋，吕炜，肖兴志. 中国经济改革与发展：政策与绩效 [M]. 大连：东北财经大学出版社，2005.

[350] 叶远胜. 中国经济改革理论流派 [M]. 郑州：河南人民出版社，1994.

[351] 杨宜勇. 中国转轨时期的就业问题 [M]. 北京：中国劳动保障出版社，2002.

[352] 杨之刚. 财政分权理论与基层公共财政改革 [M]. 北京：经济科学出版社，2006.

[353] 袁志刚. 非瓦尔拉均衡理论及其在中国经济中的应用 [M]. 上海：上海三联书店，1994.

[354] 于祖尧. 经济市场化和市场现代化是当代社会化生产力发展的必然趋势 [J]. 哲学研究，1993 (4).

[355] 于祖尧. 社会主义商品经济论 [J]. 经济研究，1984 (10).

[356] 张春霖. 国有经济布局调整的若干理论和政策问题 ［J］. 经济研究，1999 (8).

[357] 张春霖. 企业组织与市场体制 ［M］. 上海：上海三联书店，1991.

[358] 左大培. 论商品生产的基础 ［J］. 经济研究，1993 (6).

[359] 左大培. 外资企业税收优惠的非效率性 ［J］. 经济研究，2000 (5).

[360] 邹东涛. 中国区域发展与反贫困问题 ［J］. 经济体制改革，1996 (4).

[361] 邹东涛. 从发展模式看制度变迁 ［J］. 宏观经济研究，2002 (12).

[362] 中国城市土地使用与管理课题组. 我国城市土地使用制度及其改革 ［J］. 中国社会科学，1992 (2).

[363] 中国（海南）改革发展研究院. 强国之路：中国改革步入 30 年 ［M］. 北京：中国经济出版社，2008.

[364] 中国（海南）改革发展研究院. 政府转型与社会再分配 ［M］. 北京：中国经济出版社，2006.

[365] 中国（海南）改革发展研究院. 直谏中国改革 ［M］. 北京：中国经济出版社，2006.

[366] 中国企业联合会，中国企业家协会. 中国企业发展报告：2005—2007 年 ［R］. 北京：企业管理出版社，2005—2007.

[367] 中国银行业监督管理委员会. 中国银行业监督管理委员会年报：2006 年 ［R］. 中国银行业监督管理委员会，2007.

[368] 中国证券监督管理委员会. 2006 年中国证券期货统计年鉴 ［R］. 北京：学林出版社，2006.

[369] 中共中央文献研究室. 三中全会以来重要文献选编 ［G］. 北京：人民出版社，1982.

[370] 中共中央文献研究室. 十二大以来重要文献选编 ［G］. 北京：人民出版社，1986.

[371] 中共中央文献研究室. 十三大以来重要文献选编 ［G］. 北京：人民出版社，1991.

[372] 中共中央文献研究室. 十四大以来重要文献选编 ［G］. 北京：人民出版社，1996.

[373] 中共中央文献研究室. 十五大以来重要文献选编 ［G］. 北京：人民出版社，2000.

[374] 中共中央文献研究室. 十六大以来重要文献选编 ［G］. 北京：人民出版

社，2005.

[375] 赵海宽. 中国社会主义金融市场研究 [M]. 北京：中国金融出版社，1993.

[376] 张皓若. 辉煌的历程：中国改革开放二十年 [M]. 北京：中国商业出版社，1998.

[377] 周宏仁. 我国电子政务建设的主线和重点 [J]. 中国信息界，2005 (19).

[378] 卓炯. 论社会主义商品经济 [M]. 广州：广东人民出版社，1981 年.

[379] 卓炯. 破除产品经济发展商品经济 [J]. 学术研究，1979 (4).

[380] 张军. 中国过渡经济学导论 [M]. 上海：立信会计出版社，1996.

[381] 周立群. 国有财产组织论 [M]. 西安：陕西人民出版社，1993.

[382] 张培刚. 浅谈宏观控制及其与微观搞活的关系 [J]. 江汉论坛，1986 (6).

[383] 张培刚. 农业与工业化 [M]. 武汉：华中科技大学出版社，2002.

[384] 钟朋荣. 资源闲置与我的宏观经济政策 [J]. 经济研究，1990 (12).

[385] 周其仁. 产权与制度变迁 [M]. 北京：北京大学出版社，2004.

[386] 周其仁. 中国农村改革：国家和所有权关系的变化 [J]. 管理世界，1995 (3).

[387] 张琦. 中国利用外资的新战略 [M]. 北京：经济科学出版社，2003.

[388] 赵人伟. 对我国经济改革二十年的若干思考——特点、经验教训和面对的挑战 [J]. 经济社会体制比较，1999 (3).

[389] 赵人伟，李实，李思勤. 中国居民收入分配再研究 [M]. 北京：中国财政经济出版社，1999.

[390] 赵人伟. 我国经济体制改革过程中的双重体制问题 [J]. 经济研究，1986 (6).

[391] 张曙光. 制度、主体、行为——传统社会主义经济学反思 [M]. 北京：中国财政经济出版社，1999.

[392] 周叔莲. 二十年来中国国有企业改革的回顾与展望 [J]. 中国社会科学，1998 (6).

[393] 周叔莲. 试论社会主义经济改革的规律性 [J]. 管理世界，1988 (2).

[394] 周叔莲. 中国经济改革和发展面临的问题 [M]. 北京：经济管理出版社，2002.

[395] 周升业. 周升业自选集 [M]. 北京：中国人民大学出版社，2007.

[396] 周为民，卢中原. 效率优先、兼顾公平——通向繁荣的权衡 [J]. 经济研

究，1986（2）.

［397］张维迎. 企业的企业家——契约理论［M］. 上海：上海人民出版社，1995.

［398］张维迎. 企业理论与中国企业改革［M］. 北京：北京大学出版社，1999.

［399］周小川，杨之刚. 中国财税体制的问题与出路［M］. 天津：天津人民出版社，1992.

［400］周小川. 转轨期间的经济分析与经济政策［M］. 北京：中国经济出版社，1999.

［401］张小济. 中国对外开放的前沿问题［M］. 北京：中国发展出版社，2003.

［402］郑新立. 论改革是中国的第二次革命［M］. 北京：中国物价出版社，2001.

［403］郑新立. 提高政府的公共服务能力［J］. 中国改革，2006（6）.

［404］张晓山. 走向市场：农村的制度变迁和组织创新［M］. 北京：经济管理出版社，1996.

［405］张玉台. 新形势下坚持和深化改革开放的政策取向［J］. 中国金融，2008（10）.

［406］朱之鑫. 做好规划工作需要处理好六个关系［J］. 宏观经济管理，2005（2）.

［407］张卓元. 改革以来我国经济理论研究的回顾与展望［J］. 经济研究，1997（6）.

［408］张卓元. 社会主义价格理论与价格改革［M］. 北京：中国社会科学出版社，1987.

［409］张卓元. 社会主义经济中的价值、价格、成本和利润［M］. 北京：中国社会科学出版社，1983.

［410］张卓元. 中国改革开放经验的经济学思考［M］. 北京：经济管理出版社，2000.

［411］张卓元. 中国经济体制改革的总体回顾与展望［J］. 经济研究，1998（3）.

［412］The Fraser Institute，Canada. Index of economic freedom 2007，［R/OL］. www. fraserinstitute. ca.

［413］The Heritage Foundation，USA. 2008 index of economic freedom［R/OL］. www. heritage. org.

孙冶方经济科学奖历届获奖
著作和论文名单

（届次按时间由近及远排列，每届著作、论文分别按发表时间由远及近排列）

>>一、2006 年度（第十二届）孙冶方经济科学奖 获奖名单<<

著作奖（3 部）

1. 王元龙：《中国金融安全论》，北京，中国金融出版社，2003 年 11 月出版。

2. 李文治、江太新：《中国地主制经济论》，北京，中国社会科学出版社，2005 年 3 月出版。

3. 左大培：《内生稳态增长模型的生产结构》，北京，中国社会科学出版社，2005 年 3 月出版。

论文奖（10 篇）

1. 林汉川、夏敏仁、何杰、管鸿禧：《中小企业发展中所面临的问题——北京、辽宁、江苏、浙江、湖北、广东、云南问卷调查报告》，载《中国社会科学》，2003 年第 2 期。

2. 李雪松、詹姆斯·赫克曼：《选择偏差、比较优势与教育的异质性回报：基于中国微观数据的实证研究》，载《经济研究》，2004 年第 4 期。

3. 胡必亮：《村庄信任与标会》，载《经济研究》，2004 年第 10 期。

4. 荆林波：《质疑外包服务降低成本及引起失业的假说——以信息技术外包服务为例》，载《经济研究》，2005 年第 1 期。

5. 李扬、殷剑锋：《劳动力转移过程中的高储蓄、高投资和中国经济增长》，载《经济研究》，2005 年第 2 期。

6. 赵志君、金森俊树：《一个中国私营部门发展模型》，载《经济研究》，2005 年第 4 期。

7. 陈佳贵、黄群慧：《工业发展、国情变化与经济现代化战略——中国成为工业大国的国情分析》，载《中国社会科学》，2005 年第 4 期。

8. 刘树成、张晓晶、张平：《实现经济周期波动在适度高位的平滑化》，载《经济研究》，2005 年第 11 期。

9. 平新乔、郝朝艳、毛亮、李化松、张璐、胡向婷：《垂直专门化、产业内贸易与中美贸易关系》，见：张燕生、刘旭、平新乔：《中美贸易顺差结构分析与对策》，第二章，北京，中国财政经济出版社，2006 年 1 月出版。

10. 中国农民工问题研究总报告起草组：《中国农民工问题研究总报告》，载《改革》，2006 年第 5 期。

>>二、2004 年度（第十一届）孙冶方经济科学奖获奖名单<<

著作奖（3 部）

1. 北京师范大学经济与资源管理研究所：《2003 中国市场经济发展报告》，北京，中国对外经济贸易出版社，2003 年 2 月出版。

2. 倪鹏飞主编：《中国城市竞争力报告》，北京，社会科学文献出版社，2003 年 3 月出版。

3. 纪宝成主编：《转型经济条件下的市场秩序研究》，北京，中国人民大学出版社，2003 年 12 月出版。

论文奖（10 篇）

1. 黄少安：《关于制度变迁的三个假设及其验证》，载《中国社会科学》，2000 年第 4 期。

2. 张晓朴：《入世后应对国际资本流动的政策选择》（上、下篇），载《经济社会体制比较》，2002 年第 4、5 期。

3. 余永定：《通过加总推出的总供给曲线》，载《经济研究》，2002 年第 9 期。

4. 张新、蒋殿春：《中国经济的增长——GDP 数据的可信度以及增长的微观基础》，载《经济学（季刊）》，第二卷，第一期，2002 年 10 月。

5. 张车伟：《营养、健康与效率——来自中国贫困农村的证据》，载《经济研究》，2003 年第 1 期。

6. 樊纲、王小鲁、张立文、朱恒鹏：《中国各地区市场化相对进程报告》，载《经济研究》，2003 年第 3 期。

7. 中国社会科学院经济研究所经济增长前沿课题组：《经济增长、结构调整的累积效应与资本形成——当前经济增长态势分析》，载《经济研究》，2003 年第 8 期。

8. 刘小玄：《国有企业民营化的均衡模型》，载《经济研究》，2003 年第 9 期。

9. 谢平、路磊：《中国金融腐败研究：从定性到定量》，载《比较》，第 8 辑，2003 年 9 月。

10. 中国（海南）改革发展研究院：《加快建设公共服务性政府》，载《经济参考》，2003 年 12 月 24 日。

>>三、2002 年度（第十届）孙冶方经济科学奖 获奖名单<<

著作奖（3 部）

1. 李维安等：《公司治理》，天津，南开大学出版社，2001 年 2 月出版。

2. 臧旭恒等：《居民资产与消费选择行为分析》，上海，上海三联书店、上海人民出版社，2001 年 11 月出版。

3. 王俊豪：《政府管制经济学导论——基本理论及其在政府管制实践中的应用》，北京，商务印书馆，2001 年 12 月出版。

论文奖（8 篇）

1. 陈宗胜等：《中国经济体制市场化进程》，见：陈宗胜等：《中国经济体制市场化进程研究》，第一章，上海，上海人民出版社，1999 年 1 月出版。

2. 范从来：《通货紧缩时期货币政策研究》，载《经济研究》，2000 年第 7 期。

3. 王燕等：《中国养老金隐性债务、转轨成本、改革方式及其影响——可计算一般均衡分析》，载《经济研究》，2001 年第 5 期。

4. 夏斌、廖强：《货币供应量已不宜作为当前我国的货币政策中介目标》，载《经济研究》，2001 年第 8 期。

5. 杨瑞龙主编：《国有企业的"效率悖论"及其深层次的解释》，见：杨瑞龙：《国有企业治理结构创新的经济学分析》，北京，中国人民大学出版社，2001 年 12 月出版；也见：《中国工业经济》，2001 年第 7 期。

6. 工业化与城市化协调发展研究课题组：《工业化与城市化关系的经济学分析》，载《中国社会科学》，2002 年第 2 期。

7. 贾康、白景明：《县乡财政解困与财政体制创新》，载《经济研究》，2002 年第 2 期。

8. 张晓山等：《对中国农民中介组织的理论研究》，见：张晓山等：《联结农户与市场——中国农民中介组织探究》，第一部分，北京，中国社会科学出版社，2002 年 5 月出版。

>>四、2000 年度（第九届）孙冶方经济科学奖 获奖名单<<

著作奖（1 部）

汪敬虞主编：《中国近代经济史（1895—1927）》，北京，人民出版社，2000 年 5 月出版。

论文奖（10 篇）

1. 宋晓梧、张小建、陈宇等：《中国人力资源开发与就业》（总论），北京，中国劳动出版社，1997 年 12 月出版。

2. 阎滔：《论从抑制通胀到扩大内需转型期的宏观调控政策》，载《改革》，1998 年第 6 期。

3. 胡鞍钢：《就业与发展——中国失业问题与就业战略》（序），沈阳，辽宁人民出版社，1998 年 12 月出版。

4. 韩俊：《农村经济结构的变更与国民经济发展》，见：韩俊等：《农村市场经济体制建设》，第九章，南京，江苏人民出版社，1998 年 12 月出版。

5. 宋文兵：《中国的资本外逃问题研究》，载《经济研究》，1999 年第 5 期。

6. 许宪春：《世界银行关于中国 GDP 数据的调整及其存在问题》，载《经济研究》，1999 年第 6 期。

7. 陈清泰等主编：《国企改革攻坚 15 题》，北京，中国经济出版社，1999 年 9 月出版。

8. 林毅夫：《价格双轨制与供给反应：理论与来自中国农业的经验证据》，见：林毅夫：《再论制度、技术与中国农业发展》，第四章，北京，北京大学出版社，2000 年 1 月出版。

9. 谢平：《新世纪中国货币政策的挑战》，载《金融研究》，2000 年第 1 期。

10. 杨惠馨：《以汽车制造业和耐用消费品制造业为例的结论和政策含义》，见：杨惠馨：《企业的进入退出与产业组织政策》，第八章，上海，上海三联书店、上海人民出版社，2000 年 6 月出版。

>>五、1998 年度（第八届）孙冶方经济科学奖 获奖名单<<

著作奖（3 部）

1. 陈锡文：《中国农村改革：回顾与展望》，天津，天津人民出版社，1993 年 12 月出版。

2. 杨承训：《市场经济理论典鉴——列宁商品经济理论系统研究》，天津，天津人民出版社，1998 年 1 月出版。

3. 刘骏民：《从虚拟资本到虚拟经济》，济南，山东人民出版社，1998 年 7 月出版。

论文奖（12 篇）

1. 朱善利：《论经济总量均衡的条件》，见：中国留美经济学会《中国经济论坛》编委会编：《效率、公平与深化改革开放——〈中国经济论坛〉1992 年学术论文集》，北京，北京大学出版社，1993 年 2 月出版。

2. 赵汇：《怎样理解马克思的无产阶级贫困化理论》，载《教学与研究》，1994 年第 2 期。

3. 杨瑞龙：《国有企业股份制改造的理论思考》，载《经济研究》，1995 年第 2 期。

4. 中国社会科学院"严重亏损国有企业研究"课题组（郑海航、江小涓、张承耀负责）：《严重亏损国有企业的亏损原因剖析》，载《管理世界》，1997 年第 1 期。

5. 中国社会科学院财贸经济研究所"中国住房制度改革研究"课题组（杨圣明、温桂芳、边勇壮执笔）：《关于深化城镇住房制度改革的总体设想》，载《财贸经济》，1997 年第 12 期、1998 年第 1 期。

6. 唐宗焜、韩朝华：《国有企业产权交易行为分析》，载《改革》，1997 年第 2、3 期。

7. 中国社会科学院工业经济研究所课题组（金碚、胥和平、谢晓霞执笔）：《中国工业国际竞争力报告》，载《管理世界》，1997 年第 4 期。

8. 刘树成：《论中国的菲利普斯曲线》，载《管理世界》，1997 年第 6 期。

9. 银温泉、臧跃茹：《目前企业集团发展值得注意的几个问题》，载《经济参考报》，1998 年 1 月 6 日。

10. 张军扩、吕薇、熊贤良（执笔）：《国有经济的职能错位与战略性改组的基本方向》，见：吴敬琏等著：《国有经济的战略性改组》，北京，中国发展出版社，1998 年 1 月出版。

11. 江小涓：《市场化进程中的低效率竞争实践——以棉纺织行业为例》，载《经济研究》，1998 年第 3 期。

12. 叶坦：《"中国经济学"寻根》，载《中国社会科学》，1998 年第 4 期。

>>六、1996 年度（第七届）孙冶方经济科学奖获奖名单<<

著作奖（5 部）

1. 严瑞珍、王沅：《中国贫困山区发展的道路》，北京，中国人民大学出版社，1992 年 12 月出版。

2. 袁志刚：《非瓦尔拉均衡理论及其在中国经济中的应用》，上海，上海三联书店，1994 年 2 月出版。

3. 朱玲、蒋中一：《以工代赈与缓解贫困》，上海，上海三联书店、上海人民出版社，1994 年 7 月出版。

4. 李文治、江太新：《清代漕运》，北京，中华书局，1995 年 11 月出版。

5. 刘伟（主笔）：《工业化进程中的产业结构研究》，北京，中国人民大学出版社，1995 年 12 月出版。（本书其他作者：蔡志洲、杨去龙）

论文奖 (11 篇) ────────────────────

1. 李克强:《论我国经济的三元结构》, 载《中国社会科学》, 1991 年第 3 期。

2. 赵小雷:《对毛泽东工业化思想的经济学分析》, 载《上海社会科学院学术季刊》, 1993 年第 3 期。

3. 李光远:《共同富裕——社会主义的旗帜——〈邓小平文选〉第三卷学习札记》, 载《求是》, 1994 年第 9 期。

4. 中国社会科学院经济学科片"1991—2010 年经济发展思路"课题组(李京文等执笔):《中国经济发展的理论思考与政策选择》, 载《管理世界》, 1994 年第 4、5 期。

5. "中国社会保障的体制选择与经济分析"课题组(周小川、王林执笔):《社会保障:经济分析与体制建议》, 载《改革》, 1994 年第 5、6 期。

6. 吴承明:《经济学理论与经济史研究》, 载《中国经济史研究》, 1995 年第 1 期。

7. 张春霖:《从融资角度分析国有企业的治理结构改革》, 载《改革》, 1995 年第 3 期。

8. "中国经济体制改革总体设计"课题组(李剑阁执笔):《继续推进流通市场化和市场制度化》, 载《改革》, 1995 年第 5、6 期。

9. 李扬:《国际资本流动与我国宏观经济稳定》, 载《经济研究》, 1995 年第 6 期。

10. 黄季焜:《中国粮食供需平衡的分析和对策——也谈中国是否会使世界饥饿》, 载《改革》, 1996 年第 2、3 期。

11. 许小年:《信息、企业监控和流动性——关于发展我国证券市场的几个理论问题》, 载《改革》, 1996 年第 4 期。

>>七、1994 年度(第六届)孙冶方经济科学奖
获奖名单<<

著作奖 (6 部) ────────────────────

1. 许涤新(主编)、吴承明(主编):《中国资本主义发展史》一卷, 二卷, 三卷, 北京, 人民出版社, 1985 年 9 月、1990 年 9 月、1993 年 8 月出版。(本书

其他作者：汪士信、石奇、方卓芬、方行、简锐、胡铁文、徐雪筠、陈正炎、王水、徐新吾、黄如桐、姜铎（蒋立）、唐传泗、贵皖兰、汝仁、刘佛丁、丁长清、吴太昌、朱秀琴、郭太炎）

2. 王慧炯（主编）、陈小洪（副主编）：《产业组织及有效竞争——中国产业组织的初步研究》，北京，中国经济出版社，1991年9月出版。（本书其他作者：胡汝银、林栋梁、郑易生、张景曾、仝月婷、莫天全、吕朴、夏小林、王卫、杨良、常清、廖英敏、卢文荣、陈海淳、鲁志强、胡欣欣）

3. 王洛林、翁君奕、张小金、李文溥、陈其林、黄建忠、庄宗明、郭俊胜、朱崇实：《外商投资的经济社会效益评价——理论与方法》，福州，鹭江出版社，1992年11月出版。

4. 马建堂（主笔）：《结构与行为——中国产业组织研究》，北京，中国人民大学出版社，1993年11月出版。（本书其他作者：陈小洪、吴仁洪、金尔林、王丽杰、房汉廷、姚广海、丁宏祥）

5. 郭克莎：《中国：改革中的经济增长与结构变动》，上海，上海三联书店，1993年12月出版。

6. 刘方棫（主编）、杨圣明（主编）、张少龙（副主编）：《90年代中国市场消费战略》，北京，北京大学出版社，1994年1月出版。（本书其他作者：陈炳才、于小东、刘伟、张平、贾履让、王刚、刘春旭）

论文奖（14篇）

1. 郑洪庆：《超越放权强化产权——对部分国有企业"虚脱症"的思考》，载《经济日报》，1990年6月29日。

2. 张问敏：《马克思主义政治经济学在中国的传播和发展概述》，载《经济研究》，1991年第6期。

3. 中国城市土地使用与管理课题组（李扬执笔）：《我国城市的土地使用制度及其改革》，载《中国社会科学》，1992年第2期。

4. 刘世锦：《经济体制组织选择与国有企业制度改革》，载《经济研究》，1992年第4期。

5. 唐宗焜：《国有企业利润转移和企业再生产能力》，载《经济研究》，1992年第7期。

6. 江小涓：《中国推行产业政策中的公共选择问题》，载《经济研究》，1993年第6期。

7. 吴晓灵、谢平：《转向市场经济过程中的中国货币政策》，载《经济导刊》，1993 年第 4 期。

8. 中国经济体制改革总体设计课题组（李克平执笔）：《建立一个规范、有效的财政新体制》，载《改革》，1993 年第 6 期。

9. 中国经济体制改革总体设计课题组（周小川执笔）：《企业与银行关系的重建》，载《改革》，1993 年第 6 期。

10. 赵人伟、李实：《中国居民收入分配研究》（序言），北京，中国社会科学出版社，1994 年 2 月出版。

11. 陈吉元、胡必亮：《中国的三元经济结构与农业剩余劳动力转移》，载《经济研究》，1994 年第 4 期。

12. 国家计委经济研究中心基础产业资金筹集课题组（郭树华、孙国华、许江萍执笔）：《我国基础工业和基础设施的资金筹措》，载《中国工业经济研究》，1994 年第 6 期。

13. 郑玉歆：《正确认识我国工业经济效益的总体趋势》，载《中国工业经济研究》，1994 年第 6 期。

14. 辜胜阻：《中国农村剩余劳动力向何处去》，载《改革》，1994 年第 4 期。

>>八、1992 年度（第五届）孙冶方经济科学奖
获奖名单<<

著作奖（4 部）

1. 李拉亚：《通货膨胀机理与预期》，北京，中国人民大学出版社，1991 年 11 月出版。

2. 杨坚白等：《新中国经济的变迁与分析》，南京，江苏人民出版社，1992 年 2 月出版。

3. 林毅夫：《制度、技术与中国农业发展》，上海，上海三联书店，1992 年 4 月出版。

4. 吴敬琏：《通向市场经济之路》，北京，北京工业大学出版社，1992 年 8 月出版。

>>九、1990 年度（第四届）孙冶方经济科学奖
获奖名单<<

著作奖（4 部）

1. 严中平主编：《中国近代经济史》（上、下），北京，人民出版社，1989 年 10 月出版。

2. 李江帆：《第三产业经济学》，广州，广东人民出版社，1990 年 3 月出版。

3. 李扬：《财政补贴经济分析》，上海，上海三联书店，1990 年 6 月出版。

4. 胡代光、魏埙、宋承先、刘诗白主编：《评当代西方学者对马克思〈资本论〉的研究》，北京，中国经济出版社，1990 年 7 月出版。

论文奖（8 篇）

1. 蔡江南、符钢战、沈晗耀、林绥：《企业劳动力面临的问题及其出路——对上海企业的调查研究报告》，载《上海经济研究》，1987 年第 6 期。

2. 樊纲：《灰市场理论》，载《经济研究》，1988 年第 8 期。

3. 吴敬琏：《通货膨胀的诊断和治理》，载《管理世界》，1989 年第 4 期。

4. 贝多广：《论社会资金流动的综合平衡》，载《经济研究》，1989 年第 7 期。

5. 陈吉元、邓英淘、姚钢、徐笑波：《中国农村经济发展与改革所面临的问题与对策思路》，载《经济研究》，1989 年第 10 期。

6. 程秀生：《中国传统的积累模式和经济体制改革的特殊性》，载《管理世界》，1989 年第 6 期。

7. 中国社会科学院经济学科片形势分析小组：《以改革促稳定在稳定中发展》，载《经济研究》，1990 年第 7 期。

8. 国务院发展研究中心"八五"计划基本思路研究组：《"八五"经济发展：方针、途径与政策》，载《经济研究》，1990 年第 7 期。

>>十、1988 年度（第三届）孙冶方经济科学奖
获奖名单<<

著作奖（4 部）

1. 熊映梧（主编）、王恺、张艺、吴国华、孟庆琳：《生产力经济学原理》，哈尔滨，黑龙江人民出版社，1987 年 3 月出版。

2. 胡汝银：《竞争与垄断：社会主义微观经济分析》，上海，上海三联书店，1988 年 6 月出版。

3. 潘振民、罗首切：《社会主义微观经济均衡论》，上海，上海三联书店，1988 年 6 月出版。

4. 中国科学院课题组、北京大学课题组、中共中央党校课题组、中国人民大学课题组、吴敬琏课题组、国务院农村发展研究中心发展研究所课题组、国家计委课题组、上海课题组：《中国改革大思路》，沈阳，沈阳出版社，1988 年 7 月出版。

论文奖（7 篇）

1. 丁声俊：《关于我国粮食发展战略问题》，载《河南粮食经济》，1985 年第 11 期。

2. 李成瑞：《关于宏观经济管理的若干问题》，载《财贸经济》，1986 年第 11 期。

3. 经君健：《试论地主制经济与商品经济的本质联系》，载《中国经济史研究》，1987 年第 2 期。

4. 丁鹄：《向慢性通货膨胀论者进一言》，载《金融研究》，1987 年第 7 期。

5. 李京文、郑友敬等：《技术进步与产业结构问题研究》，载《数量经济技术经济研究》，1988 年第 1 期。

6. 戴园晨、黎汉明：《工资侵蚀利润——中国经济体制改革中的潜在危险》，载《经济研究》，1988 年第 6 期。

7. 季崇威、杨沐：《全面正确地认识和执行外向发展战略》，载《人民日报》，1988 年 7 月 18 日。

>>十一、1986 年度（第二届）孙冶方经济科学奖
获奖名单<<

著作奖（5 部）

1. 林子力：《论联产承包责任制——兼论具有中国特色的社会主义农业发展道路》，上海，上海人民出版社，1983 年 9 月出版。

2. 黄达：《财政信贷综合平衡导论》，北京，中国金融出版社，1984 年 11 月出版。

3. 周叔莲（主编）、裴叔平（主编）、洪惠如、杨沐、徐传珍、于丽文、黄觉非、王玉书、陈慧琴、陈栋生、黄江南、陈树勋、丁敬平、孙克亮、钱家骏、黄载尧：《中国工业发展战略问题研究》，天津，天津人民出版社，1985 年 5 月出版。

4. 雍文远（主编）、李鸿江（副主编）、袁恩桢（副主编）、王志平、王国诚、朱懋庸、杨建文、罗宗、周建明、张继光、钱世明、龚金国、曹麟章、童源轼：《社会必要产品论——社会主义政治经济学探索》，上海，上海人民出版社，1985 年 12 月出版。

5. 陈琦伟：《国际竞争论》，北京，学林出版社，1986 年 3 月出版。

论文奖（12 篇）

1. 蔡重直：《我国金融体制改革的探讨》，载《经济研究》，1984 年第 10 期。

2. 赵人伟：《劳动者个人收入分配的若干变化趋势》，载《经济研究》，1985 年第 3 期。

3. 复旦大学经济系国民经济研究小组：《目前我国消费基金膨胀的原因及对策》，载《中青年经济论坛》，1985 年 4 月创刊号。

4. 吴敬琏：《再论保持经济改革的良好经济环境》，载《经济研究》，1985 年第 5 期。

5. 薛敬孝：《耐用消费品副类和再生产周期理论》，载《南开学报》，1985 年第 5 期。

6. 林凌：《城市经济商品化与城市开放》，载《财贸经济》，1985 年第 9 期。

7. 中国经济体制改革研究所综合调查组：《改革：我们面临的挑战与选

择——城市经济体制改革调查综合报告》，载《经济研究》，1985 年第 11 期。

8. 中国社会科学院"六五"经验研究组：《对"六五"时期建设和改革问题的回顾与思考》，载《中国社会科学》，1986 年第 2 期。

9. 华生、何家成、张学军、罗小朋、边勇壮：《微观经济基础的重新构造》，载《经济研究》，1986 年第 3 期。

10. 卫兴华、洪银兴、魏杰：《企业活力与企业行为约束机制》，载《学术月刊》，1986 年第 4 期。

11. 徐节文：《我国的工资改革》，见：刘国光：《中国经济建设的若干理论问题》，南京，江苏人民出版社，1986 年 4 月出版。

12. 中国农村发展问题研究组：《论国民经济结构变革——新成长阶段农村发展的宏观环境》，载《经济研究》，1986 年第 5 期。

>>十二、1984 年度（第一届）孙冶方经济科学奖 获奖名单<<

著作奖（4 部）

1. 罗季荣：《马克思社会再生产理论》，北京，人民出版社，1982 年 5 月出版。

2. 梁文森、田江海：《社会固定资产再生产》，北京，中国社会科学出版社，1983 年 2 月出版。

3. 尹世杰（主编）、王美涵、罗镇齐、何同甫、郑必清、谢丽卿、杨体仁、胡在知、袁培树、凌宏城、陈汀柯、彭明朗、陈锡龄：《社会主义消费经济学》，上海，上海人民出版社，1983 年 9 月出版。

4. 孙尚清（主编）、张卓元（副主编）、蔡中杰（副主编）、陈吉元（副主编）、张曙光、薛永应、刘厚成、张泽厚、陈玉光、陈胜昌、汪海波、戴园晨、霍俊超、冒天启、恽希良、任惟忠：《论经济结构对策》，北京，中国社会科学出版社，1984 年 3 月出版。

论文奖（47 篇）

1. 周叔莲：《科学、技术、生产力》，载《光明日报》，1977 年 5 月 30 日。

2. 苏绍智、冯兰瑞：《驳姚文元按劳分配产生资产阶级的谬论》，载《人民日报》，1977 年 8 月 9 日。

3. 蒋学模：《再谈无产阶级绝对贫困化问题》，载《复旦学报》（社会科学版），1979 年第 2 期。

4. 张朝尊、项启源、黄振奇：《社会主义全民所有制和商品生产》，载《经济研究》，1979 年第 4 期。

5. 何建章：《我国全民所有制经济计划管理体制存在的问题和改革方向》，载《经济研究》，1979 年第 5 期。

6. 邝日安、晓亮：《试论价值规律同企业独立自主权的关系》，载《经济研究》，1979 年第 5 期。

7. 谢佑权、胡培兆：《从实际出发正确认识和有计划地利用价值规律》，见：《社会主义经济中价值规律问题讨论专辑》，载《经济研究》，1979 年 6 月编。

8. 晓鲁：《"先进的社会主义制度与落后的社会生产力之间的矛盾"的提法是科学的吗?》，载《哲学研究》，1979 年第 7 期。

9. 袁文祺、戴伦彰、王林生：《国际分工与我国对外经济关系》，载《中国社会科学》，1980 年第 1 期。

10. 蒋一苇：《企业本位论》，载《中国社会科学》，1980 年第 1 期。

11. 苏星：《怎样使住宅问题解决得快些》，载《红旗》，1980 年第 2 期。

12. 杨勋：《认真总结历史经验，改变农业落后面貌》，载《农业经济问题》，1980 年第 1 期。

13. 王贵宸、魏道南：《联系产量的生产责任制是一种好办法》，载《农业经济问题》，1980 年第 1 期。

14. 乌家培：《探索社会主义再生产模式的若干问题》，见：乌家培著：《经济数学方法研究》，上海：上海三联书店，1980 年 2 月出版。

15. 陈敏之：《住房还是商品》，载《社会科学》（上海），1980 年第 3 期。

16. 杨坚白、李学曾：《论我国农轻重关系的历史经验》，载《中国社会科学》，1980 年第 3 期。

17. 廖季立：《从横向联系和纵向联系谈体制改革》，载《人民日报》，1980 年 8 月 26 日。

18. 吴象：《阳关道与独木桥——试谈包产到户的由来、利弊、性质和前景》，载《人民日报》，1980 年 11 月 5 日。

19. 王梦奎：《企业领导制度中的一个问题——对于一长制的考察》，载《经济研究》，1981 年第 1 期。

20. 李成瑞：《财政、信贷平衡与国民经济的综合平衡》，载《经济研究》，1981 年第 3 期。

21. 顾宗桢、孙广林：《试论我国工业企业的级差收益及其调节》，载《社会科学研究》（四川），1981 年第 4 期。

22. 万欣：《应当从分析商品开始研究社会主义生产的目的》，见：中国政治经济学社会主义部分研究会编：《论社会主义生产目的》，长春，吉林人民出版社，1981 年 8 月出版。

23. 林文益、贾履让：《关于供求规律及其在社会主义经济中的作用》，载《经济研究》，1981 年第 9 期。

24. 恭永应：《生产力系统论——关于生产力经济学的对象和任务的探索》，载《经济研究》，1981 年第 9 期。

25. 肖灼基：《关于改革经济管理体制的若干设想》，载《北京大学学报》（社科版），1981 年第 5 期。

26. 赵人伟：《社会主义计划经济和市场机制》，见：董辅礽主编：《社会主义经济制度及其优越性》，北京，北京出版社，1981 年 9 月出版。

27. 董辅礽：《经济利益、经济杠杆和经济组织》，见：董辅礽著：《大转变中的中国经济理论问题》，济南，山东人民出版社，1981 年 10 月出版。

28. 滕维藻、郑伟民：《资本国际化与现代国际垄断组织》，载《中国社会科学》，1982 年第 2 期。

29. 马家驹：《〈资本论〉的方法和政治经济学社会主义部分的研究》，载《学术月刊》，1982 年第 3 期。

30. 吴敬琏：《关于我国现阶段生产关系基本结构的若干理论问题》，见：中国社会科学院经济研究所政治经济学研究室编：《经济改革的政治经济学问题探讨》，北京，中国社会科学出版社，1982 年 3 月出版。

31. 方民生：《论劳务在社会再生产过程中的作用》，载《经济研究》，1982 年第 5 期。

32. 刘景林：《论基础结构》，载《中国社会科学》，1983 年第 1 期。

33. 北京大学经济系《资本论》教学小组：《劳动价值论是揭露现代资本主义剥削的强大思想武器》，载《北京大学学报》（社科版），1983 年第 1 期。

34. 张寄涛：《马克思的剩余劳动理论和社会主义剩余劳动的性质及其再现形式》，见：《〈资本论〉与社会主义经济》，北京，人民出版社，1983 年 1 月出版。

35. 高峰：《马克思的资本有机构成理论与现实》，载《中国社会科学》，1983 年第 2 期。

36. 孙尚清、吴敬琏、张卓元、林青松、冒天启、霍俊超：《试论孙冶方的社会主义经济理论体系》，载《中国社会科学》，1983 年第 3 期。

37. 宋则行：《实现经济发展战略目标合理高速经济结构》，载《社会科学辑刊》，1983 年第 3 期（经济增刊）。

38. 中国农村发展问题研究组：《"重新组合"的历史性要求及其在联产承包制中的实现》，载《学习与探索》，1983 年第 5 期。

39. 卫兴华：《马克思的生产劳动理论》，载《中国社会科学》，1983 年第 6 期。

40. 曾启贤：《孙冶方经济理论体系试评——突破理论困境的贡献和新体系中存在的主要问题》，载《学术月刊》，1983 年第 11 期。

41. 何炼成：《社会主义制度下生产劳动与非生产劳动的特殊含义》，见：《社会主义社会国民收入的若干理论问题》，北京，中国社会科学出版社，1983 年 12 月出版。

42. 余广华：《国民收入生产结构的若干分析》，见：《社会主义社会国民收入的若干理论问题》，北京，中国社会科学出版社，1983 年 12 月出版。

43. 杨圣明：《消费基金的性质、形成、动态及其内部的比例关系》，见：杨坚白主编：《社会主义社会国民收入的若干理论问题》，北京，中国社会科学出版社，1983 年 12 月出版。

44. 王向明：《人口与国民收入的生产和分配》，见：杨坚白主编：《社会主义社会国民收入的若干理论问题》，北京，中国社会科学出版社，1983 年 12 月出版。

45. 林凌：《关于中心城市改革的几个问题》，载《财贸经济》，1984 年第 1 期。

46. 张曙光：《中国经济发展的主要途径问题》，见：刘国光主编：《中国经济发展战略问题研究》，上海，上海人民出版社，1984 年 1 月出版。

47. 黄达：《中国财政信贷综合平衡和通货物价控制问题》，见：刘国光主编《中国经济发展战略问题研究》，上海，上海人民出版社，1984 年 1 月出版。

（孙冶方经济科学基金会办公室提供）

各章主要执笔人

导　论　李晓西

第一部分　2004—2006 年市场经济新进展

第一章　章文光　　毕　博

第二章　高明华　　柯希嘉

第三章　曾学文　　李小忠

第四章　伍燕然　　陈贻亮

第五章　张　琦　　芦星月

第六章　汪连海　　张江雪　　徐朝阳

第七章　王　诺　　王　静　　林永生　　肖博强

第八章　王辰华　　孙荟欣

第九章　董念清

第十章　曾学文　　施发启　　董晓宇

附录一　施发启

附录二　金继红　　范丽娜

第二部分　经济改革理论 30 年回顾

Ⅰ. 概论　李晓西　　刘　涛　　刘一萌　　裘越芳

Ⅱ. 章文光　　郭彦英　　杨煜东

Ⅲ. 高明华　　曾广录

Ⅳ. 马拴友　　邹士年　　徐　妍

Ⅴ. 周金黄　　王天龙　　王雪磊

Ⅵ. 张生玲　　张丽平　　陈　苗

Ⅶ. 曾学文　　刘　琳　　赵　峥

Ⅷ. 张　琦　　唐斯斯　　梁菁菁

Ⅸ. 李　静　　韩　斌　　杨　婕

后 记

　　《2008中国市场经济发展报告》是一项凝聚集体智慧的成果，研究团队近50人，主要来自北京师范大学、国家统计局、中国人民银行、商务部等单位。自2008年3月开始，课题组召开动员分工会、审稿会及主题讨论会十余次，在写作的重点、方法、体例等方面形成了共识。报告每章由两三位成员承担，大家全力以赴，合作攻关。有的章节，精益求精，反映出作者深厚的学术功底；有的章节，反复修改，体现出作者严谨求实、虚心上进的良好学风；市场化测度是第一部分的重点与难点，作者深入钻研，反复推敲，终于很好地完成了任务；课题联系人协助组织，沟通信息，工作努力认真。全书完成后，曾学文和章文光两位副教授，赵峥、张江雪、王天龙、刘涛、董晓宇、郭彦英等多位博士，分工校稿，张琦、张生玲、王诺、张江雪、杨婕、梁菁菁6位师生认真协助三校，为保证本书质量付出了辛勤努力。青年才俊，显露头角；部门专家，展示功力；聚贤创新，令人欣慰！

　　本报告获得教育部社科司"改革开放以来中国经济体制改革进程、成就和基本经验研究"（2008JYJW047）课题支持，得到了北京师范大学校领导一如既往的重视和关心，得到了学校社科处校级委托项目的资助，在此表示衷心的感谢。特别要提到的是，北京师范大学出版社杨耕社长、叶子副总编辑对本报告充满信心，果断立项出版，马洪立老师为报告的编辑、出版付出了辛勤劳动，高霞老师为设计封面，反复修改，非常认真，在此一并表示诚挚的谢意！

　　在本报告完成过程中，得到了6位指导专家的精心指导。民建中央副主席辜胜阻教授和国家统计局副局长许宪春教授还参加了我们市场化指数的审定会，提出了非常中肯和宝贵的意见，这里要表示特别的感谢！报告完成后，17位专家对报告又提出了很多宝贵的意见，他们渊博的知识和深刻的见解，给了我们非常大的启发。

　　国家统计局施发启博士不辞辛苦，全程参与所有会议的讨论，并承担书稿的撰写。国家发展和改革委员会赵少钦博士，商务部李文锋和耿洪洲两位处长，国家工商行政管理总局诰志明处长，留美中国法律学会主席刘向民博士等，均提供了相关的数据资料和有价值的观点，为提高本报告质量做出了有益的贡献。

本报告参考了大量资料和文献，引用了很多研究者的成果，在此一并表示谢意。

2008 年 6 月 28 日